汕头经济特区

年鉴

2002

汕头经济特区年鉴编纂委员会

人民出版社

责任编辑:张维训　张伟珍
装帧设计:全美设计
版式设计:全美设计
责任校对:常再昕

图书在版编目(CIP)数据

汕头经济特区年鉴.2002/《汕头经济特区年鉴》编纂委员会编.
—北京:人民出版社,2002.12

ISBN 7-01-003892-9

Ⅰ.汕…　Ⅱ.汕…　Ⅲ.汕头市-2002-年鉴　Ⅳ.Z526.53

中国版本图书馆CIP数据核字(2003)第018015号

汕头经济特区年鉴(2002)

SHANTOU JINGJI TEQU NIANJIAN

《汕头经济特区年鉴》编纂委员会编

人民出版社　出版发行

天津市蓟县宏图印务有限公司

新华书店经销

2002年12月第1版　　2002年12月北京第1次印刷

开本:787毫米×1092毫米 1/16　　印张:28.75　　插页:107

字数:720千字　　印数:1-2000册

ISBN 7-01-003892-9　　定价:200.00元

编辑说明

一、《汕头经济特区年鉴(2002)》是中共汕头市委、汕头市人民政府主办，中共汕头市委政策研究室（汕头市经济体制改革办公室）负责编辑的地方综合性年鉴，全面、系统、详实地反映汕头经济特区和汕头市经济、社会的基本面貌和发展情况，为社会各界和海外人士了解和研究汕头提供基本资料。

二、《汕头经济特区年鉴（2002）》采用分类编辑法，设置大类、小类和条目，以条目为记载资料的基本单位。设特辑、2001年汕头大事记、汕头概况、外向型经济、民营经济、工业经济、农林水利气象、商贸旅游、基础设施建设、交通通信、城乡建设、财税金融保险证券、综合经济管理、政治、精神文明建设、科技教育、卫生体育、民主法制建设、社会生活、各区县（市）、人物、文献法规选编、统计资料等共23个大类，152个小类，785个条目，约65万字。宣传彩页100版，图片400幅，表格100个，随文照片60张。其中“民营经济”、“外向型经济”等为新增栏目，“工业经济”、“综合经济管理”、“政治”和“精神文明建设”等栏目也有较大的充实和调整。

三、《汕头经济特区年鉴（2002）》正文内容由各级各部门各系统提供，经各单位领导审定并加盖公章。重要统计资料均来自市统计部门。《汕头经济特区年鉴》的编辑出版，得到了全市各级领导、各有关单位和有关人士的大力支持和协助，在此谨表谢意。本年鉴编印中出现的粗疏、错漏之处，敬请批评指正。编辑部全体工作人员愿为创办一流的年鉴而不懈努力。

《汕头经济特区年鉴》编纂委员会和编辑人员名单

名誉主编:李统书　李春洪　方健宏　赖益成　邓大荣

主　　编:林静辉

副 主 编:苏耀光　潘英豪　谢名家　陈少麟　苏　健

委　　员:(以姓氏笔画为序)

马伟义　王小辉　王海庭　方利旭　方海顺

刘执寰　刘岳金　李楚平　吴銮珍　张应杰

张泽华　陈木城　陈友烈　陈少宏　陈仁壁

陈秀潮　陈森汉　林　梃　林合坤　林依民

罗仰鹏　周勤宜　郑炳灶　郑铁谷　郭大钦

郭锡鹏　黄　陵　章万多

编辑部主任:陈乐群

编辑部副主任:陈少龙

特约编辑:(以姓氏笔画为序)

李必豪　陈　援　林荣辉　林遍青　柯锡奎

郑俊英

装帧设计:谢贵彬　百　羽　全　美

目　录

特　辑

2001年汕头大事记

汕头概况

外向型经济

民营经济

工业经济

农林水利气象

商贸旅游

政　治

精神文明建设

科技教育

卫生体育

民主法制建设

社会生活

各区县（市）

人　物

文献法规选编

统计资料

發揮僑鄉優勢
辦好經濟特區

江澤民
一九九五年十二月廿日于汕頭市

汕頭海灣大橋

江澤民

汕头礐石大桥

李鹏

1995年12月28~31日，中共中央总书记、国家主席、中央军委主席江泽民视察汕头经济特区。在汕期间，江总书记出席了广梅汕铁路全线通车暨汕头海湾大桥通车典礼，并先后视察了广澳深水港工程、汕头大学、桃园住宅小区等。（孙日绚摄）

1997年2月9~11日，中共中央政治局常委、国务院总理李鹏视察汕头经济特区。　(柯志雄摄)

1998年10月22日，中共中央政治局常委、国务院总理朱镕基视察汕头经济特区。
(柯志雄摄)

1997年11月18日，中共中央政治局常委、全国政协主席李瑞环莅汕出席第九届国际潮团联谊年会。（孙日绚摄）

1994年11月9~11日，中共中央政治局常委、书记处书记胡锦涛莅汕考察。（柯志雄摄）

2001年1月15~19日，原中共中央政治局常委、全国人大常委会委员长乔石莅汕考察。

（蔡婵英提供）

2001年12月6~20日，原中共中央政治局常委、全国人大常委会委员长乔石莅汕考察。

（蔡婵英提供）

2001年11月6~7日，中共中央政治局常委、国务院副总理李岚清莅汕考察。 （柯　晓摄）

2001年11月6日，中共中央政治局常委、国务院副总理李岚清在汕头大学校董会名誉主席、香港长江实业集团主席李嘉诚先生的陪同下视察汕头大学。 （柯　晓摄）

2001年11月6日，中共中央政治局常委、国务院副总理李岚清，中共中央政治局委员、广东省委书记李长春一行察看汕头基础设施。（柯 晓摄）

2002年1月14~15日，中共中央政治局委员、国务院副总理吴邦国到汕头考察。图为吴邦国在省市领导陪同下考察汕头海湾大桥。（李俊伟摄）

吴邦国考察宜华企业（集团）有限公司。　　（吴华东摄）

吴邦国考察澄海信宁工艺玩具厂。　（陈志伟摄）

2001年10月23日，汕头经济特区建立20周年庆祝大会盛况。（柯　晓摄）

香港长江实业（集团）董事局主席李嘉诚致辞。（全　美摄）

汕头市委书记李统书致辞。（柯　晓摄）

广东省省长卢瑞华致辞。　　（全　美摄）

中共中央政治局委员、广东省委书记李长春，省长卢瑞华，全国政协常委庄世平等领导、嘉宾在市长李春洪陪同下步入会场。　　（李俊伟　柯　晓　杜一方摄）

2001年10月23日，原中共中央政治局常委宋平，中共中央政治局委员、广东省委书记李长春，省长卢瑞华为汕头市游泳跳水馆等17个项目剪彩。 （柯 晓摄）

宋平、李长春、卢瑞华与老同志亲切交谈。

（李俊伟 柯 晓 杜一方摄）

2001年10月23日，中共中央政治局委员、广东省委书记李长春，省长卢瑞华，副省长许德立等领导会见香港长江实业（集团）董事局主席李嘉诚，泰国正大集团董事长谢国民先生。

（李俊伟 柯 晓 杜一方摄）

宋平与省、市领导合影。　　（李俊伟　柯　晓　杜一方摄）

2001年10月23日，宋平在省、市领导陪同下参观四洲集团。　　（全　美摄）

《绣花情韵》展现潮汕文化风采。
（李俊伟　柯　晓　杜一方摄）

《大潮颂》大型音乐歌舞气势磅礴。
（李俊伟　柯　晓　杜一方摄）

2001年2月26日，省委省政府在汕头召开现场办公会期间，中共中央政治局委员、省委书记李长春，省委副书记、省长卢瑞华，带领与会人员视察市广播电视中心。（孙日绚摄）

李长春、卢瑞华、郭荣昌带领与会人员视察宜华企业（集团）有限公司。（吴华东摄）

2001年5月30日，市领导李统书、李春洪、方健宏等在《信用宣言》上签字。　　（孙日绚摄）

2001年3月23日，汕头市整顿市场秩序社会秩序动员大会场面。　　（李俊伟摄）

2001年5月30日，汕头市举行各届代表信用宣言签名仪式。　　（孙日绚摄）

2001年7月13日，汕头市委、市政府在潮阳召开现场办公会，市委书记李统书，市委副书记、市长
李春洪分别作了重要讲话。（孙日绚摄

2001年5月22日，市委书记李统书，市委常委、秘书长林静辉率领市委、市政府有关部门负责
深入龙湖区举行现场办公会。（李俊伟摄

市委副书记赖益成陪同省公安厅领导考察市政法工作。（李俊伟摄）

汕头市召开整顿市场经济秩序违纪案件处理大会。（孙日绚摄）

汕头市召开严厉打击破坏市场经济秩序犯罪宣判大会。（袁　笙摄）

汕头市召开严厉打击刑事犯罪宣判执行大会。（孙日绚摄）

汕头市召开严厉打击涉税犯罪宣判大会。（柯　晓摄）

2001年10月20日，来自五大洲的3000多名潮人代表聚会人民大会堂出席第十一届潮团联谊年会。（柯　晓摄）

中共中央政治局常委、全国政协主席李瑞环与香港长江实业（集团）董事局主席李嘉诚亲切握手。（柯　晓摄）

中共中央政治局常委、全国政协主席李瑞环等领导人与代表们合影。
（柯　晓摄）

年会期间，市长李春洪与香港中华总商会会长陈有庆亲切交谈。
（柯　晓摄）

2001年10月19日，著名学者饶宗颐教授在北京中国历史博物馆举办书画展，吸引了众多潮籍乡亲和中外嘉宾莅临参观。　（柯　晓摄）

庄严的升旗仪式。　（柯　晓摄）

广东运动员在比赛中。　（柯　晓摄

九运会比赛场馆——汕头游泳跳水馆。　（张烈华摄）

2001年9月24日，市委书记李统书将主火炬传给主火炬手、世界冠军、九运会广东赛区首枚金牌获得者“南拳王”陈岺。（孙日绚摄）

汕头籍乒乓球运动员刘国正、马琳在比赛中。（柯　晓摄）

2001年9月24日，在三枚火炬的带领下，各界群众2600多人进行长跑。（孙日绚摄）

第九届全国运动会乒乓球比赛升旗仪式。（何信光摄）

2001年5月27日，汕头台商协会成立十周年庆典期间召开的代表座谈会场面。（柯　晓摄）

2001年5月27日，章孝严先生在市委副书记方健宏、副市长丘进等陪同下参观德爵工艺制品有限公司。（柯　晓摄）

2001年4月28日，汕头市党政考察团在市领导李统书等带领下赴深圳市考察参观。（李俊伟摄）

2001年11月23日，深圳市宝安区与汕头市龙湖区缔结友好区签约仪式。（李俊伟摄）

2001年8月8日，市领导李统书、林静辉、黄遵忠陪同全国政协副主席马万祺一行参观汕头企业。（李俊伟　袁　笙摄）

2001年8月14日，市领导李统书、李春洪在帝豪酒店会见泰国正大集团董事长谢国民先生。（柯　晓摄）

2001年12月7日，市领导李统书、李春洪亲切会见英国威尔信公司高级总裁伊恩·摩尔先生。（李俊伟摄）

2001年5月11日，市委书记李统书与重庆市委副书记刘志忠出席了2001汕头经济特区商品（重庆）交易会签约仪式。（王海鹏摄）

2001年8月21日，市委书记李统书与香港四洲集团主席戴德丰为四洲集团广东省总部综合大楼奠基石揭幕。（全　美摄）

2001年9月18日，市委市政府在深圳举办潮籍企业家座谈会。（李俊伟摄）

2001年10月12日，市领导李统书、李春洪等向先进民营企业颁奖。（李俊伟摄）

2001年8月25日，省委常委、常务副省长欧广源在市长李春洪陪同下察看汕头市大洋集团公司。

（柯　晓摄）

2001年9月3日，全国政协常委、港澳台侨委员会副主任厉有为在市领导陪同下考察汕头东威摩托车有限公司。（孙日绚摄）

2001年11月3日，市委副书记方健宏深入金园区企业调研。（蔡希仁摄）

2001年11月28日，汕汾高速公路通车。　（柯　晓摄）

汕头市第二座跨海大桥——礐石大桥。（孙日绚摄）

汕头经济特区东部崛起了现代化的新城区。（孙日

市区各具特色的建筑物。（柯　晓　　李俊伟摄）

东部住宅区。（柯　晓　李俊伟摄）

五万吨级三号泊位。（袁　笙摄）

三脚关沟公园一角。（柯　晓摄）

位于城市中轴线上的时代广场。　（柯　晓摄）

2001年6月28日，市领导李统书、李春洪、方健宏、赖益成出席参观了纪念中国共产党成立80周年大型图片展——“肩负人民的希望”。（孙日绚摄）

2001年5月30日，澄海市莲下镇党委在建党80周年之际荣获“全国先进基层党组织”的光荣称号，这是汕头市惟一获此殊荣的基层党组织。市委常委、组织部长于云臣到机场欢迎载誉归来的莲下镇委书记杜怀丹。（柯 晓摄）

2001年10月9日，汕头市举行第七届成人节宣誓仪式。（柯　晓摄）

2001年9月22日，李统书等市领导在时代广场参加义务劳动。（李俊伟摄）

2001年11月1日，全市召开维护社会治安见义勇为表彰大会。（柯　晓摄）

2001年9月30日，市委、市政府在广电中心综合剧场举行《春风化雨、情系人民》大型慈善晚会。

（李俊伟摄）

舞蹈《辣妹子》。　　（李俊伟摄）

市歌舞团在中山公园表演舞蹈节目

（李俊伟摄

百筝齐鸣　（孙日绚摄）

2001年6月27日，汕头市委宣传部、金园区委宣传部在石炮台公园举行“为党旗增辉，让社区更美”大型文艺晚会，庆祝建党80周年。

（蔡希仁摄）

2001年2月7日，潮汕星河馆奠基典礼仪式。

（柯贤基摄）

2001年5月19日上午，副省长李鸿忠、省政府副秘书长黄业斌、省教育厅厅长郑德
在副市长王芸等的陪同下，考察了汕头金中、新乡小学的信息教育情况。　（李俊伟摄

中科院外籍院士、国际著名数学家陈省身、
中科院院士王梓坤教授等视察市高级技工学校。
（全　美摄）

市高级技工学校青年志愿者参加汕头市“百村行动”
（全　美摄）

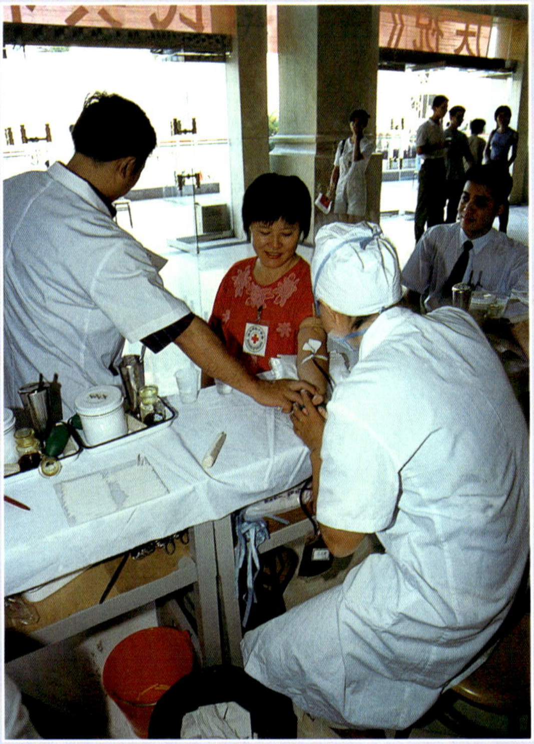

荣获国家红十字总会颁发的无偿献血银质奖章的周东捷正在无偿献血。 （柯 晓摄）

采血车在海滨路接受群众献血。 （柯 晓摄）

2001年6月13日，香港理工大学与汕大医学院肿瘤医院签订交流协议后，该校首批放射学系本科生到肿瘤医院放射科进行实习。这是汕大首次为高水平大学培训学生。 （柯 晓摄）

2001年7月，“尤特”台风袭击汕头时，子弟兵在牛田洋大堤上抢装沙包加固堤围。　（李俊伟　柯　晓摄）

“尤特”台风袭击汕头时，福安居委和驻汕海军某部官兵在解救受困灾民。
（李俊伟　柯　晓　袁　笙　黄　淳摄）

市委书记李统书慰问特困户。 （李俊伟摄）

市长李春洪在月季居委会主任杨静娟陪同下，看望慰问特困户。（李俊伟摄）

市委副书记方健宏在潮阳仙城镇一农民家中了解农户的生活情况。 （柯　晓摄）

新建的漂亮学校让老区学生不再忧烦。 （柯　晓摄）

南澳风力发电场。　（李俊伟摄）

“狮头鹅”地方标准于2001年发布实施。狮头鹅是我国惟一的大型鹅种，也是世界最大型鹅种之一，是国家畜禽品种资源重点保护的品种之一。　（全　美摄）

农副产品批发中心市场蔬菜交易场面。（李俊伟摄）

一瓶潮汕小菜的出炉要经过严格规范、科学的操作流程。（杜一方摄）

水产市场购销两旺。　（孙日绚摄）

特　　辑

中共中央政治局常委、国务院副总理李岚清视察汕头

11 月 6 至 7 日，中共中央政治局常委、国务院副总理李岚清在中共中央政治局委员、广东省委书记李长春的陪同下莅汕视察。陪同视察的还有国务院副秘书长高强、国家经贸委副主任张志刚、教育部副部长吕福源、科技部副部长邓楠、国务院体改办副主任潘岳、“610”办公室副主任李东生；广东省委副书记、政法委书记陈绍基，副省长李鸿忠；汕头市领导李统书、李春洪、方健宏、王芸等。

6 日下午，李岚清、李长春一行视察汕头大学。在校董会名誉主席、香港长江实业集团主席李嘉诚先生的陪同下，他们先后察看学校模型、观览汕大校园、听取汕大校长徐小虎汇报，并参观学校的新闻转播中心。在听取汇报后，李岚清发表讲话，他说：汕大是一所年轻的大学，在当今知识性时代，年轻大学要发展成为高水平的大学，关键在于选准自己的坐标，与当地经济社会的发展紧密结合。作为汕头大学，首先要为汕头特区的发展服务。缺什么样的人才，就重点培养这方面的人才。为汕头服务好了，就会对广东省乃至全国有贡献。要立足当地，放眼世界。解放思想、创新制度、创新观念，建成一所高水平的大学。年轻大学在这一点上有优势，没有传统的包袱，更应该进行大胆的改革、试验。比如人事制度、后勤管理（后勤社会化）改革，教学新模式如多媒体教学、远程教育、数字图书馆等，新学科如卫生管理博士（MPH）专业，都有重要的现实意义，应积极进行探索。最后，李岚清强调：要“努力把汕大办好，不要辜负李嘉诚先生的厚望。”教育部副部长吕福源也发表讲话，鼓励汕大要聚集人才，搞好自己的特色学科，发挥自身优势，为当地经济服务，为地方做贡献，并表示教育部将全力支持汕大的发展。随后，李岚清、李长春一行来到被教育部命名为“现代教育技术实验学校”的汕头新乡小学及汕头软件园视察。7 日一早，他们还视察了教学成绩突出的金山中学。李岚清对清新的空气、秀丽的校园、充满活力的学生大为赞许，还兴致勃勃地走上讲台用英语讲故事，并不时请同学翻译成汉语。大家踊跃发言，课堂气氛异常热烈，掌声不断。李岚清非常重视汕头的教育工作，在视察 3 所有代表性的学校后，充分肯定了汕头的教育工作，并勉励大家要继续开拓进取，创新求变，力创新局面。

7 日上午，李岚清在汕头迎宾馆听取汕头市关于整治市场经济秩序情况汇报。李长春主持了会议。李岚清在听取汕头市委书记李统书的情况汇报后指出，汕头是最早成立的经济特区之一。目前汕头正处于一个关键的转折时期，一定要统一思想，清除障碍，振作精神，加快汕头特区的发展。一是正确看待成绩和问题。汕头跟改革开放前比，有很大的变化，广大干部群众在党中央的正确路线指引下，确实干出了成绩，要肯定历届市委、市政府和广大人民群众是有贡献的。但也要看到，逃税骗税、走私贩私、制假贩假、逃废债务、骗汇、利用“六合彩”赌博这些严重的问题，不但给汕头经济社会造成严重影响，而且也给国家造成很大损失。要正确看待成绩和问题，不能因为出现问题，就否定过去的成绩，也不能用过去的成绩，来淡化和掩盖存在的问题和错误。二是正确看待打击经济犯罪和发展经济的关系。只有坚决打击，才能更好地发展。要坚决打击经济领域中的各种违法犯罪活动，决不能手软。打击越彻底，越有利于发展。三是正确看待坏事与好事的关系。出现这些问题毫无疑问是坏事，但如果把这些坏事的危害和产生的原因弄清楚，把教训总结清楚，进而找到更深层次的原因，对症下

药，就可以变成好事。四是正确看待封闭与开放的关系。特区本来应该是开放的，但是外面的人才进不去，进去了也得不到重用，这就是封闭。为什么有的特区搞得很好，有的比较好，有的很差，这里就有个封闭与开放的问题。深圳特区发展快，一个原因，就是汇集了全国各地的人才。有些地方不够开放，搞自我封闭，是没有出路的，也发展不了。最后李岚清强调指出，汕头要坚决打击违法犯罪活动，彻底整顿规范市场经济秩序。汕头现在的形势很好，中央和省委、省政府都很重视，大家要同心同德，支持市委、市政府的工作，把这件事情办好，办好了就有希望，一个崭新的汕头就会展示在全国、全世界人民面前。

中共中央政治局委员、国务院副总理吴邦国考察汕头

2002 年 1 月 14 日至 15 日，中共中央政治局委员、国务院副总理吴邦国在汕头考察工作。陪同考察的有国家经贸委主任李荣融、劳动保障部副部长张小建、中国人民银行副行长刘廷焕、全国总工会副主席倪豪梅；广东省副省长游宁丰。在汕期间，吴邦国会见了汕头市领导李统书、李春洪、方健宏、赖益成、黄荣汉、林静辉。

在李统书、李春洪、林静辉等的陪同下，吴邦国先后考察了汕头海湾大桥、汕头游泳跳水馆、汕头市莱达实业集团公司、广东雅嘉实业集团、华汕电子器件有限公司、广东东方锆业科技有限公司、澄海信宁工艺玩具厂、广东宜华集团、柯达（中国）股份有限公司汕头分公司，并察看了汕头市市容。吴邦国一边考察，一边听取李统书代表市委市政府关于汕头市场经济秩序和社会秩序“两大整治”及两个文明建设的工作汇报。在海湾大桥上，吴邦国眺望汕头市区，并询问国际集装箱码头、华能汕头电厂的运营和环境保护情况。在游泳跳水馆，吴邦国了解了跳水馆建设资金筹措情况，指出跳水是中国的强项，汕头要利用好跳水馆这个资源，争取更多的运动员到这里训练比赛。吴邦国称赞汕头的民营企业很有特色，有自己的品牌，有的产品发展很有潜力，有很大发展空间。有的家族经济已改造成股份经济，有的正在争取上市。在莱达实业集团，吴邦国肯定了企业坚持走科技创新之路，不断开发出新的产品。在雅嘉集团，吴邦国兴致勃勃逐一了解产品的性能，对企业负责人说：“品牌做出来了，销售渠道也要畅通，包装设计也很重要。”在华汕电子器件有限公司，吴邦国肯定了企业债转股的做法不仅摆脱了包袱，而且扭亏为盈，发展势头良好。在东方锆业科技有限公司，吴邦国对企业走高科技道路表示肯定，认为产品向深度发展很有潜力。在澄海信宁工艺厂，吴邦国称赞工厂的职工宿舍搞得不错，询问职工的投保情况，勉励他们建设信用企业。在宜华集团，吴邦国肯定了企业上规模上档次以及坚持走正道、办实业、求发展的做法，他对企业负责人说：“信誉也是一种无形资产。”在柯达汕头公司，吴邦国听了介绍后，肯定了企业在质量和环保、管理方面的成绩，指出中央和地方政府都很支持关心这个项目，感光材料市场在中国是成长性很强的市场，也是竞争很激烈的市场，希望柯达公司把中国的工厂建成亚洲的生产基地。15 日下午，吴邦国与汕头市领导座谈，他指出，汕头市委市政府的工作卓有成效，特别是经过整治以后出现了新的面貌。吴邦国肯定了汕头正在开展的信用体系建设，指出要把信用建设变成全社会的共同行动。汕头要加强执法队伍建设，建立一支公正廉洁的执法队伍，发挥他们在市场经济中的规范管理作用。希望汕头发挥经济特区和侨乡这一得天独厚的优势、加快发展。吴邦国指出，信用体系建设很重要，如果企业不讲信用，市场经济就很难搞好，不守信会付出很大代价。汕头企业 70% 是民营企业，且十分活跃，它们要靠法律规章制度靠市场来规范。讲诚信是中国传统文化的核心，要把企业信用机制尽快地建立起来，这对经济、对文化、对精神文明建设

都很有好处。吴邦国指出，要下功夫培养一批核心企业，并发挥这些企业的龙头作用，带动其他企业在信用、纳税、科技、管理、营销等方面的发展。这批企业一形成对汕头经济结构的调整，对提高汕头的竞争力，将起到很好的作用。

（李必豪　黄捷霞）

省委省政府汕头现场办公会

2月26至27日，广东省委、省政府在汕头召开现场办公会。会议的主题是研究如何进一步加快汕头经济和社会发展，通过发挥汕头区域性中心城市的作用，带动粤东地区的发展；同时研究如何整治好汕头的市场秩序和社会秩序，在全省“市场经济秩序整治年”的行动中先走一步，创造经验，为实现“十五”计划开好头、起好步奠定良好基础。

这次会议体现了省委、省政府对粤东作为广东重要一翼的高度重视。中共中央政治局委员、省委书记李长春，省委副书记、省长卢瑞华分别在会上作了重要讲话。省领导张帼英、郭荣昌、黄丽满、陈绍基、卢钟鹤、欧广源、蔡东士、刘玉浦、汤炳权、游宁丰、李鸿忠、李容根，省直有关部门负责同志以及汕头市几套班子领导成员和市直有关单位、各区县（市）的主要负责同志参加了会议。潮州、揭阳、汕尾市的主要负责同志出席了27日下午的会议。为了开好这次现场办公会，省委、省政府于会前派出调查组到汕头进行专门的调查研究。26日，与会同志实地考察了广东宜华企业（集团）有限公司、广东奥迪玩具实业有限公司、汕头经济特区华建电子有限公司、汕头高新区绿恒实业有限公司、汕头市信息化建设与应用展示、国际海缆汕头登陆站、泰兴（中国）有限公司、广东省飘娜织业有限公司、汕头大学以及汕头的市政建设等。27日，国务院打击骗取出口退税领导小组成员兼办公室主任、国家税务总局副局长崔俊慧应邀到会通报了有关情况。在听取了汕头市主要领导的汇报和省直有关部门负责同志的发言之后，李长春、卢瑞华分别作了重要讲话，部分省领导也发表了意见。

会议认为，汕头必须认真抓好五个方面的工作：

一、认清形势，统一思想，增强信心，继续前进。汕头的发展条件良好，一是拥有较长的海岸线和天然良港，具有明显的区位优势；二是作为著名的侨乡，具有明显的人文优势；三是作为全国五个经济特区之一，具有明显的体制和政策优势。改革开放20多年来，汕头经济社会有了长足的发展，基础设施日臻完善，形成了一定的产业基础，民营经济发展迅速，已经具备了加快发展的物质技术基础。但也要清醒地看到，汕头目前还存在不少问题和不足。汕头市各级党组织和广大干部必须高度重视这些问题，增强忧患意识和危机感，在新世纪和“十五”计划第一年紧紧抓住历史机遇，坚持“三不一有”（不埋怨、不争论、不刮风，有什么问题解决什么问题）原则，依靠发展去解决前进中碰到的问题。要坚持一手抓发展，一手抓整治，既要大力发展民营实业、外资实业，壮大产业实力，又要大力整治市场秩序和社会秩序，加快建立文明法治环境，做到发挥优势，克服劣势，重建信用、重塑形象，把汕头建成民营实业、滨海旅游、海洋经济等特色经济鲜明、现代服务业发达的粤东地区乃至粤闽赣边区的经济中心城市，在粤东发挥龙头带动作用，为全省“增创新优势，更上一层楼，率先基本实现社会主义现代化”作出新的贡献。

二、进一步确立正确的经济工作指导思想。首先，要不断增强贯彻执行党的路线、方针、政策的自觉性和坚定性；其次，要切实解决好两手抓、两手都要硬的问题；第三，要坚持实事求是的思想路线，坚持按经济规律办事；第四，任何时候都要坚持勤俭办一切事业的原则；第五，要树立正确的政绩观。党和人民需要的是眼前利益与长远利益紧密结合的政绩，是有利于可持续发展的政绩。

三、大力整治市场秩序、社会秩序和环境污染，营造良好的发展环境。2001 年是“市场经济秩序整治年”，要坚持一手抓发展，一手抓整治，用整治促发展，用发展带整治。要坚决打击制假售假、走私贩私、逃汇骗汇、逃税骗税、逃废债务等行为，整治市场主体，整治建筑市场等。粤东地区是整治的重点，广东整治得如何看粤东，粤东整治得如何看汕头。要集中力量，集中时间，采取坚决有力的措施和多管齐下的办法整治市场秩序，力争用一年左右的时间，使市场秩序的突出问题得到有效遏制，再经过若干年的努力，建立起比较规范的市场经济秩序。粤东在这方面要先走一步，为全省提供新鲜经验。要保护守法的企业，教育、解脱一批基本守法的企业，清理一批有严重问题的企业，取缔一批严重违法违纪的企业。对触犯刑律的，要依法惩治，绝不姑息迁就。在整治过程中，要注意政策，区分不同情况，分别对待。对重点地区和重点企业，要重点整治。在整治市场秩序的同时，要大力整治社会秩序，维护社会稳定，为经济发展创造良好的社会环境。

四、要抓住机遇加快发展，迅速壮大经济实力。一是对现有的工业企业要排排队，选择一些“亮点”和“好苗”，推动它们实行资产重组，创造条件让生产要素向优势企业集中，迅速做大做强。二是大力发展民营实业，像浙江那样兴办各类民营企业，并鼓励民营企业做大做强，崛起一批有规模的民营企业。三是抓住我国即将加入世界贸易组织的历史机遇，提高对外开放水平，进一步吸引侨资，办好现有的各种功能区。

五、加强党的建设，为抓住机遇加快发展提供有力保证。一是要保持良好的精神状态。各级党委要增强政治敏锐性和政治鉴别力，敢抓敢管，敢于触及矛盾，敢于解决问题，体现坚强的战斗力，将那些倾向性的问题解决在萌芽状态。各级党组织和广大党员干部要在市委的带领下同心同德，卧薪尝胆，克服困难，开拓前进。二是要改进思想作风。防止主观主义、官僚主义、形式主义和弄虚作假，倡导说实话、办实事、鼓实劲、求实效。要深入基层调查研究，倾听群众的呼声，掌握指导工作的主动权，以群众满不满意、高不高兴、答不答应、赞不赞成作为办一切事情的出发点和落脚点。要从腐败的典型中引以为戒，通过反面教材对广大干部加强反腐倡廉教育，增强拒腐防变的免疫力。三是要进一步下大气力狠抓基层组织建设。要按照省委的要求，整治基层突出问题。当前要抓住中央在农村开展“三个代表”重要思想学习教育活动的机遇，把基层干部的教育抓紧抓好，使广大农村基层党组织的面貌有一个根本的改变。

会议要求，汕头及粤东各市要认真贯彻落实好这次现场办公会精神，以此作为一个重要的发展契机，继续解放思想，实事求是，更新观念，迎接新的挑战，创造新的业绩；省直有关部门要坚决落实好这次现场办公会确定的原则和政策，把帮助汕头加快发展作为义不容辞的职责，上下合力，共同把汕头的事情办好。省委、省政府相信，汕头市各级党委、政府和广大干部群众一定能够振奋精神，增强信心，克服困难，开拓进取，贯彻落实好江泽民总书记在纪念经济特区成立 20 周年大会上的重要讲话精神，开创汕头两个文明建设的新局面，把汕头建设成为具有中国特色、中国风格、中国气派的经济特区。

（李必豪　陈　援）

启动实施“重建信用、重塑形象”新世纪汕头生命工程

广东省委、省政府汕头现场办公会结束后，汕头市委、市政府认真贯彻落实这次会议精神和全国全省社会治安工作会议，整顿和规范市场经济秩序工作会议精神，在全市掀起了整治市场经济秩序和社会秩序新高潮。在“两大整治”取得阶段性成果的基础上，市委、市政府把握契机，适时地把“两大整治”从治标为主转向标本兼治、重在治本上来。尤其是新上任的汕头市委书记李统书到任后，带领市委、市政府一班人深入到各区县（市）和企业、机关开展调研活动，广泛听取各方意见，集思广益，与各地各部门的干部共同研究抓整治促发展的思路和措施，从而作出了全面启动和实施“重建信用、重塑形象”新世纪汕头生命工程的决策。

5月16日，汕头市委举行常委扩大会议，总结回顾“两大整治”取得的阶段性成果，研究部署深化整治工作的对策措施。市委书记李统书代表市委常委会做了题为《重建信用重塑形象是新世纪汕头的生命工程》的讲话，提出把“重建信用、重塑形象”作为汕头的生命工程，作为汕头的第一要务，扎实工作，全力推进。在讲话中，李统书要求全市各级党委、政府和各部门，要认真总结整治第一阶段的经验，针对薄弱环节，抓住重点，攻克难点，争取市场秩序和社会秩序混乱状况有明显的改观，并就如何推进“重建信用、重塑形象”生命工程的问题提出了八项重点工作：一是推进干部人事制度改革，造就一支高素质的干部队伍。要以机构改革为契机，突出精简高效，彻底改变机构臃肿、冗员过多、人浮于事、工作效率不高的问题。建立能上能下、能进能出、有效激励、严格监督、竞争择优、充满活力的用人机制。二是加大力度，加快进度，建章立制，规范管理。按照“政府培育市场，市场解脱政府，市场导向企业，企业发展经济”的要求，推动政府职能真正转变。加快政府审批制度改革步伐，推行“两公开一监督”制度，实现“一站式”或“窗口式”服务，提高办事效率。要抓法制促规范，提高执法服务水平，深入整顿机关作风。三是充分发挥执纪、执法部门的作用，为重建信用、重塑形象提供纪律和法制保障。强化纪检监察职能，坚决惩治一切扰乱市场经济秩序和社会秩序、败坏汕头形象的害群之马。四是切实端正经济工作指导思想，坚持走正道靠诚信求发展。要教育广大干部群众进一步明确发展经济不能急功近利、投机取巧、走歪门邪道、搞短期行为，而应该走正道、求发展，靠诚实劳动发财致富。五是把依法治市与以德治市结合起来，为重建信用、重塑形象打下坚实的根基。对党员干部，要突出“为政以德”、“与德为邻”的教育；对广大群众，要突出“以修身为本”、“与德为邻”的教育。六是下功夫抓好基层基础工作，保证各项任务的贯彻落实。着重从机制、体制和党的建设等方面抓好基层建设，把“三个代表”学习教育活动与解决农村突出问题结合起来。七是进一步强化领导责任制，把各项工作真正落到实处。领导干部、领导机关要确立强烈的责任意识、大局意识、政治意识，认真落实领导责任制；各地各部门要积极配合，协调一致，通力合作，全力搞好生命工程建设；加强督促检查，扎扎实实抓出成效。八是坚持发展是硬道理，千方百计壮大全市的经济实力。要以整治为契机，扫除一切不利于生产力发展的障碍，力争一年内全市经济社会发展有起色、有进步。继续调整和优化经济结构，扩大对外开放，大力鼓励和扶持非公有制经济的发展，营造投资创业的好环境。

建设“生命工程”的决策，得到了广大人民群众的拥护和支持，并为彻底解决汕头经济社会秩序混乱的问题提供了一条全新的思路。“生命工程”这个命题的提出，是市委常委集体决

策的结果，充分体现了中央、省有关整治市场秩序和社会秩序的精神，切合汕头的实际，体现了广大人民群众的根本利益、要求和愿望。尤其是12月中旬召开的广东省委工作会议，把汕头确定为全省社会信用体系建设的试点城市，要求汕头在信用建设方面为全省乃至全国创造新鲜经验，这为汕头的信用体系建设提供了新的动力。

在推进“重建信用、重塑形象”生命工程中，汕头市委、市政府精心策划了一系列的行动，不断把“两大整治”和社会信用建设引向深入。一方面，在全社会广泛开展信用意识、信用观念、信用道德的教育和学习活动，营造守信光荣、失信可耻的社会道德氛围，促使广大干部群众树立起先进的、正确的信用观。5月29日，汕头市各界代表举行庄严的《信用宣言》签名仪式，从市委、市政府领导到机关、企事业单位和各界群众代表，纷纷作出了诚信的承诺。另一方面，积极做好社会信用体系建设的准备工作。10月，市委、市政府专门派出考察团，赴上海等地学习信用体系建设的经验，在此基础上，经过反复讨论研究和征求意见，拟出《汕头市信用体系建设工作方案》，明确了开展社会信用体系建设的指导思想，提出要围绕把汕头建设成为全国信用最好的城市之一的目标，突出建立政府信用和企业信用制度，坚持高起点规划、高标准建设、高效率运作，加强信用道德、信用网络、信用法制和信用队伍建设，推进政府机关及职能部门、公务员队伍、企业与企业法定代表人、垂直经济管理部门、公民五个层面的社会信用体系建设。同时，成立了汕头市信用体系建设领导小组及办公室，着手抓好社会信用法规和规章的拟草、建立汕头政府信用网等各项筹备工作。

（柯锡奎　何维克）

庆祝汕头经济特区建立20周年

10月20至24日，汕头市举行一系列活动，隆重庆祝汕头经济特区建立20周年。这次活动得到中央和省领导的亲切关怀，受到海内外各界的广泛关注，莅汕参加活动的中央有关部委及兄弟省市、友好城市，以及来自全球13个国家（或地区）、25个海外乡亲代表团的嘉宾近3000人。

22日下午，市委、市政府在林百欣国际会展中心隆重举行庆祝大会，原中共中央政治局常委宋平，中共中央政治局委员、广东省委书记李长春，广东省委副书记、省长卢瑞华，广东省政协主席郭荣昌，原广东省委书记任仲夷、林若，原广东省政协主席吴南生，香港长江实业（集团）董事局主席、汕头市荣誉市民李嘉诚，全国政协常委、汕头市荣誉市民庄世平，原驻英大使柯华，泰国正大集团董事长、汕头市荣誉市民谢国民，原中联部部长朱良，原司法部部长邹瑜、蔡诚，原深圳市委书记李灏，广东省委常委、深圳市市长于幼军，广东省委常委、秘书长蔡东士，广东省人大常委会副主任张凯，广东省副省长许德立，海南省委副书记、海口市委书记蔡长松，福建省副省长、厦门市市长朱亚衍，中国轻工业联合会副会长张善梅，原广东省委常委、纪委书记王宗春，原广东省政协副主席林兴胜等和1000多名海内外嘉宾以及汕头各界干部群众代表一起出席盛会，共庆汕头经济特区20华诞。

庆祝大会由市长李春洪主持。市委书记李统书首先致词，他回顾了汕头经济特区20年不平凡的历程和发生的巨大变化，并指出，汕头经济特区取得的成就，是邓小平理论正确指引的结果，是党中央、国务院和广东省委、省政府正确领导的结果，也是汕头市历届班子率领全市人民团结奋斗、努力拼搏的结果，是港澳台同胞、海外侨胞、国内外各界人士大力支持的结果。他代表市委、市政府和全市人民向所有关心和支持汕头经济特区建设事业的各级领导和海内外各界朋友,向为汕头经济特区做出巨大贡献的广大建设者、创业者,向驻汕解放军指战员、武警官兵表示崇高的敬意和衷心感谢。

香港长江实业(集团)董事局主席李嘉诚,广东省委副书记、省长卢瑞华先后讲话,对汕头经济特区建立20周年表示热烈祝贺。卢瑞华在讲话中充分肯定了汕头经济特区20年取得的成就。他说,20年来,汕头经济特区发生了翻天覆地的变化,取得了令世人瞩目的成就,同其他经济特区一起,为我国的改革开放和现代化建设事业做出了贡献。最近一段时间,汕头市委、市政府贯彻落实省委、省政府汕头现场办公会精神,认真开展"两大整治",全方位推进"重建信用、重塑形象"新世纪汕头生命工程的建设,取得明显成效。全市经济社会秩序有了明显好转,信用和形象逐步恢复,海内外投资者所需要的"信心环境"正在建立,经济社会发展正在步入规范有序的健康轨道。他指出,辉煌的业绩已载入史册,新的创造寄寓于明天。他希望汕头经济特区更加坚定不移地以邓小平理论和江泽民总书记"三个代表"重要思想为指导,与时俱进,除旧布新,努力创造与伟大时代相辉映的新业绩。

庆祝大会上,宋平、李长春、卢瑞华为汕头游泳跳水馆、星湖公园、汕头港珠池港区二期工程、粤东信息大厦等17个重点工程项目集中电视剪彩。随后,与会嘉宾兴致勃勃观看了大型音乐歌舞《大潮颂》。傍晚,市委、市政府假座帝豪酒店举行招待酒会,盛情款待出席庆典活动的各级领导和海内外嘉宾。晚上,在华侨公园举行了烟花晚会,数十万市民同时在时代广场、海滨路、南滨路等地观赏焰火。

22日下午,李长春、卢瑞华和汕头市领导在林百欣会展中心亲切会见了李嘉诚、谢国民先生。李嘉诚向李长春介绍了他创办的汕头大学以及今后发展的一些设想。李长春称赞李嘉诚一直关心着家乡的建设和发展,创办汕头大学的举措很有远见,表示将全力支持把汕头大学办得更好。当晚李长春、卢瑞华等省领导在汕头市主要领导的陪同下,会见了前来参加庆祝活动的30多名潮籍侨领、乡亲代表,对他们参加本次庆祝活动表示热烈欢迎,感谢他们以及在海外的2000多万广东籍乡亲对祖国和家乡建设的支持,同时介绍了广东改革开放20多年来的社会经济发展和汕头开展信用建设取得成效的情况。希望潮籍侨领、乡亲代表一如既往地支持广东和汕头的改革开放和现代化建设,并通过他们的影响,向世界介绍广东和汕头的投资环境,吸引更多的朋友前来进行各项合作与交流。

以庆祝活动为契机,市委、市政府和各地各有关部门举办了各种经济科技交流活动。23日上午,在林百欣会展中心广场举行了第三届中国汕头国际食品博览会、中华民族产品经贸洽谈会、汕头市科技成果推广转化暨技术交易会开幕式。同日,在汕头市科技馆举行技术交易项目签约仪式。本次食博会和经贸洽谈会盛况空前,进场参观、采购人数达25万人次,零售总额3200万元,签订合同、协议书和意向书近200项,交易额约3.63亿元人民币;科技成果推广转化暨技术交易会成效显著,共有131家企业参展,北京大学、天津大学、同济大学、中山大学、华南理工大学、汕头大学、中科院广州分院等20所高校(科研院所)参加,展示科技成果达到341项。有20项科技合作项目正式落户汕头,合同金额总计达2亿多元。此外,还举行了汕(头)昆(明)经济技术合作恳谈会,签订了5个商贸合作协议;配合福州市在汕举行福州商品推介会,汕头市企业与福州市企业签订了23个合作项目,签约金额1.86亿元。庆祝活动期间,全市各地各有关部门积极开展各类经贸、文化和研讨活动,包括汕头经济特区第七届美食节、两岸六地青年企业家经济论坛、蚁光炎学术研讨会、金园工业城投资环境推介会、潮阳市海内外乡亲联谊活动、澄海市2001金秋联谊会暨旅游购物节等。

这次活动规模大、规格高、气氛热烈,办出了气势,办出了成效,对汕头发挥经济特区优势和侨乡优势，巩固和发展“重建信用、重塑形象”生命工程建设的成果，进一步凝聚人心、鼓舞斗志，掀起新的发展潮，都具有十分重大的意义。

（李必豪　林少嘉）

机构改革和干部人事制度改革

【党政机构改革】2001年，按照省委、省政府的统一部署，汕头市进行了市县乡镇机构改革。这次机构改革在历次机构改革中力度最大，机构、编制和人员精简最多。4月份正式启动，至年底市直党政机构改革基本完成，乡镇机构改革全部完成；区县（市）机构改革也从第4季度起全面铺开。改革进展顺利并取得了阶段性成效：一是精简机构编制实现了预期目标。全市共精简行政编制2191名，总体精简20.13%，比中央关于市县乡镇精简20%的要求略多一点，其中市直机关行政编制精简32%，区县机关行政编制精简20.68%，街道乡镇机关行政编制精简11%。机构设置方面，市直党政机关、事业单位共减少副处级以上机构25个，其中市直党委部门按省的要求设置8个，政府部门由改革前的38个减为30个（比省规定少2个）。单位领导职数总数比原精简23%，内设机构总数比原精简21%，科级职数总数比原精简25%。二是职能转变有了新突破。重点改革行政审批制度，改进审批环节，简化审批手续，规范审批行为。解除政府部门与所办经济实体和管理的直属企业的行政隶属关系，部门“三定”都明确政府部门今后不再兴办和管理企业。将应由社会自我管理和调节的社会事务转给事业单位或社会中介组织，将辅助性、技术性、服务性的职能转移出去，切实做到政企、政事、政社分开。如成立市机关事务管理局，将市各套领导班子的后勤服务和管理工作统一交由其承担；成立市企业投资管理服务中心，对企业投资实行“一站式”办事和“一条龙”服务。据初步统计，市直政府部门交给事业单位和中介组织的工作有69项。三是理顺事权关系获得实质性进展。重新合理界定了各部门之间的职能分工，将相同或相近的职能交由一个部门承担，如将规划局与国土房产局合并组建为规划与国土资源局，在土地的征用、规划和房产开发方面实行归口管理，减少了多头管理、重复管理，提高了工作效率；有利于政府政令畅通、减少审批程序，有利于方便企业和群众，有利于国家资源的统一管理、防止资金流失。进一步明确了党委部门与政府有关部门及群团机关的职责分工，如将原设在市委宣传部的新闻出版（版权）局全部职能划归市文化局，并在文化局加挂牌子，理顺了关系，改革了多头管文化的弊端。将原赋予事业（企业）单位的行政管理职能收归政府工作部门，尽量避免了行政职能体外循环。如把原市环卫局全部职能及园林处部分管理职能并入城管局；把运管处、铁路办、航务管理处等的行政管理职能收归交通局，重新组建为服务中心；把畜牧、果蔬行政职能收归农业局等。合理划分了层级之间的事权关系，避免了重复管理。在市与区的职能划分上，主要理顺了公安、环保、社保、行政执法管理体制，将公安、环保理顺为市垂直管理；澄海市将农业、文化等为社会提供服务的机构，继续交由乡镇管理，对国土、司法则实行市镇双重管理，以市为主的管理体制。通过“三定”，市政府各部门大部分交叉职能得到理顺，据统计，市直共理顺各部门交叉职能84项；各区县（市）也加大了对交叉职能的清理力度，如潮阳市就理顺了交叉职能127项，较好地克服了政出多门、多头管理、相互扯皮的弊端。

（刘锡华　单正言）

【市直机关中层领导职位实行全员竞争上岗】根据省委组织部、省人事厅《关于市县机构改革中层领导职位竞争上岗的实施办法》,汕头市在市直机关机构改革中层领导干部的调整配备中,实行全员竞争上岗。从5月开始准备,7月中旬启动,到年底全面完成。竞岗工作进展顺利,取得了预期成效,社会各界评价较好。这次竞岗,各级党委和政府统一思想认识,切实加强领导。市委专门召开常委会议,认真研究部署市直机关竞争上岗工作,并成立领导机构和办事机构,加强对竞岗工作的领导、组织和协调。市委副书记方健宏担任市竞争上岗工作领导小组组长,领导小组下设办公室,负责日常的具体工作。在整个竞岗工作中,从上到下进行深入的思想动员和广泛的宣传报道,形成良好社会氛围。参加竞争上岗1802人,占符合报名条件人数的84.72%。这次竞岗,在笔试、演讲答辩、民主测评、组织考察等重要环节实行"阳光作业",按照知识水平、能力经验、群众公论、组织考察的综合得分从高分到低分确定选拔人选。竞岗后,市直党政群机关科长的平均年龄由46.91岁下降到41.89岁,下降了5.02岁;副科长的平均年龄由42.21岁下降到38.24岁,下降了3.97岁。35岁以下的科长由原来占4.3%提高到占14.2%;30岁以下的副科长由原来占2.0%提高到占12.2%。大学本科以上学历的正副科长由原来占32.6%提高到占47.4%,一大批德才表现比较好的年轻干部走上了科级领导岗位,改善了机关中层领导干部结构,加快了干部队伍的"四化"步伐。通过竞争上岗,打破了机关干部"铁交椅"的思想,增强了干部的危机感和竞争意识,促进了干部思想观念的更新,有效地促进了机关干部形成努力学习、勤奋工作、团结协作、廉洁自律的良好氛围,激发了机关干部干事创业的积极性,促进了干部队伍素质的提高。

这次全员竞岗,充分体现了"公开、公平、公正"原则,较好地解决了干部能上不能下的问题。实行"零点起跑"和"阳光作业",不但为"上"提供了公平的机会,而且为"下"规定了公正的依据,使上者服众,下者服气,群众满意,比较公平、公正地解决了204名中层干部(其中科长61名、副科长143名)"下"的问题。这次机构改革,市直机关800多名科级干部重新任命,新提拔了200多名正副科长,涉及面之广,规模数量之大,前所未有。由于坚持公开、公平、公正的原则,实行全员竞争上岗,有效地防止和克服了在选人用人上的不正之风,整个社会反映平静,广大干部心态平和,群众比较满意。

【公开选拔副处级领导干部】从10月开始,历时3个多月,16名公选领导干部于2002年1月全部到任。这次公选副处级领导干部,是深化干部人事制度改革,加强领导班子和干部队伍建设的一次成功实践,坚持了公开、平等、竞争、择优原则,扩大了选人视野,落实了群众对选人用人的知情权、参与权、选择权、监督权,打破了论资排辈和平衡照顾,形成了正确的用人导向,为汕头市全面推行干部人事制度改革积累了新鲜经验。

一是选拔出一批素质较高的年轻干部。经过笔试、面试、组织考察等环节,层层筛选,从402名竞争者中选拔出来的16名副处级领导干部,基本素质、德才表现都比较好,他们的公选总成绩均列各公选职位第一名。16人中,年龄最大的45岁,最小的30岁,平均年龄36.9岁;其中硕士研究生1人,在职研究生2人,大学本科12人,大专1人。

二是发现、考察和储备了一批优秀的年轻干部。这次公选考察对象48人,选拔任用了16名。没有选拔任用的32人,平均年龄35.4岁,其中硕士研究生6人,在职研究生4人,大学本科22人。这批干部年纪较轻、学历较高、有一定的任职经历,德才条件比较好,有发展潜力,经市委常委会议决定,均列为县处级后备干部,并跟踪了解,加强培养锻炼,一年内如有合适担任的职位出缺,将依据工作需要及干部本人条件,优先列为选拔对象。

三是树立了正确的选人用人导向。这次公选坚持标准一致、公平竞争、机会均等，只要符合该职位的报名条件，都可参加竞争，并按统一的选拔程序，经笔试、面试、组织考察从高分到低分逐轮取舍，真正做到以干部的真才实学和工作实绩择优任用，较好地防止和克服了熬官、跑官、买官、卖官等不良风气和腐败现象，实现了从“伯乐相马”到“赛场选马”，从“论资排辈、平衡照顾”到“任人唯贤、择优录用”，让能者上、劣者汰，树立了正确的选人用人导向，干部群众普遍认为这是一次良性的竞争，有序的竞争，阳光下的竞争。在广大机关干部思想上产生了积极的冲击波，激励他们在提高自身素质上下功夫，保持奋发有为的良好精神状态，加强学习，勤奋工作，廉洁自律，创出实绩，为改革开放和现代化建设建功立业。

四是为今后公选以及深化干部人事制度改革积累了一定的经验。这次在全市范围内公选副处级领导干部，是干部选拔机制创新的又一次尝试，引进了公平竞争机制、择优任用机制、民主监督机制，实行差额考察制、考察预告制、考察量化计分、任前公示制、试用期制等，这些改革措施对形成公开、平等、竞争、择优的用人环境，建立有效激励与严格监督、公平竞争与择优任用、充满生机与活力的干部选拔机制将产生积极的影响，实践证明是行之有效、切实可行的。

市委和各地各单位对公选工作十分重视，市公选领导小组及办公室周密部署，精心组织，严格按照公选的原则和规定程序运作，实行“阳光作业”，接受社会各界的监督，保证了公选全过程的顺利进行，使选上者服众，没选上者服气，干部群众满意，取得了良好的效果。

一是市委重视，切实加强组织领导。市委常委专门召开会议，研究《汕头市公开选拔副处级领导干部实施办法》。市委书记李统书对公选工作提出了具体要求，市委副书记方健宏亲抓此项工作，市委常委、组织部长于云臣负责具体实施。市委还成立了市公开选拔工作领导小组及办公室，切实加强对公选工作的领导。

二是统一认识，广泛进行宣传发动。市委专门召开公选动员大会，市公选办着力做好公选的宣传发动工作，大造舆论，努力营造良好的公选氛围。各地各单位及时传达市公选动员会精神，进一步宣传动员。各公选单位主要领导亲抓，切实加强对公选工作的领导。还通过向各新闻媒体发布答记者问、专访报道等，使社会各界和广大群众能全面了解和积极支持公选工作，为公选工作提供了强有力的舆论支持。

三是精心组织，严格按规定程序运作。严格按照公选《汕头市公开选拔副处级领导干部实施办法》的规定运作，每一阶段工作，均制定实施方案，经市委领导审定后，周密部署，精心组织实施。每一阶段工作完成后，及时形成阶段性工作报告，报市委常委、副市长，并通过各新闻单位发布公告，接受采访，向社会公布工作情况和选拔结果，做到原则不变通、标准不降低、执行不走样。选拔人选采用逐轮淘汰制。从笔试进入面试，从面试进入组织考察，到最后提出拟选拔人选，均严格按照进入各阶段的规定名额，以竞争者各阶段的累计成绩从高分到低分确定。16 个公选职位的拟任人选，经市委常委会议讨论同意，进行了为期 10 天的公示后宣布任职，试用期 1 年。

四是加强监督，确保公开、公平、公正。坚持做到“五公开”，即公开公选职位、条件、程序、成绩、结果，加大监督力度，严肃纪律，保证了“公开、平等、竞争、择优”原则的落实。通过实施“五公开”，进行“阳光作业”，使公选工作的全过程都置于群众的监督之下，杜绝了各种违纪违规现象的发生。

（谢灿斌）

2001年汕头大事记

1 月

5日　市委书记庄礼祥、代市长李春洪在市委大楼迎宾厅会见由澳门特别行政区行政长官何厚铧先生率领，澳门特区政府、澳门中华总商会和澳门潮州同乡会联合组成的访问团。市领导卢桂兰、赖益成、郭斯锟、林静辉、王芸等参加会见。

11日　在北京召开的全国旅游工作会议上，汕头市被命名为第二批中国优秀旅游城市。副市长王芸代表汕头市接受“中国优秀旅游城市”牌匾。这是汕头市荣获“全国双拥模范城市”、“国家卫生城市”和“国家环境保护模范城市”后又获得的一项国家级荣誉称号。

15日至19日　原中共中央政治局常委、全国人大常委会委员长乔石莅汕视察，对汕头两个文明建设尤其是在信息产业、旅游资源开发、城市建设等方面取得的成就给予充分肯定。

2 月

1日　以泰华报人公益基金会主席陈世贤先生为团长的泰国泰华报人公益基金会潮汕友好访问团一行120多人抵达汕头，对潮汕地区进行为期8天的参观访问。广东省副省长汤炳权在市委大楼迎宾厅亲切会见访问团全体成员。国务院侨办国外司司长许又声，省侨办主任吕伟雄，广东省外经贸厅厅长梁伟发，省侨办副主任陈仰豪，汕头市领导庄礼祥、李春洪等参加会见。

9日　市委书记庄礼祥，市委副书记、代市长李春洪在市迎宾馆会见由全国政协常委、全国侨联副主席、香港普宁同乡联谊会创会会长庄世平先生率领的香港普宁同乡联谊会元宵访问团。

26日至27日　省委、省政府在汕头召开现场办公会，研究如何进一步加快汕头经济和社会发展，通过发挥汕头区域性中心城市的作用，带动粤东地区的发展；同时研究如何整治好汕头的市场秩序和社会秩序，在全省“市场经济秩序整治年”的整治行动中先走一步创造经验，为实现“十五”计划开好头、起好步奠定良好基础。中共中央政治局委员、省委书记李长春，省委副书记、省长卢瑞华分别在会上作了重要讲话。省领导张帼英、郭荣昌、黄丽满、陈绍基、卢钟鹤、欧广源、蔡东士、刘玉浦、汤炳权、游宁丰、李鸿忠、李容根，省直有关部门负责同志以及汕头市几套班子领导成员和市直有关单位、各县（市、区）的主要负责同志参加了会议。潮州、揭阳、汕尾市的主要负责同志出席了27日下午的会议。

28日至3月3日　市政协九届四次会议在汕头市区举行。

28日下午至3月4日　市十届人大四次会议在汕头市区举行，出席大会代表346名。大会依法补选李春洪为汕头市人民政府市长。

3 月

1日　市委召开常委扩大会议，专题学习省委、省政府现场办公会议精神，深入研究、部署落实具体措施。

4日　全市干部大会在市区召开。市委书记、市人大常委会主任庄礼祥在会上提出，全市各级干部要深刻反思几年来影响汕头形象和经济社会发展的教训，狠下决心，突出重点，标本兼治，集中力量落实“三个整治”措施，务必用一年左右的时间，使突出问题得到有效遏制，使经济社会秩序明显好转。

9日　省纪委副书记梁灿盛一行莅汕调研。

20日　全市审计工作会议召开。市长李春洪在会上强调，要严格审计执法，充分发挥监督作用，把加强审计工作与整治市场和社会秩序紧密结合起来，推动经济社会规范有序健康发展。

21 日　全市人事工作会议召开。会议部署开展市县乡机构改革工作，此次改革要求市、县、乡镇在清理超编人员和编外临时聘用人员的基础上，全市机关行政编制总体精简 20%。

22 日　市委、市政府召开整治市场秩序社会秩序动员大会，汕头市及各县区(市)、乡镇、村居四级干部及有关人员逾 10 万人通过电视、广播现场直播收看收听参加会议。市委、市政府决定从 3 月起到 9 月上旬，用半年左右的时间，在全市开展一场市场秩序社会秩序大整治行动。

23 日　省委决定，李统书同志任汕头市委委员、常委、书记，方健宏同志任汕头市委委员、常委、副书记。

27 日　市领导李统书、李春洪、郭斯锟、林静辉、黄天煜在香港参加香港潮州商会 80 周年会庆暨第 42 届会董就职典礼。

28 日　市领导李统书、李春洪、郭斯锟、林静辉、黄天煜在港出席潮汕三市政协香港委员联谊会举行的恳谈会，并分别拜会驻港部队司令员熊自仁中将和中央人民政府驻香港特别行政区联络办公室副主任高祀仁。

31 日　副省长李鸿忠莅临汕头大学视察指导工作。市领导李统书、李春洪、林静辉、王芸陪同视察。

4　月

18 日　汕头市统计局发布《汕头市第五次全国人口普查主要数据公报》，全市普查总人口为 467.11 万人，其中，本市户籍人口 459.83 万人；8 个区县(市)中，达濠区 18.47 万人，龙湖区 25.59 万人，金园区 45.97 万人，升平区 29.08 万人，河浦区 7.9 万人，南澳县 7.04 万人，潮阳市 247.06 万人，澄海市 86 万人。

26 日至 28 日　以全国政协副主席万国权为组长的全国政协道路运输立法调研组莅汕调研。

30 日　中纪委副书记傅杰一行莅汕。

5　月

11 日　汕头市召开严厉打击涉税犯罪宣判执行大会，市中院依法对一批虚开增值税专用发票及伪造增值税专用发票案件进行宣判，黄振池、林俗存 2 人终审被判处死刑的犯罪分子，会后被押赴刑场执行枪决。

11 日至 15 日　汕头经济特区商品(重庆)交易会在重庆市解放碑地王广场会展中心隆重举行。重庆市领导刘志忠、唐情林、黄立沛、艾智泉、高进进，四川省德阳市市长吴勉坚，汕头市领导李统书、林静辉、钟展南等出席开幕式。交易会总共签订各类合同、协议 258 宗，总成交额 10.34 亿元，其中零售 214 万元。

12 日　应公安部邀请，以泰国警察总司令蓬萨·都隆卡威奔警上将为团长的泰国警察代表团莅汕进行为期 3 天的友好访问和参观，并与汕头警方交流队伍建设和治安工作等情况。

12 日至 14 日　第十一届国际潮团联谊年会筹委会团长秘书长联席会议在北京召开。汕头市代表团团长、市长李春洪参加会议。

16 日　市委召开常委扩大会议，对汕头市“两大整治”工作进行阶段性回顾，并研究部署把整治市场秩序和社会秩序工作引向深入。市委书记李统书提出，重建信用、重塑形象是新世纪汕头的生命工程，市长李春洪就深入整治市场经济秩序做具体部署。

18 日　副省长李鸿忠一行在王芸副市长陪同下，考察汕头金中、新乡小学等中小学信息技术教育情况。

20 日　以省政协副主席王兆林为团长的省政协“整顿和规范市场经济秩序”视察

团莅汕进行为期3天的视察。

22日至25日　省人大常委会副主任、省依法治省工作领导小组成员兼办公室主任侣志广一行莅汕进行调研。

24日　全国侨联副主席林丽韫莅汕。

同日　由中国台商发展促进协会理事长章孝严先生率领的参访团一行31人抵达汕头。

25日　我市举办汕头市台商投资协会十周年庆典暨汕头经济特区投资环境推介会，来自台湾的工商企业家、在汕台商投资及祖国大陆一批台商协会的400多名嘉宾出席庆典和会议。主要有：全国侨联副主席林丽韫，中国台商发展促进协会理事长章孝严先生及其夫人黄美伦，中国台联原副会长彭腾云，台湾知名人士洪玉钦、省政协常委何开波，省政府台湾事务办公室副主任张镇堆；市领导李统书、李春洪、黄荣汉、林静辉、张第高、王芸、丘进、林猷垂、谢惠鹏等。

29日　汕头各界代表联合发起信用宣言签名活动，向全社会发出倡议：重建社会信用，重塑汕头形象，从自身做起。

6　月

4日至5日　由全国政协副主席罗豪才带领，全国政协港澳台侨委员会主任朱训为组长，副主任张伟超、教育部副部长韦珏等为成员的调研组一行12人莅汕调研港澳台侨人士在汕头市办学情况。

7日　市委书记李统书会见泰国中华总商会副主席、泰国潮州会馆名誉主席、汕头海外联谊会荣誉会长吴宏丰先生。

8日　市委、市政府召开全市市县乡镇机构改革动员大会。同日，汕头市机构改革方案和人员编制精简方案出台。

11日　汕头市隆重举行祝贺中国乒乓球队荣获第46届世乒赛男团冠军暨刘国正、马琳表彰大会。

同日　应汕头市政府的邀请，以越南芹苴市委副书记、市人民委员会主席邵光泰为团长的芹苴市代表团一行6人，对汕头进行友好访问。

12日　国务院打击骗取出口退税领导小组办公室和广东省委、省政府在市区召开国务院打击骗取出口退税工作协调会议。副省长汤炳权主持会议，国家税务总局副局长、国务院打击骗取出口退税领导小组办公室负责人崔俊慧，省委副书记、政法委书记陈绍基，省委常委、省纪委书记王华元出席会议并讲话。国务院807工作组成员，汕头、揭阳市主要领导和省直有关部门领导参加会议。

13日　副省长汤炳权在汕头主持召开粤东四市外贸工作现场会。

14日　市委召开市委常委、副市长联席会议，传达贯彻国务院打击骗取出口退税工作协调会、粤东四市外贸工作现场会精神，围绕国务院、省委领导对汕头市委、市政府提出的要求，研究部署贯彻落实意见。

18日至19日　省人大常委会副主任汤维英率领的省人大常委会执法检查组莅汕，检查《中华人民共和国消防法》和《广东省实施〈中华人民共和国消防法〉办法》的贯彻执行情况。

21日　市委、市政府举行科普工作暨科技颁奖大会，部署全市科普、科技工作，为获得省、市科技奖励的单位和个人颁奖，向汕头市“九五”期间“二十佳科技成果”颁发证书。市领导李统书、李春洪、方健宏、林静辉、洪庆耀、黄世忠、谢惠鹏、陈达彩等到会祝贺并颁奖。

同日　《汕头日报》刊载，广东省环保局和国家环保总局相继公布全省各市和全国46个重点城市2000年度城市环境综合整治定量考核结果，汕头市以89.55分位居全省第一名和全国环保模范城市第三名。至此，汕头市“城考”成绩已连续5年位居全省全国前列。

22日　莅汕调研的国家劳动保障部副部长王东进一行和省劳动和社会保障厅副

厅长孙庆奇，在市委迎宾馆听取粤东四市劳动和社会保障方面的情况汇报。

7 月

3 日　全国人大环资委副主任叶如棠莅汕，就《海域使用管理法》的制定进行调研。

6 日　早晨 7 时 50 分，第 4 号台风“尤特”在海丰和惠来交界处登陆，汕头陆地普遍出现 8—10 级、阵风 12 级以上大风，最大阵风达 53 米每秒(16 级)，并伴有暴雨到大暴雨的降水过程，出现最高暴潮水位 2.61 米，汕头市区大面积进水，一片汪洋。当天统计，全市受灾人口 203 万人，共造成全市经济损失 8.984 亿元，有 3 人死亡、4 人受伤。

7 日　国家防汛总指挥部派出以李坤刚为组长的工作组莅汕，察看汕头市水利设施遭台风“尤特”破坏情况。

18 日　汕头市第十届人民代表大会常务委员会发出公告(第 16 号)，根据《中华人民共和国地方各级人民代表大会和地方各级人民政府组织法》规定和汕头市市长李春洪的提请，汕头市第十届人民代表大会常务委员会第二十一次会议于 2001 年 7 月 18 日通过：

决定任命：苏耀光为汕头市人民政府秘书长；陈秀潮为汕头市发展计划局局长；周勤宜为汕头市经济贸易局局长；黄晖阳为汕头市教育局局长；林依民为汕头市科学技术局局长；吴振声为汕头市监察局局长；林平为汕头市司法局局长；刘远珍为汕头市劳动和社会保障局局长；刘执寰为汕头市规划与国土资源局局长；郑家汉为汕头市建设局局长；林秋成为汕头市水利局局长；黄陵为汕头市农业局局长、林业局局长；陈俊凯为汕头市卫生局局长；童怀德为汕头市计划生育局局长；陈少宏为汕头市审计局局长；王海庭为汕头市环境保护局局长；刘岳金为汕头市统计局局长；黄文魁为汕头市海洋与渔业局局长；王小辉为汕头市旅游局局长；章万多为汕头市法制局局长；马伟义为汕头市城市管理局局长。

免去：许斯仕的汕头市人民政府秘书长职务；汤汉良的汕头市教育局局长职务；李嘉祝的汕头市监察局局长职务；吴以明的汕头市司法局局长职务；吴上辉的汕头市水利局局长职务；张昌周的汕头市卫生局局长职务；陈奕泉的汕头市环境保护局局长职务；肖汉铿的汕头市统计局局长职务。

市民政局、财政局、人事局、文化局、物价局等部门的正职没有变动，不重新任命。

根据《广东省各级人民代表大会常务委员会人事任免办法》的规定，原市交通委员会更名为交通局、原市对外经济贸易委员会更名为对外贸易经济合作局、原市侨务办公室(外事办公室)更名为外事侨务局，因工作性质和范围没有变动，其正职也没有变动，不重新任命。其他更名、撤销或合并的工作部门原正职，其职务自行终止，不再办理免职手续。

19 日　市委召开市直机关“三定”和中层干部竞争上岗工作动员大会，市委副书记方健宏，市委常委、组织部部长于云臣在会上分别就机构改革现阶段工作的主要目标和任务进行动员和具体部署。

31 日　在广州举行的全省双拥模范城(县)命名大会上，汕头市第四次被命名为“省双拥模范城”称号。

8 月

1 日　市委副书记、市长李春洪率领汕头市党政代表团一行 43 人抵达昆明市，举行两市缔结友好城市暨经贸合作项目签字仪式。

5 日至 8 日　全国政协副主席马万祺莅汕视察。

7 日　莅汕调研的省委副书记黄丽满在市委书记李统书的陪同下，到潮阳市灶浦镇检查农村基层建设“三个代表”重要思想学习教育活动和计生工作。

8日　汕头市人大常委会根据市政府的提请，决定授予潮籍国际汉学大师饶宗颐教授“汕头市荣誉市民”称号。

9日至10日　副省长钟启权在省人事厅厅长谭璋球、省劳动和社会保障厅副厅长易洪深陪同下，莅汕就汕头县乡镇机构改革和劳动、社保工作两个专题的进展情况进行调研。

10日　经中国人民银行批准，广东省人民政府同意，汕头市商业银行因严重资不抵债，决定从当日起实施停业整顿。

13日　市委书记李统书、市长李春洪会见莅汕考察的泰国正大集团董事长谢国民先生一行。

14日　市委书记李统书会见由泰国商业部出口促进厅厅长班朴·洪通先生率领的访汕代表团。

15日至16日　副省长游宁丰在省政府副秘书长徐尚武、省经贸委副主任杨建初等的陪同下，莅汕就工业经济运行情况和安全生产工作进行专题调研。

20日　参加市直机关中层领导职位竞争上岗的市直机关77个单位的1826名干部，当日上午在汕头一中、汕头侨中两个考场，参加由省竞争上岗办公室统一组织命题的闭卷笔试。

22日　武警部队司令员吴双战中将莅汕视察汕头武警支队。

23日至24日　省委常委、常务副省长欧广源率领省法院、财政厅和人行广州分行负责同志，莅汕检查汕头市商业银行停业整顿工作，并对有关工作进行研究部署。

9　月

1日至2日　全国政协常委、港澳台委员会副主任厉有为莅汕考察。

4日　汕头市严厉打击破坏市场经济秩序犯罪宣判大会在市区召开，市中院对杨静丰、谢礼通、王祝华、张君壮等29名走私贩私、金融诈骗、受贿、非法经营、制贩假币、制假售假的犯罪分子进行宣判。

11日　汕头市人民代表大会常务委员会颁布《汕头经济特区城市房屋拆迁管理规定》，并自2001年11月1日起施行。

15日　举行迎九运千人渡海活动，1600余名游泳爱好者劈波斩浪，顺利横渡礐石海。这是汕头时隔21年后举行的一次群众性横渡礐石海活动。

19日　汕头市“八·一八”海难救援行动表彰大会在南澳县举行。南澳渔政44025艇等6个单位荣获先进集体称号，陈新流、林合坤、林炳钦等8人荣获先进个人称号。

22日　实施机关干部义务劳动制度化的第一个劳动日，市各套班子领导和全市各行各业机关干部参加了义务劳动。市政府办公室发出通知，规定从9月份起，每月最后一个星期六为机关干部义务劳动日。

同日　市委书记李统书在汕头迎宾馆亲切会见汕头市荣誉市民、法国华裔互助会会长、巴黎士多有限公司总裁郑辉先生。

23日　九运圣火传递到汕头。

25日　由美国加州大学伯克利分校和汕头大学联合举办的现代卫生管理研讨会在汕头市举行。加州大学伯克利分校卫生管理研究生项目主任戈特勒教授，国务院体改办处长纪宁，李嘉诚基金会董事周凯旋，中国工程院院士巴德年，汕头市委书记李统书，汕头大学校长徐小虎及国内外有关专家学者参加会议。

28日　投资11亿元兴建的汕头君华大酒店举行试营业庆典。

29日　国家安全生产监督管理局和市政府联合召开HAN阻隔防爆材料应用现场演示会。国家安全生产监督管理局司长韦国海和市领导李统书、李春洪、李雄等在保税区现场观看由汕头华安防爆科技公司与国内科研机构协作攻关取得的新成果——新型抑爆材料的演示。

同日　晚上在广电中心综合剧场举行“春风化雨，情系人民”大型慈善晚会，市五套班子领导出席晚会。企业家和社会各界为解决“饮水难、住房难、看病难”奉献爱心，踊跃认捐。当晚全市募集2706万元捐款。

同日　举行第二批特危房双困户、无房户安置公租房抽签大会，258户特困危房户喜获由政府提供的公租房。加上第一批的681户，是年我市已为939户困难户、约4000多人口解决了住房问题。

同日　为期5天的第三届全国商品（汕头）交易会在林百欣国际会展中心隆重开幕。

10　月

3日至4日　国家工商总局局长王众孚莅汕检查工作。

9日　广东省韩江流域管理局挂牌仪式在汕头市隆重举行。省韩江流域管理局的成立，是省委、省政府的一项重大决策，对实施防洪减灾、水资源配置、水环境保护等综合性水资源统一管理，实现韩江流域可持续发展将起到重要作用。

10日　汕头市公开选拔工作领导小组办公室发出《汕头市市直机关公开选拔副处级领导干部公告》，面向全市公开选拔包括市委宣传部副部长、市委政策研究室副主任、市发展计划局副局长、市教育局副局长、市科学技术局副局长、市规划与国土资源局副局长、市农业局（林业局）副局长、市对外贸易经济合作局副局长、市卫生局副局长、市审计局副局长、市统计局副局长、市海洋与渔业局副局长、市旅游局副局长、市外事侨务局副局长、市城市管理局副局长、市委党校副校长、市接待处副处长、团市委副书记各1名，共18个副处级领导职位。

同日　市委、市政府在迎宾馆举行迎宾酒会，欢迎专程前来参加九运会乒乓球比赛的领导、嘉宾、裁判员和各参赛代表队。

同日　许德立副省长莅汕考察，听取市委书记李统书、市长李春洪有关工作汇报，检查九运会比赛场馆，察看澄海盐鸿易地改造点。

11日　第九届全国运动会乒乓球比赛上午在汕头市拉开帷幕。来自全国各地的21支代表队共188名运动员开始各项比赛，争夺男女团体、男女单打、男女双打和混合双打7块金牌。

12日　由台湾统一集团及法国公司合资创办的统杰汕头公司法宝店开业。

13日　由全国台湾研究会主办、汕头市人民政府承办，为期2天的海峡两岸高新技术和产业交流与合作研讨会在我市开幕。全国台湾研究会副会长、国务院发展研究中心副主任孙晓郁，国家信息产业部副司长林元芳，全国台湾研究会副会长姜殿铭，国务院发展研究中心研究部部长郭励鸿，市领导李春洪、方健宏、洪庆耀、李雄、谢惠鹏等出席研讨会开幕式。来自海峡两岸的专家、学者和企业家，共同分析两岸高新技术和产业交流与合作的现状及面临的形势，探讨进一步密切交流、开展合作的途径。

同日　以美国尼尔加拉市总商会会长法兰德·加索先生为团长的尼尔加拉市代表团一行8人莅汕进行友好访问。市长李春洪、副市长钟展南等会见并宴请来宾。

16日　市委书记李统书在汕头迎宾馆会见国家体育总局副局长李富荣、国家体育总局乒羽管理中心主任刘凤岩、中国乒乓球队副总教练陆元盛、广东省体育局副局长杨洒军等一行，市领导林静辉、王芸等参加会见。

18日　由中国侨联、汕头市政府主办，汕头市委宣传部、北京市侨联、北京潮人联谊会等单位承办的“中国民系（潮人）文化国际研讨会”在北京华侨大厦举行。100多位专家学者和海内外嘉宾在会上交流研究成果，探讨发展思路。中国侨联主席林兆枢，副主席唐闻生、李祖沛，香港大学校长饶宗颐，中国侨联顾问肖岗，汕头市领导李春洪、张第高、肖欣扬和市委宣传部部长陈友烈等参加研讨会。

19日　第十一届国际潮团联谊年会上午在北京人民大会堂隆重举行。出席年会的有来自30个国家和地区的77个代表团共3200多名潮汕籍人士,以李春洪市长为团长的汕头代表团赴京参加盛会。

同日　市十届人大常委会发出第20号公告,公布《汕头市荣誉市民称号授予办法》,并自2001年12月1日起施行。

20日　由市政府主办、市旅游局承办的第七届潮汕美食节,是日至28日在林百欣国际会展中心时代广场举行。

同日　由中国美术家协会、第十一届国际潮团联谊年会筹委会、汕头市政府主办的"国际潮人美术家作品邀请展"在北京中国美术馆开幕。来自美国、法国、澳大利亚、泰国、新加坡、马来西亚等国家的海外画家和香港、澳门、台湾以及国内其他各地潮汕本土画家的150多幅作品参展。

20日至26日　原中共中央政治局常委宋平莅汕考察,并参加汕头经济特区建立20周年活动。

22日　庆祝汕头经济特区建立20周年大会在林百欣国际会展中心剧场举行。原中共中央政治局常委宋平,中共中央政治局委员、广东省委书记李长春,省委副书记、省长卢瑞华,省政协主席郭荣昌,原省委书记任仲夷,原省委书记林若,原省政协主席吴南生,香港长江实业(集团)董事局主席、汕头市荣誉市民李嘉诚,全国政协常委、汕头市荣誉市民庄世平,原驻英大使柯华,泰国正大集团董事长、汕头市荣誉市民谢国民,原中联部部长朱良,原司法部部长邹瑜,原司法部部长蔡诚,原深圳市委书记李灏,省委常委、深圳市市长于幼军,省委常委、秘书长蔡东士,省人大常委会副主任张凯,副省长许德立,海南省委副书记、海口市委书记蔡长松,福建省副省长、厦门市市长朱亚衍,中国轻工业联合会副会长张善梅,原省委常委、纪委书记王宗春,原省政协副主席林兴胜,市委书记李统书,市委副书记、市长李春洪等中央、省、市领导及海内外嘉宾出席庆祝大会。

23日　第三届中国汕头国际食品博览会、中华民族产品经贸洽谈会、汕头市科技成果推广转化展示暨技术交易会上午在林百欣国际会展中心隆重开幕。

同日　汕头市科技成果推广转化展示暨技术交易会开幕。在下午举行的签约仪式上,20项科技合作项目正式落户汕头。

同日　汕头——昆明经济技术合作恳谈会在汕头帝豪酒店举行。

同日　柯达公司在石炮台公园捐资兴建的柯达园揭幕。

24日　2001澄海市金秋联谊会暨旅游购物节在澄海市莲花山温泉度假村举行。新加坡、马来西亚、泰国以及香港、澳门、台湾等地16个团体组织的600多名华侨乡亲专程到澄海参加盛会。

同日　两岸六地青年企业家(汕头)经济论坛在汕头国际大酒店举行。全国青联秘书长胡伟,广东省青联主席万庆良,市领导方健宏、徐斯池、丘进、林猷垂,国内著名经济学家钟朋荣、蓝海林,著名学者蔡德麟、林伦伦等出席开幕典礼。来自台、港、澳、穗、深、汕两岸六地的青年企业家精英100多人参加此次论坛。

同日　潮阳市举办海内外乡亲联谊会。

26日至27日　国家教育部部长陈至立莅汕考察,国家教育部副部长张保庆,广东省副省长李鸿忠及国家、省、市有关部门负责人陪同考察。在汕期间,陈至立考察参观了金山中学、汕头大学等,听取有关工作汇报,对汕头的教育事业的发展给予了高度评价。

29日　汕头市企业投资管理服务中心是日起开始正式运作。

30日　在岩岛影剧院召开严厉打击涉税犯罪宣判执行大会。12名被告人分别被汕头市中级人民法院一审以虚开增值税专用发票罪、伪造企业印章罪、受贿罪、滥用职权罪和巨额财产来源不明罪判处有期徒刑、无期徒刑和死刑，两个犯虚开增值税专用发票罪的单位被判处罚金。虚开增值税专用发票罪犯李立、邱燕洲经最高人民法院核准，被执行死刑。潮阳市国税局原局长林伟琏以受贿罪、滥用职权罪、巨额财产来源不明罪被依法判处有期徒刑15年，并处没收财产人民币10万元，并追缴全部赃款。

11 月

6日　由汕头大学新闻信息传播系主办，台湾朝阳科技大学、台湾铭传大学、香港中文大学、上海交通大学、南京大学协办的第四届“两岸传播媒体迈向21世纪学术研讨会”在汕头大学举行。

同日　国土资源部副部长鹿心社在我市进行国土资源管理工作情况调研。

6日至7日　中共中央政治局常委、国务院副总理李岚清在中共中央政治局委员、广东省委书记李长春等陪同下莅汕视察。汕头大学校董会名誉主席、香港长江实业集团主席李嘉诚先生专程从香港来汕陪同视察汕大。国务院副秘书长高强、国家经贸委副主任张志刚、教育部副部长吕福源、科技部副部长邓楠、国务院体改办副主任潘岳、“610”办公室副主任李东生等中央领导和广东省委副书记、政法委书记陈绍基，副省长李鸿忠，市领导李统书、李春洪、方健宏、王芸等陪同视察。

9日　在广西南宁举行的第七届中国戏剧节开幕式并同时举行的第十八届中国戏剧梅花奖颁奖仪式上，广东潮剧院院长、国家一级演员陈学希获第十八届中国戏剧梅花奖，成为潮剧第一位获此殊荣的表演艺术家。

10日　368名考生参加汕头市公开选拔副处级领导干部考试笔试，角逐16个副处级领导职位。

12日　九运会“超声电子杯”跳水比赛上午在汕头游泳跳水馆开幕，共有20支代表队参加男女团体和10个单项的比赛。

14日　市委书记李统书、市长李春洪会见莅汕参观考察的国家体育总局党组书记、副局长李志坚。李志坚代表国家体育总局感谢汕头对九运会所作出的重要贡献。副市长王芸、国家体育总局游泳管理中心副主任薛立等到机场迎接并陪同李志坚到澄海正大体育中心、汕头游泳跳水馆和汕头乒乓球学校参观场馆、观看比赛。

同日　汕头市首例台湾捐赠骨髓移植顺利实施，此次海峡两岸非亲缘异基因骨髓移植为汕头乃至粤东地区第一例。20岁的汕头市青年姚文健患急性粒细胞白血病，在汕头大学医学院第一附属医院血液内科住院治疗。当日，台湾慈济基金会骨髓捐赠中心黄永存先生、李惠融先生乘坐19时45分从香港飞往汕头的CZ—314航班，护送从26万登记者筛选出的一台湾女青年捐献的骨髓来汕，供姚文健作骨髓移植治疗。21时，骨髓安全到达汕头大学医学院第一附属医院。21时40分，骨髓移植开始，经过4小时左右，手术顺利完成。

14至16日　全国政协副主席张克辉、全国台盟副主席李敏宽一行莅汕视察。

15日　市委书记李统书会见莅汕参观考察的北京市副市长、北京市九运会代表团团长刘敬民。

17日　汕头市委书记李统书在汕头迎宾馆会见了莅汕参观考察的国家体育总局副局长段世杰，并就体育、信用问题进行交流。

同日　市长李春洪率领汕头市赴台考察访问团，赴台湾进行访问。

18日　汕头市人民政府港澳事务办公室挂牌成立。

同日　潮阳市榕江片水厂在潮阳金玉镇外洋村虎山脚下隆重举行奠基开工仪式。潮阳市榕江片水厂占地面积30亩，以潮美闸水源为主要水源，南干渠水源为备用水源，供水总规模计划为6万立方米/日，分两期建设，首期工程为日产3万立方米，计划投入资金4000万元。水厂将于2002年9月底前竣工通水，届时将彻底解决榕江片区30多万群众饮用水难的问题。

19日　市委书记李统书会见了世界轮胎巨头——普利司通株式会社海外事业部部长五十岚洋一行。

21日　市委书记李统书在汕头迎宾馆会见了以原江西省委常务副书记、现任江西省关心下一代工作委员会主任许勤为团长的考察团。

22日　由深圳市宝安区委书记黄志光、区长黄锦奎率领的宝安区党政代表团一行40多人莅汕参观考察，并与龙湖区签订缔结友好区协议。

同日　市委书记李统书在汕头迎宾馆亲切会见以台湾鲔鱼公会理事长、光阳渔业股份有限公司董事长柯清芳为团长的台湾鲔鱼公会访问团一行。

同日　市委书记李统书、市委副书记方健宏和市委常委、秘书长林静辉在汕头迎宾馆亲切会见"民斯运"副主席亚克率领的斯洛伐克争取民主斯洛伐克运动——人民党代表团一行。

27日　汕头大学第五届校董会召开第四次会议，香港知名人士李嘉诚先生再次捐资7500万港元给汕头大学奖励优秀人才。至今，李嘉诚先生已捐资20亿港元。

同日　广东省副省长李鸿忠、省政府副秘书长黄业斌一行莅汕，出席汕头大学第五届校董会第四次会议，并察看汕头游泳跳水馆。

28日　连接深圳、汕头、厦门3大经济特区的经济大动脉、粤东地区公路主骨架——汕汾高速公路通车。

12　月

4日　以省人大常委会副主任王骏为组长，原省人大常委会副主任方苞，广州市委副书记、市长林树森为副组长的全国人大代表一行19人莅汕，对汕头市整顿市场经济秩序情况进行专题视察。

7日　英国威尔信公司在汕头隆重举行"威尔信香港有限公司成立10周年暨威尔信（汕头保税区）动力设备有限公司开业"庆典活动。美国卡特彼勒集团公司、法国朔高美电气公司、英国DENCO空调公司、意大利精特电源有限公司和英国威尔信公司及其亚太地区经销商400多人会聚汕头、共商中国市场发展大计。市领导李统书、李春洪等出席庆典活动。

8日至9日　交通部副部长兼海事局局长洪善祥、海事局党委书记兼副局长何建中等一行4人莅汕调研，听取汕头海事局领导的工作汇报，就进一步深化水监改革，实施"一省一局"海事管理格局进行工作调研。

16日至17日　辽宁省丹东市党政代表团莅汕考察，与汕头市签订经济技术合作协议书，丹东市元宝区与金园区缔结成友好城区。

17日　武警总部副司令员朱曙光中将莅汕考察，并在市委副书记方健宏、广东省武警总队总队长洪少虎少将、副总队长李功民大校、武警总部作战部副部长李苏鸣上校陪同下，专程到汕头武警支队教导队看望官兵。

20日　市妇联授予杨静娟汕头市"三八红旗手"荣誉称号，表彰杨静娟在平凡岗位上做出的不平凡贡献，号召全市妇女干部学习杨静娟无私奉献的精神，并召开各界妇女代表学习杨静娟先进事迹座谈会。

25日　中央储备粮汕头直属库正式挂牌成立。

26日　市委、市政府隆重举行授荣仪式，授予当代国际著名汉学大师饶宗颐先生"汕头市荣誉市民"称号。

27日　市委、市政府隆重召开第二批工业名牌产品推介暨光彩事业促进会成立大会，12家获"广东省著名商标"企业受到奖金奖励，28家企业和11位市光彩事业先进个人受到表彰。

27日至29日　全国党建研究会会长、原中共中央组织部部长张全景在原广东省委组织部副部长黄绥泉的陪同下莅汕考察。

30日　由中国华能集团公司投资8亿元的整体开发南澳岛东部风力资源项目当日在金海湾大酒店签约。

（陈毓玲）

汕头概况

基本概况

【地理位置】 汕头市位于广东省东部,韩江三角洲南端,东北接潮州市饶平县,北邻潮州市潮安县,西邻揭阳普宁市,西南接揭阳市惠来县,东南濒临南海。全境位于东经116°14′40″至117°19′35″和北纬23°02′33″至23°38′50″之间,市区距香港187海里,距台湾高雄180海里。历来是粤东、赣南、闽西南一带的重要交通枢纽、进出口岸和商品集散地,素有"华南之要冲,粤东之门户"的美称。

【地形地貌】 汕头地貌以三角洲冲积平原为主,占全市面积的63.62%,丘陵山地次之,占土地面积的30.40%,台地等占总面积的5.98%。汕头市地处海滨冲积平原之上,处在粤东的莲花山脉到南海之间,境内地势自西北向东南倾斜,整个地形自西北向东南依次是中低山——丘陵,台地或阶地——冲积平原或海积平原——海岸前沿的砂陇和海蚀崖——岛屿。东北部有莲花山脉,西北是桑浦山,西南有大南山。东南部沿海沿出江口处为冲积平原或海积平原和海蚀地貌以及港湾和岛屿的分布。韩江、榕江、练江的中、下游流经市境,三江出口处成冲积平原,是粤东最大的平原。汕头依海而立,靠海而兴,市区及所辖各县(市)均临海洋。汕头海岸线曲折,岛屿多。全市海岸线和岛岸线长达289.1公里,纳入汕头市海洋功能区域工作面积约1万平方公里,是陆域面积的5倍之多。全市有大小岛屿40个,其中南澳23个、潮阳1个、汕头12个、澄海2个、牛田洋2个。最大的海岛是南澳岛,岛西部高峰海拔587米,是汕头的最高峰。南澳岛也是广东省惟一的海岛县,周围有南澎列岛、勒门列岛、凤屿、虎屿等。

【地质资源】 汕头市所属区域已找到矿产42种,共有矿产地180处。从已有区域地质勘查成果来看,汕头市区域地质的显著特征是中生代侵入岩花岗岩类发育,第四纪海陆交互相及海相沉积发育,与之相关的矿产资源种类颇多,分布较广。与内生成矿作用相关的钨锡多金属矿主要分布澄海、潮阳等地花岗岩类分布区,与外生成矿作用相关的石英砂、锆英石、钛铁矿等主要分布滨海地带。区内的矿产以钨、稀土、玻璃用砂、建筑用花岗岩、饰面用花岗岩及矿泉水、地下热水等资源相对比较丰富,其勘查开发前景甚好。锡、金、钛铁矿、锆英石、独居石及高岭土、耐火粘土等具有找矿潜力。广泛分布的花岗岩及石英砂、粘土是重要的建筑原料资源。全市土地资源224438.7公顷。全市可供开发的港口有103处,仅南澳岛可供开发的深水港就有7处,市区的珠池、马山、苏埃、广澳等4处港址可建1—10万吨级码头泊位69个。有多处港湾和大片浅海滩涂,10米等深线内浅海滩涂面积74.3万亩,可利用面积46.8万亩,200米等深线内渔场面积5.3万平方公里,适宜海水养殖,滨海盛产海盐。近海已知的鱼类有471种、虾蟹类17种、贝类30多种、藻类近20种。

(单正言)

【人口】 2001年末,汕头市常住总人口461.56万人,比2000年增加2.73万人,增长0.59%。全市人口密度为2236人/平方公里,比2000年增加13人,是全省人口密度426人/平方公里的5.25倍。在广东省21个地级市中,汕头市人口数量居第6位,占全省总人口的6.15%,比2000年提高0.01个百分点,年末常住人口中,男性2323866人,占50.35%,女性2291760人,占49.65%。全市户籍总户数为103.41万户,比2000年增加1.75万户,增幅为1.72%,

户平均人口为4.46人,比2000年减少0.05人。在户籍人口中,非农业人口157.21万人,占34.06%,比2000年上升0.9个百分点,农业人口304.36万人,占总人口的65.94%,比2000年下降0.9个百分点。劳动力资源充裕。年末常住人口中,劳动年龄(男16—59岁,女16—54岁)人口占总人口的56.67%,育龄妇女比重较高,占总人口的26.47%,总数达到123.44万人,其中已婚育龄妇女占18.44%。人口控制取得显著成绩。计生年报数据显示:2001年人口出生率为12.36‰,比2000年下降0.61个千分点,比省下达的计划指标低2.84个千分点;人口自然增长率为7.43‰,比2000年下降0.60个千分点,继1999年人口自增率首次低于10‰以后,再次有所下降。全年出生人数56940人,比2000年少生2032人;自然增长人数34252人,比2000年少增2269人。居民预期平均寿命已达到74岁左右。随着少年儿童人口比例的下降,人口老龄化进程加快。据有关资料推算,全市65岁及以上老年人口占总人口的比重已超过7%。

(李建达　章先鹏)

【气候】 汕头市位于广东省东南沿海,海岸线走向自东北向西南,汕头属亚热带,处于赤道低气压带和副热带高气压带之间,在东北信风带的南缘。汕头市地处亚欧大陆的东南端、太平洋西岸,濒临南海。冬季常刮偏北风,夏季常刮偏南风或东南风,具有明显的季风气候特征。北回归线从汕头市区北域通过。全市属南亚热带海洋性气候。温和湿润,阳光充足,雨水充沛,无霜期长,春季潮湿,阴雨日多;初夏气温回升,冷暖多变,常有暴雨,盛夏虽高温而少酷暑,常受台风袭击;秋季凉爽干燥,天气晴朗,气温下降明显;冬无严寒,但有短期寒冷。年日照2000—2500小时,日照最短为3月份。年降雨量1300—1800毫米,多集中在4—9月份。年平均气温21℃—22℃,最低气温在0℃以上;最高气温36℃—40℃,多出现于7月中旬至8月初受太平洋副热带高压控制期间。冬季偶有短时霜冻。

【历史沿革】 汕头市区地处韩江、榕江、练江的出海口,汕头湾把市区分成南北两片。汕头市区古为滨海冲积地。宋时砂尾(今金砂乡)已形成村落,属揭阳县。南片达濠古为潮阳县建制的招收都,元代光华埠一带已有较大渔村,称厦岭。明初设蓬州守御千户所,嘉靖年间置澄海县时随属澄海。因沙脊向海伸延,百姓设棚捕鱼,称沙汕。清康熙年间建沙汕头炮台。雍正年间简称汕头。汕头素有"百载商埠"之称,1858年恩格斯在《俄国在远东的成功》中指出,汕头是"惟一有一点商业意义的口岸。"汕头1861年正式开埠,成为近代中国最早对外开放的港口城市之一。1919年冬设汕头市政局。1921年7月成立市政厅,与澄海分治。1930年准予设市,隶属广东省政府。商贸历来比较发达。20世纪30年代,汕头港口吞吐量仅次于上海、广州,居全国第3位;商业之盛仅次于上海、天津、大连、汉口、胶州、广州,居全国第7位。曾有美、英、法、德、日、俄、荷、比等8个国家在汕设立领事馆。从辛亥革命到东征、北伐、"八·一"南昌起义,都在汕头留下历史烙印。解放后,1950年3月15日成立汕头市人民政府。1981年经国务院批准,在市区龙湖试办经济特区。1983年12月22日实行市管县制,撤销汕头地区,原地区所属8县1市并入汕头市。1984年11月经国务院批准,汕头经济特区的区域面积扩大为52.6平方公里,分龙湖和广澳两片区。1991年4月,国务院批准汕头经济特区的区域扩大到整个汕头市区,面积234平方公里,并确定于同年11月正式实施。1991年11月,潮汕行政区域调整,潮州、揭阳分设地级市,汕头市总面积2064平方公里,其中市区面积310平方公里。1992年,汕头被评为全国"城市综合实力50强"和"首批投资硬环境四十优"城市,1994年跻身为全国55个人均国内生产总值超过万元城市之一。

1996年,国家统计局对全国219个地级以上城市的综合实力进行比较,汕头名列第41位。目前,汕头是国家卫生城市、国家环境模范城市和中国优秀旅游城市。

【语言】 地方方言为潮汕话。潮汕话流行于汕头、潮州、揭阳等市所在的潮汕一带地区,汕头市讲的叫汕头话。潮汕话属于闽南方言的一个支系,与现代汉语有较大的差异。它保存着大量的古汉语语音、声调、词汇及语法特点,也保存着不少古台语底层词,有不少马来语或英语借词。境内少数客家居民也用客家话。

【潮汕文化】 汕头文化传统悠久,文化积淀深厚,宋时就有"海滨邹鲁"之称。潮剧、潮乐、潮菜和功夫茶等传统文化富有浓郁的地方特色,享誉海内外。潮剧是中国10大戏曲剧种之一,源于宋元南戏的一支,形成于明代,解放后发掘整理的传统剧目有1000多个。独具韵味的潮剧唱腔清丽,做工细腻,深受人们喜爱,流行于粤东、闽南及东南亚各国。古朴典雅的潮州音乐,是中原古乐与潮汕民间曲调长期渗透融合形成的地方音乐体系,色彩浓郁、丰富、完整。演奏形式包括弦诗乐、细乐、庙堂乐、笛套古乐、锣鼓乐等,有潮乐弦诗曲牌千首以上,在国内外享有盛誉。潮州大锣鼓曾获得世界青年联欢节金奖。英歌舞是粤东潮汕地区流传的一种民间舞蹈艺术,属汉族广场情绪舞蹈,是由107位身着传奇色彩服装的男子组成的民间舞蹈,被誉为"中国民族舞蹈的根"。潮阳市是英歌舞最为盛行的县(市)。1996年11月,潮阳市被国家文化部授予"中国民间艺术(英歌艺术)之乡"的称号。1956年、1988年曾两度赴北京进行演出,反响很大。

【侨乡侨情】 汕头华侨众多,与海外交往密切,是全国著名侨乡。远在唐代就是我国海上丝绸之路的重要始发港,也是近代中国最大的移民口岸之一。在海外的华侨、华人和港澳台同胞335万人,归侨、侨眷和港澳台同胞家属200多万人,遍布世界40多个国家和地区。"有海水处就有华侨,有华侨处就有潮人"。在海外影响较大的潮汕华侨组织有"国际潮团联谊会"等。与海外交往的独特人缘、地缘、亲缘优势,使汕头在对外开放方面具有特殊的优越条件和巨大潜力。改革开放之初,中央确定办4个经济特区,"主要是从地理条件考虑的。深圳毗邻香港,珠海靠近澳门,汕头是因为东南亚国家潮州人多,""汕头为什么被定为特区,一方面更重要的是它有大批散居在海外的华侨。"可以说,没有众多的华侨,就没有汕头经济特区。

【旅游资源】 汕头市旅游资源(含资源组合)已发现约70余处,大致可归为海、山、潮、侨、庙、史等几类。其中已评定国家级森林公园1处,国家AAA级旅游区1处,省级风景名胜区、自然保护区各1处,省级重点文物,省级旅游度假区4处,其他景点60余处。汕头市近郊桑浦山的海蚀地貌,为中国罕见。岩石风景名胜区是广东省第一批省级风景名胜区,地处韩、榕、练三江汇流出海口,海岸线15公里,陆域面积13.5平方公里,大小峰峦43座,分6大景区,以海、山、石、史、洞为要素,具雄、奇、秀、幽的特点。区内有见证汕头开埠140余年历史的英、法、德、美领事馆、学校和洋楼。该景区位于汕头市区南北城区的中心地带,与北区的高层建筑和海湾大桥、岩石大桥相辉映,其独特的自然风光和人文景观,在省内以至全国都是较为少见的。文天祥、郑成功、孙中山、周恩来、彭湃、贺龙、叶挺等,均在潮汕地区留下珍贵的史迹。这些都是汕头的人文资源。寺庙众多,潮阳的灵山寺属省级文物保护单位。汕头市区和妈屿岛的妈祖庙,以及南澳岛的果老山叠石岩,为潮汕的宗教旅游资源。市区主要旅游景点有:海湾大桥、妈屿岛风景区、桑浦山风景区、达濠青云岩、龙虎滩旅游度假区、小公园、老妈宫关帝庙、海滨长廊、中山公园、石炮台公园、金砂公园、华侨公园、人民广场、迎宾广场、时代广场、林百欣国际会议展览中心、汕头大学、北回归线标志塔、蓬州古城、翁万达故居、龙泉岩寺庙群;潮阳市主要旅游景点有:棉城文光塔、灵山寺、海门莲花峰、宋大峰景区、仙湖—半天佛、张鲁庵墓、双忠祠、红场、祥符塔;澄海市主要旅游景点有:塔山风景区、莱芜旅游度假区、“岭南第一侨宅”慈黉故居、莲花山温泉度假村、樟林古港、冠山书院、郑王墓、世界贝类陈列馆;南澳县主要旅游景点有:黄花山森林公园、青澳湾、乌屿、宋井—太子楼、叠石岩、总兵府旧址、钱澳湾、风屿、风能发电场。

【特色物产】 农产品品种繁多,水稻、花生、甘蔗、黄麻是传统大宗产品。盛产各种岭南佳果,潮州柑被誉为“柑橘皇后”,林檎、橄榄、杨梅、油甘、澳榴等是本地名优杂果。是享有盛誉的“蔬菜王国”,四季有优质当令蔬菜应市,包心芥菜、早皇白菜、芥蓝花、椰菜花是本地的特优品种,良种菜籽蜚声海内外。较有名的禽兽有狮头鹅、鸥汀鸡、本地黑猪等,尤其以狮头鹅最负盛名,被誉为“百禽之王”。海、淡水产品十分丰富,最名贵的有鳗鱼、石斑鱼、鲳鱼、马鲛、对虾、膏蟹、梭子蟹、鱿鱼、牡蛎、紫菜等。选用丰富海鲜为主要作料的潮州菜,以其用料考究、制作精巧、美味独特而风靡海内外。以牛肉丸、猪肉丸、鱼丸“三丸”和蚝烙等为代表的风味食品,脍炙人口。各式凉果和腌制蔬菜都是传统名菜。潮汕抽纱、金漆木雕等手工艺品在国内外享有很高声誉,彩瓷、珠绣、金银饰品等也很著名。

【市花】 1982 年 12 月,由汕头市民直接投票推选,经市长办公会议通过,确定金凤花为汕头市市花。1983 年 6 月,在汕头市图书馆举行市花命名大会。金凤花,学名凤凰木,属豆科,落叶乔木,为庭园树、行道树。夏日开花,娇艳夺目,市区多有栽植。1996 年决定再增选一种市花。经市民投票,从兰花和角花两个候选花种中推选出兰花作为另一种市花。1997 年 1 月,市政府确认兰花(指兰科兰属中墨兰、春兰、四季兰、寒兰、蕙兰等地生兰)与金凤花并列为汕头市市花。汕头养兰历史悠久。兰花富有顽强生命力、高洁形态和深刻的文化内涵,代表特区人的精神风貌,又是潮汕特产,荫生,品种多,与金凤花相映成趣。

(单正言)

【行政区划】 2001 年,根据广东省委、省政府《关于调整我省乡镇行政区划的通知》,汕头市开展了调整乡镇行政区划工作。11 月,相继出台了《中共汕头市委、汕头市人民政府关于调整我市乡镇行政区划的通知》、《中共汕头市委、汕头市人民政府关于调整街道、居委会规模和设置的通知》。12 月,经市政府批准,金园区原新兴、新梅、崎碌街道所辖区域合并为大华街道;原陵海、石炮台街道所辖区域和原龙厦街道所辖部分区域及原飞厦街道所辖部分区域,合并为石炮台街道;原龙眼街道所辖区域和原飞厦街道所辖部分区域及原龙厦街道所辖部分区域,合并为东方街道;原金龙、东厦街道所辖区域及原龙厦街道所辖部分区域,合并为金厦街道;金砂、东墩、广厦、岐山、月浦 5 个街道不作调整。升平区原光华、新华两个街道所辖区域合并为光华街道;原中山、中马两个街道所辖区域合并为同益街道;原南海、万安两个街道所辖区域合并为海安街道;原福合、新风两个街道所辖区域合并为新福街道;原永泰、吉祥两个街道所辖区域合并为永祥街道;原鮀南、莲塘两个街道所辖区域合并为鮀莲街道;原鮀浦、龙泉两个街道所辖区域合并为鮀江街道;乌桥街道不作调整。

龙湖区原龙湖、金霞两个街道所辖区域合并为金霞街道;原龙津、龙祥两个街道所辖区域合并为龙祥街道;原鸥汀、渔洲两个街道所辖区域合并为鸥汀街道;新津和珠池两个街道不作调整。

2002年1月，经市政府批准，达濠区原岩石、珠园两个街道所辖区域合并为岩石街道；达濠、广澳和马滘3个街道不作调整。

2002年1月，经省政府批准，省民政厅批复汕头市政府，同意撤销南澳县隆东镇，将其管辖的羊屿村委会的行政区域并入后宅镇，走马埔、圆山、松岭3个村委会的行政区域并入深澳镇；同意撤销澄海市坝头镇，将其管辖的行政区域并入凤翔街道办事处；撤销湾头镇，将其管辖的行政区域并入莲下镇。

至2001年底，汕头市共辖龙湖、金园、升平、达濠、河浦5个县级区和南澳县，代管潮阳、澄海两个县级市。设置35个镇，36个街道；591个村委会，599个居委会。

（郑志忠　刘松明）

【地名管理】　2001年，汕头市的地名管理朝着规范化、科学化、层次化、系列化的目标迈进。市区全年共命锦泰花园、海悦花园、金禧花园、建银大厦、新华大厦、汕头电信实业大厦等片区、大厦地名35个，锦泰街、金晖街等道路地名11个；大通街等街巷销名14个。为配合庆祝汕头经济特区建立20周年活动，维修安装市区部分损毁路牌60多块。机构改革中，地名管理职能从国土房产局划归到民政局。至年底止，共命地名5宗，10个地名。

（陈丽娜）

附：

汕头市行政区划简表

（2001年12月31日）

市辖行政单位	人　口	面　积（平方公里）	辖镇、街道名称	辖村委会、居委会数
龙湖区（辖5街道）	184582	46.31	金霞、龙祥、鸥汀、新津、珠池街道	74居委会
金园区（辖9街道）	432651	33.68	大华、石炮台、东方、金厦、金砂、东墩、广厦、岐山、月浦街道	82居委会
升平区（辖8街道）	305860	75.03	光华、同益、海安、新福、永祥、鮀莲、鮀江、乌桥街道	75居委会
达濠区（辖4街道）	188009	90.48	礐石、达濠、广澳、马滘街道	42居委会
河浦区（辖3街道）	84543	47	滨海、三河、玉新街道	20居委会
南澳县（辖3镇）	72635	108	后宅、深澳、云澳镇	41村委会、5居委会
潮阳市（省辖，汕头代管，辖22镇4街道）	2513534	1261.4	田心、井都、沙陇、雷岭、成田、红场、胪岗、关埠、两英、仙城、和平、峡山、司马浦、陈店、铜盂、贵屿、谷饶、金玉、灶浦、河溪、西胪、海门镇和文光、棉北、城南、金浦街道	381村委会、158居委会
澄海市（省辖，汕头代管，辖10镇3街道）	833812	402.5	莲下、莲上、莲华、东里、溪南、盐鸿、新溪、外砂、上华、隆都镇和凤翔、澄华、广益街道	169村委会、44居委会
全市合计	4615626	2064.4	辖5区1县、2市（代管）、35镇、36街道	591村委会、500居委会
其中市区	1195645	292.5		

（郑志忠　马庆贤）

经济社会发展概况

【简述】 2001年,是汕头市经济社会发展处于重要转折时期的一年,也是在克服重重困难中不断开拓进取的一年。全市人民认真贯彻落实省委、省政府汕头现场办公会精神,一手抓整治,一手抓发展,全力推进"重建信用、重塑形象"新世纪生命工程,以庆祝汕头经济特区建立20周年和迎九运为契机,进行了卓有成效的工作,经济社会发展出现了新的转机。全市国内生产总值460.99亿元,比2000年下降2%;其中:第一产业增加值44.43亿元,下降3.3%;第二产业增加值211.35亿元,下降5.9%;第三产业增加值205.21亿元,增长2.7%。三次产业比例调整为9.64、45.85和44.51,与2000年相比,第一、二产业比重下降,第三产业比重上升。全市实现人均国内生产总值10017元,比2000年下降3.4%。

【推进经济发展】 2001年,汕头市经济发展面临巨大困难:多年来积累的深层次矛盾进一步显露,一些地方经济秩序混乱,社会信用缺失,产品在国内市场受制;受出口退税积压和世界经济增长放缓等因素的影响,外贸出口难度加大;受地方金融风险的影响,资金供求矛盾突出,有效投资不足,经济发展缺乏后劲和活力。面对严峻的形势,汕头迎难而上,采取有效措施,确保社会稳定,力促经济止跌回升。上半年经济增长乏力,到9月份跌至低谷,GDP和财政收入分别从10月份和9月份起呈现逐月回升的态势,实现了市人大常委会批准的调整后的经济发展预期目标,全市经济进入一个恢复性增长阶段。除占全市经济总量约三分之一的潮阳市GDP和财政收入分别下降21.0%和26.9%之外,其他预算单位GDP和财政收入分别增长8.3%和11.9%。全市完成GDP460.99亿元,比2000年下降2%;地方财政收入39.60亿元,增长3.3%;工业总产值771.91亿元,下降6.3%;农业总产值85.64亿元,下降1.6%;社会消费品零售总额224.16亿元,增长2.4%;全社会固定资产投资总额101.84亿元,下降9.5%;进出口总额27.31亿美元,下降35.2%,其中出口13.41亿美元,下降48.3%;实际利用外资1.82亿美元,增长6.7%;市区居民年人均可支配收入8951元,扣除价格和不可比因素,实际增长3.0%;农民年人均纯收入4089元,扣除价格因素,实际下降5.7%;城乡居民储蓄存款余额396.33亿元,增长12.8%。

【整治规范市场秩序和社会秩序】 针对一些地方经济社会秩序存在的突出问题,广泛深入开展"两大整治"专项行动,取得了阶段性成效。积极支持配合国务院807工作组,重拳打击骗取出口退税违法犯罪行为取得决定性胜利。先后查处涉嫌偷骗税税额100万元以上企业141户,打掉偷骗税犯罪团伙7个,捣毁制假发票窝点10个。积极支持配合国务院815工作组,严厉打击走私贩私犯罪活动。查获走私案件183宗,案值1.11亿元,比2000年分别增加6%和减少37%。打假形成良好的社会氛围,制假售假活动得到有效遏制。处理各类制假售假案件1645宗,捣毁制假窝点285个。打击逃废金融债务和追收资产工作取得成效。已追收地方金融资产19.87亿元。市商业银行停业整顿工作进展顺利。严厉打击利用"六合彩"赌博等各类违法犯罪活动,社会治安综合治理取得新成绩。整顿建筑市场招标投标和清理盘活闲置资产工作取得进展。加大了对文化市场、交通秩序、食品卫生和环境污染的整治力度。南澳县被国家环保总局批准为全国第六批生态示范区建设试点。潮阳市贵屿镇环境污染专项整治任务基本完成。安全生产形势稳定,全市没有发生重大安全生产事故。

【协调处置历史上经济遗留问题】 汕头市在多年的快速发展过程中,积累了一批亟须解决的经济遗留问题。这些问题涉及金额比较大,牵涉到海内外投资者方方面面的关系,影响了汕头的信誉和形象,严重制约着经济发展。2001 年,汕头市按照“不争论、不刮风、不埋怨、有什么问题就解决什么问题”的原则,“讲信用、讲法制、讲国情、讲感情”,认真积极进行处置。经过艰苦努力,多数已取得进展,一些棘手问题正在抓紧协调解决。

【重点建设项目】 全年全社会完成固定资产投资 101.84 亿元,比 2000 年下降 9.5%。其中城镇集体以上投资 73.82 亿元,下降 5.7%,城乡私人投资 13.41 亿元。在城镇集体以上投资中,更新改造和房地产投资同步走低。基本建设投资 27.34 亿元,比 2000 年增长 7.9%;更新改造和房地产投资分别下降 32.8% 和 23.2%;其他投资 21.39 亿元,增长 14.0%。交通、能源、邮电通信基础设施投资 21.08 亿元,增长 13.2%。汕汾高速公路汕头段、粤东信息大厦、汕头珠池港区二期主体工程、游泳跳水馆、9 个 110 千伏以上的变电站等一批重点项目相继建成投入使用。新建万吨级泊位 4 个,新辟公交线路 5 条,新建道路面积 3.6 万平方米,新增公共绿地 4.6 万平方米。乌桥、光华桥改建基本完成。金凤大桥—西港高架桥工程进入实施阶段,澄海金鸿公路开工复建,公路主枢纽客运中心站加快建设。国际海缆登陆站二期工程基本完成,建成城域 IP 网。投入水利建设资金 2.2 亿元。汕头大围应急除险加固、外砂桥闸重建等重点水利工程先后动工建设。

【开拓国内外市场】 在汕头举办了全国商品交易会、国际食品博览会、第七届潮汕美食节和汕头首届汽车博览会,在重庆举办了汕头商品展销会,参加省组织的境内外各类经贸活动,取得较好成效。建筑企业开拓外地建筑市场成效明显,完成外地建筑施工产值 46.7 亿元,增长 15%。着手规划发展现代物流业,继引进沃尔玛超市之后,法宝两个大型超市相继开业。旅游业进一步发展,接待旅游者 224.48 万人次,旅游总收入 35.38 亿元,分别增长 5.5% 和 0.97%。结合庆祝市台商企业协会成立 10 周年,成功举办了特区环境推介会和海峡两岸高新技术交流合作研讨会,组织赴台开展招商引资。积极开拓多元化市场,优化通关环境,生产企业自营出口有较大发展,私营企业出口增长 47.2%,远洋贸易、机电产品和高新技术产品在出口中的比重增加。企业增资扩产活跃,利用台资、日资有新的突破。

【加快体制创新】 一批国有企业改组为有限责任公司和股份合作制企业。华汕电子器件公司顺利实施债转股并实现扭亏为盈。一批民营企业改制为股份有限公司,进入上市辅导期。经济鉴证类中介组织规范工作基本完成。企业养老、失业保险参保人数达到 39.3 万人和 42.1 万人,分别增长 0.8% 和 0.4%,养老金社会化发放率达到 100%。市区和南澳县实施了基本医疗保险制度,实际参保人数 12.7 万人。积极推行医疗机构分类管理和医药收入分开核算制度,实行药品招标采购,降低了药品价格。财政管理改革稳步推进,试编部门预算,改革财政资金支付办法,扩大政府采购范围,预算外资金“收支两条线”管理范围进一步扩大。市区税收征管关系调整取得较好成效。市场办管分开任务基本完成。镇(街道)行政区划调整和社区建设取得进展。

【社会事业继续发展】 继续抓好国家技术创新工程区域试点工作。新认定国家级、省级高新技术企业分别为 3 家和 13 家。建立国家级工程技术开发中心实验基地 2 个,省级研究开发中心 5 个。获国家专利技术授权860项，增长11.98%。62项科技成果达到省和国内先进水平。汕头软件园和汕头教育网初步建成。教育改革与发展取得成效。“普九”成果得到巩固。普通高中在校生增加4100人。新建、扩建、改建校舍26.4万平方米。示范学校建设和薄弱学校改造取得进展。师资队伍建设和素质教育得到加强。一批文艺作品和理论文章获省精神文明建设“五个一工程”奖。群众精神文化生活日益活跃。社会科学、新闻出版、广播电视取得新的成绩。成功承办九运会跳水、乒乓球比赛，荣获组织工作贡献奖和文明赛区称号。我市运动员在九运会上共获奖牌16.5枚，其中金牌9枚。城乡医疗卫生工作、妇幼保健、疾病预防控制得到加强。澄海市创建“省卫生城市”、南澳县后宅镇创建“省卫生镇”通过省的考核。计生工作取得新进步，人口自然增长率下降0.62个千分点。城乡殡葬改革成效显著，火化率达到97.4%。五年勘界任务全面完成。外事、侨务、宗教、气象、地震、档案、地方志等各项工作取得新成绩。

【精神文明和民主法制建设】 以江泽民同志“依法治国”和“以德治国”重要思想为指导，广泛深入开展“新世纪，新汕头，诚实守信铸文明”主题活动，推进创建文明区县(市)和“创建好班子、争当好干部”竞赛活动。坚持不懈进行社会公德、职业道德和家庭美德教育。传播科普知识，崇尚科学、破除迷信、告别陋习，市民的文明素质和城乡文明程度有新的提高。全市镇(街道)开展“三个代表”重要思想学习教育活动成效显著。广泛开展全民国防教育，人民防空和民兵预备役工作取得新成绩。加大社会治安综合整治力度，全市刑事发案率有所下降，社会治安形势稳定。坚持向市人大及其常委会报告工作，向政协通报情况的制度，自觉接受监督。承办人大代表议案、建议52件，其中办结和基本办结18件，正在办理22件，因资金、政策、体制、规划等原因尚无法办结12件。认真办理一批政协提案。提交市人大常委会审议通过的法规草案6件，发布特区规章5件。认真开展清理地方性法规、规章工作，规范行政执法。推进政务公开，加强基层民主政治建设。通过群众来信来访、市长专线电话、市长电子信箱、人大代表和政协委员直通车等渠道，广泛倾听人民群众意见，解决了一批突出问题。“四五”普法开局良好。“法轮功”练习者的教育转化率达99.24%。

【关心困难群众】 高度重视群众饮水难问题，在省和社会各界支持下，筹措资金1.2亿元，投入水改工程，澄海和市区莲塘、马滘片区群众饮用自来水问题已基本解决，潮阳榕江片区自来水厂已动工兴建，南澳水改工程正抓紧进行。继续解决部分群众住房难问题，市财政拨出专款5450万元，分两批落实解困房939套、周转房147套，解决市区1000多户特困户的住房问题，各级财政拨出专款200万元分批为农村100户重点困难户修缮住房。由于安置及时，在“尤特”台风袭击汕头时，没有因倒塌房屋造成人员伤亡事故。针对群众因病返贫、因病致贫和治病难问题，积极推进医疗体制改革，降低药费，建立社会扶助机制，开展医德医风教育，初步缓解了这一问题。市财政安排5300万元专项资金，用于国有企业下岗职工的基本生活保障，特困职工粮油燃料补助，居民最低生活保障和低保对象基本医疗保障。对困难群众开展各种社会捐助和法律援助活动。

【转变政府职能】 市、区县(市)、镇机构改革顺利实施，成效明显。市政府工作部门从38个减为30个，机关中层领导职位实行全员竞争上岗。推出16个市直单位副处级领导职位在全市进行公开选拔，一批优秀人才脱颖而出。进一步健全政府决策民主化、科学化机制，市政府和各部门自身建设得到加强，依法行政水平有所提高。纠正行业不正之风、从源头上预防和治理腐败以及查处大要案工作取得实效。政纪建设和审计监督得到加强。组建市企业投资管理服务中心,实行政府部门和“窗口”单位公开办事制度、收费公示制度和服务承诺制度,普遍推行首问责任制、二次终结制,在公务员队伍中开展“人人都是投资环境”活动,强化服务意识,转变工作作风,办事效率有所提高。

(单正言)

汕头之最

【全国企业商标注册量最多的县级市】 至2001年底,潮阳市已公告注册商标8151件,名列全国县(市)首位。仅2001年,公告注册商标就为1123件。其中“雅倩”商标被认定为“中国驰名商标”;“雅倩”、“雅嘉”、“大印象”、“雪柔”、“曼妮芬”、“拉芳”等6件商标被认定为“广东省著名商标”。

(马绍科)

【全省产量最大的半导体分立器件生产企业】 2001年,汕头华汕电子器件有限公司半导体分立器件总产量为12.84亿只,比2000年增长1.55%,产量在全省同业中居首位。其中大功率TO-220产量4595万只,比2000年增长315.46%。

(华汕电子)

【国内首家按国际ISM规则实施安全管理的航运企业】 2001年,汕头市帝远海运有限公司SMS安全管理体系经国家海事局审核合格,取得DOC符合证明书,成为国内海运企业中首家按《国际安全管理规则》(简称ISM规则)对船舶施行安全管理的企业。

(张汉清)

【全国成绩最好的地震监测预报】 2001年3月,汕头市地震局参加全省2000年度防震减灾工作综合评比,荣获第一名。2002年6月,汕头市地震局代表全省地(市)级地震局(办),参加全国2001年度防震减灾工作综合评比,获得地震监测预报单项奖最好成绩。

(地震局)

【多项技经指标居全国第一的金石牌药品】
2001年汕头金石制药总厂有3个产品全国第一,一个产品全省第一。即:金石牌羟甲香豆素以独特的技术优势开创了全国独家生产的局面,各项技经指标居全国第一;金石牌磷酸哌嗪和枸橼酸哌嗪是我国近几年来的惟一生产厂家,各项技经指标居全国第一;金石牌卡托普利片,其产量已达到2.82亿片,在全国134个品牌的排行中位居第一;金石牌阿莫西林在全国55个品牌的竞争中处于第二位,在全省14个品牌的竞争中排列第一位,产销量占全省总量的一半以上。

(金　纬)

【全省养殖紫菜和太平洋牡蛎最多的城市】
至2001年,汕头市紫菜养殖面积达到2805亩,产量906多吨,太平洋牡蛎养殖面积达到8880亩,产量10895吨,均居全省首位。汕头2000年开始开展太平洋牡蛎三倍体人工育苗攻关试验,2001年获得成功,培育出三倍体种苗200多亩,具有抗病力强、台风袭击时不易脱落、不育、能保持较好肥满度、生长速度快,比二倍体太平洋牡蛎亩产高25%—30%,肉质鲜美可口,市场销路广,经济效益高。太平洋牡蛎养殖和三倍体的育苗养殖均为全省最多。

(陈旭明)

【全国出口量最大的油灰刀生产企业】 澄海五金工具总厂生产的“钻石牌”油灰刀,主要有意大利式、匕首式、关刀型以及不规则型等20多个品种、50多种规格。1986年产量为22万把，出口量居全国同类行业之首。1987年"钻石牌"油灰刀出口量占全国同行业的60%以上。"钻石牌"油灰刀1985年荣获国务院经贸部产品优质奖。产品畅销东南亚、北美、西欧、香港等40多个国家和地区，内销20多个省、市的300多家公司和工厂。2001年澄海五金工具总厂油灰刀产量64.63万把，出口量59.56万把，仍居全国首位。

【全省首个草莓种植专业村】 澄海市溪南镇董坑村属革命老区村，也是个人多地少的纯农村，全村人口约2300人，耕地面积800亩。1987年村民郭国庆从外地引进日本种草莓试种成功，翌年又引进西班牙种。通过认真摸索和潜心研究，攻克了种植、贸种和管理关，使种植面积逐年扩大并辐射周围农村。至2001年，全村种植草莓达到（包括在邻边租地）1000亩，总产量为1500吨，创值450万元，成为全省最大规模、最高效益的第一个草莓专业村。

（杜　亭）

【全国第一个司法考试科】 2001年9月12日，汕头市司法局率先在全国成立了第一个国家司法考试科，该科负责对全市检察官任职资格、法官任职资格、律师资格、公证员资格的报名、审查、考试及资格证书授予等工作，机构定编9人（科长1人、副科长2人、副科级司法检查员3人、科员3人），办公场所达1600多平方米。

（司法局）

【国内首座大跨度现代化悬索桥】 汕头海湾大桥全长2439米，位于汕头港东部出入妈屿岛海域处，南接深汕高速公路，北连汕潮汾高速公路，由广东和香港的几家公司共同投资兴建。

（单正言）

【全国最早育成的杂交西瓜】 新澄杂交一代西瓜由白沙蔬菜原种研究所于1967年育成，翌年开始推广，1976年推广全省，为全国最早育成的杂交西瓜，该品种以抗逆性强、适应性广、产量高、肉脆味甜、品质优良而饮誉全国。在1980年全国南方七省西甜瓜类协作会议上，新澄杂交一代西瓜被公认为全国的标准西瓜种。1982年参加中南各省区试，评定为第一名。1990年被全国农作物品种审定委员会评为全国优良品种。1984年获省科学技术推广一等奖。1985年至今，全国28个省、自治区每年保持推广面积13.33万公顷（200万亩）左右。

【首家到国内投资办实业的海外跨国公司】

我国实行改革开放政策后，祖籍为澄海市外砂镇的泰国正大集团董事长谢国民先生，率先于1979年赴各地考察，了解投资环境，物色投资项目，洽谈投资业务，并第一个与美商合作投资3000万美元在深圳兴办"正大康地（深圳）饲料公司"，在汕头经济特区创办地毯厂和正大康地饲料厂，成为第一个到中国大陆投资办实业的海外跨国公司。随后，泰国正大集团在华投资兴建了数10家企业，投资范围包括禽畜水产养殖、食品饲料加工、良种培育、地毯塑料、石油化工、摩托车与通用机器制造、综合贸易以及服务行业等，农工商贸齐全，规模相当大。投资地区分布在广东、福建、北京、上海、天津、辽宁、吉林、河南、四川、湖南、山东、海南、江苏、浙江等省市和全国5个经济特区，成为在华投资项目最多、投资额最大、投资地域最广的海外华人集团。

（杜　亭）

【全国首家塑胶七彩真空电镀饰品企业】

汕头达濠民生塑料工艺厂（现为汕头民生集团有限公司），1980年初由侨属李科生集资6.39万元创办，主要生产塑胶七彩真空电镀珠、仿珍珠、仿宝石等饰品，产品系列化，花色上万款，质量达到或超过国外同行业先进水平，内销外贸并举，出口西欧、中东、东南亚等40多个国家和地区。当时是全国第一家生产塑胶七彩真空电镀饰品的企业，填补了国内行业空白。该厂也是广东省首家自由组合、自筹资金、自找场地、自找设备、自找销路的“五自”企业。目前，集团公司拥有庭院式厂区，建筑面积3万多平方米，员工600多人，先进设备200多台套。董事长李科生由于创业成绩突出，多次受到中央和省市表彰，先后当选全国人大代表、全国政协委员，评为全国劳动模范、全国优秀农民企业家。

（王华群）

【全国首个年亩产吨谷县】 澄海是全国著名的农业高产地区，20世纪50年代成为全国第一个粮食亩产千斤县，1989年澄海成为全国首个年亩产吨谷县，并连续13年保持亩产超吨谷。

（单正言）

【国内首台能投入批量生产的超声显像诊断仪】 1983年，汕头超声仪器研究所开发的CTS-18型线阵超声显像诊断仪通过技术鉴定，成为国内首台能够投入批量生产、技术性能达到20世纪70年代末期国际水平的超声显像诊断仪。1995年，汕头超声仪器研究所成为国内超声仪器行业、医疗器械行业中首家通过ISO9001质量保证体系国际认证的单位；首家参加北美放射学会（RSNA）博览会、世界医院设备博览会（MEDICA）等国际大型专业博览会的单位。1997年，在国内超声仪器行业、医疗器械行业中首家通过欧共体安全标准CE标志、美国食品医药管理局FDA国际认证；通过引进美国ATL公司技术，开展消化吸收，生产出国内首批高档全身彩色B超。

（超声所）

【世界首个淡水有核珍珠养殖场】 1985年，湛江水产学院珍珠研究室技术人员谢绍河离开学院，回到自己家乡澄海县新溪六份村创办小型珍珠养殖场，三年间取得了初步成果。1988年，他联合新溪镇和六份村，投资80万元，利用六份膃肚105亩低产田进行改造，建起“新溪珍珠养殖场”。经过10年潜心探索研究，科学创新，攻克了一个个技术难关，拿下了一个个实验数据，终于取得了“三角帆蚌移植及人工繁殖育苗”，“提高育珠蚌成活率及其珍珠质量”，以及“人工培育淡水有核珍珠”等一系列科研成果，形成一套淡水有核珍珠大面积生产高新技术，从而成为世界首家批量生产淡水有核珍珠的生产单位。淡水有核珍珠——绍河珍珠颗粒和珠层厚度均超过马氏珠母贝生产的海水珍珠，大型珍珠直径10—12毫米，自然色彩丰富，广泛应用于珍珠链串和首饰镶嵌等。1991年6月21日，淡水有核珍珠在中国第六届珠宝交易会上，批量向国际推出。1994年，经国内外情报资料检索查证，国内知名专家学者鉴定，确认谢绍河研究的淡水有核珍珠养殖技术为世界首创。目前，该场及其辖属养殖基地的养殖水面积达5000多亩，企业总体规模及母贝资源已具备年产高档淡水有核珍珠2吨，海水珍珠1吨的生产能力。淡水有核珍珠荣获“95’全国新技术新产品交易会金奖”。2001年“绍河”SHAOHE牌珍珠被评为广东省著名商标。新溪珍珠养殖场被认定为广东省高新技术企业。

【群众集资额居全国县级市场首位的中心市场】 位于广东省澄海市澄城镇五三路（今市区中山南路）东侧，占地面积39亩的全国最大县级集贸市场——澄城中心市场，1987年11月5日奠基后，筹集资金1700多万元，经过1年零1个月的精心施工，首期工程占地面积1.84万平方米，总建筑面积3.8万平方米，于1989年1月13日竣工交付使用并隆重开业。它是迄今全国群众集资最多的一个新型县级集贸市场。该市场由汕头市建筑设计院高级建筑师叶秩贤设计的，其设计特点是朝“楼房式、多功能、外向型”方向发展，形成具有独特风格的庭院式现代化市场群体。这座4层楼市场内部空间借鉴天井格局，上端以150平方米的有色玻璃为顶盖，光照之下，满场生辉。当年以这么大面积的有色玻璃为顶盖，在汕头市的市场建设中是独一无二的。澄城中心市场无论在建设规模、投资金额和建筑艺术风格上，都是省内县级市场建设首屈一指的。1992年，澄城中心市场被国家工商行政管理局授予“全国文明集贸市场”称号。

【获中国建筑工程国家最高级别奖项“鲁班奖”的建筑工程】 汕头国际金融大厦（即金海湾大酒店），广州市建筑设计院设计，汕头国际金融大厦有限公司兴建，广东省第二建筑工程公司承建，主楼28层，建筑标高98.88米，裙楼5层，总建筑面积40244平方米。1988年7月1日开工，1990年6月28日竣工。1993年被评为建设部优质样板工程。1994年获中国建筑工程国家最高级别的奖项“鲁班奖”。

（杜　亭）

【全省首家特区外外商独资企业】 汕头市合群首饰有限公司，即现在汕头联发首饰有限公司，1988年9月由广东省外经贸委批准成立的全省特区外第一家外商独资企业。位于达濠珠浦工业区，由香港联丰公司独资200万港元创办，1989年11月正式投产，生产小五金和塑料首饰工艺制品。总投资额已达2200万港元。

【全省首次群众性渔业远洋捕捞】 1989年10月，达濠区经省政府并报国务院批准，渔民群众自发组织赴非洲索马里国海域开展远洋渔业生产。参加生产的渔民共119人，4艘渔船均为木质船，长度在29米左右。1990年6月，4艘远洋渔船和全体渔民安全返回达濠港。该次远洋捕捞，为我省开发和发展远洋渔业积累了经验。

（王华群）

【全国首家生产销售麦片的企业】 1991年，新加坡金味集团到汕头投资设厂，成为国内第一家麦片生产、销售企业。据中国统计信息咨询中心的调查统计，金味食品工业有限公司生产的“金味”麦片销量在1996年、1997年、1998年连续3年居全国麦片销量第一。

（金园区）

【全省公路密度最高的县】 南澳县1992年以来共投入3.2亿元，全县公路总通车里程达205.67公里，等级公路89.25公里，公路密度每百平方公里达188公里，列全省第一位。形成了以68公里环岛为主干线的公路网络，岛上实现村村通路通车。

（林淑宏）

【国内最先成为亚太经合组织中国企业联席会议成员单位的玩具企业】 广东奥迪玩具实业有限公司成立于1993年，注册资本520万元，总资产1.2亿元，是一家拥有5个全资分公司和3个办事处，集科工贸一体化、产供销相结合的中国知名玩具企业。主要生产经营“双钻”牌迷你四驱车系列、宠物小精灵系列、YO—YO球系列、海陆空模型等智力玩具，连年来创产值超亿元，先后被评为“全国先进私营企业”、“广东省模范纳税户”、“全国出口创汇先进乡镇企业”、“广东省乡镇企业百强企业”等称号。其前身是澄海奥迪玩具厂，原是一家从事生产、经营传统塑胶玩具制品的作坊企业，由于产品技术含量低，缺乏特色，20世纪80年代中后期，企业进行重组。从90年代开始，公司瞄准智力型玩具市场，开发了融科技性、竞技性和趣味性于一体的智力玩具产品，特别是注重实用新型、外形设计专利技术的开发，并形成了以产品开发、市场营销为重头的“哑铃型结构”经营模式。目前，奥迪公司拥有600多个品种，其中60%以上是近两年新开发的；申请专利125件，获得授权119件（其中实用新型1件,外观设计118件)。奥迪公司采用滚动计划法,将产品开发形成生产一代、储备一代、研制一代、构思一代的良性循环局面,实现每月有专利技术申报,每月有两个以上新产品上市,保证企业长期居国内同行业领先地位,并全面进军国际市场。1997年至1999年,"AULDEY + 双钻"商标产品在中国大陆四驱车市场的占有率高达73%。2000年3月,奥迪的"AULDEY + 双钻"商标被广东省工商行政管理局评为广东省著名商标。该商标先后在美国、意大利、日本、韩国、泰国、菲律宾等国家和台湾、香港等地注册。最近,奥迪公司被省认定为广东省高新技术企业。

(杜　亭)

【全国惟一的国家电动汽车运行试验示范区】 "九五"期间,我国把电动汽车列为重大科技产业工程项目,汕头市承担了其分项目之一,建立全国惟一的国家电动汽车运行试验示范区,于1998年6月9日正式开通投入营运,已为进区参试的20多辆中、日、美电动汽车作了80多万公里的试验,通过了省级和国家级专家组的验收,项目任务圆满完成。"十五"期间,国家把电动汽车项目作为12个重大专项之一,列入国家863计划,并将其中的"电动汽车整车运行检测试验基地"专项下达给试验区建设。为推进该基地第一期建设,国家科技部将拨款1300万元,省科技厅承诺投入1000万元,汕头市政府决定划拨1.75万平方米土地、提供配套资金300万元和相关优惠政策。

(陈松辉)

【全省最优的鲍鱼品种改良】 汕头的鲍鱼养殖业发展较快,全市拥有工厂化鲍鱼养殖场6座,养殖水体1.5万立方米,年育苗量1500万粒,产量100吨,创值1000多万元,具有较好的经济效益和社会效益。自1996年开始进行鲍鱼良种选育,已拥有杂色鲍、皱纹盘鲍、日本盘鲍3个纯种和杂色鲍×皱纹盘鲍、皱纹盘鲍×日本盘鲍、皱纹盘鲍×中间鲍等6个杂交种,其中一南一北两个品种已能开展大规模生产。在品种数量和良种应用程度上均居全省首位。

(陈旭明)

【全省惟一生产系列轮式装载机的工业企业】 汕头市天河工程机械有限公司是一家民营企业。成立于1996年10月,注册资金1亿元,厂区占地面积220亩,建筑面积2万平方米,拥有固定资产4000万元。具有国家外经贸部授予的自营进出口权,被广东省科学技术厅、广东省科学技术委员会认定为"高新技术企业"、"广东省民营科技企业",是广东省惟一一家生产系列轮式装载机的工业企业,其产品广泛应用于公路、建筑、市政、水利、铁路等基础设施建设。公司新开发的小型轮式挖掘机主要用于市政工程、公路养护、农田水利等,其整机多项指标高于或相当于国外同类产品水平,填补了国内空白,具有替代进口产品作用。

(河浦区)

【全国胱氨酸产品出口居首位的企业】 1997年以来,汕头市红卫化工厂生产的韩江牌胱氨酸年出口量均达220吨以上,居全国行业首位。是广东省优质产品,质量在全国同类产品中处于领先地位。

【国际第一宽幅覆膜机组】 1998年6月,汕头市远东轻化装备公司自行设计生产工作宽度超6m的FM6200B型电脑全自动超宽幅覆膜机组,工作宽度居国际第一,被列为广东省和国家火炬计划项目。该机组生产超宽幅的塑料编织布及土工布。

(金园区)

【填补省内空白的西施舌人工育苗攻关试验技术】 为充分利用达濠区丰富的浅海滩涂资源,区海洋与水产部门和市海洋与水产部门于1999年联合聘请专家,在达濠区开展

"西施舌人工育苗攻关试验",培育出0.5—1.0厘米规格的幼贝249.1万粒,顺利通过了专家组的验收,其技术成果处于当时国内领先水平,填补了广东省空白。

(王华群)

【亚洲第一宽幅吹塑复合土工膜机组】 1999年5月,广东金明塑胶有限公司建成SII60×25×3-MJ-20000型三层共挤吹塑复合土工膜机组,该机组所制造的农用功能膜及土工膜的宽度达20米,为亚洲第一宽幅。该机组生产的土工膜具有高强度、阻隔性好、有特殊附着力等特点,农用功能膜具有高强度、防老化、无霉、透光、保温等多种特殊功能。

(金园区)

【全国首家地级市博士后科技开发基地】 1999年5月6日,由汕头市政府与北京博士后联谊会和广东省博士后研究人员联合成立的京粤博士后汕头科技开发基地正式挂牌。这标志着汕头在开发博士后等高层次人才资源服务地方经济建设上迈出了新步伐。

(人事局)

【全国分布最北的天然次生红树林区】 位于达濠区笔架山下澳头的天然次生红树林,现有面积160亩,以桐花为优势树种,间有秋茄、海漆、假茉莉、木榄、黄槿等红树林品种,是我国分布最北、规模最大的天然次生红树林区,常栖有鹭、雁、鸥类等候鸟2000多只。

(王华群)

【亚洲最大的海岛风电场】 南澳岛地处台湾海峡喇叭口西南端,东南季风长,风能资源十分丰富,常年平均风速在7—8米/秒之间,有效风能密度1101瓦/平方米。国内外专家认为,南澳风电场风况属世界最佳之列,发展风电事业前景十分广阔。目前共安装风力发电机135台,总装机容量5.4万千瓦,年可发电1.4亿千瓦时,已建成为全国第二大风力发电场,也是亚洲最大的海岛风电场。

【广东沿海惟一的总兵府】 明、清时期,南澳地跨闽、粤两省,历来是兵家必争之地。明万历三年(1575年)始诏设南澳镇,设副总兵置镇,清康熙二十四年(1685年)改设总兵。军事上不受广东、福建两省总兵节制,而制两省之兵。深澳总兵府居古时南澳城正中,明万历四年由南澳镇副总兵晏继芳建,几经修复。自南澳设镇至清末共336年中,朝廷共派任南澳镇总兵和副总兵共170任。总兵府曾一度成为南明监国鲁王行宫。民国初年,因地震总兵府倒塌,只剩府前两颗古榕树,民族英雄郑成功曾在其中一榕树下招兵收复台湾,故名招兵树。1997年总兵府修缮作为南澳总兵陈列馆,设展室三间,2000年初开始重建总兵府主座,筹划于原址复建具明清特色的总兵府。

(林淑宏)

【全国现存最小的古城】 清康熙五十六年(1717年),两广总督杨琳为抵御东南沿海盗匪,请准修筑海防设施,委许颖于达濠建该城,历一年半建成。城墙高5米,周长429米,总面积仅14000平方米,是全国现存最小的古城。原城中有"水师左营守备府"、"招宁司巡检署"、"招收盐场"等衙门。古城距今近300年,1981年修缮"达善门"、"西濠门"及小段城墙,现整城保护完好。

(王华群)

【改革开放以后国内首个由华侨华人、港澳台同胞个人捐资兴建的综合性大学】 1981年8月,李嘉诚先生捐资创办的汕头大学正式成立。到2001年,李嘉诚累计投入逾20亿港元建设和支持汕头大学。

(张　蓉)

【全国人口密度最高的建制县(市)】 1988年末,澄海县总人口695322人,按全县总面积402.5平方公里计算,每平方公里居住1727人,人口密度居全国各建制县首位,比浙江省温岭县人口密度更高。澄海县人口密度为全国的14倍,为全省的5.8倍,为汕头全市的1.9倍。据第五次人口普查统计,截至2000年11月1日零时,澄海市(县)总人口(户籍人口)834255人,人口密度2073人,仍居全国首位。

【全国首个由私人兴建的摩崖石刻群】 1992年,广东省澄海市莲下镇青年雕刻艺术家蔡学仕在其家乡程洋冈村前的虎丘山营造大型摩崖石刻群。为使字刻达到更高的艺术水平,他通过中国书法家协会向全国书协会员征稿。历时数年,完成大小摩崖石刻500余件。这是全国第一个私人兴建的摩崖石刻群。同时他又在南澳南花山风景区兴建中、日、韩、新四国书法家作品摩崖石刻。迄今,他私人雕刻摩崖石刻逾千件,居全国之最。

(杜　亭)

【全国沿海规模最大的清戍台澎故兵墓园】 南澳是广东最靠近台湾的岛县,历史上是一个海防军事重镇,镇守南澳官兵除守卫本岛外,还担负粤东、闽南沿海一带和驻守台湾澎湖、淡水的军务。这些担负着保卫祖国光荣使命的官兵阵亡或殉职后大多被就地埋葬,数年后再将骨殖移回南澳。1993年,南澳县拨出专款把分散的故兵墓迁移集中修建墓园。重修后的墓园占地1000多平方米,"忠魂"立体大字下安葬着199位戍台澎牺牲的清代官兵,字体笔画中镶嵌着一块块刻有亡故者姓名的碑石。清戍台澎故兵墓是中国大陆与台湾存在源远流长关系的见证,它以实物印证了清康熙之后南澳驻军左营轮流防守台澎的历史。

(林淑宏)

【全国首个落实侨房政策的腾退基地】 1994年,汕头市政府划拨土地700亩、启动资金2200万元,兴建较大规模的落实侨房政策腾退基地——华新城。此举开创了全国落实侨房政策工作的成功先例,加快了汕头全面落实城镇侨房政策步伐,解决了大批侨房租住户的腾退问题。

(张　蓉)

【全省最先推出报警回执制度和首接责任制的公安部门】 1996年12月9日,汕头市公安局开展"为人民服务,树公安新风"活动,在公安基层单位实行"报警回执"制度,群众报警凭回执可随时查询结果。这一作法受到了省公安厅重视并在全省推广。1999年6月1日开始,汕头市公安局规定在全市公安机关出入境办事处等"窗口"单位全面实行"办证回执"制度,体现为群众服务承诺。1999年4月22日,汕头市公安局在全市各级公安机关推行首接责任制,明确规定人民群众到公安机关办事、求助,公安机关各单位、各部门第一位接洽群众的民警都是首接责任人,不论是否属于其本职工作范围,都必须给予热情接待,提供服务。属于本职范围能办的事马上办;对不属于本职范围的事须向群众耐心解释,引导或指导群众前往相关部门办理。首接民警不履行职责者,将根据情节和影响大小予以通报批评、"黄牌"警告和辞退处理。

(丁镇昌)

【全国首部关于华侨房地产权益保护的地方性法规】 《汕头经济特区华侨房地产权益保护办法》于1997年10月1日由汕头市人大常委会颁布实施。它是全国人大授予汕头立法权之后汕头制定的第一批重要法规之一,也是全国第一部关于华侨房地产权益保护的地方性综合法规。它的出台标志着汕头市依法保护侨胞房地产合法权益进入一个新阶段。

【规模最大的国际潮团联谊年会】 1997年11月18日至20日，第九届国际潮团联谊年会在汕头市举行，来自25个国家和地区的86个代表团和庆贺团以及中央、省、市领导3255人参加大会，各国(地区)政要发来贺电贺词。这是国际潮团联谊年会首次在国内召开，其出席人数之多、范围之广、规模之大，均创历届年会之最。

(张　蓉)

【全省首家刑释解教人员安置实体】 汕头市龙湖区刑释解教人员安置帮教办公室排除社会偏见，协调公安、工商、运管、街道等部门，依托龙祥街道鸿泰搬运队，于1999年创办了全省第一家刑释解教人员的安置实体，并成立了一个帮教小组加强帮教和管理。实体创办以来，共安置了"回归人员"32人，其中18名顺利度过了刚回归的"困难敏感期"，回到社会发展。

(龙湖区)

【世界相同长度发丝刻字最多的微雕作品】

2000年9月24日，澄海市隆都镇前美村青年微雕家、国际三级艺术大师陈健全的发丝微刻作品《岳阳楼记》，以"毛发微刻文字数量之最"获吉尼斯纪录和证书殊荣。1998年11月，世界上第一根载着382个汉字的发丝佩刻诞生，这根全长只有9.6厘米的白发丝，刻下了《岳阳楼记》全文，并有落款及两枚印章，成为世界相同长度发丝刻字最多的微雕作品。

(杜　亭)

【全国最大的摩崖石刻群】 位于南澳海岛国家森林公园西部的摩崖石刻群，占地500多亩，征集镌刻了沈鹏、胡少昂、陈大羽、韩磊等国内名家书法作品1000多幅，石刻区气势磅礴、宏伟，是粤东重要的文化旅游胜地。

(林淑宏)

外向型经济

对外贸易

【简况】 2001年,由于受资金紧缺、经营环境恶化、美国"9·11"事件等因素的影响,汕头的进出口贸易出现滑坡,但出口降幅呈逐月缩小的趋势。据海关统计,全市进出口总额27.31亿美元,比2000年下降35.2%。其中进口13.9亿美元,下降14.1%;出口13.41亿美元,下降48.3%,其中一般贸易出口6.89亿美元,下降63.1%;加工贸易出口6.52亿美元,下降10.5%。在外贸出口总额中,一般贸易出口占51.4%;加工贸易出口占48.6%,比2000年提高了22个百分点。1979—2001年,全市外贸出口总额累计300.71亿美元。

【经营主体和商品结构优化】 2001年,私营企业出口逆势崛起,成为全市出口惟一亮点。私营企业出口自2月起一直保持两位数增长,全年累计出口1.71亿美元,增长47.2%,占全市出口总额的12.73%,比2000年提高8.26个百分点。而国有企业出口4.42亿美元,下降70.29%;外商投资企业出口6.7亿美元,下降5.6%;集体企业出口5898万美元,下降56.7%。主要出口商品有:机电产品、服装及衣着附件、纺织纱线、织物及制品、玩具、汽车零件、塑料制品、鞋类、电视、收音机及无线设备的零附件、旅游用品及箱包、电子计算机。主要进口商品有:机电产品进口、初级形状的塑料、纸及纸板(未切成形的)、塑料制品、合成纤维纱线、成品油、电线和电缆、自动数据处理设备及其部件、纺织机械、发电机组及旋转式变流机。出口商品结构有较大改善。机电产品出口3.3亿美元,占出口总额的24.6%,比2000年提高了9.5个百分点,超过服装成为第一大类出口商品;高新技术产品出口1.38亿美元,占10.3%,比2000年提高4.9个百分点;服装和纺织品出口3.36亿美元,占25.1%,比2000年下降18.6个百分点。

【开拓远近洋市场】 2001年,与汕头有贸易往来的国家和地区共148个。主要的出口国家有美国、日本、新加坡、英国、印度尼西亚、澳大利亚、马来西亚、尼日利亚和香港、台湾地区。主要的进口国家有韩国、日本、美国、马来西亚、沙特阿拉伯、德国、泰国、新加坡和香港、台湾地区。全市对远近洋出口8.09亿美元,占出口总额的60.3%,比2000年提高了12.2个百分点,出口市场结构得到优化,改变了过于倚重港澳市场的状况。

【进出口经营权和机电产品进口管理】 根据外经贸部有关政策规定,借鉴深圳的作法,4月份汕头调整了有关进出口经营权审批管理办法,按核准制模式,对注册资金不低于300万元的特区内流通企业和注册资金不低于200万元的特区内生产企业,在接到申请并审核合格后,直接颁发进出口企业资格证书。这一举措突破了特区外贸公司的总量限制,受到有经营进出口业务需要,却长期苦于得不到进出口经营资格的企业的拥护和欢迎,产生了积极效果。全年新增进出口企业205家,其中私营企业193家,占94%;生产性企业45家,占21.7%。到年底有106家开展了进出口业务,实现进出口额1.01亿美元,其中出口5304万美元。为减轻企业负担,促进企业积极利用境外先进适用技术,加快科技兴贸步伐,从1月1日开始,汕头不再收取特区机电产品进口专项资金,使企业节约了大量费用。

【优化广交会参展企业结构】 在广交会摊位分配上,适当缩减流通性企业的摊位,注意向生产性企业倾斜,向经营高附加值、高科技含量的企业和有品牌、有潜力的企业倾斜,不断扩大生产性企业和三资企业的参展比例。第90届广交会,参展的生产性企业和三资企业共25家,摊位数占27%。

【解决出口退税问题】 7月份,就特区外贸公司收购区外产品出口是否属于超越经营范围问题,市外经贸局专门向外经贸部请示,得到上级支持,从根本上解决了特区外贸公司办税过程中这一政策性问题。对国税函[2000]51号文的贯彻实施情况,及时向上级反映,争取有关方面区别不同情况、不同性质的矛盾,实行区别对待,做到打击非法、保护合法。打击骗取出口退税专项斗争取得决定性胜利后,根据企业的愿望,多次要求把汕头市纳入正常税收监管范围,引起上级的高度重视。

【加强外贸企业与职能部门的协调】 外经贸部门先后分4批向汕头海关推荐东京元件、华建电子等一批守法经营的企业。经确认,共有129家企业获得通关优惠待遇。同时,分两批共14家向汕头海关推荐为“重点扶持的高新企业”,并协助海关做好汕头超声印制板公司、汕头经济特区矢崎汽车部件有限公司申报“全国第一批适用便捷通关措施的高新技术企业”的相关工作,使这两家企业从10月开始,可在全国范围内适用提前报关、联网通关等6项便捷通关措施。外经贸部门还积极配合海关,做好企业分类、“电子口岸执法系统”、预归类试点等工作,通过外经贸与海关联席会议,外经贸与税务、工商、海关、外汇业务联系会,及时解决了企业在深加工结转、发外加工和申请进出口经营权过程中碰到的问题。

吸收外资

【简况】 2001年,全市合同吸收外资和实际吸收外资实现恢复性同步增长。全年新签吸收外资协议(合同)84个,比2000年下降7.7%;合同吸收外资2.97亿美元,增长5.2%;实际吸收外资1.82亿美元,增长6.7%。其中,新批外商直接投资项目65个,下降19.8%;合同吸收外资2.83亿美元,增长5.0%;实际吸收外资1.77亿美元,增长7.1%。新批外商其他投资协议16宗,增长77.8%;合同吸收外资299万美元,增长24.6%;实际吸收外资93万美元,下降36.3%。新批对外借款协议3宗,增长200%;合同吸收外资1050万美元,增长5%;实际吸收外资403万美元,增长5.2%。外商直接投资规模和质量明显提高,新批外商直接投资项目中,制造业63个,占96.9%,比2000年同期提高9.2个百分点。引进了汕头超声印制板(二厂)有限公司、潮阳市金诚科技有限公司和华南矢崎(汕头)汽车配件有限公司等一批投资规模大、技术档次较高的项目。其中汕头超声印制板(二厂)有限公司是1995年以来汕头批准的投资规模最大的项目,也是全市电子工业中投资规模最大的项目。至年底,全市历年累计实际吸收外资74.63亿美元,其中汕头市区52.9亿美元;批准外商投资企业5320家,合同吸收外资92.15亿美元,实际吸收外资65.67亿美元,外资到位率71.3%。累计至2001年底,共有52家跨国公司、大商社、大财团在汕投资28个外商直接投资项目,投资总额29.31亿美元,合同外资20.48亿美元,实际吸收外资15.28亿美元,分别占全市外商直接项目数、投资总额、合同外资和实际吸收外资金额的2.41%、22.28%、22.22%和23.26%。其中,共有11家世界500强及所属子公司先后在汕头投资设立13家企业或分支机构,投资总额4.72亿美元,合同外资3.7亿美元,实际吸收外资3.41亿美元,由美国雪佛龙德士古投资的加德士海洋燃气能源有限公司投资总额1.44

亿美元，合同外资 9577 万美元，实际吸收外资 1.13 亿美元；美国伊斯曼柯达公司设立的柯达（中国）股份有限公司汕头分公司，投资总额及合同外资均为 1.81 亿美元，已全部投入。

【招商引资】 5 月份，举办了汕头市台商投资企业协会成立十周年庆典暨汕头经济特区投资环境推介会，章孝严先生率中国台商发展促进协会考察团、台湾岛内知名企业代表和部分在大陆投资的台商共 458 人到汕，现场签订台商投资项目 6 个，利用台资 2728 万美元，这次招商活动实现了“推介、招商、交朋友”的目的，迈出了对台经贸合作新步伐。8 月底，参加省政府举办的 2001 年广东（香港）经济技术贸易洽谈会，签订外商直接投资项目 18 宗，投资总额 1.24 亿美元，合同外资 9676 万美元。

【跟踪落实签约项目】 市外经贸部门对历年签约项目组织进行全面清理，对应投未投的外资发出催办进资通知书，并及时了解、协调解决外商的困难，千方百计加快项目的建设投产进度，尽快形成生产力。到 2001 年底，汕头在 2001 年广东（香港）经济技术贸易洽谈会上签约的项目已批准 8 项，投资总额 1998 万美元，合同外资 1434 万美元，分别占签约项目总数、投资总额和合同外资总额的 44.4%、16.1% 和 14.8%，实际吸收外资 881 万美元，外资到位率 61.4%。

【外商投资企业】 全年新批外商直接投资项目中，第二产业 63 项，第三产业 2 项；生产型项目 63 项，非生产型项目 2 项。按行业分，制造业 63 项，交通运输、仓储及邮电通信业 1 项，社会服务业 1 项。按投资方式分，合资 18 个，占 27.7%；合作 6 个，占 9.2%；独资 41 个，占 63.1%。按投资来源分，香港 48 项，外资额 1.63 亿美元；台湾 6 项，外资额 249 万美元；日本 3 项，外资额 2685 万美元；泰国 2 项，外资额 522 万美元；德国 1 项，外资额 8 万美元；英国 1 项，外资额 564 万美元；瑞士 1 项，外资额 40 万美元；维尔京群岛 1 项，外资额 760 万美元；美国 3 项，外资额 257 万美元。按投资规模分，500 万美元以上 6 个，300—500 万美元 7 个，300 万美元以下 52 个。增资扩产活跃，成为全年吸收外资的重要渠道。全市共有 51 家外商投资企业申办了增资手续，合同外资增加 2 亿美元，增长 40.6%，占全年合同外资的 70.5%，比 2000 年提高了 20 个百分点。日资企业在汕投资增长较快，全年来自日本的投资项目及其合同吸收资金、实际吸收资金，分别比 2000 年增长 50%、122.8%、479.6%。2001 年，外商投资企业出口占全市外贸出口总额的 49.9%，实现销售收入占全市规模以上工业销售产值的 53.9%，上缴税收占全市财政收入的 24.4%，从业人员占全市职工总人数的 29.8%。

【帮助外资企业解决问题】 4 月份，根据海霸王国际食品集团的反映，市领导亲自进行协调，外经贸部门和海关、检验检疫、环卫、交警等部门，认真跟踪落实，通过多方努力，较好解决了海霸王（汕头）食品有限公司自用设备进口、检疫卫生注册证书、门前垃圾车停放和土地确权等问题；6 月份，针对君华大酒店竣工验收及有关配套问题，市领导落实有关部门到酒店进行现场协调和督促，及时解决了君华大酒店食品卫生许可证、接收卫星传送电视节目许可证等问题；12 月份，英国威尔信集团公司在汕头保税区设立柴油发电机组的仓储、转口贸易项目，在进口产品时碰到审批手续方面的问题，市外经贸局借鉴深圳的作法，解决了这家企业落户汕头的后顾之忧。

（长奕　李俊　正言）

汕头高新技术产业开发区

【简况】 2001年,继续推进"科技兴区、工业强区、商贸活区"的发展战略和"科工贸并举"的发展思路,使经济持续稳定增长,全年实现工业产值38.5亿元,技工贸总收入40亿元,实际上缴税收6100多万元,分别比2000年增长10%、11%和43%;达濠、河浦两个科技园作为高新区的延伸区得到了市政府批准,高新区面积扩大到5.6平方公里,推进了"以区带园,全面发展"战略的实施;成为全省首批5个知识产权管理制度与环境建设试点示范园区之一;高新区孵化基地正式建成并投入使用;组建了高新区软件园及软件协会;外贸出口4894万美元。

中共广东省委书记李长春同志一直关心汕头高新区的发展,亲自对环保餐具项目的上马作了重要批示。图为2001年2月26日李长春书记和卢瑞华省长等领导同志亲临汕头高新区绿恒实业有限公司调研和指导工作。

(林鹤波摄影)

【产业发展】 区内16家规模以上工业企业全年累计实现工业产值13.4亿元,比2000年增长47%,实现工业产值超亿元的企业共5家,初步成为区内龙头企业。电子信息产业逐步成为区内龙头产业,累计实现工业产值7.3亿元,占区内企业工业总产值的51.7%。规模以上工业企业全年月平均增速保持在30%以上,其中增长较快的有:奥星光通信设备有限公司,增长65.9%;柯达汕头分公司,增长26.3%;绿恒实业有限公司,增长52%;露露南方有限公司,增长36.7%;和川企业有限公司,增长62.1%;都利实业有限公司,增长39%。

【外贸出口与吸收外资】 坚持一手抓三资企业出口基地建设,一手抓企业自产产品出口基地建设,初步形成了以高新领域电脑有限公司、红林生物技术有限公司、利侨电子有限公司、都利实业有限公司等企业为骨干的出口基地,全年出口额4000万美元,占全区外贸出口的80%。新批三资企业投资总额1300万美元,增长107%;合同吸收外资630万美元,增长130%;实际吸收外资434万美元,增长22.3%。区内三资企业共创产值10亿元,占区内企业工业产值的70%左右。全区外贸出口4894万美元。积极探索发展流通业,为高新技术产业发展服务。高新区流通产业稳步发展,规模逐步扩大。长江药业有限公司已在市区和邻近县(市)设立20多家连锁店,全年营业额近1亿元。"风神蓝鸟"小轿车特约经销权落户高新区后仅半年,就销售轿车250辆,营业额达6000万元以上。高新集团公司取得"小银狐"香烟在广东的市场准入和销售的总代理。组织区内企业参加哈尔滨贸易会、西安交易会、深高会等,进一步提高企业的营销能力。高新区绿恒公司参加深高会一次性达成协议1.2亿元的生产合同。引导企业用高新技术改造传统产业、传统产品,露露公司应用高新技术改进包装,并对软件包装实行技术改造,提高了产品的档次。

【科技工作】 高新区和川企业有限公司承担的"爬行式智能弧焊机器人"达到国际领先水平,2001年被国家科技部批准为国家863计划项目,成为建区以来首个列入国家

863 计划的项目。绿恒实业有限公司申报的“稻壳制一次性环保餐具”项目达到国际先进水平，被列入 2001 年国家火炬计划，该企业入区 2 年多来，共获得国家、省和市扶持资金 2000 多万元、国际基金 2000 多万元，加快了该项目在全国的推广速度。全年共向省申报 2002 年科技计划项目 8 项。

【孵化基地建设】 投入了近百万元的资金，创建汕头高新区科技项目孵化基地，包括进入区内的汕头市博士后创业园、汕头市留学回国人员创业园、汕头高新区创业服务中心和汕头高新区软件园。孵化基地面积约 5000 平方米，首期 2500 平方米已交付使用。

（林鹤波　苏光义）

汕头保税区

【简况】 2001 年，汕头保税区继续实施“实业兴区”战略，在招商引资上实现新突破，在拓展仓储物流上创出新路子，呈现较强的发展后劲。全年完成工业产值 8.5 亿元，比 2000 年增长 14%；进出区贸易额 7000 万美元，其中出口 800 万美元，进口 2600 万美元，仓储货值 3600 万美元；工商税收 1394.3 万元，增长 35.2%；实际财政收入 1514 万元，增长 41.2%；实现固定资产投资 2.28 亿元。引进生产性项目 9 宗，投资总额 3369 万美元，设计年产值 7.34 亿元；引进仓储项目 1 宗，设计年仓储贸易额 12 亿元。批准成立外资企业 3 家，注册资本 180 万美元；内资企业 4 家，注册资本 650 万元人民币。批准用地 15 宗，面积 848.67 亩。

【投资环境】 区内硬件设施进一步配套。2 月 10 日，广澳深水港保税区专用码头经海关总署批准正式启用，改善了对外运输条件，为推进区港一体化打下了较好基础。配套建设企业周边道路、管线埋设，保持卫生整洁的区域环境。管委会通过采取联合外出调研，召开联席会议和现场办公会等方式，加大与海关及有关职能部门的协调力度，进一步改善通关环境。两次与海关及有关部门负责人赴深圳、上海保税区学习取经，并将调研成果迅速转化为推动区域经济发展的实际行动，连续 3 次与海关召开联席会议和现场办公会，研究解决保税区企业货物进出管理和通关速度等问题。从 11 月 1 日开始，保税区海关实行 24 小时值班通关，在保税区大门卡口直接办理货物查验、签核、放行手续，对国内料件入区加工及产品出区实行简便的备案注销办法，实现快速通关，提高通关效率。改革行政审批制度，管委会取消审批事项 3 项，减少审批环节，提高机关办事效率。强化服务意识，落实项目跟踪责任制，成立汕头保税区管隆商品交易有限公司，为企业提供进出口报关、缴纳关税、增值税、购付汇及办理出口退税等全程服务，方便企业运作，切实为企业解决投资经营碰到的实际问题。

【招商引资】 把拓展出口加工和现代物流作为重点，在对台招商、引进世界 500 强企业和侨资民资上取得新突破。管委会认真分析台商投资新动态，制定年度对台招商计划。采取走出去、请进来的方式，开展对台招商活动。2 月份，组织招商小分队赴东莞举行台商座谈会；10 月份，邀请 400 多位台商到保税区实地考察，与中国台商发展促进会签订了投资总额 2000 万美元的农副产品出口加工基地合作协议；谈成了制鞋、甲壳素两个生产性项目。同时，全力扶持区内第一家台资企业——富明君（汕头保税区）实业有限公司电脑针织项目上马投产。7 月份，引进了世界 500 强企业排名第 58 位的美国卡特彼勒集团全资子公司英国威尔信公司，在保税区投资设立劳斯莱斯柴油发电机组仓储物流项目，于10月中旬开始运作，计划年销售额5亿元。12月份威尔信公司在汕头举办庆典活动，并决定将亚洲业务运营中心及亚太地区的仓储基地从香港转移到保税区，部分零配件加工从英国总厂转移到汕头，逐步将销售额扩大到12亿元以上。该项目的成功运作，为保税区发展现代物流业起到很好的示范带动作用。8月份，管委会派出小分队，参加省政府在香港举行的对外经济技术贸易合作洽谈会，引进美国伊思布莱威公司的高空作业棚架生产项目，投资总额2500万港元。组织广东联泰集团与清华大学合作，投资1亿元重新启动保税区生物工程项目；保税区万顺公司增资5000万元，建设4条生产线，生产新型包装材料；保税区洛斯特公司与上海交大昂立公司合作，增资2500万元，扩大洛本清系列消毒剂生产规模，年产值达到1.8亿元；与中国吉通公司达成通讯设备仓储物流项目投资意向。

【区域管理】 根据保税区实行封闭式管理的特点，对全区隔离网进行维修加固，并通过海关验收。综合治理方面，对区内企业使用的锅炉、压力容器等特种设备进行跟踪管理，落实检测发证，确保企业生产设备在符合质量技术标准状态下运行。协助富明君、中旺等企业对消防系统进行全面检查整改并通过验收。限期解决企业“三合一”问题，消除不安全隐患，保证企业安全生产。查处销毁企业废弃的4吨多包装材料，防止被不法分子利用制售假冒商品。法制教育方面，组织工商、税务等部门开设工商行政法规、税法的专题讲座，以案释法，增强全区干部职工的法制意识。采取宣传教育与检查监督相结合的方法，引导企业守法经营，正道发展，有效防范和杜绝走私、骗汇、制假等违法犯罪活动的发生，全面推进区域文明法治建设。财务监督方面，全年审结工程项目7宗，核减金额1425万元；对财政专项资金使用情况进行全面审计；采取以地抵债逐步消化债务，全年办妥以地抵债4宗，抵除债务3869万元，协调处理债务纠纷诉讼3宗。

（蔡　丰）

民营经济

综　述

【简况】 汕头的民营经济起步早,发展快,在推动全市经济增长及工业化和城镇化、广开就业门路、增加财税收入、提供社会捐助、促进社会稳定等方面,都发挥了重要作用。民营经济已成为汕头的一大特色经济和区域经济发展的重要支柱。在汕头国民经济的非关键性和竞争性领域,个体私营企业已占有很大比重,在纺织服装、音像制品、塑料皮革、玩具、工艺美术、日用轻工品、食品加工等工业行业,特别是在贸易业和饮食业,个体私营企业已发挥主体作用。全市个体私营企业吸纳了20多万人就业,其中吸纳国有企业下岗职工再就业4936人、城镇失业人员6万多人。广大个体私营企业家爱国爱乡,乐于奉献。据不完全统计,近几年来,全市私营企业捐资5000多万元,用于扶贫济困、发展社会公益事业、支援国家建设。

【评选表彰先进民营企业】 10月11日,市委、市政府在市委会议中心举行了汕头市先进民营企业表彰大会。会议由市委副书记方健宏主持。市委副书记、市长李春洪宣读《中共汕头市委、汕头市人民政府关于表彰汕头市先进民营企业的决定》;副市长钟展南代表汕头市先进民营企业评委会作评选表彰工作报告;汕特自动化电器设备总厂有限公司董事长郑仰柏代表86家受表彰企业发言。省委统战部副部长杨懂代表省政协副主席、省委统战部部长彭禹贤专程出席会议并讲话。此次受表彰的先进民营企业,是经过自下而上民主推荐、各级各部门层层严格把关评选出来的,充分体现了汕头民营企业的新形象、新发展、新贡献,具有一定的先进性和广泛的代表性。市委书记李统书代表市委、市政府向受表彰的先进民营企业和为汕头经济社会发展作出突出贡献的建设者们表示祝贺,希望先进民营企业要继续发扬艰苦创业、诚实守信、守法经营的好传统,发挥示范作用,带动更多的民营企业走正道求发展,共同塑造新形势下民营企业的良好形象,为推进汕头现代化建设事业再立新功。李统书强调,要进一步解放思想,开拓进取,加快发展,努力为发展先进生产力作出新贡献。要加强学习,提高自身综合素质,适应时代的要求;树立主人翁精神,致富思源,回报社会;学习和掌握世贸组织规则,不断提高民营企业的竞争力。要克服小富即安思想,树立为民族经济争气、为汕头争光的大志。要加快技术创新步伐,提高产品的科技含量,注重开发新产品,创名牌,保名牌,树商誉。要加强企业管理,挖掘潜力,逐步实现从家族式管理向现代企业制度管理的转变,研究市场,重视营销。李统书要求各级政府必须转变职能,强化服务,优化服务环境;依法行政,规范秩序,加强对民营经济的宏观调控和管理,营造公平竞争、良性运作的法治环境,打防并举,净化社会治安环境。

（单正言）

附:中共汕头市委、汕头市人民政府关于表彰汕头市先进民营企业的决定

(2001年10月11日)

近年来,我市民营经济稳步发展,广大民营企业经营者积极响应党和政府的号召,以市场为导向,发扬"爱国、敬业、守法"的光荣传统,积极投身社会主义现代化建设,涌现出一批勇于开拓进取,善于经营管理,遵纪守法,诚实守信,乐于奉献的先进民营企业,为我市两个文明建设作出了突出的贡献。为表彰先进,树立榜样,进一步促进我市民营经济健康发展,市委、市政府决定,授予汕头市民生集团有限公司等86个单位"汕头市先进民营企业"称号。希望受表彰的民营企业,继续努力,再创佳绩。

市委、市政府号召,全市民营企业要向受表彰的企业学习,高举邓小平理论伟大旗帜,认真学习江泽民同志“七一”重要讲话,以“三个代表”重要思想为指导,积极投身我市“两大整治”和“重建信用、重塑形象”新世纪汕头生命工程,把自身的发展同国家的发展结合起来,把个人富裕同全体人民的共同富裕结合起来,把遵循市场法规同弘扬社会主义道德结合起来,坚持信用立市、品牌兴市、实业强市的发展方向,为我市经济建设和社会进步作出新的贡献!

个体私营经济

【简况】 2001 年,全市新登记个体工商户 12709 户,从业人员 16408 人;新登记私营企业 1461 户,从业人员 12642 人。到 2001 年底,全市注册登记的个体工商户 58647 户,从业人员 86398 人,注册资金 6.7 亿元,比 2000 年底分别增长 24.6%、20.6%、24.4%;私营企业 9184 户,从业 10.1 万人,注册资本 81 亿元,比 2000 年底分别下降 3.6%、4.4%、5.7%。全年全市个体私营企业工业产值 18.29 亿元,营业额 61.7 亿元,比 2000 年分别增长 39.1%、29.7%;上缴国税 4.91 亿元、地税 7.91 亿元。

【产业布局】 到 2001 年底,全市私营企业中,从事农林牧副渔业的 51 户,从事工业的 2208 户,从事建筑业的 20 户,从事交通运输仓储业的 104 户,从事批发零售贸易餐饮业的 5928 户,从事社会服务业的 866 户,从事其他行业的 7 户;全市个体工商户中,从事农林牧副渔业的 50 户,从事工业的 6842 户,从事建筑业的 1 户,从事交通运输仓储业的 656 户,从事批发零售贸易餐饮业的 46719 户,从事社会服务业的 4357 户,从事其他行业的 22 户。

【发展趋势】 生产经营规模逐步扩大,形成了一批骨干企业。一部分个体私营企业已从原来的小摊点、小加工、小修理、小服务向较大规模的现代企业发展。私营企业越来越向高注册资本的趋势发展,经济实力不断增强。到 2001 年底,私营企业注册资本 100—500 万元的有 1561 户,500 万元—1000 万元的有 129 户,1000 万元以上的有 91 户,私营集团公司 23 户。广东宜华企业集团拥有 20 家子公司,现有总资产 13.1 亿元,是全国最大的木材生产企业之一,年销售收入超过 10 亿元,出口创汇 5350 万美元。全市私营企业注册资本 500 至 1000 万元的有 137 户,1000 万元以上的有 96 户。全市已有私营集团公司 29 家,有 20 家企业经省工商局批准升冠省级企业名称,有 3 家企业升冠全国企业名称。有限责任公司成为私营企业的主要组织形式。私营企业逐步从过去私人独资经营走向股份制联合经营,有限责任公司发展速度明显加快。2001 年全市新注册登记私营企业中,有限责任公司 1065 户,占 72.9%。全市私营有限责任公司增至 6874 户,占私营企业总户数的 74.8%。产业分布日趋合理。私营企业产业结构已从过去“重商轻工”走向工业、商贸、交通、社会服务等多种产业全面发展,尤其是一批科技型、生产型、外向型的私营企业正在迅速崛起。到 2001 年底,全市已有生产型私营企业 2208 户,科技型私营企业 78 户,外向型私营企业 253 户,年出口创汇近 5 亿元。2001 年新开办的科技型私营企业 37 户。这些企业规模较大,主要以电子计算机、音像制品、工艺美术品、精细化工、工业自动化控制系统、视听设备、通信网络、智能电子装置、多细胞蛋白质饲料和锆系列制品的开发为主。商标意识明显增强,开发了一批名牌产品。个体私营企业从过去依靠初级产品“求生存”

逐步向开发名牌拳头产品"促发展"转变，不断调整产品结构，市场竞争力明显增强。潮阳市宝兰丝精细化工有限公司的"雅倩"牌商标、宜华企业（集团）有限公司的"Yihua"牌商标两个私营企业被认定为中国驰名商标，汕头雅嘉实业（集团）有限公司的"雅嘉"牌商标、汕头大印象保健品有限公司的"大印象"牌商标、奥迪玩具实业有限公司的"AULDEY"牌商标、广东金奇实业（集团）有限公司的"KINGKEY"牌商标等9个私营企业的商标被认定为"广东省著名商标"。

（杨怀湘）

民营科技企业

【简况】 民营科技企业是汕头民营经济最具活力的中坚力量。2001年，大力扶持民营科技企业，努力从科技信息提供与咨询、科技新产品推介、优惠政策落实等方面为民营科技企业提供优质服务。新认定市级民科企业18家、省级民科企业8家；民科企业技工贸总收入96亿元，完成产值106.6亿元，上缴税金3.47亿元，开发新产品300个，实施专利305项。到2001年底，全市已有省级民科企业91家，市级以上民科企业373家，专业技术人员9260人。

【科技创新的生力军】 民营科技企业的技术创新能力显著增强。全市80%的民科企业建立健全了自己的研究开发机构，一些拥有技术优势的高新技术企业还建立了为行业提供技术依托的工程技术研究开发中心。许多民科企业积极与高等院校、科研院所建立产学研合作关系，促使一批科技成果在民科企业中实现推广转化。汕头民科企业的技术创新能力得到了国家科技部的肯定，汕头经济特区金诚软件有限公司的"服装、鞋类企业管理信息系统"获得了2001年度国家科技型中小企业技术创新基金的支持。汕头市金通实业有限公司的"STZY1100型微电脑全自动转移纸机组"、汕头市汕樟轻工机械厂的"SGNP—1000数字控制高速凹版纸印机"、汕头市金明塑胶设备厂的"FT6000—3A三层非织造复合土工膜生产线"等被列入"2001年国家级重点新产品计划"，汕头经济特区南粤电器有限公司的"KYN□型开关设备"等被列入"2001年度省级新产品计划"。越来越多的民科企业介入高新技术产业领域，不少民科企业在高新技术产品的开发上取得了进展。到2001年底，汕头10家国家级高新技术企业和73家省级高新技术企业中，民科企业分别占7家和49家。

【科技攻关和技术交易】 民科企业在汕头科技攻关中扮演着日益重要的角色。2001年，市级各类科技计划共安排民科企业的科技开发项目46项，科技三项经费拨款640万元；省级各类科技计划共安排汕头民科企业的科技开发项目23项、科技拨款373万元，分别占全市获立项总数和拨款总额的79.3%和84.8%。民科企业取得的科技成果不仅数量上增加，而且在质量上也有新的提高。在汕头市2001年取得的科技成果中，主要完成单位是民科企业的占了40%左右。在汕头获2001年度广东省科学技术奖的项目中，民科企业占了一半，其中，汕头经济特区金刚玻璃幕墙有限公司的"高强度单片铯钾防火玻璃"获二等奖，汕头经济特区自动化电器设备总厂的"SA－2000智能型微机综合自动化系统"等民科企业取得的4项科技成果获三等奖。民科企业在技术市场中日趋活跃，积极参加技术交易会、科技成果信息发布会、新技术新产品展览会等各种形式的技术交易活动，开展技术合作洽谈。在10月举办的"汕头市科技成果推广转化展示暨技术交易会"上，民科企业达成了一批技术合作项目，汕头经济特区自动化电器设备总厂与华中科技大学签订的“10KV变电站成套保护装置的开发”，广东轻工机械二厂有限公司与广东轻工机械职业学院签订的“啤酒机械产学研基地建设”，汕头市金通实业有限公司与重庆钢铁设计院签订的“水处理、布袋除尘器、直镀法涂布机控制系统开发”，汕头经济特区建华陶瓷厂有限公司与同济医科大学签订的“臭氧技术产业化开发”等。

【信息化建设的推动者】 民科企业是汕头国民经济与社会信息化建设的积极推动者。民科企业成为汕头软件产业发展的核心力量。5月份汕头软件园落成后，汕头市龙湖区穿越电脑有限公司、汕头经济特区金诚软件有限公司、汕头市蓝凌科技有限公司和汕头高新区杰思发展有限公司等民科企业成为园内核心企业。穿越、金诚等民科企业被认定为广东省软件企业。穿越公司开发的“穿越血站网络管理信息系统”在全国10多个省的40多个城市得到广泛应用，其开发的人力资源管理软件还出口到法国。民科企业成为汕头信息化工程建设的骨干力量，IT界已有一批以民科企业为主体的较具实力的新兴企业，它们承担了政府管理、城市管理，以及企业、教育、住宅小区的信息化工程。民科企业是运用信息技术改造提升传统产业的成功实践者。分布在全市印刷、包装机械和电力控制设备制造业的一批民科企业，如广东轻工机械二厂、汕樟轻工机械厂、金明塑胶设备厂、华鹰软包装设备总厂、远东轻化装备工程公司和光华机械公司等，都注重应用电脑技术和自动化技术，实现机电一体化，提高产品档次和市场竞争力。汕头经济特区自动化电器设备总厂开展的计算机集成制造系统（CIMS）技术应用试点工作，在国家科技部和省科技厅的支持下，取得了较好成效。

（陈松辉　李　扬）

乡镇企业

【简况】 2001年，汕头乡镇企业在整治中规范，在规范中发展。尽管全市乡镇企业数量和职工人数减少了，但质量和水平得到较大提高。全年乡镇企业总产值575.42亿元，比2000年下降12.46%，其中工业总产值521.72亿元，下降12.32%；增加值118.34亿元；营业收入536.62亿元，下降11.39%；出口产品交货值83.98亿元，比2000年下降19.99%；出口创汇10.12亿美元，比2000年减少2.53亿美元；利润净额19.76亿元；上交税金8.76亿元，比2000年减少2.05亿元。2001年底，全市乡镇企业25651家，比2000年底减少955家；职工人数42.24万人，减少10.62万人；固定资产原值170.85亿元，减少8.5亿元。

【行业分布】 汕头乡镇企业已形成纺织服装、塑料化工、音像制品、电子机械、工艺玩具、农副产品加工六大生产行业。到2001年底，全市乡镇企业中，纺织服装生产企业872家，从业人数75042人，总产值81.65亿元；塑料化工企业596家，从业人数42037人，总产值66.05亿元；音像制品企业122家，从业人数4579人，总产值9.43亿元。电子机械制造业企业302家，从业人数10153人，总产值19.27亿元。玩具工艺生产企业3000多家，从业人数6万多人，总产值60多亿元。农产品加工企业有4394个，从业人数16.12万人，农产品加工总产值200.47亿元。

【发展重点行业和龙头企业】 2001年，大力鼓励优势行业和企业增资扩产，增强了乡镇企业发展后劲。全年乡镇企业新建扩建项目89个，计划投资16.86亿元。到2001年底，已投入资金13.72亿元，投产项目39项。全年新增产值9.8亿元。潮阳市切实帮助企业解决在增资扩产时碰到的问题，棉北街道通过召开现场办公会议，及时为健生塑胶制品有限公司解决了供电、供水、厂房，以及在消防、环境卫生等方面碰到的问题和困难，使企业的电动牙刷生产项目如期上马。澄海市确定重点扶持企业31家，较好地发挥了骨干企业的支撑和带动作用，宜华集团、金奇集团、猛狮集团、潮丰集团、楚宜集团、东方锆业等重点企业继续保持强劲的发展势头。各地积极引导和鼓励一批效益好、规模大的企业开始进行资本运营。2001年，澄海市的东方锆业、宜华、猛狮等企业已改制为股份有限公司，已进入了或完成了上市辅导期。乡镇企业在千方百计稳定和发展传统支柱行业的同时，积极发展新兴行业。澄海市的工艺玩具、食品、塑料、木制品等行业继续保持良好发展势头，骨干企业任务饱满，工艺玩具行业的生产和出口从下半年开始回升，凤翔街道全年完成玩具产值超15亿元。潮阳市的传统行业普遍减产，而新兴的文具用品和旅游用品行业却开始露出“曙光”，这两个行业的生产规模不断扩大，已拥有生产企业200多家，市场前景呈现出一派生机勃勃的势头，全年完成工业产值8.05亿元，同比增长18%。

【扶持企业上档次上水平】 全市各地重视引导和扶持乡镇企业进一步加大技改投入，运用国家、省市的优惠政策，加快企业技术改造，加强质量管理，促进企业技术进步和提高产品档次。一是引导企业加大引进和技改投入。2001年，全市乡镇企业共投入资金7.8亿元用于引进新设备和改造旧设备。其中潮阳市共投入5.8亿元改造旧设备2830台(套)，新增3316台(套)，全年新增产值8.6亿元。二是引导企业开展技术创新。全市乡镇企业共投入8538万元开发新产品26项，已投产19项，新增产值2.3亿元，税利1897万元。共创新花色品种3855个，新增产值13.5亿元，税利5010万元。澄海市工艺玩具行业，在传统塑料玩具的基础上，开发出合金玩具、益智玩具、教育玩具、智能遥控玩具等技术含量和技术档次较高的产品，有力地提高了玩具产品的市场竞争力。三是引导企业推行全面质量管理，开展QC小组活动。潮阳市中纶化纤有限公司、汕头市益通电讯设备实业公司的QC小组获广东省优秀QC小组称号。四是引导有条件的企业采用ISO9000质量认证。2001年，全市共有澄海永嘉集团等11家企业获得ISO9000国际质量标准认证，全市累计已通过认证的企业有46家，还有一大批企业正在加紧做好有关认证基础工作。五是指导企业开展创名牌活动。2001年，潮阳市雅嘉集团被农业部评为全国乡镇企业创名牌重点企业。

【搞活营销】 积极引导企业转变营销方式，拓宽销售渠道，进一步提高汕头乡镇企业产品的市场占有率。一是组织企业参加在广州、重庆、郑州、上海、北京等地举办的交易会、展销会和博览会。乡镇企业办与外经科组织24家洗涤化妆品企业到广州参加第16届广东国际美容美发化妆品博览会，提高了汕头化妆品的知名度，巩固了汕头在全国化妆品行业的地位。潮阳市全年共组织200家企业参加各种展销博览会，成交额达13.1亿元。澄海市举办为期4天的国际玩具工艺品博览会，250家企业参展，签订协议贸易额7.6亿元。二是引导企业步入信息化轨道。各地越来越重视引导企业加速信息化进程，逐步树立网络意识，进而实现网上经营。潮阳市已有560多家企业上网经营，全年网上交易额3.2亿元。潮阳和平镇政府投资20多万元建立了“中国和平”网站，带动镇内85家企业上网经营，全年网上交易额7000多万元，使镇政府网上电子办公和企业电子商务融为一体，推动了企业信息化的进程。

【减轻企业负担】 乡镇企业减负是2001年治乱减负工作的重点。全市各级政府成立减轻企业负担领导小组,按照上级要求分工负责、落实责任,切实做好减轻企业负担的工作,为企业的发展创造良好的外部环境。2001年10月份,市经贸局、减负办、财政局、物价局和纠风办组织联合检查组,分别对潮阳市、澄海市、龙湖区乡镇企业的治乱减负情况进行检查,对11家不同类型的企业进行了抽查。各地都通过电视、报纸等新闻媒介对减负工作进行宣传,对各种收费标准、已取消的收费项目进行公布,各镇(街道)政府还设置了费用收取、使用情况公示栏,收费单位也在其收费处设立收费项目公示牌,设立举报电话。同时,实行收支两条线制度、严格执行收费“两证一卡一票”制度、建立收费监督制度,加强管理,使减负工作走上制度化、规范化轨道。检查情况表明,各地基本上都已取消不符合规定的对乡镇企业的收费、罚款和集资,暂停审批新的收费项目。全年共取消不合理收费项目74项,其中市定13项,涉及金额2.2亿元。

(市经贸局乡企办)

工业经济

综　述

【简况】 工业在汕头市国民经济中占有非常重要的位置。全市工业主要分布于制造业门类中的服装及其他纤维制品制造业、纺织业、塑料制品业、其他制造业、食品加工业、食品制造业、金属制品业、普通机械制造业、电气机械及器材制造业、专用设备制造业、交通运输设备制造业、仪器仪表及文化办公用机械制造业等12个行业大类。2001年,全市工业企业1.66万家,全部工业总产值771.92亿元,轻工业、重工业分别占77.93%和22.07%,工业增加值占国内生产总值的43.1%。全市规模以上工业企业834家,完成工业总产值324.88亿元,实现出口交货值90.87亿元;实现利税19.59亿元,增长6.9%,其中利润8.19亿元,增长5.7%;工业综合经济效益指数108.63%。全市工业环节增值税、消费税14.05亿元,占国内"两税"收入的79%。全市工业共解决劳动就业66.7万人,占全市就业人数的32.1%。

【工业结构调整】 全市竣工及在建工业项目180多项,已竣工投产80项。进一步调整市区工业布局,拓宽发展空间。超声集团等3家企业被列为国家科技部计算机辅助设计应用示范工程企业,一批技术含量较高的新产品投产,新认定广东省著名商标5件。全市高新技术产品产值98亿元,占全部工业总产值的12.7%。传统优势产业改造升级力度加大,新增工业技改项目73项。高新区、保税区完成工业产值分别增长47%和14%。

(单正言)

【"一镇一支柱、一村一产品"生产基地】 2001年,全市12个"一镇一支柱"和18个"一村一产品"生产基地继续发展,支柱行业、专业产品产值占比进一步提高,特色更为明显。2000年6月,在全市工业集中服务活动中,汕头市政府决定确认潮阳市和平镇等12个镇、潮阳市和平镇中寨村等18个村分别为首批"一镇一支柱"生产基地和"一村一产品"生产基地,并分别授予相应牌匾。这是扶持和发展乡镇企业优势产业,在乡镇中建设一批工业小区,形成工业经济带,促进乡镇企业走上规模化、规范化轨道的一大举措。

附：

汕头市"一镇一支柱、一村一产品"生产基地产值情况表

金额单位：亿元

一镇一支柱(12个)	镇工业产值			支柱行业产值			支柱行业产值比重		
	1999年	2000年	2001年	1999年	2000年	2001年	1999年	2000年	2001年
和平镇音像制品	32.06	35.2	36.5	20.36	21.0	21.9	63.50%	60.0%	60.0%
峡山镇精细化工	37.91	40.5	41.0	10.69	11.9	12.0	28.20%	29.4%	29.3%
谷饶镇内衣系列	18.84	22.73	19.97	10.40	18.64	16.97	55.20%	82.0%	85.0%
陈店镇电子产品	24.67	25.5	17.8	7.92	6.5	3.5	32.10%	25.5%	19.7%
两英镇纺织服装	17.50	32.2	33.66	13.88	24.15	25.25	79.30%	75.0%	75.0%
莲下镇木制品	25.00	29.85	31.7	12.00	12.0	15.55	48.00%	40.2%	49.05%
凤翔街道工艺玩具	25.56	30.29	32.31	18.40	21.81	22.62	72.00%	72.0%	70.01%
东里镇五金制品	18.00	18.2	20.0	7.20	2.02	3.99	40.00%	11.11%	19.93%
澄华街道玩具工艺	16.50	19.88	22.61	10.36	8.98	10.3	62.78%	45.17%	45.56%
外砂镇食品加工	14.31	16.46	18.61	3.75	3.62	4.09	26.20%	21.98%	21.99%
达濠街道工艺制品	10.09	11.29	12.01	2.22	1.72	2.15	22.00%	15.29%	17.91%
后宅镇海产制品	1.50	1.74	1.97	0.62	0.99	1.22	41.33%	57.0%	62.0%
一村一产品(18个)	村工业产值			专业产品产值			专业产品产值比重		
	1999年	2000年	2001年	1999年	2000年	2001年	1999年	2000年	2001年
和平中寨音像制品专业村	5.23	6.89	7.65	3.23	5.51	6.12	61.80%	80.0%	80.0%
峡山精细化工专业村	10.68	12.3	14.5	5.98	5.5	6.7	56.00%	44.7%	46.2%
陈店港后人造花专业村	4.75	5.7	2.75	3.56	5.0	2.4	75.00%	87.7%	87.3%
司马华里西人造花专业村	2.67	2.08	2.8	1.88	1.5	2.1	70.50%	72.0%	75.0%
陈店溪北内衣系列专业村	1.05	0.95	1.62	0.85	0.85	1.45	81.00%	89.5%	89.5%
井都古埕水产品加工专业村	1.02	2.2	2.47	0.89	1.60	1.85	87.00%	72.7%	74.9%
和平里美塑料编织布专业村	3.81	4.53	5.03	2.02	2.94	3.27	53.00%	65.0%	65.0%
谷饶上堡内衣系列专业村	9.78	9.8	9.8	4.99	8.43	8.54	51.00%	86.0%	87.1%
两英古溪纺织服装专业村	1.68	2.4	2.26	1.48	1.85	1.7	88.00%	77.1%	75.2%
莲下槐东木制品专业村	2.00	5.07	7.26	1.00	3.0	5.0	50.00%	59.12%	68.86%
广益埔美塑料玩具专业村	6.50	6.56	7.5	3.90	4.0	4.6	60.00%	60.98%	61.33%
凤翔信宁毛织工艺专业村	6.67	7.98	8.14	6.00	5.58	5.7	90.00%	69.92%	70.02%
澄华岭亭保温瓶专业村	3.35	6.11	7.05	1.74	0.8	0.6	51.94%	13.1%	8.52%
外砂南社食品加工专业村	1.08	1.09	1.24	0.65	0.44	0.5	60.10%	40.6%	40.23%
溪南埭头塑料制品专业村	4.80	5.8	6.5	2.55	3.0	3.4	53.10%	51.72%	52.31%
澄华西门塑料玩具专业村	5.20	6.05	7.13	3.25	3.26	3.86	62.50%	53.88%	54.14%
龙湖蔡社糖果食品专业村	0.88		0.88	0.86		0.84	97.73%		95.0%
达濠珠浦生物制品专业村	1.02	4.24	4.61	0.51	0.33	0.4	50.00%	7.78%	8.67%

（郑洵彬）

【技术改造与创新】 全市企业实施技术改造增资扩产项目80项，总投资13亿元，其中，完成年度投资7.42亿元。引进新增设备800台(套)，有22个技改项目落实市贷款贴息资金760万元，争取省的挖潜改造补助资金和贴息资金共306万元。已竣工投产的有汕头华汕电子器件有限公司的大功率晶体管项目、东方印刷厂有限公司七色凹版印刷生产线改造等36个项目，新增产值22亿元，税利4.5亿元。潮阳市有40多个纺织服装和印染企业加大了技术改造力度。全年全市企业重点技术开发新产品38项，投入开发资金8018.78万元，其中省级7项，市级6项。已投产的新产品30项，创产值6.2亿元，创税利1.28亿元。完成开发新花色品种603种，创产值1.23亿元，税利902.86万元。

【企业改革】 对市直系统国有企业的领导班子、财务状况、经营情况进行了全面调查，摸清情况，为深化企业改革做好准备。在市直国有企业推行3项制度改革，促使企业尽快形成管理人员能上能下、职工能进能出、收入能增能减的机制。重点跟踪汕头精细化工(集团)公司等3家企业的改制工作。对正在实施内部分块改制的汕头轻工业总公司、工艺美术集团公司等企业，及时给予指导和帮助，切实解决企业改制过程中碰到的问题，并协助企业制定改制方案。澄海市、潮阳市、龙湖区的国有企业改革也取得了突破性的进展，金园区、升平区、达濠区在集体企业的改革上进行了探索，取得了一定经验。运用资本运营，为企业重组、收购、兼并、改制、上市和投资等方面提供咨询服务，并着手实施“汕电力”的重组工作。对已完成改制并进入辅导期的汕头东方锆业有限公司等4家企业，引导其规范运作，争取尽快上市；对要求申报上市的汕头超声仪器研究所等5家企业，按照《公司法》及上市公司的规范要求进行改制。

【安全生产】 全年全市没有发生重、特大事故，一般事故的伤亡人数及经济损失与2000年比均有明显减少。发生企业职工伤亡事故7宗，死亡5人，重伤6人，同比分别减少42%、持平和45.5%；火灾事故55宗，死亡10人，受伤10人，经济损失222.32万元，同比分别增加4%、减少38%、60%和42%；道路、水上交通事故及伤亡人数、经济损失与2000年同比有不同程度下降。列入统计的各项指标，大部分呈现下降，实现了年初提出的最大限度减少重特大事故和控制一般事故的目标。在开展安全生产宣传教育方面，组织了2万多名企业职工参加安全生产知识竞赛，发动干部职工观看安全生产电影《人命关天》共8.5万人次。落实了经贸系统所属各单位以及各区县(市)、各企业的安全生产第一责任人和直接责任人，同时把政府部门的安全生产责任制延伸到各项具体安全生产工作任务的措施与目标上，把可能发生事故隐患的重点治理项目分解到相关的职能部门。开展成品油批发仓储企业及加油站、建筑“八无”工程、道路交通运输、燃气储配与充装、水上交通运输、易燃易爆化学危险品及民爆器材、土锅炉和压力容器、采石场、公众聚集场所消防安全等9项安全生产专项整治工作，共清查隐患近2万处，完成整改隐患1.6万多处；责令企业停业整顿123家，关闭86家；取缔非法液化石油气充装站4个，非法加油站4个。还先后围绕春运、庆祝汕头特区建立20周年活动和重大节日，组织了4次较大规模的安全生产现场监察活动，保障了重大节日与重大活动期间安全无事故。实行企业安全生产挂钩联系制度，重点开展对经贸系统直属62家集团公司、总公司、总厂及下属300多家企业进行“地毯式”安全生产检查，共发出事故隐患整改指令书13份，清除事故隐患57处，有效防止了重特大安全生产事故发生。

(林明龙　黄少玲)

电子与机械工业

【电子及通信设备制造业】 2001年,全市规模以上工业中电子及通信设备制造企业27家,占规模以上工业企业数的3.2%,完成工业产值20.58亿元,占规模以上工业总产值的6.59%。汕头电子及通信设备制造业起步较晚,但发展很快。在近10年信息化浪潮的推动下,电子及通信设备制造业无论在生产规模、产品门类品种,还是在产品的技术水平等方面都有了较快的发展。基本形成了以电子元器件、通讯器材、工业应用电子产品为主导,数字光盘、无线数据网络、计算机外接设备、终端产品相结合的产品结构和产业结构,涌现了一批规模较大的骨干企业。

【主要企业和产品】 超声工业是汕头市的优势工业,是汕头电子通信工业的主力军,已成为全市工业经济的支柱产业之一。2001年,全市印制电路板产量44.22万平方米,比2000年增长13.6%;半导体分立器件16.81亿只;超声波仪器4043台,增长9.3%;液晶显示器5.19平方米,增长15.8%;半导体集成电路359万块。汕头华汕电子器件公司生产的TO-92三极管、TO-220三极管、TO-126三极管,其中TO-92三极管在全国名列前茅。汕头超声电子集团公司连续4年进入中国电子信息百强企业,排名第85位,公司的技术中心被省经贸委认定为省级技术中心。公司主导产品有双层及多层印制电路板、液晶显示器及液晶显示模块、覆铜板及半固化片、超声探伤仪及换能器4大类。高密度双面及多层印制电路板项目被评为"九五"期间汕头市20佳技术项目。公司申报的国债技改项目"高档多层印制电路板"项目全面实施,预计2003年投产。申报的STN液晶显示器和液晶显示模块(LCM)两个技术改造项目,已获省计委批准项目建议书和可行性研究报告。广东汕头超声电子股份有限公司是汕头超声电子集团公司发起创立的股份有限公司,是以电子产品为主导的省级高新技术企业,从事双面及多层印制线路板、液晶显示器及模块、超声电子仪器和超薄及特种覆铜板等高新技术产品的研究和生产经营。总资产15.72亿元,销售收入6.43亿元,利税总额1.15亿元,出口创汇3322万美元,其中高新技术产品分别占76%、92%、80%。与1997年刚上市时相比,资产总额增长110.8%,销售收入增长146.3%,利税总额增长28.3%,出口创汇增长150.3%。1999年承担的国家高技术产业化专项计划的移动通信手机印制线路板项目经过两年实施,引进国际先进设备,建成了年产505万套手机用多层印制板生产线。该项目已研制和小批生产手机用印制板46万套,创产值1236万元。产品已通过用户试用和检验报告,完成全套技术文件。高密度多层印制板项目被列为国家调整产品结构重点技改的国债专项,2001年已进入全面实施阶段。结合易地改造规划,省计委批准项目总投资近6亿元建设印制板二厂。由股份公司与香港汕华有限公司按我方占75%、港方占25%的比例合资成立,注册资金2.5亿元。预计印制板二厂工程于2002年底完成,该项目将成为公司新的经济增长点。产品结构进一步向HDI(互连)的高档次方向发展。

【机械工业】 汕头市的机械设备工业包括普通机械制造业、电气机械及器材制造业、金属制品业、专用设备制造业、交通运输设备制造业、仪器仪表及文化办公用机械制造业等6大行业大类,有一定的技术力量和资产设备优势。2001年,全市规模以上机械工业企业92家,占规模以上工业的11%,完成总产值33.33亿元，占10.3%。主要有汕头机械集团公司的小电机出口基地，汕头韩江机械集团公司生产的包装机械，潮阳市莱达集团公司生产的啤酒灌装设备生产线，汕头市轻工机械集团公司的全自动电阻焊罐头机械生产线，汕头市远东轻化装备公司的超宽覆膜机组，汕头华兴冶金备件厂生产的纯铜板高炉风口，汕头市汕樟轻工机械厂的电脑全自动控制高速凹版彩印机，汕特华信自动焊机厂的机载式管板自动焊机，还有汕头天河工程机械有限公司、汕头市华鹰软包装设备总厂、南粤电器有限公司、光华机械实业公司等的机械设备生产。

（单正言）

轻 工 业

【玩具工艺】 玩具工艺是澄海市最具特色的工业支柱产业。澄海有“工艺玩具城”之称，是全国著名的玩具工艺品生产出口基地。2001年，澄海市从事玩具工艺生产的企业有3000多家，占全市工业企业总数的42.8%；拥有资产17.5亿元；从业人员10万多人；产值70多亿元，占全市工业总产值的30%；实现增加值15.3亿元，占全市国内生产总值的15.5%；批发零售总额11.5亿元，占全市的43.2 %；上缴税收1.4亿元，占全市税收总额的31.9%；70%以上的产品出口到世界100多个国家和地区；直接容纳的劳动力12万人以上，占工业行业的52%。澄海已初步形成了以市区为龙头，凤翔、澄华、广益、莲上、莲下、东里等镇（街道）一批专业村（居）为重点的玩具生产基地，涌现了广东奥迪玩具实业有限公司、信宁玩具工艺厂、骅威集团、金奇集团等一批产值超亿元的大型玩具工艺生产企业，以及10多家年产值5000万元以上，近百家年产值1000万元以上的骨干企业。澄海玩具有工艺品、遥控飞机、汽车等比较新颖的花色品种5万多种，平均每月有一百多种新产品面世。产品档次不断提高，具有声、光、电功能的中高档玩具产品占全部产品的2成以上。已有20多家企业获得ISO9000质量体系认证，有48家玩具企业获得中国玩具安全质量认证证书，占全国玩具企业认证总数的一半以上。凤翔街道还被广东省确定为全省惟一的玩具专业镇。近年来澄海市确立了发展以玩具工艺业为主的特色工业的经济发展思路，创办了年营业额10亿元的玩具工艺品专业市场，兴建了澄海市展览中心，成立了玩具协会和工艺美术协会，设立了广东世纪专利事务所澄海办事处、专利信息研究发展中心、专利战略咨询中心、玩具工艺工程技术研究开发中心和专利技术市场等服务机构。自1999年起每年均定期举办大型的玩具工艺品展销会，成为中国玩具工艺行业的专业展览会之一。在4月由中国国际贸易促进委员会主办、汕头市政府和澄海市政府协办的“2001中国（澄海）国际玩具暨工艺品博览会”上，有来自东欧、南美、中东、东南亚、日本、韩国等49个国家（地区）和国内30多个省市的玩具工艺客商、协会、商会、经贸组织组团参观、洽谈，共签订贸易协议7.6亿元，其中出口贸易0.81亿美元，占签约总额的90%。近几年来，不少玩具骨干企业、集团公司增加投入，生产设备不断更新，使澄海玩具工艺业逐步形成原材料供应、造型设计、模具加工、零部件制造、装配成型、包装装潢和产品销售、运输等专业化分工协作的生产体系；电脑辅助设计、电脑辅助生产普遍应用。

（杜更生　陈少龙）

【食品加工】 2001年，全市规模以上食品工业企业83家，占规模以上工业的10%，完成总产值34.80亿元，占10.7%。基本形成调味、糕点糖果、冷冻食品、食品包装4大系列产品,走出了一条具有地方特色的食品工业发展路子,把继承传统工艺与科技创新产品相结合,引进外资办厂与发展本地企业相结合,使食品工业不断发展壮大。主要有汕头大洋集团公司的食品加工和水产品加工、汕头海霸王食品集团的速冻食品、四洲(汕头)食品工业城的蛋糕、糖果、紫菜等,以及金味食品工业有限公司、汕头东洋食品工业有限公司的食品等。这些企业发展自动化技术、生物工程技术、速冻技术、冷冻干燥技术、分离提纯技术、杀菌技术、保鲜技术、辐照技术、微波技术、挤压膨化技术、新型包装技术、海洋生物资源的深度开发利用及其加工新技术,使汕头的食品提高了档次,更具有地方特色。

【文具】 文具办公用品是近年来汕头又一新兴行业。潮阳有文具生产企业130多家,主要分布在峡山、铜盂、成田、和平、胪岗等镇,从业人员1.15万多人。产品包括文件夹、文件架、文件柜、公文箱、写字笔等。这些生产企业在京、沪、穗等大中城市设立办事机构、销售点,网络遍布全国各地,有10多家企业的产品还出口东南亚、欧美等国家和地区。潮阳的文具品牌崭露头角,"齐心"、"树德"两个牌子被评为中国十大文具首选品牌。齐心文具实业有限公司率先在国内成立文具研发中心,在产品的开发、生产中注入环保、节能新理念,成为国内惟一获得ISO14001认证的文具企业。

(单正言)

医药业

【简况】 2001年,全市有国有、集体、私营、有限责任公司、股份合作制以及外商投资等各种经济成分的药品生产企业33家,医疗器械生产企业17家,涉及医药包装材料生产企业26家。整个行业虽然企业不多,规模不大,但发展潜力大,市场前景好,是汕头工业发展的强项。列入统计的30家药品、医械生产企业完成工业产值(现行价)7.16亿元,销售产值(现行价)5.48亿元,实现销售收入5.11亿元,税金4986.7万元,利润2042.39万元,资产负债率为55.66%,资产经营质量较好。生产的药品有十多类726个品种,大部分为中成药。其中"万年青"牌、"麒麟"牌等系列中成药在市场享有一定知名度,汕头制药厂的消炎利胆片、脑力宝、石淋通片曾获国家银质奖。医疗器械有产品34类,51个品种,其中汕头超声仪器研究所的"中华B超"在国内外享有盛誉,有较强的市场竞争力。行业技术水平层次相对较高,汕头超声仪器研究所、紫光古汉氨基酸有限公司、金石制药总厂、紫薇星实业有限公司、光华化学厂、卫伦生物制品厂、汕头制药厂等8家企业被认定为汕头市高新技术企业,占50家药品、医械企业的16%。

(单正言)

【药监体制改革】 2001年,汕头市药品监督管理体制进行了改革,组建广东省汕头市药品监督管理局和澄海、潮阳、南澳分局,市药检所为直属单位。组织企业开展换证和GMP、GSP认证,推行药品分类管理,推动企业技术进步,规范管理。市药监局担负全市药品监督管理职能,医药行业管理职能移交给市经贸局。

【企业换证】 2001年,全市药品经营、生产企业换发许可证。通过组织企业学习培训、自查对照、落实整改、换证申报、现场验收、上报发证等工作,辖区内获换发《药品经营许可证》(批发)73家,占原持证企业90家的81%,零售药店1452家,占原持证药店1989家的73%,《药品生产企业许可证》27

家,《医疗机构制剂许可证》3家,《医疗器械生产企业许可证》19家,《医疗器械经营许可证》73家,一类产品经营备案登记177家,产品注册30个,受理药包材生产企业产品注册22家、产品30个。

【药品监督】 市药监局和各分局加大市场监管力度,打击制售假劣药品不法行为。3月8日,市药监局接到省药监局指令,组织执法人员在市区黄河路金辉货场查获假冒美国、德国等国外厂家生产的药品1848件。该案假冒厂家之多,数量巨大,在国内属罕见。市药监系统全年共出动行政执法人员1216人次,检查药品生产、经营、使用单位近1000家,处罚无证生产、经营41家,查获假劣药品案值611.7万元,处罚违规单位33家。全年检验药品品种(规格)2670批(次),其中抽检1957批次,抽检率73.2%,不合格检品252批,不合格率9.44%。全年药检所完成检品比2000年增加334批。

【药品管理】 2001年,汕头金石制药总厂的口服液制剂、汕特明治医药有限公司的冻干粉针剂生产线通过了国家药品生产质量管理规范(GMP)认证。至此,全市获国家GMP认证的已有7家制药企业的9条生产线。部分药品批发企业着手做好药品经营质量管理规范(GSP)认证准备工作。4月首批26家试点单位挂牌,6月第二批35家试点单位挂牌。市药监局还通过举办医药技能培训班,推进药品分类管理,全年共举办药品购销员中级技能、营业员初级技能培训班4期,参加学习608人,驻店药师考前培训班3期819人,医疗器械经营企业法规培训班3期240人。

【宣传《药品法》】 2月28日,国家颁布新修订的《药品管理法》,并于12月1日起施行。药监系统除自身组织学习外,在社会上开展宣传,市局印发《药品法》宣传画1200套,分发《药品法》3500册,宣传资料8000份,悬挂大幅宣传标语80多条。地方新闻媒体在《药品法》实施前后刊播了公益广告,介绍《药品法》知识。12月1日,市药监局和潮阳、澄海、南澳分局分别在当地举行《药品法》宣传咨询活动。

(陈立仁)

化工塑料业

【简况】 2001年,全市规模以上化工塑料企业146家,占规模以上工业企业(下同)的17.5%,完成工业产值52.45亿元,占规模以上工业总产值的16.1%。化工塑料已发展成汕头的工业支柱行业,尤其是聚苯乙烯、酞青蓝的生产技术、质量和规模,在国内都位居前列。全年聚苯乙烯树脂产量14.11万吨,聚酯切片产量1.82万吨,黑白感光纸20.64万标准盒,黑白感光胶片15.21万平方米,自涂防光晕层胶片13.71万平方米,自涂钡地纸175.68万平方米。精细化工和日用化工等产品,如化妆品、洗涤用品等,在全市化工行业中占有很大份额,且产品质量也位居国内前茅。

【化妆品工业】 汕头洗涤化妆品行业主要是民营企业和三资企业,近年来迅速崛起。全市洗涤化妆品生产企业1000多家,已领取化妆品生产许可证的企业400余家,产品在国内市场份额超过15%,汕头与珠海三角洲地区和浙江义乌并称国内洗涤化妆品3大生产基地。全年全市化妆品产值4.36亿元,比2000年增长7.5%。潮阳的精细化工行业兴起于20世纪80年代,已发展成国内较大的精细化工产品生产基地。潮阳已有精细化工生产企业100多家,其中年产值上亿元的企业有2家,上5000万元的有7家,上1000万元的有13家。产品有护肤、护发、美雾和气雾等4个门类、50多个品种,拥有"雅倩"、"雅嘉"、"雪柔"、"拉芳"等中国驰名商标和广东省著名商标。产品畅销国内各大中城市,部分出口东南亚、欧美、澳大利亚、中东、非洲等国家和地区。面对日趋激烈的市场竞争,潮阳的精细化工企业注重提高产品质量和创新花色品种,花巨资做产品宣传。生产企业以名牌抢占市场,不断增资扩产,有效地推动了潮阳精细化工行业向更高层次发展。

【塑料工业】 汕头已有塑料原料、塑料制品、塑胶机械设备、塑胶模具、塑料助剂等生产企业。塑料制品已有25大类300多个品种数万个花色品种。2001年全市塑料制品产量12.33万吨。塑料成型加工机械和各种辅助机械已形成相当规模的开发和生产能力。汕头市光华机械实业公司、汕头市华鹰软包装设备总厂等一批民科企业积极把高新技术应用到制造业,研制生产出一批国内有名的光机电一体化的塑料机械、包装机械和印刷装潢机械。汕头市龙华珠光颜料厂生产的云母钛珠光颜料产量约占国内总产量的2/5,年产400吨,出口150吨,产品质量在国内领先。汕头是全国塑料原料进口的主要口岸和中转基地之一,也是华南地区重要的塑料制品生产基地。

【汕头首届PVC行业招商会】 8月份在汕头市举办,200多家国内外PVC行业的生产型和商贸型企业、400多人参会,签订合同金额3.2亿元,成为国内PVC行业较大的一次市场化运作的招商洽谈见面会。

(单正言)

纺织服装业

【简况】 汕头市的传统工业行业,包括纺织业、服装及其他纤维制品制造业在内。改革开放以来发展迅速,已成为全市产销规模最大的工业行业,其发展在一定程度上带动了印刷业、包装材料业、纸制品业、塑料制品业等的相关发展。2001年,全市生产服装6293.29万件,比2000年增长3.5%。全市纺织服装生产企业5000多家,全年总产值123亿元,占全市工业总产值的16%。其中规模以上工业纺织服装企业179家,占规模以上工业企业的21.5%,完成总产值49.03亿元,占规模以上工业总产值的15.1%。全年全市纺织服装出口3.33亿美元,占全市外贸出口总额的25%。汕头纺织服装业的显著特点是以民营企业和三资企业为主体,规模以下工业中民营企业所占比例更大。在全市工商登记注册的纺织服装生产企业中,国有、集体企业仅71家,占企业总数的0.01%。汕头中旺化纤有限公司、联发有限公司、潮阳马华隆纺织印染公司、潮阳新万年布业有限公司、澄海市金奇集团公司、吴氏毛衫公司等企业都是汕头市纺织服装业的骨干企业。国际上知名的"凯撒"和"花花公子"等服装制造业也在汕头投资设厂。这些企业运用新型织造技术、电子提花技术,提高天然纤维后整理技术;高档针棉织物印染后整理技术、高仿真化纤面料生产技术生产高档的纺织面料和服装,使各类纺织品和服装满足国内外客户的需求。

【潮阳纺织服装】 2001年,潮阳市有生产型纺织服装企业近2000家,共生产服装16.8亿件(套);实现总产值83.6亿元,占工业总产值的34.5%;从业人数10.69万人,占第二产业从业人员的54%。纺织服装企业中投资上亿元的有6家,上千万元的多达95家,基本形成纺织、漂染、成衣一条龙生产格局,创出了"曼妮芬"内衣、"佐奇"服装、"大红马”人造纤维线、“秋鹿”睡衣以及“飘娜”花边等知名度较高的品牌和产品。有“纺织之乡”称誉的两英镇,以及针织文胸产品占国内约五成市场份额的谷饶镇,是潮阳主要的纺织服装生产基地。2001年两英镇实现纺织服装业产值22.1亿元,上交工商各税1830万元,分别占全镇工业总产值的70%、工商各税的75%。

(单正言)

电力工业

【简况】 2001年,汕头电力工业体制改革的实际,以提高企业经济效益为中心,以创一流供电企业为总体目标,以电力市场为导向,以优质服务为宗旨,大力抓好安全生产,进一步深化改革,加强企业管理,不断提高电力科技化、信息化和自动化水平,切实抓好企业精神文明建设,至年底,全市电网发电装机容量166万千瓦,35千伏及以上变电站42座,总容量330.215万千伏安,输电线路1071.2千米(包括电缆线路)。全市总供电量为46.09亿千瓦时,增长7.17%,其中汕头电网完成供电量44.72亿千瓦时,增长7.98%。电力负荷及日供电量均创历史新高,达到88.56万千瓦和1714万千瓦时。全市人均占有电量1035千瓦时/人,比2000年增加80千瓦时。全市总用电量47.23亿千瓦时,增长7.72%,其中工业用电26.05亿千瓦时,增长6.11%;农业用电3.71亿千瓦时,增长4.80%;生活照明用电11.26亿千瓦时,增长9.43%。

【电力建设】 2001年,是汕头市实施国家城乡电网改造计划的最后一年,新建及续建的110千伏及以上输变电工程项目共13个,其中新开工项目12个,续建项目1个。至年底竣工的项目7个,分别是220千伏广兴变电站工程(110千伏部分)、110千伏输变电工程市区的北环、鮀石;澄海的溪南、埔美、潮阳的和平、铜盂工程。220千伏潮阳站3号主变及上华站2号主变扩容工程也完成了招标工作,将在2002年上半年竣工投产。在工程量多面广的情况下,电力部门认真贯彻招投标制、工程监理制,严格合同管理,抓好工程管理和现场安全文明施工,保证了投资的经济性和质量的良好性,有效控制了工程造价,全年新开工的12个项目比省公司审批的概算节约约2283万元,按期完成各项建设任务。同时实现了基建无人身伤亡事故、无重大机械设备损坏事故、无火灾事故、无交通事故。至年底,共完成投资24413万元,新增主变容量21.95万千伏安,新建110千伏输电线路22.7千米。此外,在110千伏城网改造项目中,完成国家专项贷款720万元投入完善110千伏电网。在城乡配电网改造上,汕头市区共投入约1.3亿元资金,新增扩容公(专)用变压器200多台,新增容量约8万千伏安,新建和改造10千伏线路140公里、低压线路2787公里,受益农村户数5.4万户。潮阳市建设改造10千伏线路266公里、低压线路898公里,新增及改造台变140台,受益户数9.37万户;澄海市建设改造10千伏线路84.451公里、低压线路1.78公里;南澳县建设改造10千伏线路73.405公里、低压线路60.94公里,新增及改造台变45台。

【电力市场整顿和优质服务年活动】 进一步规范电力市场的经营秩序,提高供电优质服务水平。一是对原来实施的社会服务承诺内容进行修改,从原来的10项增加到12项,并对原承诺的部分内容提高了服务标准,社会反映良好。二是实行电网调度信息公开制度,提高调度信息的透明度,达到了电网调度“公平、公正、公开”的目的。三是清理各项收费项目。四是规范用电秩序，打击违章窃电行为。五是在统一电力故障报修电话的基础上进一步完成客户服务呼叫中心的建设工作并于12月28日投入使用，同时开通“95598”供电服务统一电话。六是加强电力设施建设和改造，提高供电可靠率和电压合格率。七是开展“一户一表”工程，共有20656个电表新装到户。八是做好供电营业规范化服务窗口建设，全年有5个农电所营业厅达标。九是认真做好客户投诉处理工作，全年接到客户有关服务方面的投诉信(电话)12宗，每宗都能按时处理并答复客户，查处率100%。

(谢延芬)

【汕头市电力开发公司】 拥有直属企业、合资合作企业和控股企业10家。2001年，公司在生产经营、安全生产、加强管理、队伍建设等各方面均取得新进展。全年公司属下热电、鮀浦、潮阳、澄海4家电厂同完成发电量7.93亿千瓦时，售电量7.58亿千瓦时，供热6.65万吨，实现销售收入3.93亿元，上缴税收2388.27万元。公司控股、在深交所上市的“汕电力”股份公司投入大量精力开展资产重组，并按有关规定强化公司法人治理结构，实现每股盈利0.0364元，完成上交税收145.1万元。被评为全国“重合同、守信用企业”之一，获“广东省连续十年重合同、守信用单位”和广东省内审工作“十佳单位”称号。

(彭　建)

烟草业

【简况】 2001年，汕头市烟草专卖管理部门按照国家烟草专卖局提出的“一要规范、二要改革、三要创新”的总体要求，坚持以打假为重点，加大力度整顿卷烟市场秩序；以访销配送为重点，下大力气抓好卷烟销售网络建设。全年实现利润404万元，比2000年增长53.31%，上缴税收424万元，比2000年增长102.9%。

【烟草专卖管理】 2001年，全市各级烟草专卖管理部门认真贯彻《烟草专卖法》，切实执行国家烟草专卖局关于整顿和规范烟草市场经济秩序、开展打假专项行动的工作部署，在市政府和省烟草专卖局领导下，同公安、技术监督、工商管理等执法部门密切配合，重拳打击制售假冒卷烟的违法犯罪活动。捣毁、端掉了一批制售假烟的黑窝点，查获一批制假机械和原辅材料，缴获和销毁了一批假冒卷烟。进一步有效地遏制住了卷烟制假的势头。同时，加大卷烟市场的监管力度，清理非法经营户和无证经营户，使全市卷烟市场秩序明显好转，逐步走上规范化管理轨道。

【卷烟销售网络建设】 2001年，是全市各级烟草公司近年来在卷烟销售网络建设上力度最大、投入最多、成效最显著的一年。全市共建立卷烟批发部22个，其中汕头市区7个，潮阳市11个，澄海市4个，南澳县1个。各批发部的硬软件建设和经营运作均按照全国统一标准和要求进行，实行联网的微机管理。批发部提倡优质服务对所在片区内的卷烟零售户实行访销配送、送货上门。同时，各批发部设立专卖管理所，负责对片区内的卷烟零售户实施专卖管理。全市城乡一体化的卷烟销售网络初步建成。

(吴宁伟)

盐　业

【简况】 2001年是汕头盐业实行第六轮承包经营责任制的第一年。继续坚持“深化改革、强化专营、提高四率”的工作方针，各项经济指标均有不同程度的提高。全年生产原盐1.91万吨，增长12.54%。产品质量：氯化钠加权平均91.53%，比2000年提高0.22个百分点，优一级品率30.35%，提高5.41个百分点。运销企业总购进1.97万吨，增长22.44%。总销售1.84万吨，增长21.56%。多种经营收入85.50万元。

【企业改革】 在巩固2000年“三项制度”改革成果的基础上，进一步完善改革配套措施，加大改革力度，建立更为完善的管理体系。一是完善人事用工制度，进一步完善干部能上能下的用人机制，加大调整不称职干部的工作力度，对不称职的个别科级干部坚决予以淘汰，加强中层干部的管理。二是完善工资分配制度，出台了《汕头盐业总公司本部工资改革方案》，将工资与工作责任、工作实绩、经济效益、遵纪守法四挂钩，合理拉开档次，调动员工的工作热情和积极性。三是成立专业的盐政稽查队，抽调部分机关人员充实稽查队伍，加强管理，加大查缉力度。

【盐政管理】 把加强盐政管理、落实食盐计划完成率、合格碘盐食用率、碘盐覆盖率、历年货款承付率等专营“四率”作为主线，一是加强政策宣传，提高食用碘盐的自觉性。针对汕头所处的地理位置和人文条件，人们对食用碘盐的认识仍不够，对照2000年全国碘盐评估存在的问题，继续加大政策宣传力度，把宣传工作贯穿于清理市场中，扩大宣传范围。市局利用“5·5”碘缺乏病宣传日，举行了咨询宣传活动，并在汕头侨中等举办了防治碘缺乏病知识图片展览，使食盐专营、食用碘盐深入人心，进一步提高人民群众食用碘盐、抵制假冒伪劣盐的自觉性。同时，结合全省开展的打假专项行动，对在行动中取得的成效及时加以报道，引导人民群众对食用碘盐的正确理解和认识。二是加强市场管理，规范市场秩序。抓好盐政队伍建设。针对河北省“黄骅事件”暴露出来的问题，市局及时组织盐政管理人员进行学习，举办食盐管理、盐政队伍培训整顿活动，总结教训，严格纪律，进一步加强执法人员的思想教育，增强法律知识和业务知识。争取地方政府的支持，齐抓共管市场。紧紧抓住盐业开展专项打击行动的有利时机，及时向党政汇报工作，争取他们的重视和支持，加强与有关部门的协作，从源头上堵住私盐的冲销，净化食盐市场。市局在经委、公安等部门的帮助下，查处了从青岛运入汕头港的山东私盐，并在执法部门的支持下，积极追查源头，有力地制止了外省盐的冲销。澄海分公司及时取得当地党委、政府的高度重视，先后二次组织大规模的清理整顿行动，取得较好的社会效应，实现了部分用盐厂家原先直接购卖私盐，到主动上门向盐业部门购盐的转变，扭转了该司盐政执法的被动局面。抓制度建设，市局制定了《汕头食盐专卖局盐政稽查队工作制度》和队员出勤登记制度、《汕头食盐专卖局盐政稽查队工作日记表》填制制度，进一步规范队员的日常行为。并在稽查队内部设立办案组，公开办案程序，接受群众监督，提高办案的透明度。三是加强资金管理，加快货款的回笼。制定了下属单位货款及各项盐专款的上缴管理制度，保证盐款的承付。澄海分公司在市局工作组的配合下，对历年欠款进行全面清查，根据欠款的情况，与欠款户签订还款计划，保证历年欠款回收，最大限度防止呆账、坏账发生，切实维护企业的经济利益。四是加强制度建设，确保碘盐质量。提供合格的碘盐是我们盐业部门职责所在，为此，我局认真抓好碘盐质量管理制度的建设，完善部门职责和个人岗位责任制以及奖罚条例，从制度上规范工作程序，从奖罚上体现责权，从而保证了碘盐的质量。

【盐田改造】 在各生产企业全面压产的形势下，继续抓好原盐的生产管理，以提高质量为重点，完善收购、放销制度，落实责任，确保原盐质量。南澳盐务局在省局的大力支持下，投资55.19万元铺设盐田结晶池黑瓷片689.86公亩；投资70.19万元，全面完成盐田技改项目，为出口盐生产基地建设夯实了基础。青州盐场在保证原盐质量的同时，积极寻求出路，在省盐业出口公司的帮助下，与港商合作出口细海盐几百吨，收到了一定的经济效益。同时，还积极协助河浦区、达濠区政府对12000多公亩的低劣盐田进行载废转产，从源头上堵住低劣盐的生产。

工业企业选介

【宜华企业(集团)有限公司】 "全国出口最大企业500强"，"宜华"牌是"中国驰名商标"。企业创建于1987年，是专业生产经营装饰木地板、木墙板、木饰线、相框、家具、屏风、木屋等产品的大型综合性民营企业集团。属下有宜华木业股份有限公司、宜华装饰木制品有限公司、建宜有限公司和宜华—道格拉斯木屋制品有限公司等23家企业，注册资本2.7亿元，现有总资产20亿元，员工2000多人，各类专业技术人才200多名，厂房12万平方米，配套场地10万平方米，年产能力20万立方米的成套现代化设备，是国内最大木材加工企业。2001年集团实现产值18亿元，销售17.6亿元，出口创汇6500万美元，税收4500万元。

企业先后被国家有关部门确认为"大(一档)型乡镇企业"、广东省百强乡镇企业、"全国出口最大企业500强"企业、"中国林产工业协会副理事长"单位、汕头市八大企业集团之一和"中国驰名商标"。董事长刘绍喜1999年被授予"广东省十大杰出青年企业家"，2000年被评为广东省劳动模范、获"全国十大杰出青年"提名奖，2002年出席中共广东省第九次代表大会。

公司倡导"务实、创新、奉献、拼搏"的时代精神，坚持"以人为本"的管理原则，于2000年8月在全省非公有制企业中成立了第一个党委，带动了工青妇组织的建设，增强了公司凝聚力。坚持"以木为本"的经营策略，在国内同行中首家取得木业的ISO9000认证，实现产品生产管理、质量控制、采购供应和营销管理规范化，产品品种门类、质量规格和生产规模等都是国内同行业首屈一指。坚持"生态环保"意识，在建立非洲、东南亚及南美国家木业基地，开拓原木进口渠道的同时，还在大埔县投资建立10万亩速生林基地，既保护了国内林木和生态环境，又保证了优质丰富的原木资源和产品的质量水平。导入现代市场营销理念和手段，积极开展品牌战略和特许经营，打开了国内市场，巩固了日本、韩国、台湾市场，成功打入了欧美市场，与欧美金彭、世健、领将和KMART公司建立了长期的合作关系，在旧金山和洛杉矶设立了营销和贸易公司，建立了连锁店。积极实施低成本扩张战略，兼并收购省内外部分木业国有企业，满足国内外大额订单的生产需求。坚定走资本经营路子，与台湾禾昌企业、台湾三尚企业股份有限公司、台湾新立辉企业有限公司合资3亿元，建设占地80亩的生产木工机械设备及配件、拉链制品、皮革制品的"宜华工业城"项目，预计2003年上半年竣工投产，其年产值8亿元以上；预计"岭海工业区"木材深加工项目，年产值10亿元以上。

【汕头市爱多实业有限公司】 创建于1994年,前身为汕头市华强实业有限公司,注册资金3000万元,公司拥有独立的进出口权。经过8年的持续发展,逐步成为一家集家电、IT产品的研发、制造、推广和国际贸易三大产业齐头并进的集团股份有限公司,公司下设中国深圳(爱多)高科技研发中心及多家控股公司;旗下品牌众多,其中主打产品品牌“爱多”为中国著名民族品牌,1998年品牌价值评估5.28亿元,并同时拥有“科码”等多个知名品牌。2001年,公司携巨资投入“爱多”品牌的运作,以高科技数字视听产品开发制造商身份,系列推出DVD、VCD、电脑逻辑语言复读机、高端数码家庭影院、MP3、PDA、电子辞典、随身听等高科技产品,以“爱多”品牌入市,高起点进入全球视听产业的高端市场,实施全方位品牌运作,产品畅销海内外。公司以汕头为生产基地,以深圳为研发中心,以广州为物流中心,形成完整的研发、生产、销售体系。中国深圳(爱多)高科技研发中心,具备强大的科研开发能力及技术创新能力,为企业提供有力的技术后盾与研发资讯。研发中心与国际著名企业(索尼、三星、美国ST微电子公司、ESS等公司)合作开发数码相机、MP3、PDA、电子词典、高端数码家庭影院等科研项目。公司汇聚了一大批具有深厚的职业背景的经理人和科研人员,在152名管理技术人员和68名科研人员中,中高级职称占科研人员的90%以上,使公司拥有巨大的人才优势。公司完成ISO9001质量认证体系,引进一流的生产设备和大规模生产线,组建规模化、集约化的现代化生产。2002年公司加大科研、生产、仪器的科研投入与技术改造,全线拓展公司产品,使公司产品科技含量居国际领先水平。

【汕头高新区奥星光通讯设备有限公司】 系广东省、汕头市电信部门、长飞公司与外商共同投资兴办的高新技术企业。公司自创立起,就立足于高技术、高质量、高效率的发展方向,先后从奥地利、瑞士、美国、日本、芬兰、英国等国家引进先进的光纤着色、光纤并带、光纤二次被覆、光纤绞合、光缆挤塑等光缆生产设备和检测仪器,拥有6条光纤二次被覆生产线,8条光缆生产线,年生产套塑光纤150万纤芯公里,通信光缆5万皮长公里。主要光缆产品有GYTA、GYTS、GY-TY53、GYTA53等从4—144芯形成系列化光缆,4—960芯GYDXTW、GYDTA等带状光缆,其中中心束管式带状光缆可以采用18层24纤芯带,最大可生产432芯,还有G.655(非零色散位移)光缆、ADSS(全介质自承式)光缆、室内光缆,同时还提供各种特殊要求的光缆产品。奥星公司已获得国际、国内ISO9002质量体系双认证,产品获得信息产业部、广电部和总参谋部3大信息传输网的进网证。

为加强对产品质量的控制,公司配置了一整套高水准的测试仪器设备,如美国光动公司的综合测试仪、美国YODR公司的S18色散仪,以及美国光动、日本安立等牌号的OTDR光时域反射仪十几台。此外,还配套高低温环境性能试验箱(-40℃—+80℃)和北京邮电大学设计生产的机械物理性能测试设备一套。公司对原材料进厂及工序间的半成品作了严格的测试规定,如进厂光纤1550及1310窗口衰减100%全检,模场直径、光谱衰减、色散、截至波长10%抽测,不合格加倍抽测,再不合格则全测筛选。着色、套塑、复绕、成缆、挤塑等各道工序下来的成品、半成品100%全测1310和1550窗口的衰减,对不合格的不允许流入下道工序,保证出厂产品100%合格。

奥星公司已成功生产出288芯的带状光缆,并试产更大芯数的带状光缆。带状光缆具有结构紧凑、光纤密度高、易于识别、接续快捷方便等优点。适用于接入网馈线光缆,也适用于长途网、本地网中作为室外传输线。奥星公司与美国康宁公司合作试产国内第一条非零色散位移光缆。非零色散位移光缆采用波分复用（WDM）技术，最高用32波混频速率为32×2.5Gb/s，传输容量为100万条话路，解决了长距离、高速率、宽带传输问题，克服了光纤衰减和色散对传输距离的限制，容易实现网络升级。

奥星公司的光缆产品主要适用于公用电信干线、农话网、市话中继、用户环路、以及CATV网和计算机网络；多模光缆、无金属光缆、防蚁光缆等各种特殊型号的光缆，主要适用于电力、铁路、军事等专用传输网和其他监控系统。在世界上投资最大、长度最长、途经国家最多、容量最大、技术最先进的亚欧国际海缆和中美国际海缆陆上延伸段的国家一级干线国际通信线路投标中与武汉长飞、成都西门子、上海华新等国内光缆企业的龙头企业同场竞技，一举中标，获得了国际海缆登陆站至广州国际通信楼光缆中继工程的光缆供货合同。奥星公司积极参加各省市邮电通信、广播电视事业的建设，已为广东、广西、西藏、海南、河南、湖南、湖北、云南、江西、江苏、浙江、安徽、福建、四川等十几个省、自治区提供近20万皮长公里的各类型光缆。其中在西藏林芝——昌都的邮电干线工程中，奥星光缆经受了大自然恶劣环境的考验，900公里的各种型号光缆经过跟踪测试，证明其质量可靠，性能优异。

奥星公司十分注重以人为本的经营策略，高度重视人才的引进和培养。公司拥有一批高素质的管理人才和优秀的技术骨干。操作工人的素质，对产品有着最直接的影响，奥星所有在线工人都经过严格培训和考核后才能上岗。面对新世纪的种种机遇和挑战，奥星公司将继续以客户为中心，以技术为导向，为用户提供更好的产品和服务，为中国光通信建设的发展而不断努力。

【汕头经济特区自动化电器设备总厂】 系国家重点高新技术企业，国家863/CIMS应用示范企业，有3个产品列入国家重点新产品计划，列为国家火炬计划和星火计划各1项，列为国家专利有10项。2001年获“广东省民营科技企业创新奖”。

公司坚持以高技术、高性能、高标准为原则，进行攻关，自主创新，两年来研制成功7项新产品。在省科委和国家电力公司、电力规划设计总院组织的专家鉴定会上，5项产品被评为填补国内空白，技术具有国内领先水平，其中GZDW高频直流电源被科技部列入国家火炬项目、广东省火炬项目、省百项工程之一。7项高科技产品投入市场后立即转化为市场上热销产品和竞争能力上的优势，其自行研究开发的直流系统装置第五代产品，具有大容量逆变应急功能，在国家电力系统的重点工程及国外工程，如世界最大的抽水蓄能电站——广东抽水蓄能水电站，广州地铁一期、二期工程，广州国际会展中心及伊朗阿拉克热电厂投标中，由于技术先进，价格适中而一举中标，仅上述4项工程，订货金额超过8000万元，创汇72万美元。公司瞄准当代自动化生产领域的前沿技术，实施计算机集成制造系统，于1998年年底通过广东省科委项目评审，1999年2月通过国家科技部评审，是全国电气行业以及粤东地区惟一被列入国家863/CIMS计算机集成制造系统试点企业，2001年3月通过了科技部验收，成为国家863计划CIMS应用示范企业。公司注重新产品的技术研究、质量鉴定和专利申请。自1992年以来，经国家和省有关部门评定的新产品34项，发明实用专利10项。公司非常重视企业的开发创新研究机制，1999年成立了汕头自动化电器设备工程技术研究开发中心，2002年初又向上级有关部门申报省网络电源研究开发中心，配备专职科研人员，开发研究领域覆盖了电力自动化、计算机、机械电子工程等专业，有效提高了科学技术向生产力转化的效率，保持公司在激烈的市场竞争中的领先地位。

（郑茂捷）

【汕头机械（集团）公司】 2001年完成工业

总产值2.78亿元，比增1.9%，产品销售总额2.21亿元，比增2%；实现销售税金1046万元，比增8%，实现利润总额376万元，比增12%。集团公司属下的机床厂，着力抓好新产品开发和老产品改造，进行成本控制，调整企业组织结构，使产品提高了竞争能力。在安徽桐城地区扩大了销售市场，使生产任务饱满，产值比2000年增长21.95%。锅炉厂注意根据市场变化调整产品结构，促使产品多元化。锅炉产品的吨位从0.35至10吨形成系列。同年还有9个锅炉新品种经省技术监督局审核合格并投放市场，形成销售新的增长点。同时，还通过了GB/T19000—ISO9000质量管理及质量保证体系认证，并取得升级为B级工业锅炉生产制造的许可证。在研制成功、试产新产品方面，全年共有市精艺机械厂"高炮装弹退弹机"、电机厂"宽调速永磁直流伺服电动机"、机床厂"三层共挤旋转机头吹膜机组"三种产品。推动了企业的技术进步。

【广东省奥迪玩具实业有限公司】 成立于1993年12月，是科工贸一体化，产供销相结合的现代大型企业。目前，企业拥有厂房、写字楼、仓库7.2万平方米，员工1500多人，其中高、中级管理和技术人员200多人。2001年企业总产值1.15亿元，销售总收入1.08亿元，出口创汇500万美元，上缴税收达到173万元。10年来，企业坚持创品牌、求发展的路子，努力加快技术创新，优化内部管理，树立良好的品牌形象和企业形象，先后在东北、华北、华东、华南和西南设立分公司或办事处，全国除西藏外，各大城市的市场都设有"奥迪专柜"。主要产品有"迷你四驱车系列"、"宠物小精灵系列"和海陆空模型等各类智力玩具，品种达600多个，其中有128项产品获得专利，成为目前澄海乃至汕头有名的专利产品企业之一，产品的市场占有率保持在60%以上，品牌知名度高达90%以上。"奥迪双钻"成为中国的知名品牌，并与青岛海尔、宁波摩尔顿等44家企业的98种玩具荣获中国玩具产品安全认证。产品远销欧洲、马来西亚、新加坡等数十个国家和地区，特别是凭借其准确的产品定位，扎实地巩固了"中国四驱车先锋"的地位。1998年，企业作为国内惟一的玩具代表，成为亚太经合组织(APEC)中国企业联席会议的成员单位并出席了会议，其总经理还受到中央和国务院领导的亲切接见。1996年以来，还先后被评为"全国先进乡镇企业"、"出口创汇先进企业"、"广东省模范纳税户"、"广东省先进私营企业"、"广东省著名商标"等。回顾奥迪的成功发展历程，是一条逐步探索创优质品牌，树企业形象的发展路子。他们的经验做法：一是以市场为导向，确立品牌发展路子；二是以科技为依托，立足高档产品开发；三是以品牌为带动，实施新型营销策略；四是以宣传为途径，树立企业外部形象；五是以质量为基础，打造企业良好信用。

【澄海市信宁玩具工艺厂】 创建于1982年，专业生产圣诞、复活等西方节日装礼品、礼盒以及迪士尼、麦当劳等大公司专利的工艺品。产品均销美国、加拿大、欧洲和东南亚等几十个国家和地区。为使产品适应规模化、规范化、外向型发展的需要，该厂在原有开发部的基础上，增加场地、研究装备及分析仪器，引进外籍技术专家，充实各类专业人才，形成了信息收集、技术开发、营销网络的形成、人员培训的一体化企业技术开发中心，形成技术含量高、发展后劲足的态势。1999—2000年开发的3系列产品，2000—2001年订货量已超过800万美元，成为纳税及创汇的拳头产品，提供了不少就业机会。1996年会同澄海一些玩具企业到贵州省文县马口村，建起了第一所希望小学。后又在贵州、山东、山西等6个地方累计捐资200多万建起了若干个希望小学，设立了扶贫基金和奖教奖学金。

（杜更生）

【汕头万年青制药集团公司】 以汕头制药厂为核心企业、以生产经营中成药制剂为主。该公司是汕头制药行业的国有老企业。2001年,完成工业产值5707.19万元,销售收入9977.32万元,实现税利1913.36万元,其中利润637.27万元,分别比2000年增长0.13%、10.45%、33.06%和26.00%,出口创汇73.04万美元。主导产品消炎利胆片产量达到5.24亿片,比增20.14%,脑力宝丸2.16亿片,其销售量分别增长26%和21.2%。公司狠抓产品质量工作,确保产品符合规范要求。企业经注册品种113个,完成83个品种的包装设计,23个品种地方标准上部颁标准的申报工作,消炎利胆片取得薄膜包衣新规格生产批文。提高了胆石通胶囊、妇炎平胶囊的质量标准,初步通过国家中药保护委员会的续保审查。为适应入世要求,获得参与国际药品市场竞争的资格,公司制定了《汕头制药厂GMP整体认证方案》,全方位开展GMP改造,确保按时按质完成GMP认证的各项工作。

【金石制药总厂】 有40多年历史的生产中西药品的综合性制药企业,2001年被广东省科技厅认定为"高新技术企业"。2001年完成工业产值3.87亿元,税费增长19.6%。主导产品有中药口服液、原料药、制剂等,其中头孢氨苄胶囊获省优质产品称号;卡托普利片和阿莫西林胶囊居全国销量第一、二位。具有特定市场优势的胶囊剂生产调增10.1%,完成产量5.5亿粒,产值达到1.27亿元,占口服制剂的比率从49.5%提高到54%,经济收益的比率从54.2%提高到57.1%;片剂产量下调了6.3%,而获利能力提高了7.0%。在加快企业GMP改造的同时,企业加大力度实施技术装备的更新换代,全年自有资金用于资本性投资累计577.6万元,技改带动资产折现540万元,实际利用外资53万美元。圆满完成口服液制剂车间建设项目和聚烯烃药用塑料瓶生产车间技改项目。对外合资头孢类原料药生产项目完成投资1200万元,初期工程的设备安装基本完成。口服青霉素制剂车间技改项目新增投资108万元,进入认证检查的最后阶段。至8月已获3个证号的《GMP证书》。

【汕头海洋第一聚苯树脂有限公司】 系中外合资企业,为国内最大的聚苯乙烯生产企业之一,广东省百强高新技术企业。年生产能力达15万吨以上。公司现有职工260多人,具有各类专业人员80多人。

公司经国家确认为全国百强高新技术企业,公司拥有普通型和高抗冲型聚苯乙烯十多个专业牌号的产品,并研究开发出食品级聚苯乙烯、高透明耐热板材专用聚苯乙烯、双向拉伸片材专用聚苯乙烯、高光泽超白板材专用高抗冲聚苯乙烯、热塑性橡胶鞋底料改性专用聚苯乙烯、高光泽超高抗冲聚苯乙烯等省级新产品和国家级新产品,其中双向拉伸片材专用聚苯乙烯、高光泽高抗冲聚苯乙烯质量达到国际同类产品的先进水平。"SOE"牌聚苯乙烯是在中国大陆PS市场起主导作用的聚苯乙烯产品。

公司在国内设计单位的配合下,研制、开发、形成了有自己特色的聚苯乙烯专有技术,拥有通过原国家化工部鉴定和批准的国内惟一的"SOE聚苯乙烯专有技术"。同时,公司的产品质量管理体系获德国TüV－ISO9002、中国GB/T19002的质量体系认证,产品获美国食品管理局之FDA认证和美国通用电器之UL认证。

为进一步满足国内PS市场的需求和进一步提高竞争力,公司正在进行完全依靠自己的技术与国内设计单位合作设计,并主要依靠国内的设备在泉州泉港工业区建设年产10万吨聚苯乙烯的新工厂,工程已于1999年年底动工,计划于2002年投产,并将再扩容10万吨/年。另外还着手在汕头现海洋工业区内进行10万吨/年的技改扩容工程,工程设计基本完成,部分设备已到货,公司聚苯乙烯系列产品的年生产能力最终将达到60万吨,成为国内聚苯乙烯最大的生产厂家。

汕头海洋第一聚苯树脂有限公司感谢国内外各界人士的鼎力支持与合作,并将在激烈的市场竞争中不断赶超国际先进水平,遵循"科技兴业、质量第一"的经营方针,朝着规模化、国际化、多元化的目标开拓前进,为汕头经济的发展再创辉煌!

【汕头经济特区预发实业有限公司】 系港商陈振东先生出资兴办的独资企业,是集生产、设计、销售世界名牌"花花公子"、"花雨伞"、"VEZZO"为一体的实业性公司,投资总额为港币5000万港元,年产400万件服装。1992年,陈振东先生开始在汕头投资设厂,生产世界名牌服装,并于1997年增资扩产,斥资兴建"预发工业城"。"预发工业城"位于汕头市珠津工业区内,占地18亩,其中首期工程建筑面积为13500平方米的厂房大楼已于1997年11月落成启用,二期扩建工程也已动工兴建。

汕头预发自1998年以来,连续几年都被评为"龙湖区纳税大户"、"出口产值大户"并受到各级政府的表彰。2000年获首届汕头市"实施名牌战略,争创弛名品牌"推介企业、汕头市首批68家"重点工业企业"之一。由于公司在工厂范围内推行IS09002国际认证,实施以客为尊,实事求是等品质政策,使公司向客户提供之产品及服务质量不断完善,并获得汕头技术监督局颁授"质量信得过企业"之荣誉证书。公司品牌"花花公子"于2000年获得上海市"消费者最喜欢十大品牌"后,2001年,公司生产的"花花公子"、"花雨伞"又入选了上海市"消费者最喜欢的十大品牌",一个公司同时能有两个品牌入选十大,实属罕见,再次证明了消费者对公司产品的信赖。

在各级有关政府的正确方针指引下,公司坚持重合同,守信用,正当经营,按章纳税,不断提高公司的服务质量。公司立足现在、展望未来,本着"没有最好 只有更好"之经营理念和"全心全意,至诚至善至美"的经营宗旨,以"顾客第一"之原则,竭诚发展国内外客户的关系,并进一步发展大陆市场,为地方经济发展作出了贡献。

【四洲(汕头)食品工业城】 1995年,香港四洲集团开始与日本先进的食品制造厂家合作,引进日本的先进设备与技术、先进的管理理念,建设四洲(汕头)日本食品工业城。将营养丰富、具有日本风味的食品介绍到中国,使用中国丰富的原材料,生产出各具特色的各种食品,形成具有东方特色与风味的小食品。工业城内设有:你口四洲(汕头)有限公司 由香港你口四洲有限公司投资建设即食紫菜加工厂。占地面积9985平方米(14.86亩),厂房占地面积2345平方米,建设面积2828平方米。从英国进口钢结构的厂房,引进日本自动化紫菜加工生产线。产品在国内、港澳及东南亚具有一定的知名度。由于产品供不应求,2000年引进了第二条紫菜加工生产线。经过两年的研制开发,已生产了多种风味、不同规格的即食紫菜27种。"四洲紫菜"被中国食品工业协会及中央电视台评选为"中国名优食品"。甘乐四洲食品(汕头)有限公司由香港甘乐四洲食品有限公司投资建设糖果加工厂。占地面积9811平方米(14.72亩),厂房及宿舍面积5200平方米。引进日本、意大利先进设备,组成硬糖及软糖生产线。现已开发出各种味道的糖果50种,著名的有四洲牛奶糖、四洲泡泡乐糖和获得欧洲国际食品博览会金奖的花生脆脆糖等。产品畅销国内各地并出口香港,返销日本。四洲山内制果有限公司是香港四洲山内有限公司投资的外商独资企业。引进日本先进蛋糕生产线,产品畅销国内外,1999年被北京、浙江评为名牌产品。1997年被广东省国税局评为模范纳税户;1998年被汕头市政府评为97—98年度纳税光荣户。金必氏四洲食品(汕头)有限公司由香港金必氏四洲食品有限公司投资,引进日本自动化饼干生产线,应用日本先进管理方法,采取先进的配方工艺。生产曾获巴黎食品博览会金奖的愉快动物饼等多种儿童饼干。1998 年 6 月 22 日投产,已开发出各种饼干 11 种。四洲食品(汕头)有限公司投资者是香港四洲中国投资有限公司,是香港四洲集团设于国内的总代理,负责四洲集团在国内各企业的产品总经营,在全国各地建设销售网络。四洲(汕头)食品工业城管理有限公司投资者是香港四洲中国投资有限公司,负责四洲(汕头)日本食品工业城建设及建成后的物业管理。已建成并投产的企业有你口四洲(汕头)有限公司、甘乐四洲食品(汕头)有限公司,并建成工业城内的高压配电房,配备高压配电屏 13 屏,完成工业城内分区道路、路灯、消防及排水系统,具备建厂的一切条件。2001 年,香港四洲集团决定将广东总部设于汕头市,8 月 28 日四洲综合大楼奠基,四洲(汕头)食品工业城进入了高速发展时期。

【澄海市玉蕾食品实业有限公司】 原为澄海市外砂副食品厂,成立于 1978 年。新厂房建于 1995 年,已有厂房面积近万平方米及一幢三层的办公楼。员工 80 多人,年生产能力 1500 万罐,是粤东地区一家大型的农副产品加工企业,环境洁净,设施完善。"玉蕾"食品秉承潮汕美食传统,致力于农副产品及海产品的开发,深加工,经传统工艺和现代技术相结合,开创出"玉蕾"牌潮汕风味菜系列食品,产品分 4 大类:酱菜类、咸菜类、海产类、调味类。有橄榄菜、白糖贡菜、辣味萝卜、香脆青瓜、香脆菜心、咸菜畔、酸甜菜粒、红油香鱼、红油带鱼、红油马鲛鱼、红油箭鱼、沙爹酱等 20 多个品种。产品质量上乘,包装精美,保质期长,是安全、卫生、美味的绿色食品。产品 1992 年荣获中国旅游购物节天马奖、金杯奖;1998 年荣获中国食品博览会金杯奖。2000 年被中国食品工业协会认定为"中国知名食品信誉品牌",2002 年荣获"中国市场放心健康食品信誉保证品牌",是广东省推荐名优产品,也是汕头市重点保护商标。企业坚持客户至上,信誉保证,是重合同守信用单位。并通过了 ISO9001 认证。玉蕾牌系列食品(特别是玉蕾牌橄榄菜)带动了潮汕食品精加工的大变革,到 2001 年底,澄海市出现了多个生产橄榄菜的企业,逐步形成产业群,也带动了澄海芥菜种植业的发展,大大增加芥菜的种植面积,提高芥菜综合利用率,解决了农民的后顾之忧,提高了农民的收入。玉蕾牌系列食品所销售到的地方,深受广大消费者的欢迎,产品畅销国内各大、中城市,远销新加坡、马来西亚、澳大利亚、香港等国家和地区。

（罗　文）

附 1:汕头市重点工业企业名单(2001 年)

1. 汕头超声电子(集团)公司
2. 汕头东方超声(集团)公司
3. 汕头海洋(集团)公司
4. 广东轻工机械二厂
5. 汕头特区自动化电器设备总厂
6. 汕头市远东轻化装备公司
7. 汕头汉高粘合剂建筑化学品有限公司
8. 柯达(中国)股份有限公司汕头分公司
9. 你口四洲(汕头)有限公司
10. 甘乐四洲(汕头)有限公司
11. 潮阳市益生发(集团)有限公司
12. 雅倩(集团)有限公司
13. 汕头雅嘉实业(集团)有限公司
14. 宜华企业(集团)有限公司
15. 泰兴隆(澄海)食品有限公司
16. 金奇(集团)有限公司
17. 澄海市华翔塑胶有限公司
18. 澄海市世聪制衣实业有限公司
19. 澄海半导体器件厂
20. 澄海服装玩具厂
21. 广东奥迪玩具实业有限公司
22. 汕头市金味食品工业有限公司
23. 汕头市东洋食品工业有限公司
24. 汕头市龙湖区东南包装材料厂有限公司
25. 汕头市东风印务有限公司

26. 汕头市粤东装潢印刷厂
27. 汕头金石制药总厂
28. 汕头市伽玛卡兹(体育用品)有限公司
29. 海霸王(汕头)食品有限公司
30. 汕头金源米业有限公司
31. 汕头塑胶装饰材料制造厂
32. 汕头万年青制药(集团)公司
33. 潮阳市中洋实业总公司
34. 广东省粤东磁电公司
35. 潮阳市辉恒实业有限公司
36. 汕头市华汕电子器件有限公司
37. 马华隆(潮阳)纺织有限公司
38. 汕头经济特区东京元件有限公司
39. 汕头经济特区华建电子有限公司
40. 汕头高新区领域电脑有限公司
41. 汕头经济特区新昌纺织印染厂有限公司
42. 汕头经济特区中邦制衣有限公司
43. 汕头市富成制衣有限公司
44. 汕头经济特区德兴毛织服装工艺有限公司
45. 汕头市大洋(集团)公司
46. 汕头市新亚塑胶珠厂
47. 汕头大印象保健品有限公司
48. 凯撒(中国)有限公司
49. 汕头经济特区预发实业有限公司
50. 汕头高新区奥星光通讯设备有限公司
51. 汕头市汕沪电线厂
52. 汕头市集味村食品有限公司
53. 广东南洋电线厂
54. 汕头经济特区比利服装有限公司
55. 汕头特区南粤电器有限公司
56. 汕头创高(集团)有限公司
57. 汕头精细化工(集团)公司
58. 汕头荣达针纺织有限公司
59. 汕头高新区利侨电子设备有限公司
60. 广东宇田实业有限公司
61. 汕头市山河电器有限公司
62. 汕头经济特区金刚玻璃幕墙有限公司
63. 广东骅威玩具工艺(集团)有限公司

附2:汕头市宣传推介工业名牌产品及生产企业名单

1."雅倩"化妆品	汕头雅倩实业(集团)有限公司
2."yihua"半成品木材	广东省宜华企业(集团)有限公司
3."SOE"聚苯乙烯	汕头海洋(集团)公司
4."雪柔"化妆品	潮阳市雪柔精细化工实业有限公司
5."汕缆"电缆	汕头市汕沪电缆厂
6."CCTC"电路板	汕头超声印制板公司
7."绍河"珍珠、首饰	中国珠宝首饰业进出口公司绍河珍珠行
8."凯撒"服装	凯撒(中国)有限公司
9."白沙"蔬菜种子	汕头市白沙蔬菜原种研究所
10."潮宏基"珠宝	汕头潮宏基有限公司
11."拉芳"洗发水、香皂	广东熊猫日化用品有限公司
12."曼妮芬"文胸、内衣	广东曼妮芬服装有限公司
13."NYK"电控设备	汕头市南粤电器有限公司
14."蓬盛"腌制蔬菜	澄海市外砂蓬盛果蔬副食品厂
15."雅嘉"化妆品	汕头雅嘉实业(集团)有限公司
16."大印象"减肥茶	汕头大印象保健品有限公司
17."金奇"服装	广东金峰实业(集团)金奇服装有限公司
18."AULDEY"玩具	广东奥迪玩具实业有限公司
19."SIUI"B 超	汕头超声仪器研究所

20－21.“花花公子”、“花雨伞 ARNIE”服装	汕头经济特区预发实业有限公司
22.“金味”麦片	汕头市金味食品工业有限公司
23.“奥星” 通讯光缆	汕头高新区奥星光通讯设备有限公司
24.“韩江”氨基酸	汕头创高集团
25.“汕自”直流电源	汕头特区自动化电器设备总厂有限公司
26.“集味村”糖果	汕头市集味村食品有限公司
27.“南牌” 电缆、开关	广东南洋电缆厂
28.“比利”服装	汕头经济特区联发企业集团有限公司
29.“颂尼克”童装、童鞋	汕头经济特区春源实业(集团)有限公司
30.“NMCD”激光数码储存盘系列产品	汕头经济特区南美电子实业有限公司
31.“S”印刷机械	汕头市汕樟轻工机械厂
32.“letian”LT 系列新型净水器	广东乐田企业(集团)有限公司
33.“CLM”装瓶压盖机	广东轻工机械二厂
34.“山河”多功能应急灯系列产品	汕头市山河电器有限公司
35.“吴氏”毛衫	汕头市升平区荣达织造厂
36.“信芬”化妆品	潮阳市信芬实业(集团)有限公司
37.“珍味源”水产罐头	潮阳市侨丰(集团)有限公司
38.“粮丰”金丝香米	潮阳市粮丰集团有限公司
39.“潮丰 CAOFENG”方便面	广东潮丰企业(集团)有限公司
40.“骑光牌 QGP”摩托车灯具及塑料零部件	广东省摩托车工业联合公司澄海摩托车灯具厂
41.“卫伦”冻干低 PH 静脉注射用人血丙种球蛋白	汕头经济特区卫伦生物制品公司
42.“澳士兰” 鲜牛奶	汕头经济特区澳士兰牧场有限公司
43.“D 牌”时装	汕头市龙湖区登丽时装有限公司
44.“永嘉 YOONGJIA”五金工具	澄海永嘉企业(集团)有限公司
45.“天际”家用电器	广东天际电器有限公司
46.“飘影”洗涤用品	汕头市飘影洗涤用品有限公司
47.“猛狮”蓄电池	广东猛狮工业集团有限公司
48.“茂发”糖果食品系列	汕头市茂发实业公司
49.“太阳宝”保鲜奶	广东太阳宝乳业有限公司
50.“鸿业”酞菁蓝粗粉	汕头市精细化工(集团)公司

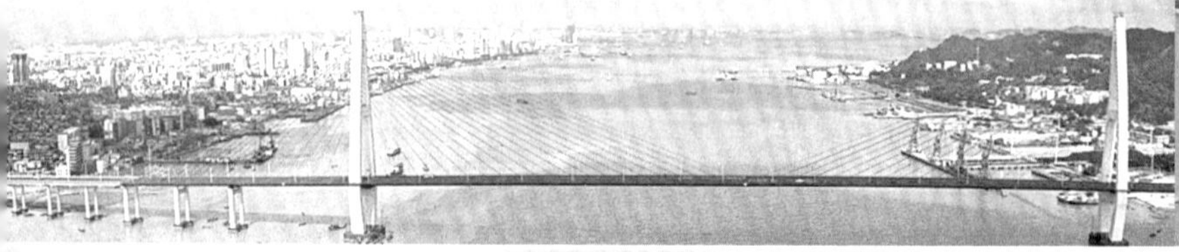

农林水利气象

农　业

【简况】 2001 年，由于受风灾、虫害等因素影响，全市农业总产值 85.64 亿元，比 2000 年减少 1.6%；农业增加值 44.43 亿元，下降 3.3%。全年粮食播种面积 126.15 万亩，亩产 439 公斤，总产量 55.35 万吨，其中水稻播种面积 91.5 万亩，亩产 417 公斤，总产量 38.17 万吨。粮食耕地年亩产 983 公斤。蔬菜、水果是汕头农业的两大特色支柱产业。蔬菜生产已基本实现产业化经营，在设施化、无公害化、反季节化等生产技术方面取得突破。全年蔬菜播种面积 64.94 万亩，总产量 156.91 万吨，总产值 17.66 亿元，占种植业产值的 59%，成为仅次于水稻的第二大宗农作物。11 月，澄海市莲上镇涂城经济联合社 600 亩无公害蔬菜生产基地、湾头镇南湾经济联合社 700 亩无公害蔬菜生产基地，成为汕头市首批获得广东省无公害蔬菜生产基地资格认定。水果业实施地方优稀名果和外地优良品种并举发展，扩大三捻橄榄、乌酥杨梅等地方名果生产规模，切实加强南亚热带特别是台湾名优品种的引进试验种植，优化区域性布局及促进专业化、基地化生产经营。全年水果种植总面积 18.63 万亩，总产量 13.09 万吨。畜牧业生产呈稳步健康发展态势，成为第 22 个持续增长年，主要畜产品不断增长，生产结构进一步优化，继续由数量型向质量效益型转变。全市共有 16 个机械化万头猪场和 24 个畜禽饲养专业村，畜禽良种覆盖率达到 90% 以上。全市肉类总产量 11.2 万吨，比 2000 年增长 4.38%；禽蛋总产量 1.43 万吨，与 2000 年持平；奶类产量 6543 吨，比 2000 年减少 1.56%；生猪饲养量 127.6 万头，家禽饲养量 4233.21 万只，分别比 2000 年增长 2.14% 和 2.34%；生猪出栏量 87.79 万头，家禽出栏量 3196.7 万只，分别比 2000 年增长 3.65% 和 5.1%。牧业产值 7.36 亿元(90 年不变价)，比 2000 年增长 4.25%，占农业总产值的 16.53%，比 2000 年提高 1 个百分点，畜牧业成为农民家庭经营收入的重要来源。农村居民人均纯收入 4089 元，扣除价格因素，实际下降 5.7%。

【种植业结构调整】 2001 年，全市粮食生产以调整优化品种布局为主线，适当调减粮食播种面积，扩大种植以蔬菜为主的高值经济作物。全年粮食播种面积比减 13.22 万亩，总产量比减 19.97 万吨。大力推广优质稻，二级米以上的华粳籼 74、新香优 3550 等中优质稻面积 55.27 万亩，占水稻面积的 60.4%，比 2000 年同期提高 16.97 个百分点，是历年水稻品种结构调整力度最大的一年。蔬菜新增播种面积 5.88 万亩，新增产量 7.6 万吨，年新增产值 1.6 亿元。全市初步形成以优质农产品生产为主的农业生产布局。一年来，继续广泛开展以高产示范片为主要形式的粮食创高产活动，适当调整示范片的规模和格局，对全市粮食生产起到了带动、示范作用；加大推广良种和新技术的力度，扩大优质薯、玉米等作物的面积，应用优质良种，覆盖率达 95% 以上。继续推广塑盘抛秧、旱育稀植、水稻规范化栽培、薄膜育秧、因土配方施肥、稻草菜叶回田及病虫综合防治等新技术，推广抛秧近 18 万亩。

【农业产业化经营】 全市已有 55 个农业产业化组织、2730 多家农副产品加工企业(其中“潮汕小菜”加工企业 460 多家)、204 个农产品专业批发与集贸市场，共带动农户 12.27 万户，占全市农户总数的 19.12%。农户从事产业化经营增加收入 1.46 亿元，户均增收 1192.7 元。20 家市级以上农业龙头企业在扩规模、上档次、创名牌、增效益上都有新进展，全年创产值 10.88 亿元，增长

4.6%，带动农户7.8万户，占全市农业总产值的12.7%。

【农科推广】 全年农业类获广东省科技奖3项、汕头市农业技术推广奖12项、汕头市科技进步奖5项、汕头市“九五”期间二十佳科技成果3项。蔬菜应用遮光网、薄膜、温室等设施技术面积8万亩，水果高位嫁接、无公害农产品生产技术得到初步应用。农业科学园、现代农业示范区和一批设施化、工厂化农业项目相继建设，推动了农业现代化的发展。9月22日至24日，由国家农业部主持的“全国农业科技推广体系建设座谈会”在汕头召开。10月，经省政府批准，“汕头市农业试验中心”被列为“广东省（汕头）区域性农业试验中心”，承担省区域性试验中心的研究开发任务，主攻方向是水稻、花生、花卉、蔬菜优良品种选育和栽培技术的研究试验、表证和示范。“九五”以来，汕头市获国家级、省（部）级和市级奖励的农业科技项目共60多项，主要科技推广项目近100项，创社会效益50多亿元。在广东省农业厅与华南农业大学、广东电视台、南方农村报、深圳市芭田复合肥有限公司联合举办的2001年度芭田杯全省“十佳百优农科员”评选、“乡村科技致富能人”大赛活动中，澄海市农业局植保站站长王少清、潮阳市农科所所长许先勇、澄海市莲华镇农技站站长郑木深、潮阳市金玉镇农技站站长黄武强、潮阳市关埠镇农技站站长黄岳波、南澳县农业推广中心蔡英俊荣膺“百优农科员”，澄海市凤翔街道环东管区陈俊希荣膺“乡村科技致富能人”。澄海市被国家农业部、财政部、团中央列为2001年度第二批“跨世纪青年农民科技培训工程”项目示范县。

（陈树豪　梁广成）

【区域农业试验中心】 经省政府同意，汕头市农科所被定为广东省（汕头）区域性农业试验中心，为全省16个区域性农业试验中心之一，主攻方向是水稻、花生、花卉、蔬菜（白沙蔬菜原种研究所）优良品种选育和栽培技术的研究试验、表证和示范，推动农业科技进步。“中心”为省地共建，隶属关系不变，债权债务关系不变，除其原有名称外，加挂“广东省（汕头）区域性农业试验中心”的牌子，业务受省行业主管部门指导；经费以所在地筹措支持为主，省行业主管部门支持为辅；在财税、贷款等方面享受与省级科研机构同等的优惠政策。“中心”实行动态管理，每2年评估一次，每4年筛选一次。

【“特优721”送省品种审定】 由汕头市农业科学研究所1997年用“龙特浦A”与本所育成的恢复系“R721”组配育成的籼型杂交稻感温组合“特优721”，2001年12月送省农作物品种审定委员会品种审定。该组合1998—2001年6造次参加市、省、国级区试，每次平均产量均列第一名，比对照组合增产均达极显著水平。在潮汕各市试验示范，一般亩产550公斤左右，比当地当家组合增产5—8%。据广东省区试接种测定，该组合对稻瘟病全群总抗性比为84.38%，其中对中C群抗性比为70.37%，对白叶枯病抗性总评5级。该组合全生育期130天，科高110.0厘米，穗大粒多，平均每穗144粒，结实率83.2%，千粒重28.2克，具有株型紧凑、茎杆粗壮、功能叶厚直、成穗率高、后期熟色好、谷粒金黄饱满等优点，是一个高产稳产、适应性广的杂交稻新组合。至2001年，该组合在省内累计试验示范种植面积2.23万亩。

（陈岳徐　陈文贞）

【农业标准化】 汕头市农业、质量技监部门制定了“狮头鹅”、“白沙短叶13号早萝卜品种”、“白沙短叶13号早萝卜栽培技术规范”、“香蕉种苗的组培快繁技术规程”、“蝴蝶兰栽培技术规程”等5项地方农产品标准，并发布实施。积极引导农业企业、专业协会及生产基地，开展农产品注册商标、国际质量体系、“绿色食品”和“无公害农产品”

的认证,按照农业标准化规范生产与经营,参与国内外产品市场的竞争,确保农产品生产朝向安全、优质方向发展。“三捻橄榄”、“下势山金薯”、“绿梅牌甘薯”获商标注册;“白沙”牌蔬菜种子、“绍河”珍珠和“蓬盛”橄榄菜相继获广东省著名商标。汕头市自2000年起正式开展“绿色食品”认证。先后有“澳士兰”牛奶、“粮丰”金丝香米、“太阳宝”牛奶、“大印象”绿茶取得中国绿色食品发展中心颁发的绿色食品证书。全市还组织一批农业企业的产品和图片参加国家农业部在北京农业展览馆举办的2001’中国国际农业博览会,澄海市外砂蓬盛果蔬副食品厂的“蓬盛”牌香港橄榄菜和汕头鳗联股份公司的“鳗联”牌浦烧烤鳗荣获名牌产品。

【农村改革】 全市落实延长土地承包期30年的有69.07万亩,占耕地总面积的99.4%,签订承包合同56.13万份。推行涉农收费项目公示制度,严格执行农民负担一定三年不变的政策。加强农村财务管理和审计工作,全市1110个经联社,已完成会计账制改革的有1077个,实行财务公开1109个,并有58个镇(街道)设立了审计机构。同时抓好扶贫工作,帮扶农村困难群众。千方百计帮助农村“五保户”、特困户对危、残土坯房进行改造加固,有不少特困户住进了新房。进一步加大依法治农力度,规范农资市场管理,严厉打击制售假冒伪劣农药、肥料、种子等违法行为,保护农民利益。

(陈少华)

农业龙头企业选介

【汕头市大洋集团公司】 国有独资企业,占地面积605亩,总资产10亿元,员工1800多人。集团核心企业联结紧密企业8家,投资控股企业6家。拥有海洋捕捞、果蔬食品企业、水产品加工、渔业船舶修造、码头储运、冷冻冷藏,以及粤东规模最大的水产品批发市场、进出口贸易和房地产开发,是一家以农业产业为主体的多功能综合性的国有大型企业集团。2000年,被评为“广东省农业龙头企业”、“广东省水产品加工与流通龙头企业”、“国家级农业产业化重点龙头企业”、银行资信“AAA”等级。

集团属下的大洋食品发展总公司和大洋冷冻工贸发展总公司,拥有国际先进水平食品加工生产线和水产品加工设备,1997年通过HACCP认证,2000年获得ISO9002质量体系认证。目前已开发形成40多个速冻蔬菜、水果品种系列,30多个水产品冷冻加工品种,产品远销欧美、日本和东南亚地区。

【汕头市农副产品批发中心市场】 位于汕头市火车货运站仓储区东南出入口。系汕头市惟一经国家计委批准立项的市场项目,也是汕头“九五”“菜篮子”工程重点项目,1996年成立,首期工程——蔬菜批发市场于1998年4月建成开业,交易场地超2万平方米,汇集粤东和全国各地蔬菜经销商进场交易,蔬菜品种上百个,日交易量达1000吨,年交易量达37万吨。2001年被命名为广东省农业龙头企业。市场计划总投资1.86亿元,占地130亩,建筑面积13万平方米。第二期工程——粮油、干鲜果批发市场,建筑面积2.5万平方米,于2000年底竣工。第三期工程——饲料、食品、禽蛋批发市场即将动工兴建。全面建成后将是粤东地区规模最大的农副产品批发市场,成为粤、闽、赣三省农副产品的集散地并辐射全国各地。市场通过组织“南菜北运、北菜南调”,实现蔬菜产品的大流通,既保证当地的供应,又扩大汕菜销路,有效带动汕头市及周边地区蔬菜生产基地和农户增产增收。在经营管理上逐步实行智能化、信息化,并与全国各大农业网站联网，农产品交易上推行质量等级化、重量标准化、包装规格化。已初步形成农副产品区域性物流中心、价格形成中心、信息中心。

【潮阳市粮丰集团有限公司】 创办于1978年，是一家从事优质大米加工的现代化农业企业，1997年被评为“汕头市农业龙头企业”，1999年被命名为“广东省农业龙头企业”。公司现占地13.3万平方米，拥有1000平方米的办公管理大楼、3700平方米生产厂房、6万吨的储备仓库和成品仓库；日加工大米150吨生产线和电脑色选机4台、水磨抛光机2套，以及运输、环保等配套设备，固定资产1亿元以上，是粤东地区规模最大的民营粮食企业。公司不断加强技术改造和创新，树立品牌，提高产品竞争力，主要加工产品有金丝香米、胜泰香米、金谷、丝苗、猫牙等10多个品种，其中粮丰牌金丝香米通过国家“绿色食品”认定，是汕头市重点推介和保护的品牌。通过“公司＋基地＋农户”的方式，已与5000农户建立购销关系，种植优质稻8.5万亩；建立绿色食品优质香谷生产基地一个，种植面积6000亩，有效保证企业加工原料供应，并推动粮食生产结构调整优化，促进粮农增收。

【潮阳市侨丰（集团）有限公司】 创建于1995年，是粤东地区一家大型的水产养殖加工、销售、出口企业，属下有侨丰食品罐头厂、恒昌水产实业公司等10家企业。公司占地面积3.84万平方米，拥有加工车间1.4万平方米、冷库容量3000吨，水产品罐头生产线4条及各类先进设备58台（套），总资产8160万元。现有员工1100多人，其中高级工程师3人、工程师5人、技术员12人。创业以来，坚持“公司＋基地＋农户”的农业产业化发展路子，以养殖捕捞基地为依托，以水产品速冻、保鲜、深加工、海产品罐头为龙头，实行贸工农、产加销一体化经营，带动农户增加收入，促进当地水产业和地方经济的发展。

1998—1999年被评为全国乡镇企业出口创汇先进单位，1999年被授予“广东省农业龙头企业”。主要产品有：鲜炸箭鱼、香辣鱿鱼、沙茶鱼片、红烧鳗鱼、冻对虾块、冻蟹肉罐头等20多个系列。生产过程严格执行HACCP标准，产品质量获得国家农业部质量认证和美国FDA质量认证。

（陈少华）

附：汕头市农业产业化市级龙头企业名单

1. 潮阳市盟兴水产品养殖有限公司
2. 潮阳市侨丰（集团）有限公司
3. 潮阳市粮丰集团有限公司
4. 澄海市畜牧总公司
5. 澄海市隆发水产发展公司
6. 澄海市新溪珍珠养殖场
7. 汕头大印象（集团）保健品有限公司
8. 汕头鳗联股份有限公司
9. 汕头经济特区澳士兰牧场有限公司
10. 汕头大洋食品发展总公司
11. 澄海市涂城蔬菜专业市场
12. 澄海市湾头蔬菜专业市场
13. 汕头市白沙蔬菜原种研究所
14. 河浦区农业发展有限公司副食品厂
15. 汕头市国生实业发展公司
16. 澄海市万宝发展有限公司
17. 潮阳市绿园农业科技发展有限公司
18. 潮阳市德兴种养实业有限公司
19. 潮阳市恒泰来养猪实业发展有限公司
20. 汕头经济特区金海鸥橄榄菜食品有限公司

林　业

【营林生产】 2001年,市林业部门以生态公益林建设为重点,坚持"造林、封山、管护"并举,全面实施生态公益林建设。一是扩种滩涂红树林0.45万亩;二是改造潮阳、南澳重点水库周围水源涵养林1.06万亩;三是营造沿海防护林0.32万亩,其中属防护林带缺口造林困难地段4处0.12万亩;四是完成深汕高速公路"绿色通道"工程造林0.39万亩。全年共组织193.4万人次参加义务植树,植树280万株。完成造林补植更新面积3.84万亩,四旁植树40.1万株,营造农田林网7.9万株,长度60公里,育苗1100亩(其中大田苗800亩,容器苗300亩),中幼林抚育7.68万亩,封山育林33.07万亩(其中当年新封4.28万亩)。

【狗母涵山造林规划】 为恢复汕头市区南边路狗母涵山原采石准采区的森林植被,2001年,市林业部门组织专业技术人员到实地进行调查,完成了汕头市区南边路狗母涵山造林绿化工程规划。该《规划》计划用3年的时间,采用超常规的整地方式、造林方法和管护措施,在狗母涵山采石迹地上造林1378.8亩。规划的主要乔灌木树种为尾叶桉、台湾相思、马占相思、马尾松、木麻黄、火力楠、刺桐、小叶桉等;藤本植物有爬墙虎、牵牛花等。计划总投资463万元。

【"新世纪新汕头、携手共创绿色家园"】 为唤起广大市民关注森林、关注生态、自觉保护环境,爱护绿色,齐心协力把我们的家园建设得更绿更美,汕头市绿化委员会于2001年3月12日在市区南边路举行了"新世纪新汕头、携手共创绿色家园"为主题的义务植树签名活动,并在市委副书记、市长李春洪等市党、政、军领导的带领下,组织市直机关干部、驻汕部队官兵和青年志愿者共2100人,沿南边路南侧路边栽种桉树、木麻黄、小叶榕等树苗2万株。据统计,植树节当天,汕头市区就有1万多人参加全民义务植树,共植树7万多株。

【森林分类区划】 为推进森林分类经营,加强生态公益林的保护、管理以及商品林的合理经营,全面提高森林综合效益,保护生态环境。汕头市林业部门在省林业勘测设计院专家的指导下,根据《国家公益林认定办法》(暂行),于2001年3月初组织专业技术人员对汕头市森林分类区划进行界定,并于2001年4月中旬完成界定工作任务。经界定,汕头市陆域的生态公益林面积为68万亩,占有林地面积的69.9%,其中:国家级生态公益林面积为17.89万亩,主要分布于潮阳市10.76万亩和南澳县7.13万亩;省级生态公益林面积为50.11万亩。商品林面积为29.26万亩,占有林地面积的30.1%,其中,用材林1.63万亩;薪炭林9.96万亩;经济林17.67万亩。另外,沿海9.51万亩适宜种植红树林的滩涂,也按规定划入国家级生态公益林的面积之中(不列入陆域面积统计)。

【海桑、无瓣海桑育苗】 自1998年开始营造红树林以来,其种苗分别从福建省的龙海市和我省的湛江市调进。由于路途远,给造林带来诸多不利因素,况且费用较高。为解决这一问题,2001年,市林业部门的专业技术人员借鉴省内外其他地区育苗成功的经验,结合本地实际情况,从海南省东寨港国家级红树林自然保护区购进海桑、无瓣海桑果子250公斤,分期分批在澄海苗圃场进行营养袋育苗。通过大胆探索,精心培育,海桑、无瓣海桑的本地育苗获得成功,首批40万株海桑、无瓣海桑营养袋苗已有15万株出圃，长势良好。该项目获汕头市农业技术推广奖一等奖。

（姚奕龙）

【森林资源】 2001年，全市林业用地64893.6公顷，按地类划分：有林地62926.9公顷，占96.9%；按森林分类经营划分：生态公益林33386.4公顷，占51.5%，商品林31507.2公顷、占48.5%；全市森林覆盖率为32.4%，活立木蓄积量90.8万立方米，林木总消耗量2336立方米。与1994年比较，有林地增加2216.9公顷，森林覆盖率增加1.6个百分点，活立木蓄积增加29.4万立方米，林木消耗量减少2727.3立方米。近几年来，全市以生态公益林建设为重点，坚持造管并举，强化森林资源管护，推进汕头特色林业的发展，进一步改善了生态环境。

（肖海群）

【市级湿地自然保护区】 为切实保护珍贵的湿地资源，市政府于2001年8月22日批准设立汕头市湿地自然保护区。保护对象为红树林、候鸟及珍稀水生动物。范围包括榕江下游汕头辖区内的牛田洋至新津河口湿地。四至为：南岸西起西胪大堤，经浔洄港，三屿围，苏埃湾，东止澳头油库；北岸西起牛田洋海堤，经西港河口，东止新津河口；两岸之间水深小于6米的湿地，面积15.5万亩。其中，汕头湾内的平屿、草屿、龟屿、鸡心屿和德州岛划为自然保护区的核心区，实行重点保护；苏埃湾滩涂和韩江、榕江出海口等地作为缓冲区，实行松散管护。

（李徐益）

【依法管理林地】 全市林业用地97.3万亩，人均森林面积较少。近年来，市林业主管部门始终把保护和管理好林地作为发展森林资源，优化生态环境的重要工作来抓。贯彻执行《森林法》等法律法规，加强林业法制建设，开展专项行动清理整治，依法管地，严把征占用林地审核关。2001年为澄海市祥安公司等3家征地单位征用403亩林地办理征用林地手续，将41家取土单位规范到准采区内，并将收取的森林植被恢复费用于异地造林。

（洪一清）

海洋与渔业

【简况】 2001年，全市海洋产业总产值80亿元，比2000年增长3.2%，水产品总产值17.66亿元，增长3.3%，水产品总产量31.66万吨，下降2.1%。其中，海洋捕捞18.69万吨，比2000年下降5.8%；海水养殖产量8.9万吨，增长5.5%；淡水养殖产量3.81万吨，增长5.8%；淡水捕捞产量2690吨，下降33%。全市共投入海洋捕捞机动渔船3223艘、76181吨位、马力18.85万千瓦。其中拖网渔船1105艘，围网渔船29艘，流刺网渔船1361艘，钓鱼渔船56艘，钓鱿24艘，其他作业方式648艘。全市海水养殖面积达到195033亩，比2000年扩大了10086亩，淡水养殖面积57897亩，全市水产养殖面积达到252930亩，比2000年增加了8777亩。

【五项整顿】 2001年开展了海洋与渔业“五项整治”：一是以打击电炸毒鱼为重点，整顿海上渔业生产秩序；二是清理整顿“三无”和“三证不齐”渔船；三是清理整顿渔港环境；四是清理整顿汕头湾海域；五是以猎屿湾海域为重点，清理整顿养殖海区。“五项整顿”工作取得明显的效果，潮阳市的海门港东岸线的大部分违章建筑已拆除，还划出垃圾堆放点、油船和渔船停泊区。南澳的后江港也已整治完毕，投入使用。南澳的云澳港的整治也取得较好成效。整顿海上生产秩序，从重从严查处电炸毒鱼违规违法作业，一共查处电、炸、毒作业案件193宗。4月10～11日，在澄海莱芜召开了全市海洋与渔业执法管理工作会议暨销毁电、炸、毒鱼工具现场会，在渔区中引起较大反响，有效地教育了渔民群众。认真搞好"三无"和"三证不齐"渔船的清理整顿工作，全市共清理"三无"和"三证不齐"渔船1269艘，淘汰"三无"渔船161艘，报废"三证不齐"渔船5艘。清理各类竹排、筏、艇共880艘，顺利完成了"三无"和"三证不齐"渔船的清理整顿工作，受到农业部渔业局、南海区渔政局和省局渔政总队组成的联合检查组的好评。以猎屿湾为重点的清理整顿养殖海区工作取得较好效果，南澳县已对猎屿岛海区（龙门湾、白沙湾）的养殖容量控制进行规划，实施管理。初步规划形成藻类、贝类、贝藻混养，网箱养殖等片区，适当减少养殖密度，各片区之间留足水上通道，减少养殖区自身污染，促进可持续发展。为进一步强化海洋管理职能，针对汕头湾海域乱围乱占行为比较严重的情况，多次出动渔政船艇，联合有关部门对汕头湾乱占、乱围海域强制清理拆除，共清理乱围渔网3000多米，清掉乱插竹桩近万支，清理乱围占海域面积1600多亩，有效地维护海上秩序，保护了海洋环境。

【特色品种养殖】 各地在稳步发展传统养殖品种的同时，充分发挥优势，积极发展特色品种养殖，逐步形成了"一县（区、市）一品、一县（区、市）多品"的"人无我有，人有我优"的特色养殖模式。南澳县的太平洋牡蛎养殖，在2000年基础上扩大面积2000亩，养殖面积达到1万亩；澄海的莱芜紫菜养殖扩大至1300亩，平均亩产紫菜干品200斤。南澳、澄海成为广东省最大的太平洋牡蛎、紫菜养殖基地；南澳的东方螺繁育和海区养殖取得成功，为逐步向规模化养殖发展打下了基础。潮阳在海门洪洞、澳内建成4个鲍鱼场，水体1.5万立方米，年培育鲍鱼苗1000万粒以上，产商品鲍超过40吨。随着养鲍业的发展，作为鲍鱼饲料的江蓠需求量越来越大，达濠区推广江蓠混养面积2000亩，产量1500吨，取得较好的经济效益，成为鲍鱼饲料生产基地。

【科技兴海】 为进一步加大海洋科技开发力度，提高科技对海洋经济强市的贡献率，使海洋经济成为汕头新的经济增长点，促进海洋产业发展，建成海洋经济强市，根据《广东省1999—2010年科技兴海规划》等，市海洋与渔业局和市科委共同编制了《汕头市科技兴海规划（2001—2010）》。全年开展科学试验和技术推广项目15宗，举办各种类型培训班12期，参加培训960人次，印发各种技术资料1500份，引进养殖鲟鱼、三角鲂、奥杂鱼、南美白对虾、丽文蛤、台湾江蓠、龙须菜等7个新品种。抗风浪"水下软体网箱养殖"试验获得成功并逐步推广。2000年在南澳海区开展的抗风浪深水网箱养鱼试验，经过一年多的试验、总结和改进，试验的16个网箱，投放红斑、青斑、台湾红鱼、鲟鱼、美国红鱼等5种鱼苗2.4万尾，总成活率64.9%，获鱼产量13吨，创产值115万元，可获利57万元。7月份通过市科委主持的科技成果鉴定，该项目技术水平达到省内先进。和传统的浮筏式网箱养鱼相比较，有成活率高、生长快、饲料系数低的优点。尤其是抗风浪的性能更为突出，经受住4号强台风"尤特"的袭击，使海水网箱养鱼从封闭半封闭内湾向开放性海湾与近海迁移和扩展成为可能。省局对这种生产模式的推广十分重视，采取措施扶持这一项目的发展。在示范点的带动下，南澳县的水下软体网箱养殖已达100个左右。开展杂色鲍遗传改良技术及健康养殖中试示范研究。潮阳市海洋与水产局、潮阳市南弘海珍养殖有限公司合作开展南北鲍杂交试验获得成功，并进入批量生产，共培育出优质杂交苗500万粒，该杂交育苗技术达到国内领先水平。开展"南非中间鲍和皱纹盘鲍的杂交试验"获得成功，培育出杂交苗3840粒，这批第一代杂交苗将通过北方试验培育成亲鲍，再运回该场与杂色鲍进行杂交。通过逐年培育，可把南方杂色鲍改良成个体较大、生长较快、抗病能力强的优良品种。开展了西伯利亚鲟鱼养殖试验，旧虾池改造示范试验，淡水鱼塘养殖南美白对虾，引进试养台湾江蓠，引进推广美国环保型药物"美国虾神"等一批项目，对提高全市渔业科技含量发挥了积极的作用。

【汕头南弘鲍良种场】 2001年，省海洋与渔业局同意潮阳市南弘海珍养殖有限公司建立省级鲍良种场，定名为省级汕头南弘鲍良种场。该场位于潮阳市海门镇湖南湾畔，紧靠深汕高速公路。湾内岩礁、海藻较多，适合鲍生长繁殖。海水水质符合国家渔业用水标准。场地建设布局合理，设施配套齐全，有育苗池400平方米，养成池4200平方米，亲鲍池100平方米，选育池20平方米。2001年生产成鲍40吨，鲍苗1000万粒。该场以中山大学生命科学院为技术依托单位，具有较强的技术力量和科研创新能力。育种路线正确，技术操作程序规范。亲本来源清楚，经多代选育，生产的杂交鲍苗生长快，抗病力强，肉质好，成活率高，深受用户好评，是工厂化养鲍的优良苗种。

（翁盛深）

水　利

【简况】 2001年，全市水利工作围绕新的治水思路，坚持依法治水和科学治水，按照全面规划、统筹兼顾、标本兼治、综合治理的原则，实行兴利除害结合，开源节流并重，防洪抗旱并举，切实抓好水利工程建设和水资源的统一管理、开发、利用和保护，做到工程水利和资源水利并重，并积极争取省支持，大幅度增加水利资金投入，保证各重点水利工程建设项目的顺利开展，在确保防洪安全的同时，以水资源的可持续利用支持市经济和社会的可持续发展。全市累计投入水利建设资金2.2亿元（其中乡镇群众自筹1.39亿元），投入劳动积累工2183万个，共维修加固江海堤围133公里，维修加固山塘水库45座（其中达标加固11座），整治排灌渠系1227公里，建设防渗渠道49.5公里，维修改造排灌机械7.67千千瓦，有效改善灌溉面积5.79千公顷，改善治涝7.57千公顷，新增节水灌溉面积1.86千公顷。累计完成土方479.2万立方米、石方39.7万立方米、砼2.5万立方米，分别占年度计划的120%、147%和83%。外砂桥闸重建工程、牛田洋海堤7号闸、汕头大围应急除险加固工程、贵屿和峡山治涝电排等水利工程建设项目基本按计划实施或完成建设，防灾抗灾能力又有新的提高，有效地抵御了台风、暴潮和洪涝等自然灾害的袭击，保证了社会稳定和人民生命财产安全。

【小型水库除险加固】 自1998年实施省人大小型水库除险加固议案以来，不断总结经验，认真按比例落实好区、县（市）资金配套和使用管理，加强技术指导，严格工程的技术设计、审批，抓好工程建设的招投标和质监、监理，严把工程质量关，确保了议案工程的顺利实施。据统计，1998—2000年，省共下达我市除险加固工程39宗，我市实际下达37宗（升平区的鸡笼山、达濠区的东南坑市级未下达），累计投入资金5557万元〔其中省549万元、市1560万元、区县（市）1071万元、乡镇自筹2377万元〕，完成1998年度和1999年度达标加固工程26宗，基本完成2000年度11宗工程的除险加固任务。2001年省再安排我市年度加固工程任务15宗，计划投资1906万元。目前，这些加固项目都已作为2002年度计划任务进行除险加固。

【国债工程建设】 1998年市开始利用国债资金对重点海堤进行达标加固建设。1999年开始实施建设,涉及海堤围工程6宗,主要是市区的牛田洋海堤、潮阳的棉北海堤、澄海的一八围、上蓬围海堤、河浦的三屿围海堤、南澳的前江海堤。2001年国债工程建设着重是抓好各工程项目的续建和规划报批及招投标工作。澄海一八围、上蓬围海堤计划续建的1.8公里和2公里堤段在11月底完成招投标并开工建设;南澳前江海堤在修复水毁工程的基础上,也加紧进行达标加固;河浦采取养殖户筹资办法,对三屿围海堤上的草屿、石尾和三屿3宗涵闸进行维修加固;潮阳棉北海堤关埠6.95公里加固堤段在11月底进行招标建设;汕头市区牛田洋海堤已完成工程技施设计。

【防汛防旱防风】 2001年,汕头碰到了自1992年以来最严峻的天气形势,接连遭受了"尤特"、"百合"台风的袭击和影响,但经过各级党政部门的共同努力和全市军民的奋力抗击,确保了水利工程安全,大大减少了灾害带来的损失,保证了社会稳定和人民生命财产安全。为确保汛期安全,各地始终把三防工作放在首位,及早部署,抓早做好各项防灾抗灾准备工作。完善三防工作责任制,签订《广东省地区防洪安全责任书》和《广东省水利工程防汛安全责任书》,公布全市小型水库和重点堤围的防汛行政责任人和技术负责人,明确职责,自觉接受群众监督。各地还抓早做好汛前水利工程安全大检查,先后出动1248人次对全市水利工程安全问题及防汛准备工作进行全面细致的检查。共发现存在安全问题的水利防洪潮工程151宗,市政府及时拨出专款400万元,对其中73宗度汛危险工程进行了抢修。同时,认真抓好水利工程防洪预案、在建工程度汛方案、防汛物料储备、防汛抢险队伍组织及防汛通讯设施配套等非工程措施的落实,加强市区穿堤涵闸、道口的管理,从各个环节抓好防灾抗灾措施的落实。水文分局完善水情测报设施,进一步提高测报水平和服务质量。在防御抗击"尤特"、"百合"台风暴雨过程中,各级党政高度重视。市委书记李统书、市长李春洪等市领导纷纷亲临防风抗灾第一线,与各级领导和广大干部群众以及驻汕部队官兵一起全力以赴抗击台风灾害,恢复生产。三防、水利部门在每次台风灾害到来之前,都及时派出工作组奔赴各地指导和督促做好山塘水库、江海堤围等水利工程设施防灾抗灾措施的落实,确保了全市没有垮塌一座水库,重点堤围不受冲决,把灾害造成的损失降到最低限度。驻汕海、陆、空、武警部队官兵和民兵预备役人员发扬"98抗洪"精神,奔赴抗洪抢险第一线,与洪涝展开搏斗。特别是在抢修牛田洋海堤过程中,广大官兵连续奋战三天三夜,圆满完成了抢修任务。

【"尤特"台风】 2001年第4号台风"尤特"于7月6日7时50分在海丰至惠东交界处登陆。由于台风风力强,范围广,破坏性大,汕头市处于台风半径范围内,大风持续时间长,又适逢天文高潮,风助水涨,受到较严重的影响。全市陆地普遍出现8—10级、阵风12级以上大风,瞬间最大阵风达53米每秒(有4个自动站录到最大风力16级),并伴有暴雨到大暴雨的降水过程(汕头市区降雨量114毫米、澄海88毫米、南澳97毫米、潮阳84毫米);汕头妈屿站出现最高暴潮水位2.61米(50年一遇为2.71米),澄海东溪口站2.67米(20年一遇为2.56米),潮阳海门站出现2.56米(潮位超50年一遇水位0.19米,比1969年"7·28"水位高0.39米)。受台风影响,全市多处海堤漫顶过水,堤围被冲毁崩决;汕头市区大面积进水,到处一片汪洋,升平区的西堤、乌桥、光华、厦岭路,金园的石炮台等共有30多条马路受浸,最大水深达1.2米;群众报告险情的电话络绎不绝,从6日凌晨零时至6时,110报警服务台共接群众求助电话500多个;达濠区凌晨2时左右全区停电停水,早晨6时通讯线路中断。

据不完全统计，全市受灾人口达318.58万人，成灾人口达96.88万人，死3人，因灾伤病344人，紧急转移8447人，无家可归485人，造成经济损失8.984亿元。共倒塌房屋1030间（其中民房430间），损坏房屋6339间，篷棚倒塌120个，面积19550平方米，其中汕头市区受浸房屋共2051幢2.5万平方米、9279户、33221人，已出现房屋局部损坏6幢800多平方米，需转移并已转移近3000人；农作物受灾面积45.24万亩；水产养殖损失12.124万亩；防风林毁损7000亩；船只毁损341艘；公路和其他道路毁损5.2千米；树木多处受损，约有2万多株折倒，5000多株被大风拔起；输电线路253条次受到严重破坏，至6日上午7时，尚未消除故障线路183条次，预计损失负荷20.5万千瓦，占总负荷的62%。

水利设施也受到严重破坏，损坏崩塌堤防总计159处61.54公里，堤防决口18处1.23公里，损坏护岸47处；水闸25座，损坏灌溉设施50处，损坏机电泵站18座，水利设施经济损失达1.63亿元。其中：牛田洋围倒塌5处，每处5—10米；大窖伯公堤段出现渗漏现象；海湾大桥下海堤发生严重险情，海水溢入堤内至永安村，大桥东侧堤围胜利围1000米左右滑坡；新津河堤金凤桥上游500米处堤围裂开下陷近20米；河浦磊口一堤段冲毁；达濠广澳街道河渡，马窖街道凤岗、南山、海星，珠园街道葛陈等处海堤共决口5处400米，围内大面积严重受浸；潮阳关埠玉一、玉二，灶浦榕江堤潮水漫顶，潮水位超过“7·28”台风的水位，西胪二十斗围、十六斗围因受大船撞击出现两处决堤，河溪三十一斗闸两旁石篱崩裂，棉北鲑头闸一扇闸门被水压裂，井都海堤受潮水冲击严重；澄海六合围的溪南、隆都、湾头、莲上、莲下等镇堤段，培隆围的湾头镇堤段，一八围的坝头镇南堤段，新溪镇的新海堤等处8500米不同程度损坏，其中不同程度崩塌3000米，涵闸损坏30处；南澳海滨未加固海堤受大潮冲塌近200米。

城建、城管和水利部门针对城区积水迅速采取得力措施，疏通马路下水道，启动所有电排，尽快排除市区积水。并派专人做好涵闸管理，防止潮水倒灌；环卫和园林等部门在风后及时行动清除倒树等路障；供水、供电、电信部门对所有设施都组织安全检查，并对受损设施及时组织抢修；公安、交警部门日夜出动，维护交通秩序，并大力做好宣传，督促群众安全转移，保障社会安定和广大群众人身安全；国土房产部门灾前连夜办公，及时处理681套廉租公房和170套周转房，共动迁851户特危住户，使三千多名居民得到安全转移和妥善安置；水利部门及时派出4个工作组，奔赴全市各地检查水利工程设施受损情况，并分门别类，对牛田洋、汕头大围新津堤段等重大险情险段，及时组织抢修，确保防洪潮安全；农业部门在灾后立即组织农业技术人员分成三个工作组奔赴抗灾第一线，察看灾情，指导抗灾；驻汕海、陆、空、武警1300多名官兵发扬伟大的抗洪精神，全力投入抗灾抢险行动。其中投入牛田洋大堤抢险复堤的部队官兵多达1100多人。

据统计，全市共出动抢险救灾队伍6万多人，其中澄海出动干部群众1万多人、民兵550人，龙湖出动民兵应急分队120人，潮阳出动干群5.5万人，公安人员2500人，环卫部门出动88车次、1200多人。

尽管“尤特”风力大，破坏性强，加上暴潮水位高，给汕头造成了较大的损失。但在各级党政部门、人民群众和广大官兵的共同抗击下，确保了重点水利工程和重点部位的安全，使损失降低到最低程度，夺取了抗灾抢险斗争的胜利。

【依法治水】 抓住被市确定为开展依法治市第四批试点单位这一契机，加强水政监察队伍建设，进一步加大水利执法力度；并结合“世界水日”和“中国水周”，开展形式多样的水法规宣传和水利执法活动，不断推进全市水利系统依法行政、依法治水。如澄海开展了水政执法巡查周活动，潮阳市将水利法规和水利工程印成明信片分发，都收到较好的宣传效果。群众水法观念明显增强，举报水事违法行为积极性大大提高，较好地推动了全市查处环境违法行为行动月活动的广泛开展，有效地确保了水利工程安全，净化水环境。根据群众举报，及时查处了潮安县圣煌公司围河造地、澄海余清亮违法采砂等案件，保证了红莲池河下游3000多亩农田的排涝与灌溉，确保了莲阳河的行洪安全。全年全市共查处水事违法案件121宗，拆除违章建筑物3121处6.5万平方米，清除阻水作物（含水浮莲）6324万平方米、垃圾废土15万立方米、拦鱼网396个共2.7万平方米。

【水资源统一管理】 按照可持续发展战略，大力抓好水资源管理基础工作，编制全市水资源管理年报和水资源公报，发布2000年度《汕头市水资源公报》，抓好《城市供水应急预案和水资源规划》，完善《汕头市河流综合规划报告》，做好潮阳市、澄海市农业综合开发区水资源条件鉴定意见的审查上报，编报好全市“水资源管理信息系统”及《汕头市用水定额调查报告》；积极征收水资源费，加强取水许可审批和审核，抓好取水许可证年审工作。学习深圳市水务管理体制改革经验，结合机构改革，进行水务管理体制改革尝试。将潮阳、南澳作为建立水务管理体制单位试点，得到了省水利厅的重视和支持。潮阳、南澳两个试点单位积极争取当地党政重视和支持。潮阳市已在区、县（市）机构改革中成立了潮阳市水务局，将防洪防潮、排涝灌溉、供水用水管理全面划归水务部门，实现了水资源的统一管理。

【科教兴水】 继续抓好以“人才开发”和推广应用新技术为重点的“科教兴水”战略的实施，进一步加快科教兴水发展进程。重点抓好水利水电专业3个电大班的学历教育和各种岗位培训，全方位、多层次培养和造就各类水利建设人才，全面增强水利技术力量，提高行业整体文化水平。在全省率先采用粉喷桩技术和水泥防渗墙加固基础技术，积极推广应用劈裂灌浆、白蚁防治和竖井贯流式机组、土工布等新技术、新工艺和新设备材料，不断提高水利工程的科技含量和质量。认真按照省水利厅的部署，积极做好规划，落实配套建设，不断推进以防汛指挥系统为龙头的水利信息网络建设，以信息化带动水利现代化。全市已建成了汕头大围水情测报系统和卫星云图接收系统，开通了三防BB机预警通讯系统，基本形成了全市三防三级通讯指挥系统，一个以防汛指挥系统为龙头的水利信息网络已具雏形。各重点水利工程在建设中也注重抓好现代化管理设施的配套建设，水利现代化建设正不断向前推进。

（谢书强）

气象事业

【简况】 2001年，全市气象部门全面实施机构改革和人事制度改革，形成气象行政管理、基本气象系统、气象科技服务与产业三部分组成的新型事业结构。建立了定岗分流、竞争上岗和聘用制为核心的新的用人机制。配合市人大开展气象法律法规的执法检查，促进气象事业法制化，气象防灾减灾工作的规范化。全市台站在认真做好台风等灾害天气预报服务的同时，依法履行防御雷电灾害的管理职能，严格实行对新建筑物防雷设施设计图纸审核、质量监督、竣工验收及防雷建筑物和易燃易爆场所防雷设施的定期安全检测制度。气象基础设施建设迈出新的步伐，完成了汕头多普勒气象雷达的升级改造，组建了极轨气象卫星接收处理系统，完成了 Notes 工作站的安装使用。改进电视天气预报制作系统，完善和扩大电话气象信息服务项目，新建了汕头市气象防灾预警信息网络。台站的工作环境有明显改观，澄海、潮阳市气象局新建的综合业务楼投入使用。

（王俊平）

【气候特点】 2001 年，汕头市年平均气温比常年偏高 1.5℃，年极端最高气温 36.6℃，极端最低气温 4.9℃；年降水量 1947.9 毫米，比常年偏多 19%；“初雷”（3 月 25 日）偏迟；“开汛”略为偏迟，出现在 4 月 21 日；“初台”出现在 6 月下旬。全年影响汕头的台风有“飞燕”（0101 号）、“尤特”（0104 号），“百合”（0116 号）和“桃芝”（0108 号）台风。台风“尤特”7 月 6 日在海丰—惠东沿海登陆，登陆时风力 11 级，由于汕头处在台风眼壁附近并遇天文大潮，全市普降暴雨到大暴雨，平均风力 8—10 级，阵风 12 级（极大风速 53 米/秒），潮水倒灌，市区普遍水浸 50—80 厘米。“尤特”造成 3 人死亡，直接经济损失 8 亿多元，是 1991 年以来对汕头市影响最严重的台风。

（谢建群　王俊平）

【防御台风、暴雨、寒冷办法】 根据省政府颁布的《广东省台风、暴雨、寒冷预警信号发布规定》，汕头市制定了《汕头市防御台风、暴雨、寒冷办法》，包括三大部分。其中台风信号有白色、绿色、黄色、红色、黑色五种；暴雨和寒冷信号有黄色、红色、黑色三种。《办法》规定，不同的预警信号表示不同的含义，根据各种信号，要采取相应的防御措施。《办法》的实施，使汕头防御台风、暴雨、寒冷等气象灾害工作更加有序有效地进行。全年共发布预警信号 27 次，其中台风信号 12 次，暴雨信号 10 次，寒冷信号 5 次。

【海洋防灾减灾气象服务系统】 经市政府批准，汕头市海洋防灾减灾气象服务系统正式实施，完成了汕头多普勒气象雷达的升级改造工程，使雷达的性能有了明显的提高和改进；组建了极轨气象卫星接收处理系统，完善了电视天气预报制作系统和电话气象服务系统等项目。

（王俊平）

防震减灾

【依法行政】 完成汕头市防震减灾“十五”计划编制，4 月 5 日，市政府常务会议审议通过了《汕头市防震减灾“十五”计划和 2015 年远景目标纲要》。3 月 28 日，市人大组织市有关部门实地考察市地震局和汕头地震台，就《防震减灾法》执行情况及相配套的地方性法规和规章进行专题研讨，形成了市人大关于《中华人民共和国防震减灾法》实施情况调研的报告。5 月 23 日至 24 日，国务院参事室调研组一行 3 人莅汕，听取汕头市开展地震安全性评价工作的汇报；实地考察了海湾大桥和礐石大桥的抗震设防状况；并就如何做好地震安全性评价工作进行了专题座谈。

【地震监测】 完成了汕头市地震前兆监测站的升级改造。按照“九五”计划的安排，全面完成了列入国家“95—01—02”项目的汕头市地震前兆地下流体观测系统数字化改造。配合省地震局监测中心做好“汕头地震遥测台网数字化改造及联网”配套工作；筹划实施“汕头市地震局数字地震观测系统建设”项目。通过多次走访有关部门并具体商洽，促使选址潮阳田心、南澳后宅等两个地震遥测子台定址和基建顺利实现，供电和通信专线也配套完成。建立完善地震前兆观测示范点。为贯彻落实西安“全国群测群防研讨会”精神，按照新时期群测群防工作的指导思想，结合汕头市地震宏观前兆观测工作原有的优势，对原33个观测点进行优化筛选，选择建立了河浦区台资正田养殖场，澳士兰牛奶场和中山公园、动物园等3个动物宏观前兆观测示范点。

【抗震设防】 2001年，除了对金凤路—西港高架桥工程，汕头市金禧花园工程，潮阳市移动通讯综合楼二期工程等重要工程进行地震安全性评价工作外，还对岩石大桥、海湾大桥开展咨询服务，取得良好的社会效益。在质量上，按照GB17741—1999技术规范，把好质量关。

【震情】 根据广东省地震台网测定，2001年潮汕地区及南澳南澎海域共发生小震45次，最大为8月22日发生的ML3.0级有感地震。全年地震活动呈低强度趋势。

（林绵裕）

商贸旅游

商　贸

【消费品市场】 2001年,全市社会消费品零售总额224.16亿元,比上年增长2.4%,其中城市零售额140.44亿元,增长5.4%;农村市场的零售额83.72亿元,下降2.3%。按行业分,批发零售贸易业零售额171.66亿元,增长4.2%;餐饮业零售额27.51亿元,增长3.8%。会展业、新型流通业发展趋势向好,物流中心、配送中心以及网上购物也有新发展。2001年,城乡集贸市场206个,贸易成交额92.4亿元,增长0.6%。全年商品销售总额404.97亿元,比2000年下降2.5%,其中批发企业下降6.3%,零售企业增长3.2%。人均消费零售额4825元。

【城乡集市贸易】 全年城乡集市贸易成交额92.41亿元,其中粮食类成交额4.81亿元、油脂油料类成交额4.56亿元、棉烟麻类6126万元、肉食禽蛋类18.62亿元、水产品类10.26亿元、蔬菜类6.63亿元、干鲜果类8.69亿元、工业品类6.76亿元、其他类9.89亿元。商品交易量计:粮食类15.27吨、油脂油料类4.7万吨、棉烟麻类5296.5吨、肉食禽蛋类14.43万吨、水产品类9.82万吨、蔬菜类21.85万吨、干鲜果类19.82万吨。

【批发零售贸易业】 汕头批发业的总代理、总经销、联营、联销、批零一体化、专业批发市场等形式取代了过去二、三级的批发旧模式。全市有专业批发市场32个,年营业额5000万元以上的批发市场有13家,其中9个营业面积1万平方米以上。市区形成较大规模的专业批发市场有农副产品批发中心市场,营业面积20000平方米;汕头水产市场,营业面积16000平方米;汕头水果中心市场,营业面积24000平方米,其产品辐射了粤东南、闽西南、赣东南以及港、澳、台等地区。在市区还形成了黄河路、潮汕路、海滨路以及火车货运站等四大各具特色的市场群体。这些市场活跃了汕头的批发业,促进了区域经济的共同发展,为周边区域的物流集散和辐射提供了平台。全市已有营业面积5000平方米以上的零售商店6家,大型综合超市8家,货仓式商场4家,购物中心4家,并拥有一批专卖店、便利店。

图为新建成的专业市场南国商城

（林书杰）

【消费物价水平】 全年全市居民消费价格总指数比2000年下降0.2%,其中消费品价格下降1.1%,服务项目价格则上升3%。在上市的主要商品中,有一半的商品价格持平和下降,城乡市场价格总水平为99.44%,比2000年同期下降0.56个百分点。其中城市下降1.27个百分点,农村提高0.11个百分点。

【经贸洽谈会、交易会】 继续采取“政府搭台、企业唱戏”等多种形式,大力开拓国内市场。组织了200多家企业参加广州食品博览会、重庆商品展销会、哈尔滨洽谈会、乌鲁木齐经贸洽谈会、第16届广东国际美容美发化妆品博览会,共签订合同金额13.82亿元。引导企业抓住国家开发中西部的大好时机,利用自身的综合优势,加大与西部地区经济技术合作力度,并依托黑龙江、新疆向俄罗斯、独联体国家和朝鲜、韩国等周边国家市场的拓展，进而开拓远洋市场。同时，按照建设粤东商贸中心的要求，认真研究和规划建设一批具有地方特色的商贸市场。建成了市区首期商业步行街区并投入使用，开始建设第二条商业步行街区；建设金园路“网上购物一条街”；提出建设“汕头美食小区”的工作方案。引进和发展了包括深圳市沃尔玛珠江百货有限公司、广州市岛内价连锁货仓商场发展有限公司、台湾统一集团等连锁商贸企业在汕头市区、潮阳市开办的4家大型超市商场；充分发挥汕头交通、住宿、餐饮、会展场所的作用，举办了全国商品交易会、国际食品博览会、第七届潮汕美食节等，其中“汕头首届汽车博览会”入场参观者近8万人次，成交额近亿元，现场成交和预订车辆达400多辆。还结合汕头特色食品在国内外的知名度，于10月份在汕头成功举办了第三届国际（汕头）食品节。积极开展与福州、昆明等城市的经济协作，协助福州市政府成功举办了“福州商品（汕头）流动展销订货会”、“福州—汕头经济技术合作洽谈会”、“福州投资环境介绍会”，协助昆明政府代表团组织和举办了“昆明—汕头经济技术合作恳谈会”，共有24家企业与福州、昆明签订了经贸合作合同（协议）。

（林明龙　黄少玲）

【2001年汕头经济特区商品（重庆）交易会】 由汕头市政府主办于5月11日至15日在重庆市解放碑地王广场会场中心举行。汕头市委书记李统书率市党政代表团以及160多家企业800多人参加。参展商品有服装鞋帽、食品、玩具、日用百货等4个大类近万个品种。在5天的会期里，共签订各类购销合同、协议258宗，总成交额10.34亿元，其中零售214万元。此次活动得到重庆市党政领导的高度重视，重庆市委副书记刘志忠等领导接见了汕头市党政代表团。重庆市委副书记刘志忠、市人大常委会副主任唐情林、市政协副主席黄立沛、市委副秘书长艾智泉、市政府副秘书长高进进、重庆市渝中区区委书记刘隆铸、重庆市商委主任王学斯、副主任雷太惠、刘轶戎，四川德阳市市长吴勉坚出席了交易会开幕式和签约仪式。在汕头市党政代表团访问活动过程和交易会举办期间，当地新闻媒体都给予及时的跟踪报道，使重庆人民加深了对汕头的了解，同时也加深了两市的友谊。重庆市领导称赞汕头这一举措是促进两市经济共同发展的战略性举措，这不仅有利于重庆的发展，对汕头也很有好处，是一种双赢的格局。这次交易会的最大特点是名牌增多，档次提高，规模趋大。经过近年来市场经济激烈竞争的磨练，企业的品牌意识明显加强，金奇、宜华、大印象、雪柔、集味村、茂发等名牌产品，都在显眼位置打出自己产品的商标。由于这次名牌商品多，参展企业也相对向大型化集中。不少企业都定了4—6个摊位。这说明了通过市场的优胜劣汰，有活力的企业不断向规模化效益化发展。本届交易会由于定位准确，营销灵活，收到很好成效。四川省的德阳、隆昌等地都有客商前来参观和洽谈业务。一批“汕货”在重庆地区找到市场，大印象（集团）、集味村食品、宜华木地板、金奇洋服、皇室食品等一批企业都在重庆找到产品经销商、代理商或签订了较大数额的购销合同。商品展销效应以重庆为中心向周边地区辐射，有效地扩大了交易会的范围。

（谢也苍）

【第三届全国商品（汕头）交易会】 9月29日至10月3日，在汕头林百欣国际会展中心举办，由汕头市政府、中华全国商业信息中心主办。这是汕头为加强与全国各地的经济交流与合作，集商贸、洽谈、采购为一体的一次大型商贸活动。交易会设5个展区共600个摊位，来自全国近30个省、市、自治区的300多家企业参展，规模超过历届，继续保留往年交易会综合性、专业性的特色。展品主要有计算机及自动化设备、通讯器材、家电及机电品、汽车及零配件、服装日用百货等上万种商品。销售额超过1000万元，进场参观8万多人次。交易会期间还举办了文艺歌舞表演、相关产业技术研讨会。

（单正言）

【经济技术协作】 2001年，闽粤赣十三市经济技术协作继续开展，基础设施建设、横向经济联合、旅游合作等各方面取得良好成效。完成项目主要有：连接深圳、汕头、厦门三个经济特区的经济大动脉、粤东地区公路主骨架、全长67.62公里、总投资23.17亿元的汕汾高速公路建成，于11月28日通车。3月，由江西抚州市委副书记、市长刘礼祖率领的抚州市政府代表团在汕举行经济技术合作项目推介会，共签订合作项目8个，总投资4580万元，涉及行业有装饰石材、陶瓷、服装等。汕头市副市长钟展南参加了推介会。市港务局全年先后4次组团前往闽粤赣地区召开经济协作会，进一步扩大汕头港在闽粤赣边区域的影响，并把加强同闽粤赣区域企业合作，巩固开拓货源作为港口经济增长点的重要渠道，共组织江西、福建荧石粉出口17万吨，使汕头港成为我国荧石粉出口的主要口岸。汕头海洋第一聚苯树脂有限公司斥资3000万美元与香港另一家合作在泉州市兴建年产10万吨聚苯乙烯生产线和5万吨化工专用码头，该项目被福建省列为重点建设工程，项目建成后将为泉州市的石油化工下游产业发展起到很大带动作用。4月19日，澄海市举办“中国澄海国际玩具工业品博览会”，协作区内有15家企业参加，签订各类贸易合作协议8宗，金额2500万元。澄海市还组织25家企业到江西、福建等地参观考察，探讨合作事项，其中猛狮蓄电池有限公司、天辉毛织公司等企业与抚州市金巢经济技术开发区达成了合作意向。4月，成功接待了由6000人组成的厦门来汕旅游团，这是汕头有史以来接待的最大规模的旅游团。2001年，协作区内各城市共输入汕头劳动力3.48万人，输出地劳动部门定期派员到汕头了解劳动力的生活、工作情况。汕头也及时向各地通报有关情况，并根据用工要求做好劳动力的培训，全年共培训协作区内13市的劳动力1264人，有效提高了输入劳动力的业务技能素质。

（谢也苍）

【粮食流通】 全年市直粮食企业商品销售总额1.66亿元，增长14.66%；出口创汇1222.7万美元，增长69.82%，创近年最高水平；亏损总额3199万元，增长242.14%。各企业采取委托收购、合作经营、代销及自营进口等形式搞活购销，努力开拓经营领域，守住粮食购销阵地，发挥了国有粮食企业在流通中的作用。组织打击制假售假大检查，对加工企业、商场和粮油零售门店进行了4次大规模检查清理，各购销企业严格进货检查制度，严格销售环节检查监督，对仓库存货认真检查清理，使制假售假在粮食企业没有活动空间，市直粮食企业的商场、粮店基本杜绝假冒伪劣商品和毒米。搞好粮食储备和供应工作，一是做好粮食清仓查库工作，保证库存真实。各储备粮承储单位认真组织，积极配合，为省粮食清仓查库清查组提供资料。经清查，各单位粮食库存真实、账账相符、账实相符，且未发现有粮食霉坏的现象。二是建立健全各项粮食储备管理制度，加强规范管理，严格监控粮情动态，做好粮食入库堆放、及时通风降低粮温等工作，确保在库粮食的安全储放。在春、秋季粮油安全普查中，各承储单位100%实现“四无”粮仓，各单位账实相符，管理规范，粮食储备管理上水平。三是军供单位把军供粮供应工作作为一项政治任务抓紧抓好，落实专人负责，认真做好规范化管理，不断提高服务质量和服务水平，确保军需粮油品质好、种类多，及时满足部队的要求，圆满完成了驻汕部队的粮油供应任务。同时落实国有、集体企业特困职工粮油供应，全年供应大米240.79吨，食油12.04吨。

【供销合作社】 全市各级供销社坚持为农

服务办社宗旨，正确处理经营与服务关系，通过搞好农资商品供应、农副产品购销、提供科技服务等形式，积极参与并推进农业产业化经营。澄海市供销社牵头组织的澄海市芥菜腌制行业协会，在加强行业组织协调同时，帮助筹资扩产，提供科技信息，扩大产品销路，推进当地芥菜腌制加工产供销全面发展。全年总产值1.8亿元，销售2.16亿元，农民增收2100万元。潮阳市陈店供销社紧紧围绕把供销社办成真正农民合作组织目标，坚持办好12个村级肥药供应站、17个日用品和副食品门店以及1家自选商场，并根据当地电子元配件购销活跃特点，开辟电子元配件经营一条街，从经营的种类和服务的形式满足农民生产和生活需求。全年农资商品经营占市场72%，电子元配件购销5千多万元。潮阳市关埠供销社庄稼医院自1990年成立以来，聘请有丰富经验的农艺师当医生，逐年添置相关设备设施，并租用60亩地作试验田，为当地科技种田发挥示范带动作用。同时，严格门诊、出诊、巡诊制度，不分日夜为农民防治病虫害。经过10多年努力，逐步成为集农资供应、信息传播、新品试验、技术服务于一体的经营服务单位。2001年，澄海市供销社芥菜腌制行业协会、潮阳市陈店供销社和关埠供销社庄稼医院分别获全国供销社系统“示范专业合作社”、“示范基层社”和“示范庄稼医院”光荣称号，并得到中华全国供销合作社的授匾表彰。

【生猪定点屠宰】 继续贯彻国务院《生猪屠宰管理条例》和《广东省生猪屠宰管理规定》，落实国家“定点屠宰、集中检疫、统一纳税、分散经营”的十六字方针，切实推行“放心肉”工程。针对北区生猪定点屠宰存在的问题，改革北区生猪定点屠宰体制，以市场为导向，引进竞争机制，改进屠宰加工方式，提高肉品质量，在肉品销售环节打破垄断，取消批发行对口供应指定肉菜市场的规定，落实执法责任制。屠宰体制改革后，“放心肉”工程得到进一步推动，“放心肉”市场占有率有较大幅度提高。

（市场管理科）

【拍卖业】 2001年，全市拍卖企业举行拍卖场次近300次，拍卖金额4.7亿元人民币。1998年按照省政府要求全面清理整顿和规范后，全市重新登记注册并获得省主管部门批准的拍卖企业13家，其中市区9家，潮阳2家，澄海、南澳各1家。拍卖物除罚没物品必须由政府指定外，已发展到动产、不动产、艺术品和其他领域，范围不断扩大。拍卖企业的整体素质不断提高，拥有一批经国家主管部门资格认证的拍卖师及从业人员。汕头拍卖业起步较迟。1991年7月18日汕头经济特区首家拍卖行——汕头经济特区物资拍卖行成立；同月25日汕头市政府批准市物资回收公司成立汕头拍卖行（即现在的汕头市物业拍卖行）。1992年，汕头经济特区拍卖行、汕头市潮阳拍卖行等经汕头市政府批准相继成立。（林书杰）

旅　游

【简况】 2001年，汕头大力巩固创建“中国优秀旅游城市”的成果，使旅游业持续稳定发展。全年接待旅游者224.48万人次，比2000年增长3.5%；旅游总收入35.38亿元，增长0.97%；新招投标设立12家国内旅行社，新评定和晋升6家星级饭店，确定了一批旅游定点单位。全市有旅游饭店56家，客房6164间；已评定星级饭店38家，其中五星级2家，四星级5家，三星级10家，二星级18家，一星级3家；全市有旅行社51家，其中国际社8家，国内社43家。大力构建有潮汕特色的旅游新格局，努力塑造汕头的旅游品牌，广泛征集汕头旅游形象定位口号；组织修改和完善汕头市旅游发展规划，至年底已完成征询社会各界意见和专家评审阶段；开展区域协作，立足汕头，着眼粤东，联结闽粤赣，先后组团赴深圳、梅州、惠州、潮州、揭阳等市进行旅游资源考察和联谊活动，并成功申办2002年度闽粤赣十三市旅游交易会来汕举办；注重"软件"建设，开展旅游从业人员职业道德教育和业务培训，组织参加全省酒店服务技能大赛和首次面向社会举办导游员资格考试；旅游行政管理职能得到进一步加强，在市机构改革中，市旅游局为惟一由事业单位改为政府工作部门的单位，市和县（区）两级旅游管理机构基本建立。

【旅游发展规划】 由汕头市旅游局和中山大学风景与旅游研究所编制的《汕头市旅游发展规划（2001—2020）》，自1996年启动，历经五载，七易其稿，经市有关部门和专家反复研究论证，广泛征求社会各阶层意见，于2001年1月通过了专家评审。规划对汕头旅游发展条件作了分析，提出了未来20年汕头旅游业发展的目标是"将汕头建成以城市旅游为龙头，以潮汕文化观光旅游和以山水、海滨度假为特色的，集商务、会议、观光、度假、寻根、购物、娱乐、宗教、旅游于一体的，广东一流并在国内外有较大影响的综合性旅游区"，旅游产业的定位将"由率先实现现代化的先导产业提升为未来国民经济的支柱产业之一"。该规划还包含了旅游资源保护规划、旅游地域系统规划、旅游开发布局规划、旅游文化开发规划、旅游市场开拓规划、旅游服务系统规划、旅游经济发展规划等各个专项规划，并提出了发展的策略和措施以及分期规划要点、近期目标与执行计划等。

【市场开发】 努力塑造汕头旅游新品牌。通过报纸、网站等媒介，向社会广泛征集汕头旅游形象定位口号；抓住"九运会"部分项目在汕举办的机会，推出汕头游、潮汕游和潮汕人游潮汕等旅游新线路；举办了第七届潮汕美食节，共有24家酒店、餐馆参展，设摊位35个，推出美食精品300多种，其规模、档次、范围均超过往届；加大对外促销推介的力度，先后组织旅游界参与广州、江门、成都、北京、香港、澳门、德国、日本、新马泰等国内和国际的旅游促销活动，扩大了汕头旅游知名度。各区、县（市）和各旅游企业除了参与全市统一组织的宣传促销活动之外，都能根据自身实际开展旅游推介活动。潮阳市利用旅游黄金周在电视台推出旅游业情况专题介绍节目，在《人民画报》、《人民日报》粤东版介绍景区建设概况，编制出版了《潮阳旅游》一书；澄海市举办了金秋联谊会暨旅游购物节，编印出版了《澄海游》宣传彩页，制作了旅游网页；南澳县组织了"相聚青澳狂欢夜，同迎世纪新曙光"大型活动，邀请了闽粤联游考察团上岛考察旅游线路，组织全国百家晚报"看21世纪新汕头"记者团上岛调研，在香港凤凰卫视中文台播出《南澳行》旅游宣传片，《中国旅游报》、《深圳商报》、中央电视台、广东卫视等新闻媒体也对南澳旅游业进行了宣传报道；达濠区编印了《达濠旅游画册》，编写了导游词；各旅行社也结合自身业务实际开展宣传促销活动，如组织到新加坡、泰国、马来西亚、福建等地开展宣传促销，邀请台湾旅游同业公会来汕考察，配合2001年健身游，组织自驾车旅游，组织福建的旅行社、新闻部门考察汕头旅游等。

【行业管理】 规范旅行社的经营管理，在2001年度全市旅行社业务年检中，对6个违规的旅行社给予年检"不予通过"、"暂缓通过"的处理。市旅游行政管理部门按照省旅游局的部署，新招投标了12家国内旅行社，新评或晋升了星级饭店6家，其中四星级2家[中信度假村酒店（晋升）、澄海花园酒店]，二星级4家[侨联大厦（晋升）、鸿雁宾馆、潮阳科技宾馆、汇通大酒店]，确定了一批旅游定点单位等。为确保旅游业健康有序的发展，切实抓好旅游黄金周的安全和旅游市场的整治工作，在每个黄金周到来之前，市旅游管理部门均开展大规模的、地毯式的安全大检查。各区县（市）旅游局除配合上级主管部门的检查外，潮阳市抓住旅行社组团前是否做好安全防患事故工作，为游客办理意外人身保险等作为重点检查；澄海市抓住旅游景区、星级酒店等旅游企业安全工作的制度化、规范化建设进行检查，使安全工作责任落实，有章可循；南澳县和达濠区着重抓了海滨浴场安全措施及制度的落实，有效地清除了存在的事故隐患。

【景点建设】 全年全市旅游景点和旅游基础设施投资1.16亿元，与2000年基本持平。达濠青云岩风景区投资51.3万元设置了粤东第一大宝鼎——青云大宝鼎；海悦度假村投资280万元修建了停车场、餐厅、道路，增加了绿化面积；巨峰寺景区修了“罗汉洞”，建了“惜缘台”，增设旅游标志，修整了进寺公路。龙湖区妈屿岛投资100多万元，将海湾大桥匝道引入岛上，对海滨浴场进行清理保洁；证果寺经数次复建，9月竣工，总投资500多万元，完成建筑面积1700多平方米的山门、大雄宝殿、藏经楼等的建设。升平区旅游景点建设投资额为410万元，其中龙泉旅游乐园投资400万元，大自然农园投资10万元，改善了各景区内部的设施。潮阳市旅游景点建设投资额为718.6万元，其中莲花峰旅游景区于11月成为国家AAA级旅游区，该景区在创AAA过程中共投入73.6万元，改建卫生间，扩建停车场，建设海上碑林，增植花木，扩建广场，改建盆景、假山，设立旅游标志牌；大峰风景区投入480万元修建敬师台及大门、停车场等设施；翠峰岩旅游景区投入165万元修建了灯塔、石床、青石龙、水塔、道路等。澄海市旅游景点建设投资额为8920万元，其中莲花山温泉度假村总投入8000万元，首期建设于9月28日竣工试业；绍河珍珠科技园配套建设投资300多万元，10月建成开业；塔山、神山、陈慈黉故居也均有投资进行景点内部建设。南澳县旅游景点建设投资额为1000多万元，其中青澳湾旅游度假区共投入400多万元，建设了山坡别墅、沙滩遮阳棚、停车场等；总兵府投入60多万元用于复建工程一期建设；长山尾炮台景区投入30多万元，整修大门、绿化；黄花山国家森林公园也修筑了“景亭”，扩大绿化面积；南澳县还投入400多万整修各景区内外道路，主要是后宅至雄镇关道路的改造。

青云禅寺建筑群

陈智生摄

（市旅游局）

【岩石风景名胜区】 全年接待游客约100万人次（含天坛公园）。被评为省“创优”工作先进单位和省“文明风景旅游区示范点”，桃花涧景区塔山票房组被推荐申报授予“全国青年文明号”。全年完成景区造林绿化39900株，重点绿化焰峰九龙湖山体陡坡及广场斜坡。景区建设继续抓好设施完善和配套工作，完成焰峰车道二三期砼路面工程的铺筑及养护管理；进一步整治桃花涧水库；加快龙泉片区入口的改造进度，拆除旧建筑物，清挖土方、障碍石，新建龙泉管理间及票房；海滨东湖泳场清池及灾后再清池和园区污泥清理；维修改装塔山、龙泉片等多处石护栏，新建海滨西湖临时门；拆除桃花涧危旧小亭，清除塌落危石六处。推进景区文明建设。落实景区内各经营点实行明码标价制度，打击欺诈游客行为；基层管理单位与各经营者签订文明经营公约；巩固“创优"取得的成果，整治环境卫生，继续实行"日两扫、节假日保洁"景容清洁制度，清理"牛皮癣"200多处。以整治促发展，积极发展风景旅游事业，一是引进民资民力，先后新建了碰碰船、孔雀园、民族风情表演、休闲垂钓、桃源休闲村等项目；二是在经营管理上，采用灵活多样的优惠措施吸引游客；三是积极开展招商引资，组织东湖海洋世界及焰峰开发项目引资工作。围绕创造"AAAA"等级景区，整治景区秩序，全年查处挖山取土、破坏树木植被、算命占卜、变相赌博等违法违规行为611宗。理顺天坛公园管理体制，天坛公园完成土地确权，纳入市岩石风景名胜区统一管理范围。

（刘伯权　刘钰昌）

【青澳湾旅游度假区】　全年共接待游客20万人次。青澳湾沙质洁白，海水清净无污染，素有"东方夏威夷"之称，是广东省两个A级沐浴海滩之一，1993年被省定为省级旅游度假区。已投资1亿多元，建设配套了宾馆、酒店等一批旅游接待设施，接待床位1500多个。有摩托艇、水上摩托车、香蕉船、拖曳降落伞等内容丰富的活动项目。成功举办了"'93中国摩托艇超级明星大奖赛"、"广东省第九届运动会航板赛"、"'98中国国际灯谜大赛"、"相聚青澳狂欢夜、共迎世纪新曙光"等大型活动。

（青澳管委）

【汕头市中国旅游社】　2001年，汕头市中旅社以加快旅游、酒店、汽车客运三大主业发展为重点，以改革为动力，大力推进各项经营管理工作。全年共组团接待游客33万多人次，其中海外旅游者近7万人次，出国游近6000人次，港澳游近8000人次，国内旅游25万多人次；华侨大厦接待旅客5万多人次，比增20.05%；汽车客运近38万人次，比增25.1%；营业总收入达到5063.53万元，连续4年进入全国国际旅行社百强行列。8月份在全市旅游界中率先推出了"明白消费"的服务，向社会作出了"市民参加中旅旅游，坚持100%签订旅游合同并严格按合同办事，100%购买旅游保险，坚持明码实价，诚实不欺，不向客人提供虚假的旅游服务信息，不搞虚假广告，不搞虚假的承诺，让游客明明白白去旅游，高高兴兴回家来"的郑重承诺。9月份邀请台湾高雄旅游同业公会来汕考察，这是有史以来台湾旅游界对汕头的首次考察活动，加深了台湾旅游界对潮汕旅游资源的了解。

（汕中旅）

基础设施建设

综　述

【简况】 2001年,汕头市固定资产投资在市场、资金“双紧”的情况下,千方百计扩大有效投资,努力保持固定资产投资规模,增强经济发展后劲。全年全社会固定资产投资完成102.97亿元,比2000年下降8.5%。其中城镇集体以上单位投资78.25亿元,下降5.6%;农村集体单位投资15.62亿元,下降17.2%;城乡私人投资13.47亿元,下降12.3%。城镇集体以上单位投资中,基础设施建设投资20.78亿元,比2000年增长11.6%,占全社会固定资产投资比重为20.2%,比2000年提高3.6个百分点。基础设施建设投资中,用于能源建设投资3.90亿元,增长34.4%;交通建设投资6.89亿元,增长49.5%;邮电通信建设投资9.98亿元,下降10.2%。

汕头经济特区全年全社会固定资产投资完成61.83亿元,比2000年下降2.6%。其中城镇集体以上单位投资58.48亿元,下降0.9%;农村集体单位投资5595万元,下降48.9%;城乡私人完成投资2.79亿元,下降18.1%。在城镇集体以上单位投资中,基础设施建设投资17.39亿元,比2000年增长32.1%。在基础设施建设投资中,能源建设投资2.80亿元,增长150.1%;交通建设投资6.24亿元,增长91.1%;邮电通信建设投资8.35亿元,下降4.9%。

【新增固定资产】 2001年,全市全社会新增固定资产108.99亿元,比上年下降0.8%。其中汕头经济特区新增固定资产57.21亿元,下降5.2%。新增的生产能力和效益主要有:11万伏及以上输电线路长度42.4公里,变电设备能力28.59万千伏安,食用植物油日精炼油600吨,建筑机械制造1000台/年,服装15万件/年,电饭锅100万个/年,市内电话自动交换机47.23万门,改建公路29.6公里,新(扩)建港口码头泊位2个,医院病床120张,宾馆、招待所客房数290间,城市自来水管道长度13.1公里,城市公共交通车辆购置96辆,城市道路扩建长度2.51公里,城市排水管道铺设长度4.3公里,高等院校学生席位4042个,中、小学校学生席位54492个。

重点建设项目

【简况】 坚持以市场为导向,以效益为中心的原则,贯彻“抓竣工投产、开工建设和预备项目储备相互衔接、协调推进”的工作方针,筛选一批市场潜力好、见效快的项目列入重点建设项目计划,加大有效增量投资。在重点建设项目的实施和管理上,通过运用综合调控手段和产业投资政策导向,合理引导社会资金投向交通、能源、邮电通信、水利等基础设施和高新技术产业;抓住国家继续实施积极的财政、货币政策,扩大内需,加大基础设施建设投资力度的有利时机,及时了解有关政策动态,掌握第一手情况和信息,积极做好重点项目筛选、上报、跟踪工作,争取列入国债投资和银行贷款计划,争取国家、省对汕头更多的资金支持;同时,加强对重点项目建设的组织领导,落实项目配套资金,特别是充分发挥汕头社会资金充裕的优势,积极组织、引导社会投资,有效缓解了重点建设项目资金紧缺的状况,确保了各重点建设项目不断推进。汕汾高速公路汕头路段、汕头港珠池港区二期主体工程、游泳跳水馆、粤东信息大厦、国际海缆登陆站二期工程、汕头君华大酒店等一批项目相继建成交付使用;公路主枢纽客运中心站等项目开工建设;“新河沟”整治、牛田洋海堤加固、汕头大围应急除险加固及外砂桥闸重建工程等正在抓紧建设。至年底,全市公路通车里程已达 1783.7 公里,公路密度每百平方公里 86.9 公里,二级标准以上公路里程占 31.1%,实现国道、省道、县道 100% 水泥路面;港口码头 500 吨级以上泊位达到 81 个,其中万吨级以上泊位 9 个,年吞吐能力 2215 万吨(其中集装箱吞吐能力 72.5 万标箱);铁路客、货站吞吐能力分别达到 800 万人次和 300 万吨;机场通航城市达 42 个,年旅客吞吐能力达 300 万人次,2001 年机场旅客吞吐量 87 万人次。已建成火力发电厂 10 家,全市发电装机容量达 143.44 万千瓦。全市完成邮电业务总量 40.14 亿元,比 2000 年增长 48.5%;全市电话交换机总容量达 110.75 万门,比 2000 年增加 2.24 万门;拥有长途电话电路总数 7.35 万路,增长 21.3%;年末全市电话机总数 107.81 万部,移动电话 109.51 万户;汕头市区每百人拥有电话 86.5 部,其中移动电话 48.8 部。

市政和环保设施建设取得新进展。2001 年市政建设完成固定资产投资 880 万元,市区建成区面积 97 平方公里。市区主干道路的配套建设逐步完善,新扩建道路面积 5.19 万平方米,年末实有道路长度 614 公里,下水道排水管长度 1338 公里。城市公共设施日臻完善,汕头市区日供水能力 92 万吨,年供水总量 17194 万吨,比 2000 年减少 6.7%;供电量 21.58 亿千瓦时,增长 5.3%;居民家庭用气普及率 95.0%;市区出租车达 2159 辆,公共交通线路增至 30 条,客运量 5818 万人次,增长 13.5%;运营船只 14 艘,轮渡客运量 1187 万人次,减少 13.8%。城市环境保护和环境卫生配套设施日臻完善,环境和卫生质量明显提高。“国家卫生城市”和“国家环境保护模范城市”建设成果进一步得到巩固和提高。至年底,市区已建成空气自动监测系统,环境噪声自动监测显示装置 3 个,烟尘控制区 7 个。改造和完善生活垃圾填埋场及污水处理站,日处理污水能力 14 万吨,垃圾无害化处理率 100%,市区工业废水排放达标率 94.0%。建成区绿化面积 30.03 平方公里,绿化覆盖率 32.7%,城市区域环境噪声达标区覆盖率 71.9%。

【汕头深水港二期工程】 2001 年,项目可行性研究报告获国家计委批复。全年完成投资 3119 万元,至年底累计完成投资 4.01 亿元,占计划总投资的 38.6%。位于汕头港珠池港区,通过疏港铁路与广梅汕铁路相连。建设规模为建设 2 万吨级多用途泊位 1 个,2 万吨级钢铁泊位 1 个,1.5 万吨级件杂货泊位 2 个,1 万吨级件杂货泊位 1 个,设计年吞吐能力 240 万吨。主要配套设施包括 10 吨门座起重机、40 吨集装箱装卸桥、各式运输车等。工程概算总投资 10.4 亿元。建设工期 4 年。至年底止,排洪沟改道、围堰及 3#、3 A#、4#、5#、6#泊位完成,1#、2#路软基处理完成 92%,6 台门机完成安装,码头后方 34650 平方米堆场完成。作为汕头惟一与铁路相连的港区,建成后将大大拓宽汕头港的经济腹地,使汕头港真正成为粤东乃至闽粤赣三边经济协作区的枢纽港。

【主航道及外拦门沙整治二期工程】 2001 年,获交通部批准立项。AB、BC 段加高工程先行开工建设,至年底完成投资 2000 万元,占计划总投资的 10.42%。建设工期为 2001—2002 年。工程概算总投资 1.92 亿元,建设规模为加高拦沙堤 7.95 公里,加宽至 150 米,外航道浚深至 -11 米。

【汕潮汾高速公路】 2001 年 11 月 28 日全面建成通车。系国家规划的同江(黑龙江省)至三亚(海南省)沿海高等级公路主骨架的组成部分。起点接已建成的汕头海湾大桥北引道,连通深汕高速公路,经汕头市区东部、澄海市外砂、澄城、上华、隆都、潮安县铁铺、饶平县钱东、黄岗,终点在闽粤交界处汾水关,与规划建设中的福建省诏安－漳州－厦门高速公路相连,全长67.65公里。线路在铁铺出叉向西通至潮州市城区,构成汕头直通潮州的高速公路,长6.1公里。项目总规模73.75公里,其中汕头境内30.15公里。设计路基宽度为24.5米和26米,双向四车道,荷载汽车－20,挂车－120,行车时速为100公里和120公里。工程概算总投资29.43亿元,其中汕头路段17.65亿元。建设资金由地方自筹、国家拨款及银行贷款共同筹集。汕头境内路段除已于1997年11月竣工的汕头海湾大桥北引道10.75公里外,余下19.4公里于1998年12月动工,共分28个路段进行建设。至1999年底该项目全路段基本完成征地拆迁任务,全线动工建设;共完成主要工程量路基土石方1293万立方米,特大桥6座8884延米、大桥13座3483延米、中小桥98座3912延米、水泥混凝土路面90.08万平方米、沥青路面44.92万平方米,互通立交6处,软基11.1公里。全部工程合格率达100%。工程累计完成投资30亿元(包括汕头海湾大桥北引道的投资3.9亿元),完成计划总投资的101.9%。该路的建成,使深圳、汕头、厦门经济特区以高速公路连成网络,极大地改善我国东南沿海的交通运输状况。

【汕头市金凤路工程】 即金凤大桥—西港高架桥工程。2001年底,工程已全面动迁,累计完成投资1.54亿元,占计划总投资的20.6%。起于324国道汕头市区天山路口,向西跨梅溪河,至西港河东岸与国道206线相交,再沿西港河向南,止于岩石大桥北引道,是连接国道324线、206线、省道S2321线和S2331线的最佳途径,并与规划中的市区外环高速公路及市区西片各条干道相接。全长9.2公里(其中金凤桥长约1330米,桥梁总宽33米,西港高架桥长约1620米,桥宽19米),全线按一级公路标准设计,计算行车时速60公里,其中:起点至大学路段(约5.7公里)路基宽度33米,行车道宽2×11.25米;大学路至西港高架桥(约1.83公里)路基宽度25.5米,行车道宽2×7.5米。工程概算总投资7.49亿元(未含建设期贷款利息)。1999年省计委批准立项。该路建成后,对缓解国道324线、206线穿越汕头市区路段繁重的交通压力,更好地沟通国道324线、206线、省道S2321线、S2331线等公路间的交通往来,充分发挥路网整体效益,促进区域经济的进一步发展,将发挥积极的作用。

【澄海市金鸿公路】 经省计委批准,工程于2001年11月28日复工。至年底,累计完成投资1.65亿元,占计划总投资的38.3%。由省路桥建设发展公司与澄海金利开发总公司共同投资建设,由省长大公路有限公司承建。起于汕头市区金砂东路,止于澄海市盐鸿镇,全长30.23公里,工程按双向四车道、一级公路设计,概算总投资4.303亿元。该项目于1993年初开始建设。由于资金筹措等原因,长期处于停工状态。整个工程计划于2003年10月竣工。

【汕头市农村电网改造工程】 根据省政府和市政府的统一部署,1998年9月原市计委会同汕头电力局上报汕头市农村电网建设(改造)规划。1999年8月省计委批准下达了汕头市第一批农村电网改造项目,计划总投资3.02亿元,其中20%的资本金由国家安排财政预算内专项资金解决,其余80%的建设资金由省农行贷款解决。在投资规模中,汕头市郊电网5380万元,澄海市电网1.032亿元,潮阳市电网1.25亿元,南澳县电网2000万元。第一批改造项目计划建设改造110KV变电站8座,10KV线路约455公里,架设低压线路1000公里,改造台区220个。工程自2000年初实施以来,进展基本顺利,至2001年底,110KV变电站改造完成11350万元,10KV及以下低压电网改造完成1.698亿元。累计完成投资2.94亿元,占计划总投资的97.4%。2001年12月省计委下达了汕头市第二批农村电网改造项目投资计划，计划总投资1.12亿元，其中潮阳市4500万元，汕头市郊6750万元。第二批农网改造工程首期投资5000万元（市郊3000万元，潮阳市2000万元）的单项工程已得到省的批复，预计2002年4月可进行主要设备、物资的招投标，5月可进入施工阶段。

【汕头市第四水厂】 2001年，报经国家计委批准，首期工程规模调整为20万立方米/日，另20万立方米/日规模视供需情况再投入建设。首期工程累计完成投资3.49亿元，占首期工程计划投资的102.1%。位于汕头市区西北郊月浦村，厂房占地270亩，建设规模为80万立方米/日。首期工程为40万立方米/日，分两个阶段建设，每个阶段各为20万立方米/日，工程概算投资4.02亿元。1995年国家计委批准立项。工程于1996年动工，至1999年10月首期工程第一阶段工程竣工投产。

【国际海底光缆汕头登陆站】 10月15日工程全部完成，11月30日通过验收投入使用。位于河浦区企望湾，占地153亩。工程分两期进行建设，首期工程占地43亩，主体建筑面积6746平方米，概算总投资5600万元，为欧亚和中美两条国际海缆提供登陆站房；二期工程占地110亩，主体建筑面积7428平方米，概算总投资5945万元，为亚太二号国际海缆提供登陆站房。是世界上投资最大、长度最长、途经国家最多、容量最大、技术最先进的三个国际海缆系统（即欧亚国际海缆、中美国际海缆、亚太二号国际海缆系统）的登陆站。欧亚国际海缆系统西起德国，经大西洋、地中海、红海、阿拉伯湾、印度洋、太平洋、东达日本，全长3.8万公里，连接欧亚33个国家和地区，共设39个登陆点，其中在中国大陆只有汕头和上海两个登陆点，汕头是惟一的主干站，上海为分支终端站；中美国际海缆系统全长2.6万公里，由4对光纤组成，整个系统采用环型网络结构，南北两路均由汕头直达美国，其他途经国家以支线形式加入主系统；亚太二号国际海缆系统由汕头和上海连接至日本、韩国、台湾、香港、新加坡、马来西亚和菲律宾，全长1.9万公里。1997年邮电部批准立项，同年8月14日首期土建工程开工建设，至1998年7月首期土建工程建成并通过验收。首期工程累计完成投资5255万元，占首期工程计划投资的93.8%。欧亚国际海缆于1998年6月在汕头登陆，至同年底完成设备安装，进入调试阶段；1999年8月设备调试完毕并于12月正式投入使用。中美国际海缆于1999年3月登陆，2000年1月完成设备安装和调试投入使用。二期工程于2000年6月5日动工，7月完成装机砼施工，9月主体工程封顶，11月主体工程全面建成，进入内装修及周边绿化等收尾阶段；二期工程累计完成投资4995万元，占二期工程计划投资的100%。

【汕头火车北站国家粮食储备库建设工程】 11月正式通过验收，整个工程全部完成。累计完成投资6800万元，占计划总投资的93.9%。系国家“九五”计划粮食储备库建设项目之一。建设规模为储备粮食5万吨，包括建设粮食仓库A型仓5座，B型仓1座，建筑面积1.26万平方米，辅助生产设施、行政管理生产服务、消防给排水、机械器材库、麻袋库等附属工程5959平方米。工程概算总投资7241万元；其中粮库建设投资4741万元（包括配套设备），配套铁路专用线及地方93亩土地投资2500万元。建设资金由中央国债投资和地方配套资金解决。1998年广东省中央粮食建设办公室批准项目初步设计，1998年12月开工建设；1999年9月底完成粮食储备库主体工程建设，进入铁路专用线等配套设施建设阶段；2000年3月，粮食储备库竣工并通过初验收，开始装粮运作；同年5月，粮库开始装粮压仓测试。

【汕头游泳跳水馆】 9月主体工程竣工，11月作为“九运会”跳水比赛场馆投入使用。

工程完成总投资3.46亿元，占计划总投资的98.9%。项目位于岩石风景区，占地300亩，建设面积2.5万平方米，固定观众座位2000个，概算总投资3.5亿元，建设资金由市财政拨款及其他方式筹措解决。1999年7月省计委批准立项，同年11月21日开工建设。

（刘世群）

【澄海外砂桥闸重建工程】 11月5日开工建设，至年底完成投资3800万元，占计划总投资的20.6%。这是汕头继梅溪桥闸重建工程之后的又一重点水利枢纽工程建设，也是历年来单宗投资规模最大的水利工程项目。外砂桥闸地处韩江下游西溪河系外砂河中段，建成于1959年，是一宗以挡潮拒咸和蓄淡、灌溉、供水、交通、航运和发电为效益的大型水利枢纽工程。工程经多年运行已老化严重，存在安全隐患。1999年经省市水利工程安全鉴定专家组鉴定，属四类险闸，须报废重建。2000年11月经省计委批准立项重建。外砂桥闸重建工程属大型Ⅱ等工程，主要由东西拦河闸、交通桥、小水电站组成。设计防洪标准为50年一遇设计，100年一遇校核；工程按8度抗震设防；水闸共36孔，东闸16孔，西闸20孔，总净宽360米；设小水电站一座，位于西闸东侧，装3台1000千瓦竖井贯流式机组；交通桥桥面宽8米，设计荷载汽－20。工程建成后可增加有效槽蓄库容230万立方米，既改善市区、外砂、新溪6.05万亩农田的灌溉；又为西溪流域的澄海、汕头、潮安及潮阳12座水厂，150万人的生活、工农业用水提供较为可靠的水源；还可改善西溪枯水期的通航条件，减轻外砂大桥的交通压力，改善当地陆路交通。项目概算总投资约1.85亿元，其中水闸工程由省投资约1.06万元，占水闸工程概算投资的70%，其余由地方自筹。整个工程分两期建设，首期为西闸及水电站施工，二期进行东闸施工，整个工程历时两年完成。

【汕头大围】 2001年主要进行危险堤段的应急抢险建设，包括应急除险加固、牛田洋海堤7号闸重建和胜利围除险加固3个项目，至年底累计完成投资1.9亿元，占计划总投资的34.5%。应急除险加固工程于2000年经省水利厅批复，同意对堤身进行防渗、砼护坡和抛石护脚加固建设。工程总概算为1997.54万元。2001年工程主要是按省投拨的补助资金700万元进行，分两个标段实施。第一标段为梅溪左岸抛石护脚及砼护坡；第二标段为梅溪右岸南北堤段抛石护脚及砼护坡和鸥下关道口加筑砼防渗墙；同时对龙尾渡口至西片电排上长2.5公里堤段实施水泥防渗墙加固处理。9月中旬工程动工建设，11月底竣工完成。随后，堤身水泥防渗墙加固工程延伸至旦家园堤段。胜利围海堤除险加固主要是对水毁部分按50年一遇的防潮标准进行修复加固。工程计划投资480万元，按三角形斜边新筑堤方案对长755米的水毁堤段和堤上两座涵闸进行修复加固。12月份，工程完成公开招投标后即动工进行建设。牛田洋海堤7号闸重建工程因受4号台风影响，险情严重，必须加紧进行除险加固。7月9日，市长李春洪专程到牛田洋生产基地主持召开现场办公会议，研究部署除险加固方案，并决定对牛田洋海堤7号闸优先进行建设。工程于9月底动工建设。

汕头大围系全省10大堤围之一，堤围全长108.8公里，其中防洪堤47.7公里，防潮堤61.1公里，捍卫汕头市北区及牛田洋军垦农场，面积155平方公里。规划按百年一遇设防标准加固堤围80.7公里，其中防洪堤42.1公里，防潮堤38.6公里。工程概算总投资5.5亿元。工程于1994年动工建设，至1998年底，市区范围内堤围加固任务已基本完成。共加固培高堤围61.3公里，其中防洪堤41.3公里，防潮堤20.0公里。共完成土方150.6万立方米，石方45.4立方米，砼4.7万立方米。

（刘世群　谢书强）

【汕头市自来水总公司】 具有近百年历史的国有大型供水企业。拥有员工近千人，下辖四个水厂、五个供水管理处以及自来水安装工程公司等八个子公司，日供水能力92万立方米，供水服务区域97平方公里，供水管网929公里，用户（装表户数）超过24万户，供水人口达到106万人。跻身中国供水行业“50家最大工业企业”、“全国100家最大自来水生产供应企业”。

创建于1907年，前身是商办汕头自来水（股份）有限公司。汕头经济特区建立时（1981年），全市只有东墩水厂、庵埠水厂两个水厂，供水能力只有11.5万立方米/日，供水面积7.89平方公里，供水人口约为53万人，人均日用水量不足145升。为加快汕头的供水建设，1982年，市政府对自来水公司实行“以水养水”的改革，使全市供水建设获得快速发展。1983至1986年，全市新增供水能力8.5万立方米，总体供水能力达到20万立方米。

1987年，汕头市自来水总公司在市委、市政府的支持下，大胆改革，积极探索，走出了一条“借鸡下蛋”、负债扩张、快速发展的新路子。大胆利用国内外银行贷款进行建设，以“以水养水”的资金以及市政府的政策扶持和提供的部分财政贴息逐年还贷，解决巨额建设投资问题。1989到1999年，先后完成了庵埠水厂12万立方米/日扩建工程、新津水厂一、二期40万立方米/日工程和月浦水厂第一期第一阶段20万立方米/日工程，新增供水能力72万立方米/日，使全市的总供水能力达到了92万立方米/日。汕头市自来水总公司还相应进行大规模的市区供水管网和供水设施建设，相继建成了向南区供水的过海水管等一批大型供水干管以及石泵站等一批加压泵站。1985年开始，汕头市自来水总公司在同行业中率先实行“一户一表”制度，取消公共水站，供水到户。全市装表户数已超过24万户，供水人口达到106万人。1987到2001年，汕头市自来水总公司共投入建设资金近12亿元，使汕头市区的供水建设获得空前发展，供水能力比特区成立时的1981年增长8倍，供水人口增长2倍，供水面积增长12倍，市区供水设施配套齐全，供水能力充足，水质优良，生产技术、企业管理水平在粤东地区处于领先地位，成为粤东地区供水企业的排头兵。

由于供水建设和管理取得一系列成就，1991年，汕头市自来水总公司被评为广东省先进企业。此后，以较佳的经济效益跻身全国同行业“50家最大工业企业”、“全国100家最大自来水生产供应企业”，名列《中国行业一百强》“自来水生产和供应业”的第13位，跨进了国家大型二档企业的行列。公司成为“全国职工体育先进单位”、“全国部门造林绿化400佳单位”；总公司属下的金园供水管理处汕樟收费处获“广东省五一劳动奖状”，龙湖供水管理处华山收费处获“广东省巾帼文明岗”，新津水厂获“广东省先进集体”，成为“全国青年文明号”。

（陈　纯）

交通通信

交通综述

【简况】 2001 年,全市水陆空运输完成货运量 1310 万吨,货物周转量 172645 万吨公里,客运量 2037 万人次,旅客周转量 256557 万人公里;受高速公路和铁路客运竞争等因素影响,空港旅客吞吐量下滑,汕头机场起降 12682 架次,旅客吞吐量 87 万人次,下降 16.7%。货邮吞吐量 1.65 万吨,通航城市 43 个,其中国内 39 个,国际和地区 4 个。

【交通设施建设】 全年交通邮电完成固定资产投资 12 亿元。重点项目建设有新的进展。汕汾高速公路全线建成通车;深水港珠池港区二期工程码头主体及后方堆场完成施工;粤东信息大厦通过竣工验收;移动通信第六期 GSM 移动电话网络扩容工程全面建成;建成城域 IP 网,形成了“环城信息高速公路干线”;主枢纽客运中心站建设得到加快;汕头港航道外拦门沙整治二期工程、澄海金鸿公路、潮阳汽车站改造、南澳后雄公路二期工程等一批项目开工建设。金凤大桥—西港高架桥项目筹备工作取得了实质性进展,开始进入拆迁阶段。汕揭梅高速公路汕头段着手进行前期工作,列入省“十五”计划,争取在“十五”后期开工建设。站场建设方面,岐山客运站、岩石客运站、改造汕头汽车总站、鮀西货运站和公路主枢纽管理服务中心等“三客一货一中心”主枢纽客货运站场建设列入国家交通部“十五”计划,一批县(市)城乡客货运输站场建设列入省“十五”计划。港口建设方面,国务院正式批准珠池港区二期工程建设;汕头港航道及外拦门沙整治二期工程和广澳一期工程已经交通部批准立项。《汕头港总体布局规划修编》通过了交通部评审。有关规划工作得到加强,完成了《汕头公路干线总体规划》、《汕头农村公路网总体布局规划》、《汕头公路运输枢纽总体布局规划》等专项规划编制工作。抓紧开展城市公交发展规划和现代物流业发展规划。

【交通运输生产】 公路客运发展势头良好。在巩固高速公路客运的同时,新增 11 条中、短途客运专线,使中、短途快速专线已发展到每月 1.2 万班,以汕头为中心的潮汕地区快速客运网络已基本形成。全年完成公路客运量 1655 万人,增长 3.1 %;旅客周转量 19.8 亿人公里,增长 4.2%。铁路客运保持稳定增长,全年完成铁路旅客吞吐量 148 万人,增长 4.2%。汕头航空公司通过积极开拓运输市场,加强国内重点城市航线,积极开拓支线等措施,取得了较好效益,全年完成客运量 66 万人,与 2000 年持平;旅客周转量 5.8 亿人公里,比增 2.8%。货运生产受经济环境影响较为明显,运输需求减弱,货源减少,全年货运量完成 1310 万吨,下降 1.2%;货物周转量 17 亿吨公里,下降 13%。其中水运外贸货运量下降 22 %,货物周转量下降 25%。铁路货物吞吐量 134 万吨,下降 3.9 %。港口吞吐量有所增长,集装箱运输呈现恢复性增长。为促进港口生产发展,市政府再次调低地方港口疏浚费和装卸费,鼓励发展海上班轮运输,吸引腹地大宗物资通过汕头港出口。全年港口货物吞吐量为 1309 万吨,增长 2%,其中集装箱吞吐量 15.8 万标箱,增长 38.6%。

【整治交通运输秩序】 根据国家和省的部署,市政府将整治交通运输秩序作为全市“两大整治”的重要内容来抓,成立了交通运输秩序整治协调小组,发布了《关于清理整治交通运输秩序的通告》,组织了交通、公安、交警、城管、工商、残联等部门组成了联合执法队伍,实行专项整治与联合整治相结合,打击取缔非法营运与落实规范管理措施相结合，综合治理，标本兼治，较好地完成了各项整治任务。共查处违章车辆21222辆。其中没收机动后三轮摩托车1009辆，无牌证人力三轮车11162辆，查处非法营运二轮摩托车1419辆，大、中、小客车381辆，超限运输车辆1392辆，取缔人力三轮车非法制造点39个。与此同时，抓好出租车车容车貌的整治，落实“三统一”措施。对全市2100多辆出租车全部统一更换新型标志顶灯，统一更换坐垫枕套，4000多名驾驶员统一着装，使出租车的车容车貌有了较大改观。经过大力整治，为“九运会”和特区20周年庆典活动的顺利进行创造了良好的交通环境，同时也得到了广大市民的支持和社会各界的广泛好评，受到了省检查验收组的充分肯定。

（张汉清）

港　口

【吞吐量稳步增长】 汕头港全年共完成货物吞吐量1309万吨，比2000年增长1.3%；完成集装箱15.8万标箱，比2000年增长37%。其中，港务集团完成货物吞吐量1064万吨，比2000年增长4.5%，完成集装箱吞吐量12.5万标箱，比2000年增长84.8%。面对市场环境偏软、港口货源不足、竞争激烈，吞吐量下滑的严峻形势，及时研究采取了应对措施，提高港口竞争力。认真落实市政府有关精神，制定出台了降低地方港口建设附加费和优惠货物装卸费30%的措施，经市政府审批后从5月份起实施。发挥深水航道、深水泊位优势，吸引大型船舶到港。全年到港的万吨级船舶超过200艘。加强腹地货源开拓，吸引闽粤赣等腹地货源从汕头港出口，确保萤石粉等大宗货源有效增长。调整经营战略，运用现代物流的运作方式，实现“门对门”运输、厂家“零库存”和费用总包干，降低货主、船方费用和经营风险，增强汕头港吸引力。实施“质量兴港”，港埠企业不断提高服务水平。

【港口建设】 以加快汕头枢纽港建设为目标，加快港口基础设施建设步伐，2001年共完成港口基础设施投资1.1亿元。汕头港珠池港区二期工程码头主体工程完工并试投产，使珠池港区2公里岸线的码头连成一片，9个万吨级泊位整体功能得到进一步发挥，为建设汕头港珠池港区物流中心创造有利条件。广澳港起步工程码头延长工程、航道及码头浚深工程顺利完工，广澳港深水航道、深水泊位为临港工业的发展提供了必备条件。《汕头港总体布局规划》已经交通部会同广东省协调通过，进入最后审批阶段；广澳港区一期工程、汕头港航道及拦门沙整治二期工程项目已通过交通部工程可行性审查。加强主航道维护和管理，为船舶安全进出汕头港提供保障。

【规范市场管理】 坚持依法行政，办事公开、公平、公正，积极有效推进港口行业各项行政管理工作，逐步理顺、规范港口经营管理秩序。对市区港埠企业进行全面清理。结合港口经营许可证年审工作，对各港埠企业的经营条件、配套设施、经营范围等进行审核。二市一县港埠企业由二市一县港口管理机构按规定进行清理。加强对港口反走私工作的领导，维护正常的经济秩序，与港埠企业签订《反走私责任书》，落实责任，明确责任单位不参与走私，不护私放私，不为来历不明的货物提供装卸、仓储业务。加强港口安全管理。进一步落实安全生产责任制，与各港埠企业签订《汕头市港埠企业安全生产责任书》，组织安全生产检查，排查安全隐患，及时落实整改，港口安全保持良好态势。加强港口公益性基础设施的管理，与疏浚施工单位签订了《严禁在汕头港区倾倒淤泥责任书》，规范淤泥倾倒行为，减少主航道维护费用的支出。

【提高行政管理效能】 两次清理港口管理部门有关审批事项，并明确了保留审批事项的审批内容、程序、条件、依据、时限等，使机关办事程序进一步规范。制定实施了《汕头港务局服务承诺制度》，公布主要行政职能，对经常性主要审批事限的办事程序、办事时限对外承诺。实行监督制度、奖罚制度、二次终结制度、首问负责制和“领导接待日”制度。强化服务，努力完善港口软环境面对港口船舶日趋大型化的趋势，加强调度管理，在确保安全的前提下充分发挥航道码头效能，及时优质地为港埠企业、船方、货主服务。不断提高引航技术和服务质量，为进出港船舶提供全天候服务。完善港口工业投资环境。完成了广澳港码头作为保税区码头的硬件配套建设，并配合保税区做好专用码头的上报审批工作，进一步完善港口工业投资软环境。对加德士燃气有限公司和中星油脂厂两个全市最大的港口工业项目，想方设法帮助解决实际问题，扶持其发展。

（港　务）

航　　运

【简况】 2001 年，全市共有营运船舶 609 艘，净载重量 16 万吨位，功率 1.13 万千瓦。其中货船 535 艘，净载重量 15.82 万吨位，标准箱位 2062 个，功率 10.76 万千瓦。全市水路运输货运量为 279 万吨，货物周转量 11.36 亿万吨公里；客运量 309 万人次，旅客周转量 607 万人公里。

【水路运输经营资质评估】 从年底开始，交通主管部门积极开展对国内船舶运输经营资质的评估工作。全市共有从事旅客、危险品运输的水路运输企业 11 家，其中 5 家已评估合格，发给企业经营资质认可通知书。从事沿海普通货物运输的企业 26 家。

【水上运输安全管理年活动】 根据上级部署，为加强水路运输行业管理和水上交通安全管理以及航道管理，整顿水路运输秩序，规范经营人的经营行为，保障船舶航行安全，在全市开展了水上运输安全管理年活动。一是在全市开展水上交通管理大检查。5 月 15 日至 25 日，汕头海事局各检查组坚持每天组织两次检查，重点检查船舶证书、配员等，共出动船艇 89 艘次，人员 557 人次，检查船舶 679 艘次。二是加强乡镇船舶交通安全行业监管，重点整治乡镇渡口渡运秩序。市交通部门联合安委办、海事局加强水上交通安全整治力度，坚决取缔“三无”船舶。同时，加强对乡镇渡口、渡船的清理整顿和渡口审批工作力度，把渡船渡口纳入行业管理，全面落实乡镇船舶安全责任制，并逐步规范和完善管理。全市 34 个渡口，全部上报审批，辖区内 36 艘渡船，全面落实“三证一线一牌”，形成了以区县（市）、街道乡（镇）政府负责制为核心，以交通主管部门和有关部门的行业管理为重点，以水上安全监督机构为保障的乡镇船舶交通安全管理格局。三是明确职责，加强交通安全生产的行业管理。认真贯彻落实《国务院关于特大安全事故行政责任追究的规定》和省政府《关于认真贯彻落实国务院关于特大安全事故行政责任追究的规定的通知》精神，把好安全“准入关”、“年审关”。把安全条件做为企业开业、车船投入营运、线路审批、工程建设的重要条件和年审的主要内容，确保各类企业和交通工具安全运营。同时，强化稽查执法部门对安全生产的监管力度，加大巡逻和定点执勤的力度，加强对超载、超限和非法营运的执法力度，严禁超载车船运行，严禁“三无”船舶非法营运，确保整个行业，全年无群死群伤的特、重大安全事故发生。

（张汉清）

公路运输

【简况】 至2001年底，全市公路通车里程1793.7公里，公路密度每平方公里为86.9公里。全市拥有营业性客货车18574辆，其中客车1233辆32577客位，货车17341辆40389吨位。全年完成货运量1030万吨，货物周转量58100万吨公里；客运量1655万人，旅客周转量198000万人公里。

【公路建设】 2001年，全市公路建设完成投资5.4亿元。全年完成新（改）建公路102.7公里，其中高速公路19.3公里，新建地方公路29.6公里，改造地方公路53.8公里。11月28日，汕汾高速公路全线建成通车。汕汾高速公路为同（江）三（亚）国道主干线粤境段的一部分，路段起于汕头海湾大桥北桥头，止于闽粤两省交界的汾水关。与福建省的樟诏高速公路相接，是深圳、汕头、厦门3个经济特区的汽车快速干道，同时也是粤东地区公路的一条主骨架。汕汾高速公路于1998年11月动工，线路主线长67.652公里，潮州支线6.096公里，全线采用平原微丘区，四车道高速公路标准，行车速度为100公里/小时和120公里/小时。金凤大桥—西港高架桥工程进入实质性建设阶段。金凤路桥工程起于国道324线市天山路与黄河路的交叉口，经黄河路向西跨越汕樟路、梅溪河，连接潮汕路、大学路，沿西港路向南，跨越厦岭河、乌桥河、西堤路，终点与汕头岩石大桥弱引桥连接。全长9.15公里，其中金凤大桥长约1305米，西港高架桥长约1605米。工程全线采用一级公路结合城市快速主干道的标准设计，设计车速60—80公里/小时。工程总投资概算为7.49亿元。10月4日，市政府在汕头宾馆召开金凤路桥工程建设拆迁动员大会暨拆迁协议签字仪式，市金凤大桥西港高架桥工程筹建领导小组办公室与升平、金园、龙湖3个区签订了拆迁承包协议，标志着金凤大桥西港高架桥工程建设正式进入实施阶段。11月28日，澄海金鸿公路开工复建。本项目线路长度30.229公里，按平原微丘一级路标准设计，双向四车道（除已建的桥梁外），设特大桥、大桥5座。路基宽25.5米和28.5米，特大桥、大桥宽35米，中小桥55米。工程总投资概算50196万元。由省路桥发展公司与澄海市金利开发总公司组建广东省金鸿公路有限公司合作建设经营，省投资55%，澄海市投资45%。项目合作期为25年。

【枢纽站场建设】 汕头是国家规划确定的全国45个公路主枢纽城市之一。1997年4月交通部和省政府批准《汕头公路主枢纽总体布局规划》，汕头公路主枢纽规划“一个中心二个系统”，即一个主枢纽管理服务中心；一个客运系统共7个客运站；一个货运系统5个货运站。总占地面积547亩、建筑面积15.2万平方米，总投资7亿元。其中汕头主枢纽客运中心站于2000年2月28日开工建设，至2002年6月主体楼基本建成，预计2002年底竣工投入使用。主枢纽货运中心站和岐山客运站项目前期工作已完成，并抓紧筹建中。

【公路运输】 为适应市场竞争，提高规模化、集约化经营水平，增强竞争力，汕头加快了运输结构调整步伐。公路运输主要进行了3项调整：一是调整经营模式，实现从过去承包租赁型逐步向自营型转变；二是调整客运格局，实现从传统的普通客运逐步向现代化快速客运转变，抓住周边高速公路开通的有利时机，大力发展直达快车，开辟短途区间直达专线；三是调整运力结构，实现从普通客车逐步向中、高级车辆的转变。通过调整，促进了汕头市公路运输的快速发展，高速公路客运已基本形成了规模化、集约化经营。开通公路直达专线班车41条，其中跨省4条，跨市29条，跨县8条。汕头平均每20分钟开出一趟高速客车。跨县区间运输班车线路已覆盖市、县、乡镇。目前中途、短途快速专线已发展到每月1.2万班，基本形成了以汕头为中心的粤东公路快速客运网络。

【公交事业】 2001年，全市经营公交企业9家，开通31条公共汽车线路，营运里程472公里，设置公共线路站点1552个，投入公交汽车340多辆，全年运送乘客5000多万人次。为进一步加快公交事业发展，满足群众的交通需求，汕头着手抓好城市公交发展规划，成立了由市交通局、规划与国土资源局、发展计划局、建设局、城管局、公安交警支队、统计局、交通运输管理服务中心、旅游局、公交公司等单位组成的公交发展规划领导小组，负责市公交发展规划研究的领导协调工作，委托上海同济大学开展城市公共交通总体规划编制研究工作。规划主要包含公共交通发展的政策规划、公共交通线网规划、公共交通站场规划等三方面内容。通过大量的调查研究和广泛征求社会各界的意见建议，至2002年6月底规划编制工作基本完成。

（张汉清）

铁路民航

【铁路运输】 2001年，广梅汕铁路汕头站完成旅客吞吐量147.5万人次，比2000年增长3.65%，货物吞吐量132.5万吨，比2000年下降5%。客运开行的线路有汕头至深圳、广州、武昌、九江、衡阳、韶关、郑州、南昌、茂名等地旅客列车。“五一”、“国庆”旅游黄金周增开桂林、黄山、庐山等地旅游客运专列。货运通过京九铁路通往全国各地，主要发送食品、饮料、轻工产品、化工品等，到达主要货物有粮食、非金属矿石、钢铁、化工、水果、纸、农产品等。

【民航安全生产】 以抓安全生产制度的健全和落实、抓安全隐患的整改为重点，安全工作实施制度化、规范化管理，积极开展安全竞赛活动，经常性安全教育常抓不懈，促进安全工作顺利进行。2001年航站没有发生安全差错事件，在飞行保障、机务维护、空防工作、供电安全、场务保障以及驱鸟等项工作均取得较好成绩，受到民航总局、民航中南管理局的表彰。

（张汉清）

物流业

【规划发展物流业】 为推动汕头现代物流业发展，市政府决定成立现代物流发展规划协调领导小组及办公室，并委托上海同济大学承担汕头市现代物流规划编制研究工作。规划办公室与同济大学专家组深入开展调查研究，走访了10多个政府部门和数10家重点企业，还与市统计局企调队联合，对全市600家工商、运输、仓储企业进行问卷调查，收集了大量的数据资料。2002年初完成了《汕头市现代物流业发展现状调研报告》，对汕头的物流经济环境、基础设施、信息系统、市场供求状况等进行综合分析，初步提出汕头发展现代物流业的目标定位。同时，开展了形式多样的宣传活动，积极培育现代物流理念。11月9日，市政府举办现代物流报告会，邀请中国交通运输协会常务副会长、中交协物流研究院院长、我国现代物流现状与对策课题组负责人王德荣研究员做了“要加快我国物流的发展”专题报告，市政府还聘请王德荣为汕头市发展现代物流业的顾问。还邀请了上海同济大学党委副书记、博士生导师、交通运输研究院院长杨东援教授来汕讲授现代物流知识。邀请深圳市物流企业与汕头企业界交流、接触，增强了汕头物流企业发展的信心。与《汕头日报》联合开辟“现代物流专栏”，宣传现代物流的基本知识、发达国家现代物流业的发展概况、我国现代物流业发展现状及发展现代物流业的有关政策法规环境、汕头发展现代物流业的优势及存在的主要问题等。通过宣传，使社会各界对现代物流有了一定的认识，增强了广大干部群众的现代物流意识，营造了现代物流发展的氛围。

（单正言）

电　信

【简况】　2001年，全市完成电信业务总量18.4亿元，比2000年增长14.46%，其中汕头市区完成9.8亿元，比2000年增长16.95%；完成电信业务收入16.3亿元，比2000年增长15.11%，其中市区完成8.9亿元，比2000年增长17.4%；完成固定资产投资5.65亿元，其中市区3.73亿元；净增电话用户106670户，用户总数达到1072236户，其中市区净增18574户，总数为450917户。汕头市电信局面对市场疲软、电信资费调整、市场竞争激烈等诸多不利因素，改善服务、开拓经营，以“发展、服务、效益”为主线，按照“推进六大结构性调整、提升六个能力”的发展思路，较好完成了各项任务，先后被省电信公司评为“广东电信先进集体”、“广东电信企务公开先进单位”、“广东电信2001年度优质服务先进单位”、“2000—2001年度广东省电信系统文明单位”。被汕头市政府评为“汕头市厂务公开先进单位”、“九运会汕头赛区先进集体”。公司工会被全国总工会评为“全国模范职工之家”。计算机站再次荣获团中央、信息产业部授予的“全国青年文明号”称号，荣获全国总工会授予的全国“模范职工小家”称号，荣获省质协等单位联合颁发的“2001年度广东省优秀质量信得过班组”证书；数据通信分局网络信息班维护QC小组荣获“全国优秀质量管理小组”称号。

【亚太2号海缆在汕头国际海缆登陆站登陆】　5月15日，北至日本、南至马来西亚、新加坡等国，全长1.9万公里的亚太2号海缆在汕头国际海缆登陆站登陆。汕头国际海缆登陆站于1997年8月14日奠基，9月8日正式动工。1998年5月竣工，7月21日通过验收投入使用。被省列入建国50周年成就展览项目，模型送首都北京展出。在汕头国际海缆登陆站登陆并开通使用的还有：连接欧洲、非洲、亚洲、澳洲全长3.8万公里、世界上最大的大容量国际海底光缆——亚欧国际海缆，连接中、美、日、韩全长2.6万公里的中美国际海缆。

【粤东信息大厦启用】　10月8日，粤东信息大厦通过验收，被评为优良工程。粤东信息大厦位于汕头市海滨路49号，占地面积64.518亩，由主楼、机楼、裙楼3部分组成，其中主楼28层，塔楼顶高108.5米，机楼最高12层，裙楼4层，总建筑面积94180平方米，土建及水电、消防、空调等配套设施共投资7.2亿元。内设两部观光电梯，14楼以上可看到外边的景致，电梯通达至26楼，速度每秒1.5米,为汕头市最高的观光电梯。粤东信息大厦融合尖端通信技术、计算机技术和多功能应用技术于一体,是现代化、综合性、5A级智能大厦。主楼为信息中心及管理办公用房,机楼为电信设备机房,裙楼为电信营业厅、电信设备商场、展厅及会议中心。粤东信息大厦面向信息化,服务于粤东及闽粤赣经济协作区,立足网络资源经营,为其他电信运营商和大客户提供各类网络元素和服务,朝着"粤东信息枢纽中心"迈进,它与汕头卫星通信地球站、国际海缆登陆站构成汕头电信面向新世纪的3大标志性建设工程。

【金园路网上一条街开通】 2月18日,市电信局和市金园区政府联合建设的"金园路网上一条街"以及金园路3座户外多媒体信息亭正式开通。网上一条街构架了"网上店铺"、"在线产品展厅"、"商业日历"、"街道地图"等应用系统,开设了"网上一条街电子邮箱系统",推出"网上购物"平台。网上商店172家,126家商店建立了网上展厅,发布商品1279类。

(庄卫东　杨淼生)

【移动通信】 2001年,广东移动通信有限责任公司汕头分公司全面完成了GSM数字移动网六期扩容工程,新建和扩容网26个,基站334个,新增载波1626个,累计增加网络容量55.9万户,全网无线总容量达到143.2万;全面完成了汕头CMNET一期工程;GPRS二期工程网元的硬件升级以及核心网的建设;企业网(WDCN)三期扩容工程,已具备了搭建汕头移动本地传输网汕头城域网、潮阳城域网的条件。至年底,公司有效用户总数89.9万户,网络容量143.2万户。

(施伟滨)

邮　政

【简况】 2001年,全市邮政实现业务总量1.41亿元,比2000年增长3.92%;实现业务收入1.48亿元,增长15%;实现收支差749万元;劳动生产率达到10万元,增长21.75%。全市有局所157个,邮政生产用房127685平方米,邮政汽车119辆,邮政储蓄异地存取网点53处,邮政报刊图书销售点154处,邮政信报箱群6341处,信报箱格口13.472万个,邮路(单程)总长度2.11万公里。

【邮政"三网"】 初步建成汕头市邮政现代电子商务的"三网"。邮政综合计算机网:是全国首个邮政综合计算机网络的试点,系统采用先进的数据和计算机技术,贯穿邮政服务的前台、后台、内部管理、数据综合处理全过程,涵盖了辖区内城乡共22个网点,实现邮区内(包括汕头、揭阳、潮州)12个县184个营业网点与全省综合网实现联网。邮政金融网:经过二期的建设,与全省联网,并建成一个集营业、ATM、POS及96200电话理财等服务方式为一体的多功能、高效率邮储计算机网络处理系统。网络全方位覆盖邮区内98个邮储营业网点;市区20台ATM自动取款机24小时对外提供服务,7个营业点开通POS业务,形成一个全天候、自助式的邮储服务系统。邮政实物网:汕头邮区中心局是广东省第一个实施邮区中心局体制的、完善的跨行政区域的二级邮区网络。担负着汕头、揭阳、潮州三个地级市共12个县(市)网点邮件的分发处理和收投,共有支线汽车邮路26条共4500多公里;国内航空邮路9条共1.8万公里,国际航空邮路2条3000多公里。区内建立了国际邮件特快邮件互换局和交换站,可直接与世界18个国家和地区直接通邮。汕头市区内共有投递邮路88

条，总长2100多公里，全邮区实现“村村通邮”。尽管邮区内路况复杂、路线长，跨山过海，但多年来实现安全无事故。机要通信实现连续18年安全生产。在全市邮政系统中推出：邮储网点余额提升、发展国际货运代理业务、书报刊音像批销中心营销、邮政电子商务、邮政特许经营百店、邮政营业星级服务等“六大工程”。9月30日，“185金园社区服务热线、183金园社区服务网站、185金园社区服务连锁店”正式开通，金园邮政社区服务工程成为全市邮政社区服务的首个“样板工程”。

（市邮政）

【集邮】 汕头市集邮协会经常开展多种形式，寓教于乐的集邮活动。自1987年5月5日开始，每月组织一次沙龙式邮识活动，至2001年12月5日共进行176次。每次围绕一个主题，主讲人发表意见之后，大家参与讨论。活动形式有时是收听录音、观看录像；有时进行邮识竞赛；有时请专家到场讲课。这项活动有着较强的凝聚力，成为广东省开展普及集邮活动的范例。协会成立于1984年6月1日，已有会员1800多人，多次被广东省集邮协会评为全省先进单位。1992年被全国集邮联合会评为全国先进集体。由协会培养、征集的会员集邮作品，参加“2001广东省集邮展览”，获得金牌1枚、大镀金牌2枚、镀金牌1枚、大银牌2枚、银牌3枚、镀银牌3枚，取得了全省第3名的好成绩。参加“2001全国青少年集邮展览”的2部汕头作品中，汕头一中学生黄金城的《旋转》邮集获镀金牌、潮阳市城郊中学学生林海锋的《牛》邮集获最高奖级大镀金奖，并捧回全场最佳奖（全国第一名），使广东省团体成绩名列全国第1位，这部邮集6月份还参加比利时世界邮展，获大镀金奖加特别奖，为中国青少年集邮作品获世界邮展最高奖项。在2001年全国集邮展览上，麦保尔的《酒》邮集获得大镀金奖，这是协会专题类邮集在全国邮展上的最好成绩。

（陈英汉）

城乡建设

城市规划

【城市总体规划修编】 汕头市城市总体规划修编工作自2000年5月开展后进展顺利，经过1年7个月的努力，完成了规划成果的编制。本次总规修编工作，经历调查分析报告及专题研究、规划方案及专家研讨、规划纲要及公众展示、纲要评审及成果编制4个阶段。9月26日至28日，建设部和省建设厅在汕头召开了《汕头市城市总体规划》纲要评审会。10月份起，总规修编工作转入成果编制阶段，内容包括说明书、文本、基础资料汇编、现状分析报告、五个专题研究报告及46幅规划图纸（成果资料约50万字）。年底，《汕头市城市总体规划》（修编）成果通过市委、市政府联席会议的审查和市人大的审议，并按法定程序上报省政府审查和国务院审批。

【专项规划】 积极开展专项规划和城镇体系规划编制。一是抓好专项规划的调研、编制及成果审查。组织编制的《小公园历史建筑风貌保护区规划》通过了市委、市人大的审查和市政府的审批；完成海滨路西延至西堤公园、金园区步行街、城市广场、特色临时摊点设置等专项规划的专题调研；配合做好市区消防专项规划；组织全市绿化规划大检查等。二是指导协调“二市一县”规划建设。结合汕头市总规修编，加强对“二市一县”展开新一轮城市规划修编的指导，开展了澄海市的市域城镇体系规划和城市总体规划、南澳县城市总体规划的修编；积极参与汕头市“中心镇”的调研确认工作，推荐峡山等8个建制镇作为汕头市“中心镇”的方案，已由市政府上报省建设厅审核同意。

【规划建设管理】 坚持和完善建设项目用地规划和建设工程规划报建审查审批制度，核发“一书两证”，确保城市建设按规划实施。一是根据土地利用总体规划和城市总体规划，认真做好建设项目的用地预审和初步选址工作。完成升平区明珠小学扩建用地、河浦纳米陶瓷建设项目建设用地、汕头丹南风能有限公司风能电场勘测用地等项目的预审和选址。全年共核发《建设用地规划许可证》55宗，面积1860亩。二是加强市政工程规划协调管理。完成黄厝围危险品库区特种消防站的选址，做好金凤路、西港路规划建设前期工作，协调完成新河沟整治规划方案，协调中联通通信光缆、广州军区国防通信光缆、省盈通IP宽带网络的规划建设等。全年共核发市政工程《建设工程规划许可证》28宗。三是认真审查各项建筑工程设计方案和施工图纸，严格把好建筑工程规划报建和竣工验收关。全年共核发建筑工程《建设工程规划许可证》153宗，批建总建筑面积134.9万平方米；办理建筑工程竣工规划验收91宗。

【基础地理信息系统建设】 全面完成市区地形图数据的改造任务，建立起全市范围内1∶500、1∶1000、1∶10000地形图数据库，推广应用于汕头市电力系统、自来水管理信息系统、汕头大学的防震抗灾系统等领域的建设。11月28日，省科技厅在汕头召开了汕头市基础地理信息系统一期工程鉴定会，认为该工程建立了完善的基础地理信息数据生产体系、管理体系与服务体系，总体上达到国内先进水平，在数据的标准化编码与组织上达到国内领先水平。基本完成南区规划管理信息系统建设。

（林立）

市政建设

【简况】 2001年完成市政工程建设投资额5145.5万元，新建道路面积3.6万平方米，新筑下水道4130米，新增园林绿化面积23.3万平方米。龙江路工程建设进展顺利，完成工程量600万元，已进入路基及路面施工。解放桥维修加固工程确定了维修加固建设方案，并抓紧施工图设计。新河沟流域截污清污工程抓紧开工前准备工作。

汕头市区一角

蔡希仁摄

【道路建设】 2001年新建道路面积7.4万平方米，新建下水道12公里；完成市政工程设计项目57项，设计道路面积18.9万平方米；乌桥光华桥改建工程累计拆除建筑物面积约2.5万平方米，完成华山路（金禧花园至汕樟路）拓建工程的拆迁工作，面积约1.2万平方米。新建了南滨路跳水馆周边1、2号路，乌桥改建工程于春节前竣工通车，光华桥改建工程及华山北路、金新北路等路段正在建设中。市区供水建设完成了月浦水厂首期第一阶段20万立方米/日工程及潮阳供水工程的收尾工作，铺设了光华桥、乌桥、同济路、长平东路、河浦府前路等项目的输水干管；全年供水量17194万立方米，售水量13497万立方米，水质综合合格率99.9%；完成了达濠马滘街道南山、凤岗两个片区的水改工作。市政设施管理水平有新的提高。全年维修道路56739平方米，铺设步道砖4364平方米，清疏下水道683.2公里，补盖沟井盖1146个，清疏水闸408座次；全年维修路灯9996盏，新装路灯410盏，改造路灯线路4592米，亮灯率达98.6%，路灯设施完好率达98.2%，同时新装了金凤花、荷花及兰花灯饰400多套，泛光灯近200盏，将市区的夜景装扮得多姿多彩。

【园林绿化】 市区园林绿化建设有新进展。全年共植树26.29万株，新种植海滨路、时代广场周边、人民广场周边步道树766株，全市新增公共绿地面积25.4公顷。星湖公园、七日红公园正抓紧配套建设。11月，市区第十五届群众菊花展览在华侨公园举行。至2001年底，市区绿化覆盖率为32.47%，绿地率为30.76%，人均公共绿地面积5.33平方米。

【解放桥维修加固工程】 解放桥建成于1967年8月，桥长102米，宽13米，两侧人行道均为2米。桥下部为钢筋砼钻孔桩、人字形钢筋砼桥墩结构；上部为钢筋砼双曲桥结构。设计荷载汽—13、拖—60，无抗震设防。解放桥建成通车以来，由于当时的施工技术、设计水平、技术标准以及荷载等级已不适应现在的交通量荷载要求，特别是年久失修，结构破损严重，1995年7月经专家鉴定为危桥，2001年5月实行全面封桥，禁止一切机动车辆通行。市委、市政府将解放桥改造列为市委、市政府2002年为民办实事办好事项目之一。解放桥的改造内容为改建上构，下构加桩补强，提高通车荷载能力。工程设计概算造价1000万元，计划2002年4月29日招投标，5月15日开工，12月15日前竣工交付使用。

【新河沟整治工程】 新河沟截污清污整治工程是东区“三沟”流域治污综合整治工程项目之一。新河沟作为原农田灌溉排洪水利沟，随着城市建设的发展，逐渐变成城市水体的一部分，原有建设标准较低，加上周边排水体系混乱，既排污水又排雨水，流域污染淤积严重，影响城市形象和居民的正常生活。新河沟流域整治已被列为汕头市“十五”碧水蓝天、绿地工程计划和市委、市政府2002年为民办实事、办好事的民心工程之一。整治内容包括公社沟整治、新河沟截污干管及节点改造、清淤铺底等，工程项目总设计概算造价1800万元。工程预计2002年9月30日前竣工交付使用。

【城市燃气】 城市燃气属城市市政公用事业，涉及国计民生。汕头市居民的燃料结构中，除少部分采用煤炭外，其余均为液化石油气。各市(县)城区液化石油气的气化率较高，而各乡镇液化石油气的气化率则较低。其中，汕头市区居民气化率为92.5%，潮阳市为86%，澄海市为90%，南澳县为75%。在汕头市区和澄海市区的液化石油气供应中，除了瓶装供气外，已有少部分居民使用了管道液化石油气。其中，汕头市区使用管道燃气用户为2万户，澄海市区管道用户为1.2万户。汕头市区目前共建有12个液化石油气储配站和4个液化石油气气化站。其中加德士海洋燃气能源有限公司的20万立方米储存站是粤东和闽西、赣南最大的液化石油气集散储运基地，不仅向汕头市区供气，还向福建、江西及周边市县供气；汕头市煤气公司等4家储配站为二级站，储气容积在2000—3000立方米之间，主要供气对象为小型灌瓶站及直接为用户充装钢瓶；其余10家灌瓶站的储气容积均在500立方米以下，其功能是向用户充装钢瓶。潮阳市现有29个储配站，澄海市有18个灌瓶站和1个气化站，南澳县有5个灌瓶站。2001年，全市完成燃气销售量65万吨，业务收入18亿元。

2001年，全市燃气工作以《广东省燃气管理条例》为指针，重点加强燃气市场管理，规范企业经营行为。强化液化石油气钢瓶管理。针对不合格燃气钢瓶在市区泛滥的情况，起草《关于加强液化石油气钢瓶管理的通知》，从源头上采取四项措施规范钢瓶管理，收缴、强制送检不合格燃气钢瓶，遏制不合格钢瓶的流通使用，全年市区共强制送检过期钢瓶7.5万个，收缴过期未检钢瓶520个，暂扣158个。加强市区燃气销售点审查发证步伐。按布点规划市区拟设置燃气销售点200个，现已发放燃气销售点《经营许可证》141份；燃气企业资质证书15份，储配站经营许可证28份，已发证企业和站点纳入了规范化管理轨道。开展燃气安全专项检查整治工作。取缔“三无”燃气销售点50个，非法气站4个，发整改通知书105份，整顿一批证照不齐、存在较大安全隐患的燃气站点。

建筑业

【简况】 建筑业在市内工程大幅度减少的严峻形势下，全力拓展外地建筑市场，取得良好成效。全市完成施工产值84.5亿元，比增4%；竣工面积489.5万平方米，完成年计划125.5%；全员劳动生产率6.4万元/人·年，比增16%。全市共有四级以上建筑企业252家，从业人数超过18万人。在全市建筑企业中分3批开展企业资质重新就位工作。有19家一级企业、24家二级企业通过了资质审查，第三批企业资质申报工作抓紧进行。建筑企业资质重新就位工作，促进建筑企业结构调整，增强了企业外出施工能力。2001年，在本市工程建设项目日趋减少的情况下，抓住国家实施西部大开发的有利契机，引导企业组织精干力量，采取多种形式，打进甘肃、青海、陕西、四川、重庆、贵州等西部市场，争揽外地工程任务。全市共有40多家企业在中西部地区40多个城市办理施工注册，外出人数4500多人，外出施工完成产值49.3亿元，占全市施工总产值的58%，比增34%。

【有形建筑市场管理】 贯彻国家、省、市招标投标法律、法规，遵循“公平、公正、公开”原则，制定完善《汕头市建设工程招标投标管理法规规章》，重点抓好专业工程的招投标管理，规范工程承发包行为，使市区各项工程按规定进入交易中心登记交易，并按规定进行发包。电力、水利、公路等专业工程项目已开始进入市交易中心招标投标，实现了“零”的突破。加强评标专家管理。对不符合新规定条件的19位专家（在职国家公务员）予以解聘，严格按照省建设厅颁发的《广东省建设工程招标投标评审专家库管理办法（暂行）》有关规定，依法对符合条件的成员进行续聘，并在各有关单位征聘专业人才30名，使专家库专业人才达到128名。加大执法监察力度。执行市纪委监察局在工程交易中心现场办公制度，强化对评标专家的抽取及通知、开标、评标、定标等关键环节现场全过程的监督，防止工程招标投标工作违法违纪行为的发生。全年在各建设工程交易中心办理交易登记项目158个，造价13.76亿元，其中按规定实行公开招标的工程项目68个，造价7.88亿元，应公开招标工程全部实施公开招标，实现公开招标率和综合招标投标率两个100%。

【建筑质安管理】 贯彻实施国务院颁布的《工程质量管理条例》，督促各施工单位落实工程施工管理责任制，把安全事故消灭在萌芽状况。分别在5月和9月，组织开展了以“确保工程结构安全、整治质量通病”为主题的质量月活动和以“重安全、讲文明、保质量、树形象”的安全月活动。采取召开现场会、抽查在建工程、抓典型、树样板、奖优罚劣等一系列措施，促使在建工程项目提高质量水平，活动取得明显效果，全市工程质量呈现稳中有升的态势，工程质量合格率100%，优良率68.7%，创部优工程7项，省优工程12项，市优工程46项，工程安全达标率85%。其中，深圳市公路交通枢纽管理中心工程和深圳国家税务局税收征收管理大楼工程获“国家鲁班奖”，潮阳市公安局指挥中心大楼工程和翠茵景苑工程被评为“全国建筑安全文明施工工地”。

（刘钰昌）

【“八无”工程专项整治】 根据省建设厅《关于彻底清查处理“五无”建设工程的紧急通知》精神，汕头市结合自身实际，认真开展了清查整治无立项、无征地、无规划、无报建、无证设计、无证施工、无质量安全监督、无竣工验收的“八无”工程工作。市政府批转了建设局、监察局、发展计划局、地税局、规划与国土资源局《关于开展“八无”工程专项整治工作的意见》，清查整治的范围和重点是：1998年3月《中华人民共和国建筑法》实施以来，在建和已建的60平方米以上，二层以上（含二层）的房屋建筑和市政基层设施中的“八无”工程，重点是整治乡镇、城乡结合部和“城中村”涉及公众利益公众安全以及有安全隐患的工程。全市共清查出“八无”工程317项，其中，在建工程19项，建成工程298项，无立项228项，无征地129项，无规划191项，无证设计115项，无证施工111项，无质量安全监督289项，无竣工验收298项；有质量安全隐患12项，已处理11项。

（单正言）

【建筑业劳保费统筹管理】 以加强劳保费征收，保障社会稳定为目标，对建设工程劳保费实行统一计收标准，统一在建设项目中向建设单位专项提取，统一向施工企业拨付、调剂，全年实施劳保费预缴的建设项目

158 个，收取劳保统筹金 2800 万元，回拨施工企业基本部分 1500 万元，有效地缓解了市建安集团、省二建公司、市建筑总公司等国有建筑企业缴交社保费的困难。

【勘察设计】 进一步深化勘察设计行业的体制改革，清理整顿勘察设计市场，优化勘察设计队伍结构，提高勘察设计质量和水平。加强勘察设计市场管理，组织开展勘察设计大检查，成立专家组对全市 336 个勘察设计项目进行抽查，查执行强制性规范的情况和勘察设计图纸质量，对存在问题的项目限期整改。规范勘察设计市场秩序。加强工程设计资质管理，组织开展对全市勘察设计单位资质换证工作。加强外来勘察设计单位资质审查，通过年检注销 2 家企业资质，暂时保留 3 家企业驻汕资格。加强专项工程设计的市场准入管理，规范全市的建筑装饰设计、建筑智能化系统工程设计、建筑幕墙设计等专项工程设计市场秩序，全市共 15 家企业具有装饰、幕墙、智能、环保等专项设计资质，并纳入规范化管理。开展全市勘察设计创优活动，评出市级优秀奖 35 项，其中推荐 14 项参加全省评选，获一、二等奖各 1 项，三等奖 9 项；在参加全省村镇住宅设计竞赛中有 4 项获一等奖，1 项获二等奖。2001 年共完成设计面积 215.5 万平方米，投资概算 16.7 亿元，业务收入 2853 万元。

（刘钰昌）

住宅与房地产业

【简况】 全市房地产业继续按照坚持发展、保持协调、重在消化的原则，一手抓空置房消化盘活，一手抓房地产市场管理，推动了房地产业朝理性方向发展。2001 年商品房投资额 16.2 亿元，新开工面积 132.1 万平方米，施工面积 466 万平方米，分别同比下降 17.5%、13.4% 和 8.4%；销售额 26 亿元，销售面积 123.2 万平方米，分别完成年计划的 178.9% 和 146.1%。

【房地产市场】 加强行业管理，规范企业经营行为，2001 年共审批商品房预售项目 22 个，建筑面积 62.5 万平方米。认真处理商品房购销纠纷投诉，处理纠纷投诉 16 宗，68 户，大力推广《商品住宅质量保证书》和《商品住宅使用说明书》制度，实施商品房套内面积计价。清理整顿商品房虚假广告，商品房计量面积“短斤欠两”、乱收费、未办理商品房预售许可证便预售商品房和逾期交房等不规范行为。住宅小区创优活动继续深入开展，对历年荣获全国、全省城市物业管理优秀（示范）小区（大厦）称号的 21 个住宅小区（大厦）进行复检，提高小区管理水平；规范物业管理收费行为，根据新标准，对全市实施物业管理的 203 个小区、大厦以及工业区进行物业管理服务费等级评定，重新定位。

【积压商品房处置】 针对全市积压商品房面积达 260 多万平方米，积压金额近 40 亿元的情况，采取措施，加大力度处置积压商品房。通过运用土地、计划、税收、金融、财政等手段，采取减免税费、减退土地出让金等 6 项优惠政策推动积压商品房的消化盘活，2001 年共消化积压商品房 45 万平方米。

（刘钰昌）

城市管理

【环境卫生管理】 围绕巩固发展“创卫”、“创模”、“创优”成果，强化环卫日常管理，积极开展卫生整治，市区环境卫生质量得到稳步提高。在落实好每天对市区主次干道495万平方米的面积进行清扫保洁，对1000吨生活垃圾收集管理，对市区107座公厕和40多座垃圾转运站进行卫生监管的基础上，重点加强元旦、春节、“两会”期间以及迎九运、迎特区成立20周年庆典等重大活动的卫生整治工作。从3月中旬起增加主要道路、重点部位100万平方米面积的中午洒水降尘工作，使市区洒水面积达270万平方米。巩固市区垃圾袋装收集成果，确保市区垃圾袋装率91%以上，并加强对夜间袋装收集和临时集结点的管理，防止垃圾二次污染；着力抓好生活垃圾的无害化处理工作，做到垃圾日产日清，全年共处理垃圾约36.45万吨。4月在海滨路等路段增设新型果皮箱100只，在中山路、利安路增加部分铁制果皮箱。完成了达濠海马池公厕、转运站的建设，并投入使用；对东方公园的公厕、转运站及乌桥公厕进行改造。加大市容卫生监察管理力度，对市区主次干道、公共场所、重点部位、出入口、“城中村”等进行巡回监管，并组织对“五乱”现象即乱倒垃圾、乱丢废弃物、乱吊挂衣物、乱堆放杂物、乱占道经营污染路面进行清理、整治，全年共查处各类违章19112宗，清理废弃物220车次。加强对工程淤泥渣土排放的管理，2001年共处置淤泥渣土11.6万立方米。

【城管行政执法】 4月4日，省政府办公厅根据国务院法制办公室《关于在广东省汕头市开展相对集中行政处罚权试点工作的复函》，发出《关于在汕头市开展相对集中行政处罚权试点的通知》，同意在汕头市开展相对集中行政处罚权试点工作。10月17日，省机构编制委员会办公室同意汕头市增设市城市管理行政执法局。10月26日，汕头市机构编制委员会发出通知，将汕头市城市管理行政执法局作为市政府的工作部门，以原市城市管理办公室在编人员为基础，组建城市管理行政执法局。

（翁　文）

财税金融保险证券

财　政

【简况】 财政工作在不断克服困难、化解矛盾中奋力前进。全市各级财政部门深化改革促发展,强化管理抓整治,增收节支保稳定,经过奋力拼搏,实现了全年财政增收,保持财政正常运行。2001年,全市地方财政收入39.595亿元,完成年度预算的102.05%,比2000年增长3.31%。其中工商税收33.83亿元,下降1.03%;企业收入1.49亿元,增长101.12%;农业四税收入1.65亿元,增长9.8%。全市地方财政收入剔除应缴中央、省和各项上解款,加上上级补助、2000年结余、调入资金和社会保障基金收入,全年地方财政总收入32.87亿元。全市地方财政支出30.15亿元,为年度预算的98.3%,比2000年增长8.8%,其中基建支出5810万元,下降5.7%;支农支出5204万元,下降0.1%;城市维护费支出28202万元,增长13.5%;文教卫生事业费支出99139万元,增长11.8%;行政、公检法支出7.24亿元,增长10.6%。加上专项上解支出5604万元,国债转贷收入安排的支出3520万元,国债转贷收入结余1.286亿元,全市地方财政总支出32.35亿元。全市地方财政收支相抵,收大于支,年终滚存结余5204万元,其中结转下年支出4532万元后,年终净结余672万元。

【增收节支】 增加财政收入方面:一是深入开展税源调查,狠抓收入任务的分解落实,及时跟踪收入进度,加强与国税、地税等部门的征管协调,定期沟通情况,研究存在问题,落实征收措施,确保了财政收入稳定增长。全市财政收入在克服重重困难中继续实现全年增收,超额完成调整后的年度预算任务。二是实行"工商、国税、地税、财政"四部门计算机联网,堵塞漏洞,规范管理。三是加强农业四税(农业税、契税、耕地占用税、农林特产税)征管,开展专项检查,严把契税减免审核关,改进票证管理,全年组织契税收入入库1亿余元,超额完成预算任务。节约财政支出方面:一是结合市县镇机构改革,清理超编人员。二是严格执行国家统一工资政策,清理、取消不符合政策规定的津贴、补贴。三是坚持量入为出,压缩一般性支出。行政事业单位公用经费压缩5%,专项经费压缩6%,压缩的资金列入市本级可安排资金;政府性基金、预算外资金和列收列支的行政事业性收费支出压缩30%,自收自支单位的行政事业性收费支出压缩15%;压缩企业亏损补贴,减少对经营性事业单位财政拨款。

【促进社会发展】 财政支出突出重点,维护了改革、发展、稳定的大局。维护社会稳定方面:确保行政事业单位人员工资正常发放,确保及时足额兑现调资,确保紧急救灾、扶危济困、社会保障等社会稳定支出。全年市级财政拨出对各区、县(市)调资增支引起的财政困难专项补助3664万元,拨出社会保障支出5300万元,水利项目建设资金4550万元,光华桥、乌桥危桥改造资金4000万元,拨出专款解决危房户、落实侨房腾退户住房1086套,保障了人民群众生命财产安全。支持改革发展方面:一是安排工业技术改造贴息资金1000万元,促进工业和高新技术产业发展。二是积极争取退税指标,帮助外贸企业缓解资金困难。运用国家财税优惠政策,支持和促进外贸出口。三是大力筹措支农资金,支持农田水利建设,促进农村和农业结构调整。四是消化粮食财务挂账,推动粮食购销市场化改革。五是安排招商引资奖励专项资金,简化、取消部分行政审批手续,促进招商引资。

【公共财政改革】 一是改革预算编制,对市科委和市中级法院两家单位试点编制部门预算。二是改革财政资金拨付方式,扩大国库集中支付范围。从4月份起,对“三条保障线”资金、自然灾害救济等社会保障支出实行财政直接支付。三是改革工资发放,对全市行政机关、政法干警、教师工资及上述三类离退休人员的离退休费全面实行财政统发。全市实行统发工资单位1575个,统发工资人数72150人,占全市财政供养人数的68%。对农村中小学教师工资上划县级财政统管。四是改革政府采购模式,扩大政府集中采购范围。全年全市完成政府采购82宗,资金平均节约率达18.7%。市本级通过政府采购的物资、工程和服务在总量上比2000年实现两个翻番。全市所属五区三县、市(除南澳县外)相继成立了政府采购中心。五是推行派驻财务总监工作。对市金凤大桥—西港高架桥项目、市金源资产经营公司等重点项目试行派驻财务总监。六是深化“收支两条线”管理。把“收支两条线”管理向乡镇一级及交通车辆收费、药品收入、涉农收费等领域推进,对国土资金、彩票公益金实行“收支两条线”管理。

【财政监督】 一是清理全市820个行政事业单位的办公用房以及十大精神文明建设项目,采取多种方式盘活资产,节约了财政资金。二是清理领导干部借用公款,查出借用公款116人(次),金额8045万元,分别以现金、以物抵债及核实调账的方式收回,保障了财政资金的安全。三是清理领导干部无法拒收的“红包”,金额131740元,防止了腐败行为。四是清理整顿行政事业单位银行账户,共撤销了1728个一、二级预算单位的账户575个,规范了银行账户的管理。五是在全市范围开展预算外资金专项检查,共查出应缴未缴财政专户款2495万元,已全部上缴财政专户。

【财政管理】 一是积极开展财政普法工作,健全财政执法责任制,市财政局被财政部授予全国财政“三五”普法先进单位。二是加强会计管理。开展会计执法检查和会计信息质量抽查;推进会计委派制试点工作,全年共委派会计机构负责人和会计人员50人;扎实开展会计人员教育培训工作,全年共发放会计证975份,举办新《会计法》培训6期,培训财会人员3200人,对3980人(次)的持证会计人员进行会计准则培训。三是加强对国债资金、社保资金、国有企业困难补助资金、技术改造项目贴息资金、环保专项资金、扶贫资金、社会福利基金等日常和专项财政性支出的管理监督和跟踪问效。全年共审结财政性资金投资的工程项目39宗,核减金额18993万元,核减率21%,确保了财政资金安全、高效使用。

(吴洁娜)

国家税务

【简况】 2001年,全市各级国税部门始终坚持把依法治税作为开展一切工作的前提和根本,以组织收入为中心,把稳定队伍和促进发展作为头等大事来抓,在组织收入、打骗斗争、规范管理、科技兴税、队伍建设和服务经济等方面做了大量工作,使税收收入步入健康发展轨道、税收征管逐步走向规范、国税队伍焕发出新的活力、税收职能得到进一步发挥。

【组织收入】 在汕头市经济十分严峻的形势下,各级国税部门坚持应收尽收,通过强化税源监控、增强执法刚性、挖潜堵漏、加强征管、清缴欠税等措施,千方百计组织税收收入,全年共实现工商税收收入37.8亿元,比2000年下降6.7%,国内税收完成22.3

亿元,其中可供地方财政支配的收入11.19亿元,占全市地方财政可支配收入的42.5%,为地方经济建设提供了可靠的财力保障。由于潮阳的经济税源结构发生重大变化,其收入规模占全市收入比重从上期的25.7%回落至当期的14.3%。剔除这一特殊因素,全市国内税收收入实现了正常增长,与经济发展基本同步。涉外企业、股份企业成为税收增长的新亮点,分别增长20.4%和145.7%,所得税增长尤为突出,其中个人储蓄存款利息所得税增长70.4%,涉外企业所得税增长49.8%,企业所得税增长21.6%。

【打击偷骗税】 国税部门坚持依法治税,积极配合国务院"807"工作组,发挥税务部门主力军作用,与公检法等部门联合行动,在潮汕地区掀起一场打击骗取出口退税的专项斗争,严厉打击各类涉税违法犯罪行为。查处涉嫌偷骗税税额2.65亿元,涉嫌虚开增值税专用发票税额9.23亿元,税务立案212宗,移交公安部门处理29宗,抓获犯罪嫌疑人104名,逮捕44名,刑拘31名,端掉偷骗税犯罪团伙7个,捣毁制假发票窝点10个。一批大案要案得到侦破,一批虚假企业和虚开发票的企业被依法取缔和查处,一批专门从事出口骗税和虚开增值税专用发票的不法分子受到了法律的严厉制裁,在社会上起到了强大的威慑作用,有效铲除了一些地方偷骗税赖以生存的土壤和温床,维护了正常的经济税收管理秩序。

【规范管理】 国税部门针对工作中暴露的突出问题,按照"内外并重、治外必先治内"的原则,紧紧抓住"政策、机制、制度、执法"4个关键环节,从税务管理、队伍建设和廉政勤政等7个方面172项内容,全面深入开展税收秩序和内部队伍整顿。彻底取消专管员和全能税务所,建立完善征收监控、管理服务、政策法规和稽查检查4个序列相互制约、协调运作的税收管理机制;重点加强增值税和出口退税管理,开展清理漏征漏管户、清理一般纳税人、清理防伪税控机、清理出口企业和清理出口供货企业五项清理活动,严把增值税管理认定、供票、抵扣、征税和复函5个"关口";强化对税收管理敏感环节、敏感部位和敏感行业的监管;开展税收执法检查,彻底杜绝定率预征、占压税款等违规操作现象;在全系统开展一次深刻的依法治税教育,端正治税思想,纯洁税务队伍,促进税收征管走上规范化的运行轨道,奠定依法治税的坚实基础。

【科技应用】 国税部门加快信息化建设步伐,深化科技手段的应用,推进税务管理水平上新台阶。大力推进金税工程建设,全年共采集增值税专用发票存根联41万份,抵扣联29万份,通过金税工程稽核子系统有效信息对碰,发现有问题发票涉税金额1.12亿元;进一步完善三级局域网和国税网站建设,全面应用计算机手段进行监控管理,全市13个征收单位完成2.0版统一征管软件的升级工作,40040户纳税户被纳入征管软件进行监控管理,占全市税源六成以上的672户企业被列入重点税源进行实时监控,95%以上税款经由计算机进行处理,全市所有一般纳税人全面推广使用防伪税控机,全市各加油站点全面安装加油计税装置;系统内部成功启用办公自动化,提高了机关行政效率。现代化科技手段在严厉打击和防范税收违法行为、促进企业依法申报纳税、监督规范执法行为和提高税务工作质量与效率的作用日益显现,促进了税务干部管理思想观念和管理行为方式的转变,有力推动了税务管理的规范化和科学化。

【服务经济】 全市各级国税部门以服从服务经济发展大局为宗旨,在严格执行国家税法的前提下,积极落实服务经济各项措施,不断改进服务方式方法,提高服务经济和服务纳税人的水平和质量。加快出口退税进度,落实出口退税管理岗位责任制和复函工作责任制，推行“阳光退税”，全年办理出口退税4.4亿元，有力地促进了外贸出口；坚持不折不扣地兑现涉外企业、民政福利企业、技术改造国产设备抵免企业所得税政策、鼓励软件产业和集成电路产业发展等一系列税收优惠政策；全面落实特区范围内外商投资企业和外国企业地方所得税减免审批工作，免征197户外商投资企业和外国企业1999和2000年度地方所得税4500万元；立足于提高全民纳税意识，寓税法宣传于服务之中，充分利用现代化网络技术、新闻媒介、办税服务厅三个阵地，面向社会、广大纳税人、当地党政、相关部门四个层面，采取现场办公、进厂到户、政策公告、税企座谈等行之有效的方法，坚持不懈地开展税法宣传；加强窗口文明建设，推行局长接待日和导税服务岗制度，建立“纳税人呼叫服务中心”，为纳税人提供了一个优质高效的服务平台和方便快捷的沟通渠道。

（方　苑）

地方税务

【简况】　2001年，全市各级地税部门认真贯彻“改革、整顿、规范、提高”八字方针，以组织收入为中心，继续推进和完善税务机构、人事制度和征管体制三项改革，深入扎实开展纪律、作风、行风三项整顿，致力提高干部队伍素质。全年组织地方税收收入17.9亿元，比2000年增长8.9%，增收1.46亿元；征收社保费4.84亿元，增长2.58%，征缴率达95.83%，堤围防护费及教育费附加也有较大增长，税费合计超过23亿元。

【税收征管】　各级地税部门积极采取措施，挖潜堵漏，进一步加快征管改革步伐，强化税收征管，有效地促进了收入任务的完成。一是在税源调查的基础上，制定年度收入计划，并加强跟踪管理，保证了收入目标的实现。二是实施“梯级税源”战略，对年缴纳营业税在300万元以上的重点企业建立重点税源数据库，实行重点管理。三是制定“加强地方税收征管十项措施”，包括对企业所得税和个人所得税等税种加强征管，对饮食娱乐业、医疗机构等纳税人加强管理，对拍卖不动产等行为进行规范，努力挖掘新的税收增长点。四是深化征管体制改革，增创体制新优势。按照“以纳税申报和优化服务为基础，以计算机网络为依托，统一登记，属地管理、集中征收、重点稽查”的新征管模式，成立市局登记分局，逐步完善统一税务登记工作，为属地管理奠定了基础。在此基础上，从4月1日起，对市区范围内区属以下业户按行政区域实行属地管理。从7月份起，对市区市属业户实行属地管理，通过“共管过渡”的形式逐步完成市属业户的属地管理工作，到年底，全面完成属地管理工作。征管体制改革的推进，有力地促进了收入的增长，移接交企业的税收收入和社保费收入当年都实现了不同程度的增长。五是实施“科技兴税”战略，发挥计算机网络对征管现代化的支持作用。全局已建立起计算机广域网络系统，实现对市区税务管理服务、集中登记、纳税申报、税款征收、会统核算的统一管理，提高了征管效率。

【税收宣传】　充分利用全国税务系统开展税收宣传月活动10周年这一有利时机，紧紧围绕2001年税收宣传月活动“税收与公民”这一主题，采取各种有效形式，大力开展对征纳双方权利和义务的宣传；及时开展对新出台的税收政策和法规知识的普及宣传；加强社保费征缴工作的宣传，增强公民的依法纳税意识，营造良好的依法治税环境。一是利用媒体传播面广的优势，通过报刊、电视、电台宣传税收政策、法律、法规，报道税收工作动态，扩大税收宣传的覆盖面。二是开展形式多样的地方税收宣传活动。在办税服务厅和市区繁华路段开展地方税收和社保费知识咨询暨税收灯谜竞猜活动，开展“地税在我心中”楹联、灯谜、警句有奖征稿活动；举办税收知识讲座、开展送税法下乡、送税法进课堂等活动，使税收宣传形式贴近公民。三是重视税务信息宣传工作，树立汕头地税新形象。积极向上级信息刊物和报纸、杂志投稿，宣传汕头地税在征管体制、机构、人事制度改革，税收信息化建设、队伍建设和党风廉政建设等方面取得的成效，全年共有140多篇文章(信息)被采用。

【税收执法】 各级地税部门大力推进依法治税，一方面进一步规范税收执法行为，建立职责分离、相互制约的执法机制，规范税务登记、征收管理、稽查(检查)各个环节，建立健全税务行政执法责任制和错案追究制，实行税收执法检查、执法质量考核和外部评议相结合的考核管理机制，保证干部依法行使职权。另一方面采取有力措施，加大执法力度，严厉打击偷逃税行为。一是对机构分设以来稽查(检查)查补尚未清缴入库的欠税进行彻底清理，全市共清理稽查(检查)欠税企业75户，清理欠税入库2410万元。二是开展个人所得税和社保费专项检查，共检查各类企事业单位2066户，查补税费4531万元。三是深入贯彻省局和省公安厅联合通告精神，在全市范围内开展声势浩大的打击涉税违法犯罪活动，整顿和规范税收秩序。通过有针对性地开展日常检查和专项检查，集中力量查处大案要案，达到了以查促管，以查促收的目的，全年查补税款1.2亿元，清缴欠税8500万元。

(平翠琴)

金　融

【简况】 2001年，全市金融系统认真贯彻执行国家各项金融方针政策，以规范金融秩序为目标，以降低金融机构不良资产为重点，加强和改进金融服务，大力支持地方经济和社会的发展。到年底，全市金融机构各项存款余额647.3亿元，比年初增加64.2亿元，增长11%，其中人民币存款余额578.2亿元(剔除不可比因素)，比年初增加52.3亿元，增长9.9%；各项贷款余额460.6亿元，比年初增加13.9亿元，增长3.1%，其中人民币贷款余额421.7亿元，比年初增加15.0亿元，增长3.7%；现金累计净投放9.0亿元；1—12月外汇结售汇实现顺差1.95亿美元。

【金融监管】 中国人民银行汕头市中心支行认真履行金融监管职能，以防范地方中小金融机构风险和促使国有独资商业银行不良资产比例降低为重点，依法加强和规范金融监管，维护一方金融平安。

促进国有独资商业银行降低不良贷款比例。人民银行汕头市中心支行先后开展了对辖区内4家国有独资商业银行分支机构2000年度发放的贷款质量现场检查。通过一系列检查，基本掌握了辖区内国有独资商业银行资产质量现状、内部管理情况和不良贷款的成因，提出了关于盘活国有商业银行信贷资产质量、支持地方经济发展的若干建议，并提请市政府协调有关促降工作，引起市领导高度重视，予以协调落实。截至12月底，全市金融机构不良贷款率比2000年末下降2.28个百分点。

妥善处置停业整顿地方中小金融机构。在市政府的组织领导下，积极做好汕头市商业银行停业整顿工作，督促汕头市商业银行加快改革重组特别是负债重组工作步伐，上半年基本完成各项改革重组工作。在省委省政府决定对汕头市商业银行实施实质性处置后，市政府、人民银行汕头市中心支行做好各项准备工作，确保8月10日汕头市商业银行停业整顿顺利实施，自然人债权登记、确认、兑付，非自然人债权登记、清产核资、资产清收等各项工作进展顺利，社会稳定。继续加大对停业整顿中小金融机构的资产处置力度，认真做好停业整顿地方中小金融机构和农金会的资产保全、清收、盘活和处置等工作，积极探索停业整顿地方中小金融机构市场退出方式方法。

加强外汇监管，净化外汇环境。国家外汇管理局汕头市中心支局加强与公安部门配合，打击逃套汇和黑市外汇交易，全年共查结案件10宗，涉案金额1954万美元；继续配合国务院“807”工作组查处骗退税工作，加强对涉税出口企业外汇核销凭证的检查；开展对外汇指定银行进口信用证项下开证、承兑及付汇业务和资本项下外汇账户业务的检查工作；开展对汕头市旅行社、涉外宾馆及外币兑换点的外汇收支业务进行检查。强化进出口核销监管措施，通过采取定期查询、及时催核、控制发单、限期核销、建立“进口付汇核销催报系统”等积极措施，把监管关口前移到外汇指定银行柜台，促使全市出口核销率达到99.5%，进口报审率达到103%的良好效果。加强对B股市场外汇资金来源、汇出的合规性监督检查。截至12月，全辖区共开立B股资金账户8874户（居民8671户，非居民203户），入市资金量7680万美元。

【金融服务】 全市金融系统根据国家产业政策和货币信贷政策，继续积极支持地方重点项目和优势企业，增加信贷有效投入，改进金融服务，较好地支持了地方经济的发展。

加强对地方重点企业和重要项目的信贷支持。4月份，汕头市金融机构筛选了百家信用等级较高、市场潜力大的工业企业作为重点信贷扶持企业；7月份，对地方政府投资工作会议推荐的项目进行考察，各家银行共与20家企业的23项重点投资项目签订了项目贷款协议和意向书。至年底，各商业银行已向百户重点扶持企业新发放贷款9.85亿元；向市政府推荐的投资项目中的10个发放了3.16亿元贷款。全年全市各商业银行累计开出银行承兑汇票12.64亿元，余额4.41亿元；累计办理贴现业务7.71亿元，余额1.83亿元。

切实加大支农力度。全市金融系统认真贯彻上级支农服务精神，不断加大信贷支农力度，改进支农服务水平。通过对农信社支农资金缺口和支农再贷款使用情况的调查，人民银行汕头市中心支行及时发放再贷款支持农信社增加支农信贷投入，至年底共发放支农再贷款余额1.7亿元；全市农信社新增农业贷款比例超过其新增贷款的50%；积极组织开展支农宣传，包括从6月份开始为期3个月的支农宣传月活动，集中办理一批农业贷款、组织小额信用贷款现场发放会、现场表彰农信社优质客户等等；树立典型，以南澳县农信联社和澄海市溪南农信社为汕头市支农先进典型，发挥示范作用，开展创建“信用村”活动、发放“小额信用贷款证”，推进农信社支农工作开展。

强化金融债权管理工作，整治金融秩序。人民银行汕头市中心支行牵头做好对辖内逃废债企业的内部通报、社会曝光和联合制裁工作，6月份，把列入逃废债企业名单后仍未纠正逃废债行为的55户企业作为应予整治清理企业报市政府；建立改制企业情况通报制度，及时将政府有关部门抄送的企业改制批文通报给辖内各金融机构；完善银行信贷登记咨询系统建设，积极做好“银行信贷登记咨询系统”全国联网的准备工作，到年底，全市共发放贷款卡32597张，其中实发卡10327张。

积极运用货币政策工具。人民银行汕头市中心支行加强对再贷款的发放管理，全年累计发放各类再贷款329笔，金额132.39亿元；至年底，实际发放再贷款余额40.23亿元。加强对票据业务的规范管理，累计办理再贴现1.61亿元。按照上级行部署，下半年开始,人民银行汕头市中心支行停止办理再贴现业务。加强出口退增值税业务管理,及时为符合政策规定的外贸出口企业办理退税,全年度共办理出口退增值税3.16亿元。

拓展金融市场业务。巩固、发展外汇交易业务,全年汕头市金融机构外汇交易共进行253场,成交金额29094万美元;拓展同业拆借业务,澄海市农信联社首次入市拆借5000万元,全年会员单位共入市拆借22笔8.88亿元。

【金融体制改革】 12月1日,经国家外汇管理局批准,外汇管理局汕头市中心支局在全市范围开展外汇账户收支全额管理试点工作,试行在规定期限内外汇收入的意愿结汇。

【外汇业务与外资银行】 到2001年年底,全市金融机构全辖外币存款6.86亿美元,比2000年末减少463万美元,其中外币储蓄存款余额6.01亿美元,比2000年末增加0.23亿美元。外币贷款余额4.72亿美元,比2000年末减少0.13亿美元。累计结汇收入11.1亿美元,累计售汇支出9.19亿美元。汕头共有4家外资银行分支机构,分别为华侨商业银行汕头分行、盘谷银行汕头支行、泰华国际银行汕头分行和廖创兴银行汕头分行,员工73人。4家外资银行规模较小,业务基本以传统的存贷款业务为主。到2001年底,4家外资银行资产总额1.15亿美元,负债总额6542万美元;存款余额3726.2万美元,贷款余额6111.4万美元。

(蔡　信)

保　　险

【简况】 保险业在竞争中不断壮大,业务范围进一步扩展,高速增长势头明显。2001年,全市保险机构11家,各类财产保险承保总额707.21亿元,比2000年增长47.32%;财产保费收入2.18亿元,增长12.47%;给付赔偿金额1.36亿元,增长43.07%。各类人寿保险费收入4.16亿元,增长20.43%;给付赔偿金额0.13亿元,增长14.92%。

【中国人寿保险公司汕头分公司】 2001年,中国人寿汕头分公司总保费收入4.2亿元,业务量居粤东地区寿险公司之首。在市区设有总部及东、西两大营业区,并辖汕头行政区潮阳、澄海、南澳3个市(县)支公司及各农村乡镇共几十个保险站,从业人员两千多人。公司业务范围包括个人险种和团体险种,涉及人寿保险、健康保险、意外伤害保险3大类险种。管理水平提高,顺利通过了ISO9001国际质量体系认证。

(单正言)

【泰康人寿保险股份有限公司汕头中心支公司】 泰康人寿汕头中支从2001年8月31日经中国保险监督管理委员会同意开始筹建,2002年1月23日领取工商营业执照开始正式营业。汕头中支秉承“求实创新、稳健进取、专业规范、亲和诚信”的企业文化理念,积极稳妥地开拓各项业务,在经营上坚持走专业化、规范化、国际化的可持续发展之路,已走上了健康、稳步发展的轨道。在汕头市塑造了一家全新的保险公司,树起了泰康的旗帜,并为汕头的保险界注入了新的活力。诚信和服务是泰康的两大法宝,泰康人寿汕头中支将以此来回报社会,争取把泰康人寿做成汕头保险业界最专业化、服务最好的公司。

(沈泽淳)

证　券

【证券管理】 2001年，汕头市密切配合、协助中国证监会及其派出机构广州证管办对证券市场的监督、管理，积极化解金融风险，维护广大投资者合法权益，保障证券市场健康发展。一是协调、指导证券营业机构按《证券法》规范运作，文明服务，诚信履约；二是协助、支持汕头证券股份有限公司增资扩股并改组为中关村证券股份有限公司；三是帮助汕头经济特区证券报价交易中心、汕头市证券登记公司做好改制、重组工作，及时协调、解决好重组过程中的有关问题。

【证券市场】 至年底，汕头超声电子、汕电力、宏业集团3家上市公司可流通股2.7222亿股，股票市值为23.01亿元。汕头市证券经营（服务）机构24家（含外地驻汕机构）。全市证券从业人员300人，营业面积5.15万平方米。全市证券交易开户总户数达30.02万户（含网上交易户1.24万户）。其中持有深交所股东代码卡的股民有14.28万户；持有上交所股东代码卡的股民有11.95万户；持有本市证券代码卡的股民有3.63万户；持有其他市场的股东代码卡的股民有0.16万户。全年，全市证券（含A、B股，投资基金，国债）总成交量为0.57亿手，总交易额为477.93亿元，分别比2000年下降45.19%和43.80%。其中与深交所的成交量为0.32亿手、交易额为258.70亿元；与上交所的成交量为0.25亿手、交易额为219.23亿元。

（林绍中）

综合经济管理

经济体制改革

【全市体制创新工作会议】 5月底，市委、市政府召开全市体制创新工作会议，会议分析了汕头的改革形势，研究部署全市体制创新工作。市委书记李统书、市长李春洪在会上讲话。李统书指出，体制创新滞后是汕头经济社会发展的一个薄弱环节，阻碍生产力发展的体制性障碍仍很突出。汕头之所以许多方面比不上深圳等先进特区，很大程度在于体制创新问题。汕头出现的种种问题，都与体制改革滞后有直接关系。如果不加快推进体制创新，面临的困难就不能得到有效解决。推进体制创新必须坚持以邓小平同志“三个有利于”标准和江泽民同志“三个代表”重要思想为指导，这是一切改革的出发点和落脚点；必须坚持解放思想、实事求是的原则，充分利用特区试验权和立法权，弘扬敢闯、敢试、敢冒、敢为天下先的特区精神，大胆探索，进一步突破影响经济社会发展的体制性障碍，率先建立比较完善的社会主义市场经济体制和按国际惯例办事的运行机制；必须突出重点，抓住热点，解决难点，当务之急是大力推进干部人事制度改革、政府机构改革和政府审批制度改革，为企业提供优质服务。李统书强调，体制创新是一项复杂的系统工程，各部门要密切配合，形成加快推进体制创新的合力。各级党政要保持良好的精神状态，敢于从改革主导者的地位，变成改革的对象，克服困难，排除阻力，推行改革；要增强全局观念，树立大局意识，互相配合，同心协力推进体制创新；要具备正派、扎实的好作风，政策一旦定下来，就要坚决执行，不能七嘴八舌，说三道四；要切实做好政治思想工作，并与解决实际问题结合起来，旗帜鲜明支持改革者，鼓励创业者。李春洪对全市体制创新工作进行了总结，并对今后工作进行部署。他说，改革开放特别是“九五”期间，汕头充分利用特区改革试验权和立法权，大胆探索，全市体改工作深入进行，但体制性障碍依然突出。李春洪强调，要坚持以结构调整为主线，加快体制创新，着重做好七项工作：一是深化国有企业改革，搞好国有经济战略性重组；二是积极推行民事破产，建立劣势国有企业的退出通道；三是继续调整和完善所有制结构，大力发展非公有制经济；四是深化投融资体制改革，拓展融资渠道；五是切实搞好中小企业服务体系建设；六是进一步完善社会保障制度；七是认真搞好政府机构改革，切实转变政府职能。为加快体制创新步伐，出台了《汕头市市直国有企业资产重组总体方案》、《关于实施劣势国有企业破产工作若干问题的意见》等政策、措施，推进国有经济战略性重组；部署并开展政府机构改革；结合政府机构改革，进一步完善政府审批制度改革；组建企业投资服务中心，转变政府职能。市委常委、常务副市长黄荣汉主持了会议。

（单正言）

【行政审批制度改革】 11月，市委、市政府决定进一步深化行政审批制度改革，在1999年第一轮改革取得明显成效的基础上，将审批事项再削减30%以上。市政府调整了市审改领导小组及其办公室成员，着手开展工作。审改办依据国务院、省政府确定的原则，对各部门上报事项逐项分析、严格对照、认真审核、决定取舍。具体处理方式是：对合法合理的事项予以保留；对不合理或不合法、不符合政企分开和政事分开原则、妨碍市场开放和公平竞争以及实际上难以发挥有效作用的事项予以取消；对审批性质、内容、依据、程序相同或相近的事项予以合并；对审批规格层次过高的事项予以降级；对属于部门业务职能、不属审批行为的事项予以剔除。经过4个多月的清理审核，新一轮改革基本完成。这次改革,市直42个部门和单位上报各类事项737项,比第一轮改革后保留事项增加25项。剔除不属审批的事项110项后,实际列入改革的事项627项,其中保留431项;取消111项,合并85项,减幅为31.26%。原有审批事项228项,改革后保留119项;原有核准事项426项,改革后保留250项;原有备案事项83项,改革后保留62项。新一轮改革力度更大,实现了审批项数再削减30%以上的预期目标,取得明显成效。一是大幅度削减了审批事项。原有审批、核准事项654项,保留378项,削减276项,减幅42.2%。取消的事项大多数是由于法律、法规依据不足或与经济社会发展要求已不相符,或具有明显的部门利益和地方保护主义倾向等。在取消的事项中,有的直接减轻企业经济负担,降低经营成本;有的降低市场"门槛",放宽了市场准入的条件;有的拆除地方保护主义的"篱笆";有的扫除人事管理上的障碍,为企业人才流动创造有利条件。二是进一步规范审批行为。对保留的审批事项,市政府制定若干规定,使审批条件进一步细化、量化,审批环节进一步减少,审批手续进一步简化,审批时限进一步明确,审批方式进一步改进,审批监督进一步加强,大大增强审批行为的科学性和可操作性。三是理顺有关部门职能关系。通过改革,突破了现行部门管理体制和管理模式的约束,理顺了一些部门间重复审批、交叉审批关系。同时,对机构改革后一些随部门职能划转的审批事项予以明确,使社会经济管理不会因机构改革中一些部门的疏忽而造成空缺。四是增强部门和单位依法行政的意识。通过改革,各部门对政府管理职能有了更深刻、更全面的认识,进一步更新观念,冲破了囿于审批的局限,逐步消除了取消审批就无法管理的顾虑。在两轮改革中,各部门、单位先后上报各类事项1195项。经审核,剔除354项,占29.6%;取消219项,占18.3%;合并191项,占16%;保留431项,占36.1%。剔除不属审批的事项354项后,实际列入改革的事项841项,改革后削减410项,减幅达48.75%。市政府部门、单位各类审批事项从改革前的1195项减少为431项,其中审批119项,核准250项,备案62项。

(林遍青)

【企业改革】 继续执行市政府《关于加快公有中小企业改革的通知》和《关于加快公有中小企业改革的补充通知》,突出以产权制度改革为主线,加大公有企业改革力度,调整和完善所有制结构。被国家列为债转股试点企业的汕头华汕电子器件公司,经中国华融资产经营公司参股重组成立汕头华汕电子器件有限公司;市政府批转了市供销合作总社实施直属企业产权制度改革的意见;汕头证券股份有限公司经中国人民银行和中国证监会审查批准,通过增资扩股,重组并更名为中关村证券股份有限公司;证券报价交易中心、证券登记公司等地方金融、证券机构也着手开展改制、重组工作。继续加强对股份有限公司规范运作和监管的同时,引导和帮助企业逐步提高资本经营的理念,走直接融资的发展道路。推荐优势企业与证券中介机构合作,通过培训、辅导,策划股份制改造,积极创造条件,争取申报上市。市体改办联合市经贸局向省经贸委推荐组建广东猛狮电源科技股份有限公司;汕头超声研究所和广东宜华企业(集团)公司、金刚玻璃科技股份有限公司等一批国有和民营的优势企业已同证券商签订培训合同,创造条件申报上市;汕特免税(集团)公司、汕特对外经济发展公司、汕特对外建设总公司、汕头市交通经济发展总公司、汕头市交通建设工程公司、汕头市交通水运公司经市政府批准改组为有限责任公司。

【资本市场知识报告会】 继2000年举行了首次"资本经营知识报告会暨优势企业与证券中介机构见面会"和"企业资本经营工作座谈会"之后,7月20日又由市政府办公室和广东证券股份有限公司联合举办汕头市资本市场知识报告会。邀请广东证券公司专门进行资本经营实务的领导及专家和汕头大学商学院的教授,就利用资本市场、开展资本经营、促进企业做好上市等问题作专题报告,近200家企业的代表和市有关部门的负责人参加了会议。市长李春洪在会上指出,汕头将把充分利用资本市场,促进企业上市,募集发展资金,优化资源配置,全方位、多层次开展资本经营作为发展经济的一项战略举措。他表示,凡是企业要求上市,需要市政府给予支持的,只要不与法律法规相抵触,一律要开绿灯。

【企业清理脱钩解挂】 继续开展清理企业脱钩解挂工作。2月,由市体改委、工商局、财政局、国资办等部门派员组成的检查组,再次对全市清理挂靠企业工作进行检查,重点清理县以上党政机关、人民团体、事业单位的企业解挂工作进展情况。至年底,全市挂靠于县以上党政机关企业已申报改制1199户(母公司316户),申请注销559户(母公司143户),申请撤销27户(母公司23户),申请吊销营业执照3166户(母公司237户),四项合计共4951户(母公司764户),占挂靠企业总户数的87.23%(母公司占97.2%)。全市申报改制的1199户中,已核准改制有1144户(母公司350户),占95.4%(母公司占96.12%)。已办理工商变更登记和注销登记1416户(母公司413户),占总户数的24.8%(母公司占52.03%)。5月9日,市政府召开工作会议,部署全市企业解挂的第二阶段工作,针对企业脱钩解挂存在的问题,制定了配套改革措施及分类处理办法。全市各区、县、市的镇(街道)、村(居)委会挂靠企业解挂工作全面展开。

【社会保障制度改革】 在进一步完善社会保障制度的同时,开始实施《汕头经济特区职工医疗保险暂行规定》及其11个配套规定,这标志着全市城镇职工基本医疗保险制度改革进入实施阶段。社会保险养老、失业、工伤、生育和医疗五项保障制度改革已全面启动。全市企业职工参加养老保险、失业保险参保人数分别为390120人和418935人,完成省下达任务的101.83%和100.11%。至年底,全市党政机关工作人员已实施基本医疗保险,并将逐步扩大到事业单位工作人员和企业职工。同时为配合"两大整治"和基本医疗保险制度改革的顺利展开,市体改委会同市卫生局、药监局、工商局、物价局等职能部门,对整顿和规范药品市场进行调研。

【整顿规范中介机构】 根据国家和省政府的部署,在2000年清理整顿工作基础上,继续抓好经济鉴证类中介机构脱钩改制后遗留问题的处置及收尾工作。2月下旬,市体改委、建委、财政局和工商局等有关职能部门组成检查验收小组,对市直及区县(市)清理整顿经济鉴证类中介机构工作进行检查验收。3月下旬,经省清理整顿经济鉴证类中介机构领导小组办公室抽查合格。全市列入此次脱钩改制的中介行业,除价格鉴证机构因保留事业单位,不参与脱钩改制;商标代理机构由于国家工商总局至今仍未有明确的政策出台,市商标代理机构仍未实施脱钩改制外,其他8个行业列入此次清理整顿范围的各类经济鉴证类中介机构共有93家,其中会计师(审计师)类32家,资产评估类3家,房地产评估类7家,土地评估类1家,律师类26家,工程造价类21家,税务代理类2家,专利代理类1家。至年底,已基本完成名称、人员、财务、业务等四脱钩工作或撤销、注销手续。通过清理整顿、规范运作,一批不合格的中介机构退出中介市场,净化了市场的服务环境,中介市场服务质量得到了提高。

(林荣辉　林绍中)

附:2001年全市企业改革情况

全市改革企业29家，其中市直企业13家(改制企业7家)，各区县(市)企业16家(改制企业7家)；国有企业13家，集体企业16家；改组为有限责任公司10家，股份合作制企业2家；其他改革形式18家。

一、市直改制企业(7家)

改制前企业名称	所有制性质	改制形式	改制后企业名称
汕特免税(集团)公司	全　民	有限责任公司	
汕特对外经济发展公司	全　民	有限责任公司	
汕特对外建设总公司	全　民	有限责任公司	
汕头华汕电子器件有限公司	全　民	有限责任公司	(注：列入国家债转股试点企业)
汕头市交通经济发展总公司	全　民	有限责任公司	汕头市裕丰交通经济发展有限公司
汕头市交通建设工程公司	集　体	有限责任公司	汕头市南北通公路工程有限公司
汕头市交通水运公司	集　体	有限责任公司	汕头市祥基水运有限公司

二、各区县(市)改制企业(7家)

1. 龙湖区企业(3家)

改制前企业名称	所有制性质	改制形式	改制后企业名称
汕特保安消防工程公司	全　民	有限责任公司	
汕特龙飞发展总公司	全　民	有限责任公司	
汕特龙湖育发绿化公司	集　体	有限责任公司	汕特龙湖育发绿化有限公司

2. 升平区企业(1家)

改制前企业名称	所有制性质	改制形式	改制后企业名称
粤华医疗器械厂	集　体	股份合作制	粤华医疗器械厂

3. 澄海市企业(3家)

改制前企业名称	所有制性质	改制形式	改制后企业名称
澄海印刷厂	全　民	产权转让	
澄海市化工原料公司	全　民	产权转让	
澄海市友谊公司	全　民	股份合作制	

工商行政管理

【整顿规范市场主体准入】 2001年,汕头市工商行政管理部门在整治市场秩序中,严把市场准入关,以2000年度企业年检为切入口,结合基层工商所建立企业"经济户口"和落实"巡查制",全面复查企业投资主体资格、法定代表人任职资格、前置审批文件和相关登记资料,逐户进行实地勘查并落实法定代表人领照签字备案手续,对在打击骗取出口退税斗争中和企业登记情况全面清查中发现的问题落实整改。全市19829户国内企业、1381户外资企业、3624户私营企业通过了年检,分别占应检企业的58.26%、54.56%和58.52%。强制变更未能提供有关前置审批手续的企业相应经营范围1846户、责令办理注销1153户,清理人走楼空、查无下落的"三无企业"3502户,清理无照经营13350户;联合公安、文化部门取消娱乐服务场所经营资格1465家;潮阳市工商部门吊销严重违规企业或已查无下落企业营业执照1194户。对未参加2000年度检验的企业经调查分类,依照法定程序吊销15749户,其中国内企业11213户,外资企业782户,私营企业3754户。

【整顿规范市场交易】 一是突出重点商品和重点市场,开展打假专项行动。根据市场的规律、季节的特点和群众反映的热点问题,先后开展了农资市场打假、食品市场打假和取缔拼装车市场的三大专项整治行动,并抓好潮阳市、城乡结合部等重点区域及卷烟、化妆品、洗涤用品等重点商品的整治。加强与其他执法部门配合,集中打击制售假冒伪劣商品的大要案件。2001年全年共出动检查人员1.69万人次,检查各类厂家、门店3.39万家次,查获制假售假案件397宗,其中案值超10万元案件10宗、超100万元案件1宗,捣毁制假窝点84个,罚没金额449.91万元,没收销毁各类假冒伪劣商品市场标值约553.95万元。二是严厉打击走私贩私行为。抓住市场和流通渠道两个环节,继续加强对各类电器、机动车、烟草、成品油、食用油市场的监控,先后组织节日打私行动和打击走私"两油"专项斗争,查处走私贩私案件52宗,其中案值超10万元案件6宗,罚没入库金额252.88万元。三是坚决查处传销和变相传销行为。各级工商部门加强舆论宣传和巡查监控,抓苗头、抓查处、抓教育。龙湖工商分局与公安部门联合行动,先后取缔市区2个非法传销活动的窝点,驱散外地来汕传销人员120多人,收缴各类非法传销品一批。四是进一步加强对各类市场的监管。在市场年检中,责令3个市场补办了登记手续,办理市场注销6个。组织文明市场评选活动。强化粮食市场监管,对粮食批发企业和粮食收购企业的准入落实专人负责,印制登记表等有关法律文书,严格审查核准,坚持做到资料齐全才受理,重点抓好证件校对、场地核查等环节。全年批准粮食收购、批发企业10家。加强运输市场管理,会同有关部门,采取集中定点进场管理的方式,规范个体运输经营行为。加强经纪人市场的监管并首次进行年检换证。联合有关部门开展"网吧"的清理整顿,加强对音像制品、图书报刊市场的清理检查,4月份市局经检大队没收并销毁了查获的盗版卡通书1000件,案值超100万元。加强对集贸市场的日常监管,联合技监部门对市场内的度量衡器进行整顿和规范。五是切实保护消费者合法权益。进一步完善和规范"12315"投诉举报网络,发挥各级消费者组织的作用。全年共接受消费者投诉、举报1103宗。根据投诉、举报查处案件59宗,为消费者挽回经济损失30多万元。开展创建消费者满意街区活动和组织诚信企业评选活动，市金园路被国家工商总局命名为“打假维权消费者满意街”，101 家企业被评为诚信企业。

【整顿规范市场竞争】 一是加大反不正当竞争力度。组织 173 家供水、供电、供气、邮政、电信、交通、保险等公用企业开展行业垄断行为自查自纠，对市区 4 家供电企业涉嫌限制竞争行为立案调查。查处其他不正当竞争案件工作取得新进展。二是严厉查处商标侵权。全年全市工商部门共查获商标假冒侵权案件 65 宗，罚没金额 53.92 万元，查获假冒侵权商标标识 392.74 万套。在国家工商总局和省工商局的直接指挥下，分别查获潮阳市峡山、铜盂两个镇 5 个涉嫌商标假冒侵权的牙膏生产点和一化妆品生产企业。三是加强广告监管。开展医疗、保健品广告市场专项整治，严厉打击虚假失实违法广告行为。共查获各类广告违法案件 109 宗，罚没金额 19.65 万元。

【企业登记管理】 全年全市共登记注册内资企业 770 户、外资企业 70 户、私营企业 1461 户、个体工商户 12709 户。2001 年末，全市累计内资企业 25326 户、外资企业 1806 户、私营企业 6733 户、个体工商户 58647 户。各级工商部门坚持依法行政，推行首问责任制和“一次性”说清制度，提高办事效率。借鉴深圳的经验做法，市工商局制定了《关于进一步发挥工商行政管理职能支持各类企业发展的意见》。

【实施名牌战略】 一是引导企业树立品牌。继续加强宣传和普及商标法律知识，提高全社会的商标法律观念，加强商标管理。制定了《培育和发展我市知名品牌的意见》，确定了全市 138 件重点保护商标，建立联络员制度，加强对重点商标的保护和具体指导。积极做好驰名商标、著名商标的推荐工作。全年全市共申请商标注册 1212 件，新核准注册商标 1981 件，被新认定为“广东省著名商标”5 件，累计有效注册商标 15440 件，已有“中国驰名商标”1 件、“广东省著名商标”18 件，居全省地级市前例。二是引导企业建立信用。组织开展了“百家企业信用工程”活动，帮助和引导企业增强信用观念，健全信用制度。全市有 218 家企业参加这一活动并通过新闻媒体向社会作出信用承诺。继续开展重合同守信用活动，全市重合同守信用企业 637 家。继续做好合同鉴证和动产抵押登记工作。全年全市合同鉴证 671 份，鉴证金额 17.76 亿元，办理动产抵押登记 258 宗，抵押物价值 21.59 亿元，融资 13.2 亿元。

【市场办管脱钩】 市工商部门 根据省政府关于进一步做好工商行政管理系统与所办市场彻底脱钩的决定，在原与所办市场实行机构、职责、财务、人员“四分离”的基础上，依照“先移交、后核实、再处理”的原则，将市场产权、债权债务及人员整体移交市政府指定部门。11 月 6 日，由省工商局与市政府签订市场办管脱钩交接书。共移交产权市场 102 个，建筑面积 29.61 万平方米，市场投资原值 2.76 亿元，债务 4212.51 万元，另有 41 个租赁、代管及封街为市市场、早夜市临时集散点一并移交，移交市场物业人员 1373 人，市场办管彻底脱钩任务基本完成。

【整治集贸市场】 全年全市查处商品交易市场违法违章案件 1331 件，其中超范围经营 86 件，无照经营 56 件，乱设摊档 765 件，不按规定明码标价 49 件，短尺少秤 163 件，假冒伪劣 41 件，其他 160 件。市工商局、技监局联合对市场计量秩序进行了专项整治，共检查市场 76 个，检查不合格秤具 4772 支，查处无证经营衡器 41 户，没收不合格秤具 816 支。还组织市场安全防火检查 10 次，检查市场 136 个次，检查经营户 7599 户，没收明火炉具 80 个，及时消除火险隐患 41 处，更换不合格灭火器 51 支，更换电线 15247 米，更换插座 28 个。全年市场没有发生火灾事故。

【商品展销会登记管理】 根据国家的有关规定,加强对展销会的登记管理,把好准入关。全年核准登记的商品展销会中有10个场为企业法人主办单位。

【规范经纪行为】 全年举办各类经纪人培训班8期,全市经纪从业持证人员545人。在培训认证的基础上,完善对经纪人的日常监管,建立了档案制度、年检制度和巡查制度,把好经纪资格准入关。

(杨怀湘)

物　　价

【简况】 2001年,全市各级物价部门进一步深化价格改革,推进价格结构性调整,充分发挥价格杠杆的作用,合理出台扩大内需价格政策,促进地方经济发展;切实加强价格法制建设,大力推行收费公示和清费治乱减负工作,着力改善投资软环境;以整顿和规范市场价格秩序为重点,加大价格监督检查工作的力度,惩处了一大批不正当价格行为和违法收费行为;以服务企业和群众为宗旨,大力开展价格认证、价格监测和成本调查等服务。

【市场价格变动情况】 2001年市场价格总水平总体上呈现回升乏力、低位运行的态势。与2000年相比,居民消费价格指数累计为99.8%,低于全年102%的预期调控目标。主要特点:一是价格总水平走势疲软。居民消费价格同比指数呈现持续低走的特点。一季度价格总水平走低,下降1.4%,二季度、三季度有所回升,四季度再度走低;二是与2000年相比,价格结构性回升的力度减弱。以食品类为代表的大部分消费品走势平稳,食品类价格指数累计下降1.3%。其中粮食价格开始恢复性回升,呈现小幅攀升态势,累计上升2.6%,肉禽及其制品止跌企稳,下降1.7%,水产品价格较大幅度下降,全年下降4.2%,蔬菜价格季节性波动明显,全年上升1.1%,干鲜瓜果价格回升乏力,下降4.2%;以教育、文娱、交通为代表的服务项目价格,由于政策性调价力度减弱,价格虽然仍有所上升,但升幅明显收窄,服务项目价格指数累计上升3%。

【价格调控与管理】 积极运用价格杠杆扩大市场需求,推动经济结构调整。制定出台扶持工业发展的若干价费优惠措施;调整降低一批与经济发展和群众生活关系密切的价格和收费标准。全年累计调价金额1.54亿元,其中提价金额0.92亿元,降价金额0.62亿元。电价:完成对10余家电厂上网电价和成本的调查工作,取消电费保证金,并要求供电部门登报通知用户办理退款,共清理退还用户电费保证金1007万元。从10月1日起,全面取消市区(包括物业管理小区二次供电)用电最低计费电量,年可减轻用户负担700多万元。水价:实施市区自来水第二步价格调整方案,经市政府决定并报经省物价局批准,从5月1日起,市区综合水价从每吨1.46元调整为1.56元。其中居民生活用水每吨价格从1.25元调整为1.35元,工业用水从0.89元调整为1.00元,行政事业用水从1.70元调整为2.00元,经营服务用水和特种用水价格分别按原2.80元和4.00元不变。同时,为进一步规范供水价格,减轻用户负担,促进经济发展,先后取消供水有关收费项目。从5月23日起取消了市区新办工业项目新增供水负荷费,9月15日起,全面取消新增供水负荷费,年可减轻用户负担约3500多万元;从6月份起,全面取消了市区自来水水表底度水费,年可减轻用户负担约480万元。11月取消了市区二次供水统建费,年可减轻用户负担约130万元。市价格认证中心(原市价格事务所)开展为期近半年的市区供水价格成本的测算工作,全面摸清和掌握了市区供水成本状况。药品价格:配合国家城镇职工基本医疗保险制度、医药卫生体制和药品流通体制改革,规范和加强药品价格管理,建立对药品价格定点定期价格监测体系,积极推进医疗机构药品集中招标采购工作,对市直12家医疗机构先后实行招标采购,共招标采购药品18批次,总金额10514.07万元,医疗机构药品价格平均下降16%,降价部分60%让利于患者。粮食价格:按照国家和省的规定,汕头市从2001年起早籼稻谷全部退出保护价收购范围,公粮(农业税)可由财税部门按每50公斤稻谷45元折为货币额征收,根据农民意愿,也可按粮食实物交税。生猪价格:为解决生猪屠宰和生猪产品销售中存在的问题,从11月26日起,对北区生猪屠宰和生猪产品销售实施了新的改革方案。在价格管理上,对生猪各经营环节的价格实行最高作价差率控制,在正常情况下不再公布具体的指导价格,由经营者根据市场情况和作价差率自行作价销售。在特殊情况下,由市物价局公布具体价格。成品油价格:依照国家计委完善石油价格接轨办法和成品油价格改革精神,改变原成品油价每月调整一次的做法,成品油零售价上下浮动幅度由原5%扩大为8%。全年先后共11次调整成品油价格。经过有升有降调整,其中97号汽油零售价每升最高3.5元,最低2.8元;0号柴油零售价每升最高2.85元,最低2.45元。

【收费管理】 继续开展治乱减负工作,切实规范收费行为,降低收费标准,分3批取消了5个部门的14项行政事业性收费。行政事业性收费:全面开展收费年审工作。各级价格主管部门会同财政、审计部门,对全市各行政事业单位2000年度收取的各类行政事业性收费、经营服务性收费以及培训收费开展全面的收费年审工作。共审查53个收费部门(系统)的357项收费,涉及收费金额10.37亿元。通过年审,及时发现和纠正收费中存在的问题。教育收费:针对社会上一些公办学校以与校外办学机构联合办班为名,强制或变相强制学生参加各种收费补习班、超常班、兴趣班、培训班等问题,市物价局、教育局、市政府纠风办联合发出《关于严禁在学校开办面向在校生的各类收费培训班的通知》,及时取消学校各类收费培训项目。市物价局还针对学校收费存在的问题,连续发出通知,严格规范学生体检费、校内课外活动费、异地借读生借读费等项目的收费范围。全面开展教育成本调查工作,建立成本调查制度,对10所民办学校的教育培养成本进行调查。经营服务性收费:改革物业管理收费,将其价格形式从单一的政府定价改为实行政府指导价和市场调节价,对已成立业主委员会的物业管理小区,其收费标准由业主委员会与物业管理公司协商确定。市物价局重新修订颁发《汕头市物业管理服务收费暂行办法》,公布了物业管理服务收费政府指导价标准。对市区各物业管理小区实行收费等级评定制度。共评审一、二级物业管理小区79个,三、四级物业管理小区135个,对达不到要求的限期进行整改;切实整顿和规范港口收费行为,制止行业恶性竞争。针对我市进出口货源大幅减少,港口企业互相降价竞争的现象,采取措施,降低港口疏浚费和港口装卸费,按低于国家规定的港口收费费率30%制定我市港口、码头外贸装卸船费用、集装箱装卸包干费和内贸有关费率,提高我市港口的整体竞争力。

【收费公示制度】 在1999年全面实施涉农收费公示制度的基础上,市物价局、纠风办联合下发了《关于全面推行收费公示制度的通知》,4月份起,全市凡涉及向企业和个人收取的行政事业性收费、教育收费、医疗机构服务收费及药品价格、律师公证等中介服务收费,供水、有线电视等经营服务收费和物价部门认为应予公示的其他收费等6大类收费，均必须按规定通过收费公示牌(栏)或电脑触摸屏等形式进行公示。至年底，全市(含中央、省驻汕单位)已有1248个收费部门按规定实行公示，共制作收费公示牌1919块，累计公示收费项目3245项次。通过收费公示，清理取消收费50项，年可减轻企业和群众负担5657万元。在《汕头日报》上，分期分批公布各收费部门的各种收费项目，已分5批公布了公安、工商、国税、地税、环保、技监、药监等7个部门153项收费，提高了收费透明度，规范了收费行为。

【整顿规范价费秩序】 各级物价部门广泛深入开展以整顿和规范市场价格秩序、治理乱收费为主要内容的整顿活动。一是以规范市场价格秩序为内容，突出抓好明码标价的专项整治。针对市场上不明码标价或利用标价搞价格欺诈等问题，在4月份开展了以"明码标价、诚信经营"为主题的宣传教育活动。各级价格主管部门组织力量，上街开展宣传，共出动宣传车20车次，悬挂宣传横幅31条，录制录音带130盒，发放宣传资料12846份。在5月、6月份，全面开展了"地毯式"的明码标价监督检查活动，市区共检查零售门店1971家，查处违反明码标价规定的行为376宗。8月、11月份，市物价局先后组织开展了两次全市性明码标价验收活动，促进明码标价的实施，全市明码标价率达到80%左右，市区达到85%以上。二是以解决价格领域中存在的突出问题为重点，开展专项价格整顿，查处一批不正当价格行为和违法收费行为。针对价格秩序中存在乱涨价乱收费等问题，开展对教育、医疗服务收费、药品价格、自来水价费、国土房产建设项目收费、农电农网改造、涉及农民负担、涉及乡镇企业收费负担等一系列专项检查，惩处各种不正当价格行为和违法收费行为。全年共查处各类价格违法行为和案件611件，查处违法所得5696.1万元，经济制裁5664.53万元，退还用户金额4584.33万元。其中，清理退还附加在电价、移动通讯服务价格上收取的电费保证金1007万元、移动通讯押金3577.3万元，上缴财政金额1080.2万元。三是设立"12358"价格投诉专线电话。在原来设立的价格监督举报、乱收费投诉举报两条专线电话的基础上，5月1日起市物价局开通了12358价格投诉举报专线，全面受理企业和群众的投诉举报。全年共受理投诉举报518件，为企业和消费者挽回经济损失178万元，有效维护群众利益。四是确定价格认证机构。各级价格主管部门设立的价格事务所退出社会中介评估业务，变更为事业法人。至年底，已有市直、龙湖、达濠、潮阳、澄海、南澳县等6个价格事务所经编制部门批准更名为价格认证中心，并经国家计委核准从事涉案物品价格鉴证资格。全市共有价格鉴证人员49名，其中价格鉴证师5名，价格鉴证员34名，其他人员10名。

（林小华）

质量技术监督

【标准化】 全年全市共制定、修订企业产品标准483项。其中汕头市局351项，潮阳市局83项，澄海市局51项。采用国际标准和国外先进标准工作有新的进展。全年全市有17家企业的78种产品采标生产，4家企业的6项产品获采标认可和标志。建立企业产品标准的动态管理系统，为企业提供标准化工作指导服务，规范企业标准化管理。优先制定农业地方标准，扶持了一批能适应当地环境、有推广价值、技术含量高的农业优势项目。全年全市制定农业地方标准8项。其中汕头市区2项，潮阳市1项，澄海市

3 项，南澳县 2 项。市技术监督信息所全年共采集标准、规程 1214 个，新增、修改标准数据库记录 4851 条，累计向 78 家企业提供 286 份标准文献。积极开展世贸组织相关信息咨询服务业务。新发展条码系统成员 101 户，180 户续展，有 2546 种产品登记使用条码。加强条码信息资源建设，累计共收集有汕头市 16000 多种详细的产品信息和全国条码系统成员近 10 万家。新办理、换证、变更代码证书 6614 家，对 3206 家单位进行了年检。

【计量】 市质量技监局、经委联合下发了《关于进一步加强企业计量工作的意见》，市帮助 61 家企业建立了二、三级计量保证体系。帮助企业建立最高计量标准 10 项，3 家企业申请国家质检总局完善计量检测体系确认。加强对制造计量器具企业的管理，对全市 11 家生产计量器具企业进行了审查，注销了 1 家企业的生产许可证。加强对法定计量检定机构的监督管理和质检机构计量认证指导工作。帮助 6 家质检机构完善质量保证体系。受省局委托，完成 3 家质检机构的复核换证和增项计量认证工作。5 月中旬至 7 月底，市质量技监局与工商局联合对市场衡器开展专项整治，出动 1147 人次，检查市场 88 个，检定校准各类衡器 5838 台（套），取缔杆秤生产、销售窝点 21 个，没收杆秤 2348 支，规范了经营者的经营行为。加强对全市特别是国道省道上加油站的计量监督管理。全年受理投诉 26 宗，出动执法检查 385 人次，检查油站 102 个，加油机 503 部，加油枪 739 支，处罚欠量、破坏计量器具行为的加油站 34 家。帮助加油站完善管理措施，建立对用户的服务承诺、设立投诉电话等制度，规范了经营行为。经过整改，对加油站的投诉明显减少，欠量问题基本得到解决。狠抓瓶装液化石油气的计量和标识管理。对液化石油气充装站用于安全防护的压力表实施强制检定，出动 576 人次检查销售点和充装站 176 家，处理群众投诉 46 宗。市计量检定测试所全年检修计量器具 18556 台（件），其中强制检定计量器具 10553 台（件），切实保障了粤东片区量值传递的数据准确可靠。

【质量管理】 大力实施名牌战略，推进企业加强质量管理和技术创新。评选 23 家企业为"质量信得过企业"。召开纪念《产品质量法》实施 8 周年暨"质量信得过"企业表彰大会。组织、协调金园区政府等有关单位对"金园路创建购物放心一条街"的联合检查，做好创建工作。按分类指导原则，加强指导中小企业开展质量管理工作，努力提高中小企业的质量管理水平，增强企业的质量意识和质量法制观念。配合省局开展了生产许可证换证工作，对 88 家申办生产许可证的企业的申请表及有关证件进行了审核。组织 2000 年度定期监督检验合格产品及企业登报公布。

【质量监督】 加大对危及人身、财产安全，影响国计民生和社会反映质量问题突出的产品的监督抽查覆盖面。全年共对 1449 家企业的 11 类 41 种产品进行了定期监督检验，抽检了 2646 批次产品，合格率为 91%。组织市场商品监督抽查。抽查的商品有食品、服装、电子产品、化妆品、金银首饰等 21 种 506 批次产品，合格 259 批次，合格率为 51%。对销售不合格产品的企业依法进行处理，实施专项整治；召开了 3 次产品质量监督检查情况通报会，将抽查结果向社会公布。从源头上加大对不合格产品后处理力度，提高质量监督抽查的有效性。共对 113 批次定期监督检验不合格产品的 105 家生产企业发出了整改通知书，有 107 家企业提出了整改报告，整改报告提交率为 95%。经整改复查合格的产品有 70 批次，占整改总批次的 62%。依照省局的部署及省局制定的《质量监督检验中对质量问题严重的产品移送查处的规定》和《关于把质量问题严重的产品清出市场的规定》，依法查处 15 家产品质量严重不合格的企业；完成了56家在国家、省产品质量监督抽查中产品质量不合格生产企业的后处理工作。其中50家企业的产品经复查合格，6家企业积极进行整改，整改到位率为100%；对劣质电饭锅和荧光灯实行了清出市场行动。做好专项抽查和专项调查工作。完成全市酱油、饮料生产企业的情况调查。组织对大米、面粉等5类产品质量专项抽查及生产企业保证产品质量基本条件专项调查工作。

【锅容管特安全监察】 开展对过期、残旧液化石油气钢瓶、非法液化石油气钢瓶充装站的专项整治。采取派员进驻气站，加强液化石油气充装和使用环节的现场监察，对使用废旧钢瓶采取强制送检与处罚相结合等措施，全年共送检钢瓶67510只，比2000年同期增长421%；其中报废27573只，每月送检钢瓶达1万只。强行拆除了达濠区3家非法液化石油气充装站，消除了事故隐患。清查和整治"土锅炉"。对使用"土锅炉"较为集中的重点区域进行了地毯式的清查，共查出无证制造、无证安装、无证使用的小型"土锅炉"87台，取缔"土锅炉"制造窝点1个。加强对游乐设施的安全监察。坚持在元旦、春节、"六一"等节假日组织有关部门对全市游乐设施和客运索道进行安全检查，对存在的隐患提出整改意见，责令限期整改；对不按期整改或无法整改的，责令停止使用。加大执法力度，全年发出《特种设备安全监察意见书》14份，纠正违规特种设备181台，封停非标简易载货电梯5台。开展重特大事故危险源排查登记工作，杜绝重特大事故的发生。把大型锅炉（$P \leqslant 1.6\text{Mpa}, t \geqslant 15\text{t/h}$）和热载体锅炉、液化气体槽车、盛装有毒、易燃介质的固定式压力容器及大型医用氧舱（多人舱）等4种设备列入特大安全生产事故隐患排查监控范围，落实具体责任人。积极开展锅容管特普查登记工作。结合汕头实际，制定了《汕头市锅炉压力容器压力管道及特种设备普查整治实施方案》，8月份在澄海市首先进行试点，共对该市405家企业进行普查，登记锅炉135台，压力容器32台，试点工作得到省安全工作检查组的好评。全年共培训锅炉压力容器焊接工、操作工、锅炉司炉工、特种设备作业人员共436人。完成复审换证692人。全年全市共定期检验锅炉、压力容器、液化石油气罐等1147台，气瓶6.75万只，电梯、起重机2232台。监督检验锅炉、压力容器648台，气瓶1.21万只。锅容管特设备安装质量检验429台。发现、整改有重大安全隐患的锅炉、压力容器12台，实现了在用锅容管特设备安全运行，全年安全无事故。

【打击制售假行动】 深入贯彻执行国务院关于开展打假联合行动的决定，开展了扎实有效的打假专项整治斗争，成效显著。市政府先后3次召开全市打假工作和全市打假责任人电视、电话会议，全面部署落实"两项整治"中的打假工作。年初市政府制定印发了《汕头市开展严厉打击制售假冒伪劣商品违法犯罪活动联合行动实施方案》；5月发布了《关于严厉打击制售假冒伪劣商品违法犯罪活动的通告》；6月16日经市政府第三十四次常务会议通过并印发《汕头市打击制售假冒伪劣商品违法犯罪活动联合行动若干规定》和《汕头市打假举报奖励办法》。8月15日，新修订的《汕头市惩治生产销售伪劣商品违法行为条例》开始实施。5月24日，市政府分别与市经委、农委、工商、质量技监、烟草、卫生、药监、公安及保税区、高新区、汕头铁路管理处等23个有关职能部门的主要责任人签订了《汕头市打击制售假冒伪劣商品违法行为工作责任书》。各级打假职能部门始终保持高压态势，开展了食品类、建材类、洗涤化妆品类、农资产品类、药品、卷烟、非法拼装汽车、摩托车及其零配件等"七个专项"打假行动，取得显著成效。据统计，全年全市各级打假职能部门共出动执法人员46840人次，检查集贸专业市场2621个次、店档52372间、生产企业5201家，端掉制假窝点285个，公开销毁假冒伪劣商品49次。立案查处制售假冒伪劣商品案件总数1645宗，其中大案要案39宗，罚没金额1673.66万元。抓获涉假人员300多人，其中刑拘105人。受理生产销售伪劣产品刑事案件12宗，被判刑13人。全市质量技术监督系统全年共出动执法人员5649人次，查办案件710宗，查获生产、销售假冒伪劣商品企业574家，端掉窝点136个，查获假冒伪劣商品货值881.8万元。落实省局“三重一大”打假工作实施方案，办理大案要案12宗，查处万元以上案件159宗，移送司法机关案件11宗，比2000年增加了10%。开展对食品、建筑用钢材、洗涤化妆用品、劣质絮用纤维制品（“黑心棉”）等涉及人身财产安全的商品的专项查处行动。开展了“查超市、查商场、查食品、乳制品加工厂”活动、洗涤化妆品专项打假行动、查处“黑心棉”行动等专项查处行动。查获假冒伪劣食品、洗涤化妆品总值126.2万元，捣毁制假窝点14个，对全市114家生产、经销企业，高校的使用情况等进行了执法检查，查获伪劣棉胎、枕心等392件（套），端掉制造“黑心棉”窝点1个。依照国家局和省局百日打假联合行动精神，积极开展联合打假行动。在市打假办的积极协调组织下，多次与药监、烟草、农委、公安、工商等部门通力合作，密切配合，开展大规模的联合打假行动，取得良好战果，有力打击制假售假分子的嚣张气焰。3月8日，联合药监、公安、海关等部门，在市区一仓库查获货值近1000万元的假冒伪劣药品，并移送公安机关立案调查。该案被列为2001年全国特大行政案件。全市执法环境日趋渐好，制贩假活动，尤其是制售假烟活动受到毁灭性的打击，查获的制假售假案件和用于制假烟的设备逐年减少。全国和省人大代表先后组成执法检查组、调研组来汕检查开展整治市场经济秩序和社会秩序的情况，对汕头打假的工作情况和所取得的成效给予了充分肯定。

（何　晓）

审　计

【简况】 2001年，全市各级审计机关坚决贯彻“全面审计，突出重点”的方针，开展审计监督，严格审计执法，加大监督力度。全年审计177个单位（项目），查出违规行为金额16.66亿元，应交财政4640万元，应减少财政补贴992万元，应归还侵占挪用资金275万元，已缴财政3998万元。审计部门向司法机关移送案件1宗，向各级党政领导提交审计工作报告、信息75篇，被采用36篇。市审计局被省审计厅、省人事厅授予“1998—2000年全省审计系统先进集体”，被省厅评为“1998—2000年审计机关档案工作先进单位”、“广东省审计机关勤政廉政工作先进单位”。

【财政同级审计】 全市审计机关从依法规范财政分配秩序和促进政府部门依法理财的高度，进一步深化预算执行审计。全市9个审计机关完成了本级财政部门、税务部门以及预算执行单位等25个单位的审计，查出违规行为金额58755万元，决定处理处罚321万元，指明要求纠正5.84亿元，查出的主要问题有违规减免预算收入2542万元、延解占压财政库款1.5亿元、应缴未缴财政收入6550万元、挪用预算资金847万元、虚列支出5085万元、违规退库215万元以及隐瞒转移预算收入108万元等问题，审计处理应交财政3497万元，已全部上交，还减少财政支出金额578万元。市审计局主要审计了市财政局具体组织执行本级预算情况、市地税局税收征管情况，并对国土资金的管理、使用进行了审计，对市重点基建项目预算执行情况进行了审计调查。7月下旬,市审计局受市政府委托向市人大常委会第二十一次会议作审计工作报告,委员们肯定了审计反映的问题和提出的意见、建议,市人大常委会在审议审计工作报告后指出,市审计局对2000年市本级预算执行和其他财政收支的审计,提出的处理意见和整改建议,较好地发挥了审计监督的作用。龙湖区审计局集中力量清理财政银行账户,共清理出银行账户52个,受到了区主要领导的肯定。潮阳市审计局认真落实人大审议同级审工作报告提出的意见建议,进一步规范了预算管理。南澳县县长办公会议认为审计工作报告既肯定成绩,又实事求是地指出存在问题,是比较客观和公正的。澄海、金园、升平、达濠、河浦等区(市)的同级审力度有所加大,质量也有提高。

【财政决算审计】 全市审计机关以规范地方政府财政分配行为和维护国家政令统一为目标开展了财政决算审计,审计了2个区和11个镇,查出违纪违规行为金额14583万元,发现混淆入库级次2579万元、虚列财政支出234万元,处理上缴财政250万元。通过审计,促进政府加强预算管理,进一步健全和完善财政制度,规范财政收支,减少损失浪费,推动地方经济不断发展。市审计局审计了金园区2000年度财政决算,揭示该区应列未列财政收入420.05万元、提取代征代扣手续费143.08万元用于补充经费以及部分税款没有按预算级次入库等问题,并依法作了处理。潮阳市审计局对7个乡镇财政决算进行审计,对财政财务收入不合规、专项资金拨付不及时、镇统筹项目不规范、内控制度不完善及设置账外账等问题提出整改意见,对应缴未缴财政收入等作出了处理,强化乡镇财政管理,推动农村经济健康发展。澄海市审计局对湾头镇、溪南镇和澄华街道3个镇级政府2000年度财政决算进行审计,发现了周转金及有偿使用资金借款6432.57万元全部逾期、预算支出295万元挂账以掩盖赤字、虚列预算收入20万元、挪用专项资金3万元以及超范围使用教育费附加15.26万元等问题,该局提出了相应的审计意见和建议,促进乡镇政府依法办事,加强预算管理。

【金融审计调查】 根据省厅的部署,市和属下潮阳、澄海、南澳、金园、升平等区县(市)审计局对当地借用中央的专项再贷款专款专用及中小金融机构和农金会资产处置变现、财政专户资金管理和还贷情况进行专项审计调查,共调查中小金融机构和农金会31个,其中城信社25个(潮阳市19个、澄海市5个,南澳县1个),信托公司3个(市直),农金会3个(金园区2个、升平区1个)。各审计机关弄清了专项再贷款借入及使用情况、资产处置和还款情况,资产追收处置专用账户收支管理情况,在调查中发现了资产追收进度慢、资产保全率低、变现率低以及部分收支管理不合规等问题,并分别提出了审计意见,为协助做好地方中小金融机构的整顿、防范化解金融风险服务。调查结束后,市审计局还向省厅作了综合报告,并提出了4点意见和建议,促进专项再贷款的专款专用和资产的保全、清收、处置。

【企业审计】 全市审计机关加大了重点企业的监督力度,重点检查企业资产质量和会计信息质量,揭露企业弄虚作假,资产盈亏不实,以及私设"小金库"、营私舞弊、挥霍浪费等违纪违规行为,为改善管理和提高经济效益服务,共审计了36个企业,查出违规行为金额46389万元,其中决定处理处罚771万元、指明要求纠正45618万元,查出的主要问题有成本不实1011万元、有账无实9821万元、转移国有资产1415万元、虚增利润2261万元、虚减利润3339万元等,并依法作出处理,已上缴财政276万元,归还侵占挪用资金144万元。市审计局对汕头医药(集团)公司本部、属下6家企业及15个部门2000年度的财务收支和同期损益进行了审计，揭示了影响企业财务状况的重大事项，对企业漏交营业税、多列成本费用、应列未列收入及应列未列支出问题依法作了处理。澄海市审计局通过对该市鸿信发展有限公司的审计，明晰了该公司的资产性质，避免了国有资产流失，对成本核算、合同签订上存在的不规范问题提出了整改的意见和建议，并依法处理了欠缴个人所得税62万元的问题。

【专项资金审计】 全市审计机关把关系到千家万户、数额较大的教育资金、农业综合开发资金作为审计的重点，认真进行审计，促进了这些资金的规范管理。对普教经费的审计，全市审计机关共审计了20个单位，其中有3个教育部门、10个中学、7个小学，查出了违规行为金额7852.95万元，查出的主要问题有预算外收入应缴未缴财政专户1177.69万元、挤占挪用193.26万元、私设小金库1个7.81万元、虚列支出45万元、违规使用票据208.10万元、固定资产核算不合规5038.93万元以及未按规定及时拨学校统筹资金847.07万元。审计后，各级审计机关依法作了处理，市审计局还向省审计厅作了综合报告。

【重点基建项目审计】 全市审计机关强化对群众关心的重点基建项目的审计，既揭露存在的问题，维护了正常经济秩序，又核减工程造价，为国家节省建设投资。市审计局对基础设施建设重点项目之一的国道324线澄海九溪桥至莲阳桥路段扩建工程项目竣工决算进行审计，主要审计了该项目自筹建至2000年2月底建设资金来源、到位、使用和财务收支情况，以及预算的执行、工程决算造价的真实性、合法性，同时还检查了市公路局内部控制制度的建立和执行情况以及有关单位交纳税费等事项。经过审计，核减了工程结算造价1729.81万元，维护了国家利益和社会公共利益。金园区审计局联合区教育局、国资办对区某有限公司投入金园实验中学建设资金进行审计，核减了258万元，该局还对金龙小学教学楼扩建工程决算进行审计并核减工程造价49.59万元，为区财政节省了建设资金。

【经济责任审计】 全市完成任期经济责任审计35个，审计责任人35人，查出违规行为金额3.358亿元，其中主管责任3.21亿元、直接责任1474万元，决定处罚200万元，指明要求纠正3.338亿元，纠正了损失浪费131万元，审计结果为干部管理部门使用干部提供了重要的参考，已有8人平调、2人降职、1人移送纪检监察部门处理。针对机构改革后领导干部变动大、组织部门提请审计户数多、时间紧、任务重的实际，集中全力做好经济责任审计，并在推动、发展、规范和提高上下功夫。一是设立经济责任审计机构；二是推行党政领导干部经济责任审计制度，在市直开展处级领导干部的经济责任审计；三是突出重点，深入开展对国有企业及国有控股企业领导人员的经济责任审计；四是积极探索，推动内审部门搞好对下属单位领导人员的经济责任审计。通过审计，分清了责任人主管责任或直接责任，同时也规范了单位的财务收支行为，提高单位一把手遵守财经纪律的自觉性，促进依法行政。市审计局开展对各区县（市）的任期经济责任审计情况的检查，及时总结经验，对亟需改进的问题统一了做法，推进及规范经济责任审计工作。

【国土资金审计】 汕头市从1992年起对特区范围内的土地实行“五统一”管理，国土资金在市财政收支中占有一定的比例，这部分资金的管理、使用情况如何，政府和人民群众都较为关心。市审计局按照市政府的要求，组织了由24人组成的7个审计小组，对市国土房产局及属下分局以及房产交易所等单位9年来的国土资金进行审计。通过审计，弄清了市区土地的征用和出让情况以及国土资金的收入和支出情况。审计中共查出违规金额2.2亿元，对漏结算国土资金收入936.04万元、动用国土资金放贷1000万元（取得非法收入64万元已全额没收）、支出不合规416.35万元，收支没有入账反映3913.19万元以及账务核算不合规5556.15万元等问题，市审计局已按规定作了审计处理，并向市政府作了专题报告，提出了建设性意见。

【内部审计】 至年底，全市有内审机构136个，其中专职机构48个，内审人员348人。全市内审工作主要开展财务收支审计、经济效益审计、经济责任审计和基本建设审计。共审计了730个单位，查出损失浪费43万元，促进增收节支649万元，已纠正违纪违规行为金额481万元，提出建议意见被采纳395条。为提高内审人员的业务素质，市审计局组织了内审人员参加国际注册内部审计师资格考试。

【社会审计的质量监督】 市审计局对汕头市大地会计师事务所的业务质量进行监督，分别检查了6个会计报表审计项目和验资业务项目，发现会计报表审计项目存在没有审计计划、工作底稿没有逐级复核、报告的部分项目反映不实以及该出具保留意见而出具了无保留意见，验资业务项目存在着审计档案中未有被审计单位基本情况、没有验资计划及工作底稿未见逐级复核记录等。检查后，市审计局提出了整改意见，促进中介组织提高审计业务质量。

（王永庆）

国土资源

【国土管理】 切实保护好耕地。一是全面实施土地利用总体规划。“二市一县”共45个镇级单位的土地利用总体规划已获汕头市政府批准，市、县（市）、镇三级土地利用总体规划修编工作已全部完成。全面贯彻实施土地用途管制，为切实保护耕地和合理利用土地打下坚实基础。二是抓好新增耕地开发整理项目的落实。为实现耕地占补平衡，确保第三期耕地保护目标责任制的完成，全年全市共有11个项目2830亩新增耕地垦复工程顺利通过验收，其中：潮阳市9宗1528亩、澄海市2宗1302亩。三是认真配合做好《土地管理法》执法检查工作，抓好耕地保护和第三期耕地保护目标责任制各项指标的检查落实，确保耕地数量，提高耕地质量。四是加强地籍管理。完成潮阳市、南澳县申报国家1∶10000土地数据库建库县工作；完成国土资源部和省国土资源厅在我市开展的《农村地籍管理信息系统》试点项目工作，顺利通过部、省厅专家组的评审和验收，经鉴定软件达到国际同类产品先进水平，为全国开展农村土地产权调查工作提供了经验。市规划与国土资源局升平分局被国土资源部授予2001年度全国地籍管理工作先进单位。

强化用地管理。一是认真做好建设用地出让、划拨等工作。全年共办理出让用地92宗1053.9亩，划拨用地6宗32.4亩，办理国有土地改合建19宗111.3亩。二是加快解决征（用）地历史遗留问题。全年共完成补办征（用）地手续2宗172.1亩，办理“农转非”人员27315名，有力推进市区“城中村”城市化进程。三是做好工业集中服务工作。认真贯彻市政府《关于扶持工业发展若干措施的补充通知》，落实工业项目用地优惠政策，提高办事效率，加大服务力度；认真做好市级工业区管理权的下放工作，已完成金园工业区、龙湖工业区移交工作，升平工业区的移交工作也在进行中。

规范测绘地名管理。一是规范测绘管理。严格按照国家测绘技术规范和质量管理规定，组织对全市测绘队伍的测量成果质量监督检查及年审报批工作。二是按期保质完成各项测绘任务。测绘研究院完成梅溪河以西片区86平方公里范围内111公里现状沟渠和67.6公里下水管道测量工作，完成澄海市120公里Ⅳ等水准线路的测设，完成金凤—西港路8.5公里路边线测定等工作；国土房产测绘大队完成牛田洋部队移交市政府2200亩土地的测量及出图任务，完成土地征地和出让放线界定测量项目20宗。三是规范地名管理并完成职能移交工作。全年共完成市区住宅片区、建筑物地名命名27条，对城中村地名进行清理命名112条；根据机构改革要求，将地名管理职能顺利移交市民政局。

【房产管理与房改】 完善产权管理。一是大力提高产权登记发证效率。各产权登记窗口全面运用"房地产权管理系统"，形成实时处理的广域网络，解决了产权登记、交易、抵押、协助司法查封等业务在不同地点受理的时间差问题，提高办事效率和准确性。全年共办理产权证47416份，完成年度计划的216%；办理抵押登记4711宗，涉及贷款金额32.3亿元；协助办理司法查封、解封、查核2383宗；落实侨房政策11宗，撤管房产建筑面积3879.8平方米。二是加快解决商品房确权发证遗留问题步伐。全年共核发此类房地产权证7095本、比增48.4%，建筑面积92.11万平方米、比增81.9%。

加强公房管理服务。一是积极做好公房维修养护工作。公房安全管理工作抓早抓细抓实，在台风雨季前夕，切实加强对危旧公房进行维修养护，落实对特危房户的撤离安置措施，确保公房和居民生命财产安全，共投入公房维修资金280.75万元，维护面积约12万平方米，受益户约9000户。全年直管公房未发生塌楼伤亡事故。二是加强公房租金收取工作，确保"以租养房"良性循环。共收取公房租金759.5万元，完成年计划的136.6%。三是认真做好公租房分配安置工作。市委、市政府于"七一"期间和"国庆"前夕分别组织两批公租房共939套安置特危房户，市规划与国土资源局负责其中581套的分配安置工作。在时间紧、要求严、任务重的情况下，集中力量，加班加点，圆满完成公房抽签分配安置任务。

积极推进房改工作。认真办理房改售房（备案）审核审批工作，全年共审批原已备案公有住房出售3321套，办理换购、补购住房手续567套，办理按成本价补交房价款手续1387套。进一步规范住房公积金的归集、管理，全年市区住房公积金归集额达1.2亿元，为7591名职工办理提取个人住房公积金手续，核查19个单位3518名职工申请住房货币分配。

【旧城改造及房屋拆迁管理】 旧城改造管理部门充分发挥管理协调作用，切实加快改造片点建设步伐。全年旧城区拆迁危旧房屋13.89万平方米，搬迁居民2432户；竣工新楼93幢、建筑面积40.6万平方米，占全年下达竣工计划的135.3%，回迁居民959户；共有17个旧城改造片点全面完成改造任务。房屋拆迁管理部门认真做好管理服务工作，严格按规定核发《房屋拆迁许可证》和《房屋拆迁资格证》，核准拆迁各类房屋面积达20多万平方米；成功调处拆迁纠纷案件近200宗，裁决24宗；牵头组织有关单位做好"金凤大桥——西港高架桥"、"岩石大桥北引道"的拆迁补偿费用审核工作，分别核减拆迁面积1.2万平方米、3855平方米，核减拆迁补偿费用3901万元、1150万元。

【房地产市场管理】 一是规范商品房预售管理。共核、换发《商品房预售许可证》24份，核准预售商品房建筑面积74.07万平方米。二是进一步简化交易办事程序和手续，报请市政府废除了"30日"的交易公告期。市区共办理房地产交易确认手续18106宗，面积231.6万平方米，完成年度计划132.3%，交易金额49.59亿元，代征契税3005万元、土地增值税927万元。成功组织举办了夏季、冬季两届房地产展销会。夏季展销会上，组织50家信誉良好的房地产开发企业联合向社会发出《致消费者购放心房承诺书》，树立汕头房地产业的良好信用形象，该届展销会共销售各类商品楼宇7.09万平方米，成交金额1.85亿元；冬季展销会期间组织了汕头首届十大最受欢迎明星楼盘评选活动，举办国有土地使用权和房地产专场拍卖会，成交土地房产金额1.67亿元，其中：拍卖成交二幅国有土地使用权总面积10976平方米、金额2535万元，销售商品楼宇4.88万平方米、金额1.42亿元。三是认真开展市区土地基准地价的调研、测算和评估，完成市区新基准地价标准成果的制定工作。四是加强房地产中介服务。全年办理评估业务600宗、面积236万平方米、评估值23亿元，业务收入185万元。认真开展房地产经纪中介机构资质查验工作，查处违规机构39家。进一步规范物业管理市场秩序，全年共核准物业管理机构资质7家、办理年审89家，指导3个住宅小区成立业主委员会；认真做好物业管理收费定级和管理人员上岗培训工作；积极做好物业管理纠纷调处工作。

【立法和监察执法】 完善立法定规和建章立制。一是加强立法工作。根据依法治理、依法行政和实际管理的需要，及时制定、修订城市规划、国土资源及房地产管理法规、规章及规范性文件。修订的《汕头经济特区城市房屋拆迁管理规定》、《汕头经济特区华侨房地产权益保护办法》通过市人大的审议，修改的《汕头市市区房地产转让管理办法》经市政府批准下发；草拟、修订了《汕头经济特区土地交易市场管理规定》、《汕头经济特区建筑立面管理办法》、《汕头经济特区城中村规划管理暂行规定》，并上报市政府审定。二是进一步完善办事程序和工作制度。为适应机构改革和行风建设的要求，将社会涉及面广的房地产交易确认、抵押登记等对外业务的办事程序和时限进一步修改、简化，共重新修订完善39项办事程序。

强化执法监察工作。一是切实履行城市规划管理监察职能。对城市主次干道、出入口和热点片区加强巡查监督，对沿街建筑立面和天面加强管理监控，大力开展清理整治"八无"工程活动。全年共查处违章建设309宗，总建筑面积3.88万平方米，有效维护了城市规划的严肃性。二是积极主动开展土地房产执法监察工作。坚决查处非法占用土地行为，净化用地环境；认真落实土地动态巡查责任制，充分发挥《非农建设用地许可证》的监督制约作用，加强对建设用地的跟踪监察；严肃查处擅自改变土地房产用途和擅自转让房地产行为；利用2000年度卫星遥感监测成果开展土地执法大检查。全市共查处各类土地房产违法案件305宗，涉及土地面积894亩，其中市区170宗219亩。市规划与国土资源局被省国土资源厅授予全省土地监察工作先进集体称号。三是全面清查闲置建设用地。为进一步规范用地秩序，盘活土地资产，对全市建设用地闲置情况进行全面清查。经查，市区已批出的建设用地超过两年未建设的共204宗、面积4801亩。

【矿产资源管理】 一是狠抓全市石矿场的安全生产专项整治和检查工作，对部分存在安全隐患的石矿场责令停业整改。二是强化矿产资源补偿费及自然生态环境治理保证金的征收工作。三是根据全省矿产资源管理秩序治理整顿工作会议的部署和要求，开展我市矿产资源管理秩序治理整顿专项行动。全市共查处无证开采石矿场8个，并全部予以封闭，同时加强对重点原迹地的巡查和跟踪管理，防止违法偷采、杜绝死灰复燃；完成"二证"的清理工作，对其中6个手续不完整的石矿场进行限期整改。四是按照市政府要求，牵头组织市林业局、达濠区政府对狗母涵山实施封山育林，美化自然生态环境。

（林　立）

环境保护

【简况】 开展环保宣传教育，强化环境监督管理，着重抓好水资源保护、工业污染防治、城市环境综合整治和生态规划建设，促进经济与环境协调发展。全市环境质量继续保持良好，汕头市区和澄海、潮阳城区空气质量均达国家二级标准，降尘量低于省参考评价值，南澳县空气质量达一级标准；全市饮用水源水质符合国家生活饮用水卫生标准；市区区域环境噪声等效声级55.8分贝，比降0.2分贝；交通噪声等效声级68.5分贝，与2000年持平。颁布实施《汕头市环境保护"十五"计划和2015年远景目标纲要》、《汕头市"十五"碧水蓝天绿地工程计划》，编制完成潮阳城区和澄海城区环境综合整治规划。全年向2735个单位征收排污费1536.84万元，比增0.96%。新建南澳县城片烟控区，面积7平方公里；验收澄海广益片和南澳县城片2个新建噪达区，面积共6.01平方公里。开展查处环境违法行为行动月活动、高考期间环境噪声污染整治、市区"迎九运、迎庆典"环保执法检查等整治行动，组织专项检查230多次，依法查处环境违法违规行为近100宗。汕头市区、潮阳城区和澄海城区开通"12369"污染投诉热线电话，全市处理污染投诉1721宗，理结率99.8%。实施环保行政处罚12宗，其中申请法院强制执行1宗，行政复议2宗。市环保局监督科被评为全省环境信访工作先进集体，金园区环保局局长陈永唐被评为先进个人。5月1日起汕头市区开征城市污水处理费。汕头龙珠水质净化厂荣获中国市政工程"金杯奖"，并获国家环保总局第五批环保设施运营资质认定。龙湖昌丰化工有限公司获得中国环境标志产品认证。高新区被省环保局批准为ISO14000国家示范区试点。"六·五"世界环境日期间，全市开展"世间万物，生命之网"主题宣传活动30多项，近8万人参加了宣传活动。市环保局被评为2001年度全省环保系统政务信息先进单位。金园区环保局被评为2001年省环保宣传教育工作先进集体。2000年度汕头市城市环境综合整治定量考核成绩获全省第一名和全国第三名，汕头市政府环保目标责任制年度考核成绩优秀，潮阳和澄海两市2000年度"城考"工作顺利通过省政府的首次直接考核。

【巩固双达标成果】 3月21日，汕头市双达标工作顺利通过省政府考核验收。各级环保部门开展双达标"回头看"活动，致力巩固双达标成果。全年对1800多个工业污染源实施经常性监管，组织巡查近200次，依法查处违规企业189家，防止了达标工业企业污染反弹。严把建设项目审批关，全市审批建设项目2048项，依章不准49项污染严重、选址不当或产品结构不合理的项目申报建设，落实249个项目开展环境影响评价，竣工项目"三同时"执行率97%，有效控制新污染，使市区空气、水环境功能区继续保持稳定达标。市环保局被评为全省双达标先进单位。

【整治贵屿环境污染】 潮阳市贵屿镇拆解废旧五金电器污染环境被有关新闻媒体报道后，汕头市、潮阳市和贵屿镇三级政府采取坚决措施，大力整治贵屿镇污染。3月23日、7月13日，汕头市政府先后两次在潮阳市贵屿镇召开整治环境污染现场会，贯彻落实省、市领导批示精神，听取贵屿镇政府有关情况汇报，察看污染现场，确定整治目标、任务和期限，部署整治工作。潮阳市成立了以常务副市长为组长，各有关职能部门负责人为成员的整治环境污染工作领导小组。贵屿镇委镇政府把整治环境污染作为镇的一项中心任务，成立相应的领导机构，制订实施《潮阳市整治贵屿镇环境污染工作方案》，先后组织7次大规模的清理整治行动，拆除违章建筑物3500多间，关停取缔300多户拆解五金废旧电器的家庭作坊和500多个用于加热提取电子元件的煤炉，取缔用简易法提取金属15宗，并建成2座小型垃圾填埋场，规划建设3个废品集中加工区。至年底整治工作取得阶段性成效。

【水污染防治】 继续加强跨市河流边界断面、饮用水源水质监测和管理，新增韩江跨市交界监测断面1个，饮用水源水质监测项目从24项增至31项，饮用水源监测频率从每年6次增加至12次，并按要求上报饮用水源水质监测月报。金园区、龙湖区和澄海市先后组织清理饮用水源保护区的输沙（煤）带或盲流窝棚，消除污染隐患。3月30日至4月1日，省政协副主席张展霞、省政协常委陈书燕、李泰谦带领韩江水资源保护和利用专题调研组莅汕调研，肯定汕头市政府在保护和利用韩江水资源方面所做的工作，同时希望有关地方政府、职能部门抓紧协调解决汕头市庵埠水厂上游潮安境内韩江堤岸堆积垃圾污染水源，以及练江上游普宁占陇境内沿江两岸垃圾阻塞河道等问题。9月3日，省环保局调研组莅汕考察潮阳市榕江片水资源情况。9月17日至19日，省人大常委会副主任李近维带领省环保执法检查组莅汕开展环保执法检查，实地检查潮阳市陈店镇与普宁市交界处练江上游的水质污染情况、潮阳市和平镇练江水质情况，以及和平镇日权眼镜厂的污水处理系统，在练江潮阳普宁交界点、和平大桥等处提取水样进行监测，听取汕头市政府关于贯彻执行《水污染防治法》和《广东省韩江流域水质保护条例》等情况汇报，并就进一步加强环境保护和实现城市可持续发展等问题，与汕头市委、市人大领导交换意见。11月14日，市政府召开第44次常务会议，研究整治新河沟流域污染等问题，原则同意《汕头市新河沟流域整治规划》设计方案，进一步明确新河沟、龙湖沟、三脚关沟、黄厝围沟的管理体制。11月23日，市政协城建委组织视察上述东区四沟综合整治情况，提出建设性意见。

【生态规划与建设】 继续开展创建生态示范村（镇、场、园）活动。11月7日澄海碧砂村和达濠澳头村生态示范村建设通过省考核验收，12月19日被命名为广东省生态示范村。在桑埔山北回归线标志塔南侧养殖基地，升平区初步建成占地30亩的“升平区大自然农园”。南澳县被国家环保总局批准为第六批全国生态示范区建设试点，并完成了生态示范区建设规划工作大纲和实施方案。

【环境监测与监理】 全年上报《2001年汕头市环境监测年鉴》等10多项环境监测成果，其中，《汕头市环境质量报告书（1996—2000）》获省优秀环境质量报告书一等奖和国家环境质量报告书评比二等奖。汕头市区和澄海城区分别实行空气质量预报和周报。全市完成4460厂次的污染源监测、11项建设项目环境现状调查和22项建设项目验收监测。市环保监测站完成2632辆机动车的排气抽检，澄海市开展了机动车排气路检。全年获有效监测数据7.4万多个。市环保局积极加强市环保监测站能力建设，添置了COD速测仪、EMR－300型电磁辐射分析仪、$\chi-\tau$射线剂量率仪、微波漏能测试仪等一批监测仪器设备，2001年该站在省计量认证换证检查中获优秀，在全省环保监测系统评比中荣获省“九五”期间环境监测先进集体称号。市环境监理所继续开展环境监理标准化建设，实现对2家排污单位污水处理设施的在线监控。

（黄　霓）

海　关

【简况】 2001年，汕头海关以“依法行政，为国把关，服务经济，促进发展”海关工作方针为指导，紧紧抓住“严厉打击走私、加强队伍建设、深化业务改革”三个工作重点，业务改革和队伍建设取得一定成效。全年共监管进出境运输工具13.51万辆(艘、架)次，比减21.37%；监管进出口货物455万吨，比减5.92%；验放进出境旅客23.89万人次，比减18.84%；征收关税和进口环节税27.76亿元，比减14.04%，超额4.77%完成海关总署调整后的26.5亿元的税收任务；查获走私案件325宗，比增0.31%，在扣私货价值1.55亿元，比减21.65%；查获违规案件697宗，案值1.66亿元，分别比增192.86%和30.75%；上缴罚没收入1.35亿元，比增7.45%，列全国海关第7位。

海关总署牟新生署长亲切慰问汕头海关海上缉私队员

中共汕头市委书记李统书视察汕头海关通关现场的F通道窗口

【整治通关秩序】 将打私工作作为重中之重，坚持打击走私与整治和规范进出口通关秩序有机结合，加大打击力度，保持高压态势。一是坚持领导亲抓，落实反走私责任制。发挥调查和侦查部门职能作用，理顺关系，协调作战，形成合力。二是坚持突出重点，组织专项行动。先后组织了“去冬今春”打击走私、打击海上光盘走私、“4·26”打击转关运输走私、扫黄打非、打击海上冻品走私、打击成品油走私、打击汕尾红海湾走私等专项行动共7次。查获香烟、不锈钢、成品油、食用油及VCD光盘等物资一大批。同时加大对转关运输中途偷卸或串换货柜走私活动的打击力度，确保陆路快速通关监管模式顺利实施。三是坚持情报先导，掌握查缉主动权。加强情报工作制度化、规范化建设，提高情报利用率。全年利用情报查获走私案件146宗，案值1.06亿元，分别占总案数和案值的44.92%和68.39%。四是坚持严格办案，增强威慑力量。修订完善案件处理、私货管理、行政处罚简易程序等一系列规章制度，严格依法办案。全年办结走私案件235宗，移送起诉26宗，判决44宗，办结违规案件589宗，罚款861.33万元。加大追逃力度，抓获在逃嫌疑人11名。加强与地方公检法等部门之间的联系配合，汕头海关走私犯罪侦查分局分别与汕头市检察院、揭阳市党政及公安部门建立工作联系配合机制，推进综合治理，增强威慑力量。

【扶持出口】 针对地方外贸发展中遇到的困难，积极采取措施，千方百计支持扩大外贸出口。一是健全扶持机制，强化工作基础。落实与汕头市政府外经贸工作联席会议制度，及时通报情况，协商解决具体问题和困难；汕头海关办公室与市外经贸局签署关于建立联络协调机制的MOU。实施9项创建措施,深入推进文明窗口创建活动。落实关务警务公开制度和关长接待日制度。围绕新《海关法》和通关作业改革,加强政策法规宣传。设立关长专线电话、隶属单位一把手热线电话、举报电话和投诉信箱,聘请关风关纪义务监督员196名,建立联系反馈制度,畅通和拓展接受社会监督的渠道。二是落实扶持措施,增强服务实效。对关区内273家出口规模大、信誉良好企业和30家信誉良好的高新技术加工贸易企业实施出口货物"F通道"管理,在出口通关手续上给予最大的便利。实施便捷通关程序,落实海关总署批准的两家享受便捷通关待遇的大型高新技术企业的6项便捷通关措施。落实业务现场24小时值班制度、预约监管制度和处、科长带班制度;对出口鲜活商品、进口高精尖仪器等货物,坚持特事特办、急事急办,给予预约随到随办、下厂验放等加急通关措施;对信誉良好的纳税大户给予预审价、预归类、"先放后征"优惠措施;规范报关单出口退税证明联、出口收汇联及进口付汇联等"三联"的签发管理,加快签发时间。全年进口平均通关速度每份报关单2.18天,同比减少0.82天;出口0.18天,同比减少1.5天。三是积极推广实施"中国电子口岸"。发挥牵头组织作用,主动联系地方政府和协调各有关部门,加大对外宣传力度,做好技术应用操作培训,提供各种便利条件,先后两次组织企业入网资格联合审查工作,按时完成关区5个地级市1997家企业的入网资格联合审查工作,制作IC卡5306张,确保企业正常进出口;设立通关热线电话,及时解决入网企业遇到的问题。

【完善通关管理新模式】 以加强通关风险管理和业务职能管理为重点,积极探索,稳步推进通关作业改革,建立新的通关管理模式。一是大力推进各项通关作业改革。根据海关总署部署,从1月1日起正式实施通关作业改革。按照"先试点、后推广、分步实施"原则,在全关实行电子审单作业模式和专业审单作业模式,实现平稳过渡。按照"有效监管、高效运作"原则,顺利实施陆路快速通关改革。积极探索,加强通关风险管理。按照海关总署《通关作业改革指导方案》精神,主动探索,积极研究,逐步建立一个职责明确、制度齐全、决策及时、布控准确的风险管理机制。二是明确定位,强化并发挥职能作用。明确总关职能部门"行政指导、认真协调、强化监督、服务基层"的职能定位,增强各职能部门的职能管理意识,下放事权,集中精力加强指导和监督,搞好协调和服务。开展总部职能部门发挥职能管理作用和基层单位执法状况的双向评估工作,全面客观地衡量各职能部门和基层单位的职能管理和执法成效,互相监督、互相促进、互相学习。

【规范业务管理】 汕头海关着力加强和规范各项业务管理,增强整体管理效能,提高执法水平。一是依法征管,综合治税。及时制定税收指导性计划,完善税收工作例会制度,发挥《关税分析监控系统》及本关业务数据库的统计、分析、监控、预测等功能,实时监控关区税收征管动态,定期分析税收入库进度和税源分布状况。加强价格管理,打击进口货物低瞒报价格活动,全年审价补税2911宗,补税额3309.5万元。加强归类管理,开通关区归类问答书电子传输系统,规范商品归类和取样送检操作。严格执行减免税政策,规范审批管理,加强后续监管,确保管住管好,全年共备案审批减免税项目203个、审批减免两税(关税、进口环节税)3.95亿元。二是加强加工贸易管理。修订完善《加工贸易业务审批管理办法》等管理制度,开发保税系统统计查询功能,制定9项加工贸易商品单耗标准,做好加工贸易管理的基础工作;落实验厂、下厂核查、核销等制度,合同核销率达99.43%,核销补税5261.57万元。组建加工贸易机动小分队,开展实地核查。继续对1999年底前备案的遗留合同进行清理,清理1999年以前备案、已倒闭的加工贸易企业187家，遗留合同271份，并作停账处理，对2000年以来发现的411家倒闭企业及662份遗留合同进行严密布控。深入调研，妥善处理汕头保税区遗留问题，收到较好效果。三是构建物流监控体系，加强实际监管。开展专题调研，制定码头监控管理规程，在15个码头设置海关卡口16个，严格卡口值守管理。与19个码头管理部门签订MOU，推进共管机制。在汕头国际集装箱码头试行“双信息放行”管理模式。开展关区一类、二类口岸码头及临时监管点、油(气)库和对台小额贸易口岸专题调研。加强转关运输管理，开展转关运输企业及车辆专项清理整顿，遏制中途“飞料”走私。采取科学监管、风险分析、现场调研相结合的查验方法，充分发挥X光集装箱移动检查设备和电子地磅等高科技设备的作用，增强查验科学性和针对性，加大实际查验力度，全年平均查获率超过1%。发挥借调武警协助监管作用，全年武警部队共上勤18.37万人次，查验车辆13.32万辆次，抄查船舶216艘次；协助海关查获走私违规案件489宗，涉及案值1.6亿元。四是规范法制管理，加强法制工作。根据新《海关法》、通关作业改革和加入世贸组织的要求，清理2000年底前制定的177个规范性文件，修订了40个，废止了56个；制定操作规程，加强规范性文件出台前的调研、审核工作，确保合法性、合理性和可操作性；实行执法建议书制度，规范行政执法行为。五是增强科技服务意识，提高科技管理水平。认真贯彻落实全国海关科技工作会议精神，研究制定《“十五”期间汕头海关科技发展计划纲要》；建立科技管理员队伍，形成全关科技管理网络。围绕海关重大科技应用项目，从硬件配置、软件维护、技术力量等方面，加大支持和保障力度。六是加强企业分类管理，清理整顿报关市场。修订《对企业分类管理实施方案》，将分类管理作为规范企业经营行为、促进企业依法经营的重要手段，按照企业经营状况和走私、违规记录，及时调整62家企业管理类别。组织开展对报关企业的清理整顿工作，对违规经营的报关企业责令限期整改。做好企业和报关员年审工作，开展报关员业务技能培训达1000多人次。

【提高队伍素质】 按照“把关必先治关，治关务必从严”的思路，围绕“四个重点”加强队伍建设。一是积极推进干部人事制度改革。选定18个副处长、40个科长、45个副科长职位实行竞争上岗。加大干部交流力度，交流处级干部12人、科级干部66人，调整处级领导班子7个，研究制定《汕头海关处、科长行为规范》、《汕头海关关于加强对领导干部行政执法行为监督制约的指导意见》等制度，加大对领导干部的监督制约力度。对3位隶属海关(办事处)一把手进行离任审计。选拔10位政治素质强、党性觉悟高、工作能力强的同志担任纪检监察特派员，派驻到10个业务量大或远离总关的基层单位。制发《汕头海关纪检监察特派员对所驻单位廉政工作量化评估管理办法》，发挥特派员对所驻单位依法行政和廉政状况的监督检查作用。二是加强廉政建设。建立廉政纠风工作例会制度和季度行风分析例会，进一步抓好纠风整纪工作。制定落实《关于海关外勤工作纪律的规定》实施细则。以海关系统执法腐败案件为反面典型，开展廉政教育，做到警钟长鸣。严肃查办违纪案件，对9位有严重违纪行为的关员给予行政处分。组织后进人员纪律教育培训班。制定《汕头海关党组关于〈海关系统反腐败抓源头工作实施办法〉的实施细则》，落实35项反腐败措施，推进反腐败抓源头工作。全年共拒礼拒贿132宗，上交礼金、不明金额红包、礼品、有价证券110份；上缴礼金2万余元；谢绝宴请、高消费娱乐、旅游邀请214人次。三是扎实开展“三讲”教育“回头看”活动，根据群众意见和建议，制定整改方案；群众对党组“回头看”基本满意和满意率达99.4%。切实抓好缉私警察“三项教育”工作，认真解决缉私警察队伍存在的突出问题，进一步强化广大干警垂直领导意识和为国把关意识，提高拒腐防变能力和执法水平。抓好业务培训，举办各类培训班 33 期，参培 1748 人次，选派和委托培训 349 人次。组织《海关法》和通关知识竞赛，掀起学法规、学业务、学理论热潮。召开全关思想政治工作会议，制定《汕头海关思想政治工作规范（试行）》和《汕头海关党组关于进一步推进思想政治工作的若干意见》。

（曾素明）

出入境检验检疫

1. 户用 CIQ2000 系统工程，使报验、计费、检验、签证放行一条龙。

刘晋忠摄

2. 对进口石油气进行计量、计重测定。

刘晋忠摄

3. 查验进口原木。

刘晋忠摄

【简况】 2001 年，汕头出入境检验检疫局共检验检疫货物 9.67 万批，货值 24.54 亿美元。其中出境 7.04 万批，货值 9.44 亿美元；入境 2.62 万批，货值 15.10 亿美元。检疫出入境人员 20.47 万人次，飞机 1976 架次，船舶 3850 艘次，集装箱 11.2 万标箱次。检验检疫入境木质包装 3709 批次，出境木质包装 995 批次。预防接种 9336 人次，监测体检 4169 人次。签发普惠制产地证书 15756 份，签证货值 17598 万美元。签发一般原产地证书 4849 份，签证货值 11628 万美元。完成外商投资财产鉴定 76 批，其中高价低报 22 批，原报价 282.4 万美元，鉴定价值为 308.7 万美元，升值率为 9.3%；查出低价高报 30 批，原报价 729.2 万美元，鉴定价值为 465.7 万美元，降值率为 36.1%；持平 24 批，价值为 731.6 万美元。共查出不合格商品 334 批，货值 1465 万美元。检出二类危险性害虫——双钩异翅长蠹、橘小实蝇、芒果果实象甲、芒果果核象甲共 12 批次，三类危险性杂草——三裂叶豚草 1 批次。检出传染性疾病 207 例，非传染性疾病 469 例。

【完善监管模式】 开展了入境船舶电讯检疫工作。4 月 1 日起，对所有符合条件的入境船舶，采用了电讯检疫这一方式为其办理入境检疫手续。船方或其代理人在入境船舶进口岸 24 小时前，可通过传真、电话等电讯方式向检验检疫机构提出电讯检疫申请。获准电讯检疫的入境船舶，到港时可降下检疫信号，直接靠码头作业。此举开创了汕头口岸出入境检验检疫史的又一先河。获准实施电讯检疫的船舶约占入境船舶总数的15%。6月1日起，在澄海办事处开办了普惠制产地证和一般原产地证的签证业务，澄海市的外贸企业可以就近在该办事处申办普惠制产地证和一般原产地证。11月8日，经广东出入境检验检疫局批准，设立了邮包快件检验检疫办公室，抽调检验检疫人员进驻汕头市邮政中心大楼办公，统一管理出入境邮包快件的检验检疫工作。

【重点和敏感商品的检验监管】 采取完善检验检疫原始记录，建立检验监管信息资料库，加强食品标签审核，抓好出口产品源头卫生质量监管，强化现场查验把头等措施，加强了对涉及安全、卫生、环保、健康等重点和敏感商品，如废旧物品、食品、化妆品、电器产品等的检验监管。3月1日起，根据国家出入境检验检疫局的规定，对进出汕头口岸的电池产品汞含量全面实施强制检验，对所有进口电池产品实行了备案制度。全年共查出不合格进出口食品18批次、332.9吨，不合格进出口化妆品7批。

【动植物检验检疫】 一是供港活猪的检验检疫。按照新的管理办法对猪场进行严格考核，重新办理注册；与各猪场签订了检验检疫监管责任书；按照盐酸克伦特罗含量必须在1 PPb以下的新标准，认真做好活猪尿样的检测，对一时未能达到要求的猪场，一律暂停出口报检；开展了口蹄疫免疫抗体监测；不定期检查猪场的生产、防疫、用药情况。全年共向香港出口活猪174批次9294头。二是进境肉类的检验检疫监管。对经本口岸进境的冻肉，严格审核产地国家或地区官方出具的检疫证书，查明证书上是否注明了“不适合人类食用”等内容。对于原封条和原货柜在查验时难以确认的，进境冻肉全部监卸入库。加强对存放进境肉类冷库的监管，进行登记备案，建立完整的监管手册，对进境肉类出入库及流向进行记录，逐批填写《进境肉类检验检疫工作记录表》和《进境肉类检验检疫情况统计表》，自8月开始，按照广东出入境检验检疫局的要求，每天上报一次本口岸进境肉类的检验检疫情况。全年共检出4批次来自美国、加拿大的进境肉类污染沙门氏菌。三是出口水产品的检验检疫，坚持批批解冻检验和按比例检测微生物。对被检出不合格产品的企业发出监管通知书，落实整改。全年共检出不合格出口水产品11批次132.2吨。四是加强了对进境原木的检疫。8月3日，在一批来自马来西亚的木板材上查获了二类危险性害虫——双钩异翅长蠹。五是加强出口蔬菜的农残检测，规范辖区内的16家出口蔬菜厂、收购站的检疫卫生登记工作，深入产区了解出口蔬菜种植、施药和收购情况，确保出口蔬菜的卫生质量。六是继续做好来自美国、日本货物木质包装的检疫查验，从30批次已出具了原产地热处理证书的美、日货物木质包装上查获活线虫；查出货证不符的有56批次。

【卫生检疫】 一是以卫生状况相对较差的航行港澳船舶为重点，加大检疫查验力度，查出携带有医学媒介生物的入境船舶345艘次。8月30日，对航行港澳的小型船舶“海诚”轮施行了溴甲烷整船蒸薰除鼠，检获死鼠9只及大量蜚蠊。全年共除鼠147次，捕鼠234只，除虫120次。二是加强了对入境船舶食品舱的检查，封存来自口蹄疫、疯牛病疫区的畜禽产品1484公斤。对来自马来西亚、新加坡、越南、泰国登革热疫区的入境船舶加强了卫生监督和卫生处理。三是对口岸饮食品经营单位实施严格的卫生监督，组织了134名服务从业人员进行健康体检。四是加强了对出入境人员的传染病监测，发放预防药物200余人份，对7例梅毒病例做好个案调查和流行病学调查，定期追踪随访。

【疫情监测调查】 5月至10月，在全市水果产区、蔬菜产区、园林绿地、入境口岸、涉外宾馆、居民小区、旅游景点等设置510个实蝇诱捕器,其中地中海实蝇诱捕器200个,橘小实蝇诱捕器120个,瓜实蝇诱捕器120个,蛋白诱饵诱捕器70个,监测面积近1000平方公里,全部使用高纯度专一性引诱剂进行诱捕。7月至12月底,在汕头港和汕头机场等口岸设立25个监测点,认真开展汕头口岸登革热蚊媒监测调查工作,获得本口岸蚊密度和优势蚊种及蚊幼虫各项指数。

【认证监管】 加强对认证监管工作的组织管理。9月7日,在澄海市举办了认证监管法规宣贯会暨现场办公会,派发宣传材料300多份。选准辖区内众多未获质量许可证和质量管理体系认证的玩具生产企业作为工作突破口,加大工作力度,抽调检验检疫人员帮助企业编写质量手册,建立健全质量管理体系,指导企业按监管要求进行整改。全年共新增检疫卫生注册企业8家,检疫卫生登记企业11家,有27家企业获得质量许可证。

【科技工作】 汕头检验检疫局化矿金属实验室、纺织品实验室和食品实验室相继通过了中国国家出入境检验检疫实验室认可委员会(CCIBLAC)组织的监督评审及现场考核评审。7月,《鹅禽流感病毒研究》和《原子吸收分光光度计用于分子吸收测定钢铁中的磷》两项科研项目通过了国家出入境检验检疫局组织的专家鉴定,并申报国家成果登记。6月完成了广域网络建设并在各检验检疫办事处及外围办公点全面启用CIQ2000检验检疫业务综合计算机管理系统。在汕头口岸抓紧实施"三电工程"(即电子报检、电子转单、电子签证),8月开始启用电子转单,9月开始启用电子报检,10月启用产地证审签端软件。至年底,共有2家企业向汕头出入境检验检疫局申请电子报检,1家申请电子签证。

【监督管理】 加强对行政执法队伍的建设,组织321名行政执法人员参加行政执法证资格考试;制定出台了《汕头出入境检验检疫局受理司法鉴定工作程序》和《汕头出入境检验检疫局行政处罚工作程序》,规范了司法接待工作和行政处罚行为。对42宗各类违反检验检疫法律法规的行为进行了行政处罚,给予警告的24宗,罚款的18宗,处罚金额人民币61415元。对2家质量体系严重失控,产品卫生质量无法达到出口食品厂库卫生要求的水产品加工企业发出停产整顿的通知。对持过期失效HACCP证书的2家水产品加工企业,作出停止受理其输往美国的水产品出口报检的决定。

【参与地方"两大整治"活动】 汕头检验检疫局成立了改善地方投资软环境工作领导小组和打假办公室,制定了开展"两项"整治工作方案并组织实施,落实各项服务承诺和粤东4市检验检疫机构扶持地方外贸发展八条措施。9月5日,汕头出入境检验检疫局与市工商局组成联合执法队,对位于汕头市区四中巷的4家经营服装商铺进行突击检查,现场查获来自日本、韩国和台湾地区的旧服装3万多件,绝大多数服装污渍斑斑,散发着霉腐气味。还多次派员参加由市政府组织的进境肉类专项执法联合检查行动,对全市冷库进行清查,整顿进境肉类市场秩序。

【扶持企业出口】 汕头检验检疫局通过监管、指导、帮促,着力帮助出口企业提高管理水平,解决在检验检疫通关环节中碰到的困难,扶持企业扩大出口。汕头市大洋冷冻工贸公司等4家水产品加工企业顺利获得了欧盟注册,产品打入欧盟市场;海霸王(汕头)食品有限公司和澄海市苏南糖果厂等一批知名或传统出口企业获得了检疫卫生注册。

(刘东泳)

口岸管理

【简况】 全年入出境旅客16.08万人次，比2000年下降14.2%；进出口货物259.65万吨，增长1.2%，其中集装箱11.00万标箱，增长8.7%；入出境交通工具6.28万辆(架、艘)次，下降22.8%。

【口岸协调】 做好新建、扩建码头停靠外轮作业的协调工作。针对加德士海洋能源燃气有限公司专用码头因属于非开放水域，靠泊外轮须上报交通部审批的问题，各口岸单位注意协调，及时进行上报，解决了该司经营的主要瓶颈。5月份，该公司5万吨级码头建成，须海关、边检、消防等10多个部门验收方能投入使用，经协调，只用了一周时间，码头就投入运作，企业较为满意。不断完善联合办公、一条龙服务的制度。分别在汕头国际集装箱码头设立货物报检报验联合办公室，在汕头港设立船舶联合报检办公室，集中海关、边检、海事局、检验检疫局、银行、报关公司等部门，简化手续，不断完善"岸上报检，联合办公"的船舶查验制度，为港口进出口货物申报、查验、监管提供"一条龙"服务。加强空港的相关单位的协调。实行现场值班制度，及时协调处理现场出现的问题。有关口岸单位注意相互配合，做好九运会汕头赛区、庆祝汕头经济特区建立20周年活动及重大节日来汕嘉宾的接待工作。

【规范管理】 按照省政府关于加强水运二类口岸管理工作的通知精神，市口岸管理部门注意配合有关部门，坚定不移地打击走私、贩私活动。同时，针对车检场内部分报关公司搞不正当竞争、互相压价的问题，市口岸办拟定了《关于汕头车检场报关公司无序竞争情况和处理意见》，督促各经营单位不断完成内部管理制度，落实责任制，有效地规范车检场的经营秩序。

【口岸建设】 南澳县、潮阳市在地方财政困难的情况下，挤出专项资金，投入口岸基础设施配套建设。潮阳海事处、边检、检验检疫局3个单位的办公楼主体已建成。南澳县采取各种措施，较好地解决各查验单位临时办公、生活用房的问题；澄海在市车检场旁兴建了一幢口岸查验办公大楼，用于解决查验单位的办公、生活用房问题。

(邱长奕)

统　　计

【简况】 2001年，全市各级统计部门坚持以提高数据质量为中心，狠抓基层统计建设，加强统计基础工作，积极推进以抽样调查为主体的统计制度方法改革，加大统计执法检查力度，进一步提高了统计为党政领导决策服务，为经济建设和社会发展服务的水平。

【基层统计】 针对基层统计存在的问题，市统计局组织力量到潮阳等地开展调查研究。9月27日，市政府在潮阳市召开全市统计工作会议，会议强调了统计工作在政府决策和管理中的重要作用，分析了基层统计工作存在的问题及原因，提出了加强基层统计工作的意见。根据会议精神，10月17日汕头市政府发出了《关于进一步加强统计工作的通知》，要求县级统计机构实行单独设置，在一类镇设统计组，在二类镇及街道配专职统计员，村(居)委设专职或兼职统计员。对主要统计指标数据质量实行下管一级，全面实施数据质量评估制度。

【统计执法大检查】 6月至9月，按照国家和省的部署，市统计局、监察局、司法局联合在全市开展统计执法大检查，重点检查《统计法》和《中央办公厅、国务院办公厅关于坚决反对和制止在统计上弄虚作假的通知》在各地的执行情况。由三部门领导组成市统计执法大检查领导小组及办公室，采取自查和重点抽查相结合的形式，要求各地、各部门、各单位认真对照《统计法》、《广东省统计管理条例》和"两办通知"的要求，重点检查各单位近两年来的主要统计指标数据质量，以及贯彻执行统计法规和统计制度的情况，市统计局还公布了举报电话。从大检查的情况来看，基层单位违反统计制度的情况较为普遍，性质上多数比较轻微，但也有部分单位存在较严重的统计违法行为，如虚报或瞒报工业产值、瞒报职工人数、拒报统计报表等。市大检查领导小组办公室对重点抽查中发现的存在统计违法行为的8家企业给予警告、责令限期整改并进行通报批评的处理。

【统计服务】 全市统计部门进一步提高统计优质服务水平，继续做好为领导决策和社会各方面的统计信息咨询服务。在搜集整理统计资料的同时，围绕党政的工作重点和社会关注的热点、难点，有针对性地开展统计调查和分析研究，先后组织开展了"卫生行业医风医德问卷调查"、"两大整治民意调查"、"企业负担情况调查"等，全年提供了《从各行业增加值变化看经济滑坡的成因》、《关于当前企业负担较重的几个问题》等统计调查分析报告49篇。

【统计改革】 贯彻《2001年广东省统计制度方法改革要点》，进一步推进统计调查方法改革。规模以下工业企业抽样调查进一步规范化和制度化，完善小型批发零售贸易餐饮业抽样调查，实施农村经济年度抽样调查和农业生产季度抽样调查，完善以国内生产总值为核心的主要统计数据质量评估制度，确保主要统计数据能基本准确反映经济运行趋势。

【两项普查】 第五次全国人口普查进入大规模数据处理阶段，至9月底，数据处理工作全面完成并经上级验收合格，普查工作转入对普查成果的开发利用。开展第二次全国基本单位普查，以11月1日为普查标准时点，实行条块结合的普查方式。宣传、动员、业务培训、填表等项工作进展顺利。

（郑文奇）

无线电管理

【无线电技术设施建设】 汕头市坚持规划着眼未来发展、建设按实际分步进行的原则，多方筹资建设了汕头无线电管理业务楼、潮汕3市无线电监测网汕头中心站、无线电检测中心、无线电管理计算机信息系统，装备了移动监测车和设备检测车4台、测向定位仪3部、监测接收机11部、综合测试仪8部、频谱分析仪4部、干扰分析仪4部、电磁辐射测量仪4部、场强仪1部、电脑30部(套)、投影仪4部等一批先进监测仪器设备。汕头市无线电管理办公室已具备独立完成无线电管理任务的能力，确立了粤东地区无线电技术管理中心地位。

（无线办）

政　治

中共汕头市委

【市委主要会议】

市委工作会议　1月4至5日在市委会议中心举行。会议主题是，学习贯彻中央经济工作会议和省委工作会议精神，总结汕头市2000年的工作，分析面临的形势，研究部署2001年如何开好头，起好步，促进两个文明建设取得新进展。市委常委、市政府副市长、市人大常委会、市政协党组成员、市纪委副书记，市委、市政府副秘书长，各区县(市)书记、区县(市)市长，中央和省驻汕单位及企业主要负责同志出席了会议。市委书记庄礼祥在会上作了重要讲话，市委副书记、代市长李春洪就全市经济工作作具体部署。澄海市、龙湖区、市经委、市科委的负责同志在会上作了发言。会议指出，2001年全市工作的总体要求是：以邓小平理论为指导，按照“三个代表”的要求，贯彻落实党的十五大和十五届五中全会精神，以加快发展为主题，以结构调整为主线，以科技创新和体制创新为动力，以提高人民生活水平为根本出发点和归宿，继续推进外向带动、科教兴市、工业强市和可持续发展“四大战略”，内强实力，外树形象。端正经济工作指导思想，推进结构调整，推进信息化、工业化和城市化的进程，扩大有效投资、扩大消费需求、扩大对外开放，打好实业基础；大力整治市场经济秩序，营造良好的经济发展环境，促进国民经济平稳发展和社会全面进步。进一步加强精神文明建设、民主法制建设和党的建设，正确处理改革、发展、稳定的关系，努力实现“十五”计划良好开局，加快率先基本实现现代化，建设区域中心城市步伐。会议强调，2001年全市经济工作要把握好四个问题：一是依靠科技创新，积极实施“工业强市”战略，推进经济结构战略性调整。二是乘势而上，依靠体制创新，全面加快改革步伐。三是应对加入世贸组织的新挑战，进一步扩大对内对外开放，增强综合竞争实力。四是整顿和规范市场经济秩序，营造文明法治环境，树立汕头新形象。会议对全市2001年经济工作做了十个方面部署：巩固和加强农业基础地位，千方百计增加农民收入；继续实施工业强市战略，推动工业经济快速发展；积极应对加入世贸组织新形势，进一步提高开放水平；大力发展现代服务业，推动服务经济上新台阶；推进体制创新，消除制约发展的体制性障碍；实施科教兴市战略，加快人才资源开发；加强城乡规划建设管理，推进城市化进程；加强财税工作，发挥金融支持经济建设的作用；整顿和规范经济秩序，塑造汕头良好形象；坚持从人民群众的根本利益出发，努力提高人民生活水平。

市委常委扩大会议　5月16日在市委会议中心举行。会议对全市整治市场秩序和社会秩序工作进行阶段性回顾，并研究部署把“两大整治”引向深入，推动汕头经济和社会健康发展。会议由市委副书记方健宏主持，市委副书记、市长李春洪就我市如何坚决贯彻落实国务院关于整顿和规范市场经济秩序的决定作了部署。汕头海关、潮阳市委、市委政法委、市国税局、市技术监督局和市工商局负责人在大会分别作了发言。市委书记李统书作题为《“重建信用、重塑形象”是新世纪汕头的生命工程》重要讲话，强调要突出抓好五个重点：一是更加深入开展严厉打击骗取出口退税专项斗争；二是组织更大规模的打击制假售假犯罪活动的联合行动；三是加大力度开展打击逃废债务专项斗争；四是坚决打击各种破坏社会秩序的犯罪活动；五是要把安全生产提上更加重要的位置，千方百计确保企业生产和人民群众生命财产的安全。李统书强调，要充分认识把“重建信用、重塑形象”作为汕头21世纪生命工程的极端重要性和紧迫性，下功夫、花力气抓好八项工作：一是推进干部人事制度改革，造就一支高素质的干部队伍；二是加大力度，加快进度，建章立制，规范管理；三是充分发挥执纪、执法部门的作用，为“重建信用、重塑形象”提供纪律和法制保障；四是切实端正经济工作指导思想，坚持走正道靠诚信求发展；五是把依法治市和以德治市结合起来，为“重建信用、重塑形象”打下坚实根基；六是下功夫抓好基层基础工作，保证各项任务的贯彻落实；七是进一步强化领导责任制，把各项工作落实到实处；八是坚持发展是硬道理，千方百计壮大汕头的经济实力。市委副书记方健宏就如何贯彻落实市委常委扩大会议精神提出意见。出席会议的有：市委委员、候补委员；不是市委委员、候补委员的市人大、市政府、市政协、市纪委领导；市委、市政府副秘书长；各区县（市）党政第一把手；中央和省驻汕单位、市直副处级以上单位主要负责同志。

汕头市干部大会　7月27日在汕头市鮀岛影剧院召开。会议以邓小平理论和江泽民同志“七一”重要讲话为指导，学习贯彻省委八届七次全会和全省经济形势分析会精神；分析当前汕头面临的形势，研究部署加快发展的各项工作；表彰精神文明建设先进集体和个人，推进党的建设和精神文明创建活动。市委书记李统书作了题为《认清形势，抓住机遇，群策群力，加快发展》的报告。会议提出，要抓住机遇，乘势而上，真抓实干，加快发展，全力以赴完成各项任务，以崭新面貌和优异成绩，迎接第九届全运会和汕头经济特区建立20周年。市委副书记、市长李春洪在会上通报了我市上半年经济运行状况，并要求在下半年经济工作中要突出抓好五个重点：一是抓拓展市场；二是抓有效投资；三是抓技术创新；四是抓增加收入；五是抓优质服务。会议还对一批获1999—2000年度全市精神文明建设先进单位和个人进行表彰，市委常委、组织部部长于云臣宣读市委、市政府的表彰决定。潮阳市、龙湖区、市经贸局、市外经贸局、市农林局、市城管局、市交警支队负责人就进一步搞好发展带动整治工作在会上发言。会议还对市党政领导班子成员年度考核进行民意测验。

汕头市党政领导班子民主生活会　8月28日至30日在汕头市举行。会议以邓小平理论为指导，学习实践江泽民总书记“三个代表”重要思想，坚持“三不一有”的原则，紧密联系汕头经济社会发展中暴露出来的严重问题，谈危害，找原因，开展批评与自我批评，吸取教训，统一认识，端正经济工作指导思想，增强忧患意识和使命感，振奋精神，迎难而上，真抓实干，重建信用、重塑形象，整治秩序，加快发展，为增创新优势，更上一层楼，率先基本实现现代化作出新贡献。省委常委、省纪委书记王华元、市委书记李统书分别在会上作重要讲话。参加市党政班子民主生活会的有：省纪委常委、秘书长张宇航，省委组织部副处长蔡秀芬；市委常委、市人大代主任、副市长。参加30日下午总结会的还有市人大、市政协、市纪委班子成员和市委、市政府副秘书长。

市委七届七次全体（扩大）会议　11月15日至16日在汕头市鮀岛影剧院举行。全会认真学习贯彻党的十五届六中全会、省委八届八次全会精神和中共中央政治局常委、国务院副总理李岚清同志近日莅汕考察时的重要讲话，审议通过了《中国共产党汕头市第七届委员会第七次全体（扩大）会议决定》，对全市党风建设进行了全面部署。出席会议的市委委员34名，市委候补委员5名。不是市委委员、候补委员的市人大常委会、市政府、市政协班子和党组成员，市纪委委员；各区县（市）委书记、各区县（市）长、副书记、人大主任、政协主席，各镇（街道）书记、镇长（主任）；中央和省驻汕单位、市直有关单位现职副处级以上领导列席了会议。会议由市委常委主持。市委书记李统书在会上作了题为《抓党风促政风带民风，努力开创汕头工作新局面》的报告。报告强调，要认真学习领会党的十五届六中全会、省委八届八次全会精神，提高认识，统一思想；要切实加强思想作风建设，解放思想，实事求是，与时俱进，开拓创新；要以密切党同人民的血肉联系为核心，切实转变领导作风和工作作风；要加强领导，狠抓落实，开创各项工作的新局面；要千方百计抓好经济工作，确保完成2001年预期目标，为明年加快发展打好基础。

市委工作会议　12月30日至31日在市委会议中心举行。会议学习贯彻中央经济工作会议和省委工作会议精神，总结我市2001年工作，分析当前形势，研究部署我市2002年工作，动员各级党委、政府和广大干部群众应对加入世贸组织的机遇和挑战，做好各项工作，迎接党的十六大和省第九次党代会的召开。市委书记李统书作了《讲信用办实业创品牌，全面提高汕头竞争力》的重要讲话，市委副书记、市长李春洪就2002经济工作作了具体部署，汕头海关、市国税局、市质监局、市经贸局、潮阳市和金园区的负责同志作了大会发言。市委常委、副市长，市人大、市政协的党员负责同志，各区县（市）委书记、区县（市）长，中央和省驻汕单位、市直局以上单位主要负责同志出席了会议。各区县（市）发展计划局局长列席了会议。会议提出了2002年全市工作的指导思想，强调要牢固树立“信用立市、品牌兴市、实业强市”的发展理念，全面提高竞争力；应对加入世贸组织的机遇与挑战，深化改革，扩大开放；转变政府职能，改善投资软环境；一手抓整治，一手抓发展，以发展带整治，以整治促发展；充分发挥侨乡优势和民资民力优势，壮大经济实力；加强党的作风建设和精神文明建设。会议对2002年的经济工作作了八个方面具体部署：一是积极贯彻落实扩大内需方针，促进经济稳定回升；二是推进产业结构调整，增强经济发展后劲；三是加大招商引资力度，努力壮大经济总量；四是继续推进各项改革，为经济发展提供动力；五是继续实施“科教兴市”战略，为经济发展提供智力支持和人才支撑；六是规范财税管理，加大金融对经济发展的支持力度；七是以信用体系建设为核心，进一步规范市场经济秩序；八是坚持为民办实事办好事，切实改善人民生活。

（单正言　李汉元）

【加强干部队伍建设】　在“两大整治”过程中，市委把干部队伍建设摆上首要位置，抓班子带队伍，抓党风带民风，全面推进机构改革和干部制度改革，明示纪律，约法三章，坚决克服用人上的不正之风，并把干部在“两大整治”中的实际表现，作为选拔考核的重要内容，做到能者上、庸者让、劣者汰。这次机构改革共精简9个政府直属行政机构，领导班子成员总数减幅达到29.9%，党政工作部门领导正副职有90%以上进行了交流。市直机关中层领导职位实行全员竞争上岗；推出市直16个副处级领导职位，在全市范围内进行公开选拔。力度之大，前所未有。

【为群众办好事实事】　市委、市政府把解决部分群众“饮水难、住房难、治病难”问题作为密切党群干群关系的重要工作来抓，在全市开展“情系困难群众献爱心”活动，筹措社会资金2700多万元，投入农村水改工程。分两批以公开抽签方式安置了939户住房特困户。各级还投入资金200多万元，为农村100户住房难特困群众修建住房198间。全面实行药品采购公开招标制度，从源头上降低医药成本，减轻群众负担；解决医风医德问题，提高医疗服务质量。推行“再就业优惠卡”制度，妥善解决下岗职工再就业和社会保障方面的实际困难。市财政支出220万元，为1289户、3726名国企、集体企业特困职工提供粮、油等特殊供应。把党和政府的温暖送到千家万户，得到群众和社会各界的高度评价。

（李汉元）

【民主测评机关作风】　6月至8月中旬，市直、5个区部分企业、人大代表、政协委员和机关等1000个单位(个人)对全市68个副处级以上的行政执法机关、司法机关和金融部门进行民主测评。测评的内容分两部分:一是企业、人大代表、政协委员民主测评行政执法机关、司法机关和金融部门的机关作风、承诺兑现制度等;二是全市副处级以上部门及单位进行自评和互评。参评的对象为550家规模较大、效益较高的工业企业,以及建筑业、商业、房地产业、交通运输邮电通信业和服务业等企业和市直250个副处级以上机关、事业单位以及100位人大代表和100位政协委员。测评采取填写问卷的方式,问卷分满意、基本满意、不满意及不清楚4个档次,采取无记名投票方式,按分数高低排序,对满意率高的前10名给予表扬鼓励,对不满意率高的后5名提醒注意,限期改正。在民主测评机关作风活动中,各单位和个人共提出意见和建议993条,经市"整风办"分类整理,其中比较具体的、具有可操作性的有191条,共涉及68个部门。这些意见和建议中群众反映较集中的是部分单位服务态度较差、办事效率低、办事速度慢等问题。"整风办"除把各项意见和建议向涉及的部门反馈外,还约请重点单位进行面对面交流,限时整改。各单位对群众所提的意见和建议十分重视,针对有关问题结合实际制定了切实可行的整改措施,把各项意见分解后落实,进行专项整顿。对个别整改不力的还进行了严肃处理。市中心医院对一名收受病人80元现金的医技人员扣发3个月奖金,该院康复科因不按规定标准收费被通报批评,有关人员分别被扣发奖金和调离工作岗位。经过整改,各有关部门服务态度大为好转,面貌焕然一新。各部门还下决心精简机构,简化办事程序。汕头海关在各个业务现场均实行节假日照常上班和24小时预约监管制度,对关区内的A类企业和信誉良好的大中型企业给予"下通道"快速通关、预审价、预归类等优惠措施,通关效率明显提高,受到企业的好评;市规划与国土资源局为缩短二手房上市交易时间及简化房地产抵押登记手续,取消了"登记或公告30天"的环节,大大缩短了房地产交易办事时限;市国税局将设立纳税人服务呼叫中心,纳税人只需拨打电话就可以进行申报纳税、涉税举报和纳税查询,为纳税人提供高效快捷的服务;市建设局对原该局38项行政审批事项进行清理调整,减少7项,并按照"窗口式"办公的形式,实行"一站式"服务,把建工、质监、安监等部门集中到一个窗口办理报建有关手续,把原建设单位需跑9个部门盖10个印章改为只跑一个窗口盖一个章。

(市整风办)

附:2001年度中共汕头市委书记、副书记、常委、秘书长名单

书　记:庄礼祥(1—3月)
　　　　李统书(3—12月)
副书记:李春洪　方健宏(3—12月)
　　　　卢桂兰　赖益成
常　委:庄礼祥(1—3月)
　　　　李统书(3—12月)　李春洪
　　　　方健宏(3—12月)　卢桂兰
　　　　赖益成　李焕然　黄荣汉　林静辉
　　　　林荣城　黄俊潮　于云臣　陈奕威
秘书长:林静辉(兼)

信访工作

【群众信访】 全年市信访局(包括原市委办、市府办信访科)共受理群众来信来访的信访总量10582件次,其中来信2537件,来访810批4327人次;市长专线电话接听群众来电2751个,市长电子信箱接收群众电子邮件967件;接待处理群众集体上访174宗3315人次。承办上级、本级交办的信访案件共182件,其中承办省信访局交办的信访案件23件，承办市委、市政府领导交办的阅批件320多件，局立案250多件。2001年群众集体上访的特点：信访问题多元化，涉及面广泛；突发性多；对抗情绪增强，行为过激；反映问题复杂，解决难度大。市信访局按照做好思想疏导与解决实际问题相结合的工作原则，积极为群众、基层解决所反映的问题，受到基层企业、群众的好评。共收到群众感谢信（包括电话、电子邮件）460多件。

【信访调研】 市信访局抓住群众信访的热点难点，排查出一些带苗头性、倾向性的问题，认真分析问题的成因，研究提出解决问题的工作原则和意见。进一步完善信访信息上报工作，重视公安部门及基层等有关单位的预警性信息，注意掌握信访动态，及时上报，提前介入，及早解决问题。10月，市委信访办和市府信访办在机构改革中合办组建市信访局。

（郑义成）

调研工作

【专题调研】 2001年，汕头市委政策研究室紧紧围绕市委、市政府的中心工作，针对汕头经济社会发展中的热点、重点、难点问题，与市直有关部门开展调查研究，形成了《关于发展壮大汕头农村集体经济，加强基层组织建设的调研报告》、《关于汕头做好加入世贸组织应对工作的若干意见》、《关于当前汕头国有企业改革存在的问题和对策的调研报告》、《赴深圳市学习现代物流业的考察报告》、《汕头市发展民营经济调查报告》等十多篇专题调研报告。代市委、市政府制定了《整治市场秩序社会秩序行动方案》，拟定了《关于加强村（居）基层建设提高基层干部待遇的若干意见》、《中共汕头市委关于贯彻〈中共广东省委关于大力推进农业产业化经营的决定〉的实施意见》等政策措施。

（单正言）

【市“整治办”】 根据省委、省政府汕头现场办公会和全国、全省整顿和规范市场经济秩序工作会议精神，成立了汕头市整治市场秩序社会秩序领导小组，下设办公室于市委政研室，负责对全市“两大整治”工作的指导协调和检查督办。各区县（市）和市直7个专项行动小组也分别成立整治工作机构，落实专职人员负责，确保了整治工作顺利开展。“市整治办”成立后，建立了工作报告制度、联络员工作制度、定期报表上报制度和工作考核制度。7个专项行动小组也相应建立了各项工作制度，公开了市、区两级整治投诉举报电话，在全市上下形成了比较完善的整治工作网络。全年“市整治办”共编印《情况简报》57期，撰写工作情况汇报7篇，合计30多万字。在全年全省54个市及省直部门的综合考核中，汕头总分排列第3名，受到“省整顿办”的通报表彰。配合有关部门跟踪调查，及时反馈整治成效，注重剖析典型，先后选择一批有代表性的案件，深刻剖析骗取出口退税、制假贩假等犯罪根源及其犯罪分子蜕变过程，从中汲取教训。教育广大企业遵纪守法、规范经营，树立走正道求发展的理念。积极配合文化市场、交通运输市场和安全生产的整治工作。完成省布置的整治冷藏畜禽肉食市场、打击非法拼装机动车辆、清理销售伪劣香烟、销毁一批仿真玩具手枪等专项行动，进一步规范了市场秩序。全年先后两次召开大规模的“两大整治”电视电话动员大会，还在潮阳市召开现场办公会。在新闻媒体开辟18个专栏（其中报纸10个，广播电视8个），设置“新世纪论坛”，开展3场讨论（其中1场与广东电视台合作）。利用外宣渠道，在美国《国际日报》、《国际广播电台》、泰国《金华报》等新闻媒体上刊登市主要领导有关整治的文章和接受中央、省新闻单位的专访，扩大影响。开展“百家企业信用工程”活动，举办广场论坛，发动群众建言献策，使“两大整治”家喻户晓，深入人心。同时，收到群众举报或投诉10多宗，并得到了妥善的处理。

（翁文生）

【信用宣言签名仪式】 5月29日在市委会议中心举行。由市整治办策划、各界代表联合发起的信用宣言签名活动，旨在以自我教育的形式，唤起全社会更多干部群众响应和遵守信用宣言，带头为营造良好的经济秩序和社会环境做出实实在在的贡献。签名仪式由市委副书记、市长李春洪主持。仪式上宣读了汕头市各界代表联合发起的信用宣言，市直机关工委、市经委、市总工会、市工商联、总商会、市女企业家协会负责人分别代表党政机关、群众团体、工商企业家发言，表示将发挥各自的作用，走爱国、敬业、守法之路，为把汕头建设成为海内外投资者慕名而来的热土，成为老百姓安居乐业的美好家园而奋斗。市委书记李统书在讲话中称此项活动非常有意义，对汕头正在开展的“两大整治”将起积极推动作用，而深入持久开展这项活动，必将有助于共同促进汕头正常经济秩序的建立和维护。李统书强调，“重建信用、重塑形象”，除了重拳打击失信犯罪活动之外，关键是要加强市场经济的法律规则、市场准则和社会道德建设，让“诚实守信”的理念深入人心。汕头要信用立市，有赖于政府每个部门、每个企业、每个市民的参与。他希望大家言必行，行必果，互相监督，在实际工作中带好头。

（单正言）

附：汕头市各界代表信用宣言

信用的重要性从来没有像今天这样被人们所推崇，为社会所关注。

信用是市场经济的基本准则，在全国大力整顿和规范市场经济秩序的今天，我们呼唤信用！

信用是迈向现代化的奠基石，特区正肩负着率先基本实现现代化的历史使命，我们呼唤信用！

信用是进入国际市场的通行证，面对入世，我们呼唤信用！

信用是一个地区最有价值的无形资产，依法治国与以德治国相结合，我们呼唤信用！

我们深信：人无信不立，业无信不存。不守信用，害人害己害国家；诚实守信，利国利己利人民。

守信光荣！失信可耻！

为投身到“重建信用、重塑形象”这个新世纪汕头的生命工程中去，我们向全社会郑重宣誓：

坚决走爱国、敬业、守法之路，从我做起，带头提高自身素质，增强法制观念，树立正确的价值观、道德观和高度的社会责任感；带头整顿和规范市场经济秩序，不走私贩私、不逃汇骗汇、不逃税骗税、不制假贩假、不逃废债务，树立汕头的良好形象；带头简化办事手续，提高工作效率，强化服务意识，依法加强管理，创造良好的投资环境。

我们倡议全市各界人士积极行动起来，重建社会信用！重塑特区形象！再创特区辉煌！为把汕头建设成为海内外投资者慕名而来的热土，成为老百姓安居乐业的美好家园而奋斗！

汕头市各界代表联合发起

二〇〇一年五月二十九日

【《汕头党政决策参考》】 是2001年机构改革后中共汕头市委政策研究室创办的内部刊物。该刊以邓小平理论和江泽民同志“三个代表”重要思想为指导，坚持为市委、市政府决策服务的办刊宗旨，紧紧围绕市委、市政府的中心工作，为市委、市政府的决策提供信息服务。9月创刊后，一方面，积极与各单位紧密配合，抓住全市经济社会发展的热点、难点、焦点问题，深入调查研究，及时收集、反映、分析汕头改革发展中出现的新情况，刊发一批质量较高的调研报告；另一方面，积极收集全国各地经济社会发展的最新信息，介绍兄弟省市改革开放的新经验、新作法，及时转载一些重要的社科前沿研究信息，提出了一些新建议、新思路。至2001年底，共编辑出版了3期，包括《赴深圳市学习现代物流业的考察报告》、《两英镇经济持续健康发展的启示》、《汕头市农业产业化经营的基本情况》。主要内容是探讨汕头如何充分发挥自身优势，学习借鉴外地先进经验，实施品牌战略，推动物流业发展，实现农业产业化经营等当前比较紧迫的课题。《赴深圳市学习现代物流业的考察报告》等调研报告引起了市委、市政府的重视，市领导作了重要批示，使优秀调研成果及时有效地转化成为市委、市政府的决策。《汕头党政决策参考》除以正常简报形式发行外，还将每期的标题目录及部分内容录入中共汕头市委政策研究室（汕头市经济体制改革办公室）网站的相关栏目，并在网站设置信息交流园地，及时获得相关信息反馈，不断改进，提高办刊质量。刊物在组稿、约稿和发行过程中，还加强了与全市各部门、各区、县（市）的双向信息交流与合作，成为全市政研系统多级信息网络的重要载体。

（黄方南）

组织工作

【农村“三个代表”重要思想学教活动】 按照中央和省委的部署，自3月份起在全市镇（街道）、区县（市）部门、村（居）领导班子和基层干部中，有计划、有步骤地开展“三个代表”重要思想学习教育活动。整个学习教育活动分三批进行，第一批为镇（街道）学习教育，第二批为区县（市）部门学习教育，第三批为村（居）学习教育，参加学习教育的单位共3483个，参加学习总人数62930人。这次学习教育活动，坚决贯彻“让干部受到教育，使农民得到实惠”的基本要求，重实际，求实效，取得了较为明显的效果。广大农村干部普遍受到了一次“三个代表”重要思想的系统教育，一次全心全意为人民服务宗旨的系统教育，一次民主管理依法治理的系统教育，解决了农村存在的一些突出问题，促进了农村经济的发展，增加了农民收入，减轻了农民负担。全市参加“三同”的干部共10384人，人均“三同”时间为3.84天，征求意见人数达80645人；区县（市）部门进村入户的干部共2813人，人均进村入户时间为3.9天，征求意见人数达51540人；村（居）干部走访农户数达41.7万户，占全市农户总数54.8%。全市3批学习教育对象共征求到意见2.9万多条。全市共投入资金2.8亿多元，为群众办好事实事6940多件，慰问了困难户、五保户3100多户。各区县（市）共制定整改措施3500项，其中已完成2090项。各镇（街道）党委重点解决有的干部作风不实、方法简单粗暴、不安心基层工作等问题，坚决纠正虚报浮夸、强迫命令、严重脱离群众、用公款大吃大喝、铺张浪费等不良风气；各区县（市）部门树立服务经济、服务基层、服务群众的思想，重点解决“门难进、脸难看、话难听、事难办”和“吃、拿、卡、要”等问题。各村（居）从群众关心的热点问题入手，积极推行政务公开、村务公开和民主管理等各项制度。根据学习教育活动开展前的调研排查，全市存在突出问题共有1个镇31个村，经过学习教育活动的重点整顿，已有1个镇14个村突出问题得到基本解决。区县（市）部门排查出突出问题总数199个，已解决突出问题174个。区县（市）部门还协助基层解决突出问题841宗。各地在开展学习教育中，边理清经济发展思路、端正经济发展指导思想，边积极培育合法对路的经济新增长点，拓展经济发展的路子。全市新上马经济项目315个，投资总额11.28亿元；扩大生产经营规模项目255个，投资6.35亿元，投资后年可增加收入2.4亿多元；清理不合理收费25项，清理取消不合理收费386万元；减少降低收费项目73个，减少降低收费518.5万元。

在这次农村“三个代表”重要思想学习教育活动中，建立健全了市、县、镇三级党政领导干部包点联系责任制，具体落实了市委常委、党员副市长每人挂钩联系一个区县（市）和一个系统，包一个镇（街道）和一个部门，抓一个村（居）的学习教育活动。市党政领导班子共挂钩联系15个县级部门和8个区县（市），包镇（街道）总数22个，抓村（居）总数15个；区县（市）党政领导包镇（街道）总数137个，抓村（居）总数337个；全市镇（街道）党政班子成员包片总数394个，驻村（居）926个。据统计，在农村学习教育过程中，全市各级领导班子成员到联系点总次数2.4万多次。3月9日，召开了近400人参加的全市农村“三个代表”重要思想学习教育动员大会。随后，各区县（市）和各镇（街道）统一召开动员会。合计参加三级动员会议人数近7万人。各级在市级报纸上发表的通讯、文章共有230篇，广播电视新闻报道528次，市农学办出版《情况反映》76期。各区县（市）把学习“三个代表”重要思想与学习英模、学习先进典型结合起来，除了学习郭秀明、周文光、杨静娟的先进事迹外，还注重用身边的好人好事进行教育，使以正面教育为主的原则落到实处。在第一批学习教育活动中，市委在市委党校举办镇（街道）党委书记培训班，对91个镇（街道）的党委书记进行为期7天的封闭式集中培训，出勤率、到课率都保持100%。在整个学习教育活动中，学习教育对象共撰写心得体会文章5.5万篇。召开学习交流会、研讨会、讲座1.6万多场，参加人数44万多人次。市委从市直机关和近两年到农村基层任职锻炼的大学本科毕业生中抽调120位同志，由厅级干部任组长，处级干部任副组长，组成了16个督导组和8个督查组分成三批派驻各区县（市）。区县（市）委、镇（街道）党委共抽调2731人，组成44个督查组和675个指导组，进驻551个区县（市）部门和91个镇（街道）。

【干部培训】 制定实施《2001—2005年汕头市干部教育培训规划》，组织县处级领导班子和领导干部通过参加中心组学习、脱产进修培训和个人自学等多种形式，联系实际学习贯彻江泽民同志“七一”重要讲话和党的十五届五中、六中全会精神。组织学习金融、经济、科技、法制、世贸组织等知识，举办处级以上领导干部电脑基本知识培训班21期，进一步增强干部教育培训的实效性、针对性。坚持和完善干部脱产进修制度。全年在市、县（市）党校举办各类干部培训、轮训班31期，培训3062人。选送部分干部参加中央党校、省委党校及其他干部院校进修学习培训。

【干部人事制度改革】 在机构改革中，按照干部“四化”方针和德才兼备原则，选准配好市直党政部门（含参照、依照国家公务员制度管理单位）领导班子成员。市直党政工作机构从原来的47个减为37个，市直单位领导班子成员职数减幅29.9%；平均年龄下降2.71岁，大专以上学历的比例提高4.5%。公开选拔市直机关16个副处级领导职位。市直机关中层领导职位实行全员竞争上岗，加大干部交流轮岗力度，实行干部任前公示制、考察预告制、差额考察制、党政领导干部经济责任审计制、领导干部任职试用期制和干部选拔任用推荐责任制、考察责任制、讨论决定责任制，抓好区县（市）党委常委讨论干部任免票决制试点工作。认真抓好《中共汕头市委2001—2003年培养选拔年轻干部、女干部、党外干部规划》的贯彻落实。

【科技人才队伍建设】 制定实施《关于引进优秀人才来汕工作的若干规定》。做好选拔第8批市管拔尖人才工作，指导、督促区县

(市)建立健全专业技术拔尖人才队伍。组织拔尖人才参加市委党校高知班学习和集中休假、考察活动。做好走访联系工作,积极为市管拔尖人才协助解决工作、生活中的具体问题。做好党政领导2000年度推动科技进步实绩考核有关工作,进一步强化各级党政领导的科技意识。

【党的基层组织建设】 在农村组织"三个代表"重要思想学习教育活动,深入开展"三级联创"活动,集中力量抓好解决农村基层突出问题,农村基层组织建设得到进一步加强。涌现了1个全国先进基层党组织,3个全省先进基层党组织,40个全市先进基层党组织,5个"六个好"先进镇党委和11个"五个好"先进村党组织。贯彻落实市委《关于进一步加强街道社区党建工作的若干意见》,重点是抓好街道和居委会合并后社区党组织的设置、理顺工作。进一步开展对街道、社区党员教育管理工作情况调查研究,探索新形势下搞好街道、社区党建工作的途径和方法。指定专人联系街道、社区党建工作的试点单位,加强跟踪和指导,不断总结经验,发挥试点单位的示范作用。在国有企业中开展"三讲"教育和"三个代表"重要思想集中学习教育活动。从8月15日开始,全市部分国有企业开展以"讲学习、讲政治、讲正气"为主要内容的学习教育活动。共有13家国有企业列入"三讲"教育范围,参加学习教育对象56人。各"三讲"企业做好"学习理论,提高思想认识"、"找准问题,开好民主生活会"和"制定整改方案,落实整改措施"等3个阶段工作,至11月中旬完成各项教育任务,取得明显成效,增强了讲政治的意识、责任意识、群众意识和自律意识。10月中旬开始,在市委管理未列入"三讲"教育范围的国有企业及下属二级企业、列入"三讲"教育各市管企业的下属二级企业和各区县(市)党委管理的国有企业领导班子,开展了"三个代表"重要思想集中学习教育活动。活动分"学习提高,征求意见"、"找准问题,开好民主生活会"和"制定整改方案,落实整改措施"3个阶段进行,到年底结束。

【非公有制企业党建】 贯彻落实《汕头市2000—2002年组建非公有制企业党组织工作规划》,对各地各单位执行《关于加强非公有制企业党建工作的意见》情况进行调研,总结经验,树立典型,推动面上工作的开展。突出抓好有一定生产规模、职工人数较多,且在当地行业内有一定影响力的具备条件的非公有制企业党组织组建工作,在党组织的组建、扩大覆盖面、加强管理以及发挥作用等方面有大的进展和突破,进一步扩大了非公有制企业党建工作的影响力。到年底,全市具备条件建立党组织的非公有制企业145家,已建立党组织的占93.1%。围绕纪念建党80周年,在各级党组织中深入开展以学习"三个代表"重要思想为主线的党员系列教育活动。

【老干部工作】 协调解决离休干部"两费"保障机制实施过程中存在的问题。1085名市直企业离休干部的离休费参照机关同级离休干部同步增长,离休费与机关同级离休干部持平。市直企业1005名离休干部参加医疗保险统筹,按规定享受医疗待遇。原拖欠304名离休干部医药费202万元已全部还清。落实市直破产、拍卖企业离休干部的政治生活待遇。解决离休干部地区差别生活上的困难,慰问、补助生病和生活特殊困难的离休干部。加强老干部思想政治工作。组织老干部学习江泽民同志"七一"重要讲话和六中全会《决定》。开展各种经常性文体活动。做好信访工作,在全市开展一次普遍走访离休干部的活动。发挥市老干部活动中心的示范带头作用。

【创建好班子和争当好干部活动】 从7月开始,在全市各级领导班子和领导干部中,开展创建好班子和争当好干部活动。通过深入扎实开展创建活动,教育引导各级领导

统战工作

【简况】 市委印发了《关于进一步加强统一战线工作的实施意见》、《汕头市统战工作联席会议制度》。健全市委常委挂钩联系各民主党派、有关团体和政府职能部门对口联系民主党派、有关团体等制度。市委常委、纪委书记黄俊潮代表市委向各民主党派通报全市党风廉政建设和反腐败情况;市委统战部协助各民主党派举行庆祝中国共产党成立80周年大会;牵头举行党风建设征求意见座谈会;在一年一度的暑期座谈会上,学习了江泽民同志“七一”重要讲话和“三个代表”重要思想,交流了有关加强民主党派自身建设,做好政治交接,更好发挥参政党作用等议题;组织各民主党派举行学习江泽民“七一”讲话演讲会;在民主党派成员中开展“汕头之光”宣传庆贺活动,全市有15位在文教卫生、科学技术领域取得突出成绩的民主党派人士获得“汕头之光”纪念牌;与各民主党派负责人座谈协商,形成《汕头市各民主党派2001—2002年换届工作座谈会纪要》;协助民革、农工党完成换届工作。

【海外联谊】 全年接待来自香港、澳门、台湾地区和泰国、法国等国家客人共51批1000余人次。举办“蚁光炎先生学术研讨会”。陪同张恭荣、张敬石先生上京访问,受到全国政协副主席、中央统战部部长王兆国的接见;中央统战部常务副部长刘延东莅汕考察,先后会见张恭荣、郑合明、陈振东、黄顺源并参观其企业和捐赠项目。在海外联谊会增设了陈伟南、刘世仁、姚宗侠、陈彦灿、黄顺源、张贤清、张敬石等公益慈善、教育、科技等专项资金,专项资金累计总额达520万元,发放林百欣、林余宝珠公益专项资金、张恭荣慈善专项资金、张贤清慈善专项资金等近200余万元。在海外联谊会设立了知识分子、宗教人士、非公经济人士三个工作委员会和高尔夫球队。为港澳台及海外朋友协调关系、化解矛盾,解决投资、房产等难题36宗。协助香港恺撒集团在汕成功举办2001年恺撒秋冬产品展销会;促成香港四洲集团广东省总部综合大楼在汕奠基,引介香港电讯数码集团来汕投资设厂。配合市委民心工程发动海外知名人士林百欣、张恭荣、郑通亮等捐款共380多万解决群众“饮水难、住房难、看病难”问题,促成陈彦灿先生捐资180万元支持教育事业,协助完成张恭荣先生捐资1300万元修建的汕头慈善医院项目一期工程。同《汕头日报》对外部合作,在美国《国际日报》、泰国《京华中原报》设每周半个专版,宣传汕头统一战线。统战信息工作被省委统战部评为2001年度一等奖。

(林瑞如)

党史研究

【党史宣传】 为纪念建党80周年,市委党史研究室与汕头经济特区海外影视公司联合拍摄了2集电视专题片《红色交通线》,与市委组织部、汕头电视台联合拍摄了10集电视专题片《沧海横流——中共汕头党组织光辉历程》,与市委宣传部、邮票公司联合出版了《红太阳照在潮汕》纪念邮票;编辑出版了《潮汕党史》纪念专辑。电视专题片《沧海横流》、《红色交通线》于“七一”前后在汕头电视台黄金时间播出后,社会反映热烈,其中《沧海横流》已制作成VCD,发放至基层党组织,该片还被省委宣传部评为纪念建党80

周年宣传报道活动二等奖。

【党史编纂】 党史资料征集、编纂、研究工作取得新成绩。出版了《中共潮汕党史大事记(新民主主义革命时期)》(中共汕头市委党史研究室编,中共党史出版社2001年2月出版);论文《法德并举——社会主义市场经济健康发展的保证》(陈维烟撰写)、《试论新民主主义时期潮汕党的建设的基本经验及其当代价值》(郑惠玉撰写)入选6月份举行的广东省纪念中国共产党成立80周年学术研讨会。7月,市委党史研究室和市地方志办公室在机构改革中合并,实行两块牌子、一套人马。继1991年、1996年被评为全国、全省党史系统先进集体后,2001年汕头市委党史研究室再次被评为全国、全省党史系统先进集体。

(陈　琦)

志书编纂

【开发志书资源】 2001年,积极做好建国后汕头市首部志书《汕头市志》的宣传、发行,努力开发利用志书资源。《汕头市志》和市属各县县志、市直单位的部门志、专业志已先后出版发行。为进一步开展用志工作,为汕头经济和社会发展服务,3月,市地方志办发出《关于用志工作意见》。8—9月份,选送了61本志书、地情书,39幅精美的图照及一批修志成果,参加在广州召开的广东省修志成果展览,展现了汕头13年来修志工作的成果,还协助省社科院撰写了《广东通史》有关潮汕方面的材料5万多字,为省志办提供汕头概况的1万多字文字材料和照片资料。

【续志编修】 开始着手做好第二届修志(编修续志)前期资料积累、收集工作。1月12日,举办了各县(市)地方志办和市直有修志任务的71个单位参加的修志业务培训班,参加培训人员达80多人。2月29日,为督促和加快各单位完成撰写任务,市志办向各有关单位发出《关于编修〈汕头市志〉(1988—2000)工作情况通报》,对修志工作落后的单位触动很大,至年底全市已基本完成志书初稿的单位61个,占应完成单位的87%。收集整理的初稿字数达280万字。由市志办编撰的《大事记》(14万字)、《建置沿革》(3万字)、《方志》(2万字)基本完成初稿,《人物传、录、表》正在征集之中。

(辛伟贤)

党校工作

【干部培训】 全年共举办处级班、高知班、世贸班、乡镇班、科级班等主体班次13期,培训学员688人次。还举办广西柳州地区培训班1期42人,培训包括县(市)长在内的党员干部。同时,采取措施使学历教育在规范管理中健康发展。已具有在职研究生班、本科班、大专班等学历层次,共34个班3063名学员的规模。学历教育工作受到了省委党校以至中央党校函授学院的充分肯定。

【科研工作】 全年共发表论文89篇,其中国家级1篇,省级14篇,市级58篇,获各级奖励15篇(部),是党校科研成果最多的一年。有6位校领导和部分教员分别参加市有关部门组织召开的研讨会。

【校园建设】 党校新址坐落在交通便利、靠山临海、环境幽美的达濠区丽景园。首期建设工程于2月28日开工,8月8日竣工。在党校新址落成之际,中共中央政治局委员、省委书记李长春亲笔题词“实践三个代表,创办一流党校”。在新校址落成庆典仪式暨市委党校、市行政学院、市社会主义学院揭牌仪式上,市委副书记、党校校长方健宏宣读李长春同志的亲笔题词。市委书记李统书代表市委、市政府对新址落成表示热烈祝贺,并指出李长春同志的题词充分体现了省委对汕头干部教育事业的高度重视和热切关心,为办好市党校进一步明确了目标和要求,党校要抓住办学“硬”件大为改善的契机,进一步加强“软”件建设,为推动汕头两个文明建设作出新贡献。

(曾 汉)

市直机关党的工作

【“为党添光彩增信任”主题活动】 市直属机关工委和各单位党组织以“四信”教育为先导,以加强职业道德建设为重点,组织党员、干部参加省直工委举办的“四信”学习教育知识问答及征文活动,共有9342人参加了答题活动,其中获二等奖2名、三等奖36名;选派华能广东分公司组队代表汕头市直参加广东省“四信”教育知识竞赛,在决赛中荣获二等奖;组织市直党员干部和职工共23850人参观《世纪回眸 南粤沧桑——广东百年档案照片展》等,提高了党员干部队伍的思想政治素质。

【基层组织建设】 在市级党政机构改革中,市直工委及时提出了《关于在机构改革中切实加强市直机关党的建设的意见》,随后又起草了《关于建立健全市直机关党组织和改进管理工作的意见》,报市委批转各单位执行,解决了工委直接管理的单位数量过多的问题,形成了基本合理的工作网络。2001年,市直开展民主评议党员活动的党支部共2570个,占总数96%;参加评议党员42550名,占总数93%;有50人被评为不合格党员;有7个先进基层党组织、11名优秀共产党员、7名优秀党务工作者受到了市委表彰;华能广东分公司党委被省委授予“先进基层党组织”称号;工委举办培训班3期,培训了入党积极分子1009名;市直共吸收预备党员1164名,其中:生产一线367名,妇女444名,35岁以下933名。切实转变工作作风,注重搞好调研检查。组成调研小组深入调查了解基层党委任期届满或已超期未换届的原因、探讨如何建立健全基层党组织问题等;先后对市直非公有制企业、意识形态部门、社会中介组织的党建和管理情况进行调研;抓好年终党建工作检查,有效地促进基层党建工作的落实。使用党费43万元慰问市直部分困难企业党员和老党员。另方面,认真做好党员违纪案件的审理查处工作等,全年审结党员违纪案件7宗,给予7名违纪党员开除党籍处分。

【党务干部培训】 一是举办市直新知识系列讲座。工委与市总工会、汕头大学教授与博士联谊会等4个单位联合举办了“市直新知识系列讲座”,先后举行18场,参加听讲6300多人次。二是针对市直党务干部队伍的实际,工委及时把中央和省委有关加强机关党组织建设的文件摘录登载于《汕头市直党建》,连同原来编写的《党的基层组织常用党务工作规程》和《近年来有关党务工作文件选编》提供给广大党务干部学习参考。三是以安排到党校学习、选派参加有关研讨会、讲座等形式对党务干部进行培训。

(黄植龙)

汕头市人民代表大会

【市十届人大四次会议】 2月28日至3月4日，汕头市第十届人民代表大会第四次会议在汕头市区举行。市十届人大代表383名，出席会议代表362名。会议听取和审议市政府工作报告，审议并批准市国民经济和社会发展第十个五年计划；听取和审议市2000年国民经济和社会发展计划执行情况与2001年计划草案的报告、市2000年预算执行情况和2001年预算草案的报告，批准市2001年国民经济和社会发展计划及市本级2001年预算；听取和审议市人大常委会、市中级人民法院、市人民检察院的工作报告。会议通过上述六项报告及相应决议。会议审议通过《汕头市立法条例》。审议通过《汕头市第十届人民代表大会第四次会议关于设立汕头市第十届人民代表大会法制委员会的决定》，会议以举手表决的方式，通过市十届人民代表大会法制委员会主任委员、副主任委员、委员的人选，分别是主任委员郑开隆，副主任委员吴小云、林进湖，委员李彦富、林月华、郑俊钦、郑桂明。会议接受市人大常委会委员欧照茂、黄楚亭因到退休年龄而提出的辞职请求。会议以无记名投票方式进行选举，补选李春洪为汕头市市长，补选王宋畅、黄锐英为市第十届人大常委会委员，增选李春洪为广东省第九届人民代表大会代表。

【立法工作】 市人大常委会坚持立法与改革发展决策紧密结合，围绕“十五”计划及我市经济和社会发展战略，配合市委“两大整治”工作，以经济立法为重点，着重抓好完善市场体系、规范经济社会秩序、促进科技进步和可持续发展等方面的立法。全年共审议法规草案、法规修改决定草案8件，其中通过特区法规3件，报省人大批准的地方性法规3件，法规修改决定1件，审议法规草案1件。拟订《汕头市立法条例(草案)》，提请市第十届人大四次会议审议通过。审议通过《汕头经济特区劳动力市场条例》、《汕头经济特区人才市场条例》、《汕头经济特区摩托车管理规定》。制定《汕头市惩治生产销售伪劣商品违法行为条例》、《汕头市促进农业技术推广若干规定》，由规范性文件上升为地方性法规的《汕头市荣誉市民称号授予办法》，均报省人大批准后施行。根据旧城改造出现的新情况作出关于修改《汕头经济特区城市房屋拆迁管理规定》的决定。还拟定了法规清理方案，计划对1996年3月汕头市取得立法权以来制定的全部法规进行清理，以适应社会主义市场经济发展及我国加入世贸组织的需要。

【监督工作】 2001年，市人大常委会围绕市委的工作部署认真开展监督工作。在执法监督方面，一是根据市委确定的开展“两大整治”的工作目标，加强以严厉打击走私贩私、制假售假、逃汇骗汇、逃税骗税、逃废债务等犯罪活动为重点的执法检查。6月下旬至7月上旬，常委会组织部分组成人员及省、市人大代表分7个检查组，深入部分区县(市)及有关部门开展执法检查。二是对《价格法》、《土地管理法》、《固体废物污染环境防治法》、《海洋环境保护法》、《食品卫生法》、《道路交通管理处罚条例》、《广东省宗教事务管理条例》、《汕头经济特区华侨房地产权益保护办法》等8项法律法规的实施情况进行检查。针对存在问题提出意见和建议，督促有关部门改进工作。三是积极配合上级人大，对有关法律法规在我市的实施情况进行检查。各工作委员会也根据常委会的工作安排，结合实际情况，先后检查了《消防法》、《防震减灾法》、《教育法》、《义务教育法》、《广东省发展中医条例》等法律法规的执行情况。通过抓好执法检查,推动法律法规的全面正确实施。四是加强个案监督和信访工作。对一些影响较大、久拖不决、判决不公的个案实施重点督办,共实施重点督办案件62宗,已办结55宗。对群众来信来访中要求和反映的问题,都按规定给予答复和处理。在工作监督方面,有重点地听取和审议市政府关于开展整治市场经济秩序和金融秩序、社会保险基金收支使用和管理情况、九运会筹备工作、全面推行行政执法责任制情况以及市中级法院关于审理金融纠纷案件情况的报告。加强对计划、预算执行情况的监督,听取和审议了市政府关于2000年市本级预算执行和其他财政收支的审计工作报告、本级预算外资金收支使用和管理情况的报告;审查批准了2000年市本级决算;审议市2001年1月至9月计划、预算执行情况的报告;审议并批准市政府提出的市2001年国民经济和社会发展计划及总预算调整方案。支持审计部门开展审计监督,对审计发现的问题,督促政府采取积极措施切实整改。检查了市禁毒工作、福利彩票管理工作、市司法机关劳教工作、两院开展两项整治和落实执法责任制情况,支持和督促司法机关开展司法制度改革,实行审判公开、检务公开和警务公开。

【讨论决定重大事项】 市人大常委会认真贯彻《广东省各级人民代表大会常务委员会讨论决定重大事项规定》,结合实际,着重围绕经济和社会管理的重大问题,以及群众关心的热点难点问题行使重大事项决定权。根据市政府的提请,在深入调查研究的基础上,认真审议《汕头市城市总体规划修编(2000—2020)》,并通过相应决议,要求各有关部门严格执行总体规划,维护规划的权威性和严肃性。审议并批准市政府《关于小公园历史建筑风貌保护区规划》,以保护汕头的历史文化,促进旧城区经济的发展。作出《关于加强汕头港内湾资源和环境保护的决定》、《关于推广和使用普通话的决定》,为保护汕头港内湾的生态环境,加大在全市范围内推广普通话的力度,提供了法律规范。市十届人大四次会议主席团决定交常委会审议的代表议案共7件,内容涉及华侨房地产权益保护、南澳居民饮水、调整中小学布局、引导民营企业向规模化发展、禁止残疾人专用机动车营运、新津河出海口保护、南区垃圾处理场建设等问题。常委会在深入调查研究的基础上,听取和审议了市政府关于上述议案办理情况的报告,作出相应决议,及时解决人民群众关心的这些热点、难点问题。

【代表工作】 市人大常委会坚持常委会领导分工联系原选举单位的人大代表和选民的制度,坚持邀请代表列席常委会会议的制度。积极组织人大代表开展视察、执法检查、调查研究等活动。为更好地发挥人大代表在"两大整治"中的模范带头作用,10月,常委会召开企业界部分省、市人大代表座谈会,发出倡议,呼吁社会各界诚实守信、依法经营,重建信用、重塑形象。12月,常委会组织在汕的全国、省人大代表及市人大常委会组成人员就汕头市2001年重点基础设施建设项目进展情况、乡镇垃圾管理和生态村建设情况、促进科技成果转化情况进行视察,代表们提出不少建设性意见,有关部门根据代表意见,分门别类,抓紧落实各项整改措施。市人大四次会议期间,共收到代表提出的建议和批评意见10件,由议案转为建议32件,均交由政府有关部门办理。常委会高度重视代表建议的督办工作,重视调查研究,跟踪督促检查,促进议案、建议的办理落实。督促有关部门快速办理人大代表通过"直通快车"提出的意见建议,推动了问题的解决。为指导搞好乡镇人大的换届选举,及时提出方案报市委同意并批转各地各部门执行。在市委统一安排下召开汕头市乡镇党委、人大换届选举工作会议,对换届选举作出具体部署,确保了乡镇换届选举的顺利进行。

【人事任免】 2001年,市人大常委会共依法任命、决定任命国家机关工作人员102名,免职49名。市党政机关于下半年进行全面机构改革,市人大常委会认真做好市政府机构改革调整后干部的任免工作,及时任命市政府组成人员21人,免职8人,保障了机构改革的顺利进行和各项工作的顺利开展。

(李友彝)

附:2001年度汕头市人大常委会主任、党组书记、代理主任、副主任、秘书长名单

主　　任:庄礼祥(1—4月)
党组书记:李统书(4月起)
代理主任:吴立华(5月起)
副 主 任:吴立华　张第高　黄天煜
　　　　　徐斯池　郑开隆　洪庆耀
　　　　　马光辉
秘 书 长:朱贤栋

汕头市人民政府

【市政府主要会议】 2001年,汕头市政府召开市政府常务会议20次、市长办公会议1次、市政府工作会议129次。这些会议以邓小平理论和江泽民同志"三个代表"重要思想为指导,认真贯彻落实省委、省政府汕头现场办公会精神,坚持一手抓整治,一手抓发展,全力推进"重建信用、重塑形象"新世纪生命工程,大力整顿市场经济秩序和社会秩序,千方百计克服困难,调整优化经济结构,深化改革,扩大开放,全力推进经济发展。同时,围绕2001年度各项具体政务以及筹备庆祝汕头经济特区建立20周年和九运会跳水、乒乓球比赛,落实为民办好事、实事项目和其他大型项目,解决社会困难群众饮水难、住房难和入学难问题,处理解决商业银行问题,化解地方中小金融机构风险和农金会的资产追收等重点工作,以及省委、省政府汕头现场办公会、"信息化新汕头大型主题活动"、"台商协会成立10周年暨汕头投资环境介绍会"、"特区成立20周年庆典"、"国际食品博览会"、第九届全运会乒乓球和跳水比赛、第11届国际潮团联谊年会、汕头经济特区商品(重庆)交易会和参加省在哈尔滨、乌鲁木齐等地举办的招商会和经贸洽谈会等重大活动,协调解决了大量社会经济事务,推出一系列施政措施和地方政策法规,在进一步改善汕头经济特区投资软环境、防范化解地方金融风险、财政风险、保障社会稳定、推进经济社会发展等方面做了大量的工作。会议主要内容包括:研究制定2001年全市国民经济和社会发展预期目标、经济分析和对策研究、城市发展规划研究、法规草案和政府规章审议(15次);基础设施重点项目建设工作(20次);城市建设和管理、综合执法工作(15次);企业改制和破产工作、挂靠企业脱钩、职工分流安置和社会保险工作(18次);化解金融风险,地方中小金融机构改革改组(21次);科教文卫设施建设工作(13次);工业发展(10次);财税工作、债权债务处置(10次);其他政务工作(35次)。

(市府办秘书科)

【向市十届人大四次会议作《政府工作报告》】 2月28日至3月4日,汕头市十届人大四次会议在市区召开。代市长李春洪代表市人民政府向大会作《政府工作报告》。报告共分"九五"时期的工作回顾、"十五"时期的奋斗目标和主要任务、2001年的工作意见三大部分。《报告》指出:"九五"时期是汕头市在发展中克服困难,在前进中化解矛盾,向率先基本实现现代化宏伟目标迈进的五年。市政府坚持以邓小平理论和党的十五大精神为指导,团结带领全市人民,锐意进取，奋力开拓，全市经济综合实力进一步增强，开放型经济格局基本形成，社会主义市场经济体制初步建立，基础设施市政建设取得突破性进展，社会各项事业全面进步，精神文明建设和民主法制建设取得新成绩，人民生活水平不断提高。2000 年全市国内生产总值 477.9 亿元，比 2000 年增长7.3%，“九五”期间年均增长 12.4%；地方财政收入 38.3 亿元，比 2000 年增长 6.9%，年均增长 10.7%；市区居民人均可支配收入 8706 元，农民人均纯收入 4343 元，年均增长分别为 5.5% 和 3%，基本完成了市九届人大四次会议通过的“九五”计划。《报告》提出，“十五”时期的奋斗目标是：至 2005 年，全市国内生产总值达到 850 亿元，年均增长 10% 左右，城镇居民和农民人均收入年增长 6% 和 5% 左右。汕头经济特区建成高新技术产业基地，与港澳台密切合作、与国际经济紧密联系的外贸出口基地，成为社会主义市场经济体制的先行区和综合服务功能较强的区域性中心，成为全国最适宜创业发展和生活居住的城市之一。围绕上述目标，“十五”时期要重点抓好以下六个方面：加快国民经济和社会信息化，推进以工业现代化为核心的经济结构调整；加快体制创新和科技创新，促进两个根本性转变；积极参与国际经济合作与竞争，努力提高对外开放水平；加强城乡规划建设管理，全面提高城市化水平；实施可持续发展战略，促进经济社会持续协调健康发展；加强精神文明和民主法制建设，率先建立文明法治环境。《报告》提出，2001 年是进入新世纪、实施“十五”计划的第一年，市政府工作要着力抓好 10 个方面：一是实施工业强市战略，推动工业经济快速发展；二是巩固和加强农业基础地位，千方百计增加农民收入；三是积极应对加入世贸组织新形势，增创开放型经济新优势；四是大力发展现代服务业，增强城市综合服务功能；五是加快体制创新，消除制约发展的体制性障碍；六是实施科教兴市战略，加快人才资源开发；七是加强基础设施市政建设，提高城乡规划建设管理水平；八是加强财税工作，发挥金融支持经济建设的作用；九是努力提高人民生活水平；十是加强精神文明和民主法制建设。

（陈彦峰）

【全市经济工作汇报会】 10 月 12 日在汕头市政府会议厅举行。会议分析全市经济工作运行情况，部署 2001 年后 3 个月经济工作，提出 2002 年的工作设想。市委副书记、市长李春洪在会上讲话，提出各级领导要清醒地估量形势，振奋精神，增强信心，把确保完成调整后的经济发展预期目标作为最重要最紧迫的中心任务来抓，集中一切力量，用尽一切办法，全力攻坚，争取经济有新的起色、新的发展。要落实经济工作领导责任制，把各项经济指标进一步分解到每个基层单位、生产单位、经济实体，确保任务、责任、措施三落实；要做好检查督促工作，逐月通报各区县（市）和有关经济部门完成指标情况；要处理好经济工作与机构改革的关系，充分调动各方面的积极性和创造性，促进经济目标的完成。8 个区县（市）以及市计划局、经贸局等 14 个单位的负责人在会上作了发言。会议由市委常委、常务副市长黄荣汉主持。出席会议的还有市领导黄天煜、黄世忠、王芸、李雄、钟展南、丘进、张辉群，市长助理许斯仕以及市政府秘书长苏耀光等。

（单正言）

【办好人大议案和政协提案】 2001 年，汕头市政府共收到市第十届人民代表大会第五次会议代表议案 7 件，建议（含议案转建议）42 件；市政协委员会提案 109 件。市人大代表的 7 件议案中，要求尽快归还华侨业主侨房使用权的 1 件；要求解决南澳县饮用水难问题的 1 件；坚决禁止“残疾人专用机动车”营运的 1 件；引导全市民营经济向规模化发展的 1 件；调整中小学布局、发展汕头教育事业的 1 件；尽快采取措施保护新津河出海口东岸堤围土地、防风林的 1 件；要求在南区规划建设垃圾处理场的1件。42件建议主要涉及交通基础设施建设、城市建设、城市管理、水利设施建设和财税工作、收费管理、旅游资源开发、加强侨务工作、保护侨眷权益和为民办实事项目等。经过认真落实和办理,至2001年12月下旬,全部议案(建议)已经解决或基本解决的有18件,占34.62%;正在解决或列入计划解决的有22件,占42.3%;因资金、规划、体制、政策等原因限制,暂未能解决的有12件,占23.08%。人大代表议案(建议)办理情况,已按规定书面答复提出议案(建议)的人大代表,同时抄送市人大常委会,并于2001年12月26日向市人大常委会报送了办理情况的综合报告。109件政协委员提案,至年底前已落实或基本落实的有69件,占63.3%;正积极创造条件、争取实施的有36件,占33%;因限于政策、资金等原因,尚未能办理的有4件,占3.7%。办理落实情况,均已答复提案人。

(市府办建议提案科)

附:2001年度汕头市代市长、市长、副市长、市长助理、秘书长名单

代 市 长:李春洪(1—3月)
市　　长:李春洪(3—12月)
副 市 长:黄荣汉　黄奕锋　黄世忠
　　　　　王　芸　李　雄　钟展南
　　　　　丘　进
市长助理:许斯仕(6—12月)
秘 书 长:许斯仕(1—7月)
　　　　　苏耀光(7—12月)

政协汕头市委员会

【常委会专题议政】 2001年,市政协常委会组织了两次专题议政活动。一是关于"整治市场经济秩序,重塑汕头商贸新形象"的专题议政。5月开始,历时一个多月,组成3个调研组,分别由7位副主席带队,到市辖各区、县(市)调查考察,听取有关情况汇报,深入企业听取各方面的意见。6月,市政协召开九届21次常委会议进行专题议政。会后,市政协主席会议形成《关于重塑汕头商贸新形象,促进经济发展的建议案》,向市政府提出了"上下一致,进一步端正经济工作的指导思想,加强法制建设,重建信用必须从政府做起,尽快解决出口退税难问题"等7方面的建议。二是"加快汕头社区建设,提高居民生活质量"的专题议政。9月份,市政协组成3个调研组,分别由5位副主席带队,到市辖各区和潮阳、澄海进行调查考察。11月,召开九届23次常委会议进行专题议政。最后形成主席会议《关于"加快我市社区建设,提高居民生活质量"的建议案》,向市政府提出了加快社区建设的6点建议。上述两次专题议政得到市委、市政府的高度重视。市政府除派有关领导出席专题议政会议听取意见外,还对采纳建议案的情况作了书面函复。市委、市政府在2001年出台的《关于加快发展汕头市社区建设的意见》和"重建信用、重塑形象"的各项工作中,吸纳了市政协主席会议两个《建议案》提出的多项建议。

为配合汕头整治工作的开展,市政协领导带领专委会及机关负责同志多次深入委员所办企业,实地了解企业的生产经营情况和在整治中碰到的问题,通过各种渠道,向党政领导和有关部门反映情况。市政协常委对汕头在"两大整治"中碰到的困难十分关注,有两位常委主动写了专题报告,由其中一位以全国政协委员的身份向全国政协大会反映信息并提出提案,得到全国政协的重视和国家有关部门的落实。市政协港澳委员在"两大整治"期间,以各种形式宣传汕头正面形象,多方配合、协助汕头开展重建信用工作。在汕投资的港澳委员,有的上书市委、市政府提出具体对策，有的继续坚持在汕办企业，有的多方呼吁海内外乡亲，在汕头困难时，更应该关心汕头，到汕头投资，支持汕头发展，还把公司总部从香港迁到汕头，增资扩产，坚持在产品上标明“汕头制造”字样，为“两大整治”后外商继续前来汕头投资起了表率和带动作用。

【各专委会调研考察活动】 2001年，各专委会根据工作计划和自身的特点，围绕现代化建设中的一些重大问题，积极开展调研视察，认真履行参政议政职能。提案委员会着重从提案的审查、立案、交办和督办等几个环节上下功夫，全面开展提案工作。同时，通过对一些重点提案的跟踪督办和带案视察，组织提案人与承办单位见面，主动加强与承办单位的联系，协助承办单位做好工作，克服当年因机构改革出现的提案承办单位变动等客观困难，使九届四次会议以来立案的109件提案全部按期办复。经济科技委员会就如何加快汕头信息化建设进行了专题调研，听取了有关部门情况汇报，视察了部分企业和基础设施，赴珠江三角洲学习先进地区经验，讨论形成《关于加快我市信息产业发展的建议》，并送市政府。城市建设管理委员会与有关部门的行家组成调研组，开展“为推动汕头旅游业发展献计献策”的专题调研活动，在广泛调查和借鉴外地经验的基础上，形成了《关于推动我市旅游业发展的建议》。还对市区龙湖沟、新河沟、三脚关沟、黄厝围沟和港区排洪沟的治污情况进行视察，形成了《关于加快整治东区五条河沟的建议》，提出了治污的8点意见，引起市政府重视，并责成职能部门做出规划，分期整治。教文卫体委员会就社区卫生服务机构的情况进行调研，针对存在的人才、资金缺乏；配套政策不完善以及管理体制不顺等问题，向市政府提出了建立健全社区医疗服务机构的6点建议。市政府对《情况反映》给予较高评价，并责成卫生部门把建立健全社区医疗服务机构当作全年工作的一个重要课题，尽快拿出整体的实施方案。社会与法制委员会除认真组织委员对全市社区建设进行调研外，还于6月组织宗教界委员召开深入揭批“法轮功”邪教组织座谈会，发动宗教界人士配合政府做好“法轮功”痴迷者的宣传和转化工作。市政协常委会为配合创建“国家园林城市”活动开展了专题视察活动，向市政府提出《对我市创建“国家园林城市”工作的若干建议》。各专委会开展了关于民营企业的发展情况、市区智能住宅小区开发建设情况、承办九运会部分比赛场馆的建设情况、现代农业示范区情况、普法工作情况等视察活动。还积极配合做好全国政协、省政协来汕开展的关于港澳台侨人士在我省办学情况，新能源与可再生能源的调研，整顿和规范市场经济秩序情况，我省城镇医疗卫生体制改革工作的有关问题，韩江水资源的保护和利用问题等专题调研视察工作。

【促进法制建设和民主政治建设】 市政协组织委员认真讨论了《汕头市人大常委会讨论决定重大事项规定》（草案）、《汕头市人民政府关于建立健全民主化、科学化决策机制的意见》（征求意见稿）、《关于建立汕头市政府政务咨询委员会的方案》（征求意见稿）、《汕头经济特区集体建设用地管理暂行规定》等15个法规和条例，提出不少修改和补充意见，得到重视和采纳。对市政府办公室、市监察局、中级法院、公安局和卫生局分别征求意见的“进一步建立完善重大决策执行机制、确保市委市政府政令畅通重大决策落到实处”，“一教育三整顿”、公安队伍的建设、医疗卫生等问题，召集有关委员举行座谈，提出意见和建议。

【发挥各民主党派、工商联的作用】 市政协继续加强与市各民主党派、工商联等有关人民团体的联系，就共同关心的问题联合开展调研活动。同时注重发挥各民主党派、工商联在市政协年会、常委会专题议政和其他有关工作中的积极作用。市政协领导还多次参加各民主党派的重要活动。9月,市政协与民革汕头市委会联合举行汕头市各界人士纪念辛亥革命90周年座谈会。举办纪念辛亥革命书画展览并在《汕头日报》刊发纪念专版还召开了各界人士迎春茶话会和历届政协委员迎春茶话会,定期举行历届政协委员联谊活动,慰问党外知名人士和“岭海三社”举办的各项活动。

【海外联谊】 市政协领导先后赴港澳参加香港潮州商会80周年会庆暨第42届会董就职典礼、省政协港区委员新春联欢晚会、潮汕三市政协香港委员恳谈会等活动,拜会港澳有关潮属社团,向港澳委员通报家乡发展情况和政协工作,加强与市政协港澳委员和港澳潮籍乡亲的联系。市政协领导和有关专委会负责同志还参加了在北京召开的第11届国际潮团联谊年会,郑州市潮汕商会成立大会,以及香港中文大学举办的潮州学国际研讨会等联谊和学术交流活动。港澳台同胞联络委员会联合市有关单位开展了“进一步做好海外潮籍新一代工作”的专题调研,分析汕头开展海外潮籍新一代工作的重要性、有利条件和存在问题,形成《进一步做好海外潮籍新一代工作》的调研报告。还与市人大华侨外事委员会、市外事侨务局、市致公党和市侨联建立了“五侨”联席会议制度。

【政协工作规范化制度化建设】 4月份,市委发出《中共汕头市委关于加强和改善党对人大、政协工作领导的意见》,进一步加强和改善对政协工作的领导。市委、市政府主要领导阅批政协建议案及有关报告,分管的领导参加政协召开的专题议政会,专题座谈会及纪念辛亥革命90周年座谈会等重要活动,市政府在政务决策前重视听取政协的意见,各有关部门主动密切与政协的工作联系,为政协工作的规范化、制度化建设创造了良好的环境。市政协则加强内部的制度建设。市政协常委会在认真总结历年提案工作经验和借鉴全国政协、省政协提案工作条例的基础上,重新修订了《政协汕头市委员会提案工作条例》。为加强对各区、县(市)政协的工作指导,市政协领导参加区、县(市)政协的重要会议和活动,邀请区、县(市)政协领导列席市政协常委会议、担任常委会专题调研小组负责人,市政协机关召开各区、县(市)政协办公室主任会议等成为常规做法。通过以上的工作,进一步推进了市政协履行职能的规范化、制度化建设。

【九届四次会议】 2月27日至3月3日,市政协召开九届四次会议。会议听取和审议黄遵忠副主席所作的市政协常委会工作报告;听取和审议市政协九届三次会议以来提案工作情况的报告;听取和讨论市政府工作报告及有关的报告;通过关于同意杨辟明因年龄原因辞去政协汕头市第九届委员会副主席,刘希武、沈义为、方大年、曾书雄、徐辉、王晓环因年龄原因辞去政协汕头市第九届委员会常务委员,同意夏绵、傅仕新因工作变动的原因辞去政协汕头市委员会常务委员、委员职务的请求,增选卢嘉生、杜绍强、杨树鑫、林东山、林训初、栗洪显、黄学盛、梁进军为常务委员;审议通过市政协九届四次会议决议。会议期间,共有23位委员在大会上作议政发言,并举行了“强化服务意识,为发展汕头工业铺设绿色通道”和“实施我市‘十五’计划,努力提高城市化水平”两个专题座谈会。

(林华生)

附:2001年度汕头市政协主席、副主席、秘书长名单

主　席:郭斯锟

副主席:杨辟明(1—3月)　黄遵忠　张辉群　林猷垂　肖欣扬　庄和诚　郑丰任　谢惠鹏

秘书长:王维松

中共汕头市纪委

【领导干部廉洁自律】 各级党组织以学习江泽民同志"七一"重要讲话和"三个代表"重要思想为契机，以领导干部对照检查和自我剖析为形式，强化监督管理，使各级领导干部廉洁自律意识明显增强，廉洁从政行为进一步规范，廉洁自律几项重点工作得到较好落实。全市914名县处级以上领导干部全部对配偶、子女从业情况进行登记，其中不符合规定的已落实整改。认真清理领导干部及其配偶出国（境）证件并落实规范管理。加强对区县（市）党政领导干部通讯话费使用情况的监督检查。全市共清理各级领导干部借用或批准借用公款8045万元，其中49笔大额借款共5777万元均已处理完毕。市和澄海市、南澳县等单位还专门设立"廉政专户"，规定无法拒收的红包一律上交专户；加大对收受"红包"行为的查处力度，领导干部接受和赠送"红包"的现象基本刹住。

【查办案件】 各级纪检监察机关把查处大案要案作为参与"两大整治"工作的突破口，尤其是紧密结合打击骗取出口退税、制假贩假和惩治地方金融腐败等专项斗争，严肃查处了一批有影响、有震动的大案要案。全市纪检监察机关共受理群众来信来访和电话举报2565件次；立案查处违纪违法案件318宗480人，其中处级干部15人，加上2000年度遗留案件，共办案379宗531人；结案313宗；给予党政纪处分430人，其中处级干部8人。除集中力量配合国务院"807"工作组查处潮阳市原市委书记姚英杰等3人失职案外，重点查处了市商业银行原常务副行长张桂忠严重违纪案，汕头日报原总编辑陈德义严重失职案，汕头保税区副主任陈钦亮等6名领导干部失职案，原市体改委副主任陈宜镛收受礼金案，潮阳市电力局铜盂供电所所长肖子淮等15人集体私分公款案，汕头经济特区物产进出口总公司属下富达物产公司经理杨俊荣挪用巨额公款案等一批重大案件。各级纪检监察机关认真检查了近几年查结案件处分决定的执行情况，对存在问题进行了纠正。全市纪检监察机关还积极参与清收追贷工作，已追收党员、公职人员向地方中小金融机构和农金会的借款和担保借款3594.7万元，占应追收的47.88%。

【纠风工作】 按照纠建并举和谁主管谁负责的原则，重点抓好纠正医药购销中不正之风、减轻企业和农民负担等工作的落实。全市有27家县级以上医院实行药品招标采购，占总数的93%，全市通过招标中标药品价值1.344亿元，中标药品价格比国批价格平均下降18.78%，让利于患者2498.8万元。加强对涉及乡镇企业收费的清理，取消收费项目41项，年可减轻企业负担8000万元。全面推行乡镇收费公示制度，加快电网改造，降低农村电价，清理要求农民出钱出工的达标升级活动，进一步减轻农民负担，全年全市农民负担总额占2000年度人均收入的比例为1.9%。各地还继续开展治理中小学乱收费、治理公路"三乱"、制止以权摊派征订报刊、严禁发行使用代币购物券（卡）等工作，严肃查处个别顶风违纪行为，有效巩固纠风工作成果。在卫生、国土系统中开展了民主评议行风活动。

【从源头上预防和治理腐败】 一是政府审批制度改革深入推进。在1999年审批制度改革工作的基础上，市政府直属单位开展了新一轮行政审批制度改革。二是干部人事制度改革步伐加快。结合机构改革工作，领导干部公开选拔、任前公示、竞争上岗等制度得到普遍推行。三是财政管理制度改革初显成效。市及各区县(市)认真开展了部门预算的试点工作,财政供养人员的工资全部实行由银行代发。“收支两条线”管理在已达到“三个百分之百”的基础上,各单位加强督促检查,发现问题及时落实整改,有效促进“收支两条线”规定的落实。市和潮阳市、澄海市、金园区、升平区、达濠区均成立政府采购中心,政府采购工作不断规范。全市政府采购预算金额4500多万元,实际采购金额3700多万元,资金节约率达18.73%。会计委派制度在部分重点单位逐步探索实行,全市接受会计委派的单位28个,共委派会计30人。政务公开工作已在乡镇(街道)和部分区、县(市)直属单位全面实行,村务公开、厂务公开工作进一步深化,有形建筑市场、土地批租、产权交易等要素市场建设也取得新的进展。

【党风廉政建设责任制】 市、区县(市)及乡镇党政领导班子成员进一步明确抓党风廉政建设和反腐败工作的岗位职责,把反腐败任务进行分解,明确分管领导、牵头主抓单位及工作目标和职责,保证了反腐败各项任务的落实。市纪委协助市委、市政府出台了《汕头市党风廉政建设责任制考核工作的实施办法》,有效促使全市责任制考核工作步入规范化轨道。各级不断加大责任追究力度,全市实施党风廉政建设责任追究共处理各级领导干部56人,其中县处级干部7人。

【党风廉政建设宣传教育】 各地各部门组织党员干部认真学习江泽民同志“七一”重要讲话和党的十五届六中全会精神,不断加大党性党风党纪教育力度,进一步加强广大党员干部特别是领导干部的思想政治建设。围绕纪律教育学习月活动,认真开展了整治市场经济秩序专题教育,利用厦门特大走私案开展警示教育。同时,组织举行了勤廉兼优先进典型宣传活动,开展了“廉内助”教育活动。市和潮阳市、澄海市、升平区先后召开整治市场经济秩序违纪党员干部处理大会。市和龙湖区、金园区、达濠区等单位还对一些典型案例深入进行剖析,及时发出通报,收到了良好的教育效果。

【队伍建设】 各级纪检监察机关认真学习贯彻党的十五届六中全会精神,结合开展“四严”教育、“三个代表”教育等活动,不断健全完善机关内部监督管理机制,进一步加强了队伍的作风建设和纪律建设。市和各区县(市)、乡镇(街道)纪检监察机构改革工作顺利完成,市和澄海市纪委分别在市直机关设立了派驻(出)机构。纪检监察干部培训工作加强,市和各区县(市)纪委共培训干部376人(次)。

(李绪明)

附:2001年度中共汕头市纪律检查委员会书记、副书记名单

书　记:黄俊潮

副书记:李嘉祝　　吴振声(6—12月)

　　　　陈达彩　　郭锡鹏

民主党派和有关团体、组织

【民革汕头市委会】 在市政协九届四次会议上,刘运加委员代表民革作了《推进我市社区建设与管理的几点建议》的大会发言。围绕汕头开展“两大整治”活动,提交了《整治汕头市区无牌机动三轮车非法营运状况的建议》、《整治珠池台商工业区》等8件集体提案,得到政府部门重视并采纳。市、区两级政协委员、特约“四员”(特邀监察员、特约检察员、特约审计员、特约教育督导员)有14人次参加市党风廉政建设和反腐败斗争专项检查、行风评议活动。组织成员150人次参加全国统一战线知识竞赛和民革中央参政议政知识竞赛活动，5人次参加中央统战部、省民革征文活动。开展扶贫活动，成员7人向贫困地区——韶关始兴县顿岗镇贤丰同心小学捐款6600元。从5月起举行纪念辛亥革命90周年系列活动，9月28日市政协、民革市委会召开了各界人士纪念辛亥革命90周年座谈会；组织骨干赴中山市孙中山故居参观；编印《汕头民革孙中山研究文集》，收入成员和社联人士研究文章20篇；12月底，举行了民革汕头市第十次代表大会，选举产生了民革汕头市第十届委员会，推选方展伟任主委，刘运加、赖小林任副主委。组织台属成员开展引进台资、做好服务台商工作。民革法律服务所坚持义务为群众提供法律服务，全年接受咨询100余人次，代书10人次。

（陈庆文）

【民盟汕头市委会】 积极建言献策，认真履行党派职能。在市、区（市）两级人大、政协年会上共有大会发言5篇、议政建议37件，内容涉及教育、科技、经济、环保、城市建设等。其中被列为市、区两级重点提案，由有关领导跟踪督办的提案有6件。3月，在“纪念民盟成立60周年大会”上，市委副书记、市长李春洪代表市委市政府作了讲话。6月，在澄海滨河洲举办新盟员学习班，举办“纪念中共建党80周年、民盟成立60周年书画摄影艺术展”。稳步开展政治交接、组织发展和后备干部队伍建设工作。在教育、律师、企业界发展盟员24人；经两轮的换届调整，6个总支主委中已有4人进入市委会领导机构；在各区、县（市）党委的重视和支持下，有6人被安排到基层单位任职。开展社会服务活动。3月、8月，青工委会在河浦区滨海中学两次举行“纪念民盟成立60周年帮困助学金发放仪式”，共向21位品学兼优的特困生发送了4200元助学金；4月，教育工委会在汕头育新、桑浦两所民办学校进行“民办学校素质教育”的调研并报告。民盟市委会获省民盟“先进集体”称号。孔抗美获“广东省三八红旗手”称号，陈俊豪获“南粤优秀教师”称号，庄虎、林纯仁、吴锡锦获省盟“先进个人”称号。

（陈培松）

【民建汕头市委会】 积极履行参政党职能，在全国政协会议上发言3个、提案6个、社情民意4份，其中韦云隆在全国政协会议上提出的《打击骗税活动的同时，切实保护合法经营，促进地方经济健康发展》的建议，引起中央有关部门重视和采纳，派调查组莅汕调查，并于2001年下发《国家税务总局关于将广东省潮汕地区纳入出口货物退（免）税正常管理的通知》。市政协会议上集体和个人分别作了《优先发展IT产业，带动工业现代化，实现经济超常规发展》、《对我市街道社区建设工作的建议》的大会发言；民建会提交的提案1个、委员提案8个；市民建会的各级人大代表、政协委员多次参加视察、专题调研活动，参加政协组织的“强化服务意识，为发展汕头工业铺设绿色通道”、“整顿市场经济秩序，重塑汕头商贸新形象”、“建设文明社区、提高市民生活质量”等专题调研活动，并在常委专题议政会上建言献策；“特邀”人员积极参加市纪委组织的行风评议、党风廉政和有关单位的专项检查活动。积极发展骨干会员。至年底共有19个支部、296名会员。成员中担任省人大代表1人；市、区两级人大代表8人。全国政协委员1人；市、区两级政协委员32人。任副区长1人。2001年民建汕头市委会被评为民建广东省宣传信息工作先进集体、1位同志被省民建评为宣传工作积极分子，还有1位同志被省民建评为优秀信息员。会员的论文《积极争取中共市委统战部的指导，促进会务工作的发展》，被中央文献出版社评为优秀论文，编入《中国现代化建设研究文库》。

（辛佩芝）

【民进汕头市委会】 履行参政议政职责，积极建言献策。在市十届人大四次会议上，民进会员李彦富、李楚楚代表分别牵头提交了《关于汕头市聋校易地重建的议案》、《关于明令取缔利用网吧变相赌博的议案》。在市政协九届四次会议上，余林委员代表市委会作《加强粤东海域环境保护，促进汕头经济可持续发展》的大会发言，以市委会名义提交了《关于取消超生子女入学征收超计划生育借读费》等5件提案，其中《关于对我市行政执法部门公开评议工作制度化的建议》、《关于取消超生子女入学征收超计划生育借读费》被采纳实施后，在社会上产生了良好反响。稳步落实政治交接，推进基层组织建设。8月，汕头民进在澄海市首个基层组织——民进澄海市支部成立。民进金园区总支、龙湖区支部、市直初教支部等基层组织先后进行换届，选配了一批综合素质较高的中青年干部。12月初，增选谢铿为四届委员会副主委。汕大总支会员、博士生导师黄长江是汕头大学8名首批获得国家教育部“高等学校骨干教师资助计划”的教授之一，其研究课题《广东近岸水域浮游生物群落结构及其对环境变化的响应》，先后获得省、市科研经费共88万元；余林教授有关汽车尾气降污的研究项目也获得了经费5万元。

（冯丽娜）

【农工党汕头市委会】 在市政协九届四次会议上，由肖欣扬主委代表市委会作了《转变观念，增进共识，采取积极措施，保障医改目标顺利实现》的发言。以市委会名义提出的《关于创办我市口腔医院，加强牙病防治工作的提案》、《关于加强协调，加大力度，彻底整治医药广告市场的提案》、《关于建立我市医疗救助基金，健全全社会救助机制的提案》等3件提案以及以农工党市政协委员名义提出的《关于查禁残疾人车营运载人的建议》、《关于加强药品零售店管理，保障患者安全有效用药的提案》等5件提案，得到政府有关部门的重视和采纳，部分提案的办理收到明显效果。担任特邀监察员的党员继续参加汕头市行风评议活动，担任行风评议团负责工作，发挥了民主监督的作用；市委会继续做好信息工作，注意向有关部门反映社情民意。继续发挥优势，开展社会服务工作。4月22日组织义诊队前往河浦区送医送药，活动受益群众约200人次。继续在全市农工党员中开展“一人一议”活动。进一步搞好自身建设，坚持注重政治素质，做好组织发展工作，发展新党员12人。至年底，全年党员总数301人，其中医卫界170人，占56.47%，文教界84人，占27.9%，科技界22人，占7.3%，其他界别25人，占8.3%，党员平均年龄为50.3岁，党员中具有高中级职称（职务）者207人，占68.77%。基层支部32个。做好换届筹备工作。12月18日至19日，举行了农工党汕头市第十次代表大会，选举产生农工党汕头市第十届委员会，推选许瑞明为主任委员，郑子敏、吴淑卿、杨燕忠为副主任委员。

（郑子敏）

【致公党汕头市委会】 在市政协九届四次会议上，宋伟英代表市委会作了题为《关于做好新世纪我市“侨”字工作的看法和建议》的大会发言。“两会”期间，代表、委员就全市热点、难点问题，踊跃参政议政，共提交议（提）案21件。市委会团体提案、人大代表议案、政协委员提案三方面提出“关于禁止残疾人专用机动车营运”的议题，引起有关部门的高度重视。9月1日，汕头市正式实施禁止残疾人专用机动车营运，从而彻底解决了这个社会难题。2月，王桂元被市人大常委会任命为市中级人民法院副院长，实现了致公党员任实职零的突破。做好组织发展工作。重点吸收政治素质高的年轻人士入党，优化党员年龄结构。全年发展新党员11人，平均年龄36.45岁。2月，完成对支部的换届工作，换届中还组建了市直第三支部。3月，成立中国致公党汕头市金园区总支部委员会。7月，增补王桂元为第三届委员会委员。据不完全统计，全年成员出国出境探亲、考察、演出、留学等有21人次；接待

时，继续协同市解困办做好对特困职工基本生活优待的调查、审核和发放《特困职工基本生活优待证》工作，使584户国有企业特困职工和264户集体企业特困职工获得基本生活优待。

【依法维权】 从协助党政解决困难职工“四难”问题入手，建立健全依法维权工作机制。一是建立为困难职工提供法律援助工作机制。与市司法局联合发出《关于做好困难职工法律援助工作的通知》，在市总工会设立法律援助工作联络点，积极协同市法律援助中心的律师开展工作，热情为困难职工提供法律咨询，为符合条件的困难职工提供法律援助，解决其“打官司难”的问题。二是加强源头参与工作机制。积极做好调查研究工作，参与各级政府的法律法规修订、修改工作，全年参与涉及职工切身利益法律法规的修订、修改及征求意见共9件。三是继续推进平等协商和签订集体合同工作。在做好企业平等协商和集体合同的签订及续签基础上，进一步拓展区域性和行业性集体合同工作，据统计，全年签订集体合同的企业1236家，签订区域性、行业性集体合同4个，覆盖企业43家、职工1020人。四是建立工会劳动法律监督机制。以贯彻实施《广东省工会劳动法律监督条例》为契机，成立市、县二级工会劳动法律监督机构，加强各级工会对劳动法律的监督工作。五是做好调处职工群众来信来访和劳动争议工作，维护职工队伍和社会稳定，全年共接待职工群众来信来访69宗，通过协调处理得以解决的有62宗，接待热线电话和法律咨询20宗。

【厂务公开】 至年底，全市推行厂务公开制度的企事业单位1815家，其中国有及国有控股企业485家（完成省协调小组核准数的100%），集体企业277家，事业单位1049家，非公有制企业4家。在继续推进厂务公开工作深入发展的基础上，主要抓好考核验收和总结表彰工作。3月5日，市厂（企）务公开协调小组发出《关于对厂务公开工作进行考核验收的通知》。4月中旬至月底，市厂（企）务公开协调小组组成4个考核验收小组，分赴各地、各系统对国有及国有控股企业及若干事业单位的厂务公开工作进行考核验收，共抽查46家企事业单位，对做得好的予以肯定、做得不够的提出批评并要求整改。7月5日至8日，省厂务公开协调小组第四检查考核小组对汕头市厂务公开工作进行检查考核，市厂务公开协调小组办公室、市冷冻厂、市公共交通总公司、潮阳市新华印刷厂、潮阳市经贸公司顺利通过厂务公开工作的检查考核。10月中旬，市厂务公开协调小组着手开展推荐评选工作；12月中旬，召开全市厂务公开工作总结表彰大会，对汕头电力工业局等50个厂务公开先进单位进行表彰颁奖。至此，汕头市按照省的要求全面完成了在国有及国有控股企业推行厂务公开制度的阶段性任务，并在集体企业和事业单位推行厂务公开制度工作上取得了较大进展。

（姚国荣）

【共青团开展宣传教育活动】 为配合“两大整治”工作，团市委在全市青年中开展“整顿秩序、依法经营、实业兴市、重塑形象”宣传教育系列活动。一是开展税法宣传志愿服务活动。3月份召开汕头市青年“整顿秩序、依法经营、实业兴市、重塑形象”宣传教育服务活动动员会，联合市国税局举行税法宣传教育服务活动，成立8支汕头市青年志愿者“整顿秩序、依法经营、实业兴市、重塑形象”税法宣教队，成员来自国税系统、汕头大学、教育学院、外贸成人中专等单位。从4月至5月，青年志愿者们利用节假日深入乡镇街道和工业区、商业区、生活密集区开展税法咨询、接受税收投诉，进行现场办公等志愿服务，并深入企业同经营者进行座谈、交流，送税法宣传资料，引导广大青年树立依法经营、注重信用、脚踏实地、艰苦创业的思想。二是举办征文、讨论活动。3月至6月团市委、市青联在潮网举办“整顿秩序、依法经营、实业兴市、重塑形象”网上征文、讨论活动。三是举办讲座、研讨会。邀请著名经济学家钟朋荣教授作了《当前企业发展战略及企业制度——兼谈民营企业投资注意问题》的专题讲座，并与青年企业家就企业发展战略和企业制度进行交流。

【汕头市第八届少年(海军)军校】 8月12至19日在汕头金山中学举行。由市国防教育领导小组办公室、团市委、汕头警备区政治部、解放军38012部队政治部、市教育局、市直人武部、市红十字会、市少工委联合举办，为期8天，共有学员300名，为历届之最。学员在军校中进行队列、军体拳、操枪等训练。军校专门开展了海军旗语训练，带领学员参观海军营地、驻港部队荣誉室、军舰等，向学员讲授许多海军方面的知识，使之对我国的海防有更深了解。军校利用在金中办学的有利条件，邀请校领导为学员作“金中精神与特区青年”专题讲座，组织金中两位高考状元和16名总分800分以上的考生同学员举行座谈，组织学员参观金中的教学设施，让学员感受名校的氛围。同时，新增了生存教育内容，由市红十字会派出专人对学员进行自救互救培训。少年军校已成为汕头市青少年教育的名牌项目，受到广大青少年和家长的好评。

【助学工程】 8月27日，团市委举行了汕头市助学工程助学金、交行奖学金颁发暨结对签约仪式。来自市青联、市青企协捐资单位、学生家长、交行奖学金获奖学生、受助学生等各界代表160多人参加了活动。助学工程自1998年启动至今，已资助2166名特困学生，资助额达180万元。2001年共资助712名贫困学生。在仪式上，助学工程办公室与连续3年以上提供资助的单位、个人代表签订协议书，捐助者与受助生结对，将从学习上、生活上关心他们。助学工程对受助生成长情况实行全程监护，及时了解学生的学习情况以及生活中出现的新问题，并向捐款人及时汇报反映。仪式结束后，一批品学兼优、获奖学金的学生还到交行汕头支行参加“交行奖学金”会亲活动。

【第七届汕头市成人节】 10月8日上午，在汕头港务局第三港区码头举行了宣誓仪式，2000名成人青年代表全市5万多名同龄人宣誓。市领导、有关部门领导、离退休劳模代表及青年企业家代表出席了活动。宣誓仪式后，市领导还与成人代表们到星湖公园、时代广场开展植绿护绿志愿服务活动。

【两岸六地青年企业家(汕头)经济论坛】 10月24日上午在国际大酒店举行，由市青联、市青企协主办，主题为“企业的创业与发展”。来自台、港、澳、穗、深、汕两岸六地的200多位青年企业家参会。全国青联秘书长胡伟，广东省青联主席万庆良，经济学家钟朋荣、蓝海林，著名学者蔡德麟等及市领导、有关部门领导出席了活动。参会青年企业家就企业经营中所面临的困难、问题以及对策进行了深入探讨，各专家教授从企业发展与企业制度、企业战略管理、弘扬潮汕文化与发展社会主义市场经济、潮汕传统文化与现代化建设等方面进行了论述。论坛期间，市青联、市青企协还组织青年企业家实地参观了汕头的一些企业，增强了解，寻求企业发展合作机会。

【九运会汕头赛区青年志愿服务活动】 全市各级团组织积极发动广大团员青年，开展“真情献九运”志愿服务活动。这是近几年来汕头参加人数最多、历时最长、服务最广的一次青年志愿者行动。市委书记李统书为青年志愿者授旗，活动共招募九运会注册志愿者4500多人，志愿服务车36辆；社会各界给予了大力支持。志愿者行动围绕“新世纪、新汕头——志愿奉献九运会”主题，突出了绿色、文明、科技三大特色。赛前，举办了以“绿色九运”为主题的汕头市青少年绿色环保志愿服务活动，组织广大青少年开展以“环境、健康和九运”为主要内容的“绿色九运”宣传行动，组织志愿者队伍开展迎九运植绿护绿行动，美化净化环境。九运会汕头赛区比赛期间，近5000名青年志愿者参与了赛区的志愿服务。志愿者们忙碌于酒店、机场、火车站、赛场等地，承担迎接运动员、搬运行李、介绍汕头情况、协助维持赛场秩序、协助裁判等工作。由于成效显著，团市委、市体育局被九运会组委会志愿者服务部、广东省精神文明办、共青团广东省委员会、广东省妇女联合会授予“九运会志愿服务优秀组织奖”。

（团市委）

【妇联简况】 2001年，汕头市妇联坚持“一手抓发展，一手抓维权”的工作方针，组织动员全市妇女积极投身“两大整治”活动。以提高妇女素质为重点，把“巾帼建功”活动向企业一线女职工和私营企业拓展。“三八”节，6个集体分别被全国和省妇联授予“巾帼文明示范岗”荣誉称号。按时按质完成汕头市妇女儿童发展规划终期监测评估工作，制定2001—2010年妇女儿童发展规划，市妇儿工委荣获“广东省实施妇女儿童规划先进集体”称号。发动各界妇女参与《婚姻法》修正草案的讨论，据不完全统计，全市共召开有关座谈会116场，汇总了11条立法建议和12条修改意见上报省妇联。《婚姻法》修正草案通过后，动员各级妇联、各界妇女组织征订《婚姻法》小册子共2.5万多份，并举行了户外咨询、律师讲座等活动，在广大家庭和妇女群众中普及法律知识。市妇联被省委、省政府授予“1996—2000年全省法制宣传教育先进集体”称号。不断完善和加强“法律援助中心妇女权益部”的工作，建立健全陪审员队伍，全市妇联系统已有法院特邀陪审员59名。及时处理来信来访，全系统共受理来信来访1431宗。与有关部门联合举办了以“健康、文明、科学”为主题的第六届家庭文化节，举办了“新世纪、新女性、迎九运、展风采”健身操表演、“新世纪家庭美德大家谈”征文活动、大型文艺晚会等。开展当好“廉内助”教育活动，把反腐败的防线延伸到党员领导干部的配偶和家庭。活动中共树立“廉内助”典型14名，被省评为优秀“廉内助”4名、“廉内助”教育先进单位2个。充分发挥家教网络作用，逐步构建党政、学校、社会、家庭“四位一体”的教育新格局。与市教育局联合开展了“世纪父母读书”活动，向广大家长推荐《写给世纪父母》一书，传授科学的家庭教育方法和知识。市“0岁方案”粤东函授站运用互联网解答家长在家教中遇到的疑难问题，共接受家长咨询2.7万多人次。市妇联获“广东省家庭教育工作先进集体”称号。组织由科普工作者和转化的原“法轮功”练习者、戒毒成功者组成的巡回宣讲队到各区县（市）开展巡回讲座共13场，受教育者达4000多人。

【农村妇女科技致富】 市妇联给予专项经费补贴，进一步推动农村妇女学校的创办工作。各级妇联在办校质量上下功夫，按照“十有”的标准查漏补缺，使学校进一步规范；另教学内容上以科学性、针对性、层次性、多样性、实效性为原则，在政治理论和科技知识等方面进行充实，增强了广大妇女学习的积极性。全市新办妇女学校247所，累计办校643所。参加各种科普讲座、咨询等活动人数6747人，发放科普资料15470册。经培训，有297名农村妇女获得农业部门颁发的绿色证书。为农村妇女科技致富着重从三个方面提供服务：一是服务女能手，开通“科技直通车”，建立妇女农业科技服务网络。多次组织专家和农科技术人员深入到潮阳、澄海、南澳等地现场指导，开设讲座、咨询等服务，把最新的实用技术、书籍和新产品送到田间地头。二是服务妇女龙头企业。各级妇女组织继续协助广大农村妇女搞好第二、三产业的发展，培育一批以妇女为主的流通大户、种养大户、加工大户、私营和村办企业大户，树立“妇”字号龙头企业，在资金、技术、政策等方面为她们提供帮助，使她们有效地发挥了示范作用。三是服务基层妇女组织。开展“向贫困妇代会赠送一份21世纪的礼物——《中国妇女报》”的活动，积极动员单位个人捐款，多方筹集资金近10万元，为基层妇女组织赠订《中国妇女报》400份。

【“中华巾帼志愿者”】 抓住汕头承办“九运会”部分比赛项目的契机，以“优质服务进万家、真诚奉献在社会”为主题，组织科技志愿者、老姐妹友爱志愿者、社区服务志愿者、九运会导游服务志愿者、“巾帼文明示范岗”等，组成汕头市“中华巾帼志愿者”队伍，开展政策咨询、技能培训、法律援助等公益性活动。9月份，举行了汕头市“中华巾帼志愿者”队伍授旗暨“我为九运作奉献、优质服务进万家”活动启动仪式，各区县（市）也纷纷组建队伍，开展活动。“九运会”期间，市妇联印制“中华巾帼志愿者九运会服务卡”，为来汕参赛的运动员以及来宾提供天气、饮食、购物、交通等方面的信息咨询；组织巾帼拉拉队为比赛现场营造气氛、提供服务；组织一支“中华巾帼志愿者导游服务队”，免费为运动员、教练员介绍汕头市的名胜风景。已征募各类志愿者3500多人，分布于全市窗口服务行业和社区服务机构。年中，在示范点龙湖区金霞街道召开了“汕头市社区妇女工作会议”，总结推广妇联工作“四进社区”的经验作法，推动各级妇女组织积极探索社区妇女工作的新机制、新内容和新方法。涌现出澄海北秀园“巾帼志愿者服务队”、金园区的妇女健身指导站、家政服务站、升平区“蓝天使家政培训服务中心”等一批各具特色的社区服务组织和服务项目，社区妇女工作项目日趋丰富，方式更为灵活。

【为困难群众办好事实事】 联系汕头海外联谊会高尔夫球队发动台商奉献爱心，捐赠人民币1.4万元和衣物、食物、学习用品等一批物资，市妇联及时将这批物资发送到贫困家庭及特困学生手上。“凡心”服饰制作室总经理捐资3.6万元资助120名春蕾女童继续学业。市直各单位干部职工、市妇联机关（包括属下单位）全体干部、职工以及各联谊会会员等认捐和捐款近48万元，369名女童获得资助，各级妇联也积极开展了活动。到2001年8月底，市及各区县（市）妇联共收到捐款近230万元，共资助贫困女童2168人。其中，已小学毕业220人，初中毕业25人，考上中专4人（1人已毕业），取得了较好的社会效果。市妇联积极动员外资企业家、市女企业家协会会员和龙湖烟草公司等社会力量的支持，共筹得捐款6.8万元，帮助108名聋哑学生配备了助听器，并在开学前举行了“春蕾女童”第六批资助款和聋哑学校聋哑学生助听器发放仪式。春节、“三八”、“六一”节期间，市妇联走访慰问了下岗女工及特困家庭，送去慰问金2万多元及台商捐助的大米5万多斤和一批食品、文具、衣物，为他们送去党和政府的温暖。针对离婚妇女无住房这一难点问题，市妇联开展专题调查，抓住市政府分配第二批“公租房”的契机，积极反映情况，把离婚妇女列入“公租房”的分配范围。市妇联还参加了女职工劳动保护的执法检查。6月份，省妇联派员赴各地进行关于外来女工合法权益保障情况的调查，市妇联联系两家大型私有企业，组织外来女工完成调查问卷100份。

【协助打击“六合彩”】 全市禁止“六合彩”赌博活动工作会议后，市妇联马上进行了部署。一是调查摸底。根据经济状况、治安情况和地理环境的不同，选择了若干类型的地区，通过基层妇女组织，采取灵活多样的方法，对全市妇女和家庭成员参赌情况进行摸查分析，掌握第一手真实可靠的材料。潮阳市妇联组成调查组，深入26个镇（街道）和个别村（居）进行走访调查，采取灵活多样的方式，进村入户，开展深入细致的调查摸底工作，主动为有关部门加大打击力度提供依据。龙湖区妇联制作了《龙湖区妇女和家庭成员参加"六合彩"赌博情况摸查表》,发至各街道、村(居)进行一次全面的摸查。二是制订方案,以抓教育点为突破口。根据调查摸底的情况,市妇联制定了《汕头市妇联参与做好禁止"六合彩"赌博工作方案》,并按省妇联的要求,把潮阳市峡山镇定为教育点,切实加强领导,主动争取当地党政领导重视,以抓教育点为突破口,在点上积极探索妇女组织参与禁赌工作的有效方法、途径,并及时发现带倾向性、规律性的问题,为基层妇女组织的禁赌工作提供具体指导。各区县(市)妇联也相应制定了方案,确定了各自的教育点,与当地政法、团委、教办等部门密切配合,开展有声势、有特色的宣传教育活动:通过举办抵制"六合彩"、禁止赌博活动的现场会,组织群众签名承诺及文艺演出活动;举办法律咨询等形式,向广大妇女群众宣传"六合彩"赌博的危害性,倡导健康、文明、进步的生活方式。四是大张旗鼓开展宣传,营造禁赌社会氛围。组织"禁止利用'六合彩'赌博"图片深入到各镇、街道巡回展览并印发《倡议书》等宣传资料,对群众进行普法教育、科学教育和典型教育;在妇联开展的各项活动中举行"禁止利用六合彩赌博"家庭签名承诺行动,让家庭成员庄严签名承诺——远离"六合彩",不让赌博进我家;通过新闻媒体宣传、报道一批帮教工作做得好和参赌人员转化好的典型,推出一批无黄赌毒邪家庭的先进典型。潮阳市妇联举办禁赌知识巡回讲座、组织禁赌图片展览以及在新闻媒体上设立禁赌实话实说专题节目和禁赌专栏、设置禁赌公益广告等;澄海市隆都镇妇联与有关部门联合,把参与"六合彩"赌博活动的危害及严重后果编成小品在全镇播放。五是充分发挥妇女"四禁"组织宣传、帮教、耳目的作用,发动妇女检举揭发,提供线索。全市共有妇女"四禁"组织 1219 个,据不完全统计,严厉打击利用"六合彩"赌博活动期间,妇女"四禁"组织开展帮教活动 3945 人次,挽救濒临破碎家庭 181 个,举报"六合彩"线索 191 条。

(郑依娜)

宗教工作

【宗教年检】 2001 年,宗教活动场所年检工作与深入学习贯彻《广东省宗教事务管理条例》、摸清情况、开展执法检查和建立健全各项管理制度相结合。全市年检合格的宗教活动场所 271 处,其中天主教 38 处、基督教 64 处、佛教 166 处、道教 3 处。升平区宗教局在年检工作中创造了"七查一提高"的经验,即查教职人员情况、查教徒人数、财务收支情况、遵纪守法情况、开展宗教活动情况、防火防盗防骗情况、污染噪音情况和提高宗教活动场所负责人、教职人员思想和执行党的宗教政策的自觉性。

【依法管理】 市民族与宗教事务局与市公安局配合,坚决制止和打击各种违法宗教活动,先后共查处违法宗教活动 8 宗。如依法取缔查封自称"救世活佛"活动点;严肃查处汕头市铸钱洞清云禅寺违反宗教政策擅自邀请境外及异地僧人举行开光活动;采取措施制止设在金园区"净宗妙音"助念组的非法活动,解散了"净宗妙音"助念组非法组织;制止海外德教在澄海东里设立"紫澄阁"和举行开光活动;制止四川喇荣寺藏传佛教僧人来汕活动;及时化解揭阳市惠来县葵潭镇近百名天主教徒到市天主教堂与市区教徒发生纠纷的突发事件,避免流血事件的发生等。

【调查研究】 配合省民宗委对汕头市基督教情况作专题调研,比较全面地了解和掌握全市基督教的基本情况和发展趋势。做好藏传佛教僧人在汕活动的专题调研,掌握了藏传佛教僧人在汕活动的基本情况，分析了藏传佛教僧人频繁来汕活动原因，研究提出了加强藏传佛教僧人到内地活动的管理意见，向国家宗教局调研组作了专题汇报。与公安局配合，对全市天主教活动堂点的活动情况进行调查。注意及时了解掌握宗教工作动态，做好民族宗教信息工作，汕头市民族宗教事务局被评为2001年度广东省民族宗教信息工作先进单位。

【自身建设】 加强教会自身建设，引导宗教与社会主义社会相适应。认真协助佛协及办公室搞好整顿工作，把12月份作为整顿月，建立健全各项规章制度，做到用制度管人管事，实行精兵简政，通过自我教育，自我改进，自我提高，解决佛协及办公室存在的突出问题。切实加强宗教界的思想组织建设，努力培养一支爱国爱教的宗教人士队伍，认真组织宗教界人士学习全国宗教工作会议和江总书记“七一”讲话精神，继续深入揭批“法轮功”邪教，努力提高广大教职人员的思想觉悟。支持市天主教爱国会组织神职人员参加省的学习培训、避静活动等，努力提高教职人员的政治思想素质，确保各宗教团体的领导权掌握在爱国宗教人士手中，充分发挥他们在团结教育宗教界人士中的桥梁作用。澄海市结合农村“三个代表”教育，专门组织天主教、基督教骨干举办学习班（以会代培）共两场60多人次，并召开了基督教工作研讨会，认真研讨如何做好抵制灵恩思潮、维护崇拜秩序、搞好教会建设等。达濠区积极协助青云禅寺办好培训班。

【落实政策】 做好协调工作，先后解决基督教东区聚会所迁移新址存在的问题和龙泉禅寺大慈颐养园奠基建设的问题，在海内外宗教界产生了积极的影响。多次深入实地考察，并与公安部门密切配合，认真研究落实解决伊斯兰教500多名信徒的临时活动点，保证伊斯兰教信徒正常宗教活动的开展。

【中国天主教一会一团负责人联席会议】 9月15至16日在汕头市召开，中国天主教爱国会主席傅铁山主教，中国天主教主教团主席刘元仁主教分别主持会议。会议首先认真学习座谈了江泽民总书记在中国共产党成立80周年纪念会上的讲话，号召结合天主教当前的形势和任务，继续加强教会的思想建设、组织建设、制度建设和神学思想建设；并就如何贯彻民主办教的精神，切实加强教会的自身建设问题进行了深入讨论。8月，召开省宗教志审稿会议，省民宗委副主任黄德才以及中山大学、广州大学等高校有关教授，省地方志有关领导出席会议。

【宗教交往】 协助做好境内外的宗教友好交往活动，抵御境外敌对势力利用宗教进行的渗透活动。协助接待美国浸信会代表团和有关宗教界人士；协助基督教“两会”唱诗班50多人赴新加坡、马来西亚等国进行友好访问；协助天主教爱国会领导人两次随有关团队赴西欧访问，以及佛协领导人赴斯里兰卡访问等；认真做好西藏民族宗教界访问团等的接待服务工作。坚决劝阻台湾省有台独倾向的某教会领导人来汕讲道。

【社会服务】 全市宗教界分别捐款15万多元，支持国家民委和国家宗教局的西部地区建设扶贫项目；在春节前夕开展济助活动，捐款捐物约30万元，慰问贫困户、老人和福利院、敬老院等单位，为政府分忧，为社会献爱心。澄海佛教界2001年捐助社会公益事业60余万元。全年全市宗教界捐资办福利事业达196万元。

（孙建宏）

档案工作

【档案管理】 2001 年,全市共有 9 个机关、事业单位实现档案管理达标升级。到年底,汕头市各级机关、团体、企业、事业单位档案综合管理达标升级的共达 195 个,其中省特级 61 个,省一级 68 个,省二级 66 个。市审计系统和法院系统单位达标升级实现了“满堂红”。除 2001 年新成立的金园、升平、达濠档案馆外,全市 5 家综合档案馆全部实现了档案馆工作达标升级。2001 年,汕头市档案局对 14 个升级满 5 年的单位进行复查,没有发现达标升级后档案综合管理出现退步现象。

【档案开发利用】 2001 年,汕头市档案馆积极主动做好档案资料的开发利用工作,全年共接待利用档案单位 1092 次,接待利用者 1380 人,利用档案资料 2299 卷(册),提供档案材料 11496 页,为全市机构改革、汕头经济特区建立 20 周年活动、编史修志、办理退休查证工龄等各项工作提供了宝贵的材料。3 月 16 至 25 日,市档案局、市委宣传部、市直机关工委、市教育局联合承办了《世纪回眸南粤沧桑——广东百年档案照片展》汕头巡回展出,利用档案资料开展爱国主义教育活动,发挥了档案信息资源在两个文明建设中的作用。

【档案保管保护】 2001 年,汕头市档案馆重点做好机构改革中撤并单位档案进馆的调查摸底和接收工作,全年共接收档案 3765 卷,并收集、整理了一批年鉴、史志等资料,市房地产档案馆加大了产权档案的收集力度,全年共接收产权档案资料 27097 件。市档案馆切实加强档案的保管保护工作,全年共消毒档案 27630 卷,更换杀虫防霉药物 6500 片;并进一步做好破损历史档案的抢救修裱工作,共抢救修裱破损档案 6424 页。有效维护了档案的完整与安全。

【档案科教工作】 全年市档案局共举办培训班 6 期,培训了 426 人,其中岗位培训班 1 期 128 人,专题班 1 期 114 人,短训班 4 期 184 人。市档案局还在汕大医学院附属第一医院、农发行汕头市分行和市检察院等 4 个单位推行文件材料归档方法改革试点工作。

(档案局)

接待工作

【简况】 2001 年,汕头市圆满完成了庆祝汕头经济特区建立 20 周年活动、九运会乒乓球和跳水比赛、省委省政府汕头现场办公会、汕头台商投资企业协会成立 10 周年庆典暨汕头市投资环境推介会,以及李岚清、乔石、宋平、李长春、张万年、罗豪才、万国权、张克辉、马万琪、韩光等党和国家领导人 12 人次莅汕的重要接待任务。共接待来宾 767 批 18017 人天次,其中副部级以上领导 218 人次,工作组 80 批 7652 人次,国家、省、市级会议 97 个 5673 人次(国家级会议 10 个 1716 人次,省、市级会议 11 个 645 人次,市级会议 76 个 3312 人次)。

(接待处)

【乔石视察汕头】 1 月 15 至 19 日,原中共中央政治局常委、全国人大常委会委员长乔石莅汕视察,对汕头市两个文明建设尤其是在信息产业、旅游资源开发、城市建设等方面取得的成就给予了充分肯定。15 日上午,乔石在广东省人大常委会副主任王骏陪同下抵汕，广东省委常委、秘书长蔡东士，汕头市领导庄礼祥、李春洪、卢桂兰、赖益成、林静辉、吴立华等到驻地迎接。17日，乔石在市委书记、市人大常委会主任庄礼祥的陪同下参观了汕头信息化展览会和汕头海缆登陆站。18日，乔石在市委常委、南澳县委书记陈奕威和市人大常委会副主任吴立华等的陪同下先后参观了南澳宋井、青澳湾和总兵府，对南澳县在旅游资源开发上的工作成绩表示肯定。18日晚，乔石在驻地会见了省人大常委会副主任张帼英和市领导庄礼祥、李春洪、卢桂兰、赖益成、林静辉、吴立华等。

12月6至20日，原中共中央政治局常委、全国人大常委会委员长乔石再次莅汕视察。6日上午，省人大常委会主任张帼英，市领导李统书、林静辉、吴立华等到机场迎接乔石及其夫人郁文。在汕头迎宾馆迎候的市领导有方健宏、赖益成。在汕期间，乔石一行在市领导李统书、方健宏、吴立华等的陪同下，先后察看了汕头游泳跳水馆、中山公园、华侨公园、石炮台公园、广东奥迪玩具有限公司和陈慈黉故居。在汕期间，乔石还在驻地会见了全国政协常委、原安徽省委书记卢荣景，原广东省委书记林若，省人大常委会副主任王骏及市领导李统书、李春洪、方健宏、赖益成、林静辉、吴立华等，并听取了李统书、李春洪等的工作汇报，充分肯定了汕头市开展“两大整治”以来所取得的成绩，同时寄望汕头能抓住机遇，与时俱进，开拓创新，继续开展信用体系建设，树立汕头新形象，把经济建设推上新的台阶。

【宋平莅汕考察】 10月20至26日，原中共中央政治局常委宋平莅汕考察，并参加汕头经济特区建立20周年庆典活动。宋平认为，汕头特区经过20年的发展，环境卫生、空气质量比以前大有变化，城市变得更加美丽了；科技创新和科技进步大有发展，涌现出不少科技成果和产品。市委书记李统书还向宋平汇报了汕头市的经济社会发展和“两大整治”情况。

20日，宋平一行7人乘专机抵汕，省委常委、省纪委书记王华元，市领导李统书、林荣城、黄俊潮、于云臣到机场迎接。22日，中共中央政治局委员、广东省委书记李长春，省长卢瑞华，省委常委、深圳市长于幼军，副省长许德立，在市委书记李统书、市长李春洪陪同下，在迎宾馆拜会了宋平。

宋平在省委常委、秘书长蔡东士陪同下，参加了庆祝汕头经济特区建立20周年活动。25日在市领导李统书、方健宏、于云臣的陪同下，到市科技馆参观汕头科技成果推广展示会，观看各项科技成果、产品，对汕头市科技事业取得的成就予以肯定。26日上午，宋平乘专机离开汕头。省委常委、省委组织部长刘玉浦和市领导李统书、方健宏、于云臣到机场送行，市领导李春洪到迎宾馆为宋平送行。

【罗豪才莅汕调研】 6月4至5日，由全国政协副主席罗豪才带领，全国政协港澳台侨委员会主任朱训为组长，副主任张伟超、教育部副部长韦钰等为成员的调研组一行12人莅汕调研港澳台侨人士在汕头市办学情况。

4日下午，市领导李统书、林静辉、王芸、黄遵忠、庄和诚和原省政协副主席林兴胜等在汕头迎宾馆拜会了罗豪才一行。5日上午，罗豪才一行在王芸、黄遵忠、庄和诚等的陪同下，游览了市容市貌，并前往汕头大学参观，同汕大领导徐小虎、黄赞发以及有关部门负责人进行座谈，听取了王芸关于“汕头市港澳台侨同胞投资办学”和徐小虎关于汕头大学办学的情况汇报，罗豪才对汕头市各级政府加大对教育投入，社会各界人士和港澳台侨同胞捐资办学，促进教育事业快速发展的举措给予了充分肯定。

【万国权莅汕调研】 4月26至28日，以全国政协副主席万国权为组长的全国政协调研组莅汕就道路运输立法进行实地调研。

27日晚，市委书记李统书在市迎宾馆拜会了万国权一行。李统书向万国权详细介绍了汕头开展“两大整治”的情况，并表示将进一步加大执法力度，通过整顿包括道路运输行业在内的经济秩序，严厉打击各种违法违纪行为，切实保护守法经营者。万国权对汕头经济社会各项事业，特别是在城市基础设施建设方面取得的成绩给予了充分肯定，并希望汕头能通过整治社会秩序和市场秩序，取得新的发展。交通部副部长胡希捷、原广东省政协副主席林兴胜、省交通厅厅长张远贻等也参加了座谈。

【张克辉莅汕考察】 11月14至16日，全国政协副主席张克辉、全国台盟副主席李敏宽一行莅汕考察。张克辉对汕头改革开放以来取得的瞩目成就深表赞赏，希望汕头要充分发挥对台区位和人文优势，努力创造良好投资环境，加快引进台资的步伐。

14日下午，原省政协副主席林兴胜，市领导李统书、林静辉、张辉群等拜会了张克辉一行。15日上午，在林兴胜、张辉群等陪同下，张克辉一行察看了台商独资经营企业——汕头特区大荣钟表工业有限公司，参观了该厂表面及钟表零配件生产车间。在汕期间，张克辉还先后察看了市容市貌和澄海信宁工艺玩具厂、宜华集团公司、陈慈黉故居、澄海莲花山温泉度假村等。

【马万祺莅汕考察】 全国政协副主席马万祺莅汕考察后，对汕头留下了深刻印象，欣然赋诗一首赠汕头市委书记李统书：“四十一年怀旧地，汕头建设已腾飞。翻天覆地侨乡好，信誉文明客展眉。经济特区优势显，投资环境报春晖。两桥艳映新形象，澄海潮阳共策驰。”

【韩光莅汕考察】 1月11至18日，中纪委原常务副书记韩光莅汕参观考察。在汕期间，市领导庄礼祥、卢桂兰、黄俊潮、陈达彩在迎宾馆分别会见韩光一行。庄礼祥、卢桂兰分别就有关情况向韩光作简要汇报。韩光对汕头近年来在环境保护及创建中国优秀旅游城市上所取得的成绩给予肯定。在有关人员陪同下，韩光参观了万客隆购物中心和三联书店，并游览市容市貌。

（单正言）

人事编制

【公务员队伍结构】 2001年，全市各级政府部门努力提高公务员整体素质，优化公务员队伍结构。一是以机构改革为契机，在市直部门中层干部中实行全员竞争上岗，有力地推动了干部人事制度改革的进一步深化，为营造公开、平等、竞争、择优的选人用人好环境，初步建立干部能上能下、能进能出、有效激励、严格监督、竞争择优、充满活力的选人用人新机制，为建设高素质干部队伍提供了制度保证。二是坚持考试录用制度，严把公务员和机关工作人员“进口”关。在总结历年考试录用工作经验的基础上，上半年先后组织市地税局、市社保局和汕头特区报社、潮阳市公安局等4个单位的考录工作；下半年组织市地税局、市药监局、市质监局、市工商局和市公安局等5个单位17个专业119个职位的公开考录工作，共有1726人参加考试。继续认真做好选招应届大学毕业生到基层工作的考录工作。在前三批的基础上又选招36名，进一步优化了全市基层干部队伍的年龄结构和知识结构。三是严格做好公务员培训考核工作，提高公务员队伍整体水平。继续实施公务员培训制度，共举办了两期公务员初任培训和一期任职培训，有154名公务员参加了培训，另有4212名机关事业单位工作人员参加了计算机专业知识培训考核。为培养高层次年轻管理人才，组织了28名本科学历、40岁以下的公务员参加全国公共行政管理硕士学位（MPA）入学考试。积极做好年度考核和行政奖励工作，完成对全市8个区县（市）和市直170个副处级以上单位共97392名工作人员2000年度的考核审核工作。会同有关单位做好先进单位和先进个人评选推荐工作，共评选推荐先进单位17个、先进工作者139人，其中被推荐为全国先进集体3个、先进工作者6人，省级先进集体14个、先进工作者133人。

市领导出席市人才市场搬迁新址暨2001年大、中专生就业洽谈周开幕仪式

市人才市场新址

【整体性人才资源开发】 各级人事部门以高层次人才引进为工作重点，加大服务力度，加强制度建设。一是出台《关于引进优秀人才来汕工作的若干规定》，进一步畅通汕头引进高层次人才的"绿色通道"。坚持"不求所有，不求所在，但求所用"的用人原则，鼓励优秀人才以借调、兼职、技术合作、技术承包、技术入股、投资创业等形式来汕工作。二是加强人才市场建设，进一步完善了双向选择机制。规范市场管理方面，《汕头特区人才市场条例》获市人大常委会审议通过，于3月1日起开始实施。加强市场硬件建设方面，新的人才市场于7月建成并投入使用，市场总面积2000多平方米，全面使用计算机系统管理，提供全方位的人才交流服务，改善了汕头人才交流的环境和条件。全年人才市场共举办集市115期，接待各类求职者16万多人次，有3735家次用人单位进场招聘，另外有627家单位委托代招代聘，需求人才34863名。网上人才市场——汕头人才网站的知名度和影响力也进一步扩大，全年点击数接近20万人次，上网进行人才招聘的单位达310个。拓宽人事代理业务领域方面，全年新增个人委托代理549人、单位集体委托代理11家，共为4089名人员代管人事关系，其中有84家单位共1273人属集体委托代理。三是积极做好大中专毕业生就业指导工作。在年初和年中先后召开应届大中专毕业生就业洽谈会和洽谈集市周，为毕业生提供用人信息；积极做好中专毕业生就业制度改革的引导宣传和高层次毕业生的就业派遣工作。全年全市共接收非师范类大中专毕业生3919名，其中博士生7人，比2000年增长43%，硕士生41人，增长44%，本科生667人。已就业派遣和转到所属县市的有2838人，占总数的73%，其中汕头市区接收毕业生2238人，已就业派遣的有1073人，占市区接收总数的48%。另外办理接收市计划中专498人。

【专业技术人员管理】 加强职称考试和评审管理。狠抓职称考试考纪考风建设,顺利完成20项共12364人参加的专业技术资格、执业资格和职业资格考试。加强社会监督,推行职称评审晋升公示制度,增加申报工作透明度。全年共向省推荐高级资格321人,评审、认定中级资格1899人,评审、认定初级资格4149人。继续采取多种形式,分别组织教育、卫生、工程、农业、经济等专业培训,突出高新技术和创新能力的培训,全市共有近7万名专业技术人员参加了继续教育,继续教育率达50%。在做好常规职称评审的同时,积极推进非公有制单位专业技术人员资格评审工作,同时开展了乡土人才的调研工作,为进一步开发当地人才资源提供有效依据。继续发挥京粤博士后基地沟通信息、引进智力的作用。全年通过汕头人才网和汕头特区晚报发布的博士后科技成果信息近200项,协助企业联系博士后洽谈合作共20项,并协助国家人事部组织博士后技术推介活动。继续做好引进国外智力和外国专家管理工作。汕头市推荐的汕头大学教授泰光·特纳先生和柯达股份汕头分公司美国专家陶匠先生荣获省政府颁发的"南粤友谊奖";审核上报《聘请外国专家确认件》3份、审核发放《外国专家证》3份;审核上报工商企业派员到国外培训一批次;经国家外国专家局批准引进国外技术、管理资助项目4项,获资助经费9万元。

【军队转业干部安置】 首次对营以下军转干部进入各级政法机关实行考试考核、择优录用的办法进行安置。省下达汕头市的123名指标中,除9名军转干部自主择业外,其余114名均得到妥善安置。同时,为18名随军家属全部落实了工作单位,为9名转业干部子女解决了转学择校问题。

(刘锡华)

外事侨务

【外事往来】 2001年,成立了汕头市委外事工作领导小组,出台《汕头市外事管理工作若干规定》,进一步加强对全市外事工作的管理。汕头市外事部门接待来访的外事团组10个159人次。主要有:1月份,澳大利亚国际商会副主席Joc Bykowski率团来访,与市经委、市外经贸委、市农委、市科委、市教育局等部门进行专场座谈;3月份,美国洛杉矶中学校长Mark Allison,考察汕头的大、中学教学设施,商谈校际交流合作事宜;6月份,美国伊士曼柯达公司主席兼首席执行官Daniel Carp一行来汕;8月份,澳门公职人员协会理事会主席高天赐率澳门公职人员协会访问团来访,旨在加深澳门公职人员对汕头的认识与了解,以便推动双方的交流与合作;11月份,斯洛伐克民斯运副主席RUDOLF ZIAK率斯洛伐克民斯运代表团来汕考察,进一步加强同中共的交流,了解我国改革开放成就,介绍斯洛伐克国内形势及该党对欧洲及国际问题的看法。市外事侨务局还接待来访的外交官和外国记者一批。主要有:美驻穗商务领事及法国驻穗领事,荷兰驻广州总领事,韩国驻华大使馆商务参赞,澳大利亚驻广州总领事馆副领事;泰国泰华报人公益基金会潮汕友好访问团和澳门特区代表团随团记者,九运会乒乓球比赛采访的记者等。6月、8月份,汕头先后组织教育代表团访问美国和加拿大、广电艺术团参加意大利民间艺术节等出访团组。

【出访审批和签证】 2001年,全市共审核、审批因公出访团组7242批、15305人次;其中出国246批、581人次,赴港澳6996批、14724人次。办理护照签证246批、581人次;办理因公赴港澳通行证签注6996批、14724人次。出访审批和签证工作实现从重管理向重服务转变，为出访单位、地方经济建设和对外交流交往服务。市外事部门采取了落实“二次办结”、“急件急办、特事特办”服务制度以及作出限期出证的服务承诺等三项措施，以“为企业赴境外开展经贸活动”服务为重点，侧重对大型经贸团组出访服务，如对澄海市玩具企业年初300多人在短期内集中赴港参加大型国际玩具展，及时审批出证；加强对重难点团组报批的跟踪，如汕头大学专家、学者出国、赴港澳进行学术、科研、教学、医学交流活动等，确保按时出访；设法解决民营企业、个体企业人员出国(境)难的问题，对大型民营企业和一些外资企业，在政策许可的范围内，给予便利，简化手续。市外事侨务局执行有关政策规定，加强因公出访管理。规范审批制度，对“因公出访申报手册”进行年审，建立全市因公出访办证单位资料库；对多次往返港澳指标进行量化分配。出台《关于严格控制党政机关人员因公出国(境)的意见》；清理确定市党政领导办理多次往返港澳证件人员名单；配合开展“清理领导干部出国(境)证件”专项检查工作。严肃处理违规违法行为。共制止不符合规定出访团组150批189人。

【涉外和港澳事务】 2001年，全市的外国人来访较为频繁，共办理邀请外国人来华164批、259人次，分别来自美国、加拿大、日本和尼日利亚等30多个国家。邀请方主要有汕头经济特区矢崎汽车部件有限公司、新昌纺织印染有限公司、超声电子研究所和汕头大学医学院等单位。全年市外事部门共协调处理涉外案件15宗。11月新成立的“汕头市人民政府港澳事务办公室”挂牌，履行市政府统筹、协调和管理涉港澳事务的有关职能，负责全市因公赴港澳的管理等涉港澳事务的具体工作。港澳事务办公室由汕头市外事侨务局加挂牌子。同日召开了汕头市港澳事务工作座谈会。

【民间友好往来】 继续和友好城市日本岸和田市及加拿大圣约翰市进行交流交往，积极开展同其他城市的民间友好往来。共组团出访5批51人次。主要有：5月份，市道路交通考察团赴日本岸和田市和韩国访问，参观考察岸和田市及其周边地区的道路交通设施。8月份，市文化艺术团赴日本岸和田市举行画展和潮剧个人演出。9月份，市友协组织经贸考察团前往英国、奥地利等国访问，与各国工商界进行交流。12月份，市卫生医疗考察团赴日本岸和田市访问。全年民间来访团组共计5批40人次。分别是：6月份，越南芹苴市委副书记、市人民委员会主席邵光泰率芹苴市代表团来访；日本兵库县日中友协代表团来访；8月份，日本大阪府立和泉高等学校友好答谢团来汕，和汕头大学、金山中学和汕头一中进行文化教育交流；10月份，美国尼尔加拉市总商会会长法兰德·加索先生率团来访，探讨建立经济友好协作城市的可能性，签署两市总商会友好合作商会备忘录；11月份，日本岸和田市体育协会代表团一行来访并观看在汕举行的九运会跳水比赛。

（张　蓉）

【汕尼两市缔结友好合作商会】 美国尼亚加拉市代表团访汕期间，10月14日两市总商会签署了缔结友好合作商会备忘录。此前，经两市代表友好协商，达成意向，认为两市总商会应保持联系，加强沟通，增强各个领域的合作。在条件允许情况下，尼亚加拉市总商会组织介绍美国商人来华投资、洽购产品，汕头市总商会则组织产品展销团赴美国尼亚加拉市举办展销或开办公司。

（单正言）

【侨政工作】 全市侨务部门通过举办培训班和各种形式的宣传活动，学习贯彻市外事侨务局新修改的《中华人民共和国归侨侨眷权益保护法》，及时做好对侨房腾退户“公租房”的安排工作。完成方案制定、报批、公告和申请受理、审核、抽签定房等一系列工作，分别于"七一"和国庆节前夕把300套公租房分到特困户的手中。加大力度推进市区城镇侨房使用权的腾退。重新调整了市落实侨房政策领导小组及其办公室成员；在《汕头日报》和《人民日报》海外版上刊登《公告》，敦促尚未收回侨房使用权的业主尽快向侨务部门申请领回侨房；突击清理"闲置空锁"、"转租转借"侨房，召开协调会100多场次，清退侨房"钉子户"25户；争取省政府侨务办公室增拨110万元落实土改拍卖侨房专项补偿款。全年腾退市区城镇侨房使用权工作取得新突破，新落实13781.86平方米，累计完成总数的82%。此外，做好归侨侨眷百岁老人及贫困归侨的慰问工作、信访工作和归侨侨眷、"三侨生"证明工作。

【联络接待】 全年市侨务部门共组团出访8个，计104人次。2001年全市对外联络方面，主要有：1月份组团访问澳门，出席澳门科技大学成立庆典；3月份香港潮州商会成立80周年志庆，市委书记李统书率团访问香港，拜会李嘉诚先生和香港潮州商会负责人，向旅居香港的潮籍乡亲及新闻媒体通报汕头近况；同月王芸副市长率团前往香港庆贺潮州商会和汕头商会庆典活动；5月份市外事侨务局组团赴法国巴黎，参加第二届国际潮青联谊年会；5月、11月份，第十一届国际潮团联谊年会团长、秘书长联席会议以及第十一届国际潮团联谊年会先后在北京召开，以市长李春洪为团长的代表团前往参加，李春洪市长和王芸副市长在年会上向与会嘉宾介绍汕头侨乡近况，动员海外乡亲来汕投资兴业；8月份，马来西亚潮州公会联合会成立62周年庆典，汕头市派团前往祝贺；12月份，市外事侨务局联络有关部门组成汕头代表团，出席在澳门举行的华侨华人聚濠江联谊大会，广泛接触和会晤澳门及海外乡亲。

接待来访情况：市侨务部门全年累计接待来访侨团40批，客人1068人。其中规格较高、规模最大的有：1月份，澳门特别行政区行政长官何厚铧首次率领澳门政府代表团正式访问汕头；2月份泰华报人公益基金会潮汕友好访问团120人到访，其中有来自泰国、香港、澳门和内地的新闻媒体记者近60人；2001年10月22日，汕头经济特区建立20周年庆典活动，海外嘉宾625人出席，其中重点人物92人，中共中央政治局委员、广东省委书记李长春接见了与会的香港知名人士李嘉诚及泰国实业家谢国民等海外潮人乡亲。修订了《汕头市荣誉市民称号授予办法》，并获省人大常委会批准。8月份，授予香港饶宗颐教授"汕头市荣誉市民"称号。"9·11"事件发生后，向美国有关潮人社团发去慰问函电。

【侨务经济】 全市侨务部门宣传贯彻捐赠法规，在《潮人》杂志上登载《捐赠法》，发送海外潮人社团和知名人士；通过执法检查，推动捐赠项目确认发证工作，深入潮阳、澄海两市和金园区检查华侨捐赠登记审批确认工作；及时调处侨胞反映捐赠管理热点问题，对"汕头市谢慧如潮剧艺术中心"易名问题，经多方调解，各方达成了共识，"汕头市谢慧如潮剧艺术中心"沿用原名称，妥善解决了问题，抚慰了侨心。2001年，全市接受华侨捐赠总额人民币9087.5万元。加强为侨资企业服务工作，保护侨商企业合法权益，努力开拓引进侨资渠道。市、区、县各级侨务部门共走访侨资企业68家。积极筹建"汕头市外事服务中心"。落实"兴国利侨、牵手西部"活动方案，筹集捐款29万元支援南宁市武鸣华侨农场团结小学改建危旧教学楼。

【对外宣传】 2001年，市外事侨务局进一步加强外宣工作，利用杂志报纸、电台电视台以及网站等多个渠道，采用采访报道、制作专题片、出版专辑等方式立体交叉，对汕头侨乡重塑形象、重建信用的情况及时向海内外潮团潮人进行宣传。主要有：通过国务院侨务办公室"华声龙脉"和广东省侨务办公室"广东侨网"等网站发送信息报道20多篇;做好《潮人》杂志的出版,发行三期6000册到海外;在中央电视台、广东电视台和汕头电视台,对本市的侨情和侨务工作进行专题采访报道,在《人民日报》介绍本市侨务部门"实践三个代表"的做法和成效。此外,继续抓紧《汕头侨务外事二十年》专辑的编纂,摄制修改电视专题片《侨乡汕头》。

【侨联工作】 根据中国侨联提出的2001年为"拓展海外联谊年"。市侨联于第十一届国际潮团联谊年会期间在北京举办"中国民系(潮人)文化国际研讨会",来自澳大利亚、法国、新加坡、日本、加拿大、德国及港澳台地区的专家学者100多人参加了研讨会,中国侨联主席林兆枢和汕头市市长李春洪在会上致辞,研讨会收集了论文17篇。10月份,市侨联主办"蚁光炎先生学术研讨会",海内外专家学者及泰国中华总商会、泰国潮州会馆、澳门归侨总会等团体100多人来汕参会,会议收到论文23篇。开展多层次多渠道多形式的海外联谊活动。利用区县(市)、街道(城镇)、居委三级侨办侨联和20个团体会员一纵一横的组织网络,通过归侨侨眷做好海外侨胞的联谊工作。先后接触了新马泰、老挝、印尼、日本、美国、法国、卢森堡和南非等国家的新老朋友。各级侨办侨联和各联谊会组织出访20批120多人次。做好内联工作,热心为侨服务。筹备成立为侨服务的非营利性医疗诊所,成立"侨声合唱团",以歌会友。加强调查研究,履行参政议政职能。促进侨联经济建设,做好宣传工作。编印《汕头侨联50年》纪念特刊,在美国、法国、泰国以及香港、澳门等地报刊登载有关汕头和侨联工作的文章。

(张　蓉)

台湾事务

【汕台交流】 2001年,全市涉台交流活动37宗1100人次,比2000年分别增长近2倍和11倍,其中汕头市组团赴台交流考察27宗128人次。对台交流活动呈现数量增加、层次提高、规模扩大、领域延伸的突出特点,取得了显著进展。2月13至16日,台湾国兰联合会等11个兰花团体150多人应邀参加在澄海市举行的"海峡两岸国兰精品联展暨广东省第二届兰花博览会",并获金奖10个,银奖13个。这是台湾兰界第4次组团参加澄海举办的兰展,对澄台之间的花卉产销合作起到了积极的促进作用。8月25至30日,高雄市旅行同业公会考察团莅汕考察,寻求开拓潮汕旅游业务,促进两岸民间交流。9月20至25日,台湾省云林县大埤乡太和街三山国王庙香团308人,首次由金门直航厦门经汕头前往潮州市饶平县大埕国王庙、揭阳市揭西县霖田三山祖庙进香,圆满完成了寻根之旅。10月,高雄市潮汕同乡会代表团一行16人在常务理事长张英惠的带领下,来汕参加庆祝汕头经济特区建立20周年活动。11月6至9日,第四届"两岸传播媒体迈向21世纪学术研讨会"在汕头大学举行,来自台湾铭传大学、朝阳科技大学等9所院校、研究所共17名专家学者参会。11月15日,粤东首例海峡两岸非亲缘异基因骨髓移植手术在汕大医学院第一附属医院顺利完成,台湾慈济骨髓捐赠中心提供手术所需骨髓。台湾同胞赠髓汕头青年充分体现了两岸同胞"血浓于水"的骨肉亲情,引起了社会各界的广泛关注。澄海市、金园区等地和卫生、文化、教育、建筑规划等各行业人士分别组团赴台交流考察。汕台人员往来较为频繁,全市共接待台湾渔船160多艘次,渔民近600人次;居民因私赴台达192人次。

【汕台经贸合作】 全市新增台商投资项目8项,协议总投资605.5万美元,其中台商投资545.3万美元。上半年利用汕头台商投资企业协会成立十周年之际，广泛邀请台商来汕考察投资环境，洽谈投资合作；接待了《中国财经》杂志社参访团、布袋港发展促进会考察团等台湾工商企业界访问团。下半年重点抓好签约项目的落实工作，扩大对台招商成果。11月17至26日市长李春洪率团赴台考察访问，考察了统一集团等17家台湾知名企业，与台湾各地工商界人士150多人座谈，宣传推介汕头投资环境，增进台湾企业界对汕头的了解，促进汕台经贸合作。台湾旅游、航运、食品、机械、房地产、农业等行业企业家多次组团来汕洽谈进一步合作。各级台务部门积极协调有关方面妥善处理涉台案件，保障台商的合法权益。全年市台办共受理台商投诉案件14宗，基本上做到件件有落实，事事有结果。为及时了解台资企业的生产经营情况，更好地服务投资台商，市台办制定实施了机关干部挂钩基层联系企业制度，定向联系台资企业共250多家，省台办在全省台办系统推广这一作法。台商企业积极参与公益事业，先后向帮助贫困地区辍学女童重返校园、解决汕头部分地区"饮水难"等项目捐款、物折合人民币近100万元。

【涉台学术活动】 10月13至15日，汕头市与全国台湾研究会合作举办了"海峡两岸高新技术和产业交流与合作研讨会"，邀请来自两岸50多位专家学者和经济界人士，共同分析两岸高新技术和产业交流与合作的现状及面临的形势，探讨进一步密切交流、开展合作的方式和途径。12月，汕头大学为促进涉台交流及学术研究活动的深入开展，成立了粤东首家台湾研究所，研究课题涉及两岸经济、文化、政治、社会等多个领域，使台湾问题研究成为该校具有鲜明特色的研究内容。

【汕头市台商投资企业协会成立十周年庆暨汕头经济特区投资环境推介会】 5月25至26日在汕头市举办，以"推介、招商、交朋友"为主题，以参观考察、推介通报、座谈交流、投资咨询和洽谈活动为主要形式。这是汕头市首次在本地举行的大型对台专题招商推介活动。活动到会客商421人，包括章孝严、洪玉钦、张恭荣等台湾知名人士，还有台湾100强企业或上市公司的老板，以及深圳、东莞、福州等地台商协会的会长。全国侨联副主席林丽韫、原中国台联副会长彭腾云及省台办、省外经贸厅的有关领导也应邀来汕。本次活动是由汕头市政府和汕头市台商投资企业协会主办，首次由政府与社团组织联合举办的大型招商活动。活动期间，共有6个项目达成投资合作合同、协议或合作意向，利用台资2728万美元，另有8个项目进入洽谈阶段。

章孝严、洪玉钦、张恭荣等台湾知名人士出席了汕头市台湾投资企业协会成立十周年庆暨汕头经济特区投资环境推介会。

（翁　辉）

地方军事

【民兵预备役建设】 进一步健全完善全市各级国防动员委员会及办事机构。抓好国防动员委员会下设办公室的编制及人员的落实,全市各镇、街道均建立了人民武装部,干部政治、生活待遇比较落实,绝大多数部长参加了同级党委。大力加强民兵预备役工作的地方性法规建设。先后制定颁发了《汕头市征兵工作规定》、《汕头市民兵工作规定》、《汕头市国防工程管理规定》、《汕头市结合民用建筑修建防空地下室暂行办法》、《汕头市贯彻落实人民防空法实施细则》等地方性法规或法规性文件,使国防动员建设逐步走上了法制化的轨道。不断增强各级领导和广大干部、民兵的国防观念。组织各区(市、县)领导干部过军事日180多场(次)、慰问驻汕部队80多次;集中培训教育骨干,创办民兵小报、墙报、橱窗专栏,有效地发挥教育主体作用,促进了国防后备力量建设。扎实抓好人防工作。按战备要求落实工作制度,确定每年的6月21日(汕头沦陷日)为汕头市的防空警报试鸣日,增加对人防经费的投入,壮大人防队伍,加大对人防建设成就和防空知识的宣传教育力度,在校中学生"三防"知识受教育率达95%。认真抓好民兵业务培训。组织预备役人员对民兵整组、人武部国防动员室内作业、动员系统数据库进行了集训,使参训人员学习到了知识,学到了方法,增强了对民兵预备役建设的责任心和紧迫感。注重抓好民兵军事训练。以军事演习为契机,从单兵到综合,完成了队列、投弹、射击、战术、海渡等科目的演练任务,并把政治教育贯穿于演练全过程,使参演参训人员既巩固军事技能又提高了思想素质,保证了年度民兵训练任务的圆满完成。同时,努力探索提高新兵质量的途径和办法,采取积极有效措施,圆满完成了年度征兵工作任务。

2001年8月20日,广东省军区首长在市领导李统书、丘进等陪同下视察了市工人文化宫双拥共建工作。

2001年8月1日,为配合汕头市开展的全民国防教育,驻汕部队、武警联合举行了《八一军旗红》文艺晚会。

【双拥工作】 积极参与抢险救灾和地方建设。7月6日,汕头市遭受"尤特"台风的影响,驻汕部队民兵预备役共出动官兵9480人次,车辆310台次,抢救群众脱险3000多人及一大批物资,抢修堤坝4000多米,清理路障400多处。9月底,配合市开展"庆国庆、迎九运"整治城市卫生活动,驻汕部队1000多人,帮助地方清理交通绿化带1.2公里,美化了城市环境。积极响应市委的号召,在驻汕部队中开展"情系困难群众献爱心活动",共捐款43万多元,捐物1000多件。为维护军人军属的权益,市政法委、司法局、市法院和警备区协调成立了“双维机制”，为军人军属提供法律咨询和服务，妥善处理涉军纠纷和案件，及时化解军民之间的矛盾。深入扎实地开展打“三假”活动，查处了一批假军车、假军人、假军队企业，树立了良好的军人形象，进一步密切了军政军民关系。7月底，汕头市和澄海市、南澳县、升平区、金园区再次被省政府和省军区评为双拥模范城(区)，涌现出拥军模范陈永钦等一批先进典型。

【全民国防教育】 7月上旬至8月中旬，深入进行“认清形势任务，做好军事斗争准备”的全民国防教育，全市共有10多万名党政干部、民兵预备役人员、青年学生和43.4万名群众参加了教育活动。进一步健全了国防教育机制，制定了《汕头市实施国防教育暂行规定》；刊登《国防教育宣讲提纲》、“关心国防、从我做起”征文启事、“新亚杯”国防知识竞赛100题；开辟了《国防知识之窗》网页。各地电视台、广播电台对重大的教育活动及时跟踪报道；农村、渔港发挥广播电视“村村通”工程作用，宣讲国防知识，张贴国防教育宣传标语口号、播放爱国主义传统教育片等；广大城乡发挥自身文化优势，开展广场文化、灯谜竞猜等特色教育活动。澄海市举办了“国防在我心中”万人灯谜晚会，南澳县组织近万人举行了以国防教育为主题的广场文化活动。全市共制作广告宣传画50多幅、悬挂张贴横幅标语3000多条、组织歌咏比赛70多场(次)、举办灯谜30多场、军民联欢晚会110多场次。同时，警备区协调驻汕陆海空、武警、驻港部队和市工人文化宫举行“八一军旗红”专场文艺晚会，协同有关部门制定了青少年国防教育方案，积极组织有关部门抓好少年军校，增强全民国防观念和国防意识。汕头市全民国防教育办公室被国家评为实施全民国防教育先进单位。

(李　睿)

附:2001年度汕头警备区领导班子成员名单

司　令　员:	孙汉波	大校
政治委员:	林荣城(1—12月)	大校
政治委员:	贺建立(12月起)	大校
副司令员:	梁进军	大校
副政治委员:	谢社光	大校
参　谋　长:	陈怀德	大校
政治部主任:	周海侦	上校
后勤部部长:	郑康宏	上校

精神文明建设

精神文明创建活动

【"新世纪、新汕头——诚实守信铸文明"主题活动】 2001年,为推进"两大整治"和"重建信用、重塑形象"生命工程,全市开展了"新世纪、新汕头——诚实守信铸文明"主题活动。活动突出信用教育,通过社会大讨论、户外论坛、问卷调查、征文、演讲、文艺演出等形式,发动广大干部群众积极参与。3月初开始,在市民中开展了"面向新世纪,汕头人应具有怎样的精神风貌"大讨论,先后组织了10场专题座谈会;开展了"两大整治"问卷调查和"重建信用、重塑形象"建言献策征文活动,市委宣传部、市文明办、汕头电视台以"整治市场秩序"、"整治社会秩序"、"重建信用、重塑形象,从我做起"为题,举办了3期户外论坛,并在广东卫视"新世纪论坛"播出。随着整治的深入,又开展面向党员干部的"为政以德"教育和面向群众的"与德为邻"教育,恢复了市直机关干部"星期六义务劳动"制度,开展了"新世纪添绿行动"、"卫生科技文化进社区活动"、"志愿者服务社区大行动","重建信用、重塑形象"专题文艺演出深入城乡举办30场,受到群众好评。在开展诚信教育中,及时树立宣传了实践社会主义新道德的一批先进典型,包括舍己救人的学生欧阳柔璇、兢兢业业英年早逝的基层干部周文光、见义勇为的外省民工曹长训、集体救助落水外地渔民的南澳干部群众、模范居委会主任杨静娟等。

【群众满意的居委会主任】 年底,为树立一批安心基层、扎实工作、爱岗敬业、无私奉献,为社区精神文明建设作出突出贡献的基层干部典型,市文明委在全市开展了评选表彰"群众满意的居委会主任"活动。金园区金厦街道月季园居委会主任杨静娟、龙湖区金霞街道丹苑居委会主任黄丽君、龙湖区龙祥街道周厝塭居委会主任纪爱昌、升平区同益街道福明居委会主任吴瑞群、升平区鮀莲街道莲美居委会主任林尤全、达濠区岩石街道澳头居委会主任吴太溪、河浦区滨海街道钱塘居委会主任林寿成、潮阳市棉北街道平北居委会主任李良金、澄海市澄华街道岭亭居委会主任蔡建文、南澳县后宅镇城南居委会主任黄耀珍等10人获得"群众满意的居委会主任"称号。

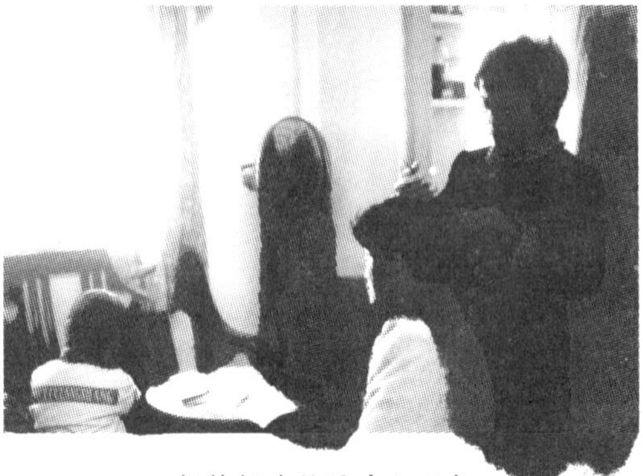

杨静娟为社区病人理发

（陈捷锋　林暹才）

【"8·18"海难救援行动先进群体】 8月18日晚,福建省两渔船在南澳县东部海面触礁,船上38名渔民全部落海。当晚23时20分接到求救通报后,南澳县领导高度重视,立即成立救援指挥中心,全力以赴组织救援行动,并积极做好救护安置准备工作。当时,南澳海面阵风7级,夜黑浪高,救援难度大。各救援单位接报后立即奔赴出事海域,克服重重困难,展开紧张搜寻。2个多小时后,南澳渔政44025、44026艇的救援人员率先找到落海渔民并实施抢救。广州救捞局"穗救206"轮、南澳公安巡逻艇、汕头海事局南澳海事"海巡1206"轮等也随后赶到。各救援船只团结协作,竭尽全力,成功救起落海的38名渔民。经抢救，38名渔民全部脱险，并于8月19日下午返回福建省。在救援过程中，南澳渔政44026艇被巨浪打翻沉没，2名同志落海，并不同程度受伤，但他们以顽强的意志与大浪搏斗，直至被随后赶到的渔船救起。整个救援行动历时7个多小时，参加救援船只6艘，往返出海4次，谱写了一曲舍身救危的赞歌。在救援行动中，汕头市和南澳县渔政、公安、边防、海事等部门坚持人民的利益高于一切，全力以赴做好救援工作。面对恶劣的天气，救援人员将个人安危置之度外，不畏艰险，发扬了不怕困难、不怕牺牲、舍己救人、无私奉献、团结协作、步调一致的精神。为弘扬见义勇为、崇德重义的好精神、好传统、好作风，9月12日，市委、市政府发出了关于表彰"8·18"海难救援行动先进集体和先进个人的决定，对在这次救援行动中涌现出的南澳渔政44025艇、南澳渔政44026艇、南澳公安巡逻艇、广州救捞局"穗救206"轮、汕头海事局南澳海事"海巡1206"轮、汕头海事局通航管理处6个集体和陈新流（汕头海事局局长）、林合坤（南澳县委副书记、代县长）、林炳钦（南澳渔政海监大队副大队长）、洪勇深（南澳渔政44025艇驾驶员）、黄俊义（南澳渔政海监大队云澳中队快艇驾驶员）、薛清禄（南澳渔政海监大队云澳中队中队长）、陈少宏（南澳县公安局海警队副队长）、陈家喜（汕头海事局南澳海事处通航管理科副科长、"海巡1206"轮轮长）8名先进个人给予表彰。

【宣传塑造汕头新形象】 以庆祝建党80周年和汕头经济特区建立20周年为载体，组织协调好海内外各新闻媒体对庆祝活动的宣传报道，全方位、多角度宣传汕头经济特区建立20年在经济、文化、社会等方面取得的巨大成就，新华社、《人民日报》、中央电视台、广东电视台等都在显要版面和黄金时段报道了汕头经济特区两个文明建设的丰硕成果。抓住九运会乒乓球和跳水两大项目比赛在汕举行的机遇，让近200名海内外记者在报道比赛情况的同时，全面地了解和报道汕头。针对国内外各界十分关注汕头"两大整治"工作的情况，与中央电视台共同制作了《城市平台》、《东方时空》等节目，市委、市政府主要领导8次接受中央媒体记者采访、3次直接到中央电视台参与制作节目。中央电视台分别在不同频道、《人民日报》、《经济日报》以及省直各大新闻媒体都在显要版面和主要时段刊播了汕头"两大整治"取得阶段性成果的报道。

【精品创作及文化活动】 广东潮剧院赴南宁参加"中国戏剧节"活动，一批作品获得"曹禺优秀剧目奖"、"优秀编剧奖"、"优秀表演奖"等9个奖项，引起轰动。从年初省委、省政府汕头现场办公会、年中纪念建党80周年到10月庆祝汕头经济特区建立20周年，先后举办了"大潮颂"、"世纪春潮"、"春风化雨情系人民"、"七月的太阳"、"蝶恋花"、"没有共产党就没有新中国"等一系列大型文艺演出。到北京举办了《国际潮人美术家作品邀请展》、《风·雅·颂潮乐欣赏会》、潮剧精品专场，充分展示了潮汕文化丰厚的积淀和独特魅力。在深圳举办的"潮汕文化风情周"活动，开启了深汕经济文化交流的先端。

（林暹才）

【广东省宣传文化精品奖和"五个一工程"奖汕头获奖项目】 11月，在广东省第六届宣传文化精品奖和第四届精神文明建设"五个一工程"奖评选中，陈学希获宣传文化精品奖个人奖；电视连续剧《家园》（28集）、潮剧《葫芦庙》、歌曲《飞吧，太阳鸟》（女声独唱）、理论文章《创新：企业长盛不衰的动力》（谢名家、柯锡奎）获"五个一工程"奖；汕头市委宣传部获广东省第四届精神文明建设"五个一工程""组织工作奖"。

（文　怡　单正言）

潮剧《葫芦庙》剧照

陈学希荣获第十八届中国戏剧梅花奖

【第11届潮汕星河奖】 2月5日晚，潮汕星河奖第11届颁奖大会在揭阳市吉荣空调设备公司戏剧院举行，124名青少年和22个集体获奖。潮汕星河奖设立11年来，累计已经有2556名优秀潮汕青少年获奖。第十一届潮汕星河奖的146名个人和集体获得者中，特别奖1名，特等奖8名，一等奖17名，二等奖25名，三等奖95名。其中，获品德奖29名，学业奖65名，科技奖25名，文学艺术奖6名，体育奖21名。潮汕星河奖由原广东省政协主席吴南生和原汕头市委书记、省政协副主席林兴胜于1990年7月倡议创立，1991年2月25日正式成立，同时举行首届颁奖，到2001年已颁奖11届。吴南生、林兴胜倡立潮汕星河奖之前经过多年的酝酿，他们认为潮汕的希望在于未来，未来决定于人才。为了热情鼓励和积极引导潮汕青少年沿着健康、向上、有为的方向发展，应该设立潮汕星河奖，包括品德、学业、科技、文学艺术、体育等5个奖项，颁发给年龄7至20周岁有突出成绩的青少年。

（单正言）

社会科学

【学术活动】 10月16日，市社科联和市电力企业管理协会联合举办"纪念汕头经济特区建立20周年研讨会"，来自全市有关部门的50多位社科工作者和企业代表出席。研讨会收到论文32篇。市委副书记赖益成到会讲话，要求广大社科工作者应客观看待发展过程中存在的问题和失误，要立足于汕头的客观实际、立足于理论创新、立足于发展。研讨会上，专家学者对汕头经济特区20年的经验作了分析总结，对碰到的困难作出理论上的探讨和诠释，对汕头今后的发展机遇和发展策略提出了有见地的观点。会后出版了《纪念汕头经济特区建立二十周年研讨会论文集》（陈汉初主编，汕头大学出版社2002年2月出版）。11月6日，市社科联组织社科工作者到澄海市程洋岗村进行调研考察，鉴证历史遗迹，论证其历史价值和旅游价值，为当地制定旅游规划提出了建议意见。形成了调研成果《古寨程洋岗》（陈汉初撰写），得到主要领导重视并作批示。12月11日，市社科联、汕头港务局联合主办"第一届汕头经济特区论坛"，主题是"加入WTO与发展汕头物流产业"。收到论文25篇，论文作者、各学会代表和企业界代表约100人参加，汕头大学教授方宁生作了《抓住入世后五年，加快发展汕头物流产业》的专题报告，与会者对"什么是现代物流产业"、"汕头发展现代物流产业优劣势何在和发展战略"等问题进行了热烈讨论。大家认为，汕头在寻求未来经济发展新增长点中，必须从战略高度重视现代物流业，把握现代物流业的科学内涵，改变传统商贸流通模式，整合资源配置，大力发展现代物流业，增强综合竞争力，推动经济上新台阶。12月14日，汕头市金融学会召开“WTO与金融发展研讨会”。收到论文33篇。与会代表就入世后金融业如何应对机遇与挑战，从金融改革、业务品种、服务手段、人才竞争等方面进行了深入探讨。

（陈安裕）

【汕头市第二届优秀社科理论文章评选】 汕头市优秀社科理论文章评选活动由市委宣传部组织，每两年举行一次。第二届（2000—2001年度）汕头市优秀社科理论文章经过省有关方面专家的评选，《创新：企业长盛不衰的动力——广东汕头超声电子（集团）公司的启示》（谢名家和柯锡奎）、《潮汕方言与潮剧的现成》（林伦伦）、《加快信息化建设必须处理好五个关系》（苏耀光）、《开放是汕头经济特区实践的主旋律》（刘锦庭）、《正确审视、科学回答人们关注的思想理论问题》（池春亮）撰写的5篇文章获得特别奖，另外有23篇文章分获一、二、三等奖。评选活动本着“高标准，严要求，树品牌”的指导思想，在总结上届评选经验的基础上，对上报文章条件作了严格限制，同时采用量化的评分方法，严格按照专家的评分结果划定入选文章，确保评比的公正和合理。获奖文章均系在国家级或省级以上刊物发表，集中反映了汕头市理论研究的整体水平。

（张楚生）

文学艺术

【文学】 全年出版的文学作品有：长篇历史小说《多年红》（蔡超著，汕头大学出版社2001年8月出版），长篇小说《七姑》（刘青地著，汕头大学出版社2001年8月出版），诗文集《滇池之梦》（钟泳天著，汕头大学出版社2001年9月出版），长篇小说《决不让青春空白》（海中天著，作家出版社2001年11月出版），长篇小说《都市牧歌》（林东山著，上海文艺出版社2001年10月出版），《这方热土》（张泽华著，香港榕文出版社2001年8月出版），文艺史《左翼文化运动中的潮人》（杜桂芳著，艺苑出版社2001年7月出版），传记文学集《十月先开岭之梅——冯铿传奇》（许其武著，中国文联出版社2001年5月出版），散文集《山村岁月》（李乙隆著，内蒙古人民出版社2001年5月出版），散文集《我为你北望中原》（李乙隆著，中国文联出版社2001年4月出版），散文集《悲情城市》（陈益群著，中国文联出版社2001年2月出版）。在中国报告文学学会举办的“共和国的脊梁”全国大型征文比赛中，报告文学《陈博士的梦想与现实》（钟泳天作）获二等奖。在中国诗歌学会主办的“华夏杯”全国新诗大奖赛中，长诗《心焚》（钟泳天作）获优秀奖。诗歌《诗非诗》（3首，黄廷杰作）入选中国作协、文艺报社“中国作家世纪论坛评比”二等奖。年初由市文联、作协联合召开的“汕头市文学评论座谈会”上，总结了汕头10年来文学评论开展的情况和经验，以及存在问题和对今后进一步开展文学评论的建议。

（郑明标　苹　苹）

【美术】 由中国美术家协会、第十一届国际潮团联谊年会筹委会、汕头市政府主办，汕头市美术家协会等承办的《世界潮人美术家作品邀请展》，于10月20至24日在中国美术馆展览，共展出作品146幅，画种有中国画、水彩、水粉、版画、油画、雕塑等多种艺术形式，参展画家来自美国、法国、新加坡、澳大利亚、马来西亚以及香港、澳门、北京、上海、广州、汕头等地。展出作品中年代最为久远的是出自 1772 年乾隆年间的山水画。在中国美术家协会主办的“全国百年中国画展”上,国画《铁干寒香》(王兰若作)、《马六甲牛车》(陈政明作)、《夏》(杜应强作),版画《海岛之行》(陈望作)、《欢乐的剪羊毛人》(陈延作)、《招商》(肖映川作)、《山林十月》(杜应强作)入选。在中国美术家协会主办的“首届中国重彩画大展”上,国画《梨园溢香》(许自敬作)入选。壁画《发展是硬道理》(陈彦斌作)载入“吉尼斯纪录”。2 月 6 至 10 日,由汕头画院主办的“香港绿野书画学会书画展”在汕头画院展厅举行,共展出 29 位会员作品近百件。9 月 20 日,在“黄胄美术奖”首届颁奖大会上,国画《归途》(陈政明作)获优秀作品奖。10 月 24 至 28 日,由汕头画院主办的《陈政明中国画展》、《杜应强百榕国画展》、《肖映川版画展》在北京中国美术馆展出,作品 96 件。其中国画《憩》(杜应强作)、国画《特区姑娘》(陈政明作)、版画《献给女儿的苹果》和《山雨欲来》(肖映川作)4 件作品被中国美术馆收藏。2001 年 1 月,汕头市现代绘画作品综合集《新世纪艺坛》(全套 10 册)开始出版,其中的《杨飞鹏画集》于 2002 年 1 月由汕头大学出版社出版。

(陈荫昌　单正言)

【摄影】 2 月 6 日,汕头、潮州、揭阳、汕尾 4 市摄影家协会联合进行了一次大型的采风活动,4 市摄影家和爱好者 400 多人到澄海陈慈黉故居采风。这是潮汕摄影界有史以来一次大规模的采风活动。在中国第九届摄影展览评选中,汕头有《夕阳构成的画》(钟锡荣摄)、《天界的祝福》(林少华摄)两幅作品入选。5 月 5 日至 12 日,中国晚报摄影学会第 13 届年会在汕头金海湾大酒店召开,全国各地的 100 多家晚报摄影记者参加了会议,除进行学术交流外,还先后采访拍摄了企业、农村和汕头市容市貌以及南澳岛建设等。

(苹　苹)

【书法】 1 月 10 至 14 日,在汕头画院展出潮汕当代书法家——詹砺群、佘惠文、张乐恭书法作品展;1 月 13 日,上午在金海湾国际名店举办“迎新年春联书法展”,展出市书协部分会员的春联作品 50 多副;春节前夕,市书协组织部分理事在金海湾国际名店为市民免费书写新春联;汕头、潮州、揭阳 3 市书协联合举办的“汕头、潮州、揭阳三市书法联展”,4 月 28 日、6 月 16 日和 7 月 1 日分别在潮州、汕头、揭阳开幕,这次联展征集 3 市书家 100 余件,风格各异;6 月 23 至 25 日,市文联、市书协和南澳县文化局联合举办“蔡学仕临兰亭序展览”;8 月 6 日,应汕头、潮州、揭阳 3 市书协的邀请,专程来汕参加“饶宗颐书画艺术交流会”的中国书协副秘书长、著名书法家刘正成、北京大学教授、博士生导师王岳川,中国书协篆刻委员会石开,暨南大学教授曹宝麟等 4 人在龙湖翰苑小会堂为 3 市书法爱好者举办书法学术讲座;8 月 15 日,市文联、市书协在龙湖展览馆举办“刘炳清书法作品暨欧金谷书法习作展”;9 月 30 日至 10 月 5 日,为庆祝国庆 52 周年,市书协在龙湖翰苑展厅举办了“楷书作品展”,展出市书协会员近 100 件作品;10 月 28 日应汕头、揭阳 2 市书协之邀,河南省书协副主席、中国书协学术委员会副主任周俊杰莅汕为粤东书友举办书法讲座。由市纪委等主办,广东汕头长线局、市硬笔书协承办了“汕头市第四届‘长线杯’反腐倡廉专题硬笔书法大赛”,展出 360 件获奖作品。市书协会员方创然、李树秋、倪蔚睦等多位会员分别创作的书法作品,分别入选中国书协主办的“庆祝中国共产党诞辰八十周年——翰墨颂辉煌大展”、“新世纪全球华人书法大赛”等,并分别荣获银奖、优秀奖等。至 2001 年底,汕头市书法家协会共有会员 303 人,其中有中国书协会员 3 人,广东省书协会员 41 人。

(自敬　伯炯　大壮)

【民间文艺】 在由中国文联和中国民协联

合主办的首届中国民间文艺山花奖评选中,《潮汕文化源流》(黄挺著,广东高等教育出版社1997年10月出版)获学术著作三等奖,《茶国探奇》(王国梁著,东方出版社1993年5月出版)获学术著作优秀奖。

(许自敬)

【杂技】 2001年,汕头市杂技魔术团积极上山下乡,深入工厂和部队演出。全年共演出96场次,观众约9.6万人次。8月份,到海丰参加慰问演习官兵的演出。2、3月份,应广州侨联的邀请,组成中国广州艺术团赴印度尼西亚访问演出了18场,当地媒体争相报道演出盛况,被誉为"南国之花";应香港特区政府的邀请,参加市文化局组织的汕头表演队赴香港参加2001春节飘致巡游活动,并参加香港潮州商会80周年会庆的演出,共演出16场。坚持与时俱进、求实创新,使杂技魔术节目的水平大大提高。在保持原有传统节目的基础上,增排的《彩绸飞舞》、《车技》等节目受到好评。为了使节目更加精彩、更有艺术感,4月份赴东莞进行为期20多天的封闭式集训,将舞蹈、戏曲某些表演符号和程式融于杂技节目中,使传统的杂技艺术增添了新的活力,全新杂技魔术晚会《潮风雅韵》5月在艺都大剧院演出,令观众赞叹不已。

(李叙光)

【国际标准交际舞(体育舞蹈)】 2001年,汕头市国际标准交际舞协会会员分别获全国锦标赛甲组摩登舞第4名(晨曦、杨云)、获全国锦标赛甲组拉丁舞第5名(谢海洲、姚佳娜)。协会成立于1992年,现有会员85人,骨干会员大多在全国、全省比赛中获得好成绩。陈惠忠、许小雁曾获2000年第三届中国舞蹈"荷花奖"国际标准舞全国大赛暨中国国际标准舞第十四届全国锦标赛职业十项全能第5名,1999年香港国际职业业余标准拉丁舞公开赛职业摩登舞第5名。

(苹 苹)

【文化娱乐设施】 2001年末,全市共有群众艺术馆1个、文化馆1个、文化站91个。2.8万平方米的市图书馆新馆和1.9万平方米的市博物馆新馆均已完成土建,续建工程纳入2002年年度市政建设计划,图书馆一期续建工程已全面启动,预计2002年将完成并部分投入使用。2001年2月,使用面积600多平方米的达濠图书馆正式建成投入使用,解决了达濠区图书馆长期以来有名无舍的问题。进一步落实《广东省山区文化建设工程实施方案》,促进南澳县文化基础设施建设。该县继文化馆、潮剧团排练厅和文化广场建成启用后,又启动图书馆、博物馆建设工程。汕头市歌舞团于年底迁入新楼,改善了办公和住宿条件。

(单正言 文 怡)

【群众文化】 在我国儿童文化艺术最高奖项——第二届"蒲公英"奖获奖作品评选中,汕头市的楷书作品(倪冰作)获金奖,美术作品《国王的女儿》(胡佳敏作)获银奖。在广东省第二届"群众音乐舞蹈花会"上,舞蹈节目"水布云娘"(汕头市丹霞幼儿园创作演出)获金牌奖,舞蹈节目"衬"(汕头经济特区幼儿园创作演出)获铜牌奖。9月27日晚,在艺都大剧院举行了"歌唱祖国群众合唱晚会",来自市委政研室、市建行、教育、电力、老干部活动中心等单位的10多个合唱团参加了演出。到年底,全市共有6个单项群众文化项目先后8次被授予全国和全省"民间艺术之乡"荣誉称号。其中,澄海市被评为"全国民族民间艺术(版画)之乡"、"全国民族民间艺术(灯谜)"之乡,澄海西门居委被评为"全国民族民间舞蹈艺术(蜈蚣舞)之乡";潮阳市被评为"全国民族民间舞蹈艺术(英歌舞)之乡"、"全省笛套音乐艺术之乡"。

【文艺创作和演出】 2001年,全市各艺术团体以精品为导向,以创新为灵魂,创作演出了讽刺喜剧《哎哟,爸爸》(市潮州音乐曲艺团创作)，《顶碗》、《单车技巧》、《现代魔术》(市杂技魔术团创作)，舞蹈《牧歌》、《华夏竞渡》、《红头船吟》(市歌舞团创作)等各类剧(节)目120个，演出场次850场。其中送戏下乡累计508场次，观众175万人次。滑稽剧《七十二家房客》(市话剧团重新排演)，在保留原剧一些精彩对白和鲜明人物性格的基础上，从现代欣赏角度出发作了较大幅度的修改，赋予老剧目以新风格，节目演出后在社会上引起了强烈反响，从9月份首次公演以来，至年底共演出18场次，观众约3.6万余人次，票房收入创历史纪录。在全国剧作评奖中，歌剧《大漠孤烟》获第二届中国戏剧文学奖金奖，小品《红包定律》获中国曹禺戏剧奖·小品小戏奖。

(文　怡)

【图书馆】 2001年末，全市共有区县级以上公共图书馆9间，藏书80多万册。汕头市图书馆现藏书近45万册，除线装书库外，全馆实行开架借阅，每周对外开放60小时，全年开放317天，年接待读者超50万人次，书报刊流通136万多册次，设有馆外图书流通站13个。已开通的专题数据库有：通过文化部技术鉴定的潮汕美食多媒体数据库，文化部批准立项并与揭阳市榕城区图书馆、潮州市图书馆合作开发的潮汕文献多媒体数据库，潮汕海内外名人数据库，汕头地方性法规全文数据库。2001年，汕头市图书馆网站进行了全面改版，改版后的网站更注重界面的友好性和编读互动功能，加大了网站信息的发布量，能提供即时的馆藏信息服务、文献信息服务、网上专题数据库服务、网上在线咨询、图书预约、续借等服务，日均访问量超300人。汕头市图书馆举办各类读书活动，发挥了社会教育功能。在全国少工委办公室和中国少年儿童出版社联合举办的2001年全国青少年"纪念建党80周年"读书教育评奖活动中，市图书馆组织全市中小学生作品参加评选，获一等奖一名，二等奖两名，三等奖三名，市图书馆获"优秀组织奖"。

【文物】 2001年末，全市有省、市、县重点文物保护单位114处，其中省级10处。爱国主义教育基地18个，其中东征军革命史迹陈列馆为省级爱国主义教育基地。博物馆及专题馆7个。全年维修和局部修复的文物保护单位共有12处，其中包括在"尤特"强热带风暴袭击中部分屋架、屋梁受损的市文物保护单位达濠古城陈氏家祠古建筑。南澳县累计投资300万元的县文物保护单位宋大峰祖师纪念堂落成开光。南澳总兵府主座修建工程投入60万元，已完成工程量的三分之一。完成汕头沿海海域水下考古发掘的前期准备工作。新发现的市区2处宋、明古墓已考证批准为市级文物保护点。

【博物馆】 2001年末，全市共有博物馆、纪念馆7所，馆藏文物2.4万件。文博单位通过各种展览对群众进行教育，充分发挥了文博阵地的社会教育功能。汕头市博物馆坚持每两个月办一次展览，影响较大的有《肩负人民的希望——纪念中国共产党成立80周年图片展览》、《清代帝后御用珍品展》、《中国当代画家南岭梅画展》等；澄海市博物馆先后举办了《中共党史图片展》、《同塑澄海美好家园专题展》、《崇德百年校庆展》等7个展览；省、市两级爱国主义教育基地——市东征军革命史迹陈列馆大力整治馆舍环境，充实陈列内容，共接待4千多人次参加陈列展览，缅怀革命历史，接受爱国主义教育。

(单正言　文　怡)

【中国儿童舞蹈研讨会】 5月15至18日，由中国儿童歌舞学会、汕头市委宣传部、汕头市文化局在汕头联合举办，到会专家学者60多名，共收到有关论文30多篇。研讨会上，来自各地的专家学者们以中国儿童歌舞学会理事、汕头市艺术研究室国家级舞蹈编导黄文萱的少儿舞蹈作品展示会作品为印证，就儿童舞蹈发展趋势和繁荣儿童舞蹈艺术创作、儿童舞蹈与素质教育等问题，进行了全面的交流和深入研讨。

【艺术研究成果】 出版了一批艺术史志和研究文集，发表了一批理论文章，主要包括：《潮剧年鉴》(2000年卷)、《潮剧百年史稿》、《潮乐研究》(第5期)、《新时期繁荣潮剧创作的思考与探索》(获第二届中国戏剧文学奖论文三等奖)、《对潮剧艺术文化发展的思索》、《中国小品的基因》、《从苏格兰风笛到今生夏草》、《在继承中革新——潮剧〈张春郎削发〉的成功之路》等。

【对外文化交流】 全市共有3批大型文艺队伍应邀赴香港，分别参加港府"2001香港新春巡游贺新岁"、"港九潮侨盂兰胜会"、"香港潮州商会成立80周年庆典"，扩大汕头文艺在香港特别行政区的影响。全年组织外派共15个团组400多人次，包括汕头潮州音乐曲艺团应邀赴新加坡、汕头市书画社赴台湾、汕头文化艺术学校潮剧演出团赴法国等；引进法国、加拿大、俄罗斯等国家和港台地区文艺团组18起近200人次，演出150场。

我国驻法大使馆吴健民大使接见汕头文化艺术学校演出队伍

【文化市场管理】 举办了文化执法宣传月、销毁非法出版物现场会、音像市场反盗版宣传周等大型活动，对6家有一定规模、资本较雄厚、守法经营、群众反映好的音像制品经营单位，公开授牌为"文明经营示范店"。结合整治市场秩序和社会秩序，整顿电子游戏及互联网上网服务经营场所，打击音像市场违法违规经营活动，打击走私贩私、制黄贩黄、侵权盗版等各种违法犯罪活动。全年全市各级文化行政部门共出动2138人次，联合公安、工商等职能部门，检查各类经营场所4818家(次)，查处各类案件298宗，取缔非法音像制品、书报刊地摊822个，注销音像制品零售经营单位的《音像制品经营许可证》170家，收缴非法音像制品3652377张(其中色情淫秽音像制品13232张)，书报刊299641册，公开销毁非法音像制品10万张，没收非法电子游戏机具60台，取缔不符合规定的录像放映经营场所67家、电子游戏经营场所28家，并关闭了音像制品集中经营场所——火车客运站前市场，有效规范了文化市场秩序。

【汕头文化风情周】 5月1至7日，汕头市委宣传部和深圳市旅游局在深圳联合主办"潮汕文化风情周"活动。活动包括潮剧优秀剧目展演和潮汕民俗风情表演。其中广东潮剧院二团在深圳大会堂献演了潮剧《春香传》、《王茂生进酒》等优秀剧目；另外，汕头市委宣传部组织了36人的演出队伍在深圳民俗文化村表演潮汕民俗"挽面"、潮汕抽纱、猜谜、潮汕人文风情图片展等，活动过程中有近五万人观看了表演。

【参加"党在我心中"——广东省第四届"百歌颂中华"活动获奖】 为庆祝中国共产党成立80周年，6月至7月，我市组织"华能工人合唱团代表队"赴省参加由广东省委宣传部、省文化厅、省教育厅、团省委、省总工会等单位联合主办的"党在我心中"歌咏活动。经过半决赛，我市代表队在全省共30支队伍的比赛中名列前茅，顺利进入总决赛，并在总决赛中获得银奖，市委宣传部获得优秀组织奖。

【庆祝汕头经济特区建立20周年文艺活动】

10月22日下午，由市委宣传部、市文化局联合策划、组织的大型文艺演出《大潮颂》在林百欣国际会展中心举行。演出由“神奇的土地”、“奋发的人民”“走过二十年”、“崭新的时代”四个节目板块组成。省舞蹈学校师生、汕头市专业、业余文艺工作者700多人参加了演出。宋平、李长春、李统书等中央和省、市领导和汕头市各界群众2000多人观看了庆祝演出。

【“春风化雨，情系人民”慈善晚会】 9月29日晚，由汕头市委宣传部、汕头市文化局、汕头市广播电视局、汕头市民政局联合主办的“春风化雨 情系人民”慈善晚会在市广电局综合剧场举行。活动旨在为扶助贫困地区基本生活设施建设，在全市干部中广泛开展密切联系群众、关心群众、奉献爱心活动，并带动全社会的慈善行动。晚会以声乐、舞蹈、小品为主的综艺晚会形式，中间穿插捐款活动（包括现场捐款及电话捐款）。晚会上下互动，场面热烈。活动共募集到善款2700多万元。市委书记李统书、市长李春洪等市领导出席了晚会并带头捐款。

（文 怡）

潮　剧

【演出】 2001年，广东潮剧院共演出340场，其中一团在城镇演出10场，乡下演出69场；二团在城镇演出9场，乡下演出95场；三团在城镇演出4场，乡下演出153场。5月1至7日，广东潮剧院一、二团赴深圳参加“潮汕文化风情周”，一团演出了《告亲夫》、《陆文龙》2台大戏及1台折子戏；二团演出了《蓝继子》、《春香传》、《四告状》3台大戏和1台折子戏。5月14至15日，广东潮剧院院长、国家一级演员、第十八届中国戏剧“梅花奖”获得者陈学希参加了中国戏剧名家名段演唱会，并演唱了潮剧《葫芦庙》选段，展示了潮剧的特色及风采。10月19至21日，广东潮剧院应文化部、第11届国际潮团联谊年会的邀请，在北京长安大戏院演出了《葫芦庙》、《潮剧经典折子戏》和《古乐新韵——潮州音乐欣赏会》等3台节目。10月22日晚上，广东潮剧院晋京演出团乐队应中国音乐学院邀请，在其音乐厅举行了“潮州音乐专场音乐会”。11月13至14日，广东潮剧院一团参加了第七届中国戏剧节，在广西柳州文化艺术中心剧场演出了潮剧《葫芦庙》。12月27至31日，广东潮剧院二团赴深圳、珠海巡回演出，演出了潮州大锣鼓，折子戏《王茂生进酒》、《春草闯堂》选场、《铡美案》、《八仙过海》、《闹钗》、《柴房会》、《相梁》，大型古装戏《无意神医》、《春香传》等剧目。4月19至20日，由省戏剧家协会、广东潮剧院联合举办的“广东潮剧院2000年度中青年基本功比赛”，在汕头市谢慧如潮剧艺术中心进行，一、二、三团考核成绩优秀的40名选手参赛，由省、市有关专家组成的评委会评出了一等奖7名，二等奖12名，三等奖11名。5月23至24日，由省戏剧家协会、广东潮剧院联合举办的《郑健英潮剧表演艺术40年专场晚会》、《李廷波潮剧音乐作品欣赏会》，在谢慧如潮剧艺术中心举行。

【获奖作品】 广东潮剧院院长、国家一级演员、著名潮剧表演艺术家陈学希获第十八届中国戏剧梅花奖，是汕头市艺术家首次获此殊荣。在第七届中国戏剧节上，广东潮剧院演出的省重点剧目《葫芦庙》获“中国曹禺戏剧奖·优秀剧目奖”；范莎侠获“优秀编剧奖”；陈学希、刘小丽、陈伟城获“优秀表演奖”；陈秦梦获“表演奖”；李廷波（作曲）、余亦文、王庆苏（配器）获“音乐奖”。

【《阿楠说戏》等出版】 《阿楠说戏》（广东潮剧院副院长郭楠著，中国文联出版社2001

年8月出版)。《吹旺戏剧火焰的风——2000广东舞台美术学术研讨会论文集》(广东舞台美术学会编,由岭南美术出版社2001年8月出版),该书收集了由省文化厅、省戏剧家协会、广州市委宣传部、广州市文化局和汕头市委宣传部、广东舞台美术学会、广东潮剧院分别在广州和汕头举办的“2000广东舞台美术学术研讨会——梁三根、王履玮、管善裕舞台设计研究系列学术活动”的论文70篇及3位舞美设计家的舞美作品60多幅。《明珠一颗自晶莹》由广东潮剧院编辑出版。《郑健英潮剧舞台四十年》编辑出版。

(陈玉盛)

【戏曲教育】 春节期间,广东省汕头文化艺术学校(广东省汕头戏曲学校)应法国潮州会馆邀请,第3次赴法国巴黎作文化交流演出,还为潮州会馆组建、培训了50人的大锣鼓队,参加当地华人春节游行。引起很大轰动。出访的潮剧节目在表演技能、风格特色、艺术综合水平上比以前有新的突破。中国驻法大使吴健民接见了校演出队全体成员,使馆总领事、参赞及多位公爵到会馆观看演出,给予了高度评价。3月份,举行汕头文化艺术学校、汕头戏曲学校青年教师专业技能展演活动,全校40周岁(包括40岁)以下的青年专业教师共20多人参加了展演。12月30日,市委书记李统书、市长李春洪等市领导,在汕头文化艺术学校的艺林剧院,与市各级机关领导干部、驻汕部队官兵文艺界人士1000多人观看了“艺林春晖”元旦文艺晚会演出。

(艺　校)

潮汕历史文化研究

【学术交流】 潮汕历史文化研究中心积极承办并参与由中国侨联和汕头市政府主办的中国民系(潮人)文化国际研讨会。10月18日在北京华侨大厦举行,潮汕历史文化研究中心为会议上提交论文和发言者最多的单位,提供论文并在会上发言的有:陈骅的《潮剧在海外流播的作用与影响》、徐名文的《台湾潮人在维护祖国统一上所作的贡献》、吴奎信的《新世纪潮汕打好“侨牌”的若干思考》、黄挺的《身份认同与文化传统——以泰国郑氏宗祠为例》、杨群熙的《海外和港澳潮人在居住地的慈善业绩》、郭马风的《潮汕华侨的心理特征及其表现》。促成第四届潮学研讨会于11月20至24日在香港中文大学举行。提交论文并分别在会上报告交流的有:杨方笙的《潮汕歌谣述论》、林伦伦的《对潮学和潮汕文化的再认识》、黄挺的《晚清华侨的文化心态——以潮安彩塘沈氏为例》、陈历明的《近代潮汕外来宗教的文化能量》、吴奎信的《潮州与海外饮食文化的交流与融汇》、陈荆淮的《泰国潮人资本在香港及中国大陆的拓展》、林毛根的《潮州音乐在海外》。

参加由厦门市政协、厦门大学台湾研究中心主办的、12月2至5日在厦门市举行的首届海峡两岸闽南文化学术研讨会。研究中心理事长吴勤生在大会上介绍了潮汕历史文化研究中心成立10年来的工作概况和体会,受到来自海峡两岸与会者的热烈赞赏。提交论文并在大小会上发言交流的有:杨群熙的《闽南文化名人与潮汕》、陈骅的《从世俗戏曲的交融态势看闽南文化与潮汕文化的亲密关系》、王琳乾的《从蓝鼎元宰普、潮看朱子理学的影响》、郭马风的《海峡两岸三地茶文化的相互交流与促进》。

【研究成果】 全年共编辑、出版《潮汕文库》及其他书刊25本,包括《潮汕史(上册)》(黄挺、陈占山著,杜经国审定,广东人民出版社2001年7月出版)、《潮州诗萃》(温廷敬辑,吴二持、蔡起贤校点,汕头大学出版社

2001年1月出版)、《潮汕文化大观》(林伦伦、吴勤生主编,花城出版社2001年6月出版)、《饶宗颐先生学术年谱简编》(王振泽著,香港艺苑出版社2001年5月出版)、《饶学与潮学论集》(郭伟川著,香港艺苑出版社2001年6月出版)、《潮汕历史文物图册》(陈历明编著,香港艺苑出版社2001年7月出版)、《潮帮批信局》(邹金盛著,香港艺苑出版社2001年7月出版)、《潮人在泰国》(杨锡铭著,香港艺苑出版社2001年5月出版)、《潮学研究(第九辑)》(花城出版社2001年7月出版)、《逢看湖山便忆家》("潮汕文化选"第三集,陈泽、吴奎信主编,潮汕历史文化研究中心、汕头特区晚报社2001年7月编印)、《藏书叙录》(续编一,吴勤生、王琳乾主编,潮汕历史文化研究中心2001年7月编印)、《潮汕历史文化小丛书》第四辑10册(香港艺苑出版社2001年7月出版),篇目分别是:《潮汕竹枝百首》(芳信编著)、《潮汕歌谣》(杨方笙著)、《潮汕民俗》(郭马风著)、《潮剧漫话》(李汉庭著)、《地名学与潮汕地名》(林伦伦著)、《潮汕俗语与潮汕文化漫谈》(王伟深著)、《左翼文化运动中的潮人》(杜桂芳著)、《老上海潮州商帮》(郭绪印著)、《潮汕工商业史话》(陈景熙著)、《潮州的书院》(吴榕青著)。这是"研究中心"成立10年来研究成果最丰硕的一年。尤其是《潮汕史》(上册)的出版,使潮汕首次有了一部较完整的地方通史。

【资料征集】 全年共征得潮汕历史文化资料1058册(件),使资料库收藏的资料达2.8万册(件)。有偿征集侨批2528件,为研究潮汕侨史提供了更多史料。完成汕头经济特区初创时期的专项资料征集和收藏,共征得资料3300份,书刊54册。做好库藏资料的整理工作,着重整理潮汕先贤、著名学者温丹铭(廷敬)先生的遗稿及书刊共30盒(盒装),书17本(册)。

【研究中心成立10周年庆典】 8月7日至9日,在龙湖区翰苑举行了潮汕历史文化研究中心成立10周年庆典活动,包括10周年纪念会、第六次理事会议、第四届潮学奖颁奖、《潮汕史(上册)》首发式、10年成果展示会。同时,举行饶宗颐教授从事潮学研究66周年暨85华诞庆贺会、饶宗颐书画潮汕巡回展开幕式。第四届"潮学奖"获奖者18个,其中研究奖8个,传播奖6个,资料征集奖4个。在颁奖仪式上,汕头市委书记李统书、揭阳市委书记林木声、潮州市委书记陈冰分别为荣获"弘扬潮汕文化特别荣誉奖"的吴南生、庄世平、陈伟南颁发荣誉证书和纪念品。在饶宗颐教授85华诞祝寿宴会上,汕头市人大常委会党组书记李统书代表市人大常委会宣布授予饶宗颐教授"汕头市荣誉市民"称号的决定。

市委领导视察汕头经济特区报社

(仪伟摄)

汕头日报编辑部领导在读者活动日接受读者咨询

(仪伟摄)

(李　伯)

传播媒体

【报刊】 2001年末,全市共有公开发行报纸7家,总发行量、印数7287.8万份;公开发行期刊8家,总发行量、印数99.98万份。

汕头经济特区报社　努力拓展报业经营,大力推进人事制度改革,全年报社经营总收入首次突破亿元,固定资产增加1237万元,上缴各种税收千余万元。11月12日,《汕头日报》、《汕头特区晚报》、《汕头都市报》同时进行改版,各报更强调分工协作,读者定位进一步明确,各自特色更为突出:《汕头日报》以时政新闻为特色;《汕头特区晚报》以社会新闻、经济新闻、文化新闻为特色;《汕头都市报》以本地新闻(含周边新闻)和社会新闻为特色。跨国办报取得成效。4月,经市委、省委和中央外宣办批准,顺利完成了同泰国《京华中原联合日报》合办中国新闻版的工作,开辟了我国对外宣传的新阵地。《京华中原联合日报·中国新闻》每天8个版,辟有《中国要闻》、《港澳台》、《大陆社会》、《大陆综合》、《经济广角》、《神州览胜》、《潮汕乡情》、《闽乡龙岩》、《梅州乡情》、《体育》、《副刊》等12个专版。合作后,具有45年办报历史的泰国《京华中原联合日报》面貌焕然一新,可读性大大增强,报纸发行量大大提高,从原来的亏损经营到一举盈利。1999年报社和美国《国际日报》社合作,创办了《国际日报·中国新闻》系列专版,经过2年成功的实践,走出了一条适合我国新闻传媒跨国办报的路子。

(陈照濠)

特区青年报社　继续坚持"立足特区、面向全国、引导青年、服务大众"的办报方向,强调突出"特区特色、青年特色",继续发挥特区青年报《保护明天万里行》专栏这一全国新闻出版系统优秀"青少年维权岗"的名牌效应,积极为青少年维权。《潮汕少年周刊》内容丰富,版式活泼,图文并茂,融思想性、知识性和趣味性于一炉的风格服务于潮汕3市少年儿童,成为备受3市少年儿童欢迎的课外读物和学校开展少先队活动的主要刊物。在由团中央宣传部、新闻出版总署报纸刊物出版管理司、中国青年报刊协会主办的第九届全国青年报刊"好新闻好作品好活动好论文"的评选活动中,《该给金牌司仪亮黄牌》(李映民创作)获一等奖,《美国青年大卫的中国情结》(段敏、陈穗文创作)获二等奖,论文《有关隐性采访的理性思考》(郑瑞洲撰写)获二等奖,特区青年报版式(任重创作)获二等奖。

(郑康华)

《澄海报》、《潮阳报》　3月份,经国家新闻出版总署批准,由中共澄海市委主管主办的市委机关报《澄海报》、中共潮阳市委主管主办的市委机关报《潮阳报》获准转为国内公开发行。《澄海报》、《潮阳报》原为广东省内部报纸,分别于1995年和1996年创刊发行,发行量逐年增加,都已超3万份。转为公开发行后的《澄海报》和《潮阳报》均为周3报,对开4版。

(李惠龙)

【广播电视】 2001年末,全市共有电视台、电台5座、自办节目16套;汕头人民广播电台日节目播出时间59小时,节目覆盖率约为99%,并覆盖粤东、赣南和闽南等地;汕头电视台日播出时间约为81小时,节目覆盖率约为98%,并覆盖到闽南等地。

提高广播电视节目质量　一是抓重点热点、鼓励创优、内外并举。充分发挥广播电视的传媒优势,组织开展了"学习'三个代表'重要思想"、"纪念建党80周年"、"庆祝汕头经济特区建立20周年"、"重塑形象、重建信用"等一系列重大宣传活动。积极拓展新的宣传形式,如《整治年论坛》大型户外讨

汕头广播电视发射塔

论活动，解决饮水难的大型慈善晚会《春风化雨情系人民》，纪念建党80周年的异地联播专题节目《今天是党的生日》，以及一系列纪录片、专题片和现场直播活动等，积极引导舆论。二是本着精办节目、合理布局的原则，对电视节目频道进行调整，明确了“新闻综合”、“生活经济”、“影视文艺”的定位，使各个频道节目特点更加突出，从节目内涵到频道形象有新的提升。全年汕头广播电视有46件作品在省级以上各类评比中获奖，其中19件作品获全国奖。在全国法制类电视栏目评比中，《打开案卷》栏目获三等奖。全年共上送中央台播出节目320分钟、上送省台播出节目80分钟，并向美国斯科拉电视网《中国都市》和欧洲凤凰卫视《今日广东》栏目提供节目资料，全年在《全省新闻联播》播出新闻稿件300多件，名列全省地级市前茅。7月份，市广播电视局首次组织“中国汕头广播电视艺术团”赴意大利参加国际民间艺术节文艺汇演，传播了中华民族文化艺术，展示了新时代中国人尤其是汕头特区人的良好精神风貌和艺术素养。第十一届国际潮团联谊年会在北京召开期间，汕头电视台积极协助制作反映汕头新貌的专题片在中央台《城市平台》节目播出，受到好评。广播电视节目部门还积极组织和举办各类文艺活动。第五届潮语歌曲创作大赛中16首创作新歌被制作为MTV在国内外发行。

推进体制创新　一是改革管理体制，实行事业单位管理模式。机构改革后，市广播电视局由原行政单位改为事业单位，并按“赋予行政职能的事业单位、试行企业化管理”的改革思路实行一体化管理。汕头人民广播电台、汕头电视台仅保留呼号，市广播电视局由原来的“局、台及直属单位”的管理模式改革为“局、中心及直属单位”的管理模式。二是推进系统改革，理顺体制，转变职能。汕头是全国广播电视系统市、县播出机构转变职能工作的9个试点城市之一。经市委市政府批准，汕头广播电视系统实行垂直管理。市广播电视局对各县(市)广播电视局垂直管理；收编合并达濠、河浦有线广播电视站，成立南区管理站作为局直属单位；撤销乡镇有线广播电视站，由各县(市)局视工作需要派驻乡镇(或片区)有线电视管理维护站。同时，各县(市)电视台实现职能转变，从2002年起不再自办电视节目频道，改为在汕头电视台公共频道中播出自办节目时段；汕头电视台自办节目频道调整为新闻综合频道和生活经济频道。

提高广播电视技术水平　一是紧跟数字化、网络化的技术发展趋势。进一步开发利用网络资源，加快广播电视的信息产业功能开发。市广播电视局在广播电视摄录制作设备数字化改造上取得进展。引进并启用了具有世界先进技术水平的虚拟演播室，电视节目的布景实现了计算机虚拟背景制作，节省了节目制作资金投入，缩短制作周期，效益显著，节目技术制作质量也上了一个新台阶。在保证优质高效传输电视节目的同时，积极开展乡村及新开发城市片区的有线电视网络的建设和改造工作，形成新的网络资源，全年新规划28个新开发片区，新铺设光纤4000多纤芯千米，电缆皮长100多千米。同时，开展网络多功能业务，对全市400多个光节点及1800多个放大器安装、调试回传模块，整个市区有线电视网络实现了双向传输，为广播电视互动业务、数字电视业务的开展奠定了基础。二是提高技术设备应用水平。市广播电视局获得全省广播电视技术维护优秀奖，汕头人民广播电台节目播出实现全年零停播率。在全年一系列重大宣传活动中，实现了高标准、高质量技术保障水平。九运会汕头赛区比赛的直播是首次由中央台、广东台、汕头台联合完成的一次高难度、高质量、高水平的重大转播，创造了汕头电视转播史上3项第一：第一次连续、多场次（19天、108场次，日均11小时）不间断，无故障高质量的转播；第一次实现数字电视车满负荷长时间连续无故障运行；第一次将数字电视车输出的信号用数字光机以全数字的格式从汕头传送到广州，信号技术质量指标满分，受到国家广电总局的赞扬。

提高管理与服务水平　一是加强卫星地面接收设施管理工作。按国家广电总局的要求，重新全面审核境外卫星电视节目持证单位，按规定取消许可证单位11家；在执法检查工作中，坚持定期和不定期相结合、平时掌握和专项治理相结合，全年共查处违法违规38宗，先后与各县（市）局签订了卫星电视管理目标责任书。通过严格管理，改变了原来各县（市）私装卫星电视接收设施的状况，卫星电视接收设施管理逐步规范。二是积极开展市区有线小前端的网络整合工作。完成了河浦、达濠、渔州等有线小前端的收编，南区及市郊的有线电视网络小前端逐步整合。坚决贯彻《广播电视设施保护条例》，加强对乡村有线电视的管理。依法处理私拉乱接事故20多宗，针对个别乡村有线电视管理在收费方面存在的违规问题，进行了认真严肃处理。三是坚持社会效益优先，为外资企业解决有线电视收视难问题。积极解决城市远郊的有线电视光纤网络覆盖问题。

（正言　逸夫　少鹏）

【《新闻探微》出版】　选编了第二届（1994年）、第三届（1998年）和第四届（2001年）汕头市新闻业务优秀论文评选活动中的84篇获奖作品和优秀作品。其中部分论文先后被《新闻战线》、《中国记者》、《中国广播电视学刊》、《新闻业务研究》、《中国广播》、《岭南新闻探索》和《岭南视听研究》等中央、省级新闻理论刊物采用。比较系统地反映了汕头市新闻工作者8年来在新闻实践与理论研究方面的发展轨迹和取得的成果，由新华出版社2001年9月出版。主编陈友烈，副主编王扬泽、黄绍生。

（单正言）

【电影】　4月，汕头市电影发行、放映体制实行全面改革，按照市场经济原则组建“汕头影艺总公司”，负责全市电影行业的管理和电影市场的组织策划以及影片发行工作。争取中国电影公司、广东省电影公司的支持，逐步实现由计划供片向市场运作的过渡，协助市直、区、县（市）的影院恢复电影放映，扶持小型影院重新经营，组建流动机队送电影上门，深入工厂、农村、学校，努力寻找新的经济增长点，推动了汕头电影市场发展。

（李惠龙）

【书刊销售】　2001年，全市共有书报刊营业店304家，邮政属下营业点87个，汕头经济特区报社属下营业点100个，合计491个店、点。比2000年减少98家，同比下降24.38%。汕头市新华书店发挥图书发行主渠道的作用，不断深化改革，运用现代管理手段，营造良好的购书环境，为读者提供六、七万个品种、门类齐全的图书并提供优质服务，通过连锁经营占领农村图书发行市场，还与省发行集团合作，共同投资组建汕头新华图书音像发行有限公司。全年销售图书330万册;销售额4890.94万元,比2000年增长2.9%;上缴国家税利215万元,增长6.8%;利润106万元,增长51.4%。分别被全国书报刊发行协会和省新华书店评为“双优单位”和“文明书店”。

(李惠龙　刘　梅)

【图书音像出版】　2001年末,全市共有汕头大学出版社、汕头海洋音像出版社两家出版社。汕大出版社坚持精品意识,组织出版了一批精品图书。包括全国著名幼儿教育专家虞永平等集体编写的《幼儿园整体性和谐发展课程》,吴二持、蔡起贤历时数年校点的原为手抄本、孤本的潮州历代诗歌选《潮州诗萃》,《潮谜评析八百则》、《潮州菜大全》,《历代名家绝句评点》4册、《台湾八大家散文精集》4册、《当代著名青年书法十家精品集》10册、《新世纪艺坛》丛书等成套精品图书,《居家保健食疗》、《孕产妇婴幼儿营养与膳食》、《常见病按摩治疗图解》等大众医学图书。全年出版新书共20种,加上历年图书重印的,约有近80种,总印书数11万余册,总码洋1000多万元。汕头海洋音像出版社作为粤东地区惟一的音像出版单位。以“潮、侨、海、特”为出版特色,共出版编号20余个,包括潮剧名演员《张长城潮剧演唱专辑》、《钟怡坤潮剧演唱专辑》等一批潮剧精品,MTV“金东杯”潮语歌曲专辑《好男好女十五六》,器乐曲《色士风吹奏潮语歌曲》,卡通潮语版《学唐诗》等各类文化音像节目。该社成立15年来,以突出潮汕地方特色为宗旨,以潮剧、潮州音乐、潮语歌曲和潮汕语言节目为重点,出版了大量优秀音像节目,先后有电视连续剧《乱世三美人》、《杨贵妃外传》等以及潮剧、潮州音乐、MTV《好大一棵树》9项音像节目获得国家级大奖。

(吴二持　林少嘉)

【印刷业】　2001年末,全市印刷企业1016家。其中出版物印刷企业30家(包括国家、省书刊定点印刷厂4家),外资印刷企业30家,包装装潢印刷企业700多家,其他印刷品印刷企业约300家。全行业的固定资产约20亿元,年产值近30亿元。从业人员6万多人,专业技术人员3000多人。改革开放以来,汕头的印刷业发展迅速,整个行业注重高科技的投入,已拥有先进的印前设计系统、高速凹印机、全息自动镭射烫金机等,印刷技术和质量在国内同行企业中居领先地位,已发展成为粤东印刷基地。但也存在一些企业技术层次过低、低水平生产能力过剩、出现一些违法违规行为等问题。针对印刷业发展中出现的问题,汕头对全市印刷市场秩序进行了集中清理整顿,共分组织法规培训,统一思想认识;全面检查印刷业,查办大要案件;对印刷业进行审核登记;检查验收4个阶段,以实现对全市印刷业总量、结构、布局的宏观调控,健全管理机制,严格掌握印刷业准入条件,推动技术进步,促进印刷企业上规模、上档次、上水平。10月,根据省新闻出版局等联合颁发的《关于广东省整顿和规范印刷市场秩序的通知》,开始对全市各类印刷企业进行全面整顿和规范。

(单正言　李惠龙)

科技教育

科学技术

【综述】 2001年,市直有关部门和各区县(市)开展了科技进步考核的自查、党政领导班子科技工作实绩考核和执行1998年《中共广东省委、广东省人民政府关于依科技进步推动产业结构优化升级的决定》情况检查的自查工作、区县(市)党政领导推动科技进步实绩考核。成立了市信息产业局。全年取得省内先进水平以上科技成果62项,其中达国内先进水平49项,有9个项目获2001年度省科技进步奖,其中一等奖1项、二等奖2项、三等奖6项;高新技术产品产值98亿元,占全市工业总产值的12.69%;

【科技发展计划】 全年全市组织实施各类科技发展计划项目145项,其中国家级9项,省级28项,市级108项。项目总投资约60.5亿元,国家科技部和省科技厅拨款535万元,市财政拨款1100万元,作为科技三项经费支持项目的研究和开发,预计投产后,年新增产值58.85亿元,税利8.08亿元,创(节)汇1.89亿元。年度列入国家火炬计划5项,星火计划3项,中小型科技企业创新基金项目1项,国家科技部贴息贷款100万元。列入省火炬计划14项,星火计划6项,社会发展计划8项,省科技厅拨科技三项经费535万元给予支持。年度科技发展计划围绕《汕头市面向21世纪科技振兴规划(1999—2010年)》,实施技术创新工程,大力发展光机电一体化、电子信息、新材料、生物技术等4大高新技术产业,全年电子信息产业84亿元,其中制造业产值51亿元(不变价),软件产业12.0亿元,信息服务业产值21亿元,生物技术产业产值44亿元,新材料产业产值58亿元;光机电一体化产业产值49亿元。选择全市经济建设和社会发展的20项关键技术和10个重大专题组织科技攻关,推广转化科技成果,实施技术创新区域试点。全年市级科技发展计划项目108项,其中火炬计划23项,星火计划12项,重点科技(攻关)计划73项,计划总投资40.19亿元,资金来源以企业自筹为主,市财政拨科技三项经费1100万元作为引导性资金支持项目的研究与开发。这些项目,预计完成投产后,年创产值约20.26亿元,税利4.94亿元,创(节)汇约1.53亿美元。

【科技成果】 2001年,全市取得科技成果62项,其中"220t/h燃油设计锅炉改全烧水煤浆代油发电技术"等3项达到国际领先水平,"三氧化二砷诱导食管癌细胞凋亡及其作用机制"等3项达到国际先进水平,"4万瓶/时啤酒玻璃瓶罐装生产线"、"无瓣海桑的引种试验与应用"等20项达到国内领先水平,"GHK168－Z智能型混合式交流低压配电柜"、"CTS—9002型超声探伤仪"等24项达到国内先进水平。这些科技成果中有58项得到了应用。其中有直接经济效益的31项,项目资金总投入1.87亿元,全年新增产值7.55亿元,新增利税1.21亿元,创汇442.6万美元。在2001年度省科技进步奖中,汕头市有11项成果获奖,其中"高强度单片铯钾防火玻璃"(汕头经济特区金刚玻璃幕墙有限公司)获二等奖,"SA－2000智能型微机综合自动化系统"(汕头经济特区自动化电器设备总厂有限公司)、"风力机气动与结构设计系列软件"(汕头大学)等10个项目获三等奖。11个获奖项目中,达到国际先进水平的项目3项,国内领先水平的项目7项。2001年度汕头市科学技术进步奖获奖项目48项。其中一等奖13项,二等奖18项,三等奖17项。这些项目中,技术水平达到国际先进水平6项、国内领先水平25项、国内先进水平13项。据对29项有直接经济效益的项目统计,至申报奖励时共累计新增产值10.69亿元、新增利润1.06亿元、新增税收1.21亿元、创汇0.06亿美元。

【科技合作与交易】 全年签订技术合同160项,其中已转化实施的141项。全市推广转化科技成果,开发形成新产品103项,预计创产值19.5亿元。市科技局与国内16所重点工科院校建立了联系,与西安市科委和西安市科技转化中心协商合建“汕头西安科技成果转化中心”,与北京大学共建“北大—汕头绿色科技研究院”。全市已有345家企业同高等院校、科研院所建立了产学研合作关系。至年底,全市新成立技术商品经营机构34家,累计技术商品经常机构224家,专职从业人员4654人,其中科技人员1725人。编印《汕头市科技成果转化项目指南》。

10月23日至26日,由汕头市政府主办,市科技局、信息产业局、知识产权局、汕头生产力促进中心承办的“汕头市科技成果推广转化展示暨技术交易会”在汕头科技馆举行。交易会展示了“九五”期间全市131家企业自主研究开发或引进科技成果推广转化的产品341项。原中共中央政治局常委宋平,原广东省委第一书记任仲夷,司法部原部长蔡诚,广东省委常委、深圳市市长于幼军等中央、省、市领导和海内外嘉宾参观了展示会。北京大学、天津大学、大连理工大学、同济大学、福州大学、华南理工大学、中山大学、暨南大学、广东工业大学、华南农业大学、汕头大学、中科院广州化学所、中科院南海海洋研究所、中科院广州分院、省科学院自动化工程研制中心等20所高等院校和科研院所应邀参加,展示了2000多项科技成果,中科院广州分院副院长彭少麟、华南农业大学副校长陈北光等赴汕参加交易会。交易会组织了北京大学、同济大学、中科院南海海洋研究所等10所高等院校、科研机构的120项科研成果向企业界作集中发布,为未来几年汕头的科技成果推广转化工作储备了一批档次较高的好项目。交易会上,汕头市政府和北京大学的“共建北大—汕头绿色科技研究院”、汕头经济特区万丰热电有限公司和浙江大学热能工程研究所的“水煤浆技术研究开发推广”、汕头轻工机械(集团)公司和汕头大学的“汕头大学—汕头轻工机械(集团)公司罐体电阻焊机研究开发中心”、汕头经济特区建华陶瓷厂有限公司和同济医科大学的“臭氧技术产业化开发”以及汕头市雅园生物工程有限公司和兰州大学生命科学学院的“大豆蛋白肽产业化开发”等20个技术合作项目进行了签约,项目合同金额共计2.1亿元。交易会办公室还收集到各企业需借助高等院校、科研院所力量解决的技术难题和技术需求项目20项,及时将这批技术需求项目反馈给有关高等院校、科研院所,促进双方开展技术洽谈。

(林永标 胡敏文)

【专利工作】 2001年,全市专利申请量1285件,专利授权量889件,比2000年分别增长21%和15.8%,其中,发明、实用新型、外观设计专利申请量分别占专利申请总量的3.3%、20%和76.7%,分别增长40%和52.4%及14.4%,全市累计专利申请和授权量分别为7819件和5362件。为加强全市专利工作,出台了《关于加强专利工作促进技术创新的意见》,对加强专利管理机构建设、企业专利、专利技术的引进和实施、服务机构建设等方面作出了规定。市科技局、知识产权局还发文对加强全市高新技术企业专利工作提出了要求。全年处理专利侵权案件23宗,其中4宗涉外案件,查处冒充专利案件14宗,销毁侵权产品及模具一批,以及冒充专利标记100多个。专利行政执法工作进一步到位。市专利管理局在机构改革中,更名为市知识产权局,由原来的事业单位改为行政单位。各区县(市)都在科技局加挂知识产权局牌子,并设有专门机构。全市知识产权机构管理体系基本形成。6月1日,汕头市专利信息网开通。

(袁富国)

【信息化建设】 2001年,汕头市信息基础设施建设取得重大进展。粤东信息大厦竣工交付使用,全市初步建成了由光缆、卫星通信和有线电视光纤网络构成的现代化信息传输基础网络,初步形成以政府公众网、科技网、教育网、电信公众网、有线电视网等为主体的公众计算机信息网络,以“金”字工程(金关工程——对外经贸信息系统工程,金税工程——用于税务管理的电子信息应用工程,金桥工程——国家公用经济信息通信网工程,金卡工程——自动化支付系统及电子货币工程)为代表的专用计算机网络建设相继启动。政府上网工程进度加快。市信息中心和汕头生产力促进中心是全市经济和科技数据库开发和利用的主力军。建于汕头生产力促进中心的首家电子阅览室,实现了与国内外著名数据库服务机构的数据库联机查询。各单位和各个网络内容提供商(ICP)陆续推出了丰富多彩的因特网公众信息服务,电信部门与广电部门联合推出了“视信在线”。重点加强政府管理、行业管理、企业管理、仓储运输、金融、旅游、教育等七方面的信息化工作。至年底,开通独立网站或通过汕头市政府公众网平台设立独立网页的市政府工作部门数已占部门总数的80%。市信息产业局、市交通局密切配合,分别负责现代物流体系的信息大平台和交通大平台的建设。“汕头旅游信息查询系统”正式启用。信息技术在行政管理、农业、制造业、服务业、教育、卫生及社会保障等行业和领域得到广泛应用。“校校通”教育信息化工程进展顺利。汕头成为全国教育信息化试点城市。全市40%以上的企业开展了计算机辅助设计与制造(CAD/CAM)、企业制造资源计划(MRPII)、企业资源计划(ERP)、英特网(INTERNET)等信息技术的不同层次应用,信息技术逐步成为企业发展的新动力。全市互联网用户发展到34.5万户,比2000年翻一番;电话普及率(含移动电话)为46.67部/百人,比2000年增长16.2%。汕头宽带城域网建成,实现了对全市范围的覆盖,为用户提供了“千兆到楼、百兆到层、十兆到桌面”的高速网络通信环境。邮政部门完成了邮政综合网试点工程推广及扩容工程建设,各生产作业系统实现了电子化运作;完成了邮政电子汇兑工程建设任务;基本建成本部门电子商务工程并投入试运行。全市建成了汕头市企业与产品信息库等60多个较具规模的公用或专用数据库,电子阅览室实现与国内外著名数据库服务机构的数据库联机查询。全市有3家企业被国家科技部列入计算机辅助设计应用工程示范企业。汕头经济特区自动化电器设备总厂承担国家计划CIMS推广项目——“计算机集成制造系统(CIMS)”第一期工程通过国家863/CIMS主题专家组验收。计算机辅助设计与制造技术的推广率,在设计行业达90%,在机械制造业达70%,高新技术企业上网率达95%。为促进信息技术的推广与应用,还举办了“计算机和办公自动化展示会”等活动和“网络计算机安全知识讲座”、“Lotus办公自动化平台推广讲座”。市委组织部、市科技局、市信息中心联合举办了“汕头市处级以上领导干部电脑基本知识培训班”,9月10日至12月16日共办培训班21期,培训了368名领导干部,其中厅级干部7人。

【技术创新】 继续深化国家技术创新工程区域试点工作,深化科研机构改革,认真实施技术创新方案,抓好广东猛狮工业集团等21家技术创新试点企业的试点工作。全市已建立为行业提供技术依托的市级工程技术研究开发中心9家、省级工程技术研究开发中心5家、国家级工程技术开发中心实验基地2家,292家民营科技企业办起了自己的技术开发机构。

【高新技术产业】 全年全市新认定省级高新技术企业13家、国家级高新技术企业3家;新开发出4万瓶/时啤酒灌装生产线分散集中控制系统、智能型微机综合自动化系统、电脑控制大型塑料中成型开机、小水线面双体船等一批技术含量高、市场竞争力强的产品。全市省级以上高新技术企业发展到73家，其中国家级10家。

【国家电动汽车试验示范区】 示范区建设已初具规模，项目试验任务通过了验收。根据国家科技部指示，示范区在“十五”期间继续进行试验，并扩大功能。以示范区为基础、中国汽车技术研究中心和重庆汽车研究所为依托的国家电动汽车测试中心筹建工作进展顺利，电动汽车整车运行检测试验基地建设已列入国家“十五”规划的“863计划”。示范区已获省公安厅批准为液化气汽车改装单位，并被中国第一汽车集团确认。与美国电动汽车（亚洲）有限公司、中国第一汽车集团公司合作改装的具有国际先进水平的混合动力型汽车已在汕头问世，并在进行整车调试和运行试验改造的提高阶段。根据李长春书记就广东省电动汽车产业化问题的批示精神，省计委、经贸委组成调研组于6月莅汕国家电动汽车运行试验示范区进行调研，省科技厅于7月召集专家进行研究和规划。汕头市市长李春洪任市电动汽车项目协调领导小组组长。

（陈松辉　李　扬）

【汕头软件园落成】 5月29日，汕头软件园落成并投入运作，同时汕头市软件行业协会宣告成立。医疗卫生行业相关软件的开发被确定为汕头市软件业发展的重点方向。汕头软件园投入运作后，进展情况良好。开通宽带网，使汕头软件园具备了信息的高速率传输、大容量交换、高效率处理能力。市科技部门会同市财政局、国税局和地税局组建了汕头软件园企业入园资格专家评审组，建立了企业入园核准制度。到年底，入园企业50家，其中经省信息产业厅等认定的软件企业5家。基本将全市软件开发力量汇集起来，并开始发挥对外辐射作用。入园企业的软件开发取得了进展，产品开始出口海外，已拥有经省有关部门认定的软件产品29项，取得计算机著作权证书的软件产品17项。其中，“穿越血站网络管理信息系统”和“服装、鞋类企业管理信息系统”等软件的技术水平得到了国家科技部的肯定，分别列入国家级火炬计划和中小企业技术创新基金项目。入园企业全年总收入4.12亿元，软件产品销售2.67亿元，软件产品出口32万美元。11月6日，中共中央政治局常委、国务院副总理李岚清，中共中央政治局委员、广东省委书记李长春以及中央有关部门领导、省市领导视察了汕头软件园。

（洪建芬　李　扬）

【科技进步活动月】 以“加强技术创新，服务工业发展”为主题，围绕科技创新、成果转化、信息化和科普宣传等方面开展了一系列活动，在活跃全市科技气氛、弘扬科学精神、传播科学思想和科学方法、普及科学知识、提高全民科技文化素质和创新能力、加快实施科教兴市战略等方面产生了积极效果。活动月期间，市委、市政府召开了全市科普工作暨科技颁奖大会。部署全市科普和科技工作，为获得省、市科技奖励的单位和个人颁奖，并向全市“九五”期间“二十佳科技成果”颁发证书。市教育局等4个科普工作典型单位作了科普工作的经验介绍。市专利管理局开通了汕头专利信息网，大力宣传新专利法。联合组织一批企业和个人共20多个专利技术项目参加第八届中国专利技术博览会。钟明华的汉字词组输入法荣获第八届中国专利技术博览会金奖，汕头市展团获得了博览会的优秀组团单位奖。市委、市政府邀请清华大学自动化学教授、中国工程院院士吴澄作题为《以信息化带动工业化》的科技报告。汕头大学于6月15日至16日举办“汕头大学科技开放日”，开放了各种实验室、汕头大学网络中心、电子商务中心等参观点。省科协和市科协以“汕头市农业科学园”为依托，建立省、市科普教育基地，并于5月23日在汕头农业科学园举行揭牌仪式。市科协等单位在人民广场举办了“崇尚科学、反对邪教”的大型科普活动，并举办了大型科普展。全市科协系统共举办科技讲座109场、大型综合性广场科普活动1场、科普集市31场、科技下乡7场、科普图片展览52场；参加活动科技人员达2230人次；参加科技讲座培训人数达15010人次；参观图片展览达56300万人次；接受技术咨询15727人次；发送科技资料、科普书籍共88360份(册)。由市政府办公室、汕头大学、市科委、市电信局联合主办，联想、惠普、IBM、中国联通汕头分公司等国内外著名IT企业协办、汕头市协华科技有限公司承办的“信息化 新汕头”大型主题活动于6月29日至7月1日在林百欣国际会展中心成功举办，取得了良好效果。

【海峡两岸高新技术和产业交流与合作研讨会】 10月13至14日在汕头举行，由全国台湾研究会主办、汕头市政府承办。来自海峡两岸的专家、学者和企业家共同分析了两岸高新技术和产业交流与合作的现状及面临的形势，探讨进一步密切交流、开展合作的途径。全国台湾研究会副会长、国务院发展研究中心副主任孙晓郁，国务院信息产业部副司长林元芳，全国台湾研究会副会长姜殿铭，国务院发展研究中心研究部部长郭励鸿，汕头市领导李春洪、方健宏、洪庆耀、李雄、谢惠鹏，汕头大学副校长吴光国等出席了研讨会。孙晓郁在开幕词中指出，汕台两地加强经济交流、优势互补特别是高新技术产业的交流与合作，对推动两岸高新技术产业加快发展，将产生积极影响和重要作用。市长李春洪在开幕式上代表市委市政府对出席盛会的嘉宾表示欢迎，并详细介绍了汕头经济社会和科技发展情况。开幕式后进行了主题报告以及两岸高新技术和产业交流与合作的现状、面临新形势课题的研讨交流。姜殿铭在14日上午的闭幕式上致辞，他在总结此次研讨会的交流情况和取得的成绩时强调指出，发展高新技术特别是IT技术有着很大的潜力和优势，但要避免重复建设造成资源浪费，也不能照搬台湾模式；两岸高新技术和产业的合作，要立足于“产、研、学”结合；要着力于引进高新技术改进传统产业。14日下午，参加研讨会的代表们参观了汕头市超声电子公司、华汕电子公司、海霸王公司、软件园等。

（单正言）

【对外科技合作与交流】 2001年，美国硅谷科技协会、美国国际华人科技工商协会再次来汕访问。通过交流洽谈，达成“中美水产科技合作项目”，投资980万元建立循环式防病养虾系统，生产、孵育无病种虾苗。美国硅谷科技协会带来了新材料、医药等领域的科技合作项目，与汕头市的企业家和科技人员进行广泛交流并建立了初步联系。硅谷科技协会还与汕头大学理学院初步达成共建一个具有世界先进水平的新材料开发中心的意向。汕头市政府聘请硅谷范群博士等11位华裔科学家、留学人员为市政府第二批科技咨询委员会委员。李大西博士等留美学者、香港科技创业股份有限公司等应邀来汕讲学、洽谈合作。“南澳1万千瓦海上实验风电场”、“智能化KYN系列开关设备合作开发及产业化”两个项目被列入2001年广东省国际科技合作计划。市科技局组织了建筑行业的技术人员和管理人员赴澳大利亚、新西兰学习考察先进技术和管理体制；组织技术人员赴伊朗开展现场技术服务。组团赴香港参加第12届世界生产力大会；组团参加第四届中国留学人员广州科技交流会。

（蔡乐林　黄燕群）

【科技情报活动】 2001年，汕头市科技情报所完成科技部高新司下达的市重点科技项目《汕头技术创新发展战略及规划研究》，其研究报告通过省科技厅组织验收。完成“汕头中大技术转移网络建设”课题，建立汕头中大技术转移信息网络平台,并和香港科技创业股份有限公司、中山大学达成成立"汕头中大科创公司"的协议。科技情报所共主办、承办、协办各种大型展览会3个,与科技局、专利局等单位联合举办各种报告会、演示会4次;发表情报信息研究论文6篇,其中国家级刊物1篇,省级刊物3篇。

(朱庆洪)

科协与科普工作

【科协学会组织建设】 2001年,成立了软件行业协会、电子商务学会;微生物、生物、物理、计算机、造船、岩石力学与工程学会、青少年科技教育协会、科普研究会等进行了换届;各级学会组织队伍进一步发展壮大。全市已有自然科学学会(协会)44个,区县(市)级学会(协会)75个,会员1.6万多人。促进厂会协作,服务经济建设,市科协被中国科协和国家经贸委授予"千厂千会协作行动"优秀组织奖。加强对外交流与合作,聘请香港科技经济界人士陈幼南博士为市科协顾问。

【学术交流活动】 据不完全统计,全市各级科协、学会共组织举办学术交流活动175场;参加人数12975人;会员撰写发表论文1250多篇;举办学术报告、技术培训210场,参加人数达1.5万多人次。6月,市科协邀请中国工程院院士、国家863计划自动化领域首席科学家、国家集成制造系统工程技术研究中心主任、清华大学博士生导师吴澄院士莅全市副处级以上领导、市科技人员和企业单位负责人、澄海市领导干部、科技人员等举办3场"以信息化带动工业化"大型科技报告。造船学会为建造全国第一艘"小水线面双体船"积极开展学术活动,组织举办"小水线面双体船及滑油技术应用讲座",提供技术支持,填补了国内空白。计算机学会积极开展"数据挖掘技术及应用",免费为企业开展"软件版权登记"、"软件企业认定"、"软件产品认定"等技术咨询。积极开展厂会协作行动,自动化学会积极开展厂会协作行动,与企业结对,承揽完成技术合作、技术攻关项目,完成的"STTB转移纸机组生产线电器自动化系统"产品开发,被中国科协和国家经贸委评为优秀项目。电机工程学会邀请国内外专家学者举办"真空开关灭弧装置"、"新能源的应用和研究"、"21世纪输变技术展望"技术讲座,开展电能行码自动传输系统技术推广应用。物理学会举办"混沌现象及应用"、"21世纪物理学发展与现代科技进展的关系"、"纳米科学技术"专题报告。质量管理协会积极开展优秀QC小组、南粤之星评奖活动。机械工程学会举办"开目机械CAD、电气CAD、CAPP、POM、BOM软件演示会"。纺织学会举办"服装电脑设计展示会";林学会举办"汕头市湿地环境与发展研讨会"。通信学会举办第三代移动通信TS－CDMA学术报告会,组织广东通信有线传输学术研讨会,举办"数字化城市"讲座和"新时期商业网(虚拟交换机酒店接口)技术实现及应用技术交流会。水利学会积极开展"澄海外砂桥闸重建工程设计咨询评审研讨会"。水产学会组织会员开展"南北鲍杂交繁育试验"技术攻关,通过鉴定,达到国内领先水平。园林学会开展"名贵花卉种苗组培生产"技术推广,通过验收,达到国内同行业的先进水平。标准化协会组织会员深入潮阳、澄海、南澳等地,举办农业标准化技术讲座,并为市区群众开设标准化工作技术咨询活动。环境学会围绕"六五"世界环境日主题、气象学会围绕"全国气象纪念日"开展活动。畜牧兽医学会邀请专家举办"当前我省禽流感的防治对策"技术讲座,推广"汕系鸡痘弱毒疫苗"和"多花黑麦草的引进种植"等技术成果。医学会在21个专业委员会中开展学术活动,先后邀请法国、英国、香港、北京、上海等地有关专家学者80多人莅汕开展学术交流,举办技术讲座,推广新技术、新材料,举办继续医学教育,达124场次,及时解决了临床工作中碰到的热点、难点问题。在首届世界知识产权日,市科协、知识产权局等组织科技工作者和有关企业单位共同开展有关知识产权保护的科教宣传活动。岩石力学、数学、药学、建筑、水产、植保、老科协等学会积极举办技术讲座和技术培训;生物学会、电机工程学会、环境科学学会、岩石力学与工程学会、科普研究会、心理学会积极举办学术年会,评审优秀论文和出版论文集。

【主要科普活动】 11月,市科协主办全国30个城市科协科普信息网第16届年会,来自全国各地13省区包括哈尔滨、乌鲁木齐、石嘴山、包头、兰州、成都、杭州、贵阳、沈阳、广州、武汉、大连、南通、南昌、湛江等15个城市科协的32名代表参会,交流论文资料85篇,交流高新技术项目14项。全年全市科协系统共举办科技讲座274场,科普集市、科技下乡44场,科普图片展77场,受教育群众达16.31万人次,接受技术培训达2.15万人次,接受技术咨询服务2044项,全年发放科技资料、科普读物、书籍近9万份(册)。先后共组织7375名科技人员投入各项活动。利用宣传媒体开设专题讲座341场次。市科协组织举办科普大型图片巡展,组织科技人员撰写批判文章,从科学角度,揭批"法轮功"反动本质,教育群众;编印科普专刊,发放基层农村、群众;举办橱窗,开辟科教之窗电视栏目、利用农村科普活动室阵地联合开展科教活动。6月2日,市科协等联合在市人民广场举办"崇尚科学、反对邪教"的大型科普活动,市直有关科普成员单位、学会、企业单位共60多家150多名科技人员共同参与,现场举行文艺演出,开展技术咨询、新产品、新技术推介,举办科普图片展览,发放科普宣传资料,开设义医义诊等,整个活动吸引了近2万人接受教育。各区、县(市)科协"科技进步活动月"共组织开展科技活动项目131项。市科协与市计算机学会组织汕大、市数据分局专家学者举办《中国宽带网发展分析》、《电子商务与企业组织变革》等专题报告。利用社会资源,抓科普基地、阵地建设,市科协先后与市农业科学园、潮阳市侨丰集团有限公司、潮阳市恒泰来养猪实业发展有限公司建立市科普教育基地。开展农村党员、干部实用技术培训。各级科协与组织部门联合,加大培训力度,举办实用技术培训班78期,培训8976人。潮阳市科协、澄海市盐鸿镇委被省委组织部、省科协评为"九五"期间农村党员、基层干部实用技术培训先进集体,张海元、林尤顺被评为先进个人。

【青少年科技教育】 组织"市第六届中学生生物和环境科学实践活动"优秀作品参加省比赛,获得一、二、三等奖10项,优秀组织奖4项。组织参加"全国中学生生物奥林匹克全国联赛(广东赛区)"的初赛和复赛、"青少年信息学奥林匹克竞赛"等活动,获全国奖32人,省奖112项。市科协邀请上海《动手做》副主编于宙举办"培养中小学生创造能力"和"我要做个创新家"专题讲座;组织参加"全国教育工作者创造与科教制作展评"、"第九届全国青少年科技辅导员论文征集"等活动。

(张文德)

【贝类科普丛书出版】 《神奇的海贝》(蔡英亚、谢绍河编著,汕头大学出版社2001年4月出版),《广东的海贝》(蔡英亚、谢绍河编著,汕头大学出版社2001年12月出版)。

(单正言)

教育综述

【简况】 2001年,汕头市继续实施科教兴市战略,贯彻全国第三次教育工作会议和全国基础教育工作会议精神,落实《中共广东省委、广东省人民政府贯彻〈中共中央、国务院关于深化教育改革,全面推进素质教育的决定〉的意见》,深化教育改革,全面实施素质教育,提高教育质量,推进教育现代化。全市普教学校2398所,比2000年减少43所;在校生总数1112457人,比2000年增加16722人。高中、初中、小学在校生分别为46829人、246757人、647886人。到年底,全市有18所中小学被评为广东省一级学校,36所中小学被评为汕头市一级学校,73所中小学被评为区县(市)一级学校。有广东省一级幼儿园7所,汕头市一级幼儿园32所。有全国重点技校、重点职中各1所,广东省重点技校、重点中专各1所,省级示范性广播电视大学1所,省级成人中专示范学校1所,省级示范性成人文化技术学校7所。全年全市财政拨给普教事业经费总额5.6亿元,比2000年增加2000万元。按全市人口计算,人均比2000年增加3元。全市新建、扩建和改建学校93所,竣工建筑面积232473万平方米,投入校舍建设资金2.56亿元,其中各级政府投入5022万元,群众集资投入校舍建设资金18763万元,华侨、港澳台同胞捐资1844万元。全市中小学占地面积1406万平方米,比2000年增加32万平方米;总建筑面积494.97万平方米,比2000年增加22.04万平方米。全市增加教学设施设备总值1424多万元,其中增购普教仪器约120万元。增加配置投影机1023台,录音机250台和电教平台25个,使全市二机一幕普及率达80%。现有电脑室243间,语音室180间,电教平台115个,已有16个学校建成不同类型的校园网。在抓好现代化教育教学设备建设的同时,抓好教育工作者现代教育技术水平的提高。2月市教育局发出了《关于举办全市教师自制教学软件及自制教具展评活动的通知》,9月又发出了《关于举办全市教师自制教学软件及自制教具展评活动的补充通知》,11月初进行展示,各单位推荐参加评比的软件有208件,经评审,有166件获奖;推荐参加评比的自制教具有54件,获奖42件。展评活动期间组织了3场优秀软件演示活动,既交流了软件的制作经验,又推广了优秀软件的应用。5天的展示,共有4000多人次参观。6月起开展教师继续教育计算机培训工作,共完成培训教师2118人,参加考核2306人次,合格1887人次,通过率达81.89%。

【教师队伍建设】 在全市教师中开展学习焦裕禄式好教育局长胡昭程的先进事迹,通过学习宣传、谈心得体会等形式,使广大教师受到一次深刻的师德教育。倡导教师敬业爱岗、为人师表和积极奉献的精神,强化教师的法制观念,提高教书育人的自觉性。全面实施教师继续教育,贯彻国家教育部《中小学教师继续教育的规定》,建立了以各级教育行政部门为指挥中心,以汕头教育学院、汕头市幼儿师范学校、汕头市教师进修学校、潮阳市和澄海市教师进修学校为培训基地,中小学教师、干部积极参与的教师继续教育管理培训体系。7月通过了省对汕头市继续教育的中期评估。至年底,全市建立教师继续教育基本信息登记手册3万多人,组织第一期市级骨干教师培训383人,选派参加国家级骨干教师培训15人,参加省级骨干教师培训63人,组织教师计算机的初级培训1889人,非师范类教师补修教育心理学和心理学课程673人,初中新教师岗位培训849人,有效提高了教师队伍的整体素质。根据国家和省的要求,认真实施教师资格制度。全市申报认定教师资格16414人，其中高中（含中等职业学校）教师1897人；初中教师4767人；小学教师9093人，幼儿教师657人。继续实施“名师工程”：全市已认定名校长、名教师41名，向省推荐已被确定的省级培养对象8名。各区县（市）也推荐一批市级名校长、名教师培养对象。对名校长、名教师采取“定目标，压担子”的办法，着力培养和提高教育教学能力和素质，并进一步完善“一年一小结，二年一考察”的动态管理，积极发挥名校长、名教师在教育教学研究、改革和试验中的带头作用、示范作用。全年开办两期校长培训班和一期校长后备干部培训班，共培训了90人，市直学校还通过设立校长助理，经过职务岗位的锻炼和培养，为校长队伍的补充提供后备力量。

【教育督导】 组织督导人员学习《关于加强教育督导队伍建设的几点意见》、《教育督导条例》、《督学行为准则》以及教育督导的理论，努力提高督导人员的思想、业务水平和实际工作能力。围绕省、市普教工作中心任务，努力发挥教育督导的监督、检查、评估、指导的功能。认真开展中小学、幼儿园的督导评估工作，完成潮阳市第二中学、澄海市华侨中学、苏北中学申报汕头市一级学校工作的评估工作，完成汕头市中心艺术幼儿园申报市一级幼儿园的工作，完善汕头市金珠小学、潮阳市实验幼儿园申报省一级学校（幼儿园）的工作，并对该校（幼儿园）接受评估工作进行指导。组织3个复评组，对广东汕头华侨中学、潮阳市第一中学、和平镇中寨小学、澄海市澄海中学、汕头经济特区林百欣中学、汕头市下蓬中心小学、聿怀中学、东厦小学、长厦小学、外马路第三小学10所省一级学校，以及潮阳市棉城中学、陈店镇湖西小学、铜盂镇铜钵盂小学、峡山镇峡山小学、澄海市凤翔中心小学、莲上永新小学、澄华中心小学、汕头市丹霞小学、大华路第一小学、外马路第四小学、金砂小学、五福路小学、汕头市实验学校13所市一级学校进行复评。还对汕头市中山幼儿园、市政府机关幼儿园、丹霞幼儿园、特区中心幼儿园、儿福会第三幼儿园、桃园幼儿园、外经贸委幼儿园7所广东省一级幼儿园进行复评。适时开展教育专项督导，先后对本市学校体育、卫生、艺术教育工作、教师继续教育工作，贯彻落实《国务院基础教育改革与发展的决定》的工作开展专项督导，推动基础教育进一步走上依法治教和素质教育的轨道。

【社会力量办学】 贯彻执行国务院发布的《社会力量办学条例》和省有关文件精神，对各类社会力量办学既积极鼓励，大力支持，又正确引导，加强管理。汕头市教育局干部深入全市自学考试助学辅导机构进行检查指导，听取自查汇报，查阅办学资料，察看办公场所、办学场地，了解教学教务情况，与有关负责人和教师交流座谈，肯定工作成绩，指出存在问题，商议整改措施，促进自学考试助学辅导机构工作的顺利开展。贯彻《广东省基础教育民办学校管理规定》，积极鼓励，大力支持社会力量办基础教育。引导民办中小学遵守国家的教育法律、法规，制定、完善学校章程，依章办事，在加强检查督促基础上热情服务，给予具体指导。帮助民校返聘部分思想素质好、业务能力高、身体健康的退休教师，缓解师资的不足，同时以老带新，促进新办民校尽快形成良好的校风和教风。2001年，全市有社会力量办学机构68个，民办中小学（含小学部、幼教部）28所，在校生总数16719人；民办（含外资、中外合作）幼儿园1300所，在园幼儿约15万人。

【汕头教育信息网开通】 市教育局确定了以珠海模式为基础，构建了以汕头电信信息网为依托（硬件建设及日常维护管理由电信局负责），以教育局教育信息网络管理中心为主管（软件管理、信息发布等）的汕头建网模式。于11月1日建成并试开通运行，已有15所学校请接10M光纤，并于年底接通。

有65所学校申请在汕头教育信息网上开辟主页空间，也于年底开通。汕头教育信息网的开通，有力地推进了全市教育信息化的进程和“校校通”工程的建设。

【汕头市教育基金会】 至2001年底，市教育基金会认捐总额达人民币7937.47万元，港币2200.91万元，泰币13.64万铢；教育基金到位总额为人民币4618.46万元，占认捐额58%。港币1000.91万元，占认捐额45%。泰币13.64万铢，占认捐额100%，2001年教育基金利息收入为人民币75.62万元。教育基金的运用严格执行审批手续，严格控制活动费用及公务杂支，对参与基金会有关活动的工作人员提倡奉献精神，不领取工作补贴。2001年市教育基金会基金利息支出76.67万元。主要用于奖励教学、资助贫困地区教育、老区学生入学，资助教改项目、出国留学、学术交流、学术著作出版等。自1993年12月14日基金会成立至2001年底，教育基金会利息收益4284.62万元，抵除累计支出总额3587.63万元，结余人民币5315.45万元，其中基金结余4618.46万元，利息结余696.99万元，结余港币1000.91万元，港币利息2.67万元，库存泰币13.64万铢。

【陈汉士资助贫困大学生助学金】 8月23日，在揭阳市特美思大酒店，隆重举行2001年度陈汉士资助贫困大学生助学金发放仪式。泰中友好协会副主席、泰国华商联谊会会长、汕头市荣誉市民陈汉士先生偕泰国潮州会馆副主席梁润潮、澄海同乡会副理事长蓝健龄、原警察少将郑培民、陈汉士先生胞弟陈汉雄先生一行专程莅会。出席会议的有汕头、潮州、揭阳三市部分家庭贫困的佼佼学子，汕头市、潮州市、揭阳市党政领导，陈汉士资助贫困大学基金联络处的领导。助学金评审委员会主任李练深在会上讲话，总结了陈汉士资助贫困大学生助学金设立3年来的工作情况，介绍受惠贫困大学生把陈先生的关爱化成积极进取的动力，勤奋学习，取得喜人的学业成绩，以报答陈汉士先生、报答家乡父老、报答伟大祖国的情况，宣布2001年陈汉士资助贫困大学生助学金的评审结果。接着，陈汉士先生与泰国的嘉宾、李练深主任、汕头市、潮州市、揭阳市的领导为受资助的大学生发送助学金。陈汉士资助贫困大学生助学金设立3年来，共资助潮汕三市贫困大学生493人次。这次又有100名大学新生获得每人5000元的助学金和130名在校大学生获得每人3000元的助学金。2001年受资助的学生代表陈晓斌在会上发言，衷心感谢陈汉士先生在他们人生关键时刻给予莫大的帮助，盛赞陈先生恤贫济困的善举，表示要珍惜上大学的机会，勤奋学习，以优异成绩报答祖国、报答陈先生。前两届获得资助的大学生代表黄纯纯也在会上发言，向陈汉士先生及三市党政领导汇报了他们两年来在大学里学习、生活的情况。同学们对陈先生的感谢之情溢于言表。陈汉士先生在会上作了充满爱心，催人奋发的讲话。他一再勉励同学们要树雄心，立壮志，刻苦学习，掌握本领，努力成为祖国建设的栋梁之才。

【勤工俭学】 贯彻《教育法》有关规定，继续鼓励、扶持学校开展勤工俭学工作和社会服务。配合省安委会开展“百万人”安全生产知识有奖竞赛活动，发放资料500份，有效增强了机关及市属学校的安全意识，与市技监局联合对市区11所学校使用锅炉压力器的安全检查，使市区学校纳入常规安全管理范围。继续做好教师公寓的物业管理工作。全年全市校办企业完成工农业及第三产业营业额4986万元，纯收入651万元；全市学生人均创收6.92元，用于补充教育经费306万元。

（陈耀城）

普通教育

【简况】 贯彻全国、全省基础教育工作会议精神,巩固提高普及九年义务教育,加强中小学学籍管理,有效控制中小学生流失,进一步规范特区幼儿教育。继续鼓励支持社会力量办基础教育,给予正确引导,加强管理,促进基础教育民办学校健康发展。调整学校布局,继续开展改造薄弱学校工作,加强教育督导工作,规范办学,促进中小学上水平,上档次。积极发展高中阶段的教育,挖掘办学潜力,扩大优质高中的招生规模,推进高中教学改革。进一步搞好德育、加强美育、搞好体卫工作,抓好学校的精神文明工作。加强教学研究,深化教学改革,全面提高学生素质。搞好教学设施的建设,推进现代教育技术的运用,提高教育信息化的水平,促进中小学办学水平和教育质量进一步提高。2001 年,全市有普通中学 211 所,其中完全中学 38 所,高级中学 29 所,初级中学 144 所;小学 857 所。高中、初中、小学在校生分别为 46829 人、246757 人、647886 人。

【普及九年义务教育】 坚持把巩固提高"普九"放在重中之重。各级教育部门认真落实《汕头经济特区义务教育条例》、《汕头市小学学籍管理办法》和《汕头市初中学籍管理办法》。市教育局多次召开区县(市)教育局长、教育科(股)长会议,专题了解各区县(市)组织入学情况,研究巩固入学率问题,落实"普九"责任制,建立汇报制度。新学期初,各区县(市)教育局做到每 3 天汇报一次学生入学情况,对不正常辍学、流失的现象,及时分析原因,采取措施加以解决。强化目标管理,重点突破女生、贫困生、学习有困难的学生、残疾学生等 4 类对象的组织入学工作,有效控制了在校生的辍学率。全市小学阶段入学率、初中阶段入学率分别达到 98% 和 95% 以上。各级教育部门坚持取消义务教育阶段的选拔性考试,引导、鼓励学校特色办学。各中小学开齐音乐、美术、体育、劳动和劳动技术教育等课程,鼓励开展科普教育和科技制作等活动,发展学生的个性和特长。新学年,全市小学统一采用市编写的《小学生素质发展报告册》,对推进素质教育起到了良好的导向作用。

【普通高中教育】 继续实施《汕头市高中阶段教育发展规划》,汕头市金中、汕头市一中、汕头侨中、潮阳市一中的招生规模从原来每级 6 个班,逐步增至 2001 年度每级 17 个班,澄海中学、澄海侨中、苏北中学从原来每级 6 个班增至 2001 年度每级 10 个班。全市普通高中高一级在校生数新学年比上学年增加了 1842 人。加强高中教育的宏观管理,抓好普通高中的班子建设和教师队伍建设,加强后备干部和中青年教学骨干的培养、培训,促进普通高中的教育、教学改革。各校抓好《汕头市普通高中学籍管理办法》的实施,加强学校管理,抓好教研、考研工作,增强学生学习的能力,提高了教育效益。全市高中应届毕业生 11260 人,报考普通高校有 11089 人,其中应届毕业生 10133 人,往届毕业生有 956 人,达省部属大专录取分数线 5466 人,比 2000 年增加 1850 人;全市共被普通高校录取的 7922 人,录取率 71.4%,比 2000 年增加 2328 人。涌现了一批高分层学生,汕头市金山中学 2 名考生总分均 900 分,全市还有 800 分以上考生 28 人,700 分以上考生 420 人。另有报考高等职业学校 1454 人,录取 1129 人,录取率 77.6%。

【幼儿教育】 2001 年,全市各级各类幼儿园 1313 所,在园幼儿(含学前班)159837 人。各级各类幼儿园教职工 10727 人,其中专任教师 7088 人。各级教育部门认真贯彻执行

《幼儿园管理条例》、《幼儿园工作规程》和《汕头经济特区幼儿教育管理规定》。8至9月份，在龙湖、金园、升平三个区，对私办幼儿园进行了一次全面的清理整顿，对未经注册擅自招收幼儿的30所幼儿园责令其停办；对已注册的，凡园舍设备不符合国家安全卫生标准、存在安全隐患的责成立即整改，限期落实；对存在不规范办园行为或现象的予以警告。各级各类幼儿园积极开展幼儿教育研究。11月召开了"汕头市幼儿教育研究会第九届年会"，总结教研会两年来的工作，会上交流幼教论文49篇，并对1999年以来积极参加幼教研究会活动的市儿童福利会第三幼儿园等10所幼儿园给予表彰，授予"参加汕头市幼儿教育教研会教研观摩活动荣誉证书"。

【学校德育】 以江泽民同志《关于教育问题的谈话》和全国、广东省德育工作会议精神为指导，以学生思想道德和师德教育为核心，以建设文明学校为重点，加强学校的德育工作。组织学校德育队伍认真学习《中共中央办公厅、国务院办公厅关于适应新形势进一步加强和改进学校德育工作的若干意见》、《中共广东省办公厅、广东省人民政府办公厅关于进一步加强和改进中小学德育工作的意见》及《公民道德建设纲要》等文件，不断提高德育工作者的政策和理论水平，推动学校的德育工作。在中小学开展"创优美环境，讲文明礼貌"教育活动，强化学生日常行为规范养成教育，带动校园文化建设，创设良好育人环境，形成良好校风。年初出台了《汕头市中小学生礼仪常规》(试行)，对学生文明礼貌提出了可操作性目标。4月召开了全市学校文明礼貌教育经验交流会，推广了汕头市金中、汕头市一中、汕头侨中等文明礼貌示范学校的经验，出版了《汕头市学校文明礼貌教育经验材料汇编》。继续贯彻落实《中学教育大纲》、《小学教育大纲》、《中小学德育规程》等，强化德育工作机制。注重发挥思想政治课、思想品德课、校会、班会、班主任工作等主渠道的教育作用，积极倡导德育的学科渗透。发挥汕头市心理健康教育指导中心的指导作用，完善学校心理健康教育工作机构，选送部分教师参加省中小学心理健康教育培训班，推动学校心理健康教育工作的开展。9月市教育局和市综治委联合发文，要求各校认真做好聘任法制副校长(法制辅导员)的工作，促进各中小学的法制教育制度化、规范化。各校积极开展普法教育，开展"无毒校园"、"迎法进校园"、"校园拒绝邪教"等教育活动，提高师生的法制观念。经推荐、评比，市教育局表彰了2000—2001学年度14个法制教育先进单位。市教育局向各学校推荐了武警汕头支队教导队、市国防教育基地2个国防教育基地，市农科所、华能汕头电厂、市新津水厂3个科技教育基地，及市中小学雷岭德育基地，推动了全市学生社会实践教育活动的开展。各校按《广东省家长学校达标方案》加强家长学校建设，已有澄海中学、市中山幼儿园被定为省级家长学校示范校。

【艺术教育】 学习贯彻新修订的中小学美术、音乐教学大纲和新的中小学美术音乐课程标准，加强音乐、美术教师的培养，组织中小学音乐、美术教师开展教改和教研活动，制定《汕头市中小学美术教育教研活动常规》和《汕头市中小学美术课堂教学评价标准》，加强美术音乐学科业务管理，继续抓好"潮乐进课堂"、"乐器进课堂"工作，举办了汕头市第二届中小学竖笛演奏比赛，邀请南京师范大学竖笛演奏家韩中健教授前来担任评委并开设讲座。参加广东省第二届中小学音乐优质(录像)课、优秀论文评比，本市获优秀课例一等奖1名，二等奖3名；优秀论文一等奖1名，二等奖2名，三等奖2名。参加广东省美术课录像评选本市获小学组一等奖1名，三等奖2名；中学组二等奖1名。汕头市教育艺术中心积极开展中小学艺术教育活动，促进群众性的艺术教育活动的开展。其属下的汕头市中小学生金凤艺术团积极开展活动，参加了庆祝汕头经济特区建立20周年文艺演出等，金凤舞蹈团、金凤合唱团等分团还到外砂举行慰军演出，金凤交响乐团与移动电话局在汕头警备区举行“八·一”慰军演出。6月底市教育局与市委宣传部、朝阳书城联合举办“我在党旗下成长”为主题的儿童画展，并出版了专集。市直学校举办了“颂歌献给党歌咏晚会”等。

【教育教学科研】 各级教育教研机构贯彻落实国家、省“十五”教育发展计划给教育科研提出的新任务，汕头市教育学会、教科所、教研室、教育期刊各司其职，充分发挥教学科研在推进素质教育中的先导作用，推动群众性的教学科研活动。市教育局出台了《关于适应新形势，进一步加强和改进教育科研工作的意见》，进一步规范和强化了本市的教育科研管理，促进全市的教育科研工作。市教育局直接立项管理的科研项目156项，其中重点82项。10月，教科所在市实验学校召开汕头市“深化教育改革，落实素质教育”优秀论文研讨大会，有100多位优秀论文获奖者代表出席了会议。教研室学习《广东省教育教学研究管理办法》，加强教研员队伍的建设，要求教研员能在教育思想、教学观念、教学手段运用等方面与时俱进，着力提高教学软件使用、多媒体教学手段运用的水平，提高教研员的整体素质。贯彻《基础教育课程改革纲要》，认真组织新教学大纲和新教材的学习和培训。中学语文科已于2000年使用新教材，2001年秋季数学、物理、化学、英语、历史、地理、信息技术等学科也在高一级使用新教学大纲和新教材。为使全市使用新教材的教师尽快掌握新教材的特点和教学方法，有关学科教研员在参加省级培训后，于8月分别对全市高一级教师进行全员培训。语文科继续组织对高二、初二新教材的学习研究，举行了多个试验课。小学语文、数学等学科也组织了全市骨干教师开展新教材培训班。根据省教育厅的统一部署，全市已在高中设立信息技术课。配合课程改革，各学科分别在高、初中起始年级推出“综合实践活动课”和“研究性学习”课型。在全国、省学科竞赛和奥林匹克竞赛中获得好成绩。数学科：初中组获省一等奖19名，二等奖39名，三等奖80名；物理科：初中组获全国一等奖3名，二等奖6名，三等奖17名，高中组获省二等奖2名，三等奖12名；化学科：初中组获全国一等奖5名，二等奖9名，三等奖15名，高中组获省一等奖3名，二等奖4名，三等奖18名；生物科：高中组获全国一等奖3名，二等奖15名，三等奖14名，高中组获省一等奖16名，二等奖32名，三等奖64名。

【学校体卫】 开展全市体育教学观摩评比活动，表彰体育教学优秀课例24个，其中汕头市金山中学、汕头市龙湖小学、澄海市华侨中学、澄海市凤翔中心小学4个课获一等奖。汕头市新乡小学等6个课获二等奖。市教育局先后组织直属学校2000名学生参加了1月13日举行的“跨世纪迎‘九运’万人长跑”活动，组织部分师生参加了9月15日举行的千人渡海活动。组织171名运动员、教练员参加7月份省中学生运动会，参加田径、游泳、篮球、足球、乒乓球、毽球所有六个项目的比赛。获团体总分537.83分，获奖牌21块，其中金牌6块。总分、奖牌、金牌均列全省第六名，比上届跃进一个名次。认真制定和实施汕头市2001年学校健康教育规划，做好市区健康教育的教师、课时、教材、教案、考核评价五落实。加强学生在校饮水、饮食卫生和安全工作的管理和督查。全市抽查16所中小学、中等职业学校，受检中的10所学校饮食卫生管理状况良好，6所有问题的限期要求进行整改。汕头市金山中学、汕头市第一中学、汕头华侨中学、澄海中学等10所学校被省教育厅评为“贯彻实施学校体育、卫生工作条例的先进单位”。

【广东汕头华侨中学】 系市教育局直属学校，省一级学校、全国现代教育技术实验学校。前身是“汕头私立海滨中学”，创办于1932年。1950年改名为“汕头华侨中学”。1952年经省教育厅批准，改名为“广东汕头华侨中学”。文革期间曾改名为“延安中学”、“第十中学”。1986年经省教育厅批准，恢复“广东汕头华侨中学”校名。全校教职工183人，教学班42个，学生2360人，校长马寿民。校园占地面积5万平方米，总建筑面积3.8万平方米，校园绿化面积达50%。建有教学楼（兼办公）、科学楼、综合楼（内含图书馆、体育馆兼礼堂、游泳馆）各1座，配备有省内一流的现代教学设施。拥有标准草地足球场、标准400米环形塑胶跑道的运动场，有篮球场5个、排球场6个、风雨操场1个及其他体育运动设施，还有生物园、地理园、气象站各1个。学校校园优美，教育质量和办学效益不断提高。近几年，学校高考成绩显著，大学录取率年年超过90%，2001年高考上省线372人，其中总分800分以上3人，2人考取北京大学，列全市第二位。学校还多次获省级以上荣誉和奖励：1998年被省教育厅、体委、卫生厅评为“省贯彻两个条例（体育、卫生）先进单位”；1999年被国家教育部、体育总局评为“全国学校体育卫生工作先进单位”；2000年被国家教育部授予“全国现代教育技术实验学校”称号；2001年获省第九届教育科学研究成果黄华奖集体一等奖；2002年被省纪委、省总工会组织的省厂务（校务）公开协调小组授予“省厂务（校务）公开工作先进单位”称号，被省教育厅等组织的侨资学校办学优秀成果奖评选委员会评为“省侨资学校办学优秀成果奖一等奖”。

【汕头市中山幼儿园】 系市教育局直属幼儿园，创办于1966年，几经易址并更改园名。位于市平原新村金府路。园舍玲珑别致，极富童趣，环境优美，现代化教学设施、设备较为完善。全园教职工50人，专任教师26人，均具有幼师专业以上学历。在园幼儿284人，分大中小年龄班9个。园主任许静芬。1991年该园被列为广东省若干所实施《幼儿园工作规程》试点园之一，在贯彻落实《幼儿园工作规程》中，更新教育观念，深入开展教科研，不断探索、改革、试验。教师们以教育目标为导向，创设一个以幼儿为主体，让幼儿充分动脑、动手、动口的教育环境。实施素质教育，争创一流保教水平。美术教学是该园不断探索的课题，在美术活动中融游戏、语言、音乐于一体，努力使幼儿在“玩中乐，乐中学，学有所用”，先后总结出《试谈幼儿手指画、印模画教育活动》、《幼儿绘画教学探讨》等文章，其中《试谈幼儿手指画、印模画教育活动》一文配备了录像带，向全市幼儿园推广。课堂实录《可爱的企鹅》获市一等、省二等奖。该园在幼儿体育教学、语言教学改革方面也起了示范作用，先后总结出的《幼儿园体育改革道路上的一串足迹》、《幼儿早期阅读的指导》分别获1992年和1999年汕头市幼教论文一等奖。1999年被国家教委、国家科委定为“九五”重点课题科技教育实验学校。由于提高教育教学水平，该园幼儿的素质得以全面提高，多次参加国家、省、市级比赛，均取得较好成绩。该园多次被评为“五好幼儿园”、“保教工作先进集体”、“市文明单位”、“市先进家长学校”。1997年被评为广东省一级幼儿园，并获“广东省家庭教育先进集体”称号。

（陈耀城）

职业教育

【简况】 全市普通中专学校10所，在校生8669人，中师3所，在校生1981人；教师进修学校3所；职业中学8所，在校生5520人，其中职业初中生1024人，职业高中生4496

人；技工学校 2 所，在校生 9685 人。职业教育在校生数占高中阶段在校生数的 10.42%。改革中等职业教育，发展高等职业教育，抓紧筹办汕头职业技术学院。各职教学校结合实际探索办学新路子，寻求发展新途径，加强学校管理，深化教育教学改革，想方设法增加资金投入，加强教学设施的配套建设。搞好教学科研，全面推进素质教育，加强学生创新精神和实践能力的培养，提高教育质量与办学效益。

【中专学校】 全市普通中专教职工总数 961 人，其中专任教师 606 人。汕头市外语中专、旅游中专、鮀滨职中继续围绕“基础 + 专业 + 特长”的人才培养模式，进一步完善传统常规教育、现代信息技术教育和开放性社会实践“三结合”的运行机制，学历培养与岗位资格证书培训、必修与选修、校内与校外结合，全面实施素质教育。汕头文化艺术学校坚持并发展以“潮”为主的长线专业，立足于弘扬潮汕优秀传统文化，以培养潮剧表演、潮州音乐人才，辅以其他艺术人才，确保强项特色优势，促进办学全面发展。遵循“普遍培养，重点提高”的原则，选拔一批品学兼优的重点培养生加强培养，使尖子生以戏带功，以功出戏，效果明显。

【中师学校】 全市中师学校 3 所，教职工 1154 人，其中专任教师 726 人。汕头市幼儿师范学校加强教学管理，深化教学改革，以科研促教，全面实施素质教育，努力提高学生的综合素质和从教能力。学校的《构建中等师范学校口语教学结构网络》、《幼师教育理论课程改革实验研究》、《中师生交往素质教育研究》三个课题于 1998 年被定为汕头市普教系列教育科研课题规划项目，其中《构建中等师范学校口语教学结构网络》课题于 1998 年被定为广东省中师教育科研课题规划项目。以上三个课题均取得了显著成果，已经写出《口语训练》、《幼儿园卫生保育教程》、《幼儿教育概论》、《幼儿园教育活动的设计和指导》一系列教材，并在本校试用，促进了素质教育的实施，提高了教育质量。《幼师教育理论课程改革实验研究》课题还在广东省第九届教育教学研究成果黄华奖评选中荣获三等奖。澄海师范学校在教育改革中，坚持“严谨治学、分部管理、相对独立、总体协调”的管理模式，坚持“保证高中、照顾中师、兼顾大专，抽调部分骨干教师做好继续教育”的工作思路，做好各项工作。该校积极推进教育信息化建设，有计划对中青年教师进行教育信息技术培训，鼓励支持教师制作多媒体课件，促进教学质量的提高。学校为全体教师开“如何制作多媒体课件”、“如何进行说课活动”等讲座，开展“示范课”、“优质课”、“考核课”、“汇报课”四课活动，加强教学交流，提高说课、听课、评课的质量。潮阳师范学校根据德育要求和学生思想变化规律，对学生实施德育系列化教育。第一学年从职业教育入手，培养学生热爱教育、热爱儿童、热爱家乡的思想感情，并抓好学生日常行为规范的养成教育。第二学年主要对学生进行思想品德、专业思想和师德教育，促使学生勤奋学习，为做好一名合格教师打好思想上、业务上的基础。第三学年主要进行理想前途教育，通过开展人生观、价值观、苦乐观等系列教育，教育学生正确对待个人前途与祖国前途、个人理想与共同理想的关系，坚定了学生奉献教育事业、扎根农村教书育人的信心。德育系列教育提高了学生学习的自觉性、主动性，从而提高了学生的综合素质。

【教师进修学校】 全市教师进修学校 3 所，在校生 859 人，教职工 91 人，其中专任教师 48 人。汕头市教师进修学校在建立健全学校领导机构，制定严格的规章制度，加强教育教学管理的同时，进一步解决教学设施，建设了综合教室、钢琴室和一间可容纳一百多人的多功能电教室，改善了办学条件。该校认真执行国家教育部、省、市人民政府和教育行政部门关于开展小学教师继续教育的规划，多层次、多形式、多学科开展培训工作，已参加培训的小学教师2000多人，其中，小学新教师培训316人，教师职务培训954人，骨干教师培训457人，补修教育学、心理学（非师范类教师）240人。潮阳市教师进修学校针对本市教师学历达标率和教师队伍整体素质偏低的实际，以“适应形势发展需要，造就一支师德高尚、业务精良、善于实施素质教育的新型小学教师队伍，提高本市基础教育质量”为目标，锐意改革，不断探索，努力实践，积极实施教师继续教育工程。三年来，先后进行了小学新教师培训三期，培训新教师近2000人；教师职务培训二期，培训教师4700人；非师范专业类（包括“两学”）教师培训五期，培训教师570人；语文、数学、英语、体育等专业教师业务培训班五期，培训教师560人，教师计算机培训四期，培训教师400多人；教导主任班、政教主任班、少先队辅导员班各一期，培训学校中层干部360人；小学校长岗位班2期、提高班6期，培训小学校长626人；组织中学新教师、中学骨干教师培训班二期800多人。总共培训教师达一万多人次。该校先后与华师大、广东教育学院、韩山师院等高校联合办学，开办了中文、英语、政治、历史本科和专科班，化学本科等函授班，开办了中文、英语本科和专科班，体育、教育管理本科等自学考试助学辅导班，开办教育与经济管理专业研究生课程班等。学校是全国计算机等级考试的考点和培训点，举办了三期全国计算机等级考试，成为一所集小学教师培养、中小学教师继续教育，多层次学历教育、现代信息技术教育为一体的综合性学校。

【职业中学】 全市职业中学8所，教职工519人，专职教师388人。潮阳市棉城职业中学积极发展职业教育，多方开拓办学门路，与汕头高级技工学校、潮阳师范、潮阳电视大学等联合办学，开设空调与制冷、电子信息技术、计算机及应用、财务会计、幼师、大专英语、中专英语等专业。学校自筹资金更新了拥有计算机88台的电脑室两间，64座位的语音室一间，并设置了音乐室、舞蹈室等。该校在搞好文化课教学的同时，突出加强了对专业课教学的辅导和教学的实践性环节，努力提高学生的创新能力和专业技能。汕头市南海职业中学锐意改革，开拓进取，一方面加速现代化教学设施的建设，配备电脑室3个，语音室2个，全校闭路电视系统、电教平台及实习实验场地，以满足教学需要；另一方面通过加强教学管理，开展青年教师教学基本功竞赛、老教师带新教师、科研促教等措施，努力提高教学质量。2001年组织109名学生参加广东省普通高考高职类考试，有104名上省线，上线率95.4%。在全市职教系统名列第三。总分500分以上89人。单科成绩600分、700分以上达37人。2001学年被市委市政府授予“文明单位”称号。金园职校继续搞好现代教学设施配套，已建设适应教学需要的各种实验室、仪器室、电脑室、多媒体电教室等专用馆室50个，及田径、足球、篮球、排球、羽毛球、乒乓球等运动场地8000平方米。教学中全面贯彻党的教育方针，实施素质教育，进一步提高教育质量。本年度该校毕业生参加普通高考16名，达到二、三批录取的14人，省线入围率87.5%。参加省普通高考高职类考试考生77名，达录取控制分数线75名，上线率达97.4%。

【技工学校】 全市技工学校2所，教职工218人，其中专任教师143人，在校生4685人。汕头高级技工学校被确认为国家级技工学校后，继续推进学校建设，完善了机电教具室，增设了电力拖动控制线路实验室和电子专业电视机教学演示装置各一套；增建单片机实验室和第二个多媒体教室；增加电脑机房、电脑台数；申请接入ADSL网络快车宽带网络，解决计算机网络课程的实验实习教学要求，新增CA6142车床6部，新增价值60万元JOHNFORD电脑加工中心，保证学习教学之需。还不断调整办学思路，更新教学内容，突出技能训练，将传统的专业工程与先进科学技术结合起来，以满足劳动力市场对复合型工种和工种多样化的要求。举办了技能展示，将专业工程的实操训练项目进行现场演示，展示了该校学生的风采。既为拓宽就业渠道打好基础，又提高学校的知名度。还通过开展学习本校学生欧阳柔璇舍己救人事迹的活动，学英雄，树新风，促进校园精神文明建设。

汕头市第二技工学校是广东省重点技工学校，一向坚持为特区经济建设服务，着力培养品德好、知识广、技术精、创新能力强的高素质技能型人才。相继投入100多万元，设置市场急需的机电一体化、数控技术应用、电脑与自动化技术、计算机应用与维修、电脑绘图、电工电子、电脑与信息技术、电子商务、汽车维修等新专业。改变传统的教学模式，充分发挥师资、设备优势，强化学生技能训练，使学生掌握过硬的操作技术。5月18日，学校举办了学生演示会暨学生实习及优秀科技作品展览活动，展示了学校的办学特色和教育成果，得到了与会者的高度赞许，有的用人单位当场就录取毕业生，有的则跟学校达成了用工意向。成立了学生科技辅导中心，加强科技辅导，获广东省第十七届青少年科技创新大赛优秀组织奖，有21件科技作品在全国及省、市学生科技发明比赛和创新大赛中荣获奖项。在第四届汕头市职教系统计算机比赛中蝉联团体桂冠，个人一、二、三等奖等。学校注重学生创业能力的培养，众多跨国公司及知名国企、民企大量吸纳该校毕业生，毕业生就业率保持在90%以上。有的毕业生已成为知名企业家，王建彬同学从一个打工者到成为拥有总资产28亿元的深南石油集团公司董事长；林克清同学创办了集科、工、贸一体的高新科技民营企业——深圳市维思工贸公司。他们的事迹已被省劳动和社会保障厅编入《技能人才创业精萃》教育辅助教材。目前该校正朝着国家重点技校目标迈进！

【汕头市林百欣科技中专】 创办于1994年。由香港著名实业家林百欣先生捐赠巨资兴建，粤东地区第一个以电子信息专业为主的全日制普通中等专业学校。位于市区珠池路与嵩山路交界处，占地面积52亩，建筑面积近2.5万平方米，建有适应现代化职业教育要求的教学大楼、科技大楼、图书馆、学生公寓、食堂，并配置了400米标准田径运动场等教学生活设施，办学条件完善，在校中专生1720人，大专、本科生近300名。有专任教师88人，其中高级职称12人、中级职称46人，本科以上学历达100%，大部分具有“双师”资格。校长庄锦城。

学校开设电子技术及应用、电子与信息技术、计算机及应用、经济信息管理、计算机系统及维护、计算机软件及计算机网络技术等7个专业。根据教学需要投入1000多万元，配置了语音室、多媒体电教室、电子、电工、电测、家电、高频电子、电子装配、PLC、数字电路、微机原理、微机硬件实验室、NT网络室等17个教学实验室，拥有电脑300台，功能齐全、设备一流。学校被确定为教育部“国家信息技术及应用远程教育培训点”及国家劳动和社会保障部职业技能鉴定中心“计算机信息技术考试站”，成为广东省职业教育证书电子、电工、计算机、财会实操考试点，被汕头市科学技术协会确定为汕头市科普教育基地，已成为汕头市国家公务员、专业技术人员和管理人员《计算机网络应用》施教机构。学校实行学分制和弹性学制，学生可工学交替。学生在校期间学有余力，可以辅修其他专业或参加更高层次的学习，学生修满规定的学分可提前毕业就业创业。学校还与华南理工大学、福建师大网络学院等院校联合开展专科、本科教育，多层次、多形式办学。

学校注重专业理论和技能的教学，注重学生实际操作能力的训练，注重学生的职业能力和综合素质的培养。学生通过理论学习、校内实验实训和到企业见习实习，具备厚实的专业基础、娴熟的专业技能，胜任相关技术岗位的工作，基本素质得到用人单位的认可。历届毕业生已有500名考取中山大学、广东省科技干部学院、西安电子科技大学等院校继续深造。历届毕业生就业升学率达100%（毕业生当年就业率为98%左右）学校先后被评为汕头市“先进单位”、“青少年教育先进集体”、“文明校园”、“安全文明优秀单位”等。

（陈耀城）

成人教育

【简况】 深化成人教育教学改革，调整成人教育专业结构，加强成人教育教学管理，加强检查督导。各校努力增加资金投入，改善办学条件，搞好德育，开展创业教育、培养创业人才，推进校园文化建设。搞好教学科研，注重教学的实践性、应用性，提高教学水平与办学效益。加强社会力量办学机构的管理，搞好农村教育综合改革，继续实施“燎原计划”，搞好乡镇成人文化学校的建设。全市成人高等学校8所，校园占地总面积24.2万平方米，校舍建设总面积10.5万平方米。成人高等学校教职工626人，其中专职教师326人，在校学历班学生19118人，学校教学实验室87间，图书41.49万册，教学仪器设备总值1420万元。成人中专学校12所，校园占地总面积128.4亩，校舍建筑总面积101850平方米，全市成人中专学校教职工603人，其中专职教师274人，在校中专学历班学生6081人。成人业余高中17所。乡镇成人文化技术学校354所。专职教职工2459人，兼职教师1243人，村居办学面达到98%，省级示范学校7所。

【高等学历教育】 各校加强学校领导班子建设，加强教学管理，提高教师素质和业务水平。设法增加资金投入，改善办学条件，搞好教学研究，抓好素质教育，提高教学水平与办学效益。汕头教育学院拓宽办学路子，开辟适应社会需求的新专业、新办学模式，已形成多种办学班次，包括三年制和二年制的普通班、二年制小学教育大专班、二年制成人脱产大专班、三年制业余大专班、专升本的业余班等。汕头广播电视大学、汕头市业余大学、汕头市职工业余大学积极发展大专教育，拓展本科教育，开展高等职业教育，加快发展中专教育，大力发展非学历教育。发挥开放办学和教学现代化的优势，形成覆盖全市的办学网络，形成了“经济见长”、“外语见优”、“文理协调”的办学特点，发挥“广东广播电视大学示范学校”和“广东省成人高等教育先进学校”的示范、带动作用。大力推进教育现代化，建成规模较大的实验资料中心和现代教育技术中心，形成比较完善的信息传输系统、教学播放系统、图书管理系统和办公自动化系统。建成适应开放教育的多媒体课室、电子阅览室，铺设了100兆网络光纤，形成摄照、制作、刻录、播放一体化的录播中心。全年学历教育在校生8311人，其中电大系列5588人，业大系列1002人，职大系列648人，中专系列1073人，非学历教育培训达1万人次以上。

【中等学历教育】 各校在改革中求生存，求发展。汕头经济管理干部学校、汕头市经济管理成人中专学校全年举办电子商务、计算机应用、财会电算化、工商管理、金融、市场营销等专业，共20个班1228人。与湖南大学、华中师大、澳门科技大学、广东商学院合办大专、本科及研究生班的学历教育，与有关部门合作开展在职人员的岗位培训和从业人员岗前培训。在各学历班中专门开设创业教育课程，在教学中渗透创业教育内容，加强创业技能的训练。汕头外贸成人中专学校努力办好中专学历教育、发展职业培训教育，主动衔接高等教育，开拓国内外联合办学新模式。开设金融事务、国际商务、电子商务、商务英语、商务秘书5个专业，三个年级22个教学班，学员1115名；通过联合办学设对外经济贸易大学汕头函授站，开办大专及本科学历教育；设牛津商学院汕头教育中心，开设全脱产一年制牛津英语语言课程教学班、业余三个月期牛津商务英语课程和短期牛津教学英语课程教学班，还举办报关员培训等。按照“掌握基本知识，突出专业特色，强化技能训练，重在提高实际操作技能，旨在培养实用人才”的改革思路，实施“知识、技能、个人专长协调发展”的教育模式，完善国际电子商务操作训练，强化学生专业操作技能和综合应用所学知识的能力，进一步提高教育质量。

【农村教育】 全市农村乡镇成人教育文化技术学校354所，校园占地11.14万平方米，校舍建筑面积40422平方米，有专职教职工459人，兼职教师1243人，村居办学保持在98%以上。贯彻省政府办公厅《关于大力发展农民文化科技教育的意见》，全市实施“燎原计划”乡镇30个，实施项目130项。全市骨干乡镇成人文化学校10所，省级示范性学校7所。峡山镇成人文化技术学校是广东省示范性成人文化技术学校，已毕业大中专学生1103人。潮阳市西胪镇成人文化学校是汕头市骨干乡镇成人文化学校，年培训总量4526人次。承担国家攻关项目1个。正努力创建广东省示范性乡镇成人文化学校。

（陈耀城）

汕头大学

【简况】 2001年，以改革为主线，大胆创新，在管理体制改革、创建特色优势、基础医学、博士后流动站、重点学科发展、本科教学等方面取得了很大进展。病理学与病理生理学博士点招收博士生6人；学校26个硕士点招收研究生152人；20个本科专业面向全国招收本科生1850人，招收专科生782人，招收成人教育学生1087人。毕业学生1324人，其中硕士研究生56人，本专科生1268人。学校在编教职工1335人，其中正高职称93人，副高职称339人，专任教师571人，在专任教师中，教授73人，副教授219人，博士105人，硕士199人。全年新增博士生导师11人，硕士生导师54人。

【改革工作】 机构改革方面，将原有的20多个处级机构减少到10个，为国内综合性大学机构设置最为精简的学校。实行各级干部公开竞争上岗，选拔了一批年富力强、具有较高素质和开拓精神的优秀干部充实到各部处领导岗位。分配制度改革方面，为了使李嘉诚先生捐资设立的人才奖励金发挥最大的激励效益，学校制定并实施了《汕头大学校本部业绩考核评分方案》，以工作业绩为考核重点，实行以业绩计分、依次排序凭分数确定等级的考评方法，体现了公开、公平、公正的原则，取得较好的成效。财务制度改革方面，在普华国际会计师行的帮助下，全面分析学校现行财务管理制度，设置了财务总监一职，合理安排经费使用，使资源发挥尽可能大的社会和经济效益。后勤管理改革方面，引进物业管理公司管理学校物业，完成饮食服务中心、学生医疗保险工作的招投标工作，完成学术交流中心一期改建工程，取得良好成效。

【本科教学】 4月召开了全校教学工作会议，提出争取在2003年使本科教学工作达到优秀评价标准的目标。有2门课程被定为首批省级优秀课程；获第四届省级教学成果奖一等奖1项，二等奖4项；“新世纪网络课程建设工程立项项目”1项；教育部教学研究项目2项；获2000年广东省教育厅高校“两课”科研项目2项。评出“课堂教学效果最佳奖”、“课堂教学效果优秀奖”各10名。继续编印出版《汕头大学学生优秀毕业论文（设计）选》，并增加了英文版。英语专业八级考试通过率78.9%；99级本科生全国大学英语四级统考一次通过率为70.8%；英语专业四级统考通过率93.1%，创汕大历年来最好成绩；全省非计算机专业计算机应用基础统考通过率为74.35%。新建成的教学大楼全部配备计算机多媒体辅助教学设备。学生在创新教育方面取得了优异成绩，在全国计算机软件设计大赛中进入全国高校前十名；在第七届“挑战杯”全国大学生课外学术科技作品竞赛中，汕大以总分220分的成绩获得“优胜杯”，与清华大学并列全国第11名，为全省第一名；女子手球队代表中国队参加首届世界女子沙滩手球锦标赛获得第五名；男子篮球队在第三届CUBA比赛中获得第三名；女声小合唱获全省合唱节比赛二等奖，在全省纪念建党80周年大型诗歌舞比赛中获得二等奖。建校以来毕业生最多。至12月初，毕业生就业的总体落实率为91.74%，本科生为92.95%，专科生为86.1%。

【科研和学科建设】　学校科研立项项目和科研经费等均有大的增长。全年全校总立项经费为1325万元。全校申报各类纵向项目课题200多项，立项157项，其中国家自然科学基金13项166.5万元；广东省自然科学基金8项48.5万元，广东省重点科技项目3项110万元　。全校今年新增横向项目37项，合同金额在10万元以上的项目有11项。2000年度的科技论文被SCI收录31篇，居全国高校84位；被EI收录29篇，居全国高校51位；被ISTP收录8篇，居全国高校65位；在国内科技统计源期刊发表272篇，居全国高校99位。获广东省科学技术奖三等奖1项；厅局级奖励：一等奖3项，二等奖5项，三等奖3项；鉴定成果18项，授权专利5项，申请专利1项。智能制造技术实验室已通过教育部的筹备验收。发挥科研优势，争取到一批较大的横向科研项目。与企业联合组建了“印刷涂布技术工程中心”、“南美影视多媒体软件开发研究所”、“汕头大学穿越网络软件研究与开发中心”、“汕头大学大立模具技术研究开发中心”、“罐体电阻焊机研究开发中心”等产学研开发基地。“211工程”方面，在学科建设的各个方面取得了较大的进步，预期效益指标基本上提前一年达到。学科建设整体水平显著提高，科研能力迅速提高，科研产出成果显著。投资370万元的图书馆建设二期工程“图书馆电子资源及资源数字化建设”项目已建设完成。学生宿舍楼已竣工并正式投入使用。有5位研究生获广东省“南粤优秀研究生”，其中一等奖2名，二等奖3名。成立新一届学位评定委员会，新增列硕士生导师、博士生导师，授予54位毕业研究生硕士学位。获得同等学历硕士学位授予权，首次开设3个研究生课程进修班的组织与管理工作。

【精神文明建设】　2001年，汕头大学举办了第二届“金凤五月红”社团节，期间，通过开展“申奥有我”自行车拉力赛、桑浦论坛“汕大精神——我思我行”专场、“曾经梦想——支持北京申奥轨道演唱会”、戏剧周等文化体育活动，支持北京申奥，展现大学生“新世纪的活力、新世纪的思索、新世纪的风采”。开展了以“放眼向世界、开口讲英语”为主题的“英语校园”活动；举办了汕头大学第七届大学生辩论赛、汕头大学学生英语演讲比赛。邀请英国诺丁汉大学校长杨福家院士、华中理工大学杨叔子院士、北京师范大学王梓坤院士等来校作有关专题报告。举办了纪念中国共产党成立80周年“奔向太阳”文艺晚会、“岁月如歌”歌咏晚会、纪念建党80周年专题报告会、新老党员座谈会。结合揭批“法轮功”，开展了“校园拒绝邪教”签名倡议活动；成立了汕头大学学生反邪教协会；建立了反邪教协会网站。开展了汕头大学“网络文明工程”活动。举办“原创戏剧夜暨爱心玫瑰慈善晚会”为外来工子弟希望小学筹募助学金；组织“三下乡”小分队赴南澳、澄海贫困区进行助学帮教、医疗服务等，支持贫困区两个文明建设。

（陈海忠）

【医学院】 获多项全国先进称号及省市奖励。被团中央、教育部评为“全国大学生‘三下乡’先进单位”；97级3班被评为“全国先进班集体”。广东省高校档案管理优秀单位；“挑战杯”广东省大学生竞赛优秀组织奖、优秀布展奖等。3月份经国家人事部批准设立基础医学博士后科研流动站，至12月底经省人事厅批准已有19名博士后进站工作。全年共招收临床医学、医学影像等专业本科生300名；招收博士生6名，硕士生53名；同等学力申请硕士学位51名。继续与澳大利亚西澳大学开展联合培养研究生工作。共有在校学生2000名，其中研究生128名、同等学力申请硕士学位51名、本科生1281名。有316名学生毕业，其中硕士研究生18名、本科生215名。毕业生就业率居全省高校第一，本、专科毕业生一次就业率97.81%，应届毕业生考研率达10%。教学、科研水平继续向高层次发展。获国家级教学成果二等奖1项。获得纵向科研课题立项首次突破100项，其中国家级课题7项，省部级课题19项，市厅级课题114项，纵向科研经费共243万元。获专利2项。获省、市级科技成果进步奖13项。发表论文630篇，其中国外学术期刊31篇，SCI收录论文16篇，全国性学术期刊365篇。出版专著5部。本科生普通班四级英语通过率87.6%，一年级实验班通过率94%，实验班六级英语通过率75%。本科生参加广东省非计算机统考合格率86.5%，优秀率29.21%。在全国及广东“五个一百”工程的评比中有6个项目获奖。在参加“挑战杯”第六届全国及第七届广东省大学生课外科技作品竞赛中获优异成绩，其中国家二等奖1项，省一等奖4项，二等奖3项，三等奖4项，学院获广东省团体总分金奖。有二名研究生分别获广东省2001年南粤优秀研究生一等奖和二等奖。2001年学院新增8名博士生导师，已有12名博士生导师。病理学与病理生理学科“长江学者”特聘教授于7月份到位工作。在教育部“做中学”领导机构指导下，成立“汕头大学做中学幼儿科学教育中心”，建立符合中国特色的幼儿科学教育模式，成立南方“做中学”幼儿科学教育培训、研究及国际交流合作中心、脑科学研究基地。在世界卫生组织的支持下，成立汕头大学医学院—香港大学医学院联合流感研究中心。

由李嘉诚先生倡导和资助的医疗扶贫行动深入开展，6月份与北京、香港、美国等地大学联合举办第三届“暑期医疗扶贫体验”服务活动，得到贫困地区政府和人民群众及四地院校师生、海内外的广泛赞誉。

附属医院建设和医疗工作取得较大发展。附一院被评为“广东省行风建设先进单位”。宁养院免费为晚期癌症病人临终关怀服务，全年出诊约25000人次，首届宁养院学习班在广州召开，宁养服务向全国推广。全国现有宁养院20所，专车20部，专职人员112人。附二院荣获广东省“百家文明医院”称号。精神卫生中心不断提高医护基础管理和服务质量。眼科中心于9月份试业，正式开业的各项工作已就绪。附一院、附二院作为九运会医疗定点医院，承担了九运会乒乓球比赛和跳水比赛的有关医护工作。

（张　亮　李伟明）

附:2001 年度汕头大学教师出版书籍

书　　名	作者	出版社	出版时间	字数
天柱断裂之后——战国文人心态史	陈桐生	河北教育出版社	2001 年 11 月	18.1 万
史魂——司马迁传	陈桐生	东方出版社	2001 年 11 月	20 万
带血的挽歌——清代文人心态史	陈维昭	河北教育出版社	2001 年 11 月	19.5 万
英语听力、阅读、写作、词汇、交际方法学习与能力训练系列书(七本)	李杰	青岛海洋大学出版社	2001 年 2 月	190 万
中国大陆与台港澳刑事诉讼法比较研究	周伟	中国人民公安大学出版社	2001 年 5 月	41 万
潮汕文化大观	林伦伦	花城出版社	2001 年 6 月	29 万
潮汕方言歇后语	林伦伦	汕头大学出版社	2001 年 4 月	9.4 万
地名学与潮汕地名	林伦伦	艺苑出版社	2001 年 7 月	6.3 万
计算机应用	胡绪英	电子工业出版社	2001 年 9 月	47.3 万
计算机应用基础实验与习题	胡绪英	电子工业出版社	2001 年 9 月	30 万
电子商务案例	林丹明	中国财政经济出版社	2001 年 8 月	26 万
电子金融概论	马敏	中国财政经济出版社	2001 年 8 月	31.4 万
风险投资概论	陈尔瑞	中国财政经济出版社	2001 年 8 月	26 万
网络理财学	邹志波	中国财政经济出版社	2001 年 8 月	26 万
基于 INTERNET 的管理信息系统	曾凡奇	中国财政经济出版社	2001 年 8 月	25.9 万
电子商务企业创业教程	张耀辉	中国财政经济出版社	2001 年 8 月	33 万
电子商务技术	欧阳峰	中国财政经济出版社	2001 年 8 月	46.9 万
客户关系管理与数据挖掘	朱爱群	中国财政经济出版社	2001 年 8 月	56 万
遨游文艺世界	吴金夫	天马图书有限公司	2001 年 5 月	10.2 万
教育在自由与限制之间	马凤岐	中国工人出版社	2001 年 5 月	21.2 万
经验、理论、精神——邯钢模式研究	戴道传	经济管理出版社	2001 年 1 月	20.5 万
证券电子商务——网络经济时代的证券市场透视	林丹明	中国金融出版社	2001 年 8 月	24.5 万
菲律宾华文文学史稿	吴奕奇	中国文联出版社	2000 年 9 月	20 万
树突状细胞与肿瘤免疫治疗	张锦堃	汕头大学出版社	2001 年 3 月	21.3 万
窦房结	李澈	北京医科大学出版社	2001 年 8 月	38 万
人工智能哲学	刘西瑞	上海译文出版社	2001 年 11 月	40.7 万
心理全息治疗	赖小林	江西科技出版社	2001 年 9 月	45.3 万
病理学——面向 21 世纪课程教材	苏敏	北京医科大学出版社	2001 年 2 月	

(陈海忠)

卫生体育

医疗卫生保健

【简况】 2001年,全市有医疗卫生机构127个;各级医院共设置病床7159张,平均每千人口1.55张;卫生工作人员1.61万名,其中卫技人员1.31万名,每千人口拥有卫技人员2.84人,每千人口医生数、护士(师)数分别为1.25人和0.78人。全市医疗卫生单位门诊量(不包括个体诊所)660.87万人次,住院量14.6万人次;病床使用率60.7%,病床年周转次数20.9次;患者平均住院日10.6天。

【医疗卫生改革】 市政府印发了《汕头市医疗机构设置规划(2001—2005年)》,为充分利用和合理配置全市医疗卫生资源提供了依据。实施医疗机构分类管理制度,将医疗机构划分为营利性和非营利性进行分类管理,已核定的706个医疗机构中,有非营利性医疗机构72个、营利性医疗机构634个。努力开展城市社区卫生服务工作,全市的社区卫生服务站增加至11个,并已逐步承担起社区医疗、疾病控制、妇幼保健、健康教育、社区康复等功能。努力降低群众医药费用负担。继续对医疗机构医药费用实施"总量控制,结构调整"政策,全市医疗业务总收入比2000年增长5.6%(控制指标为增长14%),其中药品收入增加0.4%(控制指标为增长15%);药品收入占医疗业务总收入比例为41.7%(控制指标为45%),比2000年下降1.3个百分点;各医疗单位平均每门诊费用58.40元(控制指标为65元);平均每床日费用388.53元(控制指标为440元),医药费用增长幅度得到合理控制。全面铺开药品招标采购工作,全市有27所医院开展了招标采购,招标采购累计达32批次,招标药品总量达1.3188亿元,招标价格比国家批发价格平均下降约18.78%,让利群众约2339.78万元。进一步规范了医院收费行为,区、县(市)级以上医疗单位基本实行了医疗服务收费公示制度,包括汕头市区4所大型综合医院在内的10所区、县(市)级以上医院实施了住院或门诊收费每日明细清单制度,5家区、县(市)级以上医院设立了IC卡或电脑触摸屏查询系统,大大提高了医院收费透明度。市卫生局直属医疗单位、汕大医学院各附属医院、金园区、龙湖区、达濠区、澄海市相继开展了药品收支两条线管理。市中心医院开展了后勤服务社会化改革试点工作,委托物业管理公司管理该院首期后勤服务社会化改革项目;汕大医学院第二附属医院在后勤支持系统推行ISO9002国际质量认证工作的基础上,全面启动ISO9001和ISO14000的认证工作,提高了后勤保障能力和运行效率,降低了医院营运成本。实施卫生监督和防保体制改革。1月,撤销市和市辖区卫生防疫站,组建汕头市卫生监督所和汕头市疾病预防控制中心(加挂汕头市卫生检验中心牌子)。加强医保定点医院的管理。1月1日,启动首批医保工作后,市卫生局加强对3家定点医院的管理,确保了医保工作的顺利开展。年底又确定了医保15家定点医疗机构,配合有关部门启动第二批参保单位的医保工作,汕头市机关事业单位公费医疗和企业劳保医疗制度同时取消。

【农村卫生】 全市投入农村卫生三项建设资金1671万元,改建海门、溪南、金浦卫生院,新建、改建房屋面积4630平方米,购置仪器设备25台(件),培训卫生技术人员39人次,巩固和发展了"一无三配套"建设成果。在各县(市)创建卫生城市、卫生镇村工作过程中,市爱卫办开展对各县(市)市容环境卫生状况的调查,加强业务指导,协助解决创卫中出现的薄弱环节和困难。6月份,市爱卫会组成城镇卫生检查评比团，对全市各个乡镇和市区16个城乡结合部的街道进行检查，有力推动了镇一级爱卫工作的深入开展。各县（市）以创卫为动力，加大卫生基础设施建设力度，积极开展健康教育，广泛发动群众深入开展农村环境卫生整治和除害防病工作，大力推行垃圾袋装和上门收集工作，提高了城乡环境卫生整体水平，为提高居民的健康水平创造了良好的外部环境。12月，南澳县县城创建“省卫生镇”、澄海市创建“省卫生城市”工作相继通过省的考核验收。

【预防保健】 加强重点传染病的防治。针对烈性肠道传染病疫情流行规律和特点，及早制定防治计划，落实监测任务，依法强化疫情管理，健全肠道门诊和腹泻病人采样送检工作制度，发现疫情早报告早处理，有效控制了疫情扩散。为防止登革热疫情的再度暴发和鼠传疫病在汕头市发生，市爱卫会积极开展以清除孳生地为重点的除“四害”活动，广泛发动和组织干部群众，大力整治城中村、内街小巷、肉菜市场、建筑工地等卫生死角，投放和喷洒除“四害”药物，有效降低了“四害”密度，全年全市共发现登革热5例，均无续发病例发生。6月，南澳县后宅镇和深澳镇局部暴发疟疾疫情后，市卫生部门迅速组织专业人员，配备药械进入各疫点，落实管治病人、防蚊灭蚊和保护易感人群的综合防治措施，使疫情得到有效控制。2001年是汕头市实施世界银行贷款结控项目的最后一年，全市连续第六年超额完成了项目任务，病人管治质量也达到项目要求。积极开展性病艾滋病健康教育工作，进一步建立健全了艾滋病监测系统，全市HIV送检初筛血样47702份，检出阳性8例。严格执行免疫程序和计划，努力提高人群免疫水平。全市计免“四苗”接种率均在95%以上；按时完成了1月和12月消灭脊髓灰质炎强化免疫工作，接种率分别达到97.7%和97.2%；进一步落实AFP病例、麻疹、新生儿破伤风和免疫接种率等计免“四大监测”工作，加速消除麻疹和新生儿破伤风步伐；市区新生儿乙肝疫苗接种率达98%，有效干预了乙肝传播。汕头市卫生防疫站被卫生部授予“全国消灭脊髓灰质炎工作先进集体”称号。加强妇幼保健工作。认真贯彻执行《母婴保健法》，严格医疗保健单位的母婴保健技术服务项目执业许可及从业人员资格管理，查处违法从事母婴保健专项技术服务的行为，规范婚前医学检查工作，加强《出生医学证明》的管理。利用华侨捐资1100万元重建潮阳市妇幼保健院，继续加大农村产科建设力度，进一步抓好妇幼二个系统管理，巩固和完善了全市妇幼保健三级网络。5月份，全省妇幼卫生工作会议在汕头召开，与会代表参观了汕头市妇幼保健院。2001年，全市住院分娩率提高至86.44%，孕产妇系统管理率提高到91.64%，0—6岁儿童系统管理率为80.61%，孕产妇死亡率降至11.6/10万，婴儿死亡率为9.7‰。

【卫生法制与监督】 2001年，全市各级卫生行政部门和卫生监督机构共出动卫生监督人员4184人次，开展清理整顿食品等与健康相关产品的生产经营秩序工作，共检查了各类食品经营店档4395间、市场112个、食品生产企业465家，查处违法单位65户次，没收含有甲醛或吊白块的米面制品、加工过的霉变大米、伪劣月饼及馅料、用甲醛保鲜的“毒鱼”等伪劣食品、产品共约27吨，标值约22万元。同时，重点加强对学校集体食堂等集体供餐单位的食品卫生监督监测工作，在饮食业推广使用农药速测卡，定期监测市售蔬菜农药残留，较好地控制了食物中毒事故的发生。在九运会汕头赛区和特区成立20周年庆典等全市性大型活动期间，积极做好各项医疗卫生保障工作，有效保障了莅汕嘉宾和运动员的身体健康。开展清理整顿医药市场工作。在各级政府的组织协调下，汕头市卫生部门联合药监、工商、公安等部门开展多轮全市性的清理整顿医药市场行动，查处非法医疗机构304家及超范围执业的医疗机构12家，没收药品器械价值4.59万元，罚款1600元。积极推进无偿献血工作。继续通过各级政府、各有关部门组织发动机关、事业单位的干部职工及军警参加无偿献血。同时，市中心血站加强流动采血工作，增加采血车出车频率，延长街头采血时间，扩大采血区域，将采血车不定时开进工业区、大型企业、大中专院校及市区周边区域，方便群众献血。在巩固市区金新采血点业务的基础上，市卫生局批准设置了潮阳市大峰采血点，努力拓展农村地区血源。2001年全市献血总人数达1.94万人次，献血总量394.818万毫升，其中未经组织的市民自发献血1.27万人次，献血量261.339万毫升，占无偿献血总量的66.19%，标志着汕头无偿献血工作已逐渐步入良性发展轨道。

【医德医风建设】 4月，全面铺开卫生行风评议工作，市卫生局通过向社会各部门聘请行风义务监督员、设立投诉信箱、在新闻媒体上公布投诉举报电话，向社会各界发放问卷调查表4000份，广泛调查了解卫生行业作风存在的问题和征求群众的意见、建议。经过调查显示，群众对卫生行业反映最为强烈的是医药费用过高、收受"红包"、服务态度差等问题。为此，市卫生局组织在全市卫生系统开展"整肃医纪医风，树行业新风"教育活动。一方面，加强对医务人员的职业道德教育，开展"假如我是一名病人"的讨论活动和演讲比赛，组织医务人员参加拒收"红包"签名活动，开展创无"红包"科室等活动，促使医务人员形成"以病人为中心"的思想；同时，用整风的精神，对照群众反映强烈的热点问题开展一次彻底的自查自纠，对重点科室、重点环节、重点人员进行重点检查，切实加以整顿治理并通过加强制度建设将整治成果巩固下来。卫生行风评议工作取得了阶段性成效，据市城调队对病人两次问卷调查结果对比：病人对医德医风的评价，认为好的达到52.4%，上升22.4个百分点；认为一般的有46.3%，下降20.7个百分点；认为差的1.3%，下降1.7个百分点。由此可见，通过治理整顿，群众对卫生行业作风的评价已有大幅度提高。12月，市卫生系统被市行风评议团评为"2001年度行风评议'满意'单位"。

（钟海波）

【医学科研与教育】 全市卫生系统共获省科技进步奖三等奖3项。汕头市中心医院骨科成功开展脊柱侧弯矫正术、上段颈椎后路椎板夹融合术、下颈段侧块钢板固定术等高难度手术，心内科完成心导管检查、治疗术132例，成功开展首例肥厚性梗阻性心肌病化学消融术，9月市中心医院被国家药品监督管理局、卫生部增补为国家药品（西药）临床研究基地，成为粤东地区第一个国家药品临床研究基地。中医妇科主任医师朱嘉扬被授予"广东省名中医"称号。汕头大学医学院第一附属医院冠状动脉血管内多普勒检查、肝肺肿瘤射频治疗和胸主动脉瘤血管置换术等技术达到省内先进水平，还与台湾慈济基金会骨髓捐赠中心合作，免费为贫困患者姚文健成功地实施了骨髓移植手术，成为粤东地区首例非亲缘异基因骨髓移植手术，受到社会各界广泛关注和赞誉；一附院的国家自然科学基金课题实现了零的突破；对外学术交流提高到一个新的档次，与瑞典隆得大学、美国斯坦福大学、加拿大多伦多大学等成功地举办了三届全国远程医疗教育研讨会，使医院成为定期举办常规远程学术交流活动点；"李嘉诚基金会全国宁养医疗服务计划"顺利开展，全国已有20所宁养院加入这一计划，医院在该项目的实施和管理过程中发挥了重要作用。汕头大学医学院第二附属医院完成二期电脑网络工作，临床科室实现内部联网；引进博士生导师2人、硕士生导师5人；首次获得国家自然科学基金课题；并获7项省级科研课题，全年共获院外科研资助40万元，创历史最高。5项科研成果获奖，100余篇论文发表。首次成功举办国家继续医学教育项目。社区卫生服务及社区健康教育形成制度化。汕头市卫生学校（汕头职工医专）在巩固提高中等专业设置和教学质量的基础上，积极开拓大专层次的办学规模，5个大专专业共招生219人，创大专层次招生数的最高纪录。

（钟海波）

体　育

【简况】 2001年，汕头市体育工作以北京申奥成功和中国男子足球队首次冲进世界杯为动力，以迎办九运会为中心任务，新建了"国际一流、国内第一、具有现代化气派"的汕头市游泳跳水馆，配套完善了举办九运会乒乓球比赛的潮汕体育馆和澄海正大体育馆，调整竞技体育布局，树立群众体育品牌，规范体育市场管理，积极推进体育社会化、产业化。九运会乒乓球、跳水比赛获得圆满成功，受到国家体育总局、广东省政府领导的高度评价，得到了来自全国各地的嘉宾和运动员的好评。九运会汕头赛区被省政府授予"九运会文明赛区"光荣称号。全市有6个单位、4名个人被国家体育总局授予"全国群众体育先进单位"、"全国群众体育先进个人"称号。

国家游泳管理中心主任李晔、汕头市副市长王芝为"中国跳水队汕头训练基地"挂牌。

（赵肖东）

【九运会乒乓球赛和跳水比赛】 10月11日至20日，第九届全国运动会乒乓球比赛在汕头市潮汕体育馆和澄海市正大体育馆举行。来自全国各地的21支代表队共188名运动员争夺本次乒乓球比赛的男女团体、男女单打、男女双打和混合双打共7项冠军。经过10天24场的角逐，汕头市乒乓球运动员马琳、刘国正荣获男子双打冠军，马琳荣获男子单打冠军。比赛期间，汕头市共接待了参加乒乓球比赛的21支代表队，运动员、教练员共325人，裁判员（包括仲裁委、兴奋剂检测及电子网络）共67人，来自国内外44个新闻单位的记者共90人，国家体育总局、各省市代表团领导、国家乒乓球队总教练和全体教练员等嘉宾21人，并接待了由国家体育总局乒羽管理中心主办的全国乒乓球教练研讨班学员60多人。汕头电视台现场直播所有场次，广东电视台每天平均转播乒乓球比赛5个小时。据乒乓球转播人员反映，本次比赛的转播时间跨度和长度是史无前例的。

11月12日至20日，九运会跳水比赛在汕头市新建的游泳跳水馆举行。来自全国各地的20支代表队共274名运动员争夺本次跳水比赛的男女团体、男女一米跳板、男女三米跳板、男女十米跳台、双人三米跳板、双人十米跳台共12枚金牌。经过9天18场的角逐，我市男、女跳水运动员胡佳、郑佳春、陶唐、蔡玉燕加盟的广东省男、女跳水代表队荣获男、女团体金牌；胡佳荣获男子十米跳台和男子双人十米跳台两块银牌。比赛期间，汕头市共接待了参加跳水比赛的20支代表队运动员、教练员共315人，裁判员（包括仲裁委、兴奋剂检测及电子网络）共72人，来自国内外45个新闻单位的记者共100人，来自美国、日本、加拿大、澳大利亚四国和港澳台三个地区，以及国家体育总局、6省市代表团领导等嘉宾100多人次。九运会跳水比赛期间，公交公司及时开通市区往返跳水赛场的临时公交线路，为广大市民观看比赛提供便利，有近2万名观众现场观看了跳水比赛实况。汕头电视台现场直播所有场次，中央电视台及时直播跳水比赛18场次，整个比赛在全国、全省引起极大反响，在全市掀起“关注九运、关注跳水、关注游泳跳水馆”的热潮。

【竞技体育】 以承办九运会比赛为契机，集中力量备战省运。突出汕头竞技体育优势项目，抓好参加比赛重点项目。在4月第46届世界乒乓球锦标赛上，马琳、刘国正为中国男团夺冠立下了汗马功劳；在8月第21届大学生运动会上，汕头籍运动员有5人夺得8项冠军；在九运会上，又有17名运动员在跳水、乒乓球、武术、帆板、体操、田径、柔道、篮球、拳击等13个项目上夺得金牌9枚、银牌4枚和铜牌3.5枚，取得了在全运会比赛上的历史最好成绩，为广东夺冠做出了贡献。一批优秀运动员受到了广东省委、省政府的立功表彰。全年共有金牌27枚、银牌7枚、铜牌6枚，总分846.5分计入第十一届广东省运动会汕头体育代表团的成绩。为选拔和培养体育后备人才，充分调动基层业余训练的积极性，根据第十一届省运会比赛项目的设置和需要，我们举办了田径、游泳、举重、乒乓球、棋类等五个项目的市少儿锦标赛，有效地推动了基层业余训练的开展。全年汕头市运动队先后参加了游泳、体操、举重、摔跤等16个项目的省青少年锦标赛，共有12枚金牌、总分400分计入第十一届省运会汕头体育代表团的成绩。

【群众体育】 群众体育工作稳步推进，涌现出一批全国群体先进集体和先进个人。新乡小学和乒乓球学校被评为全国青少年体育工作先进单位，邢周元等6人被评为全国青少年体育工作先进个人。九运会期间，荣获1996－2000年全国群众体育先进集体、先进个人的澄海市凤翔街道办事处等6个单位和谢礼森等4名个人受到国家体育总局的表彰。

全民健身活动 2001年是实施《全民健身计划纲要》第二期的第一年。汕头市突出在“活动”上下功夫，以“迎九运”为主线，以学校体育为工作重点，依托社会，广泛发动，组织开展形式多样的全民健身活动，营造“举市一致办九运，人人当好东道主”的良好社会氛围，推动全民健身不断发展，促进群众体育与竞技体育共同发展。一是以“迎九运”为主题，结合节假日，组织开展丰富多彩的群众健身活动。1月13日在市人民广场开展“新世纪、迎九运‘金味’万人长跑活动”。2月18日在市华侨公园举行了传统的“中国人寿保险杯”迎九运迎春长跑比赛。3月8日与市妇联联合举办“新世纪、新女性、迎九运、展风采”活动。4月21日至5月1日，组织全市118名中老年人开展“汕头市迎九运‘金味’与您千里共行”健步走活动，途经广州、东莞、汕尾、揭阳、潮州等12个城市。国庆期间，首次举行了动力伞飞行表演，吸引了数万名市民观看。二是推陈出新，突出特色，精心办好体育节。6月至9月，举办了以“科学锻炼迎九运，健康走近新世纪”为主题的汕头市第二届体育节。体育节期间，坚持大型轰动效应与小型多样相结合的原则，集中抓好大型活动。6月10日，举行了迎九运体育舞蹈之夜暨体育节开幕式。6月11日，举行了“迎九运乒乓球千台大赛”开幕仪式，市委书记李统书、市长李春洪挥拍上阵。9月15日举行了具有海滨城市特色的“乘风破浪迎九运，千人横渡鮀石海”活动，这是市区21年来首次组织大规模的群众渡海活动，全市1600多人踊跃参加，新华社、人民日报、羊城晚报等多家新闻媒体先后报道，在社会上引起极大反响。9月23日，在市人民广场隆重举行了“走进新时代”火炬传递接力活动，李统书书记点燃了火炬，李春洪市长做了讲话，市领导和近

3000名群众参加了活动。9月30日，举办了体育节闭幕式暨“庆国庆、迎九运”体育文艺晚会。体育节期间，全市共举办活动近百次，参与人数约百万人次。

学校体育　市体育局与市教育局密切配合，认真贯彻《学校体育工作条例》和《国家体育锻炼标准施行办法》，坚持普及与提高相结合的原则，积极开展校园体育活动，着重抓好传统学校的业余训练，努力提高学生的身体素质，促进学生全面发展。7月份，市体育局、市教育局联合组队参加了广东省第七届中学生运动会，获得团体总分第六名。10月对全市9所体育传统学校进行全面自评检查，12月通过了省的抽评，同时向省申报了三所新的传统项目学校。全市学校参加体育锻炼人数不断增加，学生体质不断提高。2001年汕头市的学生达标率为96.1%，比2000年提高了1个百分点。

【体育场馆】　体育场馆和体育指导中心以“体”为主，积极开展体育创收。为提高场馆利用率，满足群众健身消费需求，市体育局直属各公共体育场馆坚持对外开放，开展多种经营，实行有偿服务，增强体育自身的造血功能。各场馆利用业余时间、暑假举办了多期武术、跆拳道、游泳、羽毛球、足球等项目的培训班，培训青少年约2000人，参加健身锻炼的人数超过10万人次，较好地发挥了体育场馆的社会效益和经济效益。

汕头市游泳跳水馆　位于汕头市南滨路片区，总用地面积300亩，首期建设占地面积150亩(含道路建设用地)，主体占地17.8亩，总建筑面积2.5万平方米，绿化面积约5万平方米，总投资3.5亿元。由上海建筑设计研究院设计，汕头市达濠市政建设有限公司承建，南京工苑工程建设监理公司监理。汕头市游泳跳水馆由游泳、跳水、休闲娱乐三个功能区和一个射击运动训练场组成。游泳馆区主要设置一个25M×50M的标准游泳比赛池(池深1.8M至2.2M)，一个12.5M×25M的训练池(池深1.4M至1.5M)，观众席位1200座。跳水馆区主要设置一个25M×30M的跳水池(池深5.2M)和标准的跳台(板)设施，观众席位1100座，并设置约300M2的跳水陆上训练场和能容纳80人的运动员宿舍、餐厅以及学习室等教学设施。休闲娱乐中心区主要由面积约350M2的儿童嬉水池和面积约300M2的健身训练厅以及餐饮等综合服务场所组成。游泳、跳水、儿童嬉水池均配置了相应的更衣淋浴设施，并充分利用游泳池底部空间设置了50M和21M共26个靶位射击运动训练场。根据“平赛结合，平赛两用”的原则，该馆除可承担国际性游泳、跳水、花样游泳、水球比赛及水上项目、射击项目的训练外，还向大众开放提供设施完善的游泳、健身、娱乐、休闲等体育活动场地，形成我市一处集训练、比赛、全民健身的水上体育活动中心。1999年11月动工兴建，2001年8月6日按国家体育总局要求交付广东省跳水队训练，9月25日至28日按第九届全国运动会跳水比赛要求进行模拟比赛，11月12日至20日承担第九届全国运动会跳水比赛。据国家体育总局、广东省体育局领导和专家以及参赛运动员、教练员评价，汕头市游泳跳水馆是具有一流水平的国际标准赛场。经过专家的评定，已确认该馆具有举办国际赛事的设备水准和资格，并被正式批准为国家跳水队训练基地。

【体育市场管理】　在扶持市场和服务市场的基础上，依法行政，加强体育从业人员的培训和资格认证，抓好体育经营场所的安全检查，做好经营单位的审批核发和年审，力求从管理上入手，从措施上落实。夏天，集中对全市近20家游泳场所的安全设备进行检查，重点检查了暑期少儿游泳培训班的安全、卫生及救生员的配备情况，对不符合要求的场所及时提出整改意见。为提高体育经营管理人员和专业技术人员的业务素质，全年共举办了两期体育经营管理人员培训班和一期救生员培训班，培训体育经营管理人员47人，救生员11人。协助广东省体育局举办了一期体育市场管理人员培训班，培训学员30人。审批核发《体育经营许可证》19家。按照省的要求，对年审70多家单位全部换发了新版《体育经营许可证》。

【体育彩票】 为增加体育彩票的销售品种，扩大体育彩票销售规模，壮大体育彩票产业，体育彩票不断推出新玩法，拓展电脑彩票销售网点，提高彩民的参与性和吸引力。2001年，在销售"36选7"的同时，先后推出了"四花选四"和"足球彩票"。尤其是10月上市的"足球彩票"，一经上市后备受彩民喜爱。以此为契机，调整销售布局，统一要求，规范销售。足球彩票销售网点供不应求。据不完全统计，全年新增销售网点130个，销售总额比2000年增长151%，销售总额名列全省第4位。

【体育宣传】 九运会户外宣传采取了政府广告使用权出让的形式，在市区主要路段和赛区增设大型户外广告。各部门认真做好比赛期间市区的环境布置，在比赛场馆周边、火车站、机场插挂标志旗；在公交车、出租车悬挂、张贴标语共约1000多条。市区主要路段天山路、海滨路、中山东路、南滨路、外马路、时代广场等显要位置悬挂大幅九运会宣传标语；各比赛场馆、运动员驻地和代表团下榻宾馆分别悬挂九运会标语、宣传画、吉祥物。九运会比赛期间，新闻宣传充分利用乒乓球、跳水是我国竞技体育和奥运项目"金牌大户"的特点，协助中央、省、市电视台做好现场直播工作，满足人民群众的需要。来自国内外44个新闻单位的记者共190多人，采访报道了在汕头举行的九运会跳水、乒乓球比赛实况。本地新闻媒体共报道汕头赛区比赛情况493篇，图片271幅、专版71版；汕头电视台播放九运会新闻共96次190分钟，汕头电台共播送180次约390分钟。国庆期间，出版了迎九运宣传专集——《汕头体育老照片》（市政协文史与学习委员会、市体育局合编，香港天马图书有限公司2001年9月出版），举办了汕头体育创作摄影展，市体育局与市美协合作组织了全国体育美展参展工作等。

【体育协会】 市体育局把体育协会作为组织群众体育活动的重要力量，因势利导，积极组织开展各具特色的体育竞赛和体育培训，推进体育社会化。市足球协会于7月28日至8月7日举行了汕头市有史以来规模最大、参赛队伍和人数最多的"百事球王争霸三人足球赛"，来自四个组别的318队共1590人参加了比赛，极大地丰富了青少年暑期的体育文化生活，被省体育局评为"广东省全民健身周活动先进单位"。市体育舞蹈协会在开幕式上组织了近200名会员表演了15个大型节目；7月份组队参加了省第八届体育舞蹈锦标赛，夺得团体总分第六名；8月份组队参加2001年国际标准舞全国公开赛，一对选手荣获壮年B组摩登舞冠军。重阳节期间，市老年人体育协会组织各涉老单位和人员。登澄海塔山，举办了两期健身秧歌舞教练员培训班，培训辅导员近70人。金园区太极拳辅导站，澄城太极拳辅导站被省老年体协授予先进辅导站光荣称号，评选80岁以上"汕头市健康老人"20名。

（翁玉璇）

附:2001年汕头籍运动员参加全国以上各类比赛获前3名成绩表

姓　名	比　赛　名　称	项　目	名次	备　注
刘国正	第46届世界乒乓球锦标赛(日本)	男子团体	1	世界性
马　琳	第46届世界乒乓球锦标赛(日本)	男子团体	1	世界性
刘国正	美国公开赛(乒乓球)	男子单打	1	世界性
刘国正	第21届世界大学生运动会(乒乓球)	男子团体	1	世界性
刘国正	第21届世界大学生运动会(乒乓球)	男子双打	1	世界性
刘国正	第21届世界大学生运动会(乒乓球)	混合双打	1	世界性
马　琳	2001年亚欧乒乓球冠军赛(济南)	男子团体	1	世界性
胡　佳	第九届世界跳水锦标赛	男子双人跳台	1	世界性
胡　佳	第21届世界大学生运动会(跳水)	男子团体	1	世界性
胡　佳	第21届世界大学生运动会(跳水)	男子双人跳台	1	世界性
蔡玉燕	第21届世界大学生运动会(跳水)	女子团体	1	世界性
蔡玉燕	第21届世界大学生运动会(跳水)	女子双人跳台	1	世界性
郑林丽	第21届世界大学生运动会(柔道)	女子团体	1	世界性
马　琳	世界乒乓球职业巡回总决赛(日本)	男子双打	2	世界性
刘国正	世界乒乓球职业巡回总决赛(日本)	男子双打	2	世界性
刘国正	世界乒乓球职业巡回总决赛(日本)	男子单打	2	世界性
马　琳	国际乒乓球大奖赛(海口市)	男子双打	2	世界性
刘国正	国际乒乓球大奖赛(海口市)	男子双打	2	世界性
马　琳	国际乒乓球大奖赛(海口市)	男子单打	2	世界性
蔡玉燕	第21届世界大学生运动会(跳水)	女子跳台	2	世界性
马　琳	第46届世界乒乓球锦标赛(日本)	男子单打	3	世界性
刘国正	国际乒乓球大奖赛(海口市)	男子单打	3	世界性

续表

姓　名	比　赛　名　称	项　目	名次	备　注
刘国正	第21届世界大学生运动会(乒乓球)	男子单打	3	世界性
郑林丽	第21届世界大学生运动会(柔道)	女子47公斤级	3	世界性
陶　唐	第二届亚洲杯跳水赛	男子1米板	2	洲际性
蔡玉燕	第三届东亚运动会跳水比赛	女子跳台	2	洲际性
陈　岺	第九届全国运动会武术比赛	男子南拳全能	1	全国性
马　琳	第九届全国运动会乒乓球比赛	男子双打	1	全国性
刘国正	第九届全国运动会乒乓球比赛	男子双打	1	全国性
马　琳	第九届全国运动会乒乓球比赛	男子单打	1	全国性
胡　佳	第九届全国运动会跳水比赛	男子团体	1	全国性
陶　唐	第九届全国运动会跳水比赛	男子团体	1	全国性
郑佳春	第九届全国运动会跳水比赛	男子团体	1	全国性
陶　唐	2001年全国跳水冠军赛	男子团体	1	全国性
郑佳春	2001年全国跳水冠军赛	男子团体	1	全国性
蔡玉燕	第九届全国运动会跳水比赛	女子团体	1	全国性
陈森洁	第九届全国运动会体操比赛	女子团体	1	全国性
诸　凯	第九届全国运动会体操比赛	男子团体	1	全国性
吕　兵	第九届全国运动会田径比赛	男子4×400米接力	1	全国性
张楚君	第九届全国运动会帆板比赛	翻波板障碍赛	1	全国性
张楚君	全国翻波板锦标赛(公开级奥林匹克航线赛)	帆板	1	全国性
张楚君	全国翻波板锦标赛(翻波级奥林匹克航线赛)	帆板	1	全国性
张楚君	全国帆板冠军赛(翻波级奥林匹克航线赛)	帆板	1	全国性
林燕文	全国激流皮艇冠军赛	皮艇	1	全国性
朱琮思	全国象棋团体赛	象棋	1	全国性

续表

姓　名	比　赛　名　称	项　目	名次	备　注
程新楷	全国国际象棋团体赛	国际象棋	1	全国性
林　琳	全国少年象棋12岁组锦标赛	象棋	1	全国性
郑佳春	2001年全国跳水冠军赛	双人跳台	2	全国性
胡　佳	第九届全国运动会跳水比赛	男子10米跳台	2	全国性
郑晓臻	全国OP帆船锦标赛	女子银组	2	全国性
郑林丽	第九届全国运动会柔道比赛	女子47公斤级	2	全国性
陈淼洁	第九届全国运动会体操比赛	高低杠	2	全国性
郑林丽	全国柔道锦标赛	女子47公斤级	2	全国性
翁晓忠	全国青年柔道锦标赛	男子60公斤级	2	全国性
胡万江	第九届全国运动击剑比赛	男子佩剑团体	2	全国性
胡　佳	第九届全国运动会跳水比赛	男子双人10米跳台	3	全国性
陶　唐	2001年全国跳水冠军赛	双人跳板	3	全国性
张楚君	全国翻波板锦标赛(翻波级长距离赛)	帆板	3	全国性
张楚君	全国翻波板锦标赛(公开级长距离赛)	帆板	3	全国性
张楚君	全国帆板冠军赛(翻波级长距离)	帆板	3	全国性
张水盛	全国帆船锦标赛(470级长距离)	双人团体	3	全国性
姚　兰	第九届全国运动会篮球比赛	女子篮球	3	全国性
单　杰	第九届全国运动会篮球比赛	女子篮球	3	全国性
吴国范	第九届全国运动会篮球比赛	女子篮球	3	全国性
宋晓云	第九届全国运动会篮球比赛	女子篮球	3	全国性
靳为刚	第九届全国运动会拳击比赛	拳击	3	全国性
沈少峰	全国柔道锦标赛	男子66公斤级	3	全国性

(翁玉璇)

民主法制建设

综　述

【依法行政】 全市各级行政机关继续深入贯彻国务院颁布的《关于全面推进依法行政的决定》，采取有力措施，改善政务环境，提高依法行政水平。一是改革行政审批制度，努力实现政府职能转变。为适应改革开放和社会主义市场经济体制的建立，各级行政机关针对现行行政管理中审批和核准事项过多的问题进行改革，在原有631项审批核准事项基础上，再削减30%以上，切实提高行政效能。二是积极稳妥做好机构改革工作。年初，根据中央、省关于国家行政机构改革的精神，坚持“精简、统一、效能”原则，进行深入动员部署，做好机构合并、撤销工作，市直政府成员单位由原来39个合并为30个。同时，各行政机关认真细致做好分流人员思想政治工作，全市行政机构改革工作进展顺利，运作正常。三是深化人事制度改革，按干部“四化”要求，认真做好公开选拔领导干部工作。全市16个副处职位公开进行考试、考核选拔，整个选拔工作做到有组织、有领导、有步骤进行，干部群众普遍反映较好。四是从规范经济和社会发展管理出发，加强政府立法。全年市政府共制定和修改汕头经济特区无线电管理办法、关于修改汕头经济特区股份合作制企业管理办法的决定、汕头市分散按比例安排残疾人就业实施细则规章三个。五是进一步抓好行政执法责任制的组织工作机构和内部制约监督、廉政勤政等配套制度的建设，不断提高行政执法人员素质，遏制行业不正之风和腐败现象的滋生。

【地方立法】 围绕“十五”计划及经济和社会发展战略，充分发挥特区立法权和享有较大市立法权的优势，从加快汕头发展的具体情况和实际需要出发，坚持以经济立法为重点，着重抓好完善市场体系、规范经济社会秩序、健全社会保障制度、促进科技进步、发展信息产业、促进可持续发展等方面的立法。市人大常委会共审议法规草案、法规修改决定草案9件，其中，通过汕头经济特区人才市场条例、汕头经济特区劳动力市场条例2件特区法规，报省人大批准的汕头市立法条例、汕头市查处生产销售假冒伪劣商品违法行为条例、汕头市荣誉市民称号授予办法、汕头市促进农业技术推广若干规定4件地方性法规，法规修改决定汕头经济特区城市房屋拆迁管理规定1件，拟通过法规性文件汕头市人民代表大会常务委员会关于加强汕头港内湾环境保护的决定、汕头市人民代表大会常务委员会关于推广和使用普通话的决定2件。

【执法检查】 市人大常委会、市政府、市政协围绕市委的中心工作，有重点、有针对性地开展执法检查。6月下旬至7月上旬，市人大常委会组织部分组成人员及省、市人大代表分7个检查组，深入部分区县(市)及汕头海关、市技监局、地税局等有关部门开展执法检查，推动整治市场经济秩序和社会治安秩序的“两大整治”活动。同时，对价格法、华侨房地产权益保护法、土地管理法、固体废物污染环境防治法、道路交通管理处罚条例、海洋环境保护法、食品卫生法、广东省宗教事务管理条例等8项法律法规的实施情况进行检查。针对存在问题提出意见和建议，督促政府及各有关职能部门改进工作。如为尽快归还华侨业主侨房使用权，在市人大常委会及有关工委的跟踪监督下，市政府安排300套公租房供特困住户腾退，退还使用权的侨房面积达13781.86平方米。结合实际情况，还先后组织检查了消防法、防震减灾法、教育法、义务教育法、广东省发展中医条例等法律、法规的执行情况。积极配合全国、省人大，对汕头水污染防治法等法律法规实施情况以及打击走私贩私、制假贩假、偷税骗税情况进行检查。

【法制宣传教育】 12月25日，市人大常委会第二十四次全体会议，专门听取市人大常委会副主任郑开隆关于省部级干部世贸组织规则及吸收外资政策法规专题研究班的情况报告。12月4日，配合全国普法活动日，由市委宣传部、司法局、普法办联合举办大型法律咨询日活动，广大市民踊跃参加，有效地增强市民崇尚宪法，推进依法治国、依法治市的意识。市依法治市办公室与市司法局、普法办召开了3次有市直20多个局（处）单位和法制科室负责人会议，围绕"两大整治"中暴露出来的有些地方法制环境较差，一些基层干部群众普遍存在的法制观念淡薄、法律基础知识水平较低，以及一些基层镇、村出现的经济社会秩序管理混乱，执法不严、监督不力等状况，有重点、有针对性地从国家现行法律法规中选择涉及公民民事、经济活动、社会行为规范等法律、法规条文，以纲目、篇章结构体例和形式编写《让法律进入千家万户》一书，作为汕头市公民"四五"法律普及读本，共印8000份，分发各区县（市）及市直单位。各区县（市）法律援助机构进一步建立健全，积极开展法律救援活动，为社会困难群众"打官司"排忧解难。全年共承办法律援助案件802宗，其中刑事案件262宗，民事法律案件408宗，行政诉讼案件2宗，公证案件130宗，接受市民法律咨询5193人次。

【基层民主政治建设】 5月10至11日，市依法治市办公室先后在达濠区、潮阳市召开有乡镇（街道）负责人参加的座谈会，围绕乡镇（街道）如何推进依法行政，建立和实行执法责任制，搞好社区建设以及加强以"四民主两公开"为主要内容的基层民主政治建设等问题，广泛深入听取基层干部群众意见。11月23日，市委召开有各区县（市）分管农村工作的副区县（市）长、依法治市区县（市）负责人、全市各镇（街道）党委书记或镇长（办事处主任）共119人参加的全市依法治镇（街道）工作经验交流会，回顾和总结近几年来全市开展依法治镇（街道）工作的基本情况和经验，分析面临的新形势和新问题，研究如何全面推进依法治镇工作。汕头市委书记、市人大常委会党组书记、市依法治市工作领导小组组长李统书在会上作了重要讲话。副市长黄世忠就如何开展基层组织依法自治和落实好"四民主两公开"工作，进一步推进依法治镇（街道）工作，提高依法行政水平讲了话。李统书在讲话中强调指出，依法治镇（街道）是把依法治国方略落实到基层的重要举措，也是依法治市的重要组成部分，对于巩固国家政权基础，推动社会主义民主政治建设具有十分重要的现实意义。李统书要求全市各级党政和各有关部门进一步搞好专项整治，认真解决群众关心的热点、难点问题，形成依法治镇（街道）的整体合力。充分发挥各级人大及其常委会在依法治镇中的主导作用和人民政协的民主监督作用，认真落实依法治镇（街道）领导和工作责任制，加强和改进领导作风和工作作风，把依法治镇（街道）工作落到实处。会上有5个单位作了发言和10单位书面经验交流。

【依法治市试点】 市审计局、财政局、水利局、林业局、物价局和市工艺美术学校6单位作为市直依法治市第四批试点单位，重点探索如何通过学法用法、完善行政执法责任制和民主监督等，推进依法行政、依法治校的做法。整个试点从3月起至年底结束，分宣传发动、建章立制、总结验收3个阶段。各试点单位制订方案，落实措施，保证试点工作的顺利进行。12月26日，市依法治市办公室召开试点工作总结验收会议，各试点单位在会上汇报、交流了试点工作情况。

（黄楚瑜）

【依法治市】 市人大常委会继续在行政机关和公安司法机关全面推行执法责任制和冤案、错案责任追究制。二是开展专题调研,总结经验,召开全市依法治镇(街道)工作经验交流会,推进区县(市)、镇(街道)两级行政执法责任制的建立健全,推动社区建设和以加强"四民主、两公开"为主要内容的基层民主政治建设。三是继续大力推进民主法制宣传教育。举办全市领导干部法制讲座;指导和督促有关部门做好"四五"普法的规划和启动工作;编印汕头市公民"四五"普法读本,广泛开展"让法律进入千家万户"活动;参与、支持开展法律服务和法律咨询活动,努力在全社会营造文明法治氛围。

(李友彝)

政府法制

【政府立法】 2001年,制定了《关于修改〈汕头经济特区股份合作制企业管理办法〉的决定》、《汕头经济特区无线电管理规定》、《汕头市分散按比例安排残疾人就业实施细则》、《汕头市公墓管理办法》、《汕头经济特区邮政特快专递经营管理办法》等5件政府规章,提请市人大常委会审议的法规草案6件;制定其他规范性文件23件。

【行政复议】 全年市政府行政复议办公室共收到行政复议申请14宗,其中受理8宗,告知另行申请的2宗,不予受理的3宗,作其他处理的1宗。对受理的案件,遵循合法、及时、公正、准确、便民的原则依法审查。受理的8宗案件已全部审结,其中维持6宗,因申请人撤回申请终止复议的1宗,撤销1宗。切实维护申请人的合法权益。

【行政执法监督检查】 开展行政执法督察工作,共接待来访来信近20人(件)次,处理行政投诉案件4宗。接待公路"三乱"来访、来信、来电近50人(件、宗)次;承办省督察队转办案件5宗,协助省督察队查办案件1宗。加强行政执法证件和队伍管理。一是开展"四法"培训,对经考试合格的人员颁布《培训合格证》;二是认真审查申领执法证资料并转报省府法制办250份,发放执法证180块;三是严格按照《广东省人民政府行政执法证定期审核办法》和有关规定,开展执法证年审工作,全年共受理申报资料2686份,审验执法证2388块,发放胸卡2388块。

(吴敏燕)

政　法

【整治社会秩序和市场秩序】 2001年,汕头市政法机关把开展"两大整治",全力推进"严打"斗争作为重中之重,以严厉打击严重暴力犯罪、流氓恶势力和带黑社会性质的团伙犯罪、"双抢"犯罪、盗窃机动车、重大入室盗窃犯罪、利用"六合彩"进行赌博等犯罪为重点,重拳出击,先后精心组织了打黑除恶、打击路面"双抢"、打击盗抢机动车等专项斗争,始终保持高压态势。针对治安问题较突出的潮阳、金园、龙湖3个区县(市)和21个重点镇(街道)、59个重点村(居委)开展集中整治。全市共破获各类刑事案件4545宗,抓获犯罪嫌疑人4829人,其中流窜犯1599人,逃犯278人,打掉犯罪团伙389个,抓获团伙成员1580人;判处各类罪犯2456人,其中判处5年以上有期徒刑、无期徒刑和死刑的1009人,占判处罪犯总数的41.1%,有力地打击了刑事犯罪分子的嚣张气焰。政法机关还充分发挥职能作用，严厉打击骗取出口退税、走私贩私、制假售假、金融诈骗、贪污受贿等严重经济犯罪，全市共侦破经济犯罪案件141件；立案查办贪污贿赂等经济犯罪案件76件85人，为国家挽回了大量经济损失。同时认真抓好中央工作组交办的“807”专案，侦破涉税案件33宗100人，判处无期徒刑以上刑罚的17人。

【深入开展与“法轮功”邪教组织的斗争】 2001年，全市把防范与处置“法轮功”问题作为一项重大政治任务摆上重要位置来抓，在市、区县（市）两级设立了防范与处理“法轮功”问题办公室，切实加强组织领导。认真贯彻落实上级的部署，加大防范控制、打击处理、教育转化、揭批宣传等工作力度。办好法制教育学习班，重点做好“法轮功”顽固分子和痴迷者的转化工作，积极发挥单位、街道（镇）帮教小组的作用，做好一般练习者的教育帮教工作，大力开展教育转化攻坚战。做好防范控制工作，密切掌握情报信息和社会动态，落实各地各部门包保责任制，完善防范控制机制，认真做好已转化“法轮功”人员的解脱安置和定期回访、跟踪教育工作，实行思想教育与解决实际问题相结合，妥善安置解决已转化和解脱“法轮功”人员的学习工作和生活出路，促进了社会稳定。

【禁毒工作】 2001年，市政法机关把禁毒斗争置于“严打”整治斗争的重要位置，突出重点，集中力量，采取有力措施，严厉打击毒品犯罪活动，有效地遏制了毒品犯罪上升的势头。全国、全省和市部分在汕的人大代表视察了汕头禁毒工作后，给予了较高评价。一是加大堵源截流和重点整治力度，以打击走私、贩卖海洛因、制贩冰毒、摇头丸等毒品犯罪为重点，广辟情报信息，强化查缉工作，在开展“缉毒侦查，破大案，抓现行，追逃犯专项行动”的同时，对全市36个毒品问题突出的村（居委）开展集中整治；加强对出租屋、旅馆和娱乐场所等重点部位的经常性检查、清理，及时发现和打击毒品违法犯罪活动。全年全市共查获毒品犯罪案件1538宗1876人，其中贩卖毒品454宗221人，缴获毒品海洛因32.16千克，冰毒420千克；依法判处毒品罪犯209人，送强制戒毒1239人，劳教戒毒277人。二是以青少年学生、外来工和个体工商户为重点，强化禁毒宣传教育，增强公民的禁毒意识。通过开展“不让毒品进我家”签名，举办图片展览、征文演讲比赛、游行集会、知识竞赛、灯谜竞猜、文艺晚会等一系列禁毒宣传教育活动，使85%以上的市民和97%以上的中小学生接受了禁毒教育。三是大力推进“无毒社区”创建工作，全市已有“无毒镇（街道）”15个，“无毒村（居委）”674个。

【打击走私】 2001年，市反走私职能部门认真贯彻落实上级指示精神，坚持“联合缉私、综合治理”，“严防猛打、常抓不懈”的反走私工作方针，加强领导，突出重点，周密部署，集中力量，精心组织开展了反走私联合行动和打击光盘走私、“两油”走私、冷冻畜禽产品走私和海河沙走私等一系列专项斗争，实行重点打击与面上综合治理、经常性检查与突击性检查、海上查缉与陆地堵截相结合，严厉打击各种走私违法犯罪活动。全年共查获各类走私贩私案件140宗，案值1.04亿元，抓获走私犯罪嫌疑人130人，逮捕21人，判刑60人，缴获成品油、食用油、氨纶丝、香烟、电器、钢铁、化工化纤原料等走私物品一大批，有力地打击了走私违法犯罪活动。同时，进一步加大对船舶、码头、油库（油站）、市场和企业的管理力度，对运输船、渔船进行全面普查登记，更换新的证件，清理“三无”船只409艘，与持有证船舶船主和非设关码头业主签订责任书，落实管理措施，实行规范管理，有力推进了反走私综合治理工作的深入开展。

【整治突出治安问题】 2001年，市政法机关针对不同时期突出治安问题，先后开展了打击取缔“六合彩”赌博、清理电子游戏机营业场所、治爆缉枪和消防安全、道路交通秩序、出租屋和外来暂住人口、娱乐服务场所、校园周边治安秩序、铁路沿线治安秩序等集中整治。全市共查处“六合彩”赌博案件2923宗6964人，逮捕65人，送劳教111人，刑事拘留323人，判刑51人；清理经营电子游戏机的场所61家，收缴、封存各类机具608台；查破涉爆案件10宗、涉枪案件32宗，抓获违法犯罪嫌疑人75名，缴获各类枪支72支；检查消防重点部位1966个，发现隐患619处，责成限期整改安全隐患23处；查扣后三轮摩托车1616辆，无牌、假牌证机动车8895辆；整顿公共复杂场所4194个，取缔无证经营107家；查处“黄赌毒”案件6632宗15251人，及时清除了一大批治安隐患。

【社会面防范控制】 2001年，全市政法机关认真贯彻“打防结合，以防为主”的方针，着力构建长效治安防控机制，不断提高动态环境下治安防范水平。一是加强粤东6市110协作，启动粤东闽南110区域联动机制，延伸治安防范空间，扩大防控覆盖面，形成了互通信息、快速反应、密切配合、联动协作、跨区作战的大治安防控机制。二是进一步完善以110为龙头，以巡警为依托，多警种高效联合作战的快速反应机制。市公安局进一步规范市区主要出入口的报警站、治安岗的警务工作，落实值班备勤，坚持24小时设卡查拦堵截，打击现行违法犯罪行为；市110报警服务台完善与一线警种的联动，快速调度巡警。巡警部门最大限度地把警力摆上路面，科学划分警区警务，实行“网格化”街面巡逻，重点加强对“三休时间”、重点路段、多发案部位的巡逻防范，打伏击，抓现行；交警部门加强路查路检，盘查疑车疑人，及时发现、抓获各类违法犯罪人员。三是基层派出所落实社区治安防范责任制，组织群防群治力量参与社区治安联防，形成了以派出所为主体，群防群治力量为辅助的良好治安防控格局。为加强对市区路面“双抢”案件和盗窃机动车犯罪的打击，市公安局从交警、巡警和刑警等部门抽调警力成立了“严打专业队”，采取便衣伏哨巡逻，在重点时段、重点路段严密监控；在案件多发地和重点出入口上设卡检查；加强对城乡结合部和“城中村”地区停车场的清查和深入群众发掘线索等多种灵活的工作措施，有力地打击路面“双抢”犯罪和盗窃机动车犯罪活动，增强群众的安全感。四是强化外来人口和出租屋管理，及时消除各种治安隐患。6月份，市综治办牵头组织市公安局和龙湖区有关部门组成工作组，在龙湖区街道开展出租屋、外来暂住人口治安管理试点工作，成功地摸索了对出租屋和外来暂住人口实行包登记造册、申报办证、变动和注销；包政治思想法制教育；包协助治安行政管理；包发现违法犯罪和事故苗头并及时报告；定期向属地派出所汇报情况的“四包一定”管理责任制以及一证——治安许可证；一书——出租房屋治安责任书；一簿——暂住人员登记簿；一档——出租房屋档案；一牌——出租房屋牌的“五个一”管理制度，为在全市范围加强出租屋和外来暂住人口管理工作提供了经验借鉴。全年共为外来人口办理暂住证271162份，办证率93%，办理《房屋租赁治安许可证》10722份，签订治安责任书13754份，收容“三无”人员7986人次，遣送12218人次。

【基层安全创建活动】 把基层安全创建活动作为加强基层基础建设，落实各种防范措施的有效载体，突出重点，加大力度，在巩固和提高小区创建成果、扩大小区覆盖面的基础上，着力加强对创建难度大、档次水平低的小区的指导，完善创建工作制度，落实创建责任，加大资金投入，强化防范措施，改善小区的软、硬件环境，增加科技含量和防范效能，使一批安全小区的质量档次有了新的提高。3月份，市综治委组织检查组，对原经市复检给予黄牌警告的13个安全小区进行复查验收，对未能改变小区管理混乱局面、仍然存在安全隐患的安全小区予以摘牌，废除安全小区命名的“终身制”，真正实现了小区质量档次的动态管理。全市已创建安全小区1362个，占规划应建数的99.3%，其中被市评为优秀的小区243个，达标817个，优秀、达标率为77.8%。

【政法队伍建设】 一是加强和改进政法系统的作风建设。市委政法委出台了《中共汕头市委政法委员会关于进一步加强和改进党的作风建设的意见》，从积极推进司法改革、强化执法监督、大力推进司法公正，建设好各级政法机关领导班子，加强廉政建设等5个方面进一步加强政法队伍的作风建设，全面提高政法队伍素质。二是深化司法改革，大力推进警务、检务、审判和所务公开。政法各部门为增强司法活动的透明度，提高办案效率，推进政法业务工作与时俱进，继续加大警务、检务、审判、所务改革力度，拓宽公开的内容。公安系统继续推行警务公开，积极推进警务规范化建设；检察系统加快改革步伐，积极推进“六项改革”；法院系统以“公正与效率”为主题，深化审判改革。三是深入开展教育整顿，提高政法干警的政治素质和执法水平。政法各部门根据上级的部署，紧密结合队伍的实际，集中开展“三项教育”活动，教育整顿、执法执纪教育、“对党绝对忠诚”教育和基本素质考试，通过教育整顿，解决队伍存在的突出问题，提高干警的思想政治素质，增强严格公正、文明执法的意识和能力。四是坚持从严治警方针，大力弘扬正气。为推进“人民满意干警（单位）”争创活动的深入开展，市委政法委对6个先进单位和11名先进个人作出表彰决定。同时，严肃查处违法违纪案件24宗27人。

【执法监督】 市委政法委加大执法监督力度，加强对有重大影响或疑难案件的指导协调和督办查处工作，全年共协调和督办案件53宗，及时纠正一些案件的偏差。同时组织对1999年以来政法部门“取保候审、保外就医”的执法情况和“六合彩”赌博案件的处理情况进行调查，统一了尺度，规范了执法行为，确保了司法公正。

【表彰见义勇为积极分子】 为及时表彰“严打”整治期间在维护社会治安中负伤或牺牲的干部群众，弘扬社会正气，推动“严打”整治斗争的深入开展，市维护治安基金会把维护社会治安见义勇为表彰大会从每年度召开一次改为每季度召开一次，全年召开表彰大会4次，共表彰奖励见义勇为积极分子208名，极大地鼓舞了广大人民群众同违法犯罪行为作斗争的积极性。

（马汉辉　纪旻景）

公安工作

【“严打”整治】 全市公安机关以维护治安大局稳定为目标，接连开展“严打”整治专项斗争。年初，围绕元旦、春节、元宵等节日的安全保卫，开展打黑除恶、打击盗抢机动车犯罪、扫除黄赌毒的“两打一扫”专项斗争；3月开始，积极投入全市“两大整治”行动；4月开始，按照全国治安工作会议精神和省市党委、政府及省公安厅的部署，开展以“打黑除恶”为龙头的打击有组织犯罪，带黑社会性质犯罪和黑恶势力犯罪，打击杀人、爆炸、绑架勒索等严重暴力性犯罪，打击盗窃、双抢等多发性犯罪，扫除黄赌毒的“三打一扫”的“严打”整治斗争。至年底，作为两年为期实现社会治安工作明显进步目标的“严打”整治斗争第一阶段，组织了两大战役行动和一系列专项斗争、专项治理。对摸排出来的3个县区、21个镇街道和59个村居委等重点地区分类指导，实行重典治乱，改变了一批重点地区的治安落后面貌。对路面抢劫、抢夺的“双抢”、盗抢机动车等多发性犯罪及其他犯罪保持高压态势，遏制了恶性案件和多发性案件的上升势头。全年共破获各类刑事案件4545宗，破案率23.6%；抓获犯罪嫌疑人4829名，其中流窜犯1599名，逃犯278名；已逮捕2681名，已送劳教1404名。打掉犯罪团伙389个1580人。缴获各类枪支122支（其中军用枪23支）、子弹18870发、汽车62辆、摩托车280辆，赃款赃物折值7000多万元。

【要案督办要犯督捕】 全市刑侦部门在“严打”整治斗争中，强化侦查破案，对上级公安机关列出的52宗督办案件和131名督捕逃犯落实警力，强化侦查追捕措施，侦破36宗（属公安部督办1宗、省公安厅督办8宗、汕头市公安局督办27宗），抓获逃犯53名（属公安部督捕10名、汕头市公安局督捕43名）。汕头市公安局龙湖区分局侦破首宗同性恋杀人案；达濠区分局侦破“20010210”无头男尸案；汕头市公安刑侦局侦破“20010810”大众商场恐吓爆炸勒索案，又与汕头市公安局泰山分局、惠州铁路公安处联手侦破汕头火车站服务员被杀案；澄海市公安局侦破“20010613”特大纵火杀人案。一批影响坏、危害大的恶性案件被侦破，一批重要逃犯被缉获。按照公安部、省公安厅的统一部署，全市公安机关于9月20日至11月30日开展了追逃专项行动。精心组织，周密部署，摸清底数，确定重点，启动破案追逃新机制，把网上追逃、日常侦查破案和赴外地缉捕等措施有机结合，使427名网上逃犯（其中属公安部督捕1名、广东省公安厅督捕10名）抓获归案，带破刑事案件1021宗，缴获赃款赃物一大批。抓捕逃犯数列广东省第3位。10月24日，市公安局协助辽宁省朝阳市公安局抓获公安部督捕的网上逃犯、合同诈骗犯罪嫌疑人陈武汉。

【缉毒戒毒】 坚持依法禁毒，“四禁”（即禁吸、禁贩、禁种、禁制）并举，严格执法，堵源截流，标本兼治，强化侦查破案，切实加强缉毒戒毒工作，全年共查破毒品犯罪案件491宗，抓获犯罪嫌疑人261名，其中贩毒456宗219人；查处吸毒案件1047宗1623人；缴获毒品海洛因32.16千克。市公安刑侦局缉毒大队经过缜密侦查，在岐山街道捣毁一特大制作“冰毒”工场，抓获主要犯罪嫌疑人陈强盛（陆丰市人，已逮捕）、陈敬平（香港人）及其他涉案人员12名，缴获“冰毒”半成品420千克，毒资及制毒设备、汽车等物品一批。汕头市公安局、潮阳市公安局、澄海市公安局强制戒毒所收戒人员1626人，对290名复吸人员进行劳动教养强制戒毒。

【治爆缉枪】 按照公安部和广东省公安厅的部署，2001年4月至年底，汕头市各地公安机关开展治爆缉枪专项行动。期间，全市查破涉爆案件10宗、涉枪案件32宗，抓获违法犯罪嫌疑人75名（其中逮捕21名、刑事拘留25名、劳动教养5名、治安拘留13名）；缴获枪支65支，其中军用枪7支、小口径手枪5支、火药枪1支、仿真军用枪26支、其他枪支25支、子弹96发、铅弹4万发、仿真塑料玩具枪8404支，炸药319.65公斤、导火索124.5米、雷管548枚、烟花14个、爆竹505.2万头。4月30日，澄海市公安局在该市隆都东山采石场查获一非法爆破案件，缴获炸药129公斤，导火索20米，抓获4人。

【取缔“六合彩”赌博】 利用“六合彩”赌博虽经年年打击，其活动更趋隐蔽，手段更趋狡猾，形成治安顽疾。在“严打”整治斗争中，全市公安机关适时调整对策，组织“打彩”专业队，加大宣传和打击力度，重创“六合彩”赌博的赌头、“庄家”。全市查处赌博案件4561起12142人。其中查处“六合彩”赌博案件3287起7750人，捣毁投注窝点310个；缴获赌款630.8万元，投注单、“六合彩”小报和作案工具一大批。市公安刑侦局等部门按照省公安厅的部署，组织开展“6·

19"、"7·28"两次全市性打击"六合彩"赌博的"猎鹰"行动，查破"六合彩"赌博案件25宗，抓获犯罪嫌疑人145名(其中逮捕33名)，缴获赃款及汽车、摩托车、电脑、手机等作案工具一大批。

【整治娱乐服务场所】 汕头市公安治安部门不断强化娱乐服务场所治安管理，维护正常的治安秩序。10月，按照公安部等国家五部局《关于整顿和规范歌舞娱乐服务场所秩序专项行动方案》和省公安厅的部署，排查确定整治重点，采取定期检查和突击清查的方法，逐条逐项进行检查，落实整改和跟踪制度，及时打击"黄赌毒"违法犯罪活动。行动中，全市投入警力2263人(次)，检查各类娱乐场所1136家，取缔无证经营发廊98家，查处违规经营歌舞厅5家、茶座7家，责令限期整改70家，收容"三无"(即无合法身份证件、无固定住所、无合法经济来源)人员49名，清返陪侍人员12名；查获强迫介绍妇女卖淫案件1起2人，卖淫嫖娼4起11人，赌博5起13人，抓获各类违法犯罪人员35名(其中刑事拘留9名)，进一步净化、规范了娱乐场所治安秩序。10月24日，汕头市公安局龙厦派出所根据线索在市区华都宾馆抓获公安部网上逃犯凌韦兵(西安市人)。各级公安机关查获卖淫嫖娼案件435起1061人，其中窝主、介绍人73人，嫖客419人，暗娼567人。查获贩卖、传播淫秽物品案件88起104人，缴获淫秽物品12812件。

【销毁赌博的电子游戏机】 汕头市公安局针对个别地区利用电子游戏机赌博回潮的情况，坚决落实市委主要领导的批示，紧急动员部署，于9月30日组织全市统一清查行动。行动中，清理电子游戏机场所56家，审查涉案人员76人，收缴封存各类机具449台，其中涉赌机具169台。10月26日，在汕头市鮀浦将这批机具及近年收缴的电子游戏机共536台、电路板399块集中烧毁。市委书记李统书在批示中赞扬公安机关"措施得力，真抓实干，是实践三个代表的体现"。

【保安员培训】 5月1日，位于汕头市龙湖区外充公的汕头保安培训中心开班培训。至年底共举办13期，培训保安员1048名。其中属娱乐场所类505名。这批取得培训合格证书的保安人员由保安服务公司派驻娱乐等场所工作，对进一步规范全市保安服务行业，依法实施保安资格培训，提高保安人员整体素质，发挥了重要作用。

【打击严重经济犯罪】 全市各地公安机关按照上级部署，以打击骗退税犯罪为重点，先后开展了打击金融诈骗、骗汇骗税、制贩假币、地下钱庄、制假售假等经济犯罪专项斗争。2001年全市公安机关破获各类经济犯罪案件141宗，抓获犯罪嫌疑人386名，其中逮捕99名(已移送起诉79名)、刑事拘留35名、取保候审52名、处送劳教5名；在查破的经济犯罪案件中，属扰乱市场秩序案件15宗，侵犯财产案件8宗，破坏金融管理秩序12宗，危害税收征管案件19宗，生产销售伪劣商品案件12宗，侵犯知识产权案件10宗，其他经济案件18宗。缴获假币面额13万元，挽回经济损失7167万元。全年共立案侦查国务院"807"工作组交办案件58宗，查破33宗，抓获各类犯罪嫌疑人106名，其中移送起诉57名，逮捕1名，刑事拘留19名，移送纪检部门查处1名，取保候审28名。

【内部单位安全防范】 全市公安机关各级经文保部门在严厉打击严重经济犯罪的同时，强化对首脑机关、金融单位、供水供电、油气库等要害单位内部安全防范工作的检查指导督促。2001年，组织大的安全检查5次，检查单位120个(次)，发现治安隐患84处，发出整改通知书12份，及时落实整改72处，有效地维护了内部单位的良好工作、生产秩序，确保全年没有发生重大恶性案件和安全生产事故。同时，经文保部门还把一些经营不景气、出现劳资矛盾、存在不稳定苗头的企事业单位列为工作重点，强化内部调查研究和情况反馈，积极协助有关部门做好矛盾的化解工作，把问题控制在基层，解决在萌芽状态，有效地维护了社会政治安定。

【规范留置室管理】 根据《广东省公安机关留置管理若干规定》，4月18日，市公安局下发了《关于加强公安机关留置工作的意见》，对正确使用留置措施，进一步规范留置管理，防止事故发生，保障被留置人员的合法权益，提出具体实施意见。从当月开始，全市公安机关对留置室进行全面清理整顿，对各单位留置室的选点、硬件（指铁门、铁窗等）建设逐一检查，对发现的不安全隐患逐一落实整改。以广东省公安厅推广的“增城模式”为样板，因地制宜，规范建设留置室，使留置室的通风、采光、安全、卫生等基本达到广东省公安厅的规范化要求。至年底，汕头市公安机关建成符合上级规定条件的留置室38个，进一步规范了管理。

【110接警服务】 汕头市公安局110报警服务台履行“四必”（即有警必接，有接必处，有难必帮，有险必救）的承诺，打击犯罪，抢险救灾，服务群众，充分发挥信息灵敏、反应快速、指挥有力的优势，有力地配合了“严打”整治斗争，圆满地完成了各项任务，被上级评为全国职工道德“百佳班组”、广东省“文明窗口单位”和“全国公安系统优秀基层单位”。2001年，110报警服务台接受群众报警、举报、求助等51861起，通过处警侦破刑事案件877宗，查处治安案件620宗，抓获犯罪嫌疑人536名，调解各类纠纷6821起，解决群众求助18555起，受理群众警务电话投诉218起，均做到有诉必查、有诉必复，收到群众赠送锦旗3面、感谢信8封、感谢电话超100个。

【巡逻勤务】 全市各级巡警部门坚持依法从严治警方针，以“三项教育”（即全心全意为人民服务的宗旨教育，实事求是的思想路线教育，严格、公正、文明执法的法制教育）为契机，认真抓好各项警务公开制度的落实，不断推进巡警规范化建设。2001年，汕头市各级巡警部门接“110”处警896宗，接群众报案1197宗，及时处置刑事案件149宗201人，治安案件506起1635人；现场查获摩托车106辆，小汽车3辆，毒品摇头丸30粒，“六合彩”玄机报20多万份，赃款赃物折值312万元。为群众办好事实事2168起21802人，收到群众赠送锦旗25面，感谢信29封，树立了公安巡警的良好形象。

【流动人口和出租屋治安管理】 针对抓获的刑事作案成员中外来流动人口所占比例大以及一些出租屋藏污纳垢等情况，汕头市公安机关于4至8月开展大规模的清理整顿外来人口、出租屋专项行动。重点清查“城中村”、“村中村”、城乡结合部、雇用外来工单位、工厂企业等。行动中，全市共成立核查组440个2279人，召开干部会305场5830人，宣传发动会306场62543人，印发宣传资料58717份，利用电视、广播宣传763场（次）。共清查出租屋1441幢13711间，办理治安许可证6355份，发暂住人员登记簿5027本，装钉出租屋门牌6392块，签订治安责任书7798份。同时，查出不符合安全标准出租屋638间，责令停止出租316间，责令整改290间，遣送“三无”人员3143人。清查发现违法犯罪线索130条，查破刑事案件48宗，查处治安案件93起，抓获违法犯罪嫌疑人252名，打掉犯罪团伙15个。全年全市外来暂住人口350364名（其中汕头市区159959名），办理暂住证271162人，占应办理人数的93%。

【居民身份证管理】 全市各级公安户政部门在完成公民身份证号码编制和号码纠错工作的同时，根据公安部、总参谋部等五部《关于认真做好军队和武警部队人员公民身份号码编制工作的通知》和省公安厅《关于在常住人口信息单位中建立军人公民身份证号码信息库有关事项的通知》，开展调查摸底，认真做好驻汕头军队和武警部队人员公民身份证号码编制工作，保证了军人公民身份号码编制、登记的惟一性和准确性。全年共制发居民身份证155063份(人)。清理纠正错身份证号码13773个。在日常身份证管理中协助查破案件859起，抓获违法犯罪嫌疑人386人。全年共办理户口迁入30508人，其中汕头市辖区16013人。来汕就业办理市辖区户口13322人，其中属初级职称3741人，中级职称1904人，高级职称68人，在汕头市辖区购房入户1210人，解决经济特困户31户119人来汕入户。

【帮教青少年】 全市各级公安户政部门根据中央综治委《关于"严打"整治斗争中加强刑释解教人员排查和管理工作的实施方案》，6至9月对1998年1月1日以来汕头市辖区回归社会的刑释解教人员进行一次全面深入的摸查和清理。通过工作，从中发现重新违法犯罪15人。对违法青少年帮教对象坚持"正面引导，人员落实，严格考核"的工作方针，做到"对象、措施、人员"三落实，进行全面细致的清查，分类建档，建立健全年度考核制度。全年新列管的帮教对象754人，成立帮教小组1758个5041人。通过帮教，使之向好的方面转化1230人，已停止违法活动1161人，仍有轻微违法活动424人，有效地控制了帮教对象重新犯罪率。

【计算机管理监察】 加强对各级公安机关及其他党政机关、海关、金融、税务、电信等重要领域信息网络重点保护管理工作，在全市公安机关组织3次大规模的病毒清查行动，逐机检查，摸清情况，在全市公安网主页上开辟最新病毒公告专栏，及时公告最新病毒，提供查杀病毒软件升级服务，使病毒防范、查杀能落到实处，未造成严重损害。实施国务院《互联网上网服务营业场所管理办法》，多渠道多形式开展计算机管理法制宣传，组织开展互联网上网服务营业场所的清查行动，有力打击了地下网吧和联网违规经营活动，查处计算机违法犯罪案件17宗，进一步规范了计算机管理秩序。发挥计算机综合信息网络优势，有力配合"严打"整治斗争。市公安局计算机管理监察科接待公安机关查询3.8万人次，提供有价值线索3万条，比对查核发现线索协助抓获网上逃犯60名，其中属本地公安机关立案的13名。8月完成电子邮件系统建设，实现公安公文网上传递，大大提高了公文传递效率。

【公安技防管理】 全市公安技术防范部门加强技术行业管理监督，做好本地产技防产品监督管理，依法依规审查办理技防产品生产资格证书22份，核实生产质保设备200多件(部)，审核技术人员资格证书40份，提高了地产技防产品市场合格率；办理技防产品经销资格证书汕头市安全防范技术行业准营证17份、广东省安全防范技术产品销售许可证46份，严把外地进入本市技防产品质量关。做好全市15家持证施工单位206名技防工程技术人员"施工员证"年审验核及换证工作，强化全市技防行业施工队伍监督管理。全市利用技防设施破获盗窃案件97宗，抓获犯罪嫌疑人11名，有效防止治安案件100多起，吓跑犯罪嫌疑人130人，有效地防止机动车失窃200多辆次。

【出入境管理】 全市各级公安出入境管理部门贯彻执行公安部《内地居民赴港澳定居审批管理工作规范》、《内地居民赴港澳探亲审批管理工作规范》和《公民因私出国护照申请审批管理工作规范》，全年共审批发放各类往来港澳台证件18312人次，其中往港澳定居302人，往港澳探亲10108人次，往港澳旅游4458人次，商务多次往来港澳2177人次，船员往来港澳通行证299人次，台胞多次往返签证247人次，其他721人次。审批发放护照13558人，其中出国定居121人，出国探亲7659人次，出国自费留学229人次，出国旅游3029人次；换发出境卡1565人次，其他955人次。签发各类外国人护照3924人次（其中口岸入境签证2157人次），审查核发居留证件145人次，核发就业证件84人次，协助查处涉外案（事）件48起。

【消防工作】 深入贯彻《消防法》，全民消防法制观念和消防安全意识不断提高，消防工作社会化进程进一步加快，全社会抗御火灾的能力进一步增强。全市火灾事故及造成的人员伤亡和财产损失呈下降趋势，全市未曾发生一起特大火灾事故。2001年，全市共发生火灾55宗、死亡10人、受伤10人、直接经济损失222.32万余元，分别比2000年上升3.8%、下降37.5%、下降60%和下降41.9%。全市开展了消防队站开放活动，建起了一个消防教育基地、6个开放式消防站和1个流动消防宣传点，各开放队站利用现有的设施和设备，向参观群众传授日常防火、初起火灾处置、火场逃生等指示和基本技能。汕头市公安消防支队印制《消防知识119问》及宣传画册5万份，在“119消防宣传日”活动期间，组织大型灭火演练和消防知识讲座。加强全市消防安全重点单位的监督管理。颁发《汕头市消防重点单位消防监督专项工作方案》和《关于加紧督促消防安全重点单位落实十项消防安全职责的通知》，重新确定全市62家消防安全重点单位，逐一建立消防执法档案。制发《关于继续开展易燃易爆化学物品行业消防安全专项治理的工作方案》，经过整治，对全市143家加油站审核合格的115家、66家气站审核合格的14家、153家液化石油气门市审核合格的135家核发了《消防安全许可证》。6月，市政府印发《汕头市公众聚集场所消防安全专项治理工作方案的通知》，明确有关部门对这些场所的消防职责和任务，组织安全检查，全市共发现火灾隐患4369处，及时落实整改3806处。市公安消防支队在专项行动中出动警力644人次，检查单位150个，发出《责令当场改正通知书》9份、《责令限期改正通知书》50份和《重大火灾隐患限期整改通知》7份。全年支队共接火警301次，出动263次，投入战斗164次，出动车辆522台次，出动警力3894人次，抢救人员161名，灭火成功率98%。

市消防局官兵开展佩戴空气呼吸器训练

【边防保卫】 武警汕头市边防支队围绕执勤中心，狠抓“龙头工程”和“基础工程”，打牢基础，努力提高基层建设水平，较好地完成了各项公安边防保卫任务。全年侦破辖区刑事案件108宗，查处治安案件96宗，查获海上走私案件16宗，缉获走私香烟、食用油、红油、旧电器等物品一大批，案值600多万元，被广东省委、广东省政府评为反走私工作先进单位。支队成立了反偷渡防务领导小组，制定反偷渡方案，加强沿海船舶管理，在达濠区设立警务区，加强对渔船民管理，减少了我市边防管理盲区，维护了沿海治安秩序稳定。全市边防部门检查接待台轮311艘次，船员1553人次，圆满完成了海上各项重大执勤、演习和海上救助任务（抢救渔船4艘，渔民40多人）。

（蔡汉清　丁镇昌）

【交通管理】 全市各级公安交警部门将实施城市交通管理“畅通工程”，把创建“平安大道”作为工作重心，努力解决影响城市交通秩序和畅通的突出问题，圆满地完成了九运会乒乓球和跳水两项比赛场馆周边和往返车辆沿线的交通安全、保卫任务和特区成立20周年庆典等大型活动及党和国家领导人、海内外嘉宾来汕视察参观的交通安全保卫任务。在道路交通管理工作中,交警支队从车管、交通事故处理、路面执勤等群众关注的热点入手,在办证窗口实施警务规范化建设,健全完善各项规章制度,改进办证窗口的硬件设施。各级交警部门接连开展整治严重超载,清理无牌无证机动车,假牌假证机动车,百日专项整治,整治残疾人后三轮摩托车,打击盗抢机动车等多项行动。9月21日、11月9日两次对1542辆无牌无证和假牌假证机动车进行公开销毁。7月1日,成立了道路交通违章摄像监控队伍。采取摩托车机动巡逻、手提摄像机抓拍的方式对交通违章行为进行监摄,较好地规范了道路机动车停放秩序。经省专家组验收,汕头市区实施"畅通工程"工作被评定为三等管理水平,澄海、潮阳市区被评为四等管理水平。加大道路交通管理宣传力度,通过印发宣传资料、开展宣传咨询、悬挂宣传标语、联办少年警校、创建"交通安全村"等形式加强对中小学生、外来暂住人员和村民的交通安全教育,在全市营造以"治理违章,保障安全"为主题的宣传氛围。完善交通安全设施。在汕头市区6个路口实施交通渠化改造,设置了渠化岛;对金砂路等主干道25个路口的交通信号灯系统进行全面改造,使汕头市区主干道的渠化率达到75%。增划交通标线总面积达1512平方米,总长达8460米。增设交通标志40块。加强警务规范化建设,继续深化勤务制度改革,推进业务工作规范化进程。至2001年底,汕头市有机动车462075辆,摩托车383326辆;汕头市辖区有机动车271452辆,摩托车224264辆;全年汕头市区新入户汽车2931辆。全市共有机动车驾驶员713212名,其中摩托车驾驶员514194名;汕头市区有机动车驾驶员411585名,其中摩托车驾驶员303420名。全年全市交通民警纠正机动车违章35万宗,抓获违法犯罪嫌疑人61名,查扣无牌无证机动车8742辆,查获涉嫌被盗机动车9辆。全市发生交通事故1107宗、死亡315人、伤1064人、直接经济损失400.15万元。分别比2000年下降9.85%、上升22.57%、下降9.37%和下降16.42%。全市万台车事故率25.32、万台车死亡率7.21,分别比2000年下降14.37%、上升16.48%。

(郑　萍　丁镇昌)

【预审工作】　汕头市各级预审部门紧紧围绕"严打"整治专项斗争,坚持依法严正办案,强化案件审理攻坚,扩线深挖,快审快结,从重从快打击严重刑事犯罪。2001年,全市公安预审部门共受理呈捕案件1663宗2774人,报捕1625宗2686人,已批捕1532宗2522人;受理逮捕直诉案件1558宗2588人,移送起诉1563宗2569人。通过预审扩大犯罪线索88条,扩捕犯罪嫌疑人55名,追缴赃款赃物折值60多万元。

【监管场所管理】　2001年,汕头市各地看守所和强制戒毒所、收容教育所、治安拘留所(上述简称"三所")等公安监管场所以贯彻执行公安部《看守所民警执勤规范》和广东省公安厅第6号令为契机,积极投入"严打"整治斗争和追逃专项行动,推进看守所警务规范化建设和"三所"警务公开工作,夯实基础,强化管理,扎实开展各项工作,使队伍建设得到了加强,规范化管理水平得到进一步提高。汕头市看守所连续6年安全无事故。经广东省公安厅依照公安部《看守所等级评定办法》,评定澄海市看守所为2001年度二级看守所,汕头市看守所为三级看守所;汕头市公安局强制戒毒所为2001年度二级强制戒毒所;汕头市公安局收容教育所为2001年度三级收容教育所。

【警卫工作】　紧密围绕公安工作的中心任务和警卫工作实际,根据国际、国内形势和美国"9·11"事件后可能出现的新情况,坚持"安全第一"的指导思想,巩固阵地根基,充实警卫装备,推进警卫业务基础建设和规范化管理,狠抓警卫专职和基层派出所民警的业务知识培训,为安全圆满完成各项警卫任务打下坚实基础。2001年，汕头市公安机关担负警卫保卫任务173批39917人（次），其中一级警卫4批48人（次），二级警卫8批502人（次），三级警卫10批235人（次），确保了李岚清等党和国家领导人，澳门特区何厚铧等重要外宾莅汕视察、参观、访问的绝对安全，确保了中共广东省委、省政府“汕头现场办公会议”、“九运会”汕头赛区乒乓球、跳水项目比赛以及汕头经济特区建立20周年庆典等一批重要会议、重大活动的安全顺利、圆满成功，受到市委、市人民政府主要领导的高度评价。

【公安信访】 围绕汕头市“两大整治”和“严打”整治斗争，认真做好公安局领导接待群众来访日工作，重要信访案件实行领导包案责任制，做好控告申诉信访查处，建立信访工作首接责任制，加强民警自身建设和规范化管理，不断提高办信接访水平。2001年，汕头市公安信访部门共受理公民来信1753件（次），接待公民来访455人（次），其中，初信初访1548件，办结1530件，办结率99%。同时，受理检举520件（次），经查属实375件。根据群众举报线索打掉犯罪团伙9个（属黑恶团伙1个），破获刑事案件64宗，查处治安案件310起，抓获犯罪嫌疑人495名，其中逮捕31名，刑事拘留92名，送劳教14名。

【公安宣传】 紧紧围绕各个时期公安中心工作，不断加大公安宣传力度，进一步规范管理，强化阵地建设。2001年7月1日，汕头市公安局信息网升级版本在汕头信息港开通。该网站（汕头市公安局指挥中心宣传科承办）设置新闻便民信息、公安法律法规、办事指南、公安新闻等16个栏目，面向社会，服务群众。至当年底，到该网站浏览的网民13万人（次）。一年来，全市各级公安宣传部门向新闻媒体发稿2800篇，其中上中央级72篇、省级387篇，汕头市公安局召开新闻发布会、通报会12场。汕头市公安局指挥中心宣传科被广东省公安厅评为2001年度全省公安宣传工作先进集体。

【法制建设】 服从服务于“严打”整治斗争，发挥公安法制部门在公安执法中的指导、协调、保障、监督等职能作用，用足用好现行的法律法规，坚持以事实为依据，以法律为准绳，确保办案质量。2001年，汕头市公安局法制部门共审核各类刑事人员强制措施20788名，其中刑事拘留5898名，逮捕2182名，取保候审970名，监视居住7名。审核审批劳教1404名，审核治安行政案件11731宗，审批治安处罚396名。全市公安机关受理行政复议案件14宗17人。经复议，维持原裁决7宗12人，申请人自行撤诉4宗4人，转其他单位受理3宗。汕头市公安局法制部门参加行政诉讼并出庭应诉4宗（胜诉2宗，未判决2宗），答复广东省劳教委和汕头市人民政府受理的劳教复议案件38宗。

【队伍建设】 坚持以邓小平理论和江泽民同志“三个代表”重要思想为指导，在汕头市公安局和潮阳、澄海、南澳县（市）公安局开展第二批“三项教育”，深入开展“三项治理”（即治理刑讯逼供、滥用枪支警械和滥用强制措施），积极推进警务规范化建设，开展向澄海市公安局和庄宜生（汕头市公安局巡警支队副中队长）学习，狠抓党风廉政建设和反腐败斗争，弘扬了队伍正气，有效地推进了队伍正规化建设，促进了各项工作的顺利开展。以谢咏鹏副局长任组长的侦破组侦破案值近10亿元的“9801”特大走私案件，被公安部记集体一等功一次。

（蔡汉清　丁镇昌）

检　察

【刑事检察】 2001年,全市检察机关共受理公安机关提请批准逮捕的犯罪嫌疑人3143人,经审查决定批准逮捕2832人;受理公安机关移送审查起诉案件1880件3350人,经审查依法提起公诉1607件2751人。一是严厉打击有组织犯罪、带黑社会性质的团伙犯罪和爆炸、杀人、抢劫、绑架等严重暴力犯罪,共批捕上述各类犯罪嫌疑人1476人、起诉1499人。二是按照省委、市委的统一部署,积极参加打击"六合彩"赌博活动专项斗争。共批捕犯罪嫌疑人82人,起诉70人。三是认真执行《全国人大常委会关于取缔邪教组织、防范和惩治邪教活动的决定》,按照"打击极少数,教育挽救大多数"的方针,对触犯刑律的法轮功组织骨干分子、组织策划者依法批捕起诉,共批捕此类犯罪嫌疑人17人,起诉18人。四是全力配合中央"807"工作组,开展打击骗取出口退税的犯罪活动。共批捕涉及"807"案件犯罪嫌疑人78人,已向法院提起公诉54人,已判决15件35人,其中判处死刑8人、无期徒刑8人。五是坚持重特大案件提前介入制度,共提前介入重特大案件49件93人。在审查批捕、审查起诉中,坚持以事实为根据,以法律为准绳,做到不枉不纵,严把质量关,共决定不批准逮捕犯罪嫌疑人98人,不起诉44人,依法追捕犯罪嫌疑人3人,追诉3人。对确有错误的刑事判决、裁定,依法提起抗诉6件8人。

【反贪污贿赂】 全市检察机关积极参与整顿市场经济秩序,加大办案力度,保持了打击贪污贿赂等职务犯罪的良好工作势头,推动了反腐败斗争的深入开展。全市共受理贪污贿赂等职务犯罪案件169件,立案侦查76件85人,其中大要案50件,占立案总件数的65.8%。属县(处)级犯罪要案3件3人。在立案侦查的案件中,贪污案34件40人、贿赂案24件25人、挪用公款案16件18人,其他2件2人。向法院提起公诉60件60人。通过办案,为国家和集体挽回直接经济损失2546万元。在反贪斗争中,全市检察机关全力以赴配合"807"工作组开展打击骗取出口退税专项斗争,查办了一批国家工作人员涉税犯罪案件。共受理涉税案件10件10人,立案侦查8件8人,移送起诉5件5人,为国家挽回经济损失1000多万元,重点查办了一批为扰乱市场经济秩序犯罪活动充当"保护伞"的大案,共立案3件3人。严查了一批具有行业特点、影响大、震动大的窝案、串案,共立案侦查14件17人。依法查办了一批群众反映强烈的农村基层干部的犯罪案件,共立案侦查19件25人。精心组织,共抓获了6名在逃的贪污、贿赂犯罪嫌疑人,协助外地检察机关抓获通缉犯1名。共受理举报涉嫌贪污、贿赂等经济犯罪线索556件,举报部门自行初查112件,在立案侦查的案件中,有36件来自举报,占立案总数的48%。

【法纪检察】 全市检察机关共受理渎职、"侵权"案件19件,立案侦查10件10人,向法院提起公诉15件15人。在立案侦查的案件中,滥用职权案2件2人、玩忽职守案8件8人、私放在押人员1件1人。立案侦查的犯罪嫌疑人中,属司法行政机关工作人员2人,税务机关工作人员8人。在办案中,不断加大执法监督力度,主动与行政机关和司法机关建立案件移送制度,针对渎职、"侵权"案件案情复杂、阻力大的特点,敢于碰硬,集中力量查办群众反映强烈和社会影响大的案件,主动配合"807"工作组开展打击骗取出口退税专项斗争,适时立案,共立案侦查涉及"807"渎职犯罪案件8件8人,移送起诉6件6人。

【监所检察】 全市检察机关的监所部门共检察纠正超期羁押人犯1247人次；纠正干警违法违纪24宗，立案侦查私放在押人员案件1件1人；向监管场所提出安全防范检察建议177次，协助落实安全防范措施102项；依法检察监外罪犯487人，收监7人。

【控告申诉检察】 全市检察机关认真开展控申检察工作，坚持检察长接访日制度，及时查办控告、申诉案件，充分发挥窗口作用。一年来，共受理公民来信来访770件次，其中控告类560件、申诉类210件，控申部门立案复查刑事申诉案件5件，自行初查20件。受理不服公安机关不立案案件13件，调查后要求公安机关立案3件。妥善处理集体上访23批116人，群众性事件2件。坚持检察长接访日制度，共接待群众来访501批人次。

【民事行政检察】 全市民事行政部门以办理民事行政抗诉案件为重心，采取多种形式，积极开展民事行政审判的法律监督。全年共受理民事行政申诉案件34件，已决定立案2件，对认为确有错误的判决和裁定依法提请抗诉3件，提出检察意见1件，作息诉15件。

【检察技术】 全市检察技术部门共办理各种检察技术鉴定165件，其中法医检验52件、文件检验12件、痕迹检验1件、司法会计鉴定2件、视听技术6件、出具各类检验鉴定书和意见书127份，参与现场勘验3件，较好地为办案服务。

【综合治理】 全市检察机关紧紧围绕“两大整治”，把预防职务犯罪作为服务大局的一面旗帜树立起来，在坚持以往行之有效做法的基础上，力求有新的突破。结合整治市场经济秩序专项斗争，通过办案，对严重影响我市市场经济秩序的重点案件的多发部位、重点区域积极开展重点预防、系统预防。全市检察机关积极与金融、税务、工商、海关等八大行业领域开展联手预防，逐步构筑预防职务犯罪网络。共向有关单位发出检察建议142份(次)，协助28家单位改章建制，召开各类型座谈会89场(次)，提供法律咨询服务37场(次)。结合办案，积极开展预防犯罪宣传工作。加强检察理论和法律政策研究，全市撰写的专题调研文章和论文被高检院采用8篇、省院采用29篇。

【检察改革】 全市检察机关进一步深化检察改革。各院不断完善主诉检察官制度，加强对主诉检察官的管理和培训，着力提高诉讼效率。进一步加大人事制度改革力度，龙湖区检察院实行中层干部竞争上岗，6位优秀人才脱颖而出，走上了中层领导职位。进一步落实科技强检战略部署，用技术推动办案，以办案带动技术更新。全市各院均开通了举报电话自动受理系统，配置了讯问监控系统。

【队伍建设】 全市检察机关坚持“从严治检，依法建院”的方针，结合学习“三个代表”重要思想、“三讲”教育“回头看”、队伍集体教育整顿等活动的开展，不断加强队伍的政治思想和业务素质教育，全面提高了检察队伍素质。一是认真开展“三个代表”重要思想学习活动和“三讲”教育“回头看”活动，各院领导班子在“三讲”教育“回头看”的民主测评中，“满意”、“基本满意”率达到100%。二是开展“两项安全”，巩固“创建”成果。全市各院没有发生干警违法违纪及责任事故问题，顺利地实现了第二个“安全年”的目标，基层院的“五好”、“两满意”创建成果也得到了巩固和提高。三是加强队伍的政治思想教育和业务教育，提高队伍综合素质。结合检察系统全员的素质考试，广泛开展“抓全员自学，强基本素质”活动，掀起了前所未有的学习热潮，全市600多名检察人员分两批参加考试，通过以考促学，巩固和充实了广大干警执法所必备的政治、法律和检察专业知识。为适应新修订的《检察官法》的要求和配合高检院“万人续本”工程的启动，积极鼓励支持广大干警参加法律本科班学习，全市有100多名干警顺利通过考试就读北大远程教育法律本科班。

（市检察院）

审判工作

【刑事审判】 2001年，全市法院共受理一审刑事案件1751件，审结1682件，判处各类罪犯2456名，其中判处5年有期徒刑以上刑罚的罪犯1009名，重刑率为41.1%；共组织集中宣判执行活动50场次。在“严打”过程中，中院依法审判了省委政法委挂牌督办的赖沛浩重大团伙案，以故意伤害罪一审判处该团伙组织者赖沛浩死刑，有力地震慑了其他犯罪分子。全市法院依法严惩严重经济犯罪，开展打击骗取出口退税犯罪活动专项审判，整治市场经济秩序。全年共审结一审经济犯罪案件165件324人。其中审结金融犯罪案件23件58人、有关制假售假犯罪案件11件17人、走私犯罪案件16件60人，审结“807”涉税犯罪案件27件54人。

【经济审判】 全市法院依法及时审理和执行各类经济纠纷案件，整顿和规范市场经济秩序，推动全市的信用体系建设。全年共受理一审经济纠纷案件5358件，审结4754件，诉讼标的金额人民币53.7亿元，分别增长46.7%、42.3%和55.3%。认真参与整顿金融秩序工作，共审结金融贷款案件3366件，诉讼标的金额人民币39.3亿元，分别增长206.3%和73.1%。其中审结地方中小金融机构起诉的案件1324件，诉讼标的金额人民币11.4亿元。积极审理破产案件，支持企业体制改革。全年受理申请破产的案件22件，已裁定宣告破产还债的17件，其中已裁定破产终结5件。公正审理涉外、涉港澳台经济纠纷案件和知识产权案件。全年共审结上述案件49件，努力营造开放有序的法治环境。

【民事审判】 及时调处各类民事纠纷，化解人民内部矛盾。全年共受理一审民事案件4042件，审结3791件，分别增长7.3%和8.7%，结案标的金额人民币7.8亿元。其中审结婚姻家庭、继承纠纷案件1424件，债务纠纷案件1393件，房地产纠纷案件716件，损害赔偿纠纷案件182件。在民事审判中注意切实保护困难群众、特殊群体的合法权益，为546宗案件的当事人提供了司法救助。

【行政审判】 积极开展行政审判工作，全年受理行政案件70件，审结64件，增长178.3%。同时，受理与整顿规范市场经济秩序有关的非诉行政执行案件185件，全力支持行政机关依法整治规范市场经济秩序。

【执行工作】 全市法院积极围绕“两大整治”开展以追收金融债权为重点的专项执行活动，保障债权人的合法权益，维护司法权威。全年受理执行案件7707件，执结7245件，结案标的金额人民币22.9亿元，分别比2000年增长0.6%、2.3%和4.5%；执结率94%，比2000年提高1.6个百分点，其中执结金融机构申请执行的案件1922件，执结标的金额人民币16.2亿元，分别增长6.7%和52.8%。

【社会治安综合治理】 全市法院积极参与社会治安综合治理，继续加强少年刑事审判工作，及时妥善处理刑事自诉案件，依法适用缓刑，及时办理减刑、假释案件，进一步加强人民法庭工作，把大量的社会矛盾解决在基层。开展法律咨询活动14场次，充分发挥与媒体合办的《打开案卷》、《法制之声》、《法制潮声》等视听、文字栏目的作用，对涉及“两大整治”、关系群众切身利益的案件通过以案讲法，加强法制宣传，扩大办案的社会效果。

【法院改革】 开展执行机构和管理体制改革。中院执行庭改为执行局，升格为副处级机构，下设两庭一科。全市大部分基层法院也成立执行局。继续探索优化法官队伍的改革路子，在全省法院中率先通过竞争上岗从基层法院选拔优秀法官到中院任职。各基层法院积极开展人事管理制度改革，普遍采用竞争上岗或其他公平、公开、透明度高的方式选拔庭长、审判长和审判员、执行员；有的还建立了引咎辞职制度、不称职人员离岗学习制度。调整人民法庭布局。根据上级法院的部署，将全市42个人民法庭调整为25个跨行政区域的中心法庭，7月初全面完成了调整组建工作，还建立健全了一系列符合法庭工作特点的审判管理制度。深化审判方式改革。龙湖法院积极试行简化刑事审判普通程序的改革，全年有90%的刑事案件按简化的刑事普通程序审理，结案率达到100%，提高了刑事案件的审判效率。市中院还在全市法院推行裁判文书改革，开展了评比活动，提高了裁判文书的制作水平和工作效率。

【教育培训与调查研究】 在继续办好研究生课程班、“专升本”班的同时，与汕头大学联合开设法律本科班。全市法院接受本科以上学历教育的干警有465名，占干警总数的46.2%。市中院还多次举办法律讲座，邀请曹建明、陈明侠等著名法学专家莅汕讲授世贸组织相关知识和法律问题、新《婚姻法》的适用等专题，促进了全市法官业务水平的提高。全市法院组织了证据制度专题调研活动，以及中国加入世贸组织后的法律问题、企业法人恶意逃废债务、司法鉴定体制改革等大型调研活动。通过一系列的调研活动，促进了审判工作和其他工作的发展。

（林洁明　郭建龙）

司法行政

【全民普法教育】 各级司法行政机关与普法办事机构紧紧围绕着依法治市这一主线，立足整治年的工作重点，先后开展禁毒禁赌、预防经济犯罪法制宣传系列活动，并在“六合彩”重灾区潮阳、河浦、达濠等地结合“6·26”禁毒活动，采取发放宣传资料、举办法制讲座、法律咨询等形式，向农民、青少年、干部等开展反赌、禁毒活动。同时，突破农村普法和外来工普法两大难点。通过深入调研，抓住农村普法的季节性，内容的通俗性和实用性，采取“法律进农家”、“法律三下乡”等行之有效的措施，使农村普法工作扎实、有效、深入开展。一年来，我市有澄海市普法办等9个先进集体和陈海城等9个先进个人被省委省政府表彰为全省“三五”普法宣传教育先进集体和个人，澄海市还被评为全国“三五”普法先进市；全市共上法制课51693场次，编印法制宣传资料16.21万份，出动宣传干部2775人次，出版宣传栏603期次，出动宣传车349车次，有线广播1007次。

【参与严打整治】 各级司法行政部门积极为各专项斗争大造法制舆论，组织专门力量，运用多种手段，深入开展法制宣传教育活动。潮阳市司法局在潮阳仙城镇“2·11”事件发生后，及时组织警力，动员各镇（街道）司法所加大法制宣传力度，并印发“旗帜鲜明，维护稳定”宣传单2万多份，同时还分组到各中小学上法制教育课，有效地强化广大人民群众的法律意识和依法办事观念，提高群众辨明是非的能力，防止事态的进一步蔓延、激化。升平区在街道、学校举办“三拒”（即拒毒、拒赌、拒邪）巡回演讲团活动，推进“两大整治”的深入开展。澄海市司法局派出12位同志充实地方治安防范力量，参加凤翔街道等地晚间的治安巡逻，配合打击“双抢”专项行动，有力地抑制“双抢”犯罪案件的发生，维护了当地社会稳定。两英镇司法所副所长郑礼波与抢夺摩托车的歹徒展开搏斗并将其制服，并移送公安机关，现场缴获被抢的摩托车两辆，电工钳、螺丝刀等作案工具一批。司马浦镇司法所副所长廖镇贤与其他干警在参与设卡巡逻中，机智抓获两名持枪歹徒，并缴获仿“六四”式手枪1支，子弹6发。

【劳动教养】 汕头市劳教所以创建现代化文明劳教所为目标，以确保场所安全稳定为首要任务，不断强化安全防范意识，多管齐下，维护监所稳定。一是健全干警过错责任追究制度，加大奖罚力度。二是强化所内安全检查，特别是加强会见物品检查，杜绝违禁物品流入劳教院区。三是坚持劳教人员思想动态分析会和个别谈心制度，做好思想工作，化解对抗情绪，对难改分子，危险分子分工专人夹控，认真做好帮教转化工作，并加大力度打击“人王所霸”，对27名参与斗殴、抗拒劳动的劳教人员分别被处以延长劳教期、罚分、禁闭处罚。四是强化防患，侦破“9·8”案件。二大队有11名抗改分子企图采用暴力袭警手段集体逃跑，该队领导发现后，在市司法局领导、所领导的指挥下成功查破，制止了一起恶性重大案件的发生，并及时召开劳教人员处理大会，对9名为首劳教人员处以延长劳教期的处罚，促进监所稳定。五是强化所务、队务公开，在提前解教、所外就医上增加公开透明度，有效地改进劳教效果。全年共新收劳教人员847人，在教人员共1259人。

【帮教工作】 继续发挥司法行政机关主阵地作用，主动协调公安、民政、共青团、妇联、劳动等部门，率先在全省开展以无重新违法犯罪为主要内容的达标创建活动，多手段、多途径、多渠道地拓宽就业门路，做到安置、帮教并举，预防、教育并重。河浦区充分利用三级帮教网络，配合有关部门进行地毯式的摸查，并加强跟踪帮教工作，制定了一帮一的具体措施，避免脱管、失控现象，目前，对“两劳”人员帮教率和安置率均达到100%。金园区东墩街道为解决刑释解教人员安置难的问题，与南、北墩两个经济联合社联系，取得其支持，同意接纳安置本辖区内的刑释解教人员。南澳县后宅镇帮教组织积极发动刑释解教人员的亲朋好友，为刑释解教人员办实业帮助筹资，并帮助其解决经营场地。全市刑释解教人员共734名（刑释人员204人，解教人员530名），已妥善安置（含自谋职业）642名，安置率为87.5%；已列入帮教对象724名，帮教率为98.6%；重新违法犯罪27名，重犯率为3.6%；下落不明3名，占0.4%；人户分离27名，占0.68%；死亡2名。全市已建立四级安置帮教机构或组织共1258个，人员达6981人，形成了自上而下的安置帮教工作网络。

【律师管理】 各级司法行政机关依照《律师法》加强律师管理，结合队伍教育整顿，重点抓好各律师事务所13项内部规章制度的建立健全，各律师事务所注意以《律师法》规范律师的执业行为，积极依法拓展各项业务，为社会提供专业的法律服务。金园区司法局属下广东东翔律师事务所依法代理古坤鹏诉汕头市第二技工学校人身损害赔偿纠纷案。该所主任赵锡荣律师挺身而出，主动为来自潮阳雷岭老区家境贫穷的古坤鹏提供法律援助，全力投入，积极取证，认真准备有力有据的代理意见，二审得到市中级法院的支持采纳，从一审判决汕头市第二技工学校对古坤鹏在学校电梯井跌落造成残疾损伤承担20%的赔偿责任改判为承担90%的赔偿责任，古坤鹏获赔20多万元，极大地维护受援人古坤鹏的合法权益，受到社会好评。全市律师所38个，执业律师310人，共担任常年法律顾问794家，办理刑辩案件367宗，民事诉讼代理798件，经济诉讼代理931件，非诉讼法律事务535件，涉及财产总额2782.46万元，追索回赔、欠款人民币550万元。

【公证服务】 公证工作紧紧抓住社会经济热点，做到市场经济发展到哪里，公证服务就涉足到哪里。市公证处发挥人员素质较高、办证基础较好的优势，加大力度，并在强制执行、证据保全、提存公证、拍卖、老城区改造建设等公证证源上下功夫，全年办证数达14645件，占全市办证总量的65.1%。潮阳市公证处在进村入户听取群众意见过程中，获悉该市谷饶镇乌窖村部分村民因承包山地果林，却担心承包合同会因政策及村干部人事变动而影响合同正常履行，存在思想顾虑，该处主动上门办证，既方便村民申办公证手续，减轻了农民负担，又彻底打消村民顾虑，维护其合法权益。澄海市公证处被省司法厅授予“文明公证处”光荣称号。全市公证部门办结公证21025件，其中国内经济公证9358件，国内民事公证4547件，涉外经济公证1件，涉外民事公证6939件。

【法律援助】 不断扩大援助领域，完善援助网络，为社会困难群众提供法律援助。先后在市妇联、市残联、市工会、公安看守所等设立法律服务咨询点，并坚持每月定期指派律师到各咨询点开展法律援助工作。全市各级法律援助机构共承办法律援助案件（事项）802宗，其中刑事法律案件262宗，民事法律援助案件408宗，行政诉讼案件2宗，公证案件130宗，接受市民法咨询5193人次。

【基层法律服务和人民调解】 2001年，全市调解纠纷总数4410件，调解成功率为98.8%。其中防止矛盾激化251件，防止自杀8宗，防止群体性械斗23宗683人，防止民转刑255件648人，制止群众性上访17宗544人。全市法律服务所担任企业常年法律顾问1037家，代理诉讼239件，非诉讼代理2500件，见证3843件，协办公证226件，代写法律文书308份，接受解答咨询3057人次，挽回经济损失1748万元。

【“148”法律服务专线电话】 全年共接受148专线电话咨询536个，接待来访506人次，受托办理法律事务82件，提供上门服务30宗，提供法律援助72件，解决纠纷88件，与有关部门联动50件。广大法律工作者热心解答老百姓提出的各种法律疑难问题，耐心依法分析开导，对重大、典型问题还上门服务，从法律上为千家万户释疑解难，引导广大公民依法处理身边的人和事，化解了一大批矛盾纠纷，避免了不少恶性事件的发生。

【基层司法所“立户定编”】 市司法局以“立户定编”为契机，加大司法所和队伍建设力度，夯实基层。组织全市基层司法所共有269名干警参加司法部的全国司法助理员基本素质教育考试。据核定，全市基层司法所专项编制人数共229名。

【法学教育与培训】 市法律人才培训中心全年有电大法律教学班7个，在校学员363人，自学考试大专660人，本科596人；共有100多名法律大专学员毕业。

（佘文龙）

社会生活

人民生活

【城镇居民收入与消费】 2001年，汕头市城镇居民整体收支水平有所提高，生活质量继续改善。据汕头市区200户居民家庭抽样调查资料，2001年居民人均可支配收入8953元，比上年增加246元，扣除价格因素，实际增长3.0%。居民收入呈现以下特点：一是国有经济单位职工收入增加，其他经济类型单位职工和个体经营者收入减少。受国家增加公务员工资政策的影响，国有单位职工工资收入增长了11.9%，而由于经济的不景气，企业经营环境较差，奖金津贴减少，其他经济类型职工收入减少14.1%，个体经营者收入减少了12.2%；二是转移性收入增加，其他劳动收入和财产性收入减少。人均转移性收入比2000年增长2.8%，主要得益于社会保障制度的日益完善，职工离退休金收入比2000年增长了10.0%，而其他劳动收入则减少了24.7%；三是高低收入户差距进一步拉大，低收入阶层比例上升。调查户中最高收入组（10户），人均可支配收入达5.32万元，为最低收入组（10户）的7倍，32%的居民家庭收入比2000年减少，12.5%居民家庭人均可支配收入不及平均收入水平的一半，部分低收入家庭入不敷出，生活较为困难；四是就业难问题突出。平均每户就业人口由上年的1.85人减为1.79人。

2001年城镇居民人均消费性支出7582元，比2000年增加90元，扣除物价因素实际增长1.4%。由于收入增长水平持续放缓，加上对未来收入预期不高，居民消费心理较为谨慎，消费水平基本稳定，消费结构有所调整，消费质量有所提高。在八大类消费支出中，设备用品类和居住类支出大幅下降，分别为26.7%和14.4%的降幅；医疗保健类、娱乐文教类、杂项商品及服务类支出大幅增长，分别达到24.7%、13.9%和19.1%；食品类、衣着类和交通通讯类支出小幅增长。消费结构的变化，一方面反映了居民消费观念的转变，居民在满足基本生活需求之余，更注重生活质量，在扮靓、娱乐、游玩方面舍得花钱，衣着类支出的比重上升了0.3个百分点，文化娱乐支出和杂项商品及服务支出的比重各上升了1个百分点；另一方面也反映出在医疗制度改革和教育体制改革后居民的负担明显加重，医疗保健及教育两项支出共增长了10.8%，医疗保健支出的比重比2000年提高了1个百分点。由于居民收入未有大的增长，加上耐用消费品价格趋向下降，居民购买家庭设备用品热情不高，用于这方面支出所占的比重下降了1.5个百分点，而用于购买耐用消费品的支出更是大幅下降了64.3%。年末每百户居民拥有彩色电视机127台、影碟机85台、照相机40台、电冰箱90台、微波炉46台、空调器86台、摩托车70辆、家用电脑27台、移动电话141部，年末市区电话普及率每百人48.8部，人均居住面积14.6平方米，除摩托车减少外，其余各项均比2000年有不同程度增加。

【农村居民收入与消费】 根据全市200户农村住户抽样调查资料，2001年，农村居民人均总收入4661元，扣除生产经营成本和费用后人均纯收入4090元，比2000年减少253元，实际下降5.6%。这是自1981年开展农村住户调查以来出现的首次下降。2001年，全市农业受灾损失较为严重，乡镇企业生产经营状况较差，成为农村居民减收的主要因素，而占全市经济总量1/3、总人口占全市一半以上的潮阳市经济大幅下滑，GDP降幅达21%，农民人均纯收入也随之下降10.5%，对汕头市的整体经济和农村居民生活带来极大影响，这是造成全市农村居民平均收入水平下降的根本原因。在总收入中，工资性收入比2000年下降8.4%，家庭经营收入增长2.4%，财产性收入下降52.1%，转移性收入下降32.5%。家庭经营收入中，第一产业收入下降1.5%，第二产业收入下降14.9%，第三产业收入增长19.2%。在整体收入水平下降的同时，低收入农户的比例有扩大的趋势，人均收入在3000元以下的农户由2000年的32户增加到62户，3001至6000元的中等收入户由132户减少为105户，收入在6001元以上的农户由35户减少为33户。

2001年，农村居民的消费水平受收入减少的影响而下降，人均生活消费支出3605元，比2000年减少38元，扣除物价因素，实际下降0.8%。恩格尔系数也因此而出现反弹，人均食品消费支出1699元，比2000年增长0.9%，占生活消费支出的比重由2000年的46.2%上升为47.1%，衣着类支出大幅下降了24.9%，医疗保健支出则大幅上升了38.2%，农民生活水平受到经济低潮的影响十分明显。耐用消费品年末拥有量有所增加，每百户农民家庭拥有彩色电视机105台、洗衣机73台、电冰箱15台、大型家具259套、摩托车48辆、电话机88部、移动电话38部，人均住房面积21.2平方米，年末人均存现金1412元。

（郑文奇）

劳动就业·社会保障

【“两个确保”】 2001年，全市各级劳动和社会保障部门把巩固“两个确保”作为首要任务，切实做到“三个坚持”。一是坚持按“三三制”原则筹措资金，保障下岗职工基本生活。全市共筹措资金近400万元，按时足额为国企在中心的下岗职工发放基本生活费和缴交社保费。无签协议、不在中心的下岗职工，以及当年新增下岗职工，其基本生活费、社保费由企业发放和代缴。二是坚持帮扶困难群众职工，实行再就业援助和基本生活保障。各地围绕“促就业、接保险、保生活”三个主题开展再就业援助行动。市工商、税务、劳动保障等9个部门联合在全市推行“再就业优惠卡”制度，把再就业优惠政策宣传到家到户。市财政安排200万元对国企和集体企业特困职工继续实行9项优待，共有1289户3726人享受这一优待。三是坚持实行企业离退休人员养老金100%社会化发放。特别是克服困难调剂425万元作为春节期间补充养老金发放和原市商业银行代发转由建设银行发放的有关工作。另外还依法调整了基本养老保险金，从2001年7月起，市区每位参保离退休人员月增养老金6.4元。到2001年底，全市有99104名离退休职工养老金当月按时足额发放。全市共发放养老金46204万元，比2000年增加2094万元，增长4.5%。

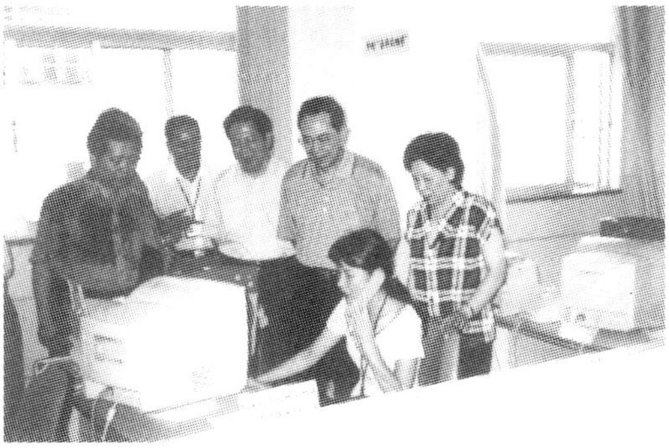

2001年9月10日钟启权副省长视察我市劳动力市场

（陈绵雄）

【社会保险扩面征缴】 市政府与各区县（市）政府签订责任书，及时颁布社保基金征缴新办法，每季度召开一次社保工作汇报会，及时分析研究情况，采取措施努力推进。各地将市政府下达的扩面征缴目标任务层层分解，按新征缴办法千方百计组织落实。各级劳动保障部门针对部分企业破产、改组、搬迁,参保人员不断减少的实际,立足于扩面并紧紧抓住非公有制企业和外来工两大重点,把落实用人单位办理社保登记和核实参保人数作为实施社保法规的重要手段,及时挖掘新的社保费源并与有关部门协调配合。各级工商部门在企业年审中认真把关,地税部门强化基金征缴和欠费清收,做到能收尽收,有力地促进了社保扩面征缴工作的开展。至2001年底,全市参加养老保险企业职工392993人,完成年核定任务数的97.8%;参加失业保险420607人,完成年核定任务数的99.4%;参加工伤保险和生育保险有311671人和212151人。全市征收4个险种(不包括医疗保险)基金4.9亿元,占年度任务5.67亿元的86.4%。市地税局提供4个险种基金征缴率为95.83%。

【医疗保险改革】 市政府多次发文明确提出推进医疗保险制度改革的目标任务和政策措施。1月份启动市直190个机关事业单位医疗保险改革后,逐步将参保范围扩大到中央省属驻汕单位、市直所机关事业单位、市辖区机关事业单位和市直部分企业。至2001年底,市直和五个市辖区及南澳县实施了医疗保险制度,全市参加医疗保险职工127332人,共征收医疗保险基金3144万元,基金收支状况良好。此外,还完成18家定点医疗机构和18家定点药店审核、确定工作。

(韦耀传)

【劳动力市场】 汕头市是全国劳动力市场“三化”(科学化、规范化、现代化)建设试点城市。2000年3月,投资700多万元、面积2316平方米、可供83家用人单位同时设摊招聘的新劳动力市场投入使用,成为粤东最大的劳动力市场。2000年以来,全市投入劳动力市场建设资金1161万元,市场累计面积4623平方米,配备电脑设备,形成市、区(县)就业服务联网格局,为建立市场导向就业机制提供了依托。2001年3月,汕头劳动力市场“三化”建设通过了省检验组检查验收。遵循市场化、社会化、统一开放、竞争有序的原则,坚持公益性与营利性相结合、公办与民办相结合,至2001年底,全市拥有分布比较合理的职业服务介绍机构17家,其中属劳动保障部门办的公益性职业介绍机构8家,非劳动部门办的营利性职业介绍机构9家。市职业介绍服务中心在努力发展有形市场的同时,进一步完善劳动力信息网站的建设,开通职业介绍“网上一条街”,2001年,将原来劳动力人才网站更名为人力资源网,把所有应聘报名的求职者资料全部录入网络,丰富网络的信息资源。同时开始了网上设摊招聘的推广工作。至2001年底,共发展网(会)员单位38家,挂网70家。“网上职业介绍服务一条街”的探索,受到了省劳动厅的充分肯定。加强市区经营性职业介绍机构的规范管理,大力推进就业证、卡合一工作和涉外就业人员管理工作,就业市场化秩序进一步规范。市劳动保障局投资10多万元,在汕头火车站及汽车客运站等公共交通要道处设立“求职须知”的公益性招牌,公布市、区劳动部门职业介绍机构、劳动监察的地址和电话。全年全市各个用人单位通过劳动力市场招聘人员共58599人。潮阳市筹集资金220万元投入劳动力市场扩址改建工程和网络建设,新市场硬、软件设施均有较大改观。

【劳动就业】 围绕市政府提出的全市城镇登记失业率控制在3%以下的目标,各级劳动保障部门采取多种措施扩大就业和再就业,确保就业局势的稳定。4月份,市区二级联合在龙湖区金霞、金园区新梅、升平区南海3个街道开展社区就业服务试点工作,摸清了辖区就业供求双方的基本情况、组织增加社区服务网点,开拓就业岗位,提供就业服务,为全面铺开这项工作摸索了路子。全年全市安置城镇就业36942人。围绕调控市场就业目标,继续深化工资分配制度改革,由市政府颁布2001年企业工资指导线和最低工资标准，市劳动保障局首次颁布了劳动力市场工资指导价位，工资宏观调控和指导的体系基本形成。加强职业技能培训，提高劳动者竞争就业能力。全年全市共有40521名劳动者参加各类职业技能培训，比2000年增长50%。

（陈绵雄）

【农村劳动力就业】 全市农业人口基本集中在乡镇及以下单位。至2001年底，全市农业人口304.36万人，占总人口65.9%；农业人口比例较大的区县（市）有河浦区96.2%、潮阳市82.9%、澄海市79%、南海县63%。在农业人口中，乡镇及以下302.92万人，占99.53%。全市农村劳动力153.26万人，占全市农村人口的50.4%。在农村劳动力中，男性81.23万人，女性72.03万人，分别占农村劳动力总数的53%和47%；按年龄分：39岁以下有89.22万人，40岁及以上有64.07万人，各占58.2%和41.8%；按受教育程度分，接受初中及以下教育的人数为114万人，占74.4%，接受高中（含中等、中技）教育的31.42万人，占20.5%，接受大专及以上教育的7.83万人，占5.1%。全市农村劳动力中，就地就业于农业（含农、林、牧、副、渔等）的劳动力为55.92万人，占劳动力总数的36.5%；就地就业于非农业（即二、三产业）51.55万人，占劳动力总数的33.6%；劳务输出20.39万人，占劳动力总人数的13.3%，劳务输出人员主要集中在广州、深圳等珠江三角洲一带，且主要从事于建筑、餐饮、贸易等工作；剩余劳动力25.4万人，占农村劳动力总数的16.6%，其中男性12.52万人，女性12.88万人，各占剩余劳动力的49.3%和50.7%，具有初中文化程度以下的17.78万人，占剩余劳动力总数70%以上。

（郑洵彬）

【职业技能开发和鉴定】 按照统一规划、统一管理、统一考核、统一发证的思路，立足于职业培训社会化、市场化，深化职业技能鉴定机构改革，强化管理职能，初步建立起一个覆盖面广、容量大、适应性强、结构合理的职业技能开发体系。一是形成了政府、社会、企业、个人均可投资办学的新格局，职业培训机构得到较大发展。国家重点技校——汕头市高级技工学校、省重点技校——汕头市第二技工学校以及汕头市职业技能培训中心等职业培训机构和其他社会职业培训机构，年培训能力达3.4万人次。二是制定职工从低技术到高技术等级的晋升并与工资福利挂钩的管理机制，鼓励职工学技术。三是在外来劳务工中大力推行岗位培训制度，在技术工种从业人员中推行职业资格证书制度，严格就业准入，使国家的有关职业培训规定得以落实。四是实行集中统一的管理体制，全市的职业技能培训、职业技能鉴定均由劳动行政部门负责综合管理。全市职业技能开发和鉴定稳步推进，全年共有40521人参加各类职业技能培训，有17384人通过了职业技能鉴定。技校改革进一步深化，全年共招新生1720名，在校生5229名。

【劳动关系协调和劳动合同管理】 汕头市下发了关于理顺国企下岗职工劳动关系有关规定和文件，各级劳动保障部门深入企业调查了解落实情况，帮助解决具体问题。省拨给3000万元、市政府拨给544万元作为下岗职工出中心解除劳动关系的专项经济补偿金，明确投交社会保险金。各区把理顺劳动关系和国企改制职工安置作为重要任务来抓，扎实稳妥推进。全年解除下岗职工劳动关系2273人。签协议在中心的国企下岗职工全部解除劳动关系出中心。切实加强劳动合同管理。市劳动局派出工作组深入企业指导建立健全劳动合同台账制度。达濠区、河浦区加大劳动合同的签订力度，金园区把事业单位签订劳动合同作为工作重点，签订扩面扎实有效。全年全市新签续签劳动合同职工225276人。与此同时，各级劳动保障部门积极为职工群众排忧解难。全市共受理职工群众来信来访1902宗，涉及7815人，为4472名职工追回被企业拖欠克扣工资533万元。及时妥善处理劳资纠纷突发事件12宗，办理劳动争议案件158宗。

【工资分配制度改革】 继续深化工资分配制度改革，探索建立企业工资收入分配宏观调控体系。由市政府颁布2001年企业工资指导线，市劳动和社会保障局首次颁布劳动力市场工资指导价位，使企业工资宏观调控和指导的体系基本形成。继续进行企业内部工资分配制度改革，开展企业工资集体协商试点，探索企业经营者年薪制和技术骨干年薪制试点办法。

【劳动保障执法】 各级劳动保障部门把依法行政工作摆上重要议事日程，切实抓出成效。社保基金欠费的清收力度加大。至2001年底，全市共追收历年企业欠交的社保费2990万元。认真做好回收纠正违纪挤占挪用社保基金的工作。市政府成立社保基金回收工作领导小组，市劳动保障局与市地税局等部门明确各自的工作职责任务，建立健全工作制度并对被挤占挪用社保基金的不同类型分别组织追收。至2001年底，已回收纠正社保基金1178.3万元，占应回收社保基金的11.29%。劳动力市场整治工作全面展开。各级劳动保障部门把整顿劳动力市场秩序作为开展“两大整治”的重要内容，制定并落实实施整治方案。认真贯彻执行《禁止使用童工规定》和《汕头经济特区劳动力市场条例》，全面开展清理整顿用工秩序活动。据统计，2001年全市共处理违规职介机构658家次，为900名求职者追回受骗介绍费10万多元；处理违规企业216家，为4472名职工追回被企业拖欠克扣工资533万元。劳动保障法制建设有新的发展。为规范劳动力市场秩序，汕头市人大于2001年3月1日颁布实施《汕头经济特区劳动力市场管理条例》。《汕头经济特区劳动力市场条例》由汕头市第十届人大常委会第十七次会议通过，自2001年3月1日起施行，这标志着我市劳动力市场管理进入了法制化轨道。各级劳动保障部门结合《劳动法》颁布7周年纪念活动和医疗保险制度改革的全面启动，开展了形式多样的劳动保障法律法规宣传教育和咨询活动。市劳动保障局与电信部门合作，联合制作了劳动和社会保障信息查询专辑，方便了群众查询。市劳动保障局被市委、市政府评为“三五”普法先进单位。

（韦耀传）

计划生育

【简况】 2001年，全市认真贯彻中共中央、国务院《关于加强人口与计划生育工作稳定低生育水平的决定》和省委、省政府《关于进一步加强人口与计划生育工作的意见》，切实加强领导，采取措施，迎难而进，全力以赴打好计划生育工作翻身仗，全面完成省下达的人口计划三项指标。计生工作整体水平有较大提高，8个区县(市)经省年终考核全部过关，初步扭转了被动局面。

【组织领导】 先后召开5次市委常委、副市长联席会议、市政府常务会议和4次全市计划生育会议，研究部署计生工作，并从加强领导、加强队伍建设、综合治理、加大投入等方面作出一系列决定。从市到区县(市)、到镇(街道)直至村(居)委，级级建立健全党政班子计划生育工作例会制度；在机构改革中，切实稳定和加强各级计生机构队伍建设，强化计生工作职能；派出工作组重点帮扶受省“黄牌警告”的河浦区和计划生育“三类"地区潮阳市、达濠区打好计划生育翻身仗；由市计生领导小组牵头，协调相关部门，围绕建立和完善以计划生育"三结合"和社会保障制度为重点的利益导向机制，制定有利于计划生育的优惠政策和措施；千方百计克服困难，增加计划生育经费投入。

【计生集中服务活动】 在组织全市统一开展夏、秋季两次计生集中服务活动的基础上，打破常规，10月17日再次召开全市计生工作电视电话会议，向全市发出"学湛江，赶全省"的总动员，部署全市统一开展为期3个月的冬春计生集中服务活动，并组派7个工作组切实加强对潮阳、达濠和河浦区的工作指导和重点帮扶，以狠抓纯二女户结扎为主攻方向，突破计生弱项，努力打好计生工作翻身仗。全市各地通过组织计生集中服务活动，大抓节育措施落实，全年共做"四术"65547例，其中纯二女户结扎7048例，计划外怀孕补救措施6108例，为确保完成全年计划生育工作打下了基础。

【各区县(市)经省考核全部过关】 各地紧紧围绕摆脱全省中后水平，追赶全省发展步伐的目标，加大领导、措施、投入力度，努力突破薄弱环节，提高整体水平。全市8个区县(市)经省政府年终考核，全部过关。基础较好的东部地区计生管理和服务水平进一步提高，基本形成了"三为主"的良性工作机制，澄海市、龙湖区作为达标单位受到省政府表彰；列入省三类地区的潮阳市和达濠区以摘掉"黄牌"为新起点，下功夫解决重难点问题，计生工作迈出了新步伐；受省亮"黄牌"的河浦区，全党动员，采取综合措施大打计生翻身仗，年终经省考核摘掉了"黄牌"。

【宣传教育】 以切实转变群众的传统生育观念为出发点和落脚点，大力营造有利于计划生育的社会舆论环境。努力办好《汕头日报》"婚育新风进万家"栏目和汕头电台"计生广角"栏目，认真组织现场采访拍制，大力宣传自觉实行计划生育的典型，宣传人口与计划生育政策、法律法规、性与生殖健康等知识。结合元旦、春节等节日，开展4个主题的社会宣传教育：一是开展纪念中央《公开信》发表20周年宣传咨询服务活动；二是开展"世界人口日"宣传活动；三是开展10.28"男性健康日"生殖健康宣传教育；四是元旦春节期间组织以"春风送温暖"为主题的集中性宣传活动。市领导带队深入基层慰问计划生育贫困户，体现党和政府对自觉实行计划生育家庭的关心和爱护，大力营造计划生育光荣的社会风尚。

【综合治理】 以综合治理为核心，努力形成齐抓共管的局面。一是建立各级党政一把手年度综合协调制度。党政一把手亲自召集各有关部门，共同研究确定治理计划生育的综合措施和相关的社会经济政策，分工负责，狠抓落实。二是从汕头的实际出发，制定出台了《汕头市计划生育局兼职单位职责》，并实行目标管理。三是实行年度市直各职能部门计划生育职责分工考评，推动市直各相关部门履行好计划生育管理职责。市建设局、公安局等部门制定、完善了落实计划生育管理职责的实施意见，并认真抓好落实；各级党校加强计划生育理论研究和宣传教育，把党员干部人口理论教育延伸到基层；宣传、文化、计生等部门加强协作，营造人口与计划生育社会氛围。

【计生优质服务】 坚持把计划生育优质服务作为一项重要工作来抓，纳入社区建设规划。一是加大投入，强化计生技术服务网络建设。全市100%的镇服务所、57%的县级服务站(中心)进入达标管理，其中48%达到乙级标准以上。二是积极稳定开展避孕节育措施的知情选择。市计生部门制发了《关于在全市开展避孕节育措施知情选择试点工作的意见》，在计生工作基础较好的市辖区和南澳县的市直、区县(市)直单位开展试点。三是认真贯彻省计生委《关于开展已婚育龄妇女常见病普查普治工作的实施意见》,积极创造条件,大力推进计生优质服务工作,大部地区采取结合季度妇检查环查孕工作,为已婚育龄妇女查病和指导治病。全年有848个村(居)初步开展了计生优质服务工作,减少了执行政策过程中的阻力,进一步密切了党群、干群关系。

【"两个规范"管理】 通过抓试点促普及,精心培植14个示范点,推动"两个规范"管理的落实,全市各镇(街道)、村(居)委基本达到"两个规范"的要求。按照"三为主"方针的要求,继续加强镇、村两级计生宣传、技术服务"两个阵地"、"三支队伍"建设。市财政保持按3:3:4比例划拨538.92万元专项经费,保证专职人员报酬落实。全市村级"两室、一校、三栏"建设有新的进展。持证生育、出生登记、查环查孕、"一票否决"、计生政务公开和工作例会等各项制度进一步健全。积极开展创建计划生育合格村活动。全年全市建成计划生育合格村597个,占80.03%,其中先进村32个,占4.3%,有10个向省申报为模范村。加大计划生育社会保险力度,全市农村双农户独生子女家庭投保648对,纯生二女结扎夫妻投保1437对,累计金额225万元。

【流动人口计生管理】 按照省的统一部署,全市各地从5月起,用2个多月时间,全力以赴开展流动人口清查验证办证工作,全面建立流动人口计生清查验证活动领导小组;培训骨干120期18500人次,以点带面,全面开展清理验证办证,推动《广东省流入地人口计划生育证明管理规定》的落实。全市流入人员办证率70.77%,验证率达91.47%,节育率达87.21%;流出人员办证率88.51%,节育率达88.08%。

(李建达　章先鹏)

民　政

【社区建设】 2001年,汕头市在总结推广龙湖区社区建设试点经验的基础上,进一步扩大社区建设的示范范围,大力开展"三个一"建设,即区、县级有一个社区服务信息网络、街道有一个功能较为齐全的社区服务中心、居委会有一个以上有特色的社区服务项目,使社区建设有了新发展。在青岛举行的全国社区建设工作会议上,龙湖区社区服务的做法和经验被推荐。从4月份开始,市社区办用3个月时间,深入调研,并形成了《关于加快发展汕头市社区建设的意见》和《关于对我市市区现有街道、居委会规模和设置情况的调查报告及调整意见》。还对94家社区服务单位的经营活动情况进行调研,并采取措施加以规范管理,净化了社区服务的环境。9月13至14日,市政协组织部分省、市政协委员对社区建设的情况进行议政调研,并向市政府提交了建议案。12月底,升平、金园、龙湖、达濠区全面完成街道规模和设置的调整工作,进入社区居委会划分调整阶段。

【基层政权建设】 2001年,以贯彻落实《广东省村务公开条例》为契机,全面推行村务公开工作,使全市599个村委会的民主自治率达到100%、村务公开率达到100%,进一步促进了基层民主政治建设。根据中央、省关于在乡镇政权机关全面推行政务公开制度的意见,积极推广澄海市政务公开试点的经验,指导各地开展政务公开工作。11月18日,由市纪委牵头,组织、民政等部门组成联合工作组深入各区、县(市)进行政务公开综合检查,并将检查情况向全市作了通报。全市各党政机关、镇(街)机关已全面推行政务公开制度。

(槐峰　伟强　瑞沣)

【救灾扶贫】 2001年,汕头市遭受“尤特”4号和“百合”16号台风袭击,工农业生产和人民生命财产受到较大损失。据统计,全市受灾人口3185847人,成灾人口968828人;因灾死亡人口6人,伤病人口344人,紧急转移安置人口8447人,造成无家可归485人;农作物受灾面积23026公顷,成灾面积11236公顷,绝收面积427公顷;因灾倒塌房屋1243间,其中住房654间,损坏房屋6721间;全市直接经济损失10.66亿元,其中农业经济损失4.05亿元。为妥善安排好灾民和困难群众的生活,全市共下拨救灾救济款930万元,使98193人次得到及时救济,439户无自救能力的倒损房户全部修复住房,从而杜绝了非正常现象的发生。同时,共落实“两项经费”预算1117.8万元,其中自然灾害救济款950.25万元,救济粮差价补贴款167.55万元,当年支出两项资金883.8万元。加大扶贫济困工作力度。从9月下旬开始,在全市党政机关、事业单位、人民团体的干部职工中,开展“情系困难群众献爱心活动”。在10月29日晚举行的“春风化雨,情系人民”大型慈善晚会上,共接收认捐款额2703.34万元。除700万元定向捐款由定向单位负责接收外,实际可分配资金2000万元。募集资金各安排给潮阳市1300万元、澄海市130万元、南澳县80万元、龙湖区50万元、金园区50万元、升平区100万元、达濠区70万元、河浦区200万元,全部用于“饮水难”地区的水改工程。全市各地还认真做好城镇“双定户”救济工作和农村五保户统筹供养工作。全年全市集体统筹供养五保户3785人,人年供养标准3938元,基本达到或超过当地一般群众生活水平。

(张云良　黄莎克)

【最低生活保障】 继续做好城乡居(村)民最低生活保障的组织、协调、指导、管理工作,实现了“三个完善”、“四项落实”:即完善了低保救济的申请、审核、审批程序,完善了低保家庭收入的计算办法,完善了低保资金发放程序;做到保障对象落实、保障资金落实、保障金发放落实、解困措施落实,使全市9918户、26321人得到了最低生活保障,其中城镇居民2520户、6681人;农村村民7398户、19640人,共支出保障资金1513万元,为困难群体的生活安排设下了最后一道“安全网”,取得了明显的社会效益。各级民政部门积极推行低保金由银行发放,先在龙湖区进行试点,然后在全市全面铺开,使低保工作走上制度化、规范化轨道。各级党委、政府和有关职能部门切实落实各项优惠政策,加大对困难群众解决“四难”的力度,使低保对象的子女入学、家庭成员就医、就业和污水处理费、租住公房等方面都得到一定的照顾,法律援助难问题也有所解决,形成了多渠道、多形式、全方位的保障格局。市委、市政府还为农村100户住房难特困户(属低保户)修缮、翻建住房,每户2万元,按4 : 4 : 2比例由市、区、县(市)、镇(街道)三级财政负责,共帮修建住房198间(套),建筑面积6200多平方米,投入资金200多万元。

(张云良　林雄盛)

【福利事业】 2001年末,全市共有国家办光荣院2所,床位88张,工作人员12人,在院寡孤老优抚对象21人;社会福利院6所(其中市1所、区县5所),床位575张,工作人员111人(其中医护人员9人)、在院356人(其中老人182人、青壮年16人、儿童158人);儿童福利院1所,床位40张,工作人员11人,在院儿童8人;镇办农村敬老院58所、床位1416张,工作人员146人、在院892人(其中老人888人、儿童4人),累计有9所镇办敬老院被评为省一级敬老院,有16个镇办敬老院被评为省二级敬老院;军队离退休干部休养所3所(其中市级1所、县级2所),工作人员21人,在所休养人员94人;军供站1个,床位19张,工作人员12人,接待军队和转运新老兵9.1万多人次;烈士纪念建筑物管理单位2个,烈士纪念建筑物6处,建筑面积438平方米，工作人员7人；收容遣送站3个，床位1550张，工作人员58人，全年收容遣送25031人次，其中市区收容6341人次，中转18690人次；殡仪服务单位12个，工作人员148人，火化炉13条，全年火化尸体22976具，火化率为97.4%，比2000年增长17个百分点，提前完成省政府下达的第三步殡改目标；公墓2个，穴位4898个，工作人员16人；彩票发行中心3个，工作人员14人；慈善团体2个，工作人员8人；婚姻介绍所1个，工作人员5人。

（罗汉光　郑定强）

【福利彩票】　通过加大福彩宣传力度，规范彩票管理，提高服务质量，使福彩信誉提高、销量加大，创历年来最好水平。全市183个投注站当年发行福利彩票10723.3万元，其中销售“中华风采”即开型彩票56.6万元；销售“南粤风采”福利彩票120期、金额10666.7万元，销售量比2000年增长44.6%，创历年来最高纪录，名列全省第2位，且有3个一等奖落户汕头。通过发行福利彩票，全年全市共筹集福利基金3216.99万元，除上缴中央、省发行中心外，市、县两级获得福利基金1608.49万元。当年全市投入福利基金787万元，共资助37个社会福利项目，其中支持市残疾人康复事业20万元。全市现有投注站共解决了280名下岗职工、待业人员和特困户就业。还通过兑奖代扣税，上缴税利490万元。

（郑定强　罗汉光）

【拥军优属】　一是加大宣传教育力度。组织双拥重大活动照片征集活动，共征集到照片125幅，从中精选出18张7英寸照片参加首届全国双拥成果展览，展示了汕头双拥工作成果。3月份，全市在主要路口和重点部位重新竖立了20多块永久性双拥标语牌，城乡基层组织也制作了固定宣传栏、黑板报，开展双拥宣传。各地电视、广播和报纸等新闻媒体，纷纷开辟双拥专题、专栏。据不完全统计，全年市和各地新闻单位刊播双拥稿件860多篇，出黑板报、墙报1043版（次），受教育人数达86万人次。二是大力支持部队建设。围绕服务对台斗争准备和提高部队战斗力，着重做好“三个服务”。为改善部队物质生活条件，全市共拨出2214万元专款，用于驻军粮油、水电、煤等生活物资的差价补贴和文化设施建设。为解除官兵后顾之忧，全市为256名军人子女解决了入学入托问题，免收择校费552万元。各服务行业也结合自身实际，坚持为军人优先优惠服务。为提高官兵文化素质，有26所院校派出教师辅导部队官兵学习书法、补习文化，汕头农科所的专家向驻南澳岛官兵传授蔬菜种植和土壤改良技术，并赠送优良瓜果品种；市工人文化宫等单位派出文艺骨干为部队培训文艺人才，丰富部队文化生活。三是扎实开展拥政爱民活动。在抗击“尤特”台风袭击和灾后救灾复产战斗中，驻汕部队以人民利益为重，派出大批干部战士，出动大量车辆，奔赴灾区抢险救灾，帮助地方抢修堤围，加固危房，抢救遇险群众，抢运物资，清除路障，恢复灾后生产。全年驻汕部队共出动官兵6060人次，投入劳动日13600多个，出动车辆、机械397辆（台）次，植树416棵，向困难群众捐款22.2万元；扑灭大小山火上百次，抢救群众130人，抢救物资1085吨；空军汕头场站为地方民航安全护航2万多架次，保障率达100%。

（槐峰　顺生　俊南）

【优待抚恤】　组织对重点优抚对象普查，提高抚恤补助标准，使优抚政策得到进一步落实。春节、“八一”期间，全市组织拥军慰问团（组）1439个，走访慰问部队328场次，赠送部队慰问金（含物资折款）576.4万元；召开优抚对象座谈会1031场次，驻军联欢晚会、文艺晚会225场次，走访慰问优抚对象20653人次，慰问优抚对象金额（含物资折款）629.5万元。全市组织普查队伍652支，普查人员1823人；投入普查经费达21.4万元;录入普查重点优抚对象8415人,光荣院3个、军休所3个、军供站1个、烈士陵园2个、烈士纪念碑(墓)7处。各级财政增加经费投入114.5万元,使全市抚恤补助经费总支出达1142.4万元,烈属人月均308元,老复员军人人月均144元,使优抚对象的生活水平明显提高。全市兑现优待对象5671户,优待金总额2246.6万元,其中农村义务兵家属优待3145户,优待金总额达1481.2万元,户年均4709.7元,占2000年度农村人均收入的108%。全年全市投入光荣院建设经费15万元;革命烈士纪念馆接待教育干部群众56万人次。

(黄顺生　詹俊南)

【退役士兵和军休干部接收安置】 2001年,全市接收退役士兵1674名,其中士官29名、复员干部3名。各级政府和有关部门认真贯彻落实国家退伍安置政策,克服重重困难,使城镇应予安置的772名退役士兵,全部得到妥善安置,安置率达100%;回农村安置902名,有884名当年得到开发使用,开发率达98%。龙湖区进行了退伍安置改革,实行一次性经济补助,鼓励退役士兵自谋职业。全年全市接收军队离退休干部23名,退休志愿兵(士官)2名,已作了妥善安置,部队、地方和军休干部本人三者都满意。全市医疗改革方案实施后,军休部门积极争取医改部门支持,使军休干部的医疗得到保障。

【军供保障】 围绕《军供站正规化建设规定》的要求,加强军供队伍建设,制定《汕头军供应急供应方案》,建立健全各项规章制度,加强军供设施建设,不断提高军供保障能力和质量,圆满完成了各项军供保障任务。2001年,广州军区、南京军区分别举行"广字第22号"和"东海—6号"大规模的军事演习,汕头作为粤东前沿,军事要塞,大批兵员和装备运输须途经汕头,军供保障任务十分繁重。为做好过往部队的军供保障工作,市委、市政府和汕头警备区高度重视,成立专门领导机构,多次召开协调会,各有关部门通力合作,汕头军供站全力以赴,风雨无阻,夜以继日,连续作战,共保障供应演练部队100多个专列,7万多人次,做到安全、快捷、优质,受到总后勤部、广州军区、南京军区和省民政厅的好评。

(沈立伟　詹俊南)

【革命老根据地建设】 年初,市人大组织有关部门组成联合调查组,深入到澄海、潮阳两市的13个老区镇、28个老区村进行实地调查,及时掌握新时期老区建设工作所面临的机遇和挑战,为老区二次创业提供政策依据。各地各部门认真贯彻执行市十届人大常委会关于《进一步加强老区建设的决定》,落实各项扶持措施,使老区经济发展和基础设施建设取得了新突破。全年市财政投放老区建设资金400万元,受援县(市)、镇、村自筹资金2433万元,合计投资2833万元,扶持28个老区村、86716人解决饮水难问题。市各有关部门为老区建设投入资金3378.2万元,银行贷款593.8万元,扶持工矿企业4家,创办第三产业11家,扶持种果树796公顷,种植其他经济作物507公顷,水产养殖141公顷,修建公路74公里,兴建自来水工程71宗,修建水利工程49宗,受益面积857公顷,修建校舍23208平方米,修建卫生房舍8740平方米。2001年,汕头市老区工农业总产值66.16亿元,比2000年增长7%;人均收入4751元,比2000年提高6%。10月,根据市级机构改革方案,将原由市民政局承担的老区建设职能交给市农林局(市扶贫开发领导小组办公室)。

(张伟强)

【老年事业】 敬老月活动期间,市老龄委和各有关部门,发动社会为老年人做好事、办实事,并组织慰问百岁寿星,整个敬老活动共发放慰问金10余万元,慰问市区百岁老人和高龄特困老人近千人。市政协副主席、九三学社市委会主任郑丰任带领义诊队10

多位名医会员，前往市福利院开展“情系老人献爱心”义诊活动，并送去了慰问金；汕特琪雅化妆品公司员工前往福利院为老人们表演自编自演的文娱节目，并赠送慰问品；广梅汕铁路旅行社首次推出夕阳红老年人旅游专列，组织近千名老年人到北京旅游；市体育局、老龄委、老年人体协，积极响应国家体育总局等3个单位关于在全国开展“亿万老年人健康活动”的号召，举办“2001年汕头市迎九运敬老重阳登山活动”，作为“亿万老年人健身活动”的启动仪式。为推动老年人群众性体育健身活动，市体育局和老年人体育协会授予澄海市东里镇文化服务中心等20个单位为“老年体育先进单位”，徐国良等33人为“老年体育先进个人”，倪克屏等21名80岁以上老人为“健康老人”称号；市退管会对退休后仍然关心国家大事，乐观向上，积极参加文体活动，长期坚持体育锻炼，并在力所能及的范围内积极为群众服务的方泽浦等45名80岁以上退休职工，授予2001年度汕头市“退休职工健康老人”荣誉称号。老年大学扩大办学规模，创办“医疗保健”专业、“电脑提高班”、“英语口语”专业、“声乐基础”专业和“文学”专业提高班，该校两个办学点共办10个专业、14个教学班，学员增至815名，创办历史新高。10月，根据市级机构改革方案，原由市劳动局承担的市老龄工作委员会办公室职能移交市民政局。

（张云良　吴维佳）

【民间组织管理】　各级民政部门为加强民间组织登记管理工作，维护社会政治稳定，2月设立了市民间组织管理局，为副处级单位，并撤销原社团登记办公室，将其职能划归市民间组织管理局。加强民间组织登记管理工作。4月份，提前完成民办非企业单位的复查登记任务。全市列入复查登记的民办非企业单位748个，其中不符合条件不予登记的240个，受理登记508个，计教育类482个，劳动类21个，民政类5个，登记合格率达100%。各地还依法进行民间组织登记管理，使管理工作步入规范化轨道。全年全市新批准注册登记社团20个，注销登记7个；办理民办非企业登记520个。到年底，全市拥有社会团体394个，其中行业性社团129个，联合性社团86个，学术性社团112个，专业性社团67个；民办非企业单位520个，其中教育类民办非企业单位491个，劳动类民办非企业单位25个，民政类民办非企业单位4个。

（黄锡强　李　妩）

【婚姻登记管理】　2001年，各级民政部门依法开展婚姻登记工作，组织了婚姻执法大检查，避免了行政复议、行政诉讼案件的发生。全年办理国内公民结婚登记25165对，其中初婚49577人，再婚753人。复婚53对，补办结婚登记3413对。申请离婚登记291对，其中准予登记离婚231对，经调解不离婚52对。办理涉外、涉华侨和港澳台结婚登记135对，其中初婚229人，再婚41人，外国人5人，外籍华人14人，华侨5人，港澳同胞86人，台湾同胞24人；申请涉侨、港澳台离婚登记8对，准予离婚登记8对。全市出具夫妻关系证明书73宗，解除夫妻关系证明2宗，婚姻登记合格率达100%，有效的维护了当事人的合法权益。

（张伟强　林湘华）

【收容遣送】　全市各收容遣送站全面贯彻《汕头经济特区收容遣送管理办法》和《广东省收容遣送站内部管理规定》，严格政策界限，增强救助意识，强化服务观念，提高执法水平，实施文明收遣，积极配合公安部门，做好重大节日、重要活动中的收容遣送工作，并做到安全、有序、快捷。全年全市累计收容25031人次，比2000年增加1283人次，增长5%。其中市区收容6341人次，同比减少1145人次，下降18%；接收各地中转人数18690人次，同比增加2928人次，增长19%；遣送回乡12833人次，同比增加615人次，增长5%。在市区收容中,属两次以上屡遣屡返的有540人次,占比例9%;属本省的有632人次,占比例10%;属外省的有5709人次,占比例90%。青壮年6002人次,占比例95%;老人儿童339人次,占比例5%。救助困难群众3193人次,资助金额达11292元,还有衣服、棉被、食品等物品。此外,还协助公安机关抓获1名在案杀人逃犯。

【收养登记】 全年全市共办理国内收养登记75宗,其中市区53宗;办理收养市级社会福利机构抚养的、经新闻媒体公告查找不到生父母的弃婴、儿童有16宗,还办理解除收养关系登记1宗。遵照收养法确定的"收养应当有利于被收养的未成年人的抚养、成长"的原则,积极做好涉外送养工作。上半年市民政局与市卫生局、物价局联合发文,确定市中心医院作为涉外送养儿童体检的定点医院,使涉外送养工作更加规范。市福利院办理涉外送养儿童23名,合格率达100%。

(吴汉忠　刘勤裕)

【殡葬改革】 2001年,全市各地按照《汕头市殡葬管理工作"十五"规划》的总体要求,坚持以巩固提高火化率、规范骨灰管理和创建无坟城市3项工作为重点,加强领导,深入宣传,强化措施,规范管理,扎实推进殡葬改革。在3月召开的全市殡葬改革工作会议上,市长李春洪与各区、县(市)长签订了2001年《殡葬管理目标责任书》,市政府还授予龙湖区、澄海市、南澳县、金园区、升平区为2000年度"汕头市殡葬管理工作先进单位"称号,给予奖励,并对殡改工作落后的河浦区给予黄牌警告。潮阳市、河浦区派驻工作组,狠抓殡改落后单位,实行重点帮促,努力扭转殡葬改革的被动局面,收到很好的效果。9月份,省民政厅在澄海市召开全省殡葬改革工作会议,对汕头市的殡改工作予以充分肯定。全年全市共起棺火化150多宗,查处毁林造坟近百宗,清理地下棺木店13家,烧毁棺木71副及土葬工具一批,清理整治乱埋乱葬坟墓和"生基"2.5万多穴,复耕或开发工业区面积1000多亩,还查处了一批违规土葬人员,促进了殡葬改革的顺利开展。全市共火化遗体22976具,其中火化本地户口22343具,火化率达到97.4%,与2000年相比,增加了17个百分点,超过了省政府提出的火化率达到90%的奋斗目标。澄海市、南澳县在确保火化率100%,并实行骨灰统一管理的基础上,积极开展创建无坟化活动。全市还投入400多万元完善殡葬设施,改善服务条件,优化服务环境。自3月1日起,市区加强了骨灰管理,实行由市殡葬所集中统一管理,丧属只能选择寄存、植树或撒海及埋葬合法公墓三种形式,已逐步走上规范化的管理轨道。在4月8日举行了第四次"让先人回归自然、愿亲情溶存大海"的骨灰撒海活动,共有136份先人的骨灰回归自然。清明期间,在全市倡导"送一束花,表一片心"的文明祭拜活动。

(张云良　刘勤裕)

【界线勘定】 2001年,全市各地继续做好勘界收尾工作。至年底,全市已有2条地市级界线、11条县级界线和金园区、龙湖区、河浦区、升平区、南澳县、澄海市6个县(区、市)的镇(街道)级界线经上级政府批准,成为法定线。1月3日,市政府召开达濠区、升平区和潮阳市的勘界协调会议。3月1日,市政府依据国家勘界的有关法规政策以及历史和现实,发出《关于达濠区、升平区与潮阳市行政区域界线的处理决定》,对达濠区、升平区与潮阳市的行政区域界线进行最后的裁定。达濠区、升平区和潮阳市勘界部门完成了对市政府裁定的达濠潮阳线、升平潮阳线及达濠、升平、潮阳东、西两个三交点界桩的埋设工作。5月29至31日,在市勘界办的组织指导下,省国土厅第一测量队和达濠区、龙湖区、金园区、升平区、澄海市勘界办在市民政局进行龙湖澄海线、龙湖金园线、金园升平线、达濠龙湖线、达濠金园线5条县(区、市)级行政区域界线以及达濠、龙湖、金园三交点,达濠、金园、升平三交点的勘界成果资料检查验收、资料汇总工作。6月28至7月1日,市勘界办再次组织省国土厅第一测量队和达濠区、升平区、河浦区、潮阳市勘界办在汕头市民政局进行升平河浦线、升平潮阳线、河浦潮阳线、达濠升平线、达濠河浦线、达濠潮阳线6条县(区、市)级行政区域界线以及达濠、升平、河浦三交点,升平、河浦、潮阳三交点,达濠、升平、潮阳东、西两个三交点的勘界成果资料检查验收、资料汇总工作。12月28日,市政府召集达濠区、升平区、河浦区、潮阳市举行了行政区域界线协议书签字仪式。各条县(区、市)级行政区域界线协议书经毗邻双方政府代表签字后,上报市政府审核,并于12月份上报省政府审批。12月29日,省政府分别批复汕头市政府,同意达濠区与金园区联合勘定行政区域界线协议书、金园区与升平区联合勘定行政区域界线协议书、达濠区与龙湖区联合勘定行政区域界线协议书、龙湖区与金园区联合勘定行政区域界线协议书、龙湖区与澄海市联合勘定行政区域界线协议书、升平区与潮阳市联合勘定行政区域界线协议书、河浦区与潮阳市联合勘定行政区域界线协议书、升平区与河浦区联合勘定行政区域界线协议书、达濠区与河浦区联合勘定行政区域界线协议书、达濠区与升平区联合勘定行政区域界线协议书、达濠区与潮阳市联合勘定行政区域界线协议书;同日,省政府批复汕头市、揭阳市政府,同意揭阳市与汕头市联合勘定行政区域界线协议书。

(马庆贤　郑志忠)

残疾人事业

【残联组织建设】 以机构改革为契机,建立健全三级残联组织工作网络。在原市残疾人活动中心的基础上,成立了市残疾人康复中心。潮阳等县市在镇、街道一级继续保留了残联办公室。

【创建全国残疾人工作示范城市】 2001年是汕头市实施残疾人事业"十五"计划的开局年,也是汕头创建全国残疾人工作示范城市的第一年。经中国残联和广东省残工委批准,汕头被确定为创建全国残疾人工作示范城市。5月12日,中国残联理事长郭建模与汕头市副市长丘进在市政府会议厅举行了汕头市创建全国残疾人工作示范城市任务书的签字仪式,标志着汕头市残疾人工作进入了发展新阶段。把创建全国残疾人工作示范城市纳入了经济社会发展"十五"计划,力争用3年时间实现创建"全国残疾人工作示范城市"目标,并用2年时间巩固提高达标成果。

【康复工作】 精神病防治康复工作坚持以社区康复点、家庭病床为主,住院治疗为辅的方针,推广社会化、开放式的精神病社区家庭康复模式。全市设立精神病社区康复点45个,为4000多名贫困患者免费诊治、发药。汕头的精防工作模式受到全国、省康复办的肯定,并在全国第三次精神卫生工作会议上作了介绍。至年底,全市精防工作覆盖总人口419.6万人,检出精神病人25684人,检出率6.12‰,监护率95.6%,显好率73.8%,社会参与率61.3%,肇事率下降0.22%,越来越多的精神病患者得到了不同程度的康复。5月18日,国际狮子会——香港北九龙、黄大仙分会专程委派18名狮友组团莅汕,发起为白内障特困患者施行复明手术募捐活动,共募集资金8万元。组派省"复明II号"扶贫复明手术车,赴升平、河浦、潮阳、达濠4个手术点,成功地为156名特困白内障患者施行复明手术。全年全市共完成白内障复明手术 2377 例；为 39 名低视力患者配用助视器，培训家长 8 名；使 30 名聋儿接受听力语言训练，培训家长 19 名；为 14 名贫困肢残者安装普及型假肢，装配矫形器 76 件，提供残疾人用品用具 115 个品种，供应总件数达 3154 件。积极开展康复训练与服务工作，为 7600 名残疾人提供康复服务，使 207 名肢体残疾人、21 名脑瘫儿童、139 名智力残疾儿童得到不同程度的康复。

【特殊教育】 各级政府把残疾儿童少年教育纳入普及九年义务教育的工作轨道，同时把特殊教育指标的执行情况作为进行义务教育督导、评估工作的重要内容。坚持以普通教育机构对残疾儿童实施教育和发展特教学校同时并举的方针，积极发展特殊教育，在解决适龄残童随班附读的基础上，鼓励有条件的学校开设专门的特殊辅读班，为适龄残疾儿童少年能同步接受义务教育创造条件，初步建立起以普校随班就读、特教班为主体、特教学校为骨干的残疾儿童义务教育的格局。全市有汕头聋哑学校和澄海市启智学校两所特殊教育学校，19 个班 248 名学生，全市设有弱智儿童辅读班 9 个 109 名学生，聋儿语训班 2 个 10 名学生，轻度弱智儿童、低视力及聋儿随班就读 1692 人，入学率占全市学龄残疾儿童总数 2268 人的 90.8%。2001 年上线的 7 名中、高考残疾考生均被各大中专院校录取，录取率为 100%。

【残疾人就业】 采取各种措施，加大残疾人就业的力度，有力地推进按比例安排残疾人就业。积极开展残疾人职业技能培训和劳动就业工作，9 月，汕头市政府颁布了《汕头市分散按比例安排残疾人就业实施细则》，市残疾人劳动服务部积极向有关单位发放《年审手册》，到年底共征收就业金 105 万元。残疾人培训基地的建设，以汕头永桂宝石工艺有限公司和澄海市壮歆王鸽良种场为依托，先后建立了汕头市残联永桂宝石工艺培训基地和汕头市残疾人种养殖业培训基地。共举办三期培训班，培训学员 55 名。此外，还培训盲人按摩员 10 名。在汕头召开的全省残疾人就业扶贫开发工作现场会议上，汕头市利用社会力量，开创残疾人就业工作新模式的做法，获得了高度评价。汕头市残联和龙湖区残联被省残工委授予“残疾人就业工作先进单位”称号。

【扶贫解困】 在继续做好实施社会保障和丧失劳动能力重度残疾人专项补助金制度的基础上，加大了对贫困残疾人和下岗残疾人的扶贫力度，在政府的部署下，筹措资金，救济困难残疾人，对因城市禁止后三轮摩托车运营的下岗残疾人纳入最低生活保障线。各区、县(市)普遍开展情系困难群众和进村入户活动，对残疾人给予政策、资金、场地、信息、技术等扶持。

【社会环境】 宣传工作是发展残疾人事业的桥梁和纽带。围绕各时期残联中心任务，结合春节慰问、“爱耳日”、“全国助残日”等节日活动以及康复、教育、就业等各项业务工作制定宣传方案，市残联有计划地进行广泛的社会舆论宣传。在纪念《中华人民共和国残疾人保障法》颁布实施 10 周年系列活动、第 11 次全国助残日及创建“全国残疾人工作示范城市”等重头戏上下功夫，取得良好的社会效应。借纪念《残疾人保障法》颁布实施 10 周年活动之机，通过各种渠道、采取多种方式进一步宣传、普及《残疾人保障法》。从 5 月份起，各宣传媒介即集中时段与版面，进行了专题系列报道。助残日前后，汕头电视台滚动播放了有关残疾人事业的公益广告；连续推出涉及残疾人就业、教育、康复、社会环境等方面的专题系列报道；《汕头日报》发表了副市长丘进致全市各界人士一封信——《共襄善举构筑爱的大厦》，号召人人伸出援助之手，让每一位残疾人都能感受到社会主义大家庭的温暖，在社会上引起了广泛的共鸣；《汕头都市报》以《关注困难群众》为题，以整版的篇幅，从康复、教育、法律援助、扶贫解围等多个角度，呼唤全社会的共同参与，呼唤人道关怀；汕头电视台“潮汕风”专栏节目推出配有手语的《爱的诗篇，爱的奉献——汕头残疾人事业十年发展回顾》，把整个助残日的宣传报道推向了高潮。对自强与助残的典型进行宣传，如被誉为“鸽王”的林圣歆、“听不到潮汛的弄潮儿”余维存、汕头市永桂宝石工艺有限公司董事长魏永桂等；汕头大学学生莫启仪长期为残疾儿童赖尔斐义务家教的感人事迹，一经报道，在社会上引起强烈反响。据不完全统计，全年全市各主要宣传媒介报道残疾人新闻215条，广播稿112条，专题电视报道96条，省以上新闻传媒34条。参加第五届“广东省残疾人事业好新闻”评选活动，《走进无声世界》等4篇作品分获三等奖和优秀奖。汕头市在全省宣传工作会议上被评为全省宣传、体育和“两刊征订”工作先进单位。选送优秀的新闻照片和文字稿参加第五届“广东省残疾人事业好新闻”评选活动。汕头市选送的《走进无声世界》、《挑战自己，自强不息》、《非常运动员》、《身残志坚，自强不息》等4篇作品分别荣获三等奖和优秀奖。由于宣传到位，残疾人事业在全市形成了浩大的宣传声势和规模效应，有力地促进了各项工作的开展。积极做好无障碍设施建设，9月初，国家建设部、民政部、残联和省有关领导、专家考评组莅汕，听取了市建设局的汇报，并现场参观了人民广场、帝豪大酒店、东方公园和桂园街等的无障碍设施。

【法制建设】 为依法推进残疾人事业的发展，编制完成了《关于2002年度汕头市残疾人事业立法计划项目建议书》，建议把《汕头市保障残疾人权益若干优惠办法》上升为政府规章，切实把残疾人的合法权益以法律的形式加以完善和保护。同时，依托汕头市法律援助中心和各地律师事务所，积极为残疾人提供法律援助。为纪念《残疾人保障法》颁布实施十周年，市残联与市人大内司委联合召开了座谈会，呼吁全社会共同关心残疾人这一社会困难群众。认真做好残疾人信访工作。由于受社会整体环境的影响和残疾人法律意识的提高，残疾人信访便呈上升趋势。据不完全统计，全年各级残联共接待残疾人来访1452人次，来信来电408件。坚持做好“理事长接待日”、“理事长热线电话”和“法律援助接待日”等工作，及时为残疾人排忧解难，切实为残疾人办实事、好事。

【文化体育】 积极发掘和培养特殊文体艺术人才。选送舞蹈节目《朝阳女孩》参加第五届广东省残疾人艺术汇演，获得三等奖。其中，聋哑学生陈文洁代表广东省参加第五届全国残疾人艺术汇演荣获二等获。推荐6名运动员参加省选拔赛，其中残疾人陈坤雄、李拾、康少东等3名运动员入选省队，参加羽毛球、乒乓球全国选拔赛，其中陈坤雄获男子双打羽毛球冠军、单打第二名，康少东获乒乓球第三名。

（陈如贤　鲁　飞）

各区县（市）

龙湖区

【简况】 龙湖区是汕头经济特区的发祥地。1991年11月汕头经济特区范围扩大时,以原汕头经济特区龙湖片为主体,划入原郊区的下蓬镇组建为龙湖区。位于汕头市区东部,面临南海,东以新津河为界与澄海市相邻,西与汕头市金园区接壤,西北以梅溪河为界。区域面积46.31平方公里,海岸线全长9.6公里。原辖8个街道办事处,2001年12月份调整合并为珠池、金霞、新津、龙祥、鸥汀5个街道办事处。年末全区常住人口184582人(其中非农业人口158132人);暂住人口约10万人。

龙湖区是汕头市繁华的金融商业中心和重要的交通枢纽。地理位置优越,交通运输便利,广梅汕铁路汕头客、货运站、汕头深水港区、汕头海湾大桥、深汕高速公路汕头站等重大交通设施均设在区内。金融机构、口岸服务管理机构、旅游文化体育设施配套完善。中国人民银行、国内各专业银行和香港华侨商业银行、泰国盘谷银行等国内外金融机构均在龙湖区内设立分支机构。区内有林百欣国际会展中心,五星级的帝豪大酒店、金海湾大酒店,四星级的龙湖宾馆等大型酒店,万客隆选购中心、沃尔玛购物广场、南国商城、免税商场、明珠购物广场等大型商场,还有中国(汕头)电子电器商城、汕头长江通信城、国泰装饰材料城等专业市场,是汕头市旅游购物中心区域。主要旅游观光景点有林百欣国际会展中心广场、华侨公园、妈屿岛、证果寺、腾辉塔等。旅游胜地妈屿岛(原名放鸡山)位于汕头港的出海口,有天然的海水浴场。

龙湖区是汕头市的新城区,经过20年的开发建设,已形成以工业、外贸为主,商业、旅游、金融、交通运输、建筑房地产各业并举的综合性外向型新城区。龙湖区经济结构由国有经济、外资经济、民营经济三大块组成。区直国有企业多以外贸为主,外资经济在全区经济中占有较大比重,民营经济是龙湖区经济发展的一个新亮点。2001年,全年国内生产总值37.00亿元,增长6.76%,固定资产投资9.71亿元,增长3.52%;工业总产值70.53亿元,增长2.22%;财政收入3.99亿元,增长12.25%;农业总产值1.6亿元,同比持平。

【工业】 工业基础进一步巩固。加快了工业园区建设,规划建设万吉工业区,面积1796亩,将建设为国家光机电产业化基地。全年新办工业项目70宗,投资额1000万元以上的5家,在建项目13家,新投产项目57家。华钜科技有限公司、国份实业有限公司等一批规模较大、档次较高的项目竣工投产。工业投资大幅增加,工业系统投资3.33亿元,增长79.21%,占全区固定资产投资总额34.25%。工业经济稳步发展,年工业产值超亿元以上的企业13家;规模以上工业企业136家,完成产值50.77亿元,增长3.74%,占全区工业总产值的72%。

【民营经济】 民营经济发展加快。民营经济服务办公室和外商投资服务中心合署办公,设立企业投资管理服务中心,把服务范围覆盖到所有企业;“一条龙”服务机制进一步完善,形成洼地效应,吸引了首期投资1.5亿元的全雅百货公司等10多家有一定规模档次的项目在区内落户,全年新登记私营企业276家。各街道落实经济发展责任制,充分发挥各自优势,挖掘民资民力,民营经济得到较快发展,全年实现街道企业总产值46.93亿元,增长5%;其中工业总产值24.85亿元,增长4.8%;新办企业135家。

【第三产业】 商贸流通活跃。组织企业参

加国内各类展销会,参加汕头特区商品(重庆)交易会签订商品购销合同协议 1.1 亿元。专业市场建设加快,国泰家具博览中心和长江通讯城等专业市场建成开业;充分利用黄河路专业市场存量,对黄河路进行全面规划,规划为集物流、商流、资金流于一体的专业市场一条街。充分发挥大型物流企业万客隆、沃尔玛的辐射作用,商贸流通进一步活跃,全年社会消费品零售总额 15 亿元,增长 41.95%,汽车销售、大型综合超市和餐饮业销售额分别为 5.92 亿元、4.93 亿元、2.75 亿元,分别增长 7.45%、41.13%、49.58%,成为全区消费品市场的三大亮点,有力拉动了全区经济的增长。

【经济秩序】 按照市委市政府的统一部署,开展打击骗取出口退税、制假售假等专项活动。配合上级有关部门查处了一批涉税违法违规企业,查获制假售假案件 48 宗,标值 110 万元。加强市场价格管理,加大明码标价宣传检查力度,全面推行收费公示制度,对涉农、中小学、行政事业单位、列管经营服务性收费及药品价格等进行专项检查,市场价格秩序得到进一步规范。成立区追讨财政欠款工作小组,采取法律、行政、经济等综合手段追收财政欠款 1.74 亿元(含实物折值)。加强审计监督,强化财政资金管理,规范了财政资金银行账户的设置,资金调度、预算外资金管理进一步到位。

【社会秩序】 全面落实安全生产责任制,开展专项整治行动,对建筑工地、石油气经营点、“三合一”企业、危险性家庭作坊、公众聚集场所、易燃易爆场所、化学危险品经营场所、加油站等进行重点整治,共检查各类企业、场所 2850 家(次),整改安全隐患 1650 处,一批老大难的问题得到解决。大力开展劳动力市场整治,组织开展现场监察和劳动执法检查,配合上级部门查处非法中介机构 76 家。严厉打击“法轮功”顽固分子,广泛深入开展揭批邪教组织学习教育活动,“法轮功”练习者得到有效控制和监管,没有发现复练现象,区 610 办公室被省、市评为同“法轮功”邪教组织斗争先进集体。加强社会治安综合治理,开展“严打”专项整治斗争,坚决扫除“黄赌毒”,侦破刑事犯罪案件 744 宗,抓获各类违法犯罪分子 2560 名,打掉犯罪团伙 57 个。开展以大南山路、练江路为重点的综合整治行动,城市管理、环境保护和环境卫生整治取得明显成效。学习借鉴深圳加强外来人口管理先进经验,在龙湖街道 3 个居委会开展出租房屋管理试点,初步建立了一套科学有效的管理机制。

【体制改革】 街道调整和机构改革进展顺利。按照精简、高效、统一的要求,如期完成机构改革和街道调整撤并任务,区政府部门精简为 16 个,街道调整合并为 5 个。进一步转变政府职能,强化服务意识,推行首问负责制、二次终结制。坚持干部“四化”方针和德才兼备原则,调整充实街道、区直机关、事业单位领导成员,领导班子结构进一步优化。干部人事制度改革不断深化,机关、街道中层职位实行全员竞争上岗,区领导干部、区管干部实行任前公示制。区直国企产权制度改革取得实质性突破。按照“整体推进,重点突破,分类实施,一企一策”原则,制定了《龙湖区区直企业产权制度改革总体规划》及相关的配套文件。落实领导挂钩责任制,成立 8 个专项工作室和 10 个重点企业工作小组,招聘 14 名财务监督人员,全面开展区直国有企业产权制度改革,20 家企业完成清产核资,6 家企业改制方案通过审批,改为职工持股的有限责任公司。加大安置职工力度,理顺职工劳工关系 271 人,其中,改制企业安置职工 142 人,未改制企业先行理顺职工劳动关系 129 人。

【社会管理】 社会管理工作得到加强。社区建设全面启动。总结推广金霞街道社区建设试点的经验,多方筹集资金,完善社区服务设施,全区建设老人活动场所 12 个,青少年活动室3个,社区服务实体20个。民间组织管理不断加强,按时完成56家民办非企业单位复查登记工作。配合省对县(区)界线进行测量,做好涉及我区4条界线资料的最后校正坐标、资料修改和上报工作,全面完成勘界任务。村居规划工作力度加大。制定实施《龙湖区村居规划工作方案》,全面开展村居规划编制工作,村居民宅建设得到控制和管理。计划生育工作步入经常化、规范化轨道。加强居委会一级计划生育自治能力,建立了以街道为依托、以村居为主体的经常性工作机制,人口自然增长率5.91‰,计划生育率89.98%,被省授予"计划生育达标单位"。殡葬改革成果进一步巩固。加强墓地和骨灰管理,火化率保持100%,荣获"省殡葬管理工作先进单位"称号。

【科技教育卫生】 社会各项事业蓬勃发展。积极实施"科教兴区"战略,"全国科技工作先进区"的成果得到巩固和发展。推进企业技术进步,科技开发创新和成果转化取得实效。全区有10个项目被列入国家、省、市火炬计划、星火计划和重点科技计划;有5个项目通过省级科技成果鉴定,5项成果分别获省市科技进步奖;新认定国家级、省级高新技术企业4家。教育事业不断发展。"普九"成果得到巩固,素质教育稳步推进,教育信息化建设有新的突破,教学质量进一步提高,民办学校管理得到加强,教育综合实力进一步增强,等级学校增至17所。医疗卫生工作水平不断提高。实施综合目标管理,稳步推进医疗机构配套改革,全面实行药品采购招标,医疗保险制度改革开始实施,卫生行政执法和预防保健不断加强。大力推进爱国卫生运动,积极开展环境卫生整治行动,顺利通过市爱卫会的检查考核,创卫成果得到巩固和发展。

【精神文明】 精神文明建设不断推进。以思想道德建设为重点,贯彻《公民道德建设实施纲要》,广泛深入开展社会主义理想信念教育和特区意识再教育;大力弘扬科学精神,举办"反法轮功"巡回图片展。群众性精神文明创建活动蓬勃开展。围绕"新世纪、新汕头——诚实守信铸文明"主题,开展各级文明创建活动,非公有制经济组织创建活动纳入全区精神文明建设的总体规划,全民现代文明素质和城乡文明程度不断提高,金霞街道被评为"全国婚育新风进万家活动先进街道",龙湖医院等两家医院分别被评为"广东省百家文明医院"和"广东省百家文明卫生院"。组织各种助困济贫,奉献爱心活动,倡导良好社会新风尚。群众性文化活动丰富多彩。举办了各类文艺活动,加强全区文化网络建设,组织文化下乡活动,丰富活跃了群众文化生活。文化市场管理进一步加强。深入持久地开展扫黄打非,维护了文化市场和出版物市场的正常秩序,确保文化市场建设朝着健康、繁荣、有序的方向发展。国防教育,双拥、民兵预备役工作得到加强。预备役高炮三营获得省实弹射击第一名。

【民主法制】 社会主义民主进一步健全。充分发挥人大及其常委会和政协参政议政、民主监督职能,全年办结人民代表议案21件、建议6件、政协提案26件,办理质量有了进一步提高。来信来访工作进一步加强,建立了各级领导接访日制度,实行领导包案处理信访大要案责任制,基层和人民群众反映较为强烈的热点难点问题得到及时解决。基层民主政治建设得到进一步巩固,建立健全了村民自治、农村民主选举、民主决策、民主监督、民主管理制度。领导述职评议工作得到落实,进一步提高了国家机关工作人员的民主意识、法制意识和公仆意识,增强了接受监督和依法行政的自觉性,取得了良好的效果。执法监督检查力度加大。组织对《食品卫生法》、《广东省宗教事务管理条例》、《台湾同胞投资保护法》等法律的执行情况进行检查监督,执法单位依法行政的自觉性不断提高。

法制建设不断加强。普法教育取得显著成效。认真做好“四五”普法规划的制定和启动,通过上法制课和“网上普法”等形式开展法制教育,各级干部学法用法和依法行政的自觉性不断提高。依法治区取得明显成效。进一步落实执法责任制和冤案、错案责任追究制,加强司法改革,办案效率和质量有所提高。司法行政工作得到加强,积极开展以困难群众为重点的法律援助,基层调解、律师和公证工作取得新的成绩。

【人民生活】 人民生活水平不断提高。城镇居民人均可支配收入达到8951元,增长2.8%。深入扎实开展“三个代表”学习教育活动,机关开展了“三学三民创四优”、“六下基层”、“民心工程”等一系列各具特色的专题活动,深入基层,较好地解决群众饮水难、住房难、就业难、入学难、行路难、上市难等“六难”问题。为群众办好事实事1000多宗,开展机关与村居对口扶贫和“情系困难群众献爱心”活动,帮助264户困难群众解决实际困难,拨专款帮助126户经济困难群众接通自来水,实现全区“户户通自来水”的目标,募集捐款206.86万元支援农村水改工程。社保工作取得新进展。社会保险覆盖面不断扩大,全区参加养老保险42661人,比2000年增加1273人,共征收社保基金5667万元,养老金社会化发放率保持100%,“两个确保”落到实处。同时,启动医疗保险制度改革,加强社会救济、优抚安置工作。努力解决低保对象“四难”问题,发放低保金160.8万元;按时足额发放优抚费70余万元。

(惠明　利群　冠添)

附1:2001年龙湖区党政和政协主要负责人名单

区委书记:蔡宗泽
区人大常委会主任:黄祖英
区　　长:陈兴池(2001.1—2001.3)
　　　　　方利旭(2001.3—2001.12)
区政协主席:陈国光(2001.1—2001.3)
　　　　　刘书乐(2001.3—2001.12)
区纪委书记:李泽惠

附2:龙湖区2001年国民经济发展情况表

序号	项目	单位	2001年指标	比2000年±%
1	年末常住人口	人	184582	4.2
	其中:非农业人口	人	158132	8.41
2	工农业总产值(90年不变价)	万元	708606	2.18
	其中:工业总产值	万元	701225	2.22
	农业总产值	万元	7381	-1.05
3	出口总值(海关数)	万美元	34530	-34.5
4	进口总值(海关数)	万美元	31767	-20.7
5	社会消费品零售额	万元	149995	41.95
6	固定资产投资总额	万元	97133	3.52
7	建安产值	万元	41836	-20.62
8	交通营运收入	万元	26418.8	9.21
9	地方财政预算内收入	万元	21918	2.5
10	地方财政预算内支出	万元	20299	6.5
11	批准利用外资签订合同数	项	23	-23.33
	合同规定总投资	万美元	3083	-37.82
	实际利用外资	万美元	3180	202.28

金园区

【简况】 金园区位于汕头经济特区中部，东连龙湖区，西接升平区，南临汕头港与达濠区隔海相望，北与潮州市潮安县接壤。全区面积37.48平方公里，其中陆地面积33.68平方公里。第五次全国人口普查人口45.9万人，人口最多，人口密度为13628人/平方公里，是汕头市区域面积最小，人口密度最高的城区。原下辖15个街道办事处，2001年底街道、居委会管辖范围调整后，撤并为9个，即大华、石炮台、东方、金厦、金砂、东墩、广厦、岐山、月浦9个街道办事处；120个居委会撤并为82个。

2001年元旦，李春洪市长在东厦街道贫困户家慰问。

蔡希仁摄

金园区是汕头市的政治、文化中心和主要商业区、重要工业基地。市委、市人大、市政协、警备区等机关单位坐落在本区域内。交通便利，市区的主要道路金湖路、金砂路、长平路、中山路、海滨路、建设中的金凤路桥横贯东西，汕樟路、金新路、东厦路纵穿南北。商贸服务业发达，长平路、金新路、金园路、金环路等商业街构成环形商业街区，有华侨新村路、博爱路商业步行街，以及南方友谊商场、岛内价、广厦购物广场等大型商场。区域内生产生活环境优良，城市基础设施日趋完善，金融、旅游、卫生、医疗、文化、学校、娱乐和体育等设施配套齐全，是安居乐业的理想场所。区内的主要景点有石炮台公园、金砂公园、东方公园和“鮀岛新八景”中的海滨长廊（长廊观海）、汕头国际大酒店（璇宫邀月）等。2001年完成国内生产总值37.8亿元，增长7.5%。

【加快北部片区开发】 为有利于调整全区经济布局，进一步拓宽经济发展空间，缩小南北发展不平衡，提高工业化、城市化水平，金园区把加快北部（金湖路以北部分）片区发展作为“十五”期间乃至今后更长一段时间经济发展和城市建设的主要任务，“十五”期间重点是建设“一城、两个市场、三个村”。“一城”即建设金园工业城，以此为龙头，带动北部工业的连片发展；“两个市场”即建设潮汕路物流园区和东厦北路家居装饰材料市场群，以此为中心，提高全区商贸服务业的发展水平；“三个村”即改造浮西、浮东、大窖三个旧村，以此为契机，加快北部基础设施建设。

【工业】 积极实施“工业强区”战略，在拓展工业发展空间、抓管理、抓服务、合力扶工等方面采取了一系列措施，使工业继续保持增长的势头。全年全区完成工业总产值59亿元，比增9%。7—9月份开展工业集中服务活动，重点是开展“十个一批”工作，相对集中时间、集中精力解决了工业发展面临的一些重点、难点问题，营造更加浓厚的扶工助工氛围。突出扶持一批规模较大、科技含量较高的工业项目，全年新增规模以上（年产值500万元以上）工业企业18家，规模以上工业企业共有83家，完成产值24亿元，比增30.9%，占全区工业总产值的41%。大力扶植工业经济的新增长点和亮点，确定亚联药业、远东拉伸生产线等19个在建项目作为重点扶持、指导、服务对象,并落实领导挂钩联系制度,实行"一对一"的帮扶,这批项目投资总额约4亿元,年可新增产值6亿元。切实帮助企业解决融资问题,开展了3次银企合作,向金融单位推荐21家企业申请贷款21370万元。投资环境进一步改善,成立了区企业投资服务中心,以"办事最快、服务最优"的宗旨,采取工商、国税、地税、环保、计生、卫生等有关职能部门集中办公或随传随到的方式,实行"内转外不转"的封闭式运作,为投资办业者提供一个窗口办事、一条龙服务的"快速通道"。工业发展空间进一步扩展,金园工业城从原占地1170亩扩大到4000亩,确定了以食品、印刷、包装机械为主要产业的科技型、环保型、花园式的现代工业区的发展定位,目前城内建成投产企业64家,在建10家,拥有清华紫光药业、可口可乐、金味食品、金明塑胶、金时印刷、汕樟轻工机械等一批国内外知名企业、国家级、省级高新技术企业,全年完成工业产值18亿元。

【外经贸】 外贸出口平稳发展,完成外贸出口总额13266万美元,下降13%,进口总额11204万美元,增长3.54%。多年来大力调整出口企业结构,建立稳固的外贸出口基地工作,在出口形势严峻的情况下,显示了突出的效果。生产型出口企业出口仍然保持稳步增长,完成出口额10447万美元,增长25%,占全区出口总额78.8%,弥补了一般贸易大幅度滑坡的缺口,为稳住出口发挥了积极作用。流通型企业出口2819万美元,下降58.2%。生产型企业出口与流通型企业出口比例由2000年的1∶1.7提高到2001年的3∶1,外贸出口企业结构进一步优化。落实扶持外贸出口措施,鼓励企业扩大出口总量。积极为外贸出口企业协调解决出口退税问题,重点解决复函问题,采取措施提高复函速度。大力扶持守法经营企业的发展,协助3家企业列入海关实施的A类管理企业,推荐23家企业列入通关便利的F通道。加大招商引资力度,采取"走出去、请进来"等灵活多样的招商方式,加强对外经贸交流与合作。积极组织企业参加中国广州商品交易会、2001年广东(香港)经济技术贸易洽谈会等经贸活动,10月底组织第二批民营企业家赴台考察,5、6月份邀请了两批台湾企业家前来参观考察,进一步拓宽招商引资渠道。全年引进外资项目7个,合同规定投资总额451万美元,实际利用外资410万美元。积极做好三资企业增资扩产工作,有1家三资企业增资扩产,增资额8万美元,全区三资企业完成工业产值10.4亿元。

【商贸业】 充分发挥中心城区、人口密集、消费潜力大的优势,大力发展商贸服务业。全年全区完成商贸总额86.7亿元,增长5%,其中社会消费品零售总额32.7亿元,增长10%,工商集市贸易24.2亿元,增长25.8%。积极引导具备条件的商贸企业利用原有的资金积累和销售网络,以商转工,以工促商,兴办实业,增强实力。积极组织企业参加在重庆、汕头等地举办展销会、订货会,推介具有本区特色、市场前景好、竞争力强的优势产品,扩大市场份额。发挥金园路—金新路—长平路—金环路环形购物街区的辐射作用,营造新的商业旺点。按照高起点、高档次、高品位的要求,建成了集购物、旅游、娱乐、休闲于一体的博爱路南段商

2001年6月9日,金园路各商家承诺:"依法经营,诚实守信"签字活动。

蔡希仁摄

业步行街。进一步完善华侨新村路步行街的管理规范。拓展提升服务业,积极发展电子商务,在全市率先建成了“金园区185社区服务热线”和“金园区183社区服务网站”。

（市旅游局）

【街道农村经济】 街道工业经济不断发展壮大,综合实力有所增强。全年完成工业总产值22.8亿元,增长10.4%,占全区工业总产值的38.6%;商贸额31.2亿元,增长6.35%,占全区商贸额的36%;税收收入12995万元,占全区税收收入42.26%。个体私营经济发展迅速,全年新登记注册私营企业164户,个体工商户2104户,全区累计私营企业822户,个体工商户7734户。积极发展乡镇企业,全年完成社会总产值13.6亿元;工业总产值11.56亿元,商贸额4.48亿元,农业总产值8380万元,人均分配3088元。加强水利设施建设,投资245万元,修筑西港主排渠,投资69万元,完成梅溪河左右岸、南北堤右岸等堤段的养护加固,缓解岐山、月浦街道的内涝问题。积极开拓建筑市场,全年完成建筑业总产值8.8亿元,增长6.6%;竣工面积37.61万平方米,下降8.56%。固定资产投资总额6.3亿元,增长4.39%,商品房销售面积86490平方米,增长42.24%,销售额21754万元,增长45.29%。全区拥有国家建筑施工一级企业1家,二、三级企业24家。

【经济管理】 落实经济发展目标管理责任制,对15个街道和15个区直部门实行产值和税收量化考核,强化目标管理责任,加强对全区经济运行的监测和管理。严格依法治税,一手抓打击偷税骗税漏税行为,一手抓正常税源的征收和欠税的查补,堵塞漏洞,税收收入有所增加。调整街道财政包干办法和区直经济部门及单列考核企业的税收考核办法,调动全区上下发展经济和培育税源的积极性,千方百计增加财政收入,扭转了财政收入被动的局面。全年完成财政收入3.44亿元,增长5%;其中工商税收收入3.07亿元,增长6.25%,国税收入1.86亿元,增长0.93%,地税收入1.21亿元,增长15.61%,区级可支配财力17741万元。依法理财,继续推进财政综合预算管理,增强财政综合财力。实行政府采购制度,制定实施《政府采购实施办法》,通过询价采购、招标采购等方式采购电脑设备40台、公务用车2辆。落实财政统发工资制度,全面完成党政机关、政法干警、教师由银行统发工资。严格控制开支,清理不符合政策规定的各项津贴、补贴,压缩区直行政事业单位公用经费15%。严格执行收支两线管理制度,把所有行政事业性收费、罚没收入、政府性基金和其他预算外资金,及时足额上缴财政专户,确保了正常工资的发放、维护社会稳定的支出和兑付社会保障支出。重视加强质量管理,向企业宣传《产品质量法》、《标准计量法》等法律法规,组织企业参加国际质量体系、国际环境体系认证,做好专利申请和商标注册工作,积极申报市第二批名牌产品,增强企业的质量品牌意识,引导企业走规范经营、依法致富的路子。全年获国家授权专利171件,金园工业城确定为专利推广重点示范区域。天际电器、汕樟轻工机械获“第二批汕头市名牌产品”称号。全区累计有效注册商标555件,有13户企业注册商标列入市重点企业保护商标,1户被评为省著名商标。

【两大整治】 认真贯彻落实省委、省政府汕头现场办公会和市委、市政府潮阳现场办公会精神,深入开展整治市场经济秩序和社会秩序。整治市场秩序方面,严厉打击骗取出口退税、制假售假、逃废金融债务和规范市场主体准入行为。先后协助国务院“807”工作组查处了一批涉嫌逃税骗税案件;查获各类制假售假案件172宗,其中万元以上的23宗,端掉制假窝点21个,以及伪劣商品一批;综合运用经济、法律、行政手段依法清收金融资产和财政性有偿使用资金2100多万元，清收党员干部借用公款80多万元，清理领导干部批准借用公款560万元，依法处理金砂、岐山两个农金会和粤财金园办事处，金砂农金会公告关闭；取缔5项“八无”工程和一批“三无”企业；严肃查处违法违纪案件14宗，处分党员干部22人。整治社会秩序方面，坚持重典治乱，维护社会稳定。深入开展以“打黑除恶”为重点的严打整治斗争，针对盗窃摩托车、“双抢”、入室盗窃等重点治安问题和金砂、飞厦、岐山等重点区域，精心组织了一系列专项整治行动，全年破获刑事治安案件979宗，抓获违法犯罪嫌疑人5590名，缴获一批作案工具和赃款赃物，整治一批治安突出问题，并对重点路段加强巡逻。大力开展群防群治工作，在各街道组织成立群众性防范队伍84支1194人，逐步构成邻里照应、小区呼应、辖区策应的治安联防网络，增强了人民群众的安全感。全年刑事发案率下降9.3%，盗窃摩托车案件下降20%。及时妥善解决群体性事件，化解人民内部矛盾，全年妥善处置了41起(次)群体性上访事件。严厉打击利用“六合彩”赌博活动，全年查处“六合彩”赌博案件697宗1574人，其中赌头、前庄23人，逮捕6人、劳教17人，缴获一批赌具和赌款。2001年金园区被国家、省授予“社会治安综合治理先进单位”称号。依法取缔“法轮功”邪教组织，有组织、有步骤地继续做好“法轮功”练习者的教育转化。开展整治文化出版市场，先后组织了7次全区性的集中打击行动，取缔了一批非法摊档和出版物。建立安全管理目标责任制，开展安全生产和消防大检查，整治安全和消防隐患，全年共检查1368个单位，整治了一批存在隐患的单位。

【体制改革】 全面清理清查企业注册资金，基本完成区直党政机关挂靠企业的脱钩解挂，成立了一批有限责任公司。社会保障体系进一步完善，社保覆盖面继续巩固扩大，参加养老保险和失业保险分别为40820人和41320人，比2000年各增加1190人，全面完成全年核定任务数。社保基金增收1032万元，增长28.5%，养老金社会化发放率达到100%。最低生活保障制度动态管理逐步形成。城镇职工医疗保险制度进一步建立和完善，机关事业单位工作人员全部参加基本医疗保险，有127个单位8745名职工参保。进一步深化医疗卫生体制改革，实施门诊病人选择医生、医疗收费明细清单和药品集中招标采购等各项制度。原乡镇企业局属下九个企业总公司(经联社)归口属地街道党工委、办事处管理。区直党政机关、事业单位和街道机关机构改革顺利完成，政府工作部门从18个精简为16个，区直机关人员编制精减23%，街道机关人员编制精减11%。全区中层干部实行全员竞争上岗，干部队伍的结构得到进一步优化。对行政审批权限进行全面清理，取消了一批审批和收费项目。在政府部门和“窗口”单位推行首问责任制、二次终结制，建立公开办事制度和服务承诺制度，逐步实现一个窗口办事和一条龙服务。在石炮台街道设立“一站式”为民办证服务窗口，受理辖区内居民的各类办证、咨询、收费、投诉和来信来访服务，解决居民办证环节多等“办证难”问题。

【科技教育】 重视科技工作，坚持以企业为主体的科技创新和技术创新，推动科技成果推广转化和高新技术产业发展。安排科技三项费用100万元，扶持企业的科技开发。全年获省、市科技进步一等奖项目各1个，市科技进步二等奖项目2个；申报列入市级以上科技计划项目22个；申报列入国家级、省级高新技术企业各1家。坚持优先发展教育事业，加大财政投入力度，全年投入教育经费8784万元，占区级可支配财力的49.5%。新增教学班89个，增加学位4701个，缓解了“入学难”问题。巩固提高“普九”教育，积极推进素质教育和信息技术教育，全区中学配置电脑室并开设信息技术必修课程，聿怀中学、飞厦中学、长厦小学、东厦小学建成了校园网,聿怀中学被国家教育部列为“全国现代教育技术实验学校”,办学质量和效益明显提高。2001 年全区中考、高考成绩和获潮汕星河奖的优秀学生数继续居市辖各区之首。全区现有中小学 60 所,其中民办中学 2 所、小学 5 所,在校学生 78437 人,在职教职工 3430 人。有省一级学校 4 所、市一级学校 7 所、区一级学校 7 所。师资队伍建设进一步加强,全年有 2979 名教师参加继续教育,2218 名教师参加岗位培训,完成 1658 名在职、离退休教师的教师资格认定工作。

【城市建设与管理】 完成沿江路、金华街西段、金园职中校门前等路段 8700 平方米路面的铺筑。莱利广场一期、利生前、华坞二三巷与共和市场等旧城改造片点建设步伐加快,共计竣工房屋 24 幢,建筑面积 7.14 万平方米,解决了部分迁拆户回迁安置问题。按照学校、社区活动中心、居委会、垃圾转运站、公厕等设施配套齐全的现代化住宅小区的标准,浮西老村改造工程一期动工建设。巩固发展创卫成果,大力清理流动摊档非法占道摆卖和违章搭建物,市容市貌大为改善,为九运会的举行和特区成立 20 周年庆典活动创造了“美化、净化、绿化”的环境。实施“绿水青山工程计划”,大力整治“三废”及噪声污染,加强对排污口的规范化管理,提高了城区环境质量。抓好安全文明小区的创建,扩大覆盖面,提高住宅区管理水平,全年有 4 个小区通过市达标验收,目前全区已建安全文明小区 204 个,达标率为 96%。继续开展创建无毒社区活动,全年有 4 个街道被市评为创建无毒社区先进单位。

【精神文明建设和社会事业】 精神文明建设得到加强,各项社会事业稳步推进。在各街道、区直系统和村(居)开展“三个代表”重要思想学习教育活动,使基层广大干部进一步增强贯彻执行党的路线、方针、政策的自觉性,提高了机关、街道基层干部的思想政治素质,找准了存在的突出问题,增进了团结,振奋了精神,强化为人民服务的宗旨观念,增强实践“三个代表”的自觉性。以江泽民同志“依法治国”和“以德治国”重要思想为指导,以“新世纪、新金园”为主题,深入开展创建文明社区、文明窗口、文明家庭、文明企业等形式多样的文明创建活动,在金园路、华侨新村路步行街举行经营者《诚实守信公约》签字活动,协助市有关部门在东厦运动场举办了“重建信用、重塑形象”市民论坛,群众的整体素质和文明程度进一步增强。结合街道、区直部门“三个代表”重要思想学习教育活动,加强对公务员队伍的理想信念教育,在全区掀起宣传学习杨静娟先进事迹的高潮,进一步弘扬社会公德、职业道德、家庭美德和文明新风。加强居民最低生活动态管理,做好低保对象扩面工作,维护困难群体的基本生活权益,全年为 491 户 1421 人低保对象发放低保金 128 万元。贯彻落实《广东省乡镇计划生育管理和服务规范》和《广东省村级计划生育管理和服务规范》,提高计划生育管理和服务水平,大力推动“三为主”方针的落实,加强基层基础设施建设,狠抓工作重心下移,计划生育管理水平有所提高。全区人口出生率控制在 8.86‰,计划生育率为 91.39%,多胎率为 0.08%,自然增长率为 4.23‰,全面完成人口计划四项指标,并经省考核达标,月浦街道顺利摘掉计生“黄牌”。扎实开展殡改工作,以提高火化率和实现辖区无坟化为重点,采取扎实有效的措施,全年火化率达到 98.2%。广泛开展拥军优属活动,促进军民共建,再次获得省“双拥模范区”和国家“爱心献功臣行动先进区”光荣称号。

【民主法制】 顺利完成了区领导班子届中调整。成功地召开了区二届人大四次会议,制定通过了《金园区国民经济和社会发展第十个五年计划纲要》。坚持向人大及其常委会报告工作制度,自觉受其监督,发挥政协、民主党派、工商联、无党派人士的政治协商、民主监督、参政议政作用,不断改进工作,提高依法行政水平和领导水平。区二届人大四次会议人大代表议案和区政协二届四次会议政协委员提案全部办理完毕。依法行政工作全面推进。认真做好规范性文件的制定、审查、清理工作,全年制定规范性文件2个,在市辖各区中率先规范政府采购和行政事业单位非经营性资产转经营性资产管理工作,加强执法检查监督和执法队伍的规范管理,依法行政水平进一步提高。基层民主建设进一步加强,政务公开、村务公开、厂务公开、校务公开、院务公开全面推进。启动"四五"普法教育,增强公民的法制观念和法律意识。充分发挥"148"法律服务专线作用,切实为群众解决法律援助难问题,全年共接到群众来电79次。加强各项审判工作,进一步深化审判工作改革,提高办案质量和效率,全年共新收各类案件2432件,审结2466件,其中受理各类民事案件822件,审结775件。重视群众来信来访来电工作,健全区领导接待、约访群众日和包案处理信访大案要案工作制度,充分发挥信访密切党和政府同人民群众关系的桥梁纽带作用,妥善处理群众来信来访,切实处理好群众反映强烈的热点难点问题,全年共处理来信193件,来访76批126人次;立案73件,结案62件。大力推进纠风工作,机关工作人员廉洁自律、纠正部门和行业不正之风、从源头上预防和治理腐败以及查处大要案等工作取得新成效。

【工业城投资环境推介会】 利用汕头经济特区成立20周年和金园工业城扩大范围的有利时机,10月23日上午,举办了金园工业城投资环境推介会。邀请香港中华总商会、香港潮州商会、深圳台商协会、深圳总商会、区政协港澳委员及民营企业家200多人到金园工业城参观考察投资环境。推介会上,与莱达啤酒机械合作项目、东风包装印刷、广东榕泰、龙华印务、迪士嘉实业、新泰钢结构、金泓实业等7家企业进行了用地项目签约,总投资额为3.235亿元。金味集团、金时印刷、东洋食品等3个项目进行增资扩产,增资额为9300万元。同时,还组织了"汕头市机动车辆交易市场"等一批招商项目及辖区内的一批厂房、土地推介项目进行洽谈。

(黄文锋　林昱　黄惠龙　黄聪瑾)

附1:2001年金园区党政和政协主要负责人名单

区委书记:	王德昌(1—5月)
	林　梃(5—12月)
区人大常委会主任:	张朝烈(1—6月)
	杨来成(6—12月)
区长:	林　梃(1—5月)
	邓东冠(5—12月)
区政协主席:	陈楚勤(1—6月)
	曾炳祥(6—12月)
区纪委书记:	杨来成(1—6月)
	陈武南(6—12月)

附 2:金园区 2001 年国民经济发展情况表

项　　目	2001 年实绩	比 2000 年增长(%)
国内生产总值(亿元)	37.8	7.5
工业总产值(亿元)	59	9.3
农业总产值(亿元)	0.538	1.5
建筑业总产值(亿元)	8.8	6
粮食总产量(吨)	3978	15.9
乡镇企业总产值(亿元)	13.6	-2
全社会固定资产投资总额(亿元)	5.51	9.5
商品销售总额(亿元)	86.7	5
社会消费品零售总额(亿元)	32.7	10
外贸出口总额(亿美元)	1.3266	-13
实际利用外资(亿美元)	0.041	-37.88
“三资”企业工业产值(亿元)	10.4	4
财政收入(亿元)	3.44	5
财政支出(亿元)	1.9627	8.07

(金园区政府办)

升平区

【简况】 升平区地处汕头市西北隅,东与金园区接壤,南临石海湾,西连揭阳市地都镇,北邻潮州市庵埠镇,西北至桑浦山分水岭。1991 年经国务院批准组建,现辖 8 个街道办事处,75 个居委会。区人民政府驻光华路 124 号。

升平区总面积 75.03 平方公里,境内地形以平原为主,气候温和。有漫长的海岸线和天然良港,海陆优势兼备。2001 年,全区总人口 30.59 万人,人口自然增长率 3.76‰。有工业企业 2200 多家,商业企业 5000 多家,其中有进出口权公司 38 家。升平区开埠早,也是著名侨乡。现有侨眷侨属 8000 户,在外华侨、华人、港澳台同胞、亲友近 5 万人。

升平区是汕头特区水陆交通枢纽的重要门户。辖区内有通往国内外的汕头港客运站、西堤客运站等一批客货运输码头;有沟通汕头南北、连接广汕公路的礐石大桥。206 国道汕揭路段和潮汕、护堤公路交会于辖区的杏花西路,可直达汕头机场和广梅汕铁路汕头站及汕头深水港码头。

升平区旅游资源丰富,主要景区有市区的中山公园、老妈宫、小公园、人民广场,有被列为省市重点文物保护单位的“广东东江各属行政委员公署”旧址、“八·一南昌起义军总指挥部”旧址,有被评为“鮀岛新八景”的汕头广播电视发射中心、汕头大学、北回归线标志塔、金凤坛、月眉翠堤，有位于桑浦山麓的“七日红”公园和明代兵部尚书翁万达少年读书处“翁公书院”、龙泉岩等。

图为市委副书记赖益成在升平区委书记郭大钦的陪同下，专程看望慰问“军人好父亲”翁税秋老人。

汤尔林摄

【工业】 本年度工业经济运行情况大体比较平稳，通过强化各级领导和经济考核单位工作责任制，精心组织工业集中服务活动，确保了500万元以上规模工业企业稳定发展，全区83家重点工业企业中近30家生产销售同比增加。引进企业和增资扩产力度加大，共引进新工业项目51个、增资扩产项目34个、新创办工业企业62家。升平工业区、荣升科技园、叠金工业区3个区级工业园区先后引进了118家企业，其中85家已建成投产，实现工业产值15亿元。全区全年完成工业总产值46.34亿元，完成年计划100.2%，比增4.1%。

【商业】 积极组织企业开拓国内市场，搞活商品流通。5月中旬组织17家企业(31个摊位)参加市在重庆举办的汕头商品(重庆)交易会；10月下旬组织8家企业(15个摊位)参加第三届中国汕头食品博览会，两个会参展企业均取得较好业绩，其中重庆交易会区内参展企业零售和交易协议成交额分别达到1.18亿元，协议成交额1.17亿元，参展商品有服装、食品、工艺品、机电、日用百货等五大类100多个品种。区茂发实业公司、华兴景泰机械有限公司与重庆有关单位分别签订了特约总经销协议，年供货量分别为3000万元和5000万元。长业饮料有限公司与重庆威格工贸有限公司签订了购销水精灵系列龙眼红枣茶饮料总代理合作协议，显示了“升货”在中西部地区的巨大潜力。全年商业销售总额36.79亿元，其中零售额26.8亿元，完成年计划100%，比增5%。

【外经贸】 借助国家扶持外贸出口一系列优惠政策和放宽流通型出口目标有关优惠政策，帮助外贸企业调整产品结构和出口市场结构，开拓国外市场，扩大了出口份额。21家出口企业的出口均有业绩，其中汕同机电发展公司、山河电器等8家企业出口额超100万美元，为外向型经济发展注入了新活力；为光华机械、东日水产、三业渔需等6家有出口能力的生产型企业申办了自营进出口经营权，壮大了外贸队伍。全年引进三资项目5个，投资总额290万美元，其中合同外商投资额232.5万美元。实际利用外资534万美元。全年完成出口总值6305.42万美元，完成年计划的131.3%，其中一般贸易出口3294万美元，比减45.1%；三资企业出口2936.88万美元，比增18.2%。

【农业】 特色农业有新起色。粮食生产虽遭受台风“尤特”影响有所减产，但全年粮食作物播种面积仍保持在17850亩，其中水稻面积16820亩；粮食总产量仍达6591吨，完成农业总产值1.66亿元，仍与2000年持平。特色农业快速发展，水产、花卉、果蔬、禽畜等基地建设初具规模；农副产品市场建设迈出新步伐，逐步完成鮀中综合市场的配套建设；在全市率先成立区级水产协会，对推动农业产业化起了较好作用。农田基础设施建设进一步完善。完成水利工程31宗，完成沙土方3.2万立方米，石方0.32万立方米，混凝土250立方米。清除河道及排渠、水上标浮物、水浮莲长2.5公里，面积2万平方米。堤围维修加固长2公里，加固维修涵闸4宗，整治排灌系统12条长4公里，增强了防灾抗灾能力。

【财税】 以组织收入为中心，强化税收征管，控制财政支出，实行零基预算，合理安排财力，确保财政收支平衡。全年财政总收入24177万元，完成年度计划的106.4%，增长9.6%。其中地方财政收入17892万元，支出17795万元，年终净结余97万元。税收总收入21139万元，其中地方库收入8616万元，增长3.7%。全区纳税额超50万元以上的大户达到29户。开展打击骗取出口退税专项行动。立案稽查120户涉嫌逃骗税企业，补税罚款入库462万元；取消一般纳税人资格193户。打击逃废金融债务和清收借用集体资金。全区共清理出外借资金近5千万元，已清收750万元，保全资产总额2282万元。

【建筑业】 区各建筑施工企业面对房地产市场疲软，施工任务不足等困难，想方设法拓展建筑市场，积极找米下锅，承揽外地工程，共承建工程项目71个，施工产值5.3亿元，其中外地施工产值2.6亿元。广东金刚玻璃科技股份有限公司通过参与投标，已争取到上海正大广场玻璃幕墙工程和广州新白云机场工程。努力做好积压商品房的促销，争取资金回笼。全年完成商品房销售1.46亿元。还大力开拓建材、装饰市场。金刚玻璃、混凝土等建材企业生产销售势头较好。全年完成建筑业总产值5.3亿元，比增4.1%；建筑竣工面积19万平方米。升达建筑总公司、安平建筑总公司、鮀岛建筑有限公司等企业较好完成全年税收考核任务。

【科技】 通过发挥与汕大的科技合作关系，加强与高等院校、科研机构的联系沟通，支持企业加强产学研合作，承接转化科技成果、研制开发高新产品等。我区5家企业分别与中大、华南理工大、汕大等高等院校签约的6个科技合作项目2000年陆续开发成功，已投入批量生产。由华南理工大学承担、光华机械实业公司负责试制的“九五”国家重点科技攻关项目“聚合物动态反应加工技术及设备开发”3月份顺利通过国家技术鉴定。全区共组织实施各类科技计划34项，其中国家级6项、省级7项、市级8项、区级13项；有8个科技成果通过省级鉴定，4个科技成果分别获得省、市科技进步奖，其中广东金刚玻璃科技股份有限公司的“高强度单片绝钾防火玻璃”项目被评为省级科技进步二等奖、市级科技进步一等奖；南粤电器有限公司被认定为国家级高新技术企业，安平食品机械有限公司和中南开关厂分别被评为省级高新技术企业。有13家科技型企业通过ISO国际质量保证体系认证。

图为市委书记李统书在升平区企业——广东金刚玻璃科技股份有限公司检查工作。

升府办供稿

【旧城改造】 按照“抓进度、促收尾、保回迁”工作思路，切实加快了改造步伐。外马路上段南片、慕韩里片一期收尾工程全面竣工完成；停工多年的商平路东片、金凤坛西南片、万安片危改遗留片点全面启动，有些楼房已竣工交付使用；光天右巷北段片、慕韩里片二期、下涂坪片3个新片点开工建设进展顺利，全部进入拆迁建设；开展了“清危房、保安全”集中清理行动，清理、封存和拆除了一批特危房，清退了一批危房住户。旧城改造拆除危旧房面积10万平方米，新开工楼房29幢，建筑面积14.59万平方米，竣工新楼17幢，建筑面积9.5万平方米，回迁居民1035户。落实公租房831套，周转房147套，分两批解决旧城区危房户“住房难”

问题。有效抗击"尤特"强台风,转移危房住户4596人,实现强台风中危房住户伤亡零记录。

【教育】 教育改革取得成效。"普九"成果得到巩固,全区中小学生入学率、巩固率、升学率均在达标以上。师资队伍建设得到加强,试行部分校长职位竞争上岗,提高教师学历层次。有1名校长被授予"汕头市优秀校长"、6名教师被授予"汕头市优秀教师"、2名被授予"汕头市优秀教育工作者"。素质教育扎实推进。中考和高考均取得较好成绩,我区参加高考被各类高校录取人数达到772人。市第二中学高考成绩上线率依然名列全市前茅。有13名学生获"潮汕星河奖"。加强薄弱学校改造和建设,努力改善办学条件。完成鮀浦中学等6所学校校舍的改造。

【文化】 坚持一手抓繁荣,一手抓管理。加大扫黄打非力度,切实加强对音像市场的管理,共检查音像市场156次,出动762人次,收缴非法盗版音像制品CD、VCD共10130张,切实加强对歌舞厅娱乐场所的管理。同时,开展丰富多彩的文艺活动。2月4日,在人民广场举行"放歌新世纪"文艺演出活动,丰富多彩的节目活跃了节日气氛,受到群众的欢迎。"七一"前夕,举办"永远跟党走"机关大合唱,共有9支队伍,350人参加。区红阳潮剧团发挥文艺轻骑作用,多次送戏下乡,排演了潮剧《张古董借妻》、《春香传》、《刘孟舍传奇》等一批群众喜闻乐见的传统剧目。

【体育】 积极组织"迎九运"体育系列活动,使群众性体育活动广泛开展,取得了竞技体育与群众体育协调发展。升平籍运动员参加各级重大比赛,获得市级以上比赛金牌93枚,其中世界级金牌3枚、全国性金牌15枚、省级金牌15枚。各学校都加强了体育、卫生工作,促进学生身心健康和谐发展。全区22所中、小学完成了面上学校贯彻执行学校体育、卫生两个工作条例。业余训练网点不断完善,全区7个业余体育训练网点均有向省市输送游泳、跳水、举重、乒乓球、体操、武术等体育运动人才。

【卫生、计划生育】 积极稳妥推进医药卫生体制改革,正式启动"住院费用明细清单制",要求各医院都要在门诊建立收费查询、咨询系统,完善医疗收费和药品公示内容。加强社区卫生服务,第三人民医院龙泉社区卫生服务站和莲塘社区卫生服务站,方便了群众就医取药,全年卫生系统各医院门诊量9.2万人次,活愈率90%。全区无偿献血595人。计划生育力度继续加大,全面完成年度人口计划和目标管理任务,顺利通过省的抽查和年度考核。全区人口出生率9.23‰,自然增长率3.76‰,计划生育率91.84%。

【侨务】 加大侨房政策落实力度,做好落实归还侨房使用权工作。2001年共腾退了220户,面积5280.95平方米。9月份区侨联组织参加"泰国归侨联谊会"成立一周年活动,并表演了文艺节目。12月17日区侨联会在重建的李秀珍楼举行新办公址乔迁挂牌仪式。市、区有关领导,区侨联常委,街道归侨、侨眷代表,以及应邀香港同胞徐名见先生、李秀珍女士的代表等150多人参加挂牌仪式。秀珍楼为旅港同胞李秀珍女士1981年捐资赠建给原同平区侨联会作办公楼,并以李秀珍女士芳名命名,是汕头市区首幢赠建的永久性建筑物。因城市建设拓宽道路、成片改造旧房需要,1998年5月秀珍楼予以拆迁,建筑公司及有关部门按照政策规定,原地重建新楼,偿还升平区侨联会。新楼的落成,为区侨联组织侨属学习贯彻侨法,落实政策,维护侨益提供新的活动场所。

【调整街道和居委会】 本年度区政府对街道和城区居委会规模和设置作调整:全区15个街道调整为光华、同益、乌桥、海安、新福、永祥、鮀莲、鮀江8个街道。光华街道由原光华、新华两个街道合并，面积3.52平方公里，常住户口人口40509人。该街道原有12个居委会，合并调整为西港、明珠、大学路、建华、厦岭、杏花、潮汕路、新乡、光华9个社区居委会。同益街道由原中山、中马两个街道合并，面积0.779平方公里，常住户口人口32082人。该街道原有11个居委会，合并调整为联韩、志成、盐埕、福明、永同、红亭、桂馥7个社区居委会。海安街道由原南海、万安两个街道合并，面积1.541平方公里，常住户口人口39115人。该街道原有16个居委会，合并调整为利安、跃进、南海、海悦、万安、德安、怀安7个社区居委会。乌桥街道原有10个居委会，合并调整为火车头、振兴、焕金、二马、亨祠5个社区居委会。新福街道由原福合、新风两个街道合并，面积0.5平方公里，常住户口人口38456人。该街道原有19个居委会，合并调整为金凤、福祥、荣华、福安、金福、荣隆、潮安、寿山8个社区居委会。永祥街道由原永泰、吉祥两个街道合并，面积1.587平方公里，常住户口人口38726人。该街道原有15个居委会，合并调整为西堤、德志、新潮、海平、永兴、永安、永和7个社区居委会。鮀莲街道由原鮀南、莲塘两个街道合并，面积34.786平方公里，常住户口人口48583人。鮀江街道由原鮀浦、龙泉两个街道合并，面积21.25平方公里，常住户口人口42896人。

（陈成人）

附1:2001年升平区党政和政协主要负责人名单

区委书记：周勤宜(1—6月)
郭大钦(6—12月)
区人大常委会主任：王宝明
区长：马伟义(1—3月)
陈棉生(3—12月)
区政协主席：蔡廷和
区纪委书记：黄克坚

附2:升平区2001年国民经济情况简表

项目／单位	人口(人)	工业总产值		商业销售额		税收入库数	
		实绩(万元)	比2000年增长%	实绩(万元)	比2000年增长%	实绩(万元)	比2000年增长%
合计	305860	463390	4.1	367878	-15	21140	7
区直		89014	3.1	184639	-16		
光华街道	21938	18900	10	12380	-8.4	830.8	5
新华街道	18982	22000	4.8	10000	持平	687.9	-8
中山街道	13813	32000	10.3	23000	-8	650.5	-7
中马街道	17703	34875	-0.4	19915	-15	863.1	-36
南海街道	23570	41000	20.6	17500	-13	2481.8	16
乌桥街道	26101	33300	0.9	15000	-9.6	895.4	8
福合街道	17219	12400	-17	10200	-32	645	16
万安街道	15393	26000	-0.2	3800	-61	667.7	18
永泰街道	13806	19443	-7	14853	-18	603.2	-33
吉祥街道	21488	49200	7	23000	-6.5	2446.1	7
新风街道	20720	35000	6.2	17500	-5.4	1367.9	18
鮀浦街道	21739	6507	4.2	4590	-17	641.3	5
鮀南街道	33361	11301	2.7	2701	持平	412	-37
莲塘街道	15705	9650	2.7	3000	-6.3	280.2	-48
龙泉街道	21688	22800	3.6	5800	-11	881.2	14

达濠区

【简况】 达濠区位于汕头经济特区东南部，是汕头市“一市两城”发展战略中新南区的主要部分。西与河浦区、潮阳市接壤，北隔礐石海与市北区对望，东南濒南海，临近国际航道，丘陵地貌，山不高峭，缓坡坦地，总面积99.3平方公里。辖达濠、礐石、珠园、广澳、马滘5个街道办事处（2002年1月撤并礐石、珠园街道，新组建礐石街道），共42个居委会和2个渔业联社。2001年末总人口18.85万人。达濠是粤东著名古镇和侨乡，迄今繁衍了千年的人文史，侨居海外乡亲达8万多人。境内风光独特，土地、山海资源丰富。濠江蜿蜒穿境，龟山、蛇屿把守出海口，北山湾、东湖湾、南山湾等20多处天然海湾风平浪细、沙白水清；礐石和北山湾分别是省级风景名胜区、旅游度假区，青云岩风景区享有“海国风光第一山”之誉，澳头礐次生红树林是中国沿海湿地面积最大的红树林生态区；建于明嘉靖五年的青云禅寺、清康熙56年的古城等古迹名胜弥足珍贵，发展旅游业得天独厚。基础设施配套，汕头海湾大桥和礐石大桥飞架南北，深汕高速公路东段在此起点，还有汕头保税区、广澳深水港、广澳海关、通讯卫星地面站、多普勒气象站、汕头游泳跳水馆、华能电厂等一批重点项目在境内建成运作，投资环境优越。自1984年建区以来，历届达濠区委、区政府发挥民资民力、侨资侨力优势，加快经济发展步伐。特别是近年来，扎实推进实业强区和科技兴区战略，工业支柱地位突出，建筑业巩固提高，农渔业整体素质提升，财源税力有效聚结，全区综合实力明显增强。

市委书记李统书参加恭荣电子有限项目奠基仪式。

陈智生摄

【工业】 突出支柱产业地位，抓住市出台政策措施扶持工业发展的有利时机，致力营造合力扶工的良好环境。一手抓企业增资扩产，提高档次，增强竞争力。先后有卫伦生物制品公司、医用塑料制品厂、诚瑜实业公司等14家重点企业共投入资金4380万元，扩建扩租厂房总面积3.5万平方米，引进先进技术设备，上马新生产项目，实现增资扩产，年新增生产能力2.36亿元。增资扩产企业拉动全区生物、食品、电子等行业加快发展和塑胶、化妆品行业生产复苏。一手抓招商引资，培育工业经济新亮点。落实区党政班子成员和部门项目分工负责制，发动基层居委充分利用闲置厂房和土地资源，引进创办恭荣电子有限公司、英美塑胶有限公司、宏通塑胶公司等15家企业，计划投资共2亿多元，新增厂房场地10万平方米，年可增加生产能力5.5亿元。其中，由汕头荣誉市民张恭荣先生创办的恭荣电子有限公司投资5000万港元，从事电子记事本、数字式音乐播放器、收音机和无线寻呼终端产品生产经营，是一家市场前景广阔、发展潜力大的高新技术企业，该项目于当年奠基抓紧厂房设计建设。已有英美、美成、宏通等8家企业相继投产，新创产值1.6亿元。

【科技进步】 确定2001年为“科技发展年”，与汕头大学建立科技合作关系，确立10家企业为首批科技进步重点扶持对象，加强科技队伍建设，认定23名科技人员任职资格，企业自主开发产品和升级换代能力增强，科技和经济更加紧密结合。基因重组新型白介素Ⅱ、血小板生成素和纳米材料超效护肤霜等一批科研成果转化为现实生产力，全区申报了10项科技成果，其中"静脉注射用人体免疫球蛋白"获市科技成果一等奖。恒兴印务公司成为ISO9002国际质量体系认证企业，卫伦生物制品公司两条生产线获得国家药品GMP认证。与此同时，引进创办高新技术或技术含量高的项目，重点企业增加技改投入，又有两家企业获市认定为民营科技企业，全区市级民科企业达到22家，其中省级4家。尤其是卫伦生物制品公司跻身省高新技术企业，成为推动达濠经济发展和科技进步主要载体。生物、食品、电子等行业发展加快，工业完成高新科技产品产值2.78亿元；渔业技术改造力度加大，"美国虾神"和"虾、贝、藻"混养试验取得成功。

【建筑业】 发挥"建筑之乡"优势，以全国建筑行业资质就位审查为契机，重点抓好4家企业为总承包类企业申报工作，其中达濠建筑总公司获国家建设部资质认定，成为汕头市首家跻身一级总承包类企业；达濠市政公司一级总承包类企业资质经省审查同意，上报国家建设部。达诚建筑有限公司、隆泰建筑有限公司二级总承包类企业资质经市审查同意，上报省建设厅。企业加大市场拓展力度，全年中标工程68项，新开工项目137个。房地产开发业绩斐然，商品房竣工面积13.95万平方米，销售面积14.56万平方米，销售额达到3.56亿元，相当于同期投资额的3倍，实现产销两旺。产业质量品牌有大进步，全年竣工工程合格率100%，优良率89%，共获鲁班奖2项，国家银质奖、金杯奖、省优工程各1项，市级样板工程4项，省和市双优文明工地8个。尤其是达濠建筑总公司深圳分公司参建的深圳市公路主枢纽管理控制中心、深圳市国税局税务征收综合大楼工程获得鲁班奖，进一步打响"达濠建筑"的市场品牌。

【农渔业】 继续抓好"米袋子"工程，粮食种植面积和总产值分别超额完成市下达指标的4.88%和6.83%，连续第八年获市粮食工作先进奖。加快"一居一品"建设，在巩固浔洄西洋菜、红星金笋、葛洲蛇舌草、广澳丽文蛤、葛朱赤沙蚶等10多个"三高"示范点的基础上，发展沉香、巴戟等名贵中药材和番柘榴、青枣等水果种植基地，巩固提升技术含量高、独具特色的高位池养虾、地下水养虾等养殖基地。加快渔业产业化步伐，投入技改资金450万元，改造渔船，改进网具，添置卫星、导航仪、探鱼仪等先进设备，提高深海捕捞能力和鱼产品质量。整治养殖面积7500亩，还进行"台湾江蓠"、"美国虾神"和"虾、贝、藻混养"等养殖试验和技术推广。水产品总产量35654吨，总产值25826万元，分别比增3.62%和6.21%。同时，加强农渔业设施建设，投入资金381.22万元，其中基层投入246.32万元，兴水利、修堤围，完成工程32宗，其中濠江堤围16家，总长8.86公里，加固改建涵闸7座，还清淤农田排灌渠系总长43.5公里。有效改善生产条件，提高防灾抗灾能力。三高农渔业产值占农业总产值90%以上，创历史记录。

【整治市场秩序】 以全市整治年为契机，抓整治促发展。大力整顿和规范市场准入行为，依法把好企业登记关和年检关。共吊销不具备经营资格和无年检企业815户，清理全民、集体挂靠企业113户，补办执照481户。坚持依法治税，完成807工作组16项协查任务，开展增值税一般纳税人、防伪税控机、增值税专用发票、漏征漏管户等7项清理工作，取销增值税一般纳税人资格32户，取缔虚假企业40户，收回IC卡148张和金税卡147张，查办涉税案件2宗，规范税收秩序。同时，落实有效措施深化"为纳税人服务"主题活动，推行首问负责制，实施项目联审制度和《企业收费明白卡制度》,努力营造优越的投资软环境。区委、区政府举行现场办公活动20多场次,为企业开直通车,解决了通关和供电、供水、用地、工商登记等40多个(次)生产发展的迫切问题,深受投资者欢迎。设立企业投资管理服务中心,提供"一条龙"、"一站式"服务,投资环境不断优化。

【社会管理】 实施依法行政,法制化管理进程加快。一是计划生育确立"三转变"新思路,坚持标本兼治,进一步落实各级计生工作责任,做到集中服务和经常性管理相结合,认真执行政策,初步实现从"四术"任务观点向有效控制人口增长转变,从马虎应付向真抓实干转变,从被动抓向主动抓转变。加强基层基础建设,健全各级计生机构,增加46名计生专干,努力促进工作重心下移,有效控制人口增长。全区落实"四术"3637例,其中结扎1456例,人口出生率控制在13.01‰以内,计划生育率达到88.85%。二是殡葬管理领导到位、宣传到位、服务到位和执法到位,进一步落实责任,严厉打击偷尸土葬行为,跟踪高龄和危重病人情况,落实丧主执行殡改法规,群众移风易俗自觉性增强。全年火化遗体751具,其中强制起棺火化46例,首次100%完成了年度任务,受到市政府的表彰。三是社会保险工作围绕扩大覆盖、强化征缴、规范支出、改善服务的要求,认真落实目标管理责任制,形成了社会保险社会抓的良好局面,基金收入1527万元,比增19.10‰。实现对1751名企业离退休人员养老金的按时足额发放,社会保险6项指标均超额完成市下达的任务。

【农村水改】 针对马滘风南片区地处濠江出海口,长期以来居民靠抽取地下高氟水饮用,严重影响身体健康的问题,积极实施水改计划,得到市政府的支持,实行超前规划设计,分步建设,采取上级帮扶一点、区财政拨一点、街道补一点和居委自筹一点的"四个一点"做法,解决资金问题,并减免有关收费,降低工程造价,加强质量管理,确保工程按期保质完成,春节前供水到户。在此基础上,举行珠园三联片区水改工作现场办公会议,着手研究茂北、头村、中村、尾村居委会水改工程规划和资金配套问题,并确定为为民办实事八项工作之一。同时,积极创造条件,抓紧计划红星、浔洄和河渡等居委会的水改工程,创造条件落实建设,争取尽快全面解决群众饮水难问题。

【教育】 加快教育改革步伐,实施素质教育。积极改善办学条件,建设达濠中学和珠一小学教学楼,进一步在有关学校配套电脑教育。调整学校发展布局,优化资源配置,制定华侨中学办成高级中学发展规划,合并尾村小学和中村小学为"双联"小学。加强师资队伍建设,在部分学校实行中层干部竞聘,组织青年教师参加教学基本功达标验收,积极开展多种教学技能竞赛,对458名"民转公"教师进行强化培训,不断提高教师整体素质。2001年,全区参加高考上省线考生94名,为历年最好成绩,中考有18名考生被省重点中学金山中学录取。

【澳头居委评为省级生态示范村】 2001年11月6日至7日,广东省生态示范村考核组莅汕对礐石街道澳头居委进行现场考核。经听取汇报、审查材料和实地考察,考核组对澳头居委创建省级生态示范村工作给予充分肯定,认为基本符合省各项指标要求,能在同类地区起较大示范作用,决定授予"省级生态示范村"荣誉称号。

澳头居委位于达濠区东北部。该居委充分利用自然环境优势和生态资源,通过投资兴办实业,发展海水养殖、种植经济作物促进经济不断发展。2001年完成工农业总产值5547万元,人均年纯收入3992元。同时,建章立制,严禁滥砍乱伐,推广施用有机肥,加强生态保护。现有9.5公顷天然次生红树林,种类丰富,保存完整,具有特殊的科研价值。其独特的次生红树林湿地生态系统带动了附近海水养殖业的良性发展。

【机构改革】 认真贯彻中央和省、市指示精神，结合达濠实际，从增创体制新优势的高度，制定实施《达濠区党政机关改革方案》，对区和街道的管理职能、组织形式、运行机制以及管理方法进行综合性改革，建立适应社会主义市场经济体制的行政管理体制。在市委、市政府的正确领导下，机构改革工作积极稳妥地进行，并顺利完成。改革后区委工作部门6个，比改革前减少1个；区政府工作部门17个，比改革前减少3个，基本达到预期的目的。同时，根据市委、市政府的指示，做好撤并岩石、珠园街道，新组建岩石街道的前期准备工作。

【公选干部】 为加快干部人事制度改革，建立公开、平等、竞争、择优的用人机制，率先在全市公开选拔区团委副书记和青年后备干部。为此，制定了《达濠区公开选拔青年领导干部简章》，公开了选拔的职位、程序、对象和方法，通过笔试、面试、组织考察三个环节考核，按3∶3∶4的比例量化计分。由于选拔条件、程序的公开透明和选拔方法的科学规范，社会各界反应热烈，共有34位青年干部参加了同一职位的竞逐。在此基础上，围绕市委、市政府的工作部署，实行中层干部全员竞争上岗，全区竞岗单位35个，其中街道4个、区直机关29个、市直单位2个，报名参与竞岗266人，审核符合条件241人。经过文化考核、演讲答辩、民主测评和组织考察4个环节的激烈角逐，全区共有83名正股级和35名副股级干部进入公示和任命程序，促进了优秀青年干部脱颖而出。

【优秀基层干部周文光】 6月26日上午，汕头市委在达濠区隆重举行追授周文光同志荣誉称号暨先进事迹报告会，达濠区五套领导班子成员、各街道、区直各单位负责同志参加会议。会议追授周文光同志“汕头市优秀基层干部”称号，并号召全市干部群众向周文光同志学习。周文光的妻子周惠卿、好友周廷标和达濠、岩石街道代表等分别在会上作了感人肺腑的报告。

周文光同志是达濠街道党委原副书记，1974年应征入伍，1986年转业，先后在区武装部、岩石街道、达濠街道工作。他对党忠诚，爱岗敬业，任劳任怨，关心群众，乐于奉献，由于一心扑在工作上，长期超负荷工作致积劳成疾，罹致肝炎又延误诊治，2001年1月不幸逝世，年仅46岁。他的一生，体现了一个共产党员的本色。根据中共达濠区委书记张泽华的要求，中共达濠区委宣传部采写《把生命献给党的事业》的长篇通讯，引起了中共汕头市委领导的高度关注，市委书记李统书、副书记方健宏多次作重要批示。《汕头日报》、《特区晚报》、《汕头都市报》、市电视台、市人民广播电台等新闻媒体和单位进行连续追踪报道，在全市掀起了一个向周文光同志学习的热潮。

【关心下一代成长】 区关工委积极组织退休老干部、老党员、老教师，切实关心下一代成长。一是建立健全基层关工组织。深入街道调查研究，协助3个街道组建关工委。在此基础上，成立和正在筹建居委关工小组24个。使全区关工队伍扩大至179人，初步形成了三级活动网络。二是力所能及扶贫助学。深入基层和学校调查学生入学情况，促成区内暂停征收超生子女“借读费”。还广泛发动社会各界积极筹集资金，开展扶贫助学，共发动筹集扶贫助学资金49200元，资助贫困学生71名。三是开展青少年道德文化素质教育辅导。采用爱国主义教育专题报告、素质教育专题报告、文字图片宣传、组织书画展览、开展书画义务培训等多种形式，对青少年思想道德和文化素质进行教育辅导。以实际行动关心下一代成长，受到各级的肯定和社会各界的好评。

【编写《公民道德建设三字经》】 区委、区政府把贯彻《公民道德建设实施纲要》作为提高公民道德修养和文明素质的根本措施来抓，落实区委宣传部结合实际，组织编写了《公民道德建设三字经》，用人民群众喜闻乐见的形式，广泛宣传社会主义基本道德规范，营造有利于公民道德建设的社会氛围。

《公民道德建设三字经》共 48 韵，192 句，计 576 字。以“爱国守法、明礼诚信、勤俭自强、敬业奉献”为主旨，力求文字通俗易懂、朗朗上口、易读易记、雅俗共赏，思想性、哲理性、文学性、大众性和规范性统一。成文后印发全区，并在各中小学校组织传唱，还举办专题灯谜会，使《公民道德建设实施纲要》的学习贯彻得到深化，取得新的教育效果。《汕头日报》全文刊登《公民道德建设三字经》，广东省委宣传部还编发简报给予充分肯定。

（吴秋成）

附 1:2001 年达濠区党政和政协主要负责人名单

区委书记	张泽华
区人大主任	邱曼丽
区政府区长	蔡炳锐
区政协主席	郭春兴
区纪委书记	林壮华

附 2:达濠区 2001 年国民经济发展情况表

项目 / 单位	国内生产总值	工农业总产值	其中		建安产值	社会消费品零售总额	全社会固定资产投资	财政总收入	其中	工商税收	其中		外贸出口	实际利用	外资农村人均收入	城镇职工人均收入
			工业总产值	农业总产值					本级财政收入		国税收入	地税收入				
	万元	万元	万元	万元	万元	万元	万元	万元	万元	万元	万元	万元	万美元	万美元	元	元
2001 年实绩	172377	388808	369475	19333	113829	41932	30320	13246	5961	12538	6437	6101	6461	249	3817	13479
比 2000 年 ±%	-7.07	3.99	3.99	4.02	2.66	10.51	-56.75	-2.42	5.30	-3.74	-16.36	14.49	-24.04	-32.70	-15.10	17.81

河浦区

【简况】 河浦地处东经 116.35°—116.42°之间，北纬 23.13°—23.22°之间，面积 65.5 平方公里，辖三河、玉新、滨海三个街道，20 个居委会，人口 84647 人，其中农村人口占 97%。耕地 16854 亩，水产养殖面积 1.3 万亩，地理位置优越，交通条件好，境内南有深汕高速公路、北有 324 国道经过，距离汕头火车站、汕头深水港、广澳深水港约 15 公里，距离汕头机场约 25 公里。自然资源丰富，有山有海，地势平坦开阔，区内有可供建设的土地 3 万多亩，发展空间较广。2001 年，全区完成国内生产总值 53129 万元，比增 10.8%；工业总产值 80036.2 万元，比增 16.8%；农业总产值 19503 万元（现价），比增 4.9%。征收工商各税 3128 万元，比增 54.2%；农民人均收入 3390 元。

【招商引资】 随着区内投资环境的不断优化，外向带动战略的全面实施，招商引资呈现出良好的发展势头，尤其是一批投资规模大、技术档次高、市场前景好的生产项目相继落户河浦。华南矢崎(汕头)汽车配件有限公司,是日本矢崎总业在汕投建的第二个生产基地,注册资金 500 万美元,计划投资 1000 万美元,已于 2001 年 7 月正式投产,产品 95% 出口,5% 内销。汕头永桂宝石工艺有限公司,占地面积近 80 亩,总投资 3000 万港币,预计年总产值 3000 万港币,产品 100% 外销。汕头河浦纳米瓷业有限公司,是唐山久福陶瓷有限公司在汕注册成立的高科技企业,首期厂区面积 100 亩,计划投资 5000 万元。这些项目全部投产后,每年可增产值近 10 亿元,还可解决 3000 多个劳力就业。一些企业积极增资扩产,开发新产品,努力把企业做强做大。汕头市天河工程机械公司是一家民营企业。投资 5000 万元新建二个 6000 平方米的大型综合车间,预期 2001 年可增产值 2.75 亿元。深晖饮料(汕头)有限公司投资近 800 万元新引进一条酸奶生产线——利乐威 S200,预计年可新增产值 3650 万元。

【农业】 继续把确保农业增产、农民增收、农村稳定放在十分突出的位置,切实加强对农业和农村工作的领导。2001 年,全区农业总产值 19503 万元(现价),果蔬、水产、畜牧业全面发展,现全区的水产养殖面积已达 1.4 万亩,两个青果种植基地发展顺利,其中的青梅种植已达 1040 亩。“三高”农业有长足发展,涌现出如正田种鸭场、高水位养虾场、美国王鸽养殖基地、铁乌坑水库种养多种经营示范场等一批新亮点和好苗子,“公司 + 基地 + 农户”的经营模式正在逐步形成,有力地带动周边农民发展生产。

【第三产业】 以我国加入世贸组织和汕头成为“中国优秀旅游城市”为契机,科学规划、分期实施,积极外引内联,发展以旅游业为龙头的第三产业。充分利用区内龙虎滩被列为省级旅游度假区以及具有国际标准的汕头海湾高尔夫球场的投入使用的有利条件,加快周边旅游项目的配套、开发建设,多渠道开展招商引资,加快资源开发,开拓旅游市场。大力发展服务业,加快邮电通信、交通运输、供电供水等基础性服务业的发展,积极发展对外贸易、商品、流通、中介服务和社会服务业,促进服务档次提高,扩大服务领域和规模,提高第三产业在整个国民经济中的比重。

附:2001 年河浦区党政主要负责人名单

区委书记: 郭大钦(自 7 月份起为郑炳灶)
区人大常委会主任: 陈育明
区长: 林荣来
区纪委书记: 黄世进

潮 阳 市

【简况】 潮阳市地处广东省东南部,濒临南海,西接普宁市,南邻惠来县,北界揭东县,东北与汕头市区隔海相望。全市有 22 个镇和 4 个街道;农村基层组织共 539 个,其中村委会 381 个、居委会 158 个。总面积 1255.6 平方公里,总人口 251.35 万人,旅外华侨、港澳台同胞 200 多万人。潮阳市是全国著名侨乡之一。

潮阳历史悠久,人文物阜,素有“海滨邹鲁”之称。东晋隆安元年(公元 397 年)置县,因地处海北而称潮阳。1993 年 4 月 9 日经国务院批准撤销潮阳县,设立潮阳市,由广东省直辖,汕头市代管。

自然条件和资源:全市地势自西北向东南倾斜,丘陵与平原相间,河渠纵横交错,练江自西向东横贯注入海门湾,北部榕江自西北向东南经汕头港出海。全市耕地3万多公顷,林地近5万公顷;海岸线长36.9公里、海域面积8400平方海里,浅海滩涂2.07万公顷,海、淡水养殖面积0.33万公顷;境内海门港为广东省第三大渔港,年海捕产量6万多吨。全市有古文化遗址及旅游景点138处,其中属省级重点文物保护单位6处。莲花峰风景区、仙湖风景区、大峰风景区、灵山寺、文光塔、曲水流、东岩、西岩、大北岩、翠峰古岩等名胜远近闻名。

投资环境:港口方面,有潮阳(海门)港和关埠港两个天然良港,其中潮阳港于1996年8月经国务院批准列为国家一类口岸规划,该港距离香港仅161海里,距汕头港20海里,现已建成油码头、5000吨级集装箱码头以及500吨级驳位码头;关埠港1000吨级货运码头也已建成投入营运。公路运输方面,有324国道、和惠公路、潮揭公路与广州、深圳、珠海、汕头、漳州、厦门、揭阳等地连通;深汕高速公路贯穿潮阳东部,并在海门、田心两镇分别设立出入口;市内镇镇村村通汽车,通车里程达600多公里,主干道已全部实现混凝土化。通讯方面,全市已实现电话程控化、传输数字化和通信线路光纤管道化;电话号码升至7位,电话总装机容量52.5万门;移动电话基站200个。供电方面,现有220千伏变电站1座,110千伏变电站8座,35千伏变电站5座。供水方面,境内有练江、榕江两大水系和大小水库362座,河流径流总量16.8亿立方米;有金溪、龙溪、秋风、河溪等较大型的供水工程;中心市区有水厂3座,日供水量10万吨。服务设施配套方面,1996年12月设立了潮阳海关,并增设潮阳海关驻海门港办事处,汕头市出入境检验检疫局也在潮阳设立了办事处。1996年8月设立潮阳港边防、海关、卫检、动植物检、商检等联检机构。市还设有保险、企业投资服务、外商投资咨询服务、对外加工装配服务等机构。全市现有金叶大厦、潮阳迎宾馆、峡山金苑大酒店、峡山金嘉诚宾馆、南海大酒店等宾馆、酒楼一批,年接待海内外旅客10多万人次。

(马绍科)

【农业】 制定实施《关于潮阳市调整农业生产结构的指导性意见》,积极推进农业生产结构的战略性调整,把农业发展逐步转到以提高质量和效益为中心的轨道上来。全年粮食播种面积88.38万亩,其中水稻播种面积63.29万亩,分别比2000年调减8.2万亩和2.66万亩。扩种柑、橙、香蕉、蔬菜等优质高值经济作物5.3万亩。生猪饲养量68万头,三鸟饲养量1355万只,分别比增1.9%和5%。海水养殖17624吨,淡水养殖量16745吨,分别比增6%和4%。台湾米蕉、毛蟹、鲍鱼等品种实现标准化生产。规模经营面积26万多亩,7家农业龙头企业新增投资3000多万元,农业产业化进程稳步推进,效益不断提高。全市实现农业总产值21.3亿元。全市加固山塘水库38宗,维修江海堤围30.8公里,农业生产条件进一步改善。

【工业·建筑业】 开展"工业集中服务活动",出台《进一步扶持加快工业发展若干措施》、《保护和奖励我市获得驰名或著名商标企业暂行规定》等,大力推进工业经济结构调整,工业企业经受住严峻考验,并有新的发展。全市实现工业总产值241.78亿元。全市企业投资13.1亿元新建扩建厂房、购置设备,扩大生产规模,投资5.8亿元引进和改造技术、设备,创新花色品种2460个。8家企业获得ISO国际质量标准认证,全市累计已有29家企业获此认证。化妆品商标"拉芳"、服装产品商标"曼妮芬"被评为广东省著名商标,全市累计已有全国驰名商标1件,广东省著名商标6件,还有41件商标被汕头市列为重点保护商标。建筑业坚持一手抓整治规范,一手抓发展开拓,企业在激烈的市场竞争中持续健康发展。全年完成建安工作量14.9亿元,比增3%。潮阳市公安局指挥中心大楼建设工程获国家建设部

“施工质量金奖”和全国“建筑安全生产文明工地”称号。

【第三产业】 旅游业稳步发展，加强景区规划建设，加大宣传力度，提高服务质量。全市投入东山、大峰、灵山寺、莲花峰、仙湖、翠峰古岩等6个景区的建设资金8500多万元，景区接待游客157.14万人次，全市旅游总收入11.7亿元。海门镇的莲花峰风景区被评定为国家AAA旅游区。积极搞活本地市场，促进商品流通，全市社会消费品零售总额80.74亿元。国内贸易活跃。全市在全国各地营销网点增至6500多个，贸易额有所增加；积极组织企业参加广州、重庆、郑州、上海、哈尔滨、北京等地的产品交易会和展销展示会，交易额13多亿元；全市上网经营的企业增至560多家，网上交易额达3.2亿元。通过多方争取改善通关环境，全力为外贸企业排忧解难，有效抑制外贸出口下降态势，全市实际吸收外资3071万美元，外贸出口1.09亿美元。

【财税金融】 面对税收征管工作的巨大压力和困难，各级党政和税务部门，尽责尽力，采取有效措施，加大稽查力度，严厉打击偷税骗税行为，依法治税，清漏挖潜，千方百计组织收入，取得明显效果。尤其是地方税收入，全年完成2.25亿元，比2000年增长19.7%，达到历史最高水平。但由于国税收入大幅度下降，全年只完成2.64亿元，比2000年下降52.8%，直接导致财力水平大幅度下降。全年预算内财政总收入6.13亿元，比2000年减收2.27亿元，下降27%，财政形势相当严峻。对此，市政府一方面强化预算制约，包括五套班子在内的所有单位经费都实行定额供给制度，基本杜绝计划外开支，共节支4350万元。另一方面是改革公费医疗管理制度，采取定额包干、特殊情况特殊照顾的办法，有效堵塞漏洞，公费医疗支出比上年节支2237万元，降低58.47%。由于节支措施落实，成效显著，在财力减少而又必须硬性增资的情况下，支出水平仍有所下降。全市财政总支出完成6.06亿元，其中本市财力安排的支出5.05亿元，比2000年减支2158万元。同时，支出结构明显改善，支农支出比重仍达到11.45%，比2000年增加1个百分点；教育支出比重达到31.9%，比2000年增加5.8个百分点。1月份起的全国性调资政策基本按时兑现，各月份工资正常拨付；10月份起全市教师工资由市财政统发工作也达到上级要求。除竭尽全力开展增收节支外，还积极争取上级财政的支持和帮助，努力维持本级财政的运转。

运用经济、行政、法律等手段，整顿金融秩序，打击逃废金融债务，积极支持金融机构保全、清收、处置金融债权，确保金融运行呈现较好势头，存贷款都有所增长。全市金融机构各项存款余额120.33亿元，比年初增加10.95亿元，增长10%，其中储蓄存款余额105.23亿元，比年初增加11.26亿元，增长12%；各项贷款余额68.13亿元，比年初增加1.56亿元，增长2.3%。

（黄若青）

【开展“三个整治”】 坚持标本兼治原则，广泛发动全市干部群众，大力开展市场秩序、社会秩序和环境污染“三个整治”，取得了较大成效。经济社会秩序不断规范，社会信用和形象逐步恢复。重拳打击骗取出口退税违法犯罪活动，积极配合国务院“807”工作组查办涉税案件26宗，抓获犯罪嫌疑人35人，处理党员干部83人；全面清理经济户口，规范税收征管秩序，追缴、补罚税款1.08亿元。大力抓好地方金融资产清收、处置，查处涉嫌非法放贷和金融诈骗案件14宗，追回地方自办城信社资产3.74亿元，占应追资产总额的29.5%，超额完成上级下达的清收任务。进一步落实市、镇、村三级打假责任制，查处制售假案件217宗，制售假违法犯罪活动得到有效遏制，制假案件和制假烟案件分别比前年下降27.5%和66%。切实清理已建和在建建筑工程，严肃查处“八无”建筑工程项目10项。严厉打击利用“六合彩”赌博、吸毒贩毒、“双抢”、“双盗”等违法犯罪活动,抓获各类违法犯罪嫌疑人5887名。综合整治环境污染,各级投入资金4000万元,大力整治城乡脏、乱、差,整改、关闭违章污染企业126家,全市环境面貌有所改观,“一控双达标”工作通过省的验收。

【教育·科技·卫生】 认真实施“科教兴市”战略,多方投资7200多万元,新、改、扩建校舍40多所,建筑面积近10万平方米;巩固“普九”成果,强化高中教育,提高教育水平,全市共为大中专院校输送新生6614人,比2000年增加1045人,其中高考上省线考生比2000年增加539人。加强科技创新,引进科技人才,推进科技成果的转化、应用,全市组织落实科技计划44项,获各级科技成果奖25项;申请专利223项,比2000年增长8.25%,累计专利授权量已超1000项。深化医疗卫生改革,加快卫生事业的发展,投资4300多万元改善医疗卫生设施,抓好传染病监控,整顿医药市场,开展无偿献血,医疗卫生水平有新的提高。

绵延一公里的胪岗镇胪溪教育村,教育村内中学、小学、幼儿园一应俱全。

【解决社会热点问题】 在市财政运转十分困难的情况下,积极筹集资金大力解决社会热点问题。抓紧完成市区南门桥建设工程。投入资金1500万元加快工程进度,确保工程按期竣工,顺利通车。继续推进社会保险征缴扩面工作。全市参加养老保险99983人;推行养老金社会化发放,确保11674名离退休人员的养老金通过银行全部按时足额发放。努力缓解就业压力。不断拓宽就业门路,通过开展劳务集市、劳务代理等形式进一步解决就业问题,并落实分散按比例安置残疾人就业政策。切实关心困难群众。加强城乡低保制度建设,实施城乡居民最低生活保障动态管理,增加保障对象,解决好4930户13042名贫困群众的生活问题。积极做好救灾工作。“尤特”、“百合”强热带风暴过后,想方设法投入资金250多万元,积极帮助受灾群众解决具体困难,并抓紧为48户重点贫困户修建住房,使广大人民群众深切感受党和人民政府的温暖。

(马绍科)

【潮阳市131工程发展纲要】 为适应我国加入世贸组织的新形势,巩固“三个整治”和实施“重建信用、重塑形象”生命工程的成果,市委、市政府专门聘请汕头大学吴道新教授为市委、市政府管理顾问,在充分调研论证的基础上,制定了《潮阳市131工程发展纲要》。“131工程”是一个基地、三条主线、一个突破点的简称。一个基地即将潮阳建成适应世贸组织试验基地;三条主线即转变政府职能、强化商会作用、提升企业优势;一个突破点即设立举办潮阳信用节。“131工程”是潮阳市一项重大系统工程,市委、市政府专门成立实施“131工程”领导小组,由市委书记任组长,领导小组下设办公室,专门负责日常工作。《纲要》要求狠抓三年,实现潮阳行政、经济、文化环境的根本好转,把潮阳建设成为符合世贸规则,健康、稳定、持续、高速发展的先进文明城市。

【市直单位、镇(街道)机构改革】 认真贯彻上级有关县(市)、乡镇机构改革的指示精神,按照精简、统一、效能的原则,结合本市实际,合理设置机构,配备编制。顺利完成市直单位和镇(街道)机构改革。各镇(街道)政府系统设置机构8个,比原有机构精简20%，机关行政编制由1670名精简为1486名，精简11%；市直机关政府工作部门由33个精简为26个，精简21%，内设机构由276个精简为222个，精简19%，行政编制由1328名精简为1023名，精简23%，符合上级要求，达到预期目的。同时，积极稳妥地推进干部人事制度改革，对市直单位和镇（街道）中层干部实行全员竞争上岗，实现了精简人员与优化结构，提高队伍素质的有机结合，取得明显效果。

【市企业投资服务管理中心】 为进一步转变政府职能，提高办事效率，改善投资环境，方便企业投资和生产经营，2001年12月设立了市企业投资管理服务中心。该中心具有行政管理职能，属正局级事业单位。中心的基本职能主要是组织协调全市涉及23个部门和单位，有关内外资企业的审批、管理、服务以及税外收费等项工作，这些部门和单位将在该中心设立办事窗口，做到"一个门"审批、"一个口"收费、"一站式"服务。投资者从投资咨询、立项审批、登记发证、土地征用、基建报批、工程验收、水电供应、劳动用工等手续均可在中心办妥。同时，该中心还实行服务承诺制度。

【榕江片区改水工程】 为彻底解决榕江片区的金玉、灶浦、关埠、西胪等镇近40万人民群众的饮水难问题，在省委、省政府和汕头市委、市政府的直接关心支持下，上马了榕江片改水工程。这是潮阳市委、市政府改善投资环境，提高人民生活水平的一项重要的"民心工程"。工程计划总投资1.4亿元，其中水源工程和水厂计划投资6000万元，主管道和加压站计划投资3500万元，镇至村的供水管道配套工程计划投资4500万元。改水工程水源来之于榕江潮水溪和三洲拦河闸南干渠。净水厂设于金玉镇新潮揭公路南侧，占地30亩，建设规模6万立方米/天。整个改水工程分二期进行，首期工程已于11月动工兴建，规模为3万立方米/天，预计首期工程将于2002年9月底前竣工交付使用。

广东省委副书记黄丽满在汕头市委书记李统书等陪同下，到灶浦镇调研，帮助落实新建自来水厂部分资金，解决榕江南岸群众饮水难问题。

（吴荣智）

【潮阳市经济开发试验区】 2001年，是潮阳市经济开发试验区与海门镇实行合署办公的第三个年头。试验区与海门镇党政紧紧围绕加快区、镇经济发展这个中心，充分发挥海门的沿海优势、港口优势、旅游资源优势和试验区的政策优势，扬长避短，优势互补，互相促进。渔港码头，水产品批发，贸易市场，海滨长廊，液化汽库码头，海门湾大酒店等一批经济项目，有的建成，有的正在建设或规划中。海门人民医院已竣工交付使用；莲花峰景区被评为国家AAA级旅游景区；南弘海珍养殖公司鲍鱼场被列为省级鲍鱼良种场。区、镇的经济建设、精神文明建设和各项社会事业取得较大进步，投资环境日臻完善，为招商引资打下了扎实的基础。

（林绵进）

【井都镇】 农业产业化进程加快。通过增加投入，调整优化经济结构，推广新科技，引进新品种，提高了经济效益。投资210万元，把古埕原120多口小虾池整理成为1150亩的连片养殖场。投资50万元，在神山、上南等村（居）新开挖淡水养虾池100亩。还引进早丰苦瓜1、2、3号和牛角椒4个蔬菜新品种。侨丰集团利用"珍味源"品牌效应，投资300万元，新扩建厂房面积1000平方米，引进速冻平板机4台，进一步扩大生产能力，提高产品的科技含量并成功开发出冷杀菌、长时间保鲜技术、速冻蟹肉罐头和表壳贻贝等产品。德兴种养实业有限公司投资25万元，扩建猪栏舍4000平方米，年生猪出栏量增至1.8万头，并成功地引种了牧草。2001年，全镇蔬菜产量达5.9万吨，水产养殖量1730吨，海洋捕捞量1.2万吨，水产品加工量近2万吨。基础设施建设力度加大。投资4000多万元井都自来水工程已上马兴建。投资400万元改造更新全镇高低压线路。兴建双山移动电话差转站1座。神山小学新校舍第一期工程已完成。平湖西、凤兴、陇一农副产品贸易市场建成交付使用。和丰、陇一、湖新等村还安装了路灯。

（郑良雄）

【田心镇】 村镇企业发展稳中求进。共有5家企业投资1000多万元，建设厂房11300平方米，增购生产设备51台（套），年增创产值1800万元；华林松发塑料厂、粤东联丰电子实业有限公司等骨干企业有新的发展，其中华林松发塑料厂增加投资500多万元，扩大生产规模，提高生产能力。“三高”“四化”农业有新发展。全镇投资156万元，利用山坡地种植了名、优、稀水果150亩，利用沙湖地种植高产优质香蕉、高产番茄新品种40多亩，进一步推进了农业产业化进程。农业生态环境得到改善。该镇投资30多万元，进行沿海防护林带及山地疏林补植1300多亩，种植200亩；投资10多万元在镇农场包办了占地面积20亩的高科技苗圃场，为该镇乃至全市沿海滩涂防护林种植提供高效林种苗的保证。基础设施逐步配套完善。千方百计筹资加快日产1万吨自来水厂工程的建设，预计2002年6月底前竣工交付使用，从根本上解决了饮用水难的问题；投资95万元，全面完成南埔村农网改造工程，彻底解决该村“无电”问题；投资176万元，新筑村镇道路4条（段），如其中建成了长4公里、宽10米的南海路，为沿海地带的开发建设创造了良好的交通条件。

（陈勤雄　卢奇峰）

【沙陇镇】 巩固农业基础地位，农业发展水平和整体效益不断提高。全镇粮食种植面积15000亩，总产量达到17716吨。“三高”农业迅速发展，全镇优、稀、特水果，反季节蔬菜种植等初具规模的农业生产基地14个，面积3600亩，南中围、东埔围、四围、六斗等近10000亩水产养殖基地，生产效益明显提高，呈现好的发展势头。大印象（集团）有限公司实施GMP质量体系标准生产，被中国保健品协会评为“中国保健食品50强企业”和中国绿色食品发展中心认定其产品为“绿色食品”。金华电线电缆厂、旺凌达电线厂、宜兴电线厂等3家企业产品转向实施2000版ISO9002质量标准。保健食品、电线电缆、织布织袜、塑料编织4大产业成为工业经济增长的新亮点。基础设施建设进一步推进。投资450万元，发展电话村，提高覆盖率，新增电话用户2200户，增设公共卡式电话48部；投资445万元，浇筑村道水泥路8条（段），长3800米；新筑路基道路12条（段），长4600米，桥梁4座，较大地改善了交通条件。投资680万元，实施市溪整治，首期工程延寿桥至西斗桥溪段实现了“流畅水清，路宽景美”目标，整治市溪纪实，被汕头市委组织部摄制成为实践“三个代表”为民办实事好事电教片《情漫市溪》，分别在广东、汕头、潮阳各家电视台播送，被省委组织部专题制成VCD光盘18000盘发至全省各个党支部。全镇开展学习“三个代表”重要思想。学教活动期间，投入资金1500万元，为民办好事实事77宗。

（镇党政办）

【成田镇】 致力提高农业的质量效益。着重抓好绿园农业科技发展有限公司、西岐优稀特水果园、简朴村优质果基地、大寮村养殖基地等5个农业产业化基地的建设，加快农业产业化步伐。绿园农业科技发展有限公司。主要种植的“绿梅牌”日本紫罗兰甘薯、台湾米蕉、优质甜玉米等产品，主要销往香港，并通过香港转口日本。大寮村积极同北京潮好味投资有限公司联系合作，引进资金80万元，首期已投资40万元，开辟了一个占地面积14亩，以养殖澄海、潮州狮头鹅、北京白鸭、海南东山乌羊为主的养殖基地。该养殖基地已与北京、山西等城市的酒店建立购销关系，前景看好。千方百计招商引资，引进新的经济项目。动员家美村在外企业家回家乡兴办纺织服装厂，该项目计划投资3000多万元，占地30亩，现已顺利动工兴建。全镇有金牌实业有限公司、美鑫纺织有限公司、美雄覆膜彩条布厂、华霸袜业有限公司等4家企业增资扩产，共增加投资近2500万元，新建、扩建生产厂房3.5万平方米。皇威集团被列入汕头市重点商标保护企业。雅芬精细化工有限公司等5家企业被认定为“汕头市民营科技企业”。绿园农业科技发展有限公司和皇威集团等2家企业被认定为“广东省民营科技企业”。广筹资金，加快文明小城镇建设步伐。全镇共投资2700多万元，加快交通、通讯、市场、校舍、治安设施等方面的建设。投资1800万元对镇区老市场进行第三期工程改造建设，兴建商品楼18幢。简朴村投资150万元，兴建了10个治安岗，并配备闭路电视，实现全天候治安监控管理。投资140万元，全面整修、加固8宗水利设施工程项目。全镇电话从2000年7000门扩容至13812门，安装电话10500部，提高通讯覆盖率。简朴村发动海外华侨和国内知名企业家共捐资1100万元，全面改建占地面积35亩的简朴小学；全国政协委员、香港知名实业家马介璋先生捐资1000万元，计划兴建一所占地面积60亩的马介璋中学，已开始动工。这二所学校将于2002年8月底全面竣工并交付新学期使用。同时，组织西岐英歌队参加广州国际茶文化节，进一步提高侨乡知名度。

（镇党政办）

【胪岗镇】 实施“农业稳镇、工业强镇、科教兴镇、商贸富镇”的发展战略，工业生产有新的起色。全镇投资4000多万元，从日本、台湾等地引进纺纱机、织带机等先进设备150台（套），更新改造企业3家。新办潮阳市金万年文具有限公司等企业6家，其中引进外资3家，利用外资金额2000多万元。全镇初步形成了服装纺织、精细化工和文具用品等3大支柱产业。广东熊猫日化用品有限公司被国家技术监督局评为“中国洗发液质量放心品牌七强企业”被省工商管理局评定为“著名商标”；太阳光不锈钢制品有限公司研究开发了“负离子消毒鞋柜”，通过省、汕头市有关部门产品质量鉴定，填补了国内空白，企业被评为汕头市先进民营企业。农业生产得到巩固发展。全镇共清理土地近1000亩，全面组织复耕，发展“三高”农业，种植美国脐橙、生柑、台湾青枣等优质品种，全镇的农业和农产品结构逐步得到调整优化。同时，投资340万元，搞好水利设施建设，维修加固南切堤围、山塘水库以及整修排灌渠道等，改善农业耕作条件，提高农业生产效益。基础设施日臻完善。投资1500万元，整修四和路，建设胪溪水厂路路基和桥梁2座。完成新中村秋风引水二期工程的扫尾和铺筑上厝居委路东供水管道，改造镇工业区的高压线和泗黄、泗和低压线7公里，设置用电专台7座。扩容程控主机等，基础设施进一步改善。

（镇党政办）

【和平镇】 民营企业的发展后劲不断增强。全镇通过各种途径的招商引资，共集资2亿元，新扩建规格化厂房15万平方米，引进复录生产线、台湾全自动双面纸板机生产线、制皂生产线、覆膜生产线等先进生产线4条。引进科技人才45名，创新花色品种115个，新上马广东京文唱片有限公司、广东连坚集团、蕾琪化妆品厂、德懋森实业有限公司等高新大企业6家。全镇先后有星光、泰兴、捷信、麒玉、益通等5家企业通过ISO9001、ISO9002国际质量认证,其中益通电信器有限公司有10个项目获得国家电信局入网许可证。农业基础地位得到有效巩固。投资200多万元,通过大搞科技兴农,推广良种良法,发展规模化生产,搞好农田水利建设等有效措施,使农业获得大丰收,连续11年实现年亩产超1吨。第三产业发展不断加快。大力抓好大峰风景区的建设,投资100多万元,新建面积1500平方米的停车场2个,大大改善了风景区的景观。春节期间与自贡市联合在风景区内举办了大型艺术灯会。基础设施环境有所改善。投入交通、供水、电力、通讯、农建等基础设施项目建设资金1亿多元,先后动工建设练北单元、和平单元、大峰风景区、加工区、中英文学校的改水工程;做好和谷路和平路段、滨江西路、和中路、下寨乡道、下厝新龙乡道、塘围乡道的水泥路面铺筑工程;兴建11万伏输变电站,修复广汕公路、和惠公路和平段的路灯;整修沟渠排灌系统;兴建下厝中心学校综合教学楼,新龙小学通泰楼、下厝小学分校教学楼。

(镇党政办)

【峡山镇】 继续实施“工业立镇、科技兴镇、品牌强镇”战略,一是加大对企业的扶持引导服务。修订出台《峡山镇工业生产奖励条例》;落实班子成员挂钩32家重点企业,为企业排忧解难。与汕头大学等建立多方合作关系,切实帮助企业获得智力支持。二是引导企业注重产品质量,开展科技创新,积极开拓国内市场。全镇已通过ISO国际质量认证的企业达13家,被列为“汕头市重点保护商标”13件。潮阳市名流实业(集团)有限公司运用“微囊”技术开发的洗发露,经省专家组鉴定,产品和生产工艺填补了国内空白,生产技术处于国内领先水平。先后组织70多家企业参加国内各大中城市举办的展销交易会。三是鼓励企业增资扩产。全镇新增投资项目27宗,投入资金2.6亿元,新建扩建厂房15.9万平方米,新增产值近2亿元。开展“三个整治”。加大殡改、城镇建设、国土、安全生产等管理力度,致力营造了规范、文明的社会环境。4月份被省核准为“广东省中心镇”。教育事业蓬勃发展。投资150万元配套峡晖中学校园网建设,投资1720万元的泗联新学校和投资400万元的潮东新学校落成交付使用,晓升中学完成了一半工程量,东沟学校主体工程已完成。吸收186名大中专毕业生到镇任教,其中师范类本科生20名。教育质量不断提高,中考成绩继续名列全市前3名;高考上省线学生150名。

(镇党政办)

【铜盂镇】 实施“工贸富镇、农业稳镇、旅游活镇、科教兴镇”的发展思路,充分发挥区位、侨乡、人才、农业和旅游资源5大优势。调动内外一切积极因素,掀起建设铜盂、发展铜盂的新高潮。优势工业不断发展壮大。通过开展工业集中服务活动,营造合力扶工的氛围。扶持优势行业和骨干企业,使文具、红木家私、翡翠玉器、机械生产和纽扣等行业逐渐成为镇的支柱行业。齐心文具、港泰珠宝等4家企业投入资金1700万元进行增产扩资,新增产值2100万元。优化工业载体,规划东山和溪西两个工业园区,引导银骄织业、维西五金制品和深玲烤鸭等企业在园区内办业,共投入资金2400万元,完成了厂房建设。农业和第三产业得到发展。在稳定粮食生产的基础上进行产业结构调整,投资100万元,扩大智业养猪场的生猪生产。方港、深玲两个蔬菜种植基地也得到发展。灵山风景区的旅游业带动衍生了相关的第三产业。基础设施日臻完善。投入资金450万元,对兴富路进行改造,重新铺筑长4公里,宽9米的水泥路面。在交通部门的支持下,完成了草尾、凤田两桥的改造。投资3400万元的新卫生院续建、第三期改水和联围电排南站三个工程也正在抓紧建设。解决有市无场、占路为市的镇区综合市场改造工程也正在规划实施。投资硬环境逐步改善。

（镇党政办）

【谷饶镇】 工业经济再现生机。一是落实扶工措施，扶持企业发展，使全镇形成大办工业的热潮；二是引进高新技术项目，全年投资8000万元，上马汇利丰电脑刺绣、新兴雅织布等6个生产项目。引进大型电脑刺绣机、经编机等先进设备140多台（套），年可增产值1.5亿元；三是实施品牌战略，全年新办商标30件，累计370件，其中“雅潮”、“广花”、“新一步”、“奥丝蓝黛”等商标获得汕头市重点保护商标；四是拓宽贸易渠道，组织霞黛芳内衣有限公司、时佳实业有限公司和饶美实业有限公司等企业参加2001年潮汕名优特产品（北京）展示会和汕头商品重庆展销会，提高谷饶企业的知名度。农业生产稳步发展。全年落实粮食种植面积44900亩，粮食总产量18971吨。投资300万元，搞好农田水利设施建设，改善农业生产条件。城镇和基础设施建设有突破性进展。投资约1600万元，建设洪和线谷饶段改建工程（长4.13公里，宽24米的水泥路面），增设35千伏变压器1台、供电专台20个，新增电信主干2500对，电话用户量达2.25万户。开展一系列精神文明创建活动，建成教育办公大楼，加快上堡中学建设进程，改善办学环境。

（镇党政办）

【贵屿镇】 农业生产水平不断提高。相继完成贵屿南、北治涝电排工程的建设，南站电排发挥排涝效益，北站工程预计2002年汛期前发挥效益。投资300多万元，加固了练江北港堤围，建设“三面光”排灌渠道7公里。大力抓好水稻高产片、淡水养殖、蔬菜种植、优质果种植、三鸟饲养5个生产基地的建设，使农业产业结构得到进一步调整。结合开展环境综合整治，乡镇企业走可持续发展道路。因势利导，限制废旧回收业的发展，放手发展少污染、无污染企业。大力鼓励企业引进先进生产设备，发展一批具有一定生产规模和科技含量，产品适销对路的实业型、产品型企业，促进产业结构的调整。全镇初步形成了上练单元以明丝花、PVC片材、五金为主；贵屿单元以商贸为主；南阳单元以织、服装为主的产业良性发展格局。基础设施日臻完善。多方筹措资金3580万元，致力抓好基础设施建设和城镇规划建设，在组织大规模拆除公路和主干道违章搭建物9.8万平方米的基础上，改造、拓宽并铺筑水泥路面总长12公里，镇区公路及主要路段全面配套排污，路灯和绿化带；完成总长3公里的华美外角带排洪渠整治工程。深溪水库引水工程水泥输水管道全部更换成铸铁管。东线上练单元有5个村饮上自来水。

（镇党政办）

【陈店镇】 深入开展扶工活动，培育新的经济增长点。一是千方百计做好稳定企业工作。针对由于受到客观因素影响，部分企业有外迁苗头的实际，把稳定企业工作列入党政议事日程，落实班子成员挂钩骨干企业责任制，同时通过召开村干部会议、涉工部门和企业主座谈会，切实帮助企业解决具体问题，加强优质服务，使企业增强了在陈店发展的信心，稳定了情绪，企业发展出现了生机。一年来，新办集体企业2家，私营企业5家，责任公司20家，个体工商户410户，其中在陈店工业城落户投产的企业有3家。二是扶持“一村一品”和重点行业的发展。采取倾斜措施，对文胸、丝花等专业村的企业在生产场地、供电、供水、通讯等方面给予优惠，加快了陈店文胸城和溪北文胸工业园的配套和厂房建设。三是实行科技兴工。针对大部分企业科技含量低的实际，通过多种渠道鼓励企业引进先进生产设备、先进技术和科技人才，不断创新名优产品，提高产品科技含量，增强市场的竞争力。2000年以来，全镇共引进贴片生产线和电脑海绵生产线等先进生产设备510台(套),折值4500万元。招聘和培训各类科技人才250名,其中高级职称12名。创新花色品种250个,申办注册商标45件,累计500件,申办专利产品累计15个。抓好基础设施配套建设,努力改善投资环境。全镇共投入资金近4000万元,搞好基础设施配套建设。交通方面,铺筑溪仙公路港后段、陈店下门洋居民区、溪北工业区、溪口沿江东等道路12条,长5.7公里,扩建新建桥梁3座;能源方面,110千伏变电站已付诸设计,增扩150平方双回线路二对,扩大高压线路3.2公里,改造低压线路5个村(居),年供电量达8000万千瓦/时;通讯方面,新扩程控主机总容量达24000门,出局电缆增至26000对;供水方面,投资370万元增扩东西二条各300mm的自来水管道,年供水量达600万吨。

(镇党政办)

【仙城镇】 围绕"农业立镇、工业富镇,旅游活镇"的发展思路,实现了经济平稳发展。投资硬软环境进一步改善。以镇村两级干部赴深圳、广州等地招商引资为动力,各涉工部门在用电、用水、用地、审批和咨询等方面提供服务为依托,逐步形成加快发展氛围。同时,多方筹资近1000万元改善了交通、供水、供电和福利等条件。工业发展水平进一步提升。稳住现有企业,积极争创企业新优势。荣祥化纤厂、丹飞制衣实业有限公司分别增资650万、150万元进行扩产,市保利来有限公司在法国注册了曼度牌衬衣,产品远销中东、欧盟,市场前景广阔。全镇的服装、化纤、文具等行业步上新的台阶。农业基础地位逐步加固。多方筹资近80万元投入果蔬业,力促利陂的夏植淮山、西洋菜、龙眼种植,神仙里的青梅和仙门城的韭菜种植形成集约化、规模化和高效化。旅游业上新的台阶。投入近200万元对翠峰岩风景区、仙湖风景区、天仙岩风景区以及刘明通博物馆进行配套设施建设,完善管理,吸引了大批海内外旅客前来观光。翠峰岩风景区已申报"AA"级风景区的评审。

(镇党政办)

【两英镇】 积极发展"一畜三绿"农业,推进农业产业化经营,开发果林、药材、蔬菜、甜麻叶、池鱼等13个种养基地,年创产值2550万元。使农业增产,农民增收。选准路子,致力培植经济"亮点"和"好苗"。充分发挥镇民资民力雄厚和私营企业众多的优势,引导企业上规模、上效益,走集约化的发展道路。共引进资金1.85亿元,新上马经济项目14宗,增资扩产项目12宗。针织服装支柱产业注重创新,提升产品质量,积极培育品牌,"佳伦"、"凯伦"等4个品牌成为汕头市重点保护商标,化妆用品,塑料制品等行业同步发展,效益俱佳。推进基础设施建设。新铺筑了河赤路、英深路、新兴路等8条镇村主干道,新增水泥路面10.5公里,并落实环卫管理责任,"全天候"保洁,巩固省卫生先进镇的创卫成果。投资1600万元,新增2对供电线路,改造河等6个村(居)的低压电网,提高供电质量。加大等级学校创建力度,第三中学、古厝小学等成为市一级学校。全镇有452名学生考上各类院校。东北村成为汕头市文明示范村和省文明村。西陇居委荣获汕头市"美在农家"创建活动优胜单位。

(镇党政办)

【司马浦镇】 一批品牌企业脱颖而出。依靠科技,提高产品质量,加大品牌培育,形成品牌发展的氛围。"曼妮芬"服装品牌被评为省著名商标,"曼妮芬"、"兰辉"、"贝婷娜"牌3个商标被确定为汕头市重点保护商标,新艺五金电器厂获长城电工认证,市通达保健用品公司、市太格尔科技电源公司等3家企业获ISO90002国际质量认证。投入技改资金3400万元,引进台湾蛋糕食品全自动生产线、台湾开幅定型机等先进设备400多台(套),创新花色品种1460多个。投资环境逐步改善。全镇共投入2410万元,建成司马浦围治涝东站电排土建主体工程，西站电排正式投入运作，从根本上解决长期内涝的状况；铺筑司窖路、仙新路等4条主干村道的水泥路面；新建（扩建）校舍5所；组织清理美仙溪和中港溪溪床污泥杂物，浚深溪床，建设司下垃圾填埋场，配套消毒覆盖措施，净化环境卫生。

（镇党政办）

【红场镇】 红场是一个纯农山区镇，全镇山地面积84445亩，耕地6901亩。种植业是红场经济的支柱产业。全镇果林业发展已初具规模，青梅种植面积达1.8万亩，青橄榄5000亩，其他品种4800亩，被汕头市政府授予“三高”农业示范基地，其中青梅种植颇具特色，被省农业厅列为“一村一品”发展项目。红场是一个革命老区镇，有着光荣的革命史。二战时期东江特委机关驻扎于此，著名的革命家彭湃、徐向前、李富春、古大存、方方、邓发等先后在红场领导革命斗争，开辟了大南山革命根据地。红场境内有许多珍贵的革命遗址，加上独特的山区自然景观，发展特色旅游业成为红场较有潜力的一个经济增长点。

（镇党政办）

【雷岭镇】 坚持以开发山地资源为重点，致力做好“山”字文章，初步形成果林业生产为支柱的经济发展格局。全镇拥有果林面积6.1万亩，其中荔枝4.4万亩，以荔枝为主的果林业生产已成为该镇特色经济产业。实施科技兴农战略。充分发挥镇荔枝协会的作用，由协会牵头，采取“请进来、走出去”的方法，聘请专家、技术人员到镇讲课，传授技术，提供咨询服务，组织当地技术人员和种果专业户赴外地参观学习，进行学术交流，开展科研活动，推广良种良法，走科学种果的路子。加强服务引导。为解决荔枝销售问题，通过组织本地销售专业户赴外地开辟市场，派出经销人员联系客户到镇设点收购以及加入信息互联网进行推销等方法，拓宽了荔枝的销售渠道。同时加强荔枝市场管理，为外地客户提供优质服务，从而使当地荔枝供不应求，价格比2000年提高60%。根据具有天然温泉、革命遗址以及丰富的果林资源的优势，着手规划发展具有浓郁自然山区特色，融游、食、住、购、行、玩于一体的旅游观光农业。

（镇党政办）

【河溪镇】 河溪镇是一个远近闻名的“水产之乡”。发挥优势，挖掘潜力，依靠科技，调整优化生产布局，大力推进水产养殖产业化经营。增加投入，改造低产鱼温，建设规格化精养鱼池，开发堤外咸水养殖，培育“龙头企业”。全镇养殖面积2.3万亩，其中精养面积1.1万亩，拥有中华绒毛蟹、膏蟹、甲鱼、乌耳鳗、草虾、东方白对虾等拳头产品生产基地。成立了水产协会，把分散的养殖户组织起来，推进水产养殖的集约化、产业化进程。规划建设了占地1万多平方米的中田水产品批发市场，进一步完善了市场流通体系，拓宽营销渠道。水产品畅销珠江三角洲地区乃至日本、东南亚地区。全年水产品总量8739吨，总收入6281万元，占农业总收入的89.5%。加快农业综合开发步伐。蔬菜、姜茨、水果、生猪等种养项目已初具规模，湖东蔬菜基地列入市菜篮子工程项目，“一村一品”的经济结构初步形成。优化投资环境。全镇共投资1000多万元，维修加固堤围涵闸水库，建设交通网络和通讯设施。进一步强化社会管理，提高服务效能。

（镇党政办）

【西胪镇】 充分发挥优势，大力调整优化农业结构，突出发展特色“三高”农业。特色农业初具规模。在稳住粮食生产的同时，致力引导各村（居）按照“一村一品”的农业发展格局，科学、合理调整生产布局，优化种养结构和品种结构，走宜粮则粮，宜果则果，宜渔则渔，宜养则养的各具特色的“三高”农业发展路子。加大对农业投入，加强农田水利设施建设、改善生产环境、引进良种良法、扶持"三高"农业发展，并采取办点示范，抓点带面的措施，落实领导班子挂钩办点制度，从资金、技术，服务等方面扶持发展一批专业种养大户和"三高"农业示范村，推动全镇特色"三高"农业的发展。一批农业新项目、新品种、新技术得到推广应用，内峷乌酥杨梅、内八姜茨、青山笋竹、早柿、西寮草药、东潮荷兰豆、沿海水产品、莲藕等已具有一定规模和知名度，农业经济逐步朝产业化、规模化生产经营方向发展，"三高"农业规模效益和社会效益有所提高，2001 年产值达 1.58 亿元，占农业产值的 85%。工业企业发展有新起色。针对工业企业发展滞后的实际，加大扶工力度，按"扶优扶强，突出重点"的方针，落实优惠扶持措施，着力扶持培育"龙头企业"。鼓励、支持日本东京电子元件有限公司投资 500 万美元，新建厂房，引进生产设备和生产技术，规模化生产手机配件，预计年产值达 1.5 亿元，成为镇第一家拥有高新技术产品的企业，对全镇工业企业发展起到积极的带动作用。建筑公司各项管理工作逐步加强，技术力量和资质水平不断提高，业务不断扩展，全年建安量达 1.5 亿元。

（黄育东）

【关埠镇】 推广良种良法，巩固农业基础地位。虽然受到"尤特"、"百合"台风的袭击，水稻生产仍获较好收成，年亩产达 886 公斤。首次创办水稻免耕法获得成功。加大力度调整农业产业结构，引导和鼓励农民发展种养业，优质果、蔬菜、优质稻、水产养殖等生产基地初具规模。抓好农田水利和堤围建设，投资 1600 多万元完成浮头湾至井美堤段的达标建设，动工建设高标准的石井堤段，工程预计在 2002 年 4 月底完工。加快高标准防渗渠建设，农业生产条件得到改善，抗灾能力得到提高。注重因势引导，推动优势产业的发展。着力发展建筑业，通过抓好潮阳市第五建筑公司的内部管理，有效提高公司管理服务水平和竞争能力，率先通过 ISO 国际质量认证，成为市建筑行业的佼佼者，建安量 9992 万元，比增 0.83%。充分发挥沿江优势，大力发展运输、仓储中转业务，带动本地商贸业的发展，全镇集市贸易业成交额 1200 万元，社会商品零售总额达 1.4 亿元。基础设施建设有新突破。投入资金 1150 万元，完成关谷公路福仓路段、南炮台路东湖至油库路段、关埠中心卫生院、关埠国税分局办公大楼、潮阳四中教学楼、学生宿舍楼以及一批村道等建设项目。

（镇党政办）

【金玉镇】 坚持以农为本，充分发挥本地资源优势，以市场为导向，因地制宜调整优化生产结构，正确引导干部群众发展具有地方特色的"三高"、"四化"农业。农业生产水平稳步提高。通过增加投入，抓好农田基本建设。建成面积 1.5 万亩的农业综合开发项目，改造了中低产田。农业产业化进程继续推进。在加强山地在产作物管理的同时，坚持挖掘潜力与拓展外延相结合的原则，通过"扩、改、补"等措施，从深度、广度上开发利用山地资源，充分发挥具有地方特色的"长中短、高中矮结合"，以短养长、高矮互促的水果生产优势，提高山地经济效益。投资 140 多万元抓好三棱橄榄复壮工程，有效提高了结果率，增加单位面积产值。扩种水果 2000 亩，劣种嫁接改良 180 万穗，山区水果总产量 1.3 万吨，产值 4000 多万元。大力发展教育事业。切实办好成人文化技术学校和职业教育，提高公民的科学文化素质。教育系统实行人事体制改革，引进竞争机制。加大对教育的投入，新建扩建校舍 4 所，进一步改善了办学条件，建设作为汕头田径试验点的金玉中学体育运动场 20 亩，被省评为体育先进镇。

（镇党政办）

【灶浦镇】 经济建设稳步发展。在巩固粮食生产发展的前提下，加快了农业产业化进程。大力发展香蕉种植这一主导产业，力促香蕉种植步上规模化、基地化发展轨道。进一步发展甲鱼、牛蛙、虾类等高值水产养殖业。引种荔枝、龙眼等优稀水果种植项目，增加农民收入。规范社会各项管理。殡改工作步上正轨，火化率达到100%。切实为群众办好事实事。投入120多万元新建敬老院，解决了农村孤寡老人的养老问题；投资120多万元铺筑华岗至新庙路段水泥路面，使灶浦镇南至北主干道全线贯通。在上级支持下，经多方筹集资金，全镇人民期盼已久的改水工程正在紧张有序地进行中，力争在2002年9月底前竣工通水，从根本上解决人民群众饮用水难问题。

（镇党政办）

附1:2001年潮阳市党政和政协主要负责人名单

中共潮阳市委书记:姚英杰(1—2月)
李楚平(2—12月)
欧春茂(1—4月)

潮阳市人大常委会主任:黄荣安(4—12月)
郑喜宣(1—11月临时主持全面工作)

潮阳市人民政府市长:郑喜宣(代)(11—12月)

潮阳市政协主席:连少如

中共潮阳市纪委书记:王卫平

附2:潮阳市工业卫星镇2001年主要指标

项目 / 单位	人口（人）	面积（平方公里）	工农业总产值		工业总产值		农业总产值		地方财政收入		农村人均纯收入	
			实绩（万元）	比增（%）	实绩（万元）	比增（%）	实绩（万元）	增比（%）	实绩（万元）	比增（%）	实绩（元）	比增（%）
井都	82699	43.50	42520.00	-15.82	28020	-23.23	14500.00	-4.60	1407.95	3.10	3178	-25.48
田心	30742	25.11	7120.00		5000		2120.00		792.70	-30.11	3620	-20
沙陇	88478	47.30	45115.00	10.00	38000	10.00	7115.00	2.00	1592.00	22.40	3850	2.00
成田	85410	51.80	49580.00		44000		5580.00		1548.00	7.90	4000	
胪岗	117764	50.40	153950.20	-33.20	145000	-34.40	8950.20	-4.80	1817.00	-5.70	4305	-21.10
和平	145000	51.90	373600.00	3.30	365000	3.70	8640.00		3853.00		4806	
峡山	178855	40.70	417308.00	7.63	410168	7.95	7140.00	-7.39	11968.00	7.07	4908	-23.20
铜盂	103000	42.40	53010.00	-60.00	45000	-63.00	8010.00	-7.00	1388.00	1.00	3800	-21.00
谷饶	122000	71.80	199730.00	-8.13	190000	-8.21	9730.00	-6.44	2822.00	5.30	4318	-17.72
贵屿	129000	52.00	55200.00		45500		9700.00		1926.00		3850	
陈店	94660	28.30	183540.00		178050		5490.00		3026.00		4850	
仙城	89315	55.00	41780.00	-21.80	38000	-22.80	3780.00	-5.50	1635.00	14.80	3286	-24.00
司马浦	109000	28.90	181100.00	-32.40	176300	-33.00	4810.00	-2.80	2112.72	59.69	4285	-18.60
两英	156832	72.40	322000.00	5.90	315000	6.70	8550.00		4589.50		4638	
红场	28162	85.30	3523.00		1033		2490.00		472.00		1605	
雷岭	32680	65.80	7170.00	-64.00	600	-95.40	6570.00	-5.30	1168.00	8.00	1610	-27.10
河溪	70704	64.50	9021.00		2000		7021.00		1747.30	11.02	3352	
西胪	139597	104.90	21140.00		2500		18640.00		1917.00	0.70	3680	
关埠	116512	57.00	17359.00	-73.00	2506	-95.00	14853.00	-3.00	2375.00	16.00	3655	-22.00
金玉	73901	59.30	10113.00	0.10	2008	0.40	8105.00	0.10	1993.00	11.50	3110	
灶浦	48173	21.50	10870.00	-63.90	2000	-91.00	8870.00	18.30	1119.00	24.90	3055	-5.10

澄海市

【简况】 澄海市位于广东省东部韩江三角洲,濒临南海,毗邻汕头经济特区 。辖 12 个镇和 3 个街道办事处。全市总面积 402.5 平方公里,地形以平原为主,海岸线长 66.9 公里,浅海滩涂总面积 121.3 平方公里,总人口 86 万 人,旅外华侨、华裔、港澳台同胞 68 万人,是广东省著名侨乡。

2001 年,澄海市被省爱国卫生运动委员会评为"广东省卫生城市"。

澄海市海陆空交通便利,基础设施建设日臻完善。境内的莱芜港口是经广东省政府批准的进出口货物装卸点和对台贸易口岸,年吞吐能力 10 万个标准箱,货物直达港澳及国内各大城市。本市境内的汕头国际机场,有国际国内航线 36 条。国道 324 线穿境而过,汕汾高速公路澄海路段建成通车;金鸿公路续建工程上马建设。全市实现镇镇村村通水泥路,镇镇通公共汽车,公路密度达每百平方公里 91.3 公里。全年供电量达 9.4 亿千瓦时,市区自来水日供水规模 19.2 万吨。铺设有线电视光纤网络,开通国际互联网,程控电话总装机容量 21 万门,移动电话用户 12.2 万户,实现"电话市"达标。城市化进程加快,中心市区建成区面积达到 17.2 平方公里。外砂海关以及商检、边检、卫检、动植检等联检机构配套完善,综合投资环境跻身全国百强县(市)行列。

澄海人文荟萃,文化底蕴深厚,素有"海滨邹鲁"美誉 。版画、灯谜、文学、美术、书法、集邮等群众性文化艺术及体育活动活跃,先后被评为全国"版画之乡"、"灯谜之乡"、"民间艺术之乡"、"全国文化先进市"、"全国广播电视先进市"及"全国体育先进市"。文化古迹和旅游景点众多,已开发慈黉故居、樟林古港、郑王墓、龟山遗址等文化古迹,建成莲花山温泉、塔山、神山、莱芜等旅游景区景点,莱芜旅游度假区被评定为省级旅游度假区。

【工业经济】 确立"走正道、树信用、兴品牌、强实业"的发展理念,进一步加大扶工力度,落实领导挂钩联系重点项目责任制,加快清理闲置工业厂房用地,实施第四批"银企合作"项目,解决企业用地、资金紧缺问题,促进了工业生产持续增长,全年完成工业总产值 209.5 亿元(现行价),其中乡镇工业产值 186 亿元,分别比增 12.04% 和 10.61% ;全市 144 家规模上的企业完成产值 64.5 亿元,占工业总产值的 30.8% ;工业经济综合效益指数 109.40%,比 2000 年提高 5.01 个百分点。全年供电量达到 9.41 亿千瓦时,售电量 8.67 亿千瓦时,分别比增 10.34% 和 10.59% 。

【农业生产】 全年共投入水利建设资金

6830万元，进行江海堤围的除险加固，整治围内水利渠系，完成莲华、上华、隆都3个电力提水站建设和溪南七孔闸重建工程。农业结构调整初见成效，品种结构和种养布局进一步优化，全年粮食种植面积30.2万亩，其中优质稻种植比例达到75.63%，涂城、南湾设施蔬菜生产基地被省认定为无公害农产品生产基地；全市农业总产值达到26.7亿元（现行价），比增4.36%。

【内外经贸】 成功举办'2001中国澄海国际玩具暨工艺品博览会、澄海金秋联谊会暨旅游购物节等经贸洽谈活动，全方位、多渠道加大招商引资力度。全年新引进"三资"项目14个，实际利用外资1775万美元，完成外贸出口总额1.7亿美元；来料加工贸易额和工缴费分别增长18.2%和55.9%。第三产业不断发展壮大，全市社会消费品零售总额26.63亿元，集市贸易成交额16.91亿元，分别比增15%和7.91%；旅游总收入达到2.81亿元，比增27.7%。

【财税金融】 坚持以组织收入为中心，强化税收征管，狠抓增收节支，促进了财政收入的稳步增长。全市财政总收入5.07亿元，其中预算内地方财政收入2.37亿元，分别比增13.78%和19.91%；工商税收收入4.38亿元，比增10.17%。金融运行平稳，全市金融机构存款余额67.34亿元，贷款余额37.41亿元，分别比2000年末增长17.67%和13.64%。

【体制改革】 国有企业改革步伐加快，完成13家国有工业企业，以及友谊、化工2家国有商业企业改革任务。党政机关、事业单位、人民团体挂靠企业的脱钩改制工作顺利完成，镇（街道）、村（居）挂靠企业解挂工作有效推进。全市累计组建大型企业集团14家，宜华、东方锆业、猛狮3家企业完成股份制改造。全市参加养老、失业保险人数达到3.79万人和3.75万人，社会保险金征收率96%，养老金社会化发放率100%。

【基础设施】 汕汾高速公路澄海路段建成通车，外砂桥闸重建工程、金鸿公路续建工程相继动工。农村电网改造继续推进，累计完成244个村（居）的农网改造任务，建成溪南、隆都、莲下3个110KV输变电站，改建110KV埔美输变电站。城市建设步伐加快，实施市区光纤网络的升级改造，完成市区第二水厂第三期日产10万吨扩容工程，建成红头船公园和新市区小广场，配套了一批道路、灯饰、绿化、公厕和消防栓等市政设施。全年商品房销售面积28.7万平方米，比增51.5%。

【科技教育】 全市共组织实施各级各类科技计划26项，其中国家级1项、省级4项、汕头市级5项。城市专利试点工作扎实开展，全市专利申请量达到440件，比2000年增长47.15%；专利授权量313件，比增120.42%。全市省级高新技术企业5家、省级民营科技企业16家。宜华、金奇、奥迪、绍河珍珠、蓬盛等5个品牌被评为广东省著名商标。教育改革与发展取得新成效，全年新、扩、改建中小学19所，办学条件不断改善，办学质量进一步提高，高考录取率创历史最高水平，再次被评为全国"两基"教育先进单位。

【环境保护】 落实建设项目环境影响报告制度和"三同时"制度，巩固扩大了市区烟尘控制区和噪声达标区面积，整顿取缔了一批重污染企业。全面加强国土、矿产、耕地、林业、海洋等自然资源的管理，落实基本农田保护区19.59万亩，划定各类海洋渔业资源保护区5万亩，种植沿海红树林5000亩。我市被国家国土资源部评为"全国基本农田保护工作先进单位"，被省政府评为"造林绿化先进市"。

【精神文明】 在市直局以上单位、镇（街道）、村（居）进行"三个代表"重要思想学习教育活动。深入开展以“同塑澄海美好家园”为主题的精神文明创建活动,大力倡导破除迷信、崇尚科学、弘扬文明、扶危济困等社会新风,组织“文化三下乡”活动,丰富群众精神生活。城乡文明程度和市民文明素质明显提高,被省评为“创建文明城市工作先进单位”和“双拥模范城”称号。深入开展法制宣传教育活动,被评为“全国‘三五’普法先进单位”。

【机构改革】 完成市直党政机关和镇(街道)的机构改革,市政府工作部门从32个减少为25个,政府职能部门设置更为精简。调整乡镇行政区划工作顺利完成,湾头镇并入莲下镇,坝头镇并入凤翔街道。行政审批制度改革积极推进,成立市企业投资管理服务中心,政府部门和“窗口”单位实行公开办事制度、收费公示制度和服务承诺制度。投资软环境进一步优化。

【“两大整治”】 坚持以发展带整治,以整治促发展,花大力气整顿经济社会秩序的突出问题。大力查处制售假冒伪劣商品行为,开展打击逃废金融债务、追收财政欠款行动。规范市场主体准入行为,先后组织开展对经济户口、建筑市场、医疗药品市场、文化市场、交通运输市场、报废机动车零配件市场进行清理整顿。开展严打斗争,重拳打击“双抢”、利用“六合彩”等违法犯罪活动,坚决扫除黄赌毒等丑恶现象,进一步净化社会环境。

【举办2001年中国澄海国际玩具暨工艺品博览会】 4月19日至22日,由中国国际贸易促进委员会主办,汕头市人民政府、澄海市人民政府协办的2001中国澄海国际玩具暨工艺品博览会在澄海市展览中心举办。博览会展厅共12200平方米,设置近400个摊位,共有250家本地、外地厂商参展,有北京、上海、黑龙江、深圳、东莞等地玩具协会,台湾地区玩具工艺同业公会等13个团体组团,以及来自世界五大洲的49个国家和港澳台地区、国内30多个城市近万名客商前来参观、交流、洽谈贸易。签订协议贸易总额达7.6亿元。博览会期间,还举行中国(澄海)玩具发展战略研讨会。

【承办“九运会”乒乓球赛】 澄海市正大体育馆是第九届全国运动会乒乓球比赛场馆之一。11月11日至20日期间,共承办乒乓球赛14场,市民前往观看比赛近2万人次。这次九运会乒乓球赛,是澄海解放以来第一次承办的高规格、高级别的大型体育赛事,为澄海体育史增添了光辉的一页。通过承办这次体育盛会,积累了承办大型赛事的经验,转变了发展体育事业的观念,激发了群众参与体育活动的热情,促进了澄海体育事业的发展。

【荣获“广东省卫生城市”称号】 12月28日,澄海市被广东省爱卫会命名为“广东省卫生城市”。自1998年以来,澄海市围绕跨进省卫生城市行列目标,深入扎实开展创卫工作。市政府成立创卫指挥部,与市区3个街道办事处、市直各有关职能部门签订《创卫目标管理责任书》,落实职责分工;制定完善市区环境卫生、园林绿化、噪声污染防治等城市管理规范性文件,实行市区环境卫生分级管理体制,配套完善市政基础设施,整治市区脏、乱、差等突出问题,开展对市民的健康教育,做好“除四害”工作。先后获得了“广东省先进卫生城市”、“广东省灭鼠先进城区”两张创卫入门券,8月份通过了汕头市的市级考核鉴定,10月份通过省级调研,11月份,澄海市创卫工作通过省爱卫会的考核验收,12月28日,被授予“广东省卫生城市”称号。

【莱芜经济开发试验区】 2001年,莱芜经济开发试验区管委会坚持以经济建设为中心,以创建“省级旅游度假区”和推进台胞投资区建设为突破口,着力培植新的经济增长点。全区共完成国内生产总值9250万元,比增15%;完成工业产值13000万元,比增18%;

第三产业收入 9278 万元，比增 5.5%；工商税收 624 万元，比增 54%；本级财政收入 350 万元，比增 20%。

招商引资再创佳绩。全年全区共引进生产性项目 18 项，其中外资项目 6 个：银润塑胶工艺有限公司、嘉培工艺制品有限公司、全宇工艺玩具有限公司、世亿洗水有限公司、雅得塑胶玩具有限公司和德科电机有限公司。上述项目计划投资总额 8580 万元，其中合同利用外资 593.63 万美元，分别占澄海市外资引进项目的 43% 和利用外资总额的 34.4%。在引进的项目中，目前已投产或在建的项目 10 个，增强了试验区经济发展的后劲。

被省政府命名为"省级旅游度假区"。在旅游度假区的建设和管理上，管委会始终坚持突出"莱芜"特色、实施保护性开发的方针，想方设法筹措资金，加大对基础设施、市政设施建设的投入。同时，从提高服务水平和管理水平入手，大力整顿和规范经营秩序，全面提升莱芜旅游度假区的综合档次。6 月份，度假区被省政府命名为"省级旅游度假区"。

莱美工业区配套齐全、管理规范。管委会在莱美工业区区域管理职能基本理顺的基础上，认真贯彻澄海市委、市政府建设"三无"工业示范园区的精神，进一步加大对企业的服务和管理力度，推行"一站式"服务和"全程协助办理"的形式，为新项目的进区排忧解难，促进了园区的开发建设。目前，莱美工业区已成为澄海市基础设施配套最齐全、管理最规范的工业园区。全区占地面积 800 亩，共引进生产性项目 60 个，投产和在建项目 36 家，固定资产投入超过 5 亿元。

（澄海市府办）

【盐鸿镇】 位于潮（安）、澄（海）、饶（平）三县（市）交界处，辖 9 个村（居）委会，总面积 37.71 平方公里，人口 4.3 万人。2001 年，全镇实现国内生产总值 28350 万元，工农业总产值 71312.8 万元，财政收入 759.02 万元，农村人均年纯收入 3734 元。

盐鸿镇濒临南海，背倚莲花山，气候宜人，自然资源十分丰富。全镇有山地 24400 亩，耕地 9847 亩，海滩涂 6000 亩，盛产青蟹、薄壳米、大蚝及多种鱼类，成为颇具规模的水产品生产基地，农业正朝着"三高四化"方向迈进。

乡镇企业迅速发展。全镇现有工业企业近 100 家，初步形成了以造纸、纺织袋、玻璃制品、覆膜印刷、泡沫塑料等为主的包装行业，食品加工、五金塑胶、抽纱毛织、化工等行业也初具规模。2001 年实现工业总产值 60362.8 万元，比 2000 年增长 16.78%。

投资环境日臻完善。全镇路道畅通，国道 324 线穿境而过，正在兴建的金鸿公路北端在盐鸿境内与国道交接，是汕头经济特区通往厦门、古城潮州通往三百门港口的必经之地。通信便利，水电供应充足，全面实现供电直接到户。

社会事业取得新进步。全镇基本实现校舍楼房化，拥有完全中学 1 所，初级中学 2 所，幼儿园 9 所。成立莲音潮乐社、青年乒乓球协会、灯谜组、书画社等文体组织，群众性文体活动丰富多彩。医疗卫生设备得到进一步完善。

（镇党政办）

【东里镇】 2001 年，全镇国内生产总值 7.56 亿元，工农业总产值 21.88 亿元，财政总收入 2513 万元。自 1998 年以来，上述三项指标年均递增幅度分别为 6%、6.3% 和 12%。工业经济总量逐年增加，2001 年全镇工业总产值突破 20 亿元，涌现出一批年产值超亿元和年创税收超 100 万元的骨干企业，是汕头市五金制品生产基地。集体企业的体制改革迈出新步伐，已完成 12 家镇办企业的改制和 92 家挂靠集体企业的脱钩解挂工作。农业生产连年丰收，"樟林林檎"种植规模不断扩大，2001 年全镇农业总产值 1.87 亿元，比 2000 年净增 458 万元。第三产业稳步持续发展，商品流通活跃，集市贸易繁荣，人民群众的生活水平逐年提高，2001 年农村人均

各项事业取得新进步。多方筹资161万元,配套充实一批教学设备、设施,办学条件不断改善;基层文体设施逐步配套完善,新建文化室4个,灯光篮球场2个,群众性文体活动较为活跃,被评为"全国群众体育先进单位";计生新条例和"三为主"方针进一步落实,人口出生率8.5%,比2000年下降0.88%;社保扩面征缴力度加大,参保人数增至3951人;殡改工作顺利推进,火化率保持100%。

(镇党政办)

【上华镇】 工业发展形势喜人。围绕"优服务、强管理、保稳定、求引进"发展思想,致力发展工业经济,成功引进澄海市目前规模最大的日资企业——日本矢崎汽车部件公司上华分厂等大中型工业企业4家,新办个体企业96家,骨干企业发展良好,企业产销两旺,经济总量不断壮大。

农业整体水平不断提高。合理调整生产布局,在巩固发展现有特色农业的基础上,积极引进农业新品种,共引进水稻、蔬果新品种近20个,其中新试种的珍珠番茄每亩收入近万元。

基础设施建设进一步完善。投资120万元,完成华东路1.4公里扫尾工程,并于春节前开通公共汽车。上华敬老院完成扩建工程,国土所、派出所新办公楼建成投入使用,集镇区进一步扩大,开展创建电话村(镇)活动,新建移动电话通讯基地站3座,全镇新装电话1500门,95%以上村(居)实现电话村达标。

(镇党政办)

【外砂镇】 确立"工业立镇"、"实业强镇"思想,扶持发展特色产业,走工贸并举发展路子。2001年,全镇国内生产总值5.84亿元,工农业总值20.56亿元,镇级财政收入922万元,分别比增12.7%、12.7%和2.2%。荣获澄海市经济增长特等奖。

工业生产迅速发展。全镇各类工业企业1383家,全年产值19.79亿元,毛织服装、农副产品加工及玩具工艺业等特色产业发展形势良好,"蓬盛"牌被评为2001中国农博会名牌产品和广东省著名商标。引资工作有新突破,出台《外砂镇引进生产性项目奖励暂行办法》,全年新引进项目10个,利用外来资金6500万元,年可新增产值近2亿元。

安全生产、社保扩围、殡改工作扎实开展,计生工作走上规范化轨道,被评为"全国婚育新风进万户"活动先进单位,被汕头市评为"计划生育达标单位",龙头村、下蔡村被汕头市委政府评为计划生育先进村。修编完善镇级总体规划。开展两项整治工作,规范市场秩序,打击沿路"双抢"及利用"六合彩"赌博行为,抓好"法轮功"练习者的教育转化。深入开展镇、村二级"三个代表"重要思想学习教育活动,组织"三同"和进村入厂活动,积极为群众解决一批热点难点问题。加强镇党委自身建设和村党(总)支部建设,做好届满支部换届选举工作,蓬中村被评为广东省基层组织建设"三级联创"活动"五个好"先进党组织。

(镇党政办)

【新溪镇】 地处澄海市西南部河海交汇地带,东邻莱芜港,西与汕头特区仅一河之隔,北靠汕头国际机场,南临南海。总面积28平方公里,辖16个村(居),总人口5.87万人。2001年,全镇国内生产总值2.87亿元,比增12.2%;工业总产值4.65亿元,农业产值1.12亿元,分别比增22.3%和4.5%。

继续致力发展外向型经济,加大招商引资力度,加快工业发展步伐,壮大全镇工业经济总量。新引进的东田热转项目被列入"国家星火计划";新办个体私营企业30家,创值4500万元。积极实施"科技兴农"战略,狠抓农业品种结构和产业结构调整,重点扶持农副产品加工业,提高农副产品附加值。由新溪副食品厂开发生产的"德生"牌咸菜市场销路较好,年创值600万元。大力发展特色旅游农业,成为广东省著名商标的"绍河珍珠"企业投资1000万元兴建绍河珍珠科技园,成为旅游购物的新亮点。新溪镇与汕头火车站、汕头国际机场和莱芜码头的直线距离均不足1公里;宽26米的镇道金新路北接国道324线,南连澄海市东部走廊——金鸿公路,与镇内主要工业区、村道相通,交通纵横交错、四通八达;镇内有11万伏输变电站和日供水能力9万吨的自来水厂各一座,水电供应充足;境内金源、鹏翔等工业区基础设施配套日趋完善。

(镇党政办)

附:2001年澄海市党政和政协主要负责人名单

中共澄海市委书记:罗仰鹏

澄海市人大常委会主任:林定国(1—4月)
洪松周(4—12月)

澄海市市长:林秋成(1—3月)
陈国光(3—12月)

澄海市政协主席:余卓英

澄海市纪委书记:曾海敏

南澳县

【简况】 南澳县位于闽、粤、台三省交界海面,居高雄——厦门——香港三大港口中心点,背靠汕头经济特区,是广东惟一的海岛建制县,由南澳岛及附近37个岛屿组成,总面积130.91平方公里,其中南澳岛面积128.35平方公里,海域面积4600平方公里。总人口7.27万人,在台湾的南澳籍同胞达10万人,是广东对台工作的重要窗口。

南澳历来是兵家必争之地,清以前行政区分属福建诏安县和广东省饶平县,1915年设立南澳县,划归广东省管辖。1950年6月1日成立南澳县政府,属潮汕专区。1952年至1958年一度分属澄海县和饶平县管辖,1983年汕头地市合并以来,一直属汕头市管辖,现为汕头市惟一辖县。

南澳县陆岛交通十分便利,已开通汕头市、澄海市、饶平县和诏安县等6个航线,特别是开通了车渡轮海陆联运和瀛翔高速客轮,海上航行时间分别为40分钟和15分钟,大大的缩短了海岛与大陆的航行时间。

南澳县有丰富的海岛资源。一是优良的港湾资源。南澳岛岸线长达77公里,系数0.714,为广东沿海各县之冠;大小港湾66处,其中烟墩湾、长山尾、竹栖肚等处具备辟建万吨级泊位码头条件。二是丰富的旅游资源。岛上可供开发旅游的沙滩面积200多万平方米,特别是有"东方夏威夷"之称的青澳湾是广东省两个A级沐浴海滩之一。文物古迹寺庙80处,有雄镇关、总兵府、招兵树、全国沿海规模最大的关帝庙、全国第一座清戍台澎故兵墓以及太子楼、宋井、陆秀夫墓等。三是丰富的水产资源。南澳海域有各种鱼虾、贝、藻类1300多个品种。且拥有石斑鱼、龙虾、膏蟹、鱿鱼等高档水产品。

国民经济稳步增长。围绕建设"生态岛"的发展目标,坚持一手抓经济发展,一手抓环境建设,保持了全县国民经济稳步增长和社会各项事业的全面发展。2000年实现国内生产总值(GDP)5.73亿元,比增6.3%,其中第一产业1.87亿元,比增3.5%,第二产业1.87亿元,比增8.8%,第三产业2.08亿元,比增6.8%;工农业总产值10.5亿元,比增5.7%。

【渔农业】 进一步加强渔业作业布局、作业方式的调整和优化,确保渔业生产稳步增长,海洋综合开发呈现良好态势。全县渔业总产量11.26万吨,增长2%,其中养殖产量2.68万吨,增长8.9%,新增养殖面积1940亩。农业农村经济在困境中平稳发展,"一村一品"特色产业初步形成。全县农业总产值4.69亿元,增长0.97%,茶果种植面积1.2万亩,比2000年增加3207亩,粮食种植面积7900亩,总产量5260吨,完成市下达任务。农村人均纯收入3060元,增长0.2%。

【工业】 不断加快结构调整和产业升级,以发展风电业推动第二产业,风电特色工业迅速壮大,成为工业经济的强大支柱和经济发展的新亮点。2000年全县风能发电1.13亿千瓦时,总装机容量达5.34万千瓦,成为全国第二大风电场,另外,中国华能集团开发南澳岛东部10万千瓦风电项目已签约,英国英华威2.4万千瓦和丹南2.6万千瓦风电项目已报省立项,风电发展呈现良好势头。海产品加工业、海洋化工和盐化工也有了新的发展。2000年全县完成工业总产值5.77亿元,比增7.9%,全县工业销售产值6.71亿元,工业销售率97.61%,比2000年下降0.49个百分点。

【旅游业】 确立"旅游旺县"的发展思想,围绕实现"四个提高"的目标,加大"对外推介,对内配套"力度,推动旅游整体素质和效益不断上水平、上档次。共投入旅游配套建设资金400多万元,旅游设施和旅游线路不断完善;加大宣传推介和旅游促销力度,巩固潮汕、珠三角地区客源,努力拓展梅州地区和港、澳、台的旅游市场。努力争取在中央电视台、香港凤凰卫视中文台等重要新闻媒体上报道宣传南澳,进一步提高了"南澳游"的知名度。2000年进岛人数50.1万人次,旅游综合收入1.57亿元,经济效益日益显现,以旅游业为先导的第三产业呈现出良好发展势头。

【外贸】 对外贸易大幅度下滑。全县外贸出口总额451万美元,比2000年下降71.07%,实际利用外资750万美元,比2000年下降40.0%。对台经贸工作取得新的突破。进一步加强和规范管理,促进了对台贸易的发展。特别是成功举办了"世纪之春——南澳元宵海内外联谊活动",加强了与台胞的联谊交流,为进一步作好对台工作打下了良好的基础。全年对台小额贸易共97航次,贸易金额达500万美元,分别增长19.8%和75.9%。

【财税金融】 加强财税管理,确保了财政正常运转。狠抓增收节支,完成了预算收入任务。积极向上争取资金,加大兑付专款力度,基本实现了保工资、保运转、保稳定的目标。全年财政预算收入3503万元,比增6.2%,其中工商税收入1456万元,比增8.98%;地方财政预算支出7410万元,与2000年基本持平。积极争取农信社的支持,全年投放的支农再贷款2800万元,促进了渔农业生产及各项事业的发展。全年全县金融机构各项存款余额34791万元,比年初增加7.22%,贷款余额32692万元,增长5.69%。金融运行平稳。

【重点项目建设】 坚持"量力而行,尽力而为"的方针,多方筹措资金,加大投入的力度,完成了后雄路二期、环城东路二期、广新路、西长公路2.4公里路段改造工程等公路建设项目和黄花山水库南引洪、圆墩水库防渗工程等水利设施项目;推进了云澳渔港、广源液化石油汽等重点建设项目。筹措资金500多万元,及时组织对由于台风"尤特"造成的各个水毁路段和码头进行抢修,把水毁损失减少到最低程度。全年全社会固定资产投资14730万元,比2000年增长0.44%,其中投入基础设施建设资金约8200万元,对经济发展起到了积极的推动作用,有效地改善了投资环境。2000年南澳县被批准为"全国生态示范区建设试点",被授予"全国造林绿地先进单位",县城也成为粤东首个省级卫生城镇。

【环境建设】 针对经济社会秩序存在的突出问题，把整治工作摆上重要的议事日程。打击骗取出口退税、制假售假、逃废金融债务、整治社会治安专项行动。先后查处2户偷骗税企业；追回城信社贷款294.6万元；财政周转金123.15万元；查破刑事案件52宗，摧毁犯罪团伙6个20人。同时，加大对安全生产、文化市场、交通秩序、食品卫生和环境污染的整治力度。通过两项整治，重建社会信用，规范契约关系，维护了正常的生产经营秩序，促进全县经济健康发展。

【精神文明建设】 大力开展"三个代表"重要思想学习教育活动，认真学习江泽民同志"七一"讲话精神和党的十五届六中全会精神，以"新南澳、新家园"主题活动为载体，大力宣传贯彻《公民道德建设实施纲要》，广泛深入地开展内容丰富、形式多样的精神文明创建活动和军警民共建活动，倡导健康文明科学的生活方式，提高了海岛群众的现代文明素质。大力繁荣社会主义文化，充分发挥县城文化广场的阵地作用，积极举办丰富多彩的文艺活动，促进了广场文化的发展，2001年度被市评为群众性文化活动组织奖。认真抓好文艺创作和文艺下乡工作，2000年获市级以上奖励的作品共58项。切实加强文化设施建设，共投入文化基础设施建设资金120万元。

【社会各项事业】 积极开展创建全国科技工作先进县活动，顺利通过了全国科技进步考核，被评为省级科技先进县；《250KW国产风电机》项目获省科技进步三等奖，《龙须菜南移中试》项目获市科技进步三等奖，科技进步对经济的促进作用进一步加强。在全省率先进行教育管理体制改革，积极推进教师竞争上岗，全面实施素质教育，进一步巩固了"普九"成果；合理调整学校布局，加大教育投入力度，共投入学校建设资金850万元，投入配套信息技术装备的资金150万元，改善了办学条件，促进了信息技术教育的发展；全县共有248名考生考上高等院校，录取率达到76.5%。进一步加强医药市场管理、疾病预防控制和妇幼保健等工作，卫生事业得到了进一步的发展。双拥、计生、社保等各项事业也取得了新的成绩。2000年我县蝉联省"双拥模范县"，殡改考核获全市第一名，被评为市殡改先进县，计生工作顺利通过了省年终飞行考核，社保工作较好完成了市下达的各项任务指标。

（林淑宏）

【后宅镇】 调整作业布局，改善渔业生产结构，巩固和加强渔农业。多渠道筹集资金发展生产力，共新造、改造渔船23艘。坚持"科技兴渔"，增加科技投入，提高渔业生产现代化水平。共投入50万元，购置了一批新的先进助渔导航仪器。巩固发展海水养殖生产。重点巩固澎屿海珍品养殖和后江湾海水养殖基地。全镇海水养殖产值2900万元，占渔业产值的18.42%。加快山区开发步伐，以"一乡一品"带动全镇果林业的发展，全镇种果550亩，引进龙眼、荔枝、杨桃、香蕉、橄榄、橘红、蕉柑、等优质水果。种植65亩1500株橘红，办起了橘红示范基地。

（镇党政办）

【云澳镇】 切实巩固和提高渔农业基础产业。引导群众改变作业形式，提高捕捞作业生产效益；走捕养结合的发展路子，逐步加大养殖业的发展力度，积极引进资金、技术，大力发展鱼、贝苗培育，探索"公司+渔户"的发展模式，引导群众发展海、淡水养殖。开展"大禹杯"竞赛活动，进一步完善配套农业基础设施。全镇农田灌溉排水系统基本实现沟渠硬底化，修筑了机耕路6.5公里，加固山塘水库，提高防涝、抗洪、抗旱能力。引导群众种养产值高、销量好的名优特品种，重点扶持发展养猪场，荔枝龙眼带和杂果带，茶园、柑橘园、综合茶果园和植物观赏园等"一场两带四园"，取得了一定经济效益。千方百计筹集资金,推进一批重要基础设施项目建设,投资环境进一步改善。云澳渔港累计共投入 3600 万元,渔港外围基本形成,发挥了渔港避风功能。建成了集三防指挥部、农特征收站、对台贸易管理站于一体的渔港管理办公楼,港区的管理、服务得到加强。投入 240 万元,完成了坎石水库扩容一期工程大坝顶管和坝体的初步加固,增加了水库蓄水量。投入 36.8 万元整治、增设自来水供水管道 2700 米,解决缺水住户 1200 户。

(镇党政办)

【深澳镇】 大力发展茶果种植特色产品,努力增加科技投入,提高产品档次。共种植台湾蕉柑、橘红、橄榄、荔枝等优质水果 700 多亩,全镇水果种植面积接近 2000 亩,改造及新种茶叶 435 亩,发展大叶黄旦、白叶单丛、玉兰香、芝兰香、黄枝香等近 10 个优质高香型茶种。实施节水农业。共投入 7 万多元,安装水管 1300 多米,新建蓄水池 3 个共 150 多立方米,喷头 80 个,对 50 多亩茶园和 60 多亩果林实施科学喷灌,收到较好效果。改进海水养殖生产技术,推进中深水层滩涂的开发利用,积极发展贝藻类养殖。共养殖太平洋牡蛎 4570 亩,产值 457 万元,渔排 256 个 2816 格,产值 1680 万元,种植紫菜 300 多亩,产值 60 多万元。引进兴办太平洋牡蛎加工厂 1 个,建立后花园茶叶加工厂 2 个,并配套先进的制茶设备,提高了茶叶的质量。努力推进基础建设和市政建设。深澳海堤加固工程投入资金累计 360 万元,完成总工程量 98% 以上。深澳小学教学楼共投入 270 多万元,完成建筑总面积 3000 多平方米,基本完成总工程量。投入 55.8 万元,建成了南山路、城顶路、后公路等路道,改善了全镇道路交通的面貌。

(镇党政办)

附 1:2001 年南澳县党政和政协主要负责人名单

县委书记:	陈奕威
县人大常委会主任:	陈江天
县长:	郑家汉(1—7 月)
代县长:	林合坤(7—12 月)
县政协主席:	陈忠发
县纪委书记:	陈跃文

附 2:南澳县 2001 年国民经济发展情况表

国内生产总值		工业总产值		农业总产值		全社会固定资产投资额		外贸出口总额		实际利用外资		地方财政收入		社会消费品零售总额		城乡居民储蓄存款余额	
亿元	比增%	亿元	比增%	亿元	比增%	亿元	比增%	亿美元	比增%	亿美元	比增%	亿元	比增%	亿元	比增%	亿元	比增%
5.73	6.3	5.77	7.9	4.69	0.97	1.47	持平	0.045	-71.1	0.075	-40	0.35	6.2	3.83	10.9	2.66	2

附 3:南澳县各镇 2001 年主要指标

项目 单位	人口	面积	工农业总产值		工业产值		农业产值		地方财政收入		农村人均纯收入	
	人	平方公里	万元	比增%	万元	比增%	万元	比增%	万元	比增%	元	比增%
后宅镇	41732	43.5	43494	3.47	19735	3.83	23759	3.17	451	−3.4	3187	−2.2
云澳镇	17637	22.4	28926	1.02	14415	1.03	14511	1.01	527	41	3250	4
深澳镇	6609	19.22	9156	1.9	3835	10	5321	2.1	178.67	10	3085	2.8

人　物

政治人物

【李统书】 中共汕头市委书记,市人大常委会主任、党组书记。男,广东普宁人,汉族,1946年6月生,学历大专,1963年8月参加工作,1965年10月加入中国共产党。1963年8月参军后,历任陆军124师通讯营新兵连战士、班长,师直无线电连报务员、台长、副指导员、指导员,师组织干事、副科长、科长,步兵371团副政委。1983年10月转业到深圳工作。(期间:1965年11月至1966年8月参加地方社会主义教育运动)1984年2月后任深圳市委组织部副科长、副处长、处长、副部长、部机关党委书记(期间:1984年9月至1987年7月在广东广播电视大学党政管理专业学习);1994年3月任深圳市委副秘书长、市委政策研究室主任;1995年7月任深圳市委秘书长、市委办公厅主任;1996年9月任深圳市委常委、市委秘书长、市委办公厅主任;1997年7月后任深圳市委常委、市纪委书记,1998年5月当选为省纪委委员;2000年5月任深圳市委副书记、市政法委书记;2001年3月至现在,任汕头市委书记,同年4月兼任市人大常委会党组书记,2002年2月当选为市人大常委会主任。2002年5月当选为党的十六大代表、广东省省委委员。

【方健宏】 中共汕头市委副书记、市委党校校长。男,广东惠来人,汉族,1957年7月生,学历在职研究生,1973年11月参加工作,1975年8月加入中国共产党。1973年11月后下乡到惠来县前征农林场,1975年7月起先后任前詹公社团委副书记(主持工作)、前征农林场场长、党支部书记;1978年9月后在暨南大学新闻系读书、任班党支委、学习委员;1982年7月后任省委办公厅综合处副科长、科长;1986年9月后任省委领导同志秘书;1988年1月后任省委办公厅综合处副处长;1990年2月后挂任花县县委副书记兼县政府党组副书记;1991年2月后任省委办公厅综合处处长(其间:1995年9月至1998年7月在省委党校经济管理专业在职研究生班学习);1997年8月后任省委办公厅副主任;2001年3月至现在任市委副书记、市委党校校长。

(市委组织部)

模范人物

【苏红】 汕头市第一中学教研室副主任、中学高级教师。

她从事教育工作19年如一日,凭着爱岗敬业的事业心和刻苦钻研的锲而不舍精神,默默无闻地耕耘,任劳任怨地工作,出色地完成省、市、校各级交给的教学和教研任务。她长期处于常规教学第一线,在教学实践中努力钻研,精益求精,形成了行之有效并深受学生欢迎的独特教学风格,取得了一流的常规教学业绩,使学生参加高考和省级高中毕业会考的生物学成绩,多次名列全市前茅。如高考成绩三次居全市第一,省级毕业生会考优秀率曾高达80%。在她和同事们的共同努力下,汕头一中已形成颇具优势的生物教学模式。由于她长期担负着提高学生科技素质和培育优秀学生的教学改革的重任,凭借自身扎实的专业知识和教育科学知识以及长期积累起来的教育教学经验,与同事们一道努力开拓,促使学生在教学教育活动中学到科学知识、科学思想和科学方法，取得较高层次的学习成果，主要体现在以下几方面：一是所辅导学生在全国、省、市的生物学奥林匹克比赛中取得丰硕成果，获得市级和省级团体一等奖，学生个人获得市级一等奖9人次、二等奖11人次、三等奖15人次；获得省级一等奖8人次、二等奖14人次、三等奖11人次；获得全国二、三等奖2人次。各项获奖等级的人数均居全市之首，1999年和2000年该校学生参加生物学奥林匹克比赛获省一等奖的人数名列全省榜首，有2名学生创下广东省参加全国生物奥林匹克比赛成绩的最高纪录，其中1名同学成为全省第一位、也是目前全省惟一入选国家奥林匹克集训队的学生。二是组织和辅导学生开展生物与环境保护等项目的探索活动获得优秀成绩，先后获得省级优秀活动奖、优秀组织奖、优秀项目一等奖和二等奖等奖项。三是辅导学生开展科技创新活动取得优秀成果，他们的科技作品、创新方案和科学小论文参加省、市青少年创造发明比赛和科学讨论会，获多项省、市级一等奖和二等奖，其中两个方案获国家级奖励。同时，积极组织和带领学生参加多种科技夏令营、科技考察和学术报告会活动，指导学生开展课题研究，为推动青少年科技教育活动的发展做出一定贡献。她作为长期在市、校的教研领导第一线，发挥了市生物教学界学科带头人的作用，和同事们一道将该校生物科组建设成为“汕头市优秀教研组”，积极协助组织教研活动，开设全市性公开课，编写供全市使用的生物教学资料，热心培植青年教师等，为推动学校和全市生物教学事业的发展做出了积极贡献。她在出色完成教育教学任务的同时，不断总结经验，进行理论课题研究，取得可喜的教研成果，撰写出多篇教研论文，在全国、省、市和学术会议上进行交流并获得多项奖励。1993年被授予省优秀科技辅导员；1994年被评为市优秀青年教师；1996年被评为市优秀教师；1999年被评为省南粤教书育人优秀教师，并被市政府确认为市名教师；2000年被授予省劳动模范；2001年被授予“全国五一劳动奖章”。

【陈年钊】 澄海市公安局刑警大队教导员、副主任法医师、二级警督。现为全国和广州法医学会、广东省警察学会会员。

1968年7月毕业于省卫校中专，被分配到澄海卫生系统工作，由于工作出色，年年受到奖励。1974年调任澄海市公安局法医技术负责人后，凭着爱岗敬业的精神和精湛的技艺，以及一丝不苟工作作风，日以继夜地奋战在刑侦第一线上。多年来，他带领刑警大队全体民警查破了一批刑事大案、要案，有力地打击刑事犯罪活动，维护社会治安的稳定，促进我市经济建设的顺利进行。为此，该大队先后荣立集体二等功、三等功各1次，4次被评为先进基层党支部。在侦破案件的过程中，他既临阵参战，又参与组织、指挥。每逢发生危害大的恶性暴力案件，不论刮风下雨、白天黑夜，都始终坚持在最短时间内亲赴前线协同侦、技人员勘查现场、剖验尸体、分析案情，并参与出谋献策、指挥攻坚，直至破案。从事刑侦工作近20多年来，他坚持用科学的理论指导实践，坚持实事求是，以事实为依据，凭科学作论证，在案件的侦审中做到不偏不倚、不冤不纵。他忠于职守，以身作则，不辞劳苦，每逢大案、要案，总是坚持到第一线亲力亲为，与侦、技人员同甘共苦，掌握第一手材料，为案件的侦查、审结提供科学的依据。如1997年8月27日汕头市发现首宗雇凶杀人、尸体白骨化案件，他根据现场勘查、尸骨检验和调查情况进行分析，推断死者为20岁左右女性，可能是娱乐场所或饮食行业女工，案件性质应为他杀，且情杀的可能性较大。由于分析准确，为侦破该案奠定了基础。经过4个多月与同事们进行艰苦细致的工作，先后在四川、河南抓获了嫌凶刘俊蓉、李照红，随后又连续作战及时审结案件。他通过加强学习，不断获得新的知识和科技讯息，并通过刻苦钻研法医和刑侦技术，使专业水平和理论素质得到不断提高。他在1993年被评定为主检法医师,1998 年又通过有关考试,被公安部评定为副主任法医师。他利用业余时间撰写和发表学术论文 20 多篇,对法医、刑侦理论提出新的观点和看法,其中有 8 篇论文被国家、部、省级刊物录用刊载。由于他在刑侦工作上做出显著业绩,曾 8 次立功受奖,多次被授予荣誉称号。1994 年和 1995 年分别被授予"广东省优秀人民警察"和"全国优秀人民警察"称号,1998 年被授予"广东省职业道德教育先进个人",1997 年和 2000 年被授予"汕头市先进工作者",2001 年被授予"全国五一劳动奖章"。

【李秀妹】 汕头港第一港务公司工具站"三八"制造班班长。

她参加工作 30 多年来,在港口装卸生产中辛勤耕耘,无私奉献,以自己的实际行动体现人生价值,从一个装卸工属具制造工成长为"三八"制造班班长。1990 年担任"三八"制造班班长以来,以身作则,积极带领班组的 14 名女工,刻苦钻研,奋力拼搏,圆满地完成各项制作装卸工属具的任务。1997 年至 1999 年三年间,全班共完成制作钢丝绳、吊绳等各类工属具 11966 件,月月超额完成生产任务,并在完成本职工作之余,为其他单位制作了一大批工属具,合格率达到 100%,被评为安全生产优秀班组。近年来,"三八"班广泛开展了"巾帼建功"活动,充分发挥妇女为企业建功立业的半边天作用,推动企业两个文明建设的发展。在她的带领下,"三八"班的姐妹们坚持以服务生产为中心,成立工作网络小组,组织技术培训,开展岗位练兵、技术竞赛活动,使班组女工的业务知识和技术水平不断提高。同时,通过建章立制,促进班组的各项管理,先后建立了《工作服务承诺》、《职工道德规范》、《岗位责任制》、《安全措施》等规章制度,进一步规范班组女工的岗位责任和职业道德规范。1997 年至 1999 年,"三八"班连续三年被市妇联、市总工会授予"巾帼文明岗"光荣称号,并在 1998 年荣获全国交通系统"巾帼建功"先进集体称号。她作为班组带头人,以身作则加强自身学习,既学习政治理论,又学习业务知识,使自己的政治思想和业务技术水平得到不断提高。同时,积极做好班组女工的思想政治工作,经常深入女工家里进行家访,碰到女工有实际困难,总是伸出热情之手帮助解决。如班里一位女工生了孩子,她得悉后主动上门帮助这位女工料理家务,并传授给她哺育孩子的一些经验,使这位女工很受感动。为了确保安全生产,她对工属具质量十分重视,一丝不苟地严把质量关。有一次,班里一位女工在制作钢丝绳琵琶头时,定点没对正,她发现后马上予以纠正,并召开班组现场会对女工们进行安全生产教育,使大家从安全生产高度上提高对工属具制作质量的认识。1990 年至 1996 年,她先后被评为汕头港第一港务公司、汕头港务局、港务集团的先进生产(工作)者;1997 年荣获汕头港务局"十佳"班组长称号;1998 年荣获全国交通系统"巾帼建功"标兵称号;2000 年被授予"汕头市劳动模范"称号;2001 年被授予"全国五一劳动奖章"。

(姚国荣)

【杨静娟】 1951 年出生,1974 年 1 月加入中国共产党,1991 年到金园区金厦街道(原东厦街道)月季园居委会工作,任月季园居民区党支部书记、居委会主任。月季园居委辖内共有 43 幢居民楼,其中 6 幢是市政府为解决住房困难户而建设的廉租公房,被安置在这里的 280 家特困户中,有精神病人的近 60 户,有聋哑、肢体残疾病人的 30 多户,人们称这里是"疯人区"和"贫民窟"。面对复杂的工作环境,杨静娟把工作重点放在解决好精神病人的治疗问题上,带领居委会工作人员利用休息时间深入到每一位精神病患者家中了解情况,主动与病人原居住地的居委会和民政部门联系,了解病人的病史,建立完整的病人档案,并以区人大代表的身份提出了关于开展精神病人康复工作的建议和议案，得到重视和支持。1994 年 5 月，“精神病人康复服务站”建立后，杨静娟主动接近病人，消除病人的戒心，配合医生做好治疗工作，她还亲自学打针，病人都把她当作最知心的人，都喜欢让她打针。经过一段时间的治疗，精神病人的病情普遍得到控制，有部分基本康复。杨静娟心里总装着辖区内的每一户居民，经常上门为精神病人洗衣服、擦地板、洗澡和送米送药，深得病人和群众的好感。多年来，她默默地为群众排忧解难，帮助社区内的群众解决了不少入户难、入学难、就医难的实际问题。在杨静娟的努力下，昔日被称为“疯人区”和“贫民窟”的住宅区变为绿树成阴、道路整洁、邻里和睦、秩序井然的文明小区。而她由于长期超负荷操劳，积下慢性咽喉炎、高血压、慢性肾炎等多种疾病。

杨静娟以自己的行动实践“三个代表”重要思想，是汕头新时期基层干部的楷模。2001 年 9 月，杨静娟被评为广东省群众性精神文明创建活动积极分子，2002 年 1 月，汕头市委、汕头市政府授予杨静娟“模范居委会主任”的荣誉称号，号召全市党员干部学习杨静娟事迹，弘扬杨静娟精神。

（陈捷锋　林暹才）

【周文光】 周文光，1954 年 7 月出生，潮阳市人，汉族，高中文化程度，1974 年 12 月应征入伍，1978 年 7 月入党，1986 年转业到汕头市达濠区任武装部科级参谋；1990 年 8 月起任达濠区岩石街道党委委员、武装部长、办事处副主任；1999 年 4 月起任达濠区达濠街道党委副书记。该同志一心扑在工作上，长期超负荷工作，积劳成疾，患急性肝炎并发生癌变，于 2001 年 1 月 11 日医治无效，不幸去世，年仅 46 岁。

周文光同志具有较强的党性观念和较高的思想政治素质，自觉服从组织的安排，正确处理个人、家庭、事业的关系，在工作上严要求，生活上低标准；由于家在市区，虽然上班路途远，但他谢绝了街道办事处面包车的接送，一年到头开着摩托车来往于市区、达濠两地，风雨无阻。他在任达濠街道党委副书记期间，对分管的殡改和政法工作，认真负责，敢抓敢管，既当指挥员又当战斗员，敢于碰硬，迎难而上，突出发挥了模范带头作用；当时街道殡改工作相当落后，于是他组织成立殡改执法队，经常带队上山巡逻，把守路口。为了抓获偷埋尸体的事主，他时常与执法队的同志隐蔽在草丛中通宵达旦，忍受蚊虫叮咬；他平易近人，作风朴实，善于团结同志，善于做过细的思想工作，常常用自己的实际行动去感染和带动身边的干部群众，动之以情，晓之以理，深得大家的拥护和敬佩。他经常带领街道、居委干部深入到老人活动室，与老人们促膝谈心，讲道理，摆事实，向老人们宣传实行殡改的重要意义；他还利用休息时间到“山工”、“仵工”家中做思想工作。又有一次，得知葛洲居委一位困难户的父亲病逝，无钱料理后事，当即送去 500 元，并发动大家捐款，凑了一笔钱，帮助困难户渡过难关。他具有较强的工作责任感，他生前常对周围的同志说：“只要组织信任，工作到死，我也心甘情愿。”他把全身心都扑在工作岗位上，节假日和双休日极少在家中休息，甚至在他住院期间，也时时心系工作，总劝告同事不要去看他，打个电话就可以了，要把时间和精力多放在工作上。

周文光的事迹具有很鲜明的时代特色，一是对党无限忠诚，服从组织需要，听从召唤；二是对工作敬业爱岗，有强烈的事业心、责任感，迎难而上，任劳任怨，出色完成组织交给的任务。三是对自己严格要求，严格自律，不讲个人享受，不计较个人荣誉、得失，教育亲属子女，遵纪守法，艰苦朴素。四是对群众关心备至，时时处处关心群众利益和冷暖，以实际行动为群众办实事好事，增进党群干群关系，把自己一言一行当作党和群众联系的纽带、桥梁。周文光同志是新时期基层干部的优秀典型。

6 月初，《汕头日报》集中报道了周文光的事迹，在社会上，引起良好的反响，市委书记李统书、副书记方健宏等主要领导对宣传学习周文光先进事迹作了多次批示，肯定了这种用身边闪耀着无私奉献精神的人和事对干部进行教育的好形式。为树立典型，弘扬正气，全面贯彻落实省委省政府汕头现场办公会精神，更好地激励全市干部群众投身“两大整治”行动，努力完成各项工作任务和目标，中共汕头市委6月18日做出决定，授予周文光同志“优秀基层干部”荣誉称号。

（杨卫　周珩）

【欧阳柔璇】 1981年出生于潮阳市司马浦镇，共青团员，汕头市高级技工学校99级电工电子班学生。2001年10月21日中午，欧阳柔璇与同伴在汕头大学水库边游玩，同学陈晓芬不慎落水，在危急关头，欧阳柔璇与同学蔡跃新、吴武创及在周围陪妻子游览的李德松先生为拯救失足落水的同伴，毫不犹豫地跃入水中救人。下水后，她奋力将同伴往坝上推，但自己却被反冲力推向更深的水域并逐渐下沉，再也没有浮出来，直到傍晚才被打捞上岸。欧阳柔璇为抢救下水同学，献出自己年仅20岁的青春年华。

欧阳柔璇平时性格开朗乐于助人，她品学兼优，在学校和班级身兼数职，是班上最忙的人，总是想人之所想、急人之所急。作为学生干部，她总是积极地帮助老师做好同学的思想工作。学校的青年志愿者服务队里总是活跃着欧阳柔璇的身影。

市委书记李统书看了欧阳柔璇的报道后，认为欧阳柔璇的事迹非常感人，并作出批示：“这是一个感人至深、惊天动地的故事，是汕头人讲道德、讲团结、讲友善、讲奉献的生动体现，也是汕头人的光荣和骄傲。市委宣传部、教育局和团市委要认真组织宣传欧阳柔璇和李德松等人见义勇为、奋不顾身，把生的希望留给别人，把死的威胁留给自己的高尚品德和伟大精神。要把这个故事当作公民道德建设的好教材，以推动我市的两个文明建设”。当时刚好在汕头视察的教育部部长陈至立也盛赞说：“真不简单。我们应该向全社会宣传她这种高尚的精神。”陈至立还指示把它作为教育青年人的一部好教材加以推广。欧阳柔璇英雄群体勇救同学落水及欧阳柔璇舍己救人、英勇献身的事迹在社会各界引起强烈的反响。

（李伟红）

荣誉市民

【饶宗颐】 饶宗颐（1917年—），字固庵，号选堂，当代国际著名汉学家，“潮州学”的倡导者和奠基人。生于广东省潮安县城，1949年移居香港。获香港大学荣誉文学博士、法国索邦高等研究院人文科学博士学衔。现任香港中文大学荣誉教授兼国务院古籍整理小组顾问、北京大学客座教授。幼承父志，续编《潮州艺文志》，并出版《潮州志汇编》，倡导召开首届“潮州学国际研讨会”，把潮汕文化研究提高到一门新兴学科的高度。发表论文、专著多部。获得法国法兰西学院“汉学儒莲奖”、法国文化部文化艺术勋章、香港特别行政区政府大紫荆勋章。2001年12月26日被汕头市政府授予为“汕头市荣誉市民”。

先进人物　先进集体

【“全国五一劳动奖章”获得者】

苏　红（女）　汕头市第一中学教研室副主任、中教高级教师

陈年钊　澄海市公安局刑警大队教导员、副主任法医师

李秀妹（女）　汕头港第一港务公司班长

【中共中央组织部表彰的全国先进基层党组织】

澄海市莲下镇党委

【“广东省五一劳动奖章”获得者】

林建新　汕头市电力开发公司经理、党委书记、高级经济师

陈清心（女）　中国工商银行汕头市分行大厦储蓄所所长

曾婵琴（女）　汕头市金园区妇幼保健院副主任医师

李　洁（女）　汕头经济特区幼儿园园长

【中共广东省委表彰的先进基层党组织】

澄海市莲下镇党委

广东兴业建设有限公司党委

华能国际电力股份有限公司广东分公司党委

【中共广东省委表彰的优秀共产党员】

姚汉城　潮阳市殡葬管理所职工

林　元　南澳县公安局正科级侦察员

【中共广东省委表彰的优秀党务工作者】

章钦炳　潮阳市沙陇镇东华村党支部书记

林继宗　汕头港务集团有限公司党委副书记

黄巧凤（女）　汕头市升平区委副书记

【广东省文明示范镇】

澄海市莲下镇

【广东省文明社区】

汕头市龙湖区珠池街道中泰社区居委会

汕头市龙湖区新津街道绿茵社区居委会

【广东省文明单位】

汕头市金山中学

东风印刷厂有限公司

宜华企业（集团）有限公司

广东兴业建设有限公司

汕头电力工业局

中国建设银行汕头分行

金园区石炮台街道办事处

潮阳市文光街道办事处

汕头市公安局达濠区分局

【广东省文明窗口】

汕头市市公安局110报警服务台

汕头出入境检验检疫局

汕头市汽车客运总公司客运站

【广东省文明村镇】

澄海市莲上镇涂城村

潮阳市两英镇东北村

南澳县隆澳盐区南光村

潮阳市和平镇中寨村

【广东省精神文明创建活动积极分子】

江丹苗　陈传信　邬佳玲　孙汉平

杨静娟　郑源盛　吴太溪　马洪才

林庆添　郑民辉　曾拥军

【2001年全国“三八”红旗手、“巾帼建功”标兵】

林霓阳（女）　汕头大学医学院第一附属医院

【2001 年"全国优秀教师"】

卢镇豪 汕头市金山中学教育科学研究室副主任

陈文玲(女) 澄海师范学校副校长

李赛娥(女) 潮阳市第一中学教研室副主任

郑 萍(女) 汕头市实验学校英语教研组长

【2001 年"全国模范教师"】

王永青 汕头市华侨中学物理教研组长

郑绍昌 汕头市林百欣中学副校长

【2001 年广东省"南粤优秀校长"】

李锦标 汕头机电学校校长

李勉豪 潮阳市和平中寨小学校长

陈克文 汕头市实验学校校长

林映明 南澳中学校长

郑楚钦 澄海市澄海中学副校长

附:2001 年全国和广东省群众体育先进单位和个人

奖项称号	获奖单位、个人名称
全国群众体育先进单位	澄海市凤翔街道办事处
	澄海市莲下镇
	中国超声电子汕头跳水学校
	汕头市外马路第三小学
	汕头市老年人体育协会
	汕头市金园区东厦街道办事处
全国群众体育先进个人(1996—2000 年)	汕头市体育局 谢礼森
	汕头市跳水学校 陈 彬
	汕头市五福小学 黄益勤
	潮阳市金玉镇教委 蔡仰仁
广东省全民健身周活动先进单位	汕头市足球协会

文献法规选编

政府工作报告

——2001年2月28日在汕头市第十届人民代表大会第四次会议上

汕头市代市长　　李春洪

各位代表：

我代表市人民政府向大会作工作报告，请予审议，并请政协各位委员和其他列席人员提出意见。

“九五”时期的工作回顾

“九五”时期，是我们在发展中克服困难，在前进中化解矛盾，向率先基本实现社会主义现代化宏伟目标迈进的五年。五年来，在中共汕头市委的正确领导下，在市人大及其常委会和市政协的监督支持下，市政府坚持以邓小平理论和党的十五大精神为指导，团结带领全市人民，锐意进取，奋力开拓，基本完成了市九届人大四次会议通过的“九五”计划。

（一）经济综合实力进一步增强

去年，全市国内生产总值477.9亿元，比上年增长7.3%，比1995年增长79%，年均增长12.4%，接近“九五”计划年均增长14%的预期目标；人均国内生产总值10529元，其中汕头经济特区20204元，分别比1995年增长57%和26%。地方财政收入38.3亿元，比上年增长6.9%，比1995年增长67%，年均增长10.7%。三大产业比例从1995年的12.9∶42.7∶44.4调整为9.9∶47.8∶42.3。

工业经济规模不断扩大。去年，全市工业总产值815.8亿元，比上年增长8.5%，比1995年增长1.27倍，年均增长17.8%；工业经济效益综合指数116.5%，比1995年提高33.2个百分点。五年投入工业技改资金28.1亿元，完成工业技改项目129项；组建大型工业企业集团10家，超声集团、海洋集团进入省大型企业集团行列；超声电子、纺织服装、塑料化工、玩具、机械、印刷、食品、医药等行业不断壮大，涌现一批具有较强市场竞争力的名牌产品。建筑业稳步发展，五年完成施工产值368.4亿元。

农业和农村经济全面发展。去年，全市农业总产值88.4亿元，比上年增长4.6%，比1995年增长33.2%，年均增长5.9%。粮食生产连年丰收，果蔬、水产、林业、畜牧业全面发展，农业商品率79%。农业产业化经营发展加快，“三高”农业示范基地达到30个，15家龙头企业带动5万多农户增加收入。现代农业示范区和农业科学园初具规模，白沙蔬菜原种研究所进入“全国种业百强创建单位”行列。基本农田建设得到加强，汕头大围、梅溪桥闸等一批重点水利工程建设顺利推进。去年，乡镇企业总产值656亿元，比1995年增长1.54倍，年均增长20.5%，成为推动经济发展的主体力量。

第三产业迅速发展。去年，全市社会消费品零售总额219亿元，比上年增长9.3%，比1995年增长1.02倍，年均增长15.1%。“九五”期间，信息、会展等新兴行业蓬勃发展，交通、通信等产业层次不断提高。新型流通业态相继出现，万客隆、沃尔玛落户汕头。房地产交易活跃，五年累计销售面积536万平方米，销售额119亿元。旅游业带动相关行业发展作用逐步增强，去年来汕游客212.8万人次，总收入35亿元，初步改变游客"出多入少"状况。银行、保险、证券等金融服务业全面发展，化解地方金融风险取得阶段性成果。

科技经济一体化进程加快。去年，全市高新技术产品产值92亿元，占工业总产值的11.3%。五年取得科技成果274项，其中达到国内先进水平204项；推广转化科技成果581项；获国家专利3158件。民营科技企业355家，高新技术企业62家，其中国家级7家。高新技术企业和80%的民营科技企业建立技术开发机构，汕头软件园、留学人员和博士后创业园启动运作。我市两次被评为"全国科教兴市先进城市"，被列入"全国技术创新工程试点区域"。金园、升平和龙湖区荣获"全国科技工作先进区"称号，澄海市被列为"全国专利工作试点城市"，南澳县成为"全国科技兴海示范基地"。

（二）开放型经济格局基本形成

对外经济合作与交流进一步加强。我市与石家庄市、合肥市、加拿大圣约翰市缔结友好城市，与151个国家和地区建立经贸关系。去年，全市出口总值25.96亿美元，比上年下降3.6%；远洋贸易出口占出口总值的比例比1995年提高10.9个百分点。"九五"期间，全市进出口总值276.5亿美元，其中出口152.8亿美元；实际利用外资38.8亿美元，占改革开放以来全市实际利用外资的53.2%；47家跨国公司、大财团在汕投资109个项目。对内开放稳步推进，全市内联企业2500家，在汕投资130亿元；组织企业参加各类商品交易会，"汕货"在国内市场的营销网络初步形成；闽粤赣区域经济协作取得实质性进展，经济发展空间不断扩大。

（三）社会主义市场经济体制初步建立

企业改革进一步深化。五年新组建企业集团50家，国有中小企业实施改革1020家，国有大中型企业改革脱困目标基本实现。优化资本结构试点取得成效，有38家国有企业完成破产、兼并、减员增效改革。汕头公元感光材料工业总公司与美国柯达公司合作成功。国有企业改组为股份制、股份合作制企业取得新突破，企业脱钩解挂工作进展顺利。个体、私营、外资经济蓬勃发展，以公有制为主体，多种所有制经济共同发展的格局基本形成。

各项配套改革全面推进。政府审批制度改革、人事制度改革成效明显，机关办事效率有所提高。社会保障制度改革进展顺利，社会保障体系初步建立。计划、投融资、财税、流通、金融、农村经济体制和住房、医疗制度改革顺利推进，产权、技术、劳动力等要素市场发展加快，市场配置资源的基础性作用明显增强。

（四）基础设施市政建设取得突破性进展

五年投入基础设施市政建设资金240亿元。岩石大桥、国际集装箱码头、广澳港起步工程、珠池港二期主体工程、汕头机场改造、华能汕头电厂一期工程、惠汕500千伏输变电工程、粤东信息大厦、龙珠水质净化厂等一批重点项目相继建成。全市新增万吨级泊位3个，港口年吞吐能力达到2215万吨，汕头港成为全国20个枢纽港之一。拓宽市区出入口路段，境内公路基本实现网络化、等级化，村村通公路、通电话"两大会战"任务全面完成。汕头机场开通国际国内航线42条，年旅客通过能力300万人次。亚欧、中美、亚太2号等国际海缆在汕登陆，邮电通信综合实力居全国中等城市前列。潮阳、澄海、南澳一批重点建设项目竣工投产。一个海陆空交通综合配套、电力供应充足、通信发达的现代化基础设施体系基本形成。

城乡规划建设管理成效显著。市、县（市）土地利用总体规划完成修编，《汕头城市总体规划》进一步深化，市区七大片区的分区规划和一批专项规划，以及全市建制镇和村（居）总体规划全面完成。行政区域界线勘定任务顺利完成。城市环保、环卫、市政等配套设施日臻完善，五年新增日供水能力20万立方米、城市道路150.4公里、公交线路13条、公共绿地面积94.1公顷。垃圾无害化处理率100%。旧城区改造步伐加快，拆除危旧房屋52.8万平方米，新建楼房115万平方米。城市综合品位明显提高，进入“国家卫生城市”、“国家环保模范城市”、“全国人防先进城市”和“中国优秀旅游城市”行列。潮阳市获“全国环境综合整治优秀城市”称号。

（五）社会各项事业全面进步

“九五”期间，全市各级财政投入教育资金32亿元，占地方财政支出的25.4%。多渠道筹集资金，新、改、扩建校舍144万平方米，基本实现校舍楼房化，213所薄弱中小学校改造任务基本完成，新增初中学位8.82万个，高中学位2.21万个。基本普及九年义务教育，普及高中阶段教育积极推进，五年考上大中专院校的学生4.69万名。高等教育、成人教育、职业教育、幼儿教育稳步发展。汕头大学顺利通过“211工程”中期检查。澄海市获“全国基本普及九年义务教育和基本扫除青壮年文盲先进市”称号。全民健康计划全面实施，新、改、扩建医疗卫生机构52所，计划免疫工作跨入省先进行列，荣获“国家爱婴市”称号。农村卫生院基本实现无危房，房屋、人员、设备配套，提前实现城乡初级卫生保健规划目标。群众性体育活动广泛开展，竞技体育水平不断提高，五年涌现12个全国体育先进单位，澄海市荣获“全国体育先进县（市）”称号。我市运动员在国际、全国竞赛中获奖牌336枚；跳水运动员胡佳在第27届奥运会上获银牌2枚，乒乓球运动员马琳、刘国正在重大国际比赛中成绩优异。计划生育工作连续五年完成省下达任务。

（六）精神文明建设和民主法制建设取得新成绩

认真学习贯彻江泽民同志“三个代表”重要思想，广泛开展“致富思源、富而思进”教育，县（处）级以上领导班子和领导干部深入开展“讲学习、讲政治、讲正气”教育，取得丰硕成果。以“为了21世纪的新汕头”为主题，群众性精神文明创建活动扎实推进，先进典型不断涌现，社会主义文明新风得到弘扬，见义勇为、助人为乐、扶贫济困蔚然成风，五年全市支援灾区、贫困地区捐款及捐物折值1亿多元。拥军优属、拥政爱民和军民共建活动广泛开展，蝉联“全国双拥模范城”称号。文化艺术水平进一步提高，潮阳市被命名为“中国民间艺术之乡（英歌艺术）”，澄海市获“中国民间艺术之乡（群众版画、灯谜）”、“全国文化先进县（市）”、“全国广播电视先进县（市）”称号。侨务外事工作取得新成绩，出台国内首部华侨房地产权益保护办法，全市农村侨房使用权基本落实，城镇侨房使用权落实80%。新闻出版、广播电视、社会科学健康发展，文物保护、宗教、保密工作取得新成绩。《汕头市志》成书发行。市档案馆进入省特级馆行列。科技馆、博物馆、会展中心、老干部活动中心以及一批乡镇文化设施相继建成。广场文化、企业文化广泛开展，群众文化生活日益丰富。殡葬改革提前完成省下达的第三步目标。

民主法制建设进一步加强。市政府自觉接受市人大及其常委会监督，高度重视人民政协的意见建议，五年办理市人大代表议案181件、市政协提案553件。依法行政工作全面推进，1996年全国人大授予我市特区立法权以来，市政府提请市人大常委会审议通过的特区法规22件，颁布特区规章46件。行政执法责任制全面建立，行政执法和行政执法监督逐步加强。审计等经济监督进一步强化。普法教育深入开展，公民法制观念和法律意识普遍提高。廉政建设取得成效，基层民主建设稳步推进，理顺农村基层管理体制任务全面完成。法律服务、仲裁工作得到加强。打击走私贩私、逃汇骗汇、制假售假、骗取出口退税等专项斗争取得阶段性成果。民间组织管理进一步规范,依法取缔"法轮功"邪教组织。加强社会治安综合治理,打击各类严重刑事犯罪活动,扫除黄赌毒等社会丑恶现象取得成效,社会政治保持稳定。

(七)人民生活水平不断提高

去年,市区居民人均可支配收入8706元,农村居民人均纯收入4343元,分别比1995年增长42%和26%,实际年均增长5.5%和3%;城乡居民储蓄存款余额年均增长18.1%。市区居民人均居住面积13.2平方米,农村居民人均居住面积19.5平方米,分别比1995年增长12.8%和5.4%。五年中新、改、扩建市场125个,新建菜篮子工程项目36个,新增蔬菜基地2.1万亩,市场供应充裕,物价保持稳定。

劳动就业和社会保障取得新成绩。劳动就业市场机制初步形成,五年就业的大中专毕业生2.93万人,安置军转干部和复退军人3723人,城镇登记失业率控制在2.5%以内。国有企业下岗职工基本生活保障、失业保险、城乡居民最低生活保障、国有集体企业特困职工基本生活优待"四条保障线"全面实施,企业离退休人员养老金实行社会化发放。城镇职工基本医疗保险制度改革着手实施。扶贫开发力度加大,五年投入老区、山区建设资金2.04亿元,行路难、治病难、饮水难、读书难、用电难问题基本解决,全市基本消除绝对贫困。

各位代表,"九五"后期尤其是刚刚过去的2000年,我市地方金融机构风险的负面影响,历史债务引发的财政困难和经济社会转型期出现的新问题交织在一起,使我市遇到了改革开放以来从未有过的困难。面对严峻的经济形势,在党中央、国务院和省委、省政府的关怀下,在市委的坚强领导下,市政府紧紧依靠全市人民,同心同德,迎难而上,奋力拼搏,采取了一系列行之有效的措施。针对工业基础薄弱问题,开展为期3个多月的工业集中服务活动,解决一批工业企业改革发展中的重点难点问题。围绕农业增效、农民增收的目标,调整优化农业经济结构,促进农业和农村经济全面发展。狠抓投资、消费双向启动,增加有效投资,培育消费热点,积极开拓市场,扩大"汕货"销售,拓宽经济发展空间。加快国有企业改革重组,推进社会保险制度等各项配套改革。拓宽就业门路,开展就业服务,促进下岗失业人员就业。进一步理顺市区税收征管关系,加强税收征管,努力增加财政收入。突出抓好地方金融机构风险处置工作,加快汕头商行改革重组,追收到期、逾期贷款,惩治一批金融违法犯罪分子。坚决贯彻落实党中央、国务院的部署,着力整顿经济秩序,查处一批大案要案,保持了经济和社会稳定发展。这些成绩的取得,确实来之不易。它体现了广大干部群众百折不挠、勇于战胜困难的坚强意志,凝聚着全市人民的智慧和心血,也与驻汕人民解放军、武警部队,中央和国内外驻汕单位,台港澳同胞、海外侨胞的支持分不开。在此,我代表市人民政府表示衷心的感谢和崇高的敬意!

我们也清醒地认识到,我市经济和社会发展中还存在不少困难和问题:一是部分经济指标增长速度放慢。1999年和2000年的国内生产总值、财政收入、工业产值、出口总值,均未达到年度预期目标。城乡居民收入增幅减缓,下岗职工增多,部分群众生活比较困难。二是工业基础薄弱,产业层次低,企业小、散、乱状况仍未根本改变,经济发展后劲不足。三是制约发展的体制性障碍尚未彻底消除。经济和社会管理中重行政手段、轻法律和经济手段的现象依然存在,一些部门办事难、效率低、服务差,软环境建设亟待加强。四是人口、资源、环境与经济、社会发展的矛盾突出。人口与计划生育工作压力大,生态环境建设特别是水资源保护相对薄弱。五是经济社会秩序亟须整顿和规范。一些地方经济秩序混乱,经济违法犯罪活动时有发生,安全生产存在不少隐患,社会治安形势不容乐观。上述问题,原因是多方面的,从主观上检查,主要是:政府职能转变慢,管理经济和社会的领导方法和工作方式尚未适应新形势的要求,驾驭复杂局面能力不强,对一些关系全局的重大问题认识不深、研究不透,特别是在处理地方金融机构风险、打击骗汇骗税和制假售假等,虽然做了不少工作,取得一定成效,但还存在不少问题。我们要认真吸取教训,在今后工作中努力加以克服和解决。

回顾“九五”时期的实践,我们有以下主要体会:

第一,必须坚持解放思想,实事求是,不断开创各项工作新局面。我市改革开放和现代化建设事业每前进一步,都是坚持党的思想路线,创造性地开展工作的结果。我们必须坚持以“三个有利于”为标准,进一步解放思想,更新观念,不固步自封,不妄自菲薄,不自设禁区。在环境宽松时要抢抓机遇,加快发展;在遇到困难时更要振奋精神,卧薪尝胆,迎难而上,牢牢掌握发展主动权,努力在体制创新、科技创新、管理创新、扩大开放和精神文明建设方面走在全国前列。

第二,必须坚持全心全意为人民服务的宗旨,尽心竭力地履行政府的职责。我们的政府是人民的政府,政府的一切工作必须把维护和实现广大人民群众的根本利益作为出发点和落脚点,常怀为民之心,常思为民之策,常兴为民之举。在政务决策时,深入了解群众意愿,倾听群众呼声,努力推进决策民主化、科学化和法制化,防止出现大的失误;在深化改革中,正确处理改革、发展和稳定的关系,充分考虑群众的承受能力;在加快发展中,千方百计提高人民群众的生活水平和质量,使政府工作顺民心、合民意。

第三,必须端正经济工作指导思想,切实加强经济和社会管理,树立汕头良好形象。做好经济工作首先要确立正确的指导思想,坚持按客观经济规律办事,坚决摒弃急功近利、投机取巧的观念,确立实业兴市、规范经营、依法致富的思想。一些地方出现的走私贩私、制假售假、骗税骗汇等违法犯罪活动,不仅不能实现经济繁荣,反而严重败坏地方和企业的形象,窒息经济活力,其教训是十分深刻的!现代市场经济是法治经济,良好的形象是巨大的无形资产。我们必须依法加强经济和社会管理,规范市场经济秩序,营造文明法治环境,塑造汕头良好形象,确保经济沿着健康轨道发展。

第四,必须坚定不移地走“工业强市”之路,夯实经济发展基础。近年来,我市经济运行波动大,抗风险能力弱,发展后劲不足,主要原因是工业经济基础不牢。必须构建强大的现代工业,经济发展才有牢固根基,才能有效防止经济泡沫;只有依靠现代工业的武装,才能实现农业的产业化和现代化,为第三产业的持久繁荣提供物质技术支撑。我们一定要把发展工业作为长期的战略任务,大力推进工业现代化,促进三大产业协调发展,为新一轮经济腾飞打好基础。

第五,必须充分利用民资民力、侨资侨力、外资外力,发展壮大多种所有制经济。我市个体私营经济、侨资外资经济起步早、潜力大,充满生机活力,这是我市经济发展的最大特色和优势。我们必须坚持以公有制为主体,多种所有制经济共同发展的方针,进一步放开视野、放宽政策,积极探索能够极大促进生产力发展的组织形式和经营方式,推动个体私营经济和外资经济上新台阶,壮大全市经济实力。这些体会,对于做好今后的政府工作,具有十分重要的指导意义。

“十五”时期的奋斗目标和主要任务

“十五”时期,是我市率先基本实现社会主义现代化的重要时期,是调整经济结构、完善社会主义市场经济体制的关键时期。世界科学技术突飞猛进,经济全球化进程加快;我国进入全面建设小康社会，加快现代化建设发展的新阶段；国家实施西部大开发战略，即将加入世贸组织，为我们扩大开放、加快发展提供新的机遇，也对经济特区发挥示范、辐射、带动作用提出更高要求。我市经过20多年的改革开放和现代化建设，奠定了较为坚实的物质技术基础；制约经济发展的不利因素正在逐步消除；广大干部群众积累了克服困难、艰苦创业的经验，为加快发展提供有力保证。我们也看到，前进的道路上仍然面临许多困难，特别是化解地方金融风险、偿还历史债务、规范经济秩序，都必须付出艰苦的努力。机遇与挑战同在，逆水行舟，不进则退。我们一定要增强特区意识、发展意识、忧患意识，坚定信心，抢抓机遇，开拓进取，努力开创现代化建设新局面。

今后五年政府工作的指导思想是：高举邓小平理论伟大旗帜，以江泽民同志“三个代表”的重要思想为指导，以率先基本实现现代化为总目标、总任务，统揽全局，坚持以经济建设为中心，以加快发展为主题，以结构调整为主线，以改革开放和科技进步为动力，以提高人民生活水平作为一切工作的根本出发点，继续实施外向带动、科教兴市、工业强市和可持续发展四大战略，内强实力，外树形象，着力推进工业化、信息化、城市化，正确处理改革、发展与稳定的关系，加强精神文明建设和民主法制建设，营造文明法治环境，推动经济发展和社会全面进步。

“十五”时期我市经济社会发展的奋斗目标是：

——国民经济跃上新台阶。至2005年，全市国内生产总值达到850亿元，年均增长10%左右。基础设施和市政建设不断配套完善，适应经济和社会发展需要。汕头经济特区成为高新技术产业重要基地、综合服务功能较强的区域性中心城市。

——社会主义市场经济体制进一步完善。基本完成国有企业战略性重组，所有制结构进一步优化；政府职能转变取得重大进展；商品市场和要素市场不断完善，市场配置资源的作用增强，经济特区成为建立社会主义市场经济体制的先行区。

——经济国际化水平显著提高。对外贸易稳定增长，利用外资不断扩大，对外开放上新水平，开放型经济格局进一步完善，经济特区成为与台港澳经济密切合作、与国际经济密切联系的外贸出口基地。

——社会文明进步。政治昌明廉洁，社会治安良好，道德风尚进步，生活方式健康，经济和社会管理走上法制化、规范化轨道。文化设施配套完善，文化产业迅速发展，市区和县（市）城区基本实现教育现代化，市民素质和城乡文明程度显著提高。

——生态环境明显改善。人口、环境、资源与经济、社会协调发展。环境污染和生态破坏得到控制，初步形成环境优美、人与自然和谐相处的城市生态系统，进入“国家园林城市”行列，成为国内最适宜创业和生活的城市之一。

——人民生活质量明显提高。城镇居民人均可支配收入、农村居民人均纯收入年均增长6%和5%左右。城镇和农村居民居住条件进一步改善，人民健康水平不断提高。社会保险综合参保率达到75%以上，城镇登记失业率控制在3%左右。

围绕上述目标，“十五”时期要重点抓好以下六个方面：

（一）加快国民经济和社会信息化，推进以工业现代化为核心的经济结构调整

以经济和社会信息化为先导，以产业结构调整为重点，壮大优化第二产业，拓展提升第三产业，切实加强第一产业，全面提高经济整体素质。实施“工业强市”战略，突出发展高新技术产业，以信息化带动工业化。大力发展电子信息、生物工程、新材料、光机电一体化等新兴产业，培育以电子信息制造业、软件业和信息服务业为主体的信息产业。“十五”期间，全市培育高新技术企业100家，开发高新技术产品200项。应用高新技术和先进适用技术改造传统产

业，提升技术层次和优化产品结构，形成一批市场竞争力较强的优势产品。推动第三产业结构调整，积极发展旅游、信息、会展、物流等现代服务业，运用现代经营方式、技术和管理手段改造传统服务业。以提高综合生产能力和效益，增加农民收入为中心，调整农业和农村经济结构，加快发展乡镇企业和农业龙头企业，推广现代农业先进技术，完善农业服务体系，全面提高农业产业化、市场化和现代化水平。优化海洋产业结构和布局，加强海洋综合开发利用，建设海洋经济强市。

推进信息化建设和应用。“十五”期间，重点建设高性能信息传输网络大平台，建成覆盖全市的宽带 IP 骨干网络，扩大全市信息网络互联互通；建设电子政务、企业信息化、农业信息化、城市管理信息化、社会保障信息化、医疗卫生信息化、教育信息化以及信息化小区等八大工程为主体的信息化应用体系，成为区域性信息交换处理中心和电子商务中心。

（二）加快体制创新和科技创新，促进两个根本性转变

进一步消除制约生产力发展的体制性障碍，完善市场经济体制。推进国有经济布局战略性重组，使国有经济在数量上“有进有退”，在质量上“扶优汰劣”，在能量上“以少控多”。以建立现代企业制度为目标，创新公有制实现形式，推行公司制和股份合作制，完成国有企业改革。建立中小企业服务体系，促进中小企业发展壮大。大力发展资本、产权、技术、劳动力、信息等要素市场，培育市场中介组织，建立统一开放、竞争有序的市场体系。进一步转变政府职能，建立廉洁高效、运转协调、行为规范的行政管理体制。

实施科教兴市战略，把经济发展的立足点放在依靠科技进步和提高劳动者素质上。着力构建以汕头大学、科研机构、大中型企业为依托的技术创新体系；以各类学校、职业培训机构为重点的知识、技术传播体系；以企业和社会为主体的知识、技术应用体系，提高全社会的整体创新水平，形成一批具有较强技术创新能力的企业群体。高新区成为技术创新先行区、体制创新试验区。建设教育强市，力争“十五”期末，汕头经济特区建成全民教育、终身教育、素质教育三位一体，基础教育、高等教育、成人教育、职业教育协调发展，综合服务功能较强的现代化教育体系初步框架。

（三）积极参与国际经济合作与竞争，努力提高对外开放水平

顺应经济全球化大趋势，积极主动参与国际经济竞争，把对外开放推向更宽领域、更高层次。发挥特区“窗口”作用和侨乡优势，积极拓展对外经贸，从引进侨资为主向引进侨资和外资并重转变，从引进资金为主向引进资金和吸收高新技术并重转变，从“引进来”为主向“引进来”与“走出去”并举转变。实施市场多元化、以质取胜、科技兴贸战略，优化出口商品结构和市场结构，培育出口商品生产基地，扩大深加工、高附加值、高技术含量的产品出口。鼓励有条件的企业开展跨国经营，参与国际市场竞争。发挥经济特区集聚、辐射、带动作用，加强与国内城市的经济技术合作，支持企业参与西部大开发，开拓西部市场和边境贸易。发挥保税区政策优势，强化综合功能，建成以国际市场为导向、出口加工为重点、仓储物流相配套的对外开放重点区域。

（四）加强城乡规划建设管理，全面提高城市化水平

以强化现代化区域性中心城市功能为目标，高起点规划、高标准建设、高效能管理。完成市区总体规划修编，完善功能配套，带动潮阳、澄海市区、南澳县城以及一批中小城镇建设，形成以汕头市区为龙头的沿海城镇群。推进基础设施现代化，重点配套完善综合交通设施、城

市公共服务设施、防灾减灾人防设施。集中力量建设一批重点工程,即:信息传输设施,金凤西港路桥,公路主枢纽站场,汕揭梅高速公路汕头段,广澳港区一期,惠汕500千伏输变电二期工程及配套电网改造,市区西区污水处理厂及配套管网,汕头大围及沿海水闸达标加固,潮阳第四水厂及"引韩工程",澄海金鸿公路和南澳蓄供水工程。大力推进旧城区改造,改建解放桥、观澜桥。加快南区和西区建设步伐,理顺市区管理体制,加强城市管理和社区建设。

(五)实施可持续发展战略,促进经济社会持续协调健康发展

坚持人口、资源、环境与经济社会协调发展。严格控制人口增长,建立健全计划生育利益导向机制、计划生育户生产生活保障机制和节育技术服务体系。合理控制市区人口机械增长,优化人口结构。大力推进殡葬改革。全面推行土地、水源、海域等不可再生资源的有偿开发和保护性利用,建立耕地总量动态平衡机制,切实保护自然资源。加强大气、水、噪声污染治理和固体废弃物处理,推进韩榕练三江水污染整治,保护生活饮用水源。推进生态保护,全面实施生态公益林体系建设规划,实现城乡生态环境的良性循环。

(六)加强精神文明和民主法制建设,率先建立文明法治环境

坚持以邓小平理论为指导,深入开展"三个代表"重要思想和"两思"教育活动,以科学的理论武装人,以正确的舆论引导人,以高尚的精神塑造人,以优秀的作品鼓舞人。大力弘扬敢闯敢冒敢试的改革精神,公正严明、规范有序的法治精神,把广大人民群众的力量凝聚到率先基本实现现代化的伟大实践上来。以创建全国文明城市为目标,广泛开展以"新世纪、新汕头"为主题的群众性精神文明创建活动。坚持一手抓繁荣,一手抓管理,全面繁荣文化事业,普及科学知识,坚决抵制、反对封建迷信和伪科学,不断满足人民群众日益增长的精神文化生活需要。加强民主法制建设。建立了解民情、反映民意、集中民智的决策机制,推进决策民主化、科学化和法制化。全面推进依法行政,加强地方立法工作,提高立法水平,建立健全行政执法责任制和评议考核制,强化行政执法监督。加强廉政勤政建设,建设廉洁高效政府。继续开展法制宣传教育,提高全民法制观念和法律意识。完善村民自治,加强社区民主建设,扩大基层民主。强化社会治安综合治理,严厉打击各种刑事和经济犯罪活动,维护社会政治稳定,塑造汕头文明法治新形象。

2001年的工作意见

2001年是进入新世纪、实施"十五"计划的第一年。做好今年政府工作,对实现"十五"计划的奋斗目标,具有十分重要的意义。今年全市经济发展主要预期目标是:国内生产总值增长9%左右,社会消费品零售总额增长11%左右,出口总值与去年持平,工业总产值增长11%左右,农业总产值增长4%左右,全社会固定资产投资增长9%左右,财政收入增长7%左右(其中市本级增长9%左右)。

今年的政府工作,要着力抓好十个方面:

(一)实施工业强市战略,推动工业经济快速发展

以电子信息产业为突破口,以发展高新技术产业、改造提高传统产业为重点,全力推进工业发展。充分发挥现有信息制造业基础优势,大力发展印制电路板、B超、光纤电缆等优势电子产品,壮大电子元器件生产规模,发展信息产品加工制造业;培育软件产业,以创建国家级软件开发基地为目标，抓好汕头软件园首期建设，培育骨干企业和名牌产品，力促信息产业上规模、上档次。筹建汕头大学科技园，推动产学研结合。加快各级工业园区建设，引导工业项目向工业区集中，形成聚集效应和规模效益。

运用先进适用技术，促进传统优势工业优化升级。推广运用计算机辅助设计、辅助制造技术和自动化管理，改造提高纺织服装、塑料化工、玩具、机械、印刷、食品等传统行业。今年，安排聚苯乙烯、高密度多层印制板、全数字化彩色B超、大功率晶体管等重点技改项目30项，总投资38.8亿元。市财政安排技改贷款贴息资金1000万元。实行领导挂钩项目责任制，落实专人跟踪服务，力促这批技改项目尽快竣工投产。

以技术创新和管理创新为重点，大力扶持中小企业发展。出台扶持措施，引导企业应用先进技术，开发特、精、优、专产品。贯彻落实"质量振兴纲要"，建立健全企业管理质量体系认证和商标管理激励机制，扩大管理达标企业、产品群体。实施名牌战略，培育优势企业，力争更多的品牌成为中国驰名商标和省著名商标。

继续开展工业集中服务活动。以调整结构、优化环境为主题，着力解决一批制约工业发展的难点问题，引导民间资本投入工业，增强对外来投资者兴办实业的吸引力，进一步形成大办工业的社会氛围。

（二）巩固和加强农业基础地位，千方百计增加农民收入

调整农业经济结构，大力发展特色经济。积极探索土地使用权合理流转机制，促进耕地向种田能手和商品生产经营者集中。加强耕地保护，在稳定120万亩粮食种植面积的同时，优化粮食品种结构，积极发展优质蔬菜、反季节蔬菜和优质水果等经济作物。市区近郊和潮阳、澄海城郊，要发展城郊型、创汇型、订单型农业。实施"一镇一业"、"一村一品"战略，形成支柱清晰、名牌产品突出的特色农业。积极推进农业标准化生产、产业化经营，培育龙头企业，建立和完善"市场＋基地＋农户"模式，把农村分散的千家万户与市场联结起来，努力解决小生产与大市场、产品质量与市场需求的矛盾。推进畜牧业规模化生产、集约化经营，使之成为农村经济的新增长点。集中力量办好南澳科技兴海示范基地，大力发展海水养殖业、海洋产品深加工业和海洋生物技术产业，带动全市海洋产业向更高层次发展。

努力增加农民收入。把发展乡镇企业、推进小城镇建设和农业产业化结合起来，引导乡镇企业利用现有设备、技术和生产条件，发展农副产品加工业和流通业，吸纳农村剩余劳动力。拓展农副产品市场，培育农副产品经营公司和运输大户、中介组织，建立健全销售服务网络，促进农副产品流通。实施农村税费改革，进一步清理涉农收费，减轻农民负担。加强农业基础设施建设。增加水利投入，启动外砂桥闸重建工程，加固汕头大围、牛田洋大堤，加快潮阳、澄海海堤达标建设，推进潮阳贵屿、司马浦、峡山电排站和澄海引韩电灌站建设。继续抓好小型水库的除险加固和渔港建设。着手建立海洋气象防灾减灾服务体系，改善三防、气象预测预报服务。营造沿海红树林、防护林，抓好城镇区域造林绿化，优化农业生态环境。

（三）积极应对"入世"新形势，增创开放型经济新优势

认真做好加入世贸组织的准备工作。抓紧研究和熟悉世贸组织的规则，加快培养和引进专业人才，提高干部和企业经营者对国际经贸规则的熟悉程度和运用水平。进一步清理、修订和完善相关规章，严格依法办事，营造符合国际规范的发展环境。

加大招商引资力度。进一步扩大利用外资领域，鼓励外资投向高新技术产业、"三高"农业、基础设施和旧城区改造，以及旅游、商贸等行业。把扩大对台经贸合作作为招商引资的重点，推动对台经贸往来。加强与海外华侨、台港澳同胞、外国驻华使（领）馆和商务机构的联系，拓宽招商引资渠道。举办各类博览会、经济发展咨询会、经济技术贸易洽谈会，开展工业、信息业、旅游业招商活动。实施引进外商直接投资生产性项目的奖励办法，调动各方面招商引资积极性，力争招商引资实现新突破。巩固发展现有三资企业，鼓励外商增资扩产。

积极扩大进出口贸易。进一步放开外贸经营权，实行经济特区生产企业进出口经营权自动登记制，推进企业自营出口。规范加工贸易，落实来料加工工缴费免征增值税政策，加快发展对外加工装配业务，力争加工贸易有突破性进展。扶持高新技术产品出口，优化出口产品结构。实施"走出去"战略，鼓励适宜向外发展的生产企业到境外投资办厂，发展带料加工装配业务，开拓当地市场。增加国内急需的关键设备、技术和重要原材料进口，扩大进口贸易。健全对外经贸联席会议制度，及时帮助企业解决生产经营中的困难和问题，进一步改善通关环境。

（四）大力发展现代服务业，增强城市综合服务功能

加快发展物流业。培育大型物流企业，兴办商品配送中心，构建开放性、互联互通的物流配送体系。开辟保税物资分拨配送和转口贸易。推行连锁经营、多式联运、网上交易、仓储式批发、集中配送等组织形式和服务方式，力争在构建现代物流体系上取得新突破。加快发展会展经济，精心组织第三届国际食品博览会、全国商品交易会和第七届潮汕美食节。办好汕头经济特区商品（重庆）交易会。组织企业参与西部大开发，加强闽粤赣区域经济合作，增强经济特区的吸纳辐射功能。

改造提高传统服务业。推进工商管理体制改革，实行市场管办分离，完善市场功能。重点培育黄河路、火车站、潮汕路和东厦北路四大市场群，盘活闲置的专业市场和批发市场。高起点规划建设"潮汕美食一条街"、"网上购物一条街"、"汕货特产一条街"，完善商业步行街建设和管理。发展商业连锁经营，提高零售商业的组织化程度。积极扩大消费需求，培育民用住宅、轿车、非义务教育、信息服务等消费热点。创新开拓市场方式，培育一批行业协会和企业，承担"汕货"的总经销、总代理。进一步推进粮食流通体制改革，促进粮食生产与流通协调发展。加强和完善菜篮子、米袋子工程项目建设，繁荣商品市场。

发展现代信息服务业。重点扩大行业门类和服务种类，培育信息设备、信息内容产品、信息咨询和信息消费市场。发挥我市信息基础设施优势，积极吸引国内外通信营运商和信息服务供应商来汕落户。加强信息市场管理，促进现代信息服务业健康发展。

着力提升旅游业。巩固发展创建"中国优秀旅游城市"成果，以开发汕头港湾、北山湾、龙虎滩、桑浦山和南澳岛等旅游资源为重点，组织对外推介招商。精心设计"汕头游"名牌线路，发展具有汕头特色的观光、休闲、商务、文化、体育、生态等旅游。加强旅游促销，充分利用我市享有在香港、澳门的外国人组团入境旅游便利签证的政策，吸引更多国外游客。大力发展旅游商品生产，发挥旅游推动经济发展的综合功能，逐步把旅游业培育成为国民经济的支柱产业。

（五）加快体制创新，消除制约发展的体制性障碍

推动国有经济战略性重组。在抓好国有工业企业改革的同时，积极推进商贸流通、建筑安装等行业国有企业改革，力争优化国有经济布局取得新突破。制定全市国有资产重组方案，打破部门界限，组建国有资产经营公司，选择一批有发展前景、竞争力强的大型企业，进行国有资产授权经营。深化产权制度改革，国有大中型企业要改组为有限责任公司或股份有限公司，逐步建立现代企业制度；对国有小企业，实行职工内部持股的股份合作制改组，增强企业活力。继续做好企业脱钩、解挂工作，全面清理企业注册资金，防范化解风险，维护经济秩序。

大力发展非公有制经济。鼓励非公有制企业参与国有企业改革，采取控股、参股、兼并、收购等形式，推动国有企业产权多元化，促进混合型经济发展。引导个体私营企业体制创新和管理创新，实行股份制、股份合作制改组，加快建立现代企业制度和新型运行机制。深化投融资体制改革。加快政府退出竞争性、赢利性投资领域，鼓励民资、外资进入，促进投资多元化。建立高新技术风险投资基金和中小企业信用担保中心，吸纳社会资金、信贷资金投入生产建设。选择一批优势企业进行重点培育，推动尽快上市，搞活资本经营。

加快垄断性、特殊性行业管理体制改革。对交通、电力、通信、信息、旅游、中介服务、城市公用事业等行业，加紧制定改革方案，放宽市场准入，引进竞争机制，打破行业垄断。进一步健全监督机制，实行价格决策听证制度，加强对垄断行业、企业的社会监督。对有收费机制、收益稳定的交通、能源、城市供水供气等基础设施项目，逐步转向社会投资，明确投资主体，提高投资效益。

（六）实施科教兴市战略，加快人才资源开发

加快技术创新体系建设。组织20项关键技术开展攻关，形成一批具有自主知识产权和市场竞争力的技术和产品。以21家技术创新试点企业为重点，鼓励和支持有条件的大型企业建立国家级和省级技术研发中心，逐步形成一批具有较强技术创新能力的示范企业。围绕改进质量、增加品种、提高效益，建立一批为行业提供技术支撑的工程中心，提高传统行业技术水平。推进企业与国内外高等院校、科研机构、跨国公司的技术合作，促进科技经济一体化。加快发展技术成果交易市场，发展资产评估、专利事务、技术推广等中介服务机构，试行技术经纪人制度，完善技术市场体系和技术创新中介服务体系。

以加快发展高中阶段教育和高等教育，提高各级各类学校的办学水平为主线，以教育信息化为突破口，推进教育现代化。全面推进素质教育，以培养学生的创新精神、实践能力和良好品质为重点，促进学生德智体美全面发展。巩固提高"普九"成果，建设一批示范性学校，加强农村中小学校建设和管理。力争汕头职业技术学院今年秋季招生。加强教师队伍建设，提高教师整体素质。深化教育投融资体制改革，在增加财政投入的同时，吸引社会力量投资办学和捐资兴学。加强教育设施规划建设，调整学校布局，优化教育资源配置，扩大办学规模，最大限度满足青少年升学需求。

加快人才资源开发。以汕头大学、京粤博士后科技开发基地、留学人员和博士后创业园为依托，重点培育引进一批技术创新和经营管理的高层次、复合型人才。完善选才、用才、育才、留才政策，营造优秀人才健康成长、脱颖而出的社会环境。重视培养初、中级人才，提高劳动者整体素质。

（七）加强基础设施市政建设，提高城乡规划建设管理水平

坚持"量力而行、尽力而为、确保重点"的原则，推进基础设施市政建设配套完善。完成乌桥、光华桥改造、三脚关沟整治、汕汾高速公路汕头段等"民心工程"。加快珠池港区二期、金凤西港路桥、公路主枢纽客运中心站建设。推进澄海金鸿公路、潮阳陈沙公路建设。争取汕头港航道整治二期和广澳港区一期工程、公路货运中心站开工。做好汕揭梅高速公路汕头段前期准备工作。加强防灾减灾基础设施建设。巩固发展创建"国家环保模范城市"成果，开展创建“国家园林城市”活动，加强城乡造林绿化和环境污染综合整治，保护水资源和自然生态环境，逐步完善城市污水、居民生活垃圾无害化处理设施，开展城市道路机械化清扫和垃圾分类收集试点。实行易地安置、货币补偿等形式，加快旧城区改造步伐。进行“城中村”改造试点，解决居民私建、合建、集资建房等遗留问题。建设一批廉租公房，改善住房特困户居住条件。完善住房分配货币化改革。加快农村电网改造，进一步降低农村电价。

增强区域性中心城市功能，提高城市综合品位。抓紧修编汕头市区总体规划、全市城镇体系规划和专项规划。加快城镇户籍制度改革，引导乡镇企业向城镇聚集。以国务院批准汕头开展城市管理综合执法试点为契机，积极推行相对集中行政处罚权制度建设，进一步健全“两级政府、三级管理、四级网络”的城市管理体制。切实加强街道、居委会工作，建设以政府民政网络为主导、居民自助与志愿服务为主体、公共服务为补充的社区服务体系，发展家庭养老、社区养老服务相结合的社会化养老服务网络。

(八)加强财税工作，发挥金融支持经济建设的作用

坚持依法治税，科技兴税。按照“改革、整顿、规范、提高”的方针，进一步理顺征管关系，规范征管秩序，强化税收征管，加大稽查力度，大力清缴欠税，坚决堵住税收征管漏洞，做到依法依率计征。加快建立公共财政基本框架，按照“保工资、保运转、保稳定”的原则，扩大国库集中支付范围，清理编外财政供养人员，保证按时足额发放机关事业单位在编人员工资，保证国有企业下岗职工基本生活和城镇居民最低生活保障，保证社会稳定的必要支出。试行部门预算编制改革，规范预算管理；扩大政府采购的规模和范围，完善公开招投标制度；对重点行政事业单位、财政拨款的重点建设项目由财政派驻财务总监，对重点国有和国有控股企业试行会计委派制度；规范行政事业性收费、预算外资金“收支两条线”管理，实行预算内外财力统筹安排。

调整优化信贷结构。完善银企定期联系制度，使有市场、有效益的项目获得信贷资金支持。扩大消费信贷业务的规模、品种，促进扩大内需。加大化解地方金融机构资产风险力度，突出抓好金融资产清收、保全、盘活工作，严防金融风险转化为财政风险。加快汕头商行改革重组步伐，力争上半年全面正常运营。

(九)坚持从人民群众根本利益出发，努力提高人民生活水平

不断提高人民生活水平，是党和政府全心全意为人民服务宗旨和“三个代表”要求的最终体现。要以对党对人民高度负责的态度，下大力气解决群众关心的就业、收入、住房、医疗、社保等实际问题，切实为群众谋福利。

千方百计扩大就业。积极发展个体、私营、外资经济，适度发展劳动密集型企业，大力发展第三产业，特别是信息、社区服务，拓展对外劳务输出，创造更多的就业岗位。加快劳动力市场网络建设，完善就业服务体系，促进城乡劳动力合理有序流动。理顺国有企业下岗职工劳动关系，落实鼓励自谋职业的优惠政策，加快形成市场导向、多种形式的就业机制，促进下岗失业人员就业，确保城镇登记失业率控制在3%以内。

关心群众生活。确保国有企业下岗职工的基本生活费和企业离退休人员养老金按时足额发放。关心离退休老同志生活，使他们安度晚年。提高农村五保户供养标准，大力发展社会福利事业，做好救灾救济工作，确保社会困难群众的基本生活。切实帮助特困群众解决子女入学、住房、医疗和法律援助难等问题，让广大群众共享经济发展和社会进步的成果。坚持开发式扶贫，加强路、水、电等基础设施建设，进一步改善老区的基本生产和生活条件，促进贫

困地区早日脱贫奔小康。高度重视安全生产，落实安全生产责任制，确保人民生命财产安全。

完善社会保险制度。依法督促用人单位参加养老、医疗、失业等社会保险，重点抓好非公有制企业参保工作，确保全年综合参保率提高3个百分点，强化社保费征缴工作，确保征缴率达到95%以上。全面铺开城镇职工基本医疗保险制度改革，积极推进药品流通体制改革，实施药品集中招标采购制度。严格社会保险基金管理，杜绝挤占、挪用、截留社保基金。改善社保服务工作，定期公布各单位缴纳社会保险费的情况，接受群众监督。

（十）加强精神文明和民主法制建设，大力发展社会各项事业

努力提高市民文明素质和城乡文明程度。继续深入开展"三个代表"重要思想和"两思"教育。精心组织汕头经济特区建立20周年庆典活动，凝聚海内外潮籍乡亲力量，振奋全市人民干事创业精神。开展以"新世纪、新汕头——诚实守信铸文明"为主题的精神文明系列活动，唱响主旋律，打好主动仗，创设贴近时代、贴近社会、贴近群众的活动载体，推进群众性精神文明创建活动深入开展。大力弘扬科学精神和人文精神，破除封建迷信。加快殡葬改革，力争火化率达到100%。巩固发展"双拥"成果，密切军政军民关系。继续落实侨房政策，维护侨胞、归侨、侨眷的合法权益。

认真抓好文化、卫生、体育和计划生育工作。大力发展文化产业，建立健全基层文化网络，繁荣社会主义文艺，丰富群众文化生活。加强文化市场管理，坚决打击制黄贩黄、盗版侵权活动。全面推进城镇医药卫生体制和卫生监督体制改革，积极开展城乡爱国卫生运动。建设120医疗急救指挥中心，发展社区卫生服务，完善农村三级医疗预防保健网络，巩固和发展城乡初级卫生保健成果。广泛开展全民健身活动，提高竞技体育水平。建成游泳跳水馆，承办好"九运会"比赛项目。进一步加强计划生育工作，重点抓好农村、城镇个体户和流动人口的计划生育管理，确保完成省下达的计生任务。

推进社会主义民主法制建设。坚持向人大及其常委会报告工作，自觉接受检查监督；支持人民政协、各民主党派、人民团体在政治协商和民主监督中发挥积极作用。认真办理人大代表议案、政协委员提案、建议。重视人民群众来信来访，畅通反映民意渠道。加强基层组织建设，广泛开展村民自治示范活动，推进政务、村务公开。完善公有企业职代会和厂务公开制度，推进企业民主管理。继续开展普法教育，加强政府立法工作，提高立法质量。严格依法行政，全面落实行政执法责任制，建立健全行政执法过错责任追究制、行政执法投诉制和评议考核制，强化行政执法监督，规范行政执法行为。加强领导干部任期经济责任审计。坚持重典治乱，严厉打击抢劫财物、抢劫机动车等违法犯罪活动；坚决打击暴力犯罪、流氓恶势力和带黑社会性质的团伙犯罪，扫除黄赌毒；坚决依法取缔"法轮功"邪教组织，依法惩治顽固分子，为人民群众创造安全舒适的生产生活环境。

着力加强软环境建设。继续开展"改善投资环境、改善经济秩序，提高服务水平"活动，树立汕头新形象。进一步整治社会秩序和经济秩序，深入开展以严厉打击制假售假、偷税骗税、骗汇套汇、走私贩私、逃废债务为主要内容的"整治年"活动，建立社会信用，净化市场环境。要认真贯彻"打击违法，保护合法，促进经济发展"的方针，一手抓发展，一年抓整治，把发展和整治紧密结合起来，用整治促发展，用发展带整治。制定投资服务手册，公开政府部门和"窗口"单位的服务承诺和办事制度，实行首问负责制和两次终结制，提高办事效率。继续清理行政审批事项，最大限度地减少审批环节，推行备案管理。实行收费公示制度，公开行政事业性收费项目、标准。坚决制止乱收费、乱摊派、乱罚款、乱检查，规范行政行为，增强汕头投资环境的吸引力和竞争力。

建设勤政、务实、高效、廉洁的政府,对完成政府各项工作具有特别重要的作用。实施市、县、镇机构改革,促进政府职能从以微观管理、直接管理为主,向宏观管理、间接管理为主转变。推进公务员制度创新,进一步完善考录竞岗、分类管理和年终考核制度,提高公务员素质。全体公务员特别是各级领导干部,要牢固树立全心全意为人民服务的思想和正确的政绩观,克服官僚主义、形式主义,力戒浮夸,不图虚名,不搞短期行为,不做表面文章,脚踏实地,真抓实干。加强廉政建设,完善监督、约束、防范机制,从源头防治腐败。严惩领导干部和行政、司法、执法人员的吃、拿、卡、要,索贿受贿、贪污腐化和各种不正之风,铲除滋生腐败的土壤。

各位代表,回顾"九五"时期我们豪情满怀,展望"十五"时期我们充满信心。在新世纪第一年,省委、省政府召开了汕头现场办公会,这是省委、省政府对我市的巨大关怀和鼓舞。让我们继续高举邓小平理论的伟大旗帜,认真贯彻省委、省政府汕头现场办公会议精神,进一步强化特区意识,弘扬特区精神,把握新机遇,迎接新挑战,开创新局面,赢得新发展,为实现"十五"计划的宏伟目标和新世纪的开门红而努力奋斗!

汕头市立法条例

(2001 年 3 月汕头市十届人大四次会议审议通过)

目　　录

第一章　总　则

第一条　为规范本市立法活动,健全立法制度,提高立法质量,根据《中华人民共和国地方各级人民代表大会和地方各级人民政府组织法》和《中华人民共和国立法法》,结合本市实际,制定本条例。

第二条　本条例所称立法活动,是指汕头市人民代表大会和汕头市人民代表大会常务委员会(以下简称常务委员会)根据立法权限制定、修改、废止汕头经济特区法规(以下简称经济特区法规)和汕头市地方性法规(以下简称地方性法规)的活动。

第三条　制定经济特区法规的原则:

(一)遵循宪法的规定以及法律和行政法规的基本原则;

(二)根据汕头经济特区的具体情况和实际需要。

第四条 制定地方性法规的原则：

（一）不同宪法、法律、行政法规和广东省地方性法规相抵触；

（二）根据本市的具体情况和实际需要。

第五条 经济特区法规可以就下列事项作出规定：

（一）有关经济体制改革和对外开放方面的事项；

（二）属于国家赋予汕头经济特区的特殊政策需要具体化为经济特区法规的事项；

（三）根据全国人民代表大会的授权决定，常务委员会认为需要制定经济特区法规的其他事项。

第六条 地方性法规可以就下列事项作出规定：

（一）为执行法律、行政法规和广东省地方性法规的规定，需要根据本市行政区域内的实际情况作具体规定的事项；

（二）属于本市行政区域内政治、经济、教育、科学、文化、卫生、资源与环境保护、民政、民族、侨务、社会管理等工作需要制定地方性法规的事项；

（三）属于中央统一立法事项以外国家尚未制定法律或者行政法规的事项。

第七条 下列事项的法规，应当由市人民代表大会通过：

（一）涉及规范市人民代表大会自身职权及工作程序事项的法规；

（二）涉及法规案制定程序事项的法规；

（三）涉及本市行政区域或者汕头经济特区范围内广大公民切身利益的全局性的重要法规；

（四）本市行政区域或者汕头经济特区范围内其他特别重大事项的法规。

第八条 经济特区法规在汕头经济特区范围内发生法律效力。经济特区法规根据授权对法律、行政法规、广东省地方性法规作变通规定的，在汕头经济特区适用经济特区法规的规定。

地方性法规在本市行政区域内发生法律效力。

第九条 市人民代表大会及其常务委员会监督检查经济特区法规和地方性法规的执行。

第二章 立法计划的编制和法规草案的起草

第十条 常务委员会主任会议（以下简称主任会议）根据需要制定年度立法计划。

有法规提案权的机关和人员（以下简称提案人）向常务委员会提出下一年度立法项目，应当在每年11月底前提出。

第十一条 本市行政区域内的国家机关、武装力量、各政党、各社会团体、各企事业单位和全体公民都可以向常务委员会提出制定法规的建议。

提出立法建议，应当提交《立法建议书》，主要内容包括：法规名称、立法依据、立法的宗旨和目的、需要解决的主要问题和采取的法律对策、起草法规的单位和提请审议的时间安排等。

第十二条 常务委员会法制工作委员会（以下简称法制工作委员会）对提出的年度立法项目和立法建议进行审查、论证，编制年度立法计划草案。

年度立法计划草案，由主任会议审议通过。

年度立法计划，应当包括立法项目、起草单位、送审时间等内容。

年度立法计划的调整，报经主任会议决定。

年度立法计划由主任会议负责检查、监督执行。

第十三条 提案人应当按照年度立法计划规定的时间向常务委员会提出法规案。未按年度立法计划规定的时间提出法规案的，应当向常务委员会或者主任会议书面报告，说明情况和原因。

第十四条 法规草案，提案人可以组织起草。主任会议认为必要时，可以委托市人民代表大会专门委员会（以下简称专门委员会）或者常务委员会工作机构负责起草，也可以委托专家学者、社会团体、科研机构、市辖区（县、市）人民代表大会常务委员会等起草。

第十五条 起草法规，必须坚持走群众路线，进行调查研究，充分论证，广泛听取有关机关、组织、专家学者、法律工作者和其他公民的意见。

起草法规，必须体现国家整体利益和人民根本利益，防止和克服部门利益倾向。

第十六条 市人民代表大会法制委员会（以下简称法制委员会）和常务委员会工作机构可以提前参与法规起草的调研、论证，指导和督促法规的起草工作。

提案人或者法规草案的起草单位应当主动与法制委员会和常务委员会工作机构联系，及时沟通情况，交换意见。

第十七条 法规草案应当在提请市人民代表大会或常务委员会审议前，完成下列协调工作：

（一）对本市人民政府各部门所属单位之间的不同意见，由各该部门组织协调；

（二）对本市人民政府有关部门之间的不同意见，由市人民政府组织协调；

（三）对本市有关部门、地区或者上级国家机关的不同意见，属于行政管理范围的，由市人民政府组织协调；属于审判、检察工作方面的，由市中级人民法院或市人民检察院组织协调；属于社会团体方面的，由专门委员会或者常务委员会工作机构组织协调；

（四）对市人民政府、市中级人民法院、市人民检察院之间的不同意见，由主任会议或者专门委员会或者常务委员会工作机构组织协调。

第三章　法规制定程序

第一节　市人民代表大会制定法规程序

第十八条 市人民代表大会会议期间，主席团、常务委员会、专门委员会、市人民政府、市人民代表大会代表10人以上联名，可以向市人民代表大会提出属于市人民代表大会职权范围内的法规案。

对法规案的处理，由主席团决定。

第十九条 应当由市人民代表大会审议通过的法规案，在市人民代表大会闭会期间，可以先向常务委员会提出，经常务委员会依照本条例第三章第二节的有关程序审议后，决定提请市人民代表大会会议审议，由常务委员会向大会全体会议作说明。

第二十条 列入市人民代表大会会议议程的法规案，大会全体会议听取提案人的说明后，由各代表团进行审议。

各代表团审议法规案时，提案人应当派人听取意见，回答询问。

各代表团审议法规案时，根据代表团的要求，有关机关、组织应当派人介绍情况。

第二十一条 列入市人民代表大会会议议程的法规案，由法制委员会根据各代表团的审议意见，对法规案进行统一审议，向主席团提出审议结果报告和法规草案修改稿，对重要的不同意见应当在审议结果报告中予以说明，经主席团会议审议通过后，印发会议。

第二十二条 列入市人民代表大会会议议程的法规案,在交付表决前,提案人要求撤回的,应当说明理由,经主席团同意,并向大会报告,对该法规案的审议即行终止。

第二十三条 法规案在审议中有重大问题需要进一步研究的,经主席团提出,由大会全体会议决定,可以授权常务委员会根据代表的意见进一步审议,作出决定,并将决定情况向市人民代表大会下次会议报告;也可以授权常务委员会根据代表的意见进一步审议,提出修改方案,提请市人民代表大会下次会议审议决定。

第二十四条 法规草案修改稿经各代表团审议,由法制委员会根据各代表团的审议意见进行修改,由主席团提请大会全体会议表决,由全体代表的过半数通过。

第二十五条 经济特区法规经表决通过后,由主席团发布公告予以公布;地方性法规经表决通过并报请广东省人民代表大会常务委员会批准后,由常务委员会发布公告予以公布。

第二节 市人民代表大会常务委员会制定法规程序

第二十六条 主任会议、专门委员会、市人民政府、常务委员会组成人员 5 人以上联名,可以向常务委员会提出属于常务委员会职权范围内的法规案。

对法规案的处理,由主任会议决定。

第二十七条 法规案由提请审议的议案、法规草案和该法规草案的说明三部分组成。法规案应当由提案人的主要负责人签署。联名提出的法规案由联名人共同签署。

法规草案的说明,其内容包括:

(一)立法目的和法律依据;

(二)立法的必要性、可行性和起草过程;

(三)需要解决的主要问题;

(四)重大分歧意见及协调结果;

(五)其他需要说明的问题。

第二十八条 提案人应当在常务委员会会议举行的 30 日前将提请审议的法规案送交常务委员会。提案人向常务委员会报送法规草案,必须附带同等数量的起草该法规草案所依据的法律、法规文本及主要参考资料。

第二十九条 主任会议认为法规案有重大问题需要进一步研究的,可以建议提案人修改完善后,再向常务委员会提出;也可以建议提案人撤回该项议案。

第三十条 列入常务委员会会议议程的法规案,除特殊情况外,应当在会议举行的 5 日前将法规案发给常务委员会组成人员。

第三十一条 列入常务委员会会议议程的法规案,一般应当经过两次常务委员会会议审议后再交付表决。

常务委员会会议第一次审议法规案,在全体会议上听取提案人的说明,由分组会议进行初步审议。

常务委员会会议第二次审议法规案,在全体会议上听取法制委员会关于法规草案审议结果报告,由分组会议或全体会议对法规草案修改稿进行审议。

第三十二条 列入常务委员会会议议程的修改法规案,各方面意见比较一致的,可以经一次常务委员会会议审议即交付表决;废止法规案,经一次常务委员会会议审议即交付表决。

第三十三条 列入常务委员会会议议程的法规案,常务委员会会议认为需要作较大修改的,可由提案人修改 。

常务委员会会议认为制定该法规条件不成熟的，可以将该法规案退回提案人。

第三十四条 常务委员会分组审议法规案时，提案人应当派人听取意见，回答询问。

常务委员会分组审议法规案时，根据小组的要求，有关机关、组织应当派人介绍情况。

第三十五条 列入常务委员会会议议程的法规案，由常务委员会有关工作委员会（以下简称有关工作委员会）进行审查，提出审查意见，印发常务委员会会议。

有关工作委员会审查法规案时，可以邀请法制委员会的成员列席会议，发表意见。

第三十六条 列入常务委员会会议议程的法规案，法制委员会根据常务委员会组成人员的审议意见、有关工作委员会的审查意见和各方面提出的意见，对法规案进行统一审议，提出审议结果报告和法规草案修改稿。对重要的不同意见应当在审议结果报告中予以说明。

法制委员会审议法规案时，可以邀请有关工作委员会的负责人列席会议，发表意见。

第三十七条 法制委员会审议法规案时，应当召开全体会议审议，根据需要，可以要求有关机关、组织派有关负责人说明情况。

第三十八条 法制委员会与有关工作委员会之间对法规草案的重要问题意见不一致时，应当向主任会议报告。

第三十九条 列入常务委员会会议议程的法规案，法制委员会、常务委员会工作机构应当听取各方面的意见。

听取意见可以采取座谈会、论证会、听证会等各种形式。

第四十条 列入常务委员会会议议程的重要法规案，经主任会议决定，可以通过报纸、网络等公开法规草案内容，征求社会公众意见。各机关、组织和公民提出的意见送交法制工作委员会。法制工作委员会应当将意见整理后送法制委员会，根据需要，印发常务委员会会议。

第四十一条 列入常务委员会会议议程的法规案，常务委员会工作机构应当收集整理分组审议的意见以及其他有关资料，送法制委员会，同时印发常务委员会会议。

第四十二条 列入常务委员会会议议程的法规案，在交付表决前，提案人要求撤回的，应当说明理由，经主任会议同意，并向常务委员会报告，对该法规案的审议即行终止。

第四十三条 列入常务委员会会议议程的法规案，经常务委员会会议审议后认为需要提请市人民代表大会会议审议的，经常务委员会会议决定，提请市人民代表大会会议审议。

第四十四条 法规案经常务委员会两次会议审议后，仍有重大问题需要进一步研究的，由主任会议提出，经全体会议同意，可以暂不付表决，交法制委员会进一步审议。

第四十五条 列入常务委员会会议审议的法规案，因各方面对制定该法规的必要性、可行性等重大问题存在较大意见分歧的，可以搁置审议该法规案。

第四十六条 因暂不付表决经过两年没有再次列入常务委员会会议议程的，或者因搁置审议满两年的，由主任会议向常务委员会报告，该法规案终止审议。

第四十七条 法规草案修改稿经常务委员会会议审议后，由法制委员会根据常务委员会组成人员的审议意见进行修改，提出法规草案表决稿，由主任会议提请常务委员会全体会议表决。

第四十八条 常务委员会会议正式表决法规前，常务委员会组成人员 5 人以上联名，可以就拟交付表决的法规草案表决稿提出书面修正案。修正案提出后，经主任会议决定，可以先对修正案进行表决，再对整个法规草案表决稿进行表决。

第四十九条 常务委员会组成人员对法规草案表决稿涉及重大问题的个别条款有较大意见分歧的，应当先表决该个别条款，如果该个别条款表决通过，再对整个法规草案表决稿进行表决；如果该个别条款表决未获通过，暂缓表决该法规草案表决稿，由主任会议提请下一次常务委员会会议审议。

第五十条 常务委员会表决法规草案表决稿,由全体组成人员的过半数通过。

表决结果由会议主持人当场宣布。

第五十一条 法规草案表决稿交付表决未获通过的,提案人可以在6个月后就同一事项重新提出议案,或者按照常务委员会的审议意见办理。未获通过的法规案,退回提案人。

第五十二条 经济特区法规经表决通过后或者地方性法规经表决通过并报请广东省人民代表大会常务委员会批准后,由常务委员会发布公告予以公布。

第四章 法规的备案、修改、废止

第五十三条 经济特区法规应当自公布之日起30日内报全国人民代表大会常务委员会、国务院和广东省人民代表大会常务委员会备案。

第五十四条 法规同上位法不一致或者同实际情况不相适应的条文,需要修改的,由提案人提出修改法规案,包括提请审议的议案、修正草案和该修正草案的说明。

第五十五条 市人民代表大会闭会期间,常务委员会可以对市人民代表大会制定的法规进行部分补充和修改,但不得同该法规的基本原则相抵触。

第五十六条 法规的废止,依下列规定:

(一)法规有效期限届满的,自行废止;

(二)新法规取代原法规的,在新法规中规定原法规废止;

(三)凡专为某一特定情况或者特定事项而制定的法规,在该情况消失或者该事项完成时,由提案人提出废止法规案,常务委员会决定废止;

(四)新颁布的上位法可以取代的法规,由提案人提出废止法规案,常务委员会决定废止;

(五)制定法规所依据的上位法已被明令废止的,该法规自行废止。

第五十七条 地方性法规需要修改或者废止的,必须报请广东省人民代表大会常务委员会批准。

第五十八条 法规修改或者废止的程序,适用本条例法规制定程序的规定。

第五章 法规解释

第五十九条 经济特区法规和地方性法规的解释权属于常务委员会。

法规有下列情况之一的,由常务委员会解释:

(一) 法规某些条款比较原则,需要进一步明确具体含义的;

(二) 法规制定后出现新的情况,需要明确适用法规依据的;

(三) 在适用法规中对某些条款的理解产生较大意见分歧,需要进一步阐明立法原意的;

(四) 需要根据法规规定的精神,适当扩大或者缩小法规适用范围的;

(五) 其他情况需要进一步明确立法原意的。

第六十条 市人民政府、市中级人民法院、市人民检察院、专门委员会以及市辖区(县、市)人民代表大会常务委员会可以向常务委员会提出法规解释要求。

常务委员会工作机构研究拟订法规解释草案,由主任会议决定列入常务委员会会议议程。

法规解释草案经常务委员会会议审议后,由法制委员会根据常务委员会组成人员的审议意见进行审议、修改，提出法规解释草案表决稿。

常务委员会表决法规解释草案表决稿，由全体组成人员的过半数通过。

法规解释草案表决稿经表决通过后，由常务委员会发布公告予以公布。

第六十一条　常务委员会会议在审议法规解释草案中，发现需要对被提请解释的法规进行修改的，应当终止法规解释草案的审议，按照立法程序修改。

第六十二条　法规解释同法规具有同等法律效力。

第六十三条　地方性法规解释，应当在解释作出后的15日内报广东省人民代表大会常务委员会备案。

第六章　立法监督

第六十四条　汕头市人民政府制定的规章(以下简称规章)有下列情形之一的，由常务委员会予以撤销：

(一) 超越规章制定权限的；

(二) 同有关法律、法规相抵触的；

(三) 规章的规定被认为不适当的；

(四) 违背法定程序的。

第六十五条　市人民政府应当自规章公布之日起30日内将规章报送常务委员会备案。

报送备案的规章，应当包括规章备案报告、规章文本及规章制定说明各一式20份。

第六十六条　市中级人民法院、市人民检察院、市辖区(县、市)人民代表大会常务委员会认为规章有第六十四条规定情形之一的，可以向常务委员会书面提出进行审查的要求，由常务委员会办公室根据专业分工分送有关工作委员会进行审查、提出意见。

前款规定以外的本行政区域内的其他国家机关和社会团体、企业事业组织以及公民认为规章有第六十四条规定情形之一的，可以向常务委员会书面提出进行审查的建议，由常务委员会办公室根据专业分工分送有关工作委员会进行审查、提出意见。

第六十七条　有关工作委员会在审查中认为规章确有第六十四条规定情形之一的，报经主任会议决定后，由常务委员会办公室向市人民政府提出书面审查意见。市人民政府应当自收到书面审查意见之日起60日内提出处理意见，并向常务委员会反馈。

有关工作委员会认为规章确有第六十四条规定情形之一而市人民政府不予纠正的，有关工作委员会可以向主任会议提出撤销该规章的建议，由主任会议决定是否提请常务委员会会议审议决定。

第六十八条　被审查的规章的内容涉及两个或者两个以上工作委员会的，由涉及的工作委员会共同审查。

第六十九条　有关工作委员会认为有必要会同法制委员会召开联合审查会议的，经常务委员会办公室报秘书长同意后，召开联合审查会议，由法制委员会要求市人民政府到会说明情况。

第七十条　规章审查工作结束后，常务委员会办公室应当将审查结果书面告知提出审查要求或审查建议的单位或个人。

第七十一条　常务委员会依照《中华人民共和国地方各级人民代表大会和地方各级人民政府组织法》的规定，撤销市人民政府的不适当的决定和命令、撤销市辖区(县、市)人民代表大会及其常务委员会的不适当的决议，参照本章的有关规定执行。

第七章　附　则

第七十二条　地方性法规的报批程序依照《广东省地方立法条例》执行。

第七十三条　法规应当规定明确的施行日期。法规自施行之日起发生法律效力。

第七十四条　法规公布后,《汕头市人民代表大会常务委员会公报》和《汕头日报》应当及时予以刊登。

在常务委员会公报上刊登的法规文本为标准文本。法规的其他文本与标准文本不一致的,以标准文本为准。

第七十五条　本市的法规需要制定实施性规定的,该实施性规定,应当自颁布之日起30日内报常务委员会备案。

第七十六条　本条例具体应用中的问题,由法制工作委员会负责答复,并报常务委员会备案。

第七十七条　本条例自2001年4月15日起施行。

1996年4月22日汕头市第九届人民代表大会常务委员会第二十六次会议通过的《汕头市人民代表大会常务委员会制定汕头经济特区法规规定》同时废止。

汕头市人民政府
关于扶持工业发展若干措施的补充通知

(汕府〔2001〕86号,2001年5月23日)

为进一步加快工业发展,市政府决定在继续执行《中共汕头市委、汕头市人民政府关于进一步加快工业发展的决定》(汕市发〔2000〕33号)和汕头市人民政府《关于进一步推动工业发展若干措施的通知》(汕府〔1998〕53号)的同时,增加如下扶持措施:

一、工业项目用地地价款给予如下优惠:

(一)汕头市市区范围内已统征的工业用地,新办工业项目在签订土地出让合同后,一般性工业项目地价款按现行工业用地平均标定地价的50%收取,即一类地区由原每亩34.6万元减按17.3万元;二类地区由原每亩31.8万元减按15.9万元;三类地区由原每亩25万元减按12.5万元收取。市级以上认定的高新科技项目按现行工业用地平均标定地价的40%收取。即一类地区每亩减按13.84万元;二类地区每亩减按12.72万元;三类地区每亩减按10万元收取。

(二)新征的工业用地按1999年1月1日起施行的《中华人民共和国土地管理法》规定执行。为扶持工业发展,一般以生地出让,国土部门只收取征地补偿费及有关税费,土地平整和小区配套由用地单位负责。

企业取得土地使用权后,超过一年未按用地性质和项目内容进行建设的,由国土部门收回土地使用权或取消优惠,按工业用地平均标定地价补收地价款。企业不得擅自转变用地功能,否则,按有关法律法规给予处罚。

(三)允许企业租赁土地建设工业项目。企业按规定与国土部门签订合同并逐年支付土地使用租金，其上盖建筑物由有关部门按规定发给《房屋所有权证》，可以进行抵押贷款。具体操作办法由市国土部门制定。

（四）上述优惠所需款项按现行财政体制由市、区分别承担，具体操作办法由市财政局制定。

本通知生效前已出让的土地价格，按当时的合同执行；本通知有效期内出让的土地价格按本通知执行。

二、建立银企挂钩制度。

中国人民银行汕头市中心支行协调有关主管部门，组织各商业银行根据企业信用等级及项目具体情况等，每年在全市选择100户以上信用等级较高、借贷信誉好、市场潜力大的工业企业予以重点扶持。

三、降低部分收费。

（一）全市各港口的疏浚费和港口装卸费按原定收费标准分别降低30%和20%。

（二）免收新办工业项目供电贴费、易地搬迁工业企业及已投产工业企业增资扩产供电扩容费。

（三）新办工业项目免收供水负荷费。

四、简化工业项目审批程序，下放审批权限。

（一）简化外商投资企业名称核准手续。凡属国家鼓励投资项目及允许的外商直接投资项目，投资者可直接到工商行政管理部门办理企业名称核准手续。

（二）凡属国家、省产业政策鼓励及允许发展（特种行业除外），总投资在2000万美元以下300万美元以上的外商投资工业生产性项目，先报区县（市）计划部门审批项目可行性研究报告或备案登记，再由区县（市）外经部门审批合同、章程。

（三）凡属国家、省产业政策鼓励及允许发展（特种行业除外），总投资在300万美元以下的外商投资工业生产性项目，外经部门审批合同、章程后，报同级计划主管部门备案。

（四）凡属国家、省产业政策鼓励及允许发展（特种行业除外），总投资在3000万元人民币以下的内资工业生产性项目（含技改项目）实行核准登记制，由投资项目法人报同级计划主管部门（技改项目报工业主管部门）办理备案登记。

（五）实行工业项目竣工联合验收制度。企业法人在项目竣工试产前，向项目审批部门申报。项目审批部门负责组织计划、经委、外经、工商、海关、税务、环保、消防、安全生产等有关部门到现场联合验收。

五、实行窗口办理，提高工作效率和服务质量。

（一）市成立企业投资服务中心，负责协调内外资项目的联合审批工作；向企业提供技术、市场等咨询服务；受理并协助解决企业投诉问题；负责对窗口单位的协调管理。

（二）对企业申报手续实行“一站式”服务和首接责任制。市企业投资服务中心对项目法人应提交的项目申报文件资料及所有收费项目和收费标准公布上墙，一个窗口收费。

（三）各职能部门建立相应的内部审办、审办责任追究和社会监督制度，公开办事的依据、标准、办结时限和结果，编制办事指南小册子，规范审批管理。

（四）有关职能部门逐步实行计算机联网，对投资项目全过程实行电脑化跟踪管理，公开接受社会监督。

六、本补充通知适用于市区各种经济性质工业制造业和加工工业企业。

自发布之日起执行，有效期至2003年底止。潮阳市、澄海市、南澳县可参照执行。

本补充通知由汕头市人民政府办公室负责解释。

汕头市人民政府印发《关于引进优秀人才来汕工作的若干规定》的通知

(汕府〔2001〕140号,2001年9月24日)

《关于引进优秀人才来汕工作的若干规定》,业经汕头市人民政府第十届三十九次常务会议通过,现印发给你们,请认真贯彻执行。

关于引进优秀人才来汕工作的若干规定

第一条 为加快实施科教兴市战略,进一步落实市委、市政府《关于加快人才资源开发的决定》(汕市发〔1999〕42号),吸引国内外优秀人才来汕工作,促进本市社会经济发展,制定本规定。

第二条 本规定所称优秀人才,是指具备下列条件之一的人员:

(一)中国科学院院士和中国工程院院士、享受政府特殊津贴的人员、省(部)级有突出贡献的中青年专家和优秀专家、博士生导师;

(二)具有高级专业技术资格或获得博士学位,年龄在50岁以下的人员;

(三)具有研究生以上学历并获得硕士以上学位或具有中级专业技术资格,年龄在45岁以下的人员;

(四)在国外获得硕士以上学位的公派、自费出国留学人员(包括已获得外国永久居留权、留学回国再入境资格者),以及在国内已具有大学本科毕业以上学历或中级以上专业技术资格并到国外高等院校、科研机构工作或学习一年以上,取得一定成果的访问学者和进修人员;

(五)拥有自主知识产权或本市紧缺的具有特殊才能的人员。

第三条 优秀人才可在汕自主择业。鼓励优秀人才以借调、兼职、技术合作、技术承包、技术入股、投资创业等形式来汕工作。

第四条 优秀人才来汕工作,可办理关系调入和户口迁入手续,也可以不迁户口。办理聘用手续后,由市人事局出具证明,到市公安局户籍部门办理《特聘人才居住证》,随同来汕的配偶、子女也可在该证中列明。聘用期间,本人、配偶及子女均享受本市常驻户口居民同等待遇。

第五条 对拟调进的优秀人才,如原工作单位不同意调出,经市人事局批准,可承认其原有身份,工龄连续计算。能转移社会保险关系的,可接续社会保险关系;不能转移的,由用人单位补足社会保险费后,社会保险经办机构予以重新建立社会保险关系。其他特殊情况可采取特殊办法妥善办理。

第六条 属本规定第二条第(一)、(二)项的优秀人才,调入事业单位工作的,可不受编制限制;聘任专业技术职务时不受岗位职数限制。

第七条 引进的优秀人才,其本人、配偶及符合计划生育规定的未成年子女迁入户口,免交城市增容费。系农业户口的,优先办理"农转非"手续,免交子女入学易地附加费。

第八条 引进的优秀人才,其配偶的工作采取个人联系和组织协助相结合的办法解决。

确有困难、找不到工作单位的，由人才所在单位和市、区人事劳动部门协助解决；暂无接收单位的，其行政关系及户口可挂靠市、区人才交流服务机构办理调入。其子女入托、入学，由教育行政主管部门优先安排，免收择校费。

第九条 属本规定第二条第（一）至（二）项的优秀人才及其配偶，各级政府人才交流服务机构免费提供各项人事代理服务。

第十条 鼓励优秀人才以专利、发明、专有技术、管理、资金等要素入股各种所有制企业，其收益分配由优秀人才与参股企业协商。

第十一条 优秀人才来汕创办高新技术企业或携带具有良好产业化前景的高新技术项目创办的企业，优先推荐申报国家中小企业创新基金支持。获得银行贷款的项目，经审批，市财政给予一定期限的贷款贴息。从投产起前两年，市财政视企业缴纳的所得税、增值税、营业税收入地方留成部分情况，安排一定专项经费给予补助。

第十二条 属本规定第二条第（一）项来汕工作并定居五年以上的优秀人才，给予一定数额的住房和安家补助费。其中，两院院士每户 10 万元，享受政府特殊津贴人员、省（部）级有突出贡献的中青年专家和优秀专家、博士生导师每户 5 万元，正高职称人员每户 3 万元，副高级职称人员或博士每户 2 万元。

第十三条 在各自学科或技术领域内起骨干核心作用，其学术技术在国内具有领先水平的优秀学术技术带头人，在汕从事发明创造、技术创新等科研活动并且其科技成果或项目开发与我市经济建设密切相关，对我市技术进步、产业升级有积极作用的，由学术带头人提出申请金额，经市人事局、科技局组织专家委员会审查认定后，每人划拨一定资金作为其课题（项目）研究经费。

第十四条 对为本市经济建设和社会发展做出重大贡献的优秀人才，要给予重奖。对获得国家级科技成果奖和省级科技成果二等奖以上奖励的科研项目，分别给予项目完成人（组）一次性 5 万元和 2 万元的奖励。

第十五条 属本规定第二条第（一）、（二）项的优秀人才，在汕工作期间按规定缴纳的个人所得税入库后，属地方分成部分，由市财政列支安排，专项用于优秀人才的生活补贴。现在汕工作的同类人员，可享受同等待遇。其中，在近三年取得显著业绩、获省部级科技进步奖或市厅级科技进步一等奖的（第一、二完成者），可由市委、市政府授予“汕头市优秀拔尖人才”称号，并列入市直接掌握、联系和管理，享受相应待遇。

第十六条 设立汕头市人才资源开发基金，市财政第一年安排启动资金 300 万元，通过发动华侨捐资、企业、社会赞助等形式，壮大开发基金，滚动使用，用于上述第十二至第十五条所需经费和其他人才资源开发费用。

第十七条 各用人单位在积极引进优秀人才的同时，要充分发挥现有各类人才的作用，防止和纠正人才闲置浪费。

第十八条 本规定适用于汕头市市直的行政机关、事业单位和各种所有制企业的优秀人才。各区县（市）和中央、省属单位可参照本规定，结合本地或本单位实际，制定相应的扶持、优惠办法。

第十九条 市组织人事部门负责本规定的实施，有关部门根据本规定制定实施细则。

第二十条 本规定自颁布之日起执行，之前凡与本规定不一致的，以本规定为准。

汕头市人民政府关于建立健全民主化、科学化决策机制的意见

（汕府〔2001〕201号，2001年12月23日）

为贯彻落实党的十五届六中全会精神，实践"三个代表"的重要思想，进一步转变工作作风，密切政府与群众的联系，调动广大人民群众参与现代化建设的积极性，提高政府的决策、施政水平，促进经济和社会健康发展，经第45次市政府常务会议讨论通过，现就建立健全民主化、科学化决策机制提出以下意见。

一、建立健全决策信息收集机制，确保言路畅通

在新形势下，政府的一切工作，都必须以广大人民群众的根本利益作为出发点和落脚点。只有直接倾听群众的呼声和意见，才能使政府的各项决策和工作更加符合群众的利益，才能真正实践全心全意为人民服务的根本宗旨。因此，要进一步拓宽建言献策渠道。

（一）继续办好市长专线电话和市政府网站、市长邮箱，快速、便捷地集中社情民意，广开言路。

（二）开通市长专邮。凡是向市政府提出合理化建议和建设性意见，在本市范围内邮寄信函，免贴邮票，市民只要在信封上写明"市长专邮"，就可以投寄，邮资统一由市政府办公室支付，每季度结算一次，邮局对"专邮"信件必须快速投递，由市信访局负责处理，对建设性的意见必须及时呈送市长、分管副市长、市长助理、秘书长阅批，并将处理结果答复来信者。每年开展一次"建言献策奖"评选活动，公布建言献策获奖者名单、所提的意见建议和采纳的情况。

（三）开辟政务论坛。凡是涉及全市经济社会发展规划、重要工作部署，以及关系人民群众切身利益的重大事项，提出初步方案后，在新闻媒体和市政府网站开辟政务论坛，充分听取人民群众的意见建议，提高重大决策的透明度。由市政府领导根据每次论坛的主题，指定有关职能部门负责收集、整理，形成书面材料上报市政府。

（四）建立市长专题接待群众日制度。每月安排至少一天作为市长接待群众日，每次确定一个专题，采取接待群众来访或带队下基层解决问题等灵活多样的形式，由市长或分管副市长、市长助理亲自接待群众，以此作为知民情、排民忧、解民难的重要渠道。每次接待群众专题内容可以由市政府领导提出，也可以由市信访局从群众来访来信要求解决问题中选择一个反映强烈或久拖未决的问题，提交给市政府领导审定。在接待群众日前，由市政府领导召集有关部门先做好协调工作，有关部门负责人届时一同参加接待群众，以确保问题的有效解决和落到实处。市政府办公室和市信访局协助市长做好接待群众的前期准备工作，提前准备好与专题有关的资料，确定接待群众的时间、地点，做好接待群众的预约安排。

（五）建立调查研究制度。市长、副市长、市长助理每年要有两个月以上、正副秘书长和各职能部门领导每年要有三个月以上的时间到基层、企业调研，采取重点调研、典型调研、专项调研、综合调研、实地调研、现场调研、蹲点调研、座谈会调研等方式，广泛接触企业和基层群众，直接倾听企业和群众呼声，充分了解新情况，及时发现新问题，为科学决策掌握第一手材料。对一些重大决策调研活动，要组织有关部门负责人随行，市府办负责对调研情况进行整理和综合，并拟制两个或两个以上意见和方案，分析每个方案的优缺点，供市政府领导决策参

考。

（六）健全民主集中制。按照民主集中制原则，规范重大决策出台基本程序，包括研究论证、听证、审查、集体讨论等程序。在制定决策过程中，征求意见要强调民主，确定议题要强调集中；调查论证要强调民主，拟制方案要强调集中；讨论问题要强调民主，决定问题要强调集中；决策前要强调民主，决策后要强调集中，做到民主与集中的有机统一。

二、建立健全政府决策咨询机制，确保正确决策

政府的正确决策，离不开咨询系统，需要借助"外脑"，利用各方面的智力。为提高决策的水平和质量，保证决策的正确性，减少决策失误，必须进一步发挥咨询系统在决策中的重要作用。

（一）建立市政府政务咨询专家库，重大决策听取专家意见。广泛吸纳全市政界、科技界、学术界、企业界的专家学者，以及国内外热心我市政务咨询工作的专家学者，进入专家库，由市政府聘任为政务咨询委员。对全市经济发展战略、重要发展规划、重大建设项目等涉及全局性的，需要作出科学预测或评估择优的重大决策，邀请相关的政务咨询委员组成课题组进行研究论证，并拨给课题经费。有关专家学者运用自己的专业知识和科技手段，对市政府重大决策进行分析研究判断，提出建议和意见。市政府对咨询委员提出的方案，应进行评估论证，选择最佳的决策方案。对咨询委员提出意见建议转化为市政府决策，产生良好的经济效益和社会效益的，要给予表彰奖励。

（二）重大决策听取市人大代表、政协委员、民主党派意见，提高政府决策的质量。凡需提交市政府领导班子决策的事项，涉及到多个部门和地方的，决策前必须做好政策协调，征求有关部门、下级党委、政府和人大代表、政协委员的意见，必要时还要征求离退休干部和社会各界代表的意见。征求意见后应收集整理并报分管副市长审核，再报市长确认后提交有关会议讨论。对涉及全市经济和社会发展全局的重大问题，在市政府领导班子初步确定方案后，应召开民主协商会，由市长或副市长主持，征求市内各民主党派和无党派人士的意见。会后认真收集，研究分析，并采纳正确的意见。因条件不成熟或其他原因未能吸纳的意见，及时向有关人士通报情况或作出解释。

（三）建立听证会制度。重大决策出台前，召开听证会，鼓励社会各界人士畅所欲言，充分发表意见；会后认真研究分析，采纳正确意见；对条件不成熟或其他原因未能吸纳的意见，要及时向有关人士通报情况或作出解释。

（四）建立重大决策法律审查制度。重大决策出台前，必须由市政府法制部门牵头进行审查，主要审查是否符合国家、省法律法规，是否符合世界贸易组织规则和我国政府的承诺，为依法行政打下良好基础。

（五）重大调研课题实行公开招投标。对涉及面广、难度大、质量要求较高的重大决策调研课题，在新闻媒体和政府网站公布，在全市、全省甚至全国范围内进行招标，承接单位或个人按期完成，经专家评估后，由市财政核拨经费。决策咨询研究报告被市政府采纳应用，经过实践证明对本市经济、社会发展有重大促进作用的，给予表彰奖励。

三、建立健全执行、监督机制，确保决策落实到位

决策的执行是决策付诸实施、变成现实的关键环节，也是验证、修正决策的过程。加强监督有利于令行禁止，保证政令畅通，在人民群众中树立良好形象，增强党和政府的威信。为确保政府决策落到实处，必须进一步加大决策的执行、监督力度。

（一）建立决策执行责任制。对重大决策的执行落实，明确执行的责任单位和责任人组织实施。每年年初编印市政府重要工作安排，明确各项工作的分管领导，主办、协办单位，工作目标和进度要求。有关单位、部门对所负责的重要工作，实行行政首长负责制和项目责任人制，按照目标进度限时完成。对市政府重要会议决定的事项，也要明确主办、协办单位及办理时间要求。

（二）健全跟踪督办制度。各级政府及部门的第一把手是督办工作的第一责任人，凡市政府的重大决策、重要决定，市政府分管领导和有关职能部门的领导必须抓好落实，跟踪督办。对涉及多个部门的工作，主办单位要主动牵头协调督办，协办单位要积极配合、通力协作，不得以任何借口扯皮、推诿或拖着不办。要强化市政府综合部门的督办职能。对重大决策，政府综合部门要进行全过程跟踪，检查督促，必要时，可成立重大事项督办组，由分管副市长、秘书长牵头，监察、宣传及有关部门配合，进行督办。要建立重大决策执行情况报告制度。对年度重要工作和重点项目，主办单位要定期向市政府汇报工作进展情况，反映存在问题和解决办法。对市政府常务会议、市长办公会议、市政府工作会议决定事项，要按规定时间将落实情况书面报送市政府办公室，到规定时限未办结的，要说明原因并提出加速办理措施。办理时间超过1个月的事项，每月应书面报告办理进度，并在有关会议上报告落实情况。要加大综合协调、督查调研力度，及时将决策执行过程中出现的问题进行综合分析，为领导修正决策和再决策提供参考；对因客观形势的变化而导致决策无法实施的，政府职能部门要及时了解和反映情况，为市政府领导完善决策或作出新决策提供依据。

（三）建立决策的监督制度。进一步完善行政监督体系，继续完善党内监督、国家权力机关监督、国家司法机关监督、行政机关内部监督、群众监督和舆论监督。市政府在市委统一领导下开展工作，必须建立重大事项向市委请示报告制度。市政府要依法接受市人大及其常委会的工作监督和法律监督，坚持向市人大及其常委会报告工作，自觉接受检查监督；支持人民政协、各民主党派、人民团体在政治协商和民主监督中发挥积极作用。认真办理人大代表议案、政协委员提案、建议。要发挥行政监察机关的职能作用。行政监察要贴近市委、市政府中心工作，与经济社会发展同步，与改革同行。党委、政府的政令和决策涉及哪个领域，行政监察的触角就要延伸到哪个领域。要重点监察领导干部在行使职权、实施政务过程中，是否有效履行职责，认真贯彻落实市委、市政府的重大决策，是否依法行政，政令是否畅通。要建立决策执行责任考核、评议、奖罚制度。每年年终，结合年度考核，由行政监察部门对各行政部门执行市政府年度工作安排和重要决策情况组织考核，并发动群众和企业对政府部门进行评议。市政府对决策执行情况进行通报，对积极贯彻市委、市政府重大决策，取得明显成效的单位和个人进行表彰；对执行不力，推诿扯皮甚至弄虚作假的要给予警告，情节严重的，交由监察部门查办；对典型的案件进行曝光，扶正祛邪，防止敷衍塞责现象。要建立政务公开制度，对经济发展、社会管理和关系人民群众切身利益等重大决策以及市政府出台的规范性文件，要在《汕头市人民政府公报》和新闻媒体、市政府网站公布，提高公众的知情度，充分发挥群众的监督作用。要及时反馈群众对决策执行的意见建议，并进行综合分析，确属决策不完善的，要勇于承认错误，闻过即改，及时修正、完善。要加大舆论监督力度。新闻媒体在信息传递上具有公开、迅速、广泛的特点，要制定有关规定，明确舆论的监督权，对政府机关及其工作人员的作风、行为和执行重大决策情况，实施广泛监督。对新闻报道批评和揭露的不正之风和违纪违法行为，被曝光单位要及时进行整改，并把处理结果向新闻单位通报。对敷衍塞责，或顶着不办，甚至打击报复的，要追究有关领导的责任。要把舆论监督和行政监察结合起来，充分发挥舆论监督在确保政令畅通、提高行政效能中的促进作用。

附表一:2001 年度汕头市政府颁布的政府令一览表

文 件 名 称	文件号	发布时间
《汕头经济特区无线电管理办法》	第 47 号	5 月 22 日
《汕头市人民政府关于修改〈汕头经济特区股份合作制企业管理办法〉的决定》	第 48 号	8 月 4 日
《汕头市分散按比例安排残疾人就业实施细则》	第 49 号	8 月 7 日
《汕头经济特区邮政特快专递经营管理办法》	第 50 号	12 月 28 日

附表二:2001 年度汕头市第十届人大常委会修、订的地方性法规一览表

法 规 名 称	通 过 时 间
汕头经济特区劳动力市场条例	1 月 10 日第 17 次会议
汕头经济特区人才市场条例	1 月 10 日第 17 次会议
汕头市立法条例	4 月 15 日
汕头市惩治生产销售伪劣商品违法行为条例	5 月 23 日第 20 次会议
汕头市荣誉市民称号授予办法	7 月 19 日第 21 次会议
汕头经济特区城市房屋拆迁管理规定	8 月 26 日第 22 次会议

附表三:2001 年度汕头市人大法规目录

1. 汕头经济特区劳动力市场条例
2. 汕头经济特区人才市场条例
3. 汕头市立法条例
4. 汕头市惩治生产销售伪劣商品违法行为条例
5. 汕头市荣誉市民称号授予办法
6. 汕头经济特区摩托车管理规定
7. 汕头市促进农业技术推广若干规定
8. 汕头市人民代表大会常务委员会关于修改《汕头经济特区城市房屋拆迁管理规定》的决定
9. 汕头市人民代表大会常务委员会关于推广和使用普通话的决定
10. 汕头市人民代表大会常务委员会关于加强汕头港内湾资源和环境保护的决定

统计资料

国民经济主要指标

项　　目	单位	全市		汕头市区	
		2001 年	2000 年	2001 年	2000 年
一、年末总人口	万人	461.56	458.83	119.56	118.71
二、年末社会劳动者	万人	207.52	207.13	24.79	54.06
#国有单位职工	万人	22.88	23.89	13.93	14.71
集体单位职工	万人	9.36	10.09	6.14	6.74
三、国内生产总值	亿元	463.75	476.98	231.32	223.46
第一产业	亿元	44.92	47.31	6.32	6.12
第二产业	亿元	217.64	229.66	100.72	94.54
第三产业	亿元	201.20	200.01	124.78	122.79
四、工农业总产值	亿元	857.56	902.96	311.62	305.42
农业总产值	亿元	85.64	88.43	9.69	9.43
工业总产值	亿元	771.92	814.53	301.93	295.99
#轻工业	亿元	601.55	635.12	205.43	197.69
重工业	亿元	170.37	179.41	96.5	98.30
五、运输、邮电					
货物周转量	万吨公里	172645	196016	134488	158772
公　路	万吨公里	58100	59000	38000	46941
水　路	万吨公里	113557	136000	95500	110815
航　空	万吨公里	988	1016	988	1016
旅客周转量	万人公里	256556	249041	160506	165876
公　路	万人公里	198000	192000	102000	108835
水　路	万人公里	721	680	670	680
航　空	万人公里	57836	56361	57836	56361
港口货物吞吐量	万吨	1309.3	1283.7	1064.2	1159.5
邮电业务收入	亿元	31.83	29.51	17.04	15.54
六、固定资产投资					
全社会固定资产投资额	亿元	102.97	112.48	61.83	63.47
#国有单位投资	亿元	52.44	59.48	42.50	46.20
#基本建设	亿元	27.55	25.35	23.60	22.19
更新改造	亿元	7.84	11.66	4.35	5.71
房地产开发	亿元	17.26	22.48	14.55	18.30

国民经济主要指标(续)

项目	单位	全市		汕头市区	
		2001年	2000年	2001年	2000年
七、国内商业					
社会消费品零售总额	亿元	224.16	218.99	112.96	106.45
城乡集市贸易成交额	亿元	92.41	91.86	44.72	44.50
零售物价总指数	%	—	—	99.5	101.2
八、对外贸易、利用外资					
进出口总额	亿美元	27.31	42.13	22.95	34.78
出口总额	亿美元	13.41	25.96	10.58	20.50
进口总额	亿美元	13.90	16.17	12.37	14.28
实际利用外资	亿美元	1.82	1.71	1.26	0.96
九、财政、金融					
财政收入	亿元	39.60	38.33	27.92	25.05
财政支出	亿元	30.15	27.7	19.65	18.04
金融机构存款余额	亿元	590.51	525.97	399.36	356.28
金融机构贷款余额	亿元	421.72	406.30	312.91	302.42
十、人民生活					
在岗职工工资总额	亿元	37.32	36.46	26.40	26.37
在岗职工平均工资	元/人	9907	9127	10619	9909
城市居民人均可支配收入	元	—	—	8953	8707
农民人均纯收入	元	4090	4343	—	—
城乡居民储蓄存款余额	亿元	408.60	351.40	246.77	209.13
十一、教　育					
高等学校在校学生数	人	8420	8152	8420	8152
中等专业学校在校学生数	人	10655	10136	10081	8368
普通中学在校学生数	万人	29.36	28.51	7.87	7.17
小学在校学生数	万人	64.79	63.53	16.42	15.98
十二、卫生					
医院床位	张	7219	7005	4715	4599
专业卫生技术人员数	人	13108	12923	6566	6560
#医　生	人	5771	5713	2995	3002

户数与人口

(2001 年)

项　目	单位	全　市	汕头市区	澄海市	南澳县	潮阳市
总户数	户	1034091	314758	201675	21196	496462
#非农业户	户	392372	251362	50339	7605	83066
总人口	人	4615626	1195645	833812	72635	2513534
#非农业人口	人	1572059	940786	174778	26831	429664
年内出生人数	人	53247	9444	5716	569	37518
出生率	‰	11.57	7.93	6.85	7.82	14.98
年内死亡人数	人	22939	5783	4665	415	12076
死亡率	‰	4.98	4.85	5.59	5.71	4.82
自然增长人数	人	30308	3661	1051	154	25442
自然增长率	‰	6.59	3.08	1.26	2.11	10.16

农村乡镇户数、人口和劳动力情况

(2001 年)

单位:户、人

项　目	全　市	汕头市区	澄海市	南澳县	潮阳市
乡镇户数	802523	111625	178895	15541	496462
#农业户	641719	63396	151336	13591	413396
乡镇人口	3719210	401408	749312	54956	2513534
#农业人口	3029161	239216	660255	45820	2083870
乡镇劳动力	1544870	181928	384302	28339	950301
农林牧渔业	744977	70551	210942	17093	446391
工　业	332091	33535	89063	2355	207138
建筑业	175751	33319	22915	904	118613
交通运输邮电业	32437	5697	6807	700	19233
批零贸易、餐饮、仓储业	76663	14020	18068	1403	43172
其他行业	182951	24806	36507	5884	115754

农 业 总 产 值

单位：万元

项 目	全市		汕头市区		澄海市		南澳县		潮阳市	
	2001 年	2000 年	2001 年	2000 年	2001 年	2000 年	2001 年	2000 年	2001 年	2000 年
农业总产值	856351	884285	96908	94251	267018	261272	76112	74743	416313	454019
1. 种植业产值	299120	333083	20908	21840	136247	138455	4091	3810	137874	168978
#粮食作物	85656	121490	4191	5400	21617	29553	835	974	59013	85563
大 豆	33	355	5	3	9	—	—	—	19	352
经济作物	7881	8805	788	700	5398	5240	249	264	1446	2601
蔬菜瓜类	176648	165192	15716	15564	98057	94444	2371	2018	60504	53166
茶叶水果	27384	36114	187	149	10762	8827	636	554	15799	26584
2. 林业产值	4961	6106	263	302	730	647	1128	1305	2840	3852
3. 牧业产值	167673	160020	28324	27220	62702	58860	5881	5674	70766	68266
#生 猪	83292	78729	16449	13627	15444	15506	5109	4878	46290	44718
大牲畜	242	231	5	11	5	4	96	92	136	124
家禽饲养	70217	64825	7383	7061	42768	38997	457	443	19609	18324
4. 副业产值	145114	149037	5307	5746	9515	6998	8027	7903	122265	128390
#农民家庭兼营工业	143583	147624	5137	5419	9515	6998	7918	7673	121013	127534
5. 渔业产值	239483	236039	42106	39143	57824	56312	56985	56051	82568	84533
海水产品	205768	203411	38118	34796	43605	42030	56435	55400	67610	71185
淡水产品	33715	32328	3988	4047	14219	14282	550	651	14958	13348

主要农产品产量

（2001 年）

单位：吨

项　目	全　市	汕头市区	澄海市	南澳县	潮阳市
粮　食	553530	26520	143369	5253	378388
#稻　谷	381717	17982	106988	1496	255251
旱　粮	8125	300	7469	38	318
薯　类	163688	8238	28912	3719	122819
大　豆	1134	52	33	—	1049
甘　蔗	5342	—	2850	50	2442
花　生	5870	1063	1650	188	2969
蔬　菜	1569065	138136	873440	20549	536940
水　果	130937	798	31826	3180	95133
#柑　橘	14781	221	476	1035	13049
香　蕉	60915	137	10720	923	49135
菠　萝	874	—	—	—	874
荔　枝	6234	163	2645	125	3301
龙　眼	1032	—	635	197	200
杂　果	47101	277	17350	900	28574

畜牧业和水产业生产

（2001 年）

项　　目	单位	全　市	汕头市区	澄海市	南澳县	潮阳市
一、畜牧业生产						
牛年末存栏量	头	10900	2690	1680	2014	4516
#从事劳役的	头	6750	1183	1495	710	3362
生猪全年饲养量	万头	127.60	22.44	29.06	6.82	69.28
生猪年末存栏量	万头	39.81	5.81	8.54	1.91	23.56
#能繁殖母猪	万头	1.27	0.02	0.40	0.04	0.81
羊年末存栏量	只	3140	250	7	1160	1723
家禽全年饲养量	万只	4144	358	2417	28	1341
兔全年饲养量	只	5394	2860	2039	330	165
养　　蜂	箱	—	—	—	—	—
当年肉类总产量	吨	112030	17943	39028	4344	50715
#猪肉产量	吨	63757	12591	11822	3911	35433
牛肉产量	吨	364	3	25	92	244
禽肉产量	吨	47051	5336	26474	240	15001
奶类产量	吨	6543	6165	157	—	221
#牛　奶	吨	6331	6165	157	—	9
羊　奶	吨	212	—	—	—	212
蜂蜜产量	吨	116	—	28	15	73
禽蛋产量	吨	14269	1059	6472	247	6491
二、水产品总产量	吨	313073	52812	52108	112614	95539
海水产品产量	吨	272289	47321	35351	111692	77925
淡水产品产量	吨	40784	5491	16757	922	17614

全部工业总产值

单位：万元

项目	全市		汕头市区		澄海市		南澳县		潮阳市	
	2001年	2000年	2001年	2000年	2001年	2000年	2001年	2000年	2001年	2000年
合计	7719249	8145327	3019330	2959884	2095327	1796350	68742	67076	2535850	3322017
一、规模以上工业总产值	3248834	3443447	1929300	1874882	645302	653033	15690	15881	658542	899651
1. 按登记注册类型分										
内资企业	2114762	2056549	1056516	936983	478158	343768	14710	13381	565378	762417
国有企业	263518	268196	201318	148689	30174	32503	11225	10350	20801	76654
集体企业	575644	971654	272675	349465	148511	214011	—	—	154458	408178
股份合作企业	47477	39380	42933	39380	623	—	—	—	3921	—
联营企业	35236	32763	21056	23035	756	—	3485	3031	9939	6697
有限责任公司	148466	193741	90826	33784	22721	45582	—	—	34919	114375
股份有限公司	187325	187023	173444	169993	13325	8278	—	—	556	8752
私营企业	831495	348892	231504	172637	232048	43394	—	—	337943	132861

续 表

项　目	全　市		汕头市区		澄海市		南澳县		潮阳市	
	2001 年	2000 年	2001 年	2000 年	2001 年	2000 年	2001 年	2000 年	2001 年	2000 年
其他企业	25601	14900	22760	—	—	—	—	—	2841	14900
港澳台投资经济	737120	884561	508034	510533	152362	281259	—	—	76724	92769
外商投资企业	396952	502337	364750	427366	14782	28006	980	2500	16440	44465
2. 按轻重工业分										
轻工业	2126619	2260956	1038827	966055	558355	531906	7709	7795	521728	755200
重工业	1122215	1182491	890473	908827	86947	121127	7981	8086	136814	144451
3. 按生产规模分										
大型企业	814808	878946	620886	593453	183233	156522	—	—	10689	128971
中型企业	361534	360695	215461	277321	11506	14495	—	—	134567	68879
小型企业	2072493	2203806	1092954	1004108	450563	482016	15690	15881	513286	701801
二、规模以下工业	4470415	4701880	1090030	1085002	1450025	1143317	53052	51195	1877308	2422366
工业企业（单位）	3135986	3564233	893055	864449	530494	410413	40699	41811	1671738	2247560
全部个体经营单位	1334429	1137647	196975	220553	919531	732904	12353	9384	205570	174806

分行业工业总产值

（2001 年）

单位:万元

	合 计	汕头市区	澄海市	南澳县	潮阳市
1. 有色金属矿采选业	—	—	—	—	—
2. 非金属矿采选业	332	332	—	—	—
3. 食品加工业	170462	113616	38530	1129	17187
4. 食品制造业	117290	74133	29910	2678	10569
5. 饮料制造业	60253	39426	506	—	20321
6. 纺织业	207059	88420	31289	234	87116
7. 服装及其他纤维制品制造业	283210	95904	72233	—	115073
8. 皮革、毛皮、羽绒及其制品业	54208	22150	4928	—	27130
9. 木材加工及竹、藤、棕、草制品业	176999	21499	155500	—	—
10. 家具制造业	4060	119	—	—	3941
11. 造纸及纸制品业	86765	65773	18772	—	2220
12. 印刷业、记录媒介的复制	183035	164532	11756	1	6746
13. 文教体育用品制造业	116696	5302	89158	—	22236
14. 化学原料及化学药品制造业	228655	139387	12860	—	76408
15. 医药制造业	54047	50562	—	3485	—
16. 化学纤维制造业	24018	13386	10632	—	—
17. 塑料制品业	295879	117369	52214	—	126296
18. 非金属矿物制品业	60671	43326	10220	—	7125
19. 有色金属冶炼及压延加工业	—	—	—	—	—
20. 金属制品业	65103	34400	21586	—	9117
21. 普通机械制造业	20502	20280	—	—	222
22. 专用设备制造业	72058	47431	7070	—	17557
23. 交通运输设备制造业	89599	78310	5351	—	5938
24. 电气机械及器材制造业	151174	133570	8770	—	8834
25. 电子及通信设备制造业	205847	174834	2155	—	28858
26. 仪器仪表及文化、办公用机械制造业	17963	17963	—	—	—
27. 其他制造业	163947	78883	35279	—	49785
28. 电力蒸汽热水的生产和供应业	307978	266124	20015	7981	13858
29. 煤气生产和供应业	1963	1963	—	—	—
30. 自来水生产和供应业	25647	20306	3154	183	2005

街道镇及以上独立核算工业企业单位数、总产值、增加值、效益

（2001 年）

项　　目	全　市	汕头市区	澄海市	南澳县	潮阳市
一、工业企业单位数（个）	834	479	144	14	197
1. 按经济类型分：国有经济	110	70	7	12	21
集体经济	191	94	47	—	50
其他经济	273	121	48	1	103
#"三资"经济	260	194	42	1	23
2. 按轻重工业分：轻工业	644	347	128	10	159
重工业	190	132	16	4	38
二、工业总产值（万元）	3248834	1929300	645302	15690	658542
1. 按经济类型分：国有经济	263517	201318	30173	11225	20801
集体经济	575574	272625	148511	—	154458
其他经济	1275652	582574	299474	3485	390119
#"三资"经济	1134071	872783	167144	980	93164
2. 按轻重工业分：轻工业	2126620	1038828	558355	7709	521728
重工业	1122214	890472	86947	7981	136814
三、工业增加值（万元）	841310	556586	129136	3494	152094
1. 按经济类型分：国有经济	105777	84255	11913	2675	6934
集体经济	136083	65395	30981	—	39707
其他经济	333857	190444	56257	639	86517
#"三资"经济	265593	216492	29985	180	18936
2. 按轻重工业分：轻工业	487557	261810	105229	1501	119017
重工业	353752	294776	23907	1992	33077
四、工业经济效益综合指数（%）	109.93	123.52	111.45	21.82	88.60
总资产贡献率（%）	5.68	5.68	8.84	-2.95	3.49
资本保值增值率（%）	99.52	107.10	102.66	154.45	71.14
资产负债率（%）	50.84	52.13	46.73	68.32	45.60
流动资产周转率（次）	1.71	1.50	2.21	2.01	2.22
成本费用利润率（%）	2.46	2.81	3.67	-11.97	0.58
增加值劳动生产率（元/人）	58473	76905	35273	36735	44805
产品销售率（%）	94.13	94.70	92.93	97.04	93.57

全部国有工业企业主要经济指标

（2001 年）

单位：万元

项　　目	全市	汕头市区	澄海市	南澳县	潮阳市
企业单位数(个)	110	70	7	12	21
#亏损企业	58	38	2	9	9
资本金	261577	229302	5991	14018	12266
流动资产合计	429691	352768	20718	7783	48422
#存　货	65575	56704	2961	809	5101
流动资产年平均余额	392864	327879	21138	7355	36492
固定资产合计	525336	407995	58664	29810	28867
固定资产原价合计	610358	480847	58990	36037	34484
累计折旧	164654	132881	10042	7314	14417
#本年折旧	27906	21799	3019	2383	705
固定资产净值年平均余额	409782	324622	41266	28731	15163
资产总计	1048785	834103	80376	49420	84886
流动负债合计	407653	338467	10473	10270	48443
长期负债合计	165883	101508	25994	28271	10110
所有者权益合计	470131	394123	43909	10879	21221
产品销售收入	597507	425368	74410	12178	85551
#产品销售税金及附加	3256	1194	1332	514	216
管理费用	44280	37161	2710	472	3937
盈利企业盈利总额	22261	19193	2057	—	1011
亏损企业亏损总额	10904	7273	69	2157	1405
盈亏相抵后利润总额	11357	11920	1989	-2157	-394
利税总额	35619	28812	6132	-1524	2199
应交所得税	3253	2084	806	—	363
本年应交增值税	21006	15698	2812	119	2377
全部职工年平均人数(人)	22797	15699	1953	829	4316

规模以上集体工业主要经济指标

（2001年）

单位：万元

项　　目	全市	汕头市区	澄海市	南澳县	潮阳市
企业单位数(个)	191	94	47	—	50
#亏损企业	30	14	3	—	13
流动资产合计	226195	122771	67525	—	35899
流动资产年平均余额	256310	135574	70807	—	49929
固定资产合计	130044	55486	38569	—	35989
固定资产原价合计	169073	76571	49963	—	42539
累计折旧	43966	22639	14138	—	7189
#本年折旧	8784	3192	4026	—	1566
固定资产净值年平均余额	112000	59610	33842	—	18548
资产合计	381820	196943	111328	—	73549
负债合计	207344	121467	54713	—	31164
所有者权益合计	174477	75477	56615	—	42385
产品销售收入	485804	232096	125572	—	128136
#产品销售税金及附加	4982	2422	874	—	1686
管理费用	19272	10327	4643	—	4302
盈利企业盈利总额	12432	4476	6399	—	1557
亏损企业亏损总额	2572	708	44	—	1820
盈亏相抵后利润总额	9860	3768	6355	—	-263
利税总额	25840	12774	11074	—	1992
应交所得税	1378	409	919	—	50
本年应交增值税	10999	6586	3845	—	568
全部职工年平均人数(人)	28720	10578	10721	—	7421

规模以上港澳台商投资工业主要经济指标

（2001 年）

单位:万元

项　　目	全市	汕头市区	澄海市	南澳县	潮阳市
企业单位数(个)	206	150	36	—	20
#亏损企业	71	55	10	—	6
资产合计	833245	656864	129413	—	46968
流动资产年平均余额	448903	343841	74016	—	31046
存　货	132873	104467	21103	—	7303
负债合计	517389	441141	64217	—	12031
所有者权益合计	315856	215723	65196	—	34934
产品销售收入	697378	485902	141255	—	70221
#产品销售税金及附加	1010	471	84	—	455
盈利企业盈利总额	18928	12993	3445	—	2489
亏损企业亏损总额	26096	22420	3308	—	368
盈亏相抵后利润总额	-7169	-9427	137	—	2121
利税总额	10160	3704	3387	—	3069
应交所得税	1160	764	254	—	142
本年应交增值税	16319	12660	3166	—	493
全部职工年平均人数(人)	34067	20510	9839	—	3718

规模以上外商投资工业主要经济指标

（2001 年）

单位：万元

项　　目	全市	汕头市区	澄海市	南澳县	潮阳市
企业单位数(个)	54	44	6	1	3
#亏损企业	27	23	3	—	1
资产合计	675428	576031	28420	7349	63628
流动资产年平均余额	338377	282992	16313	132	38939
存　货	101051	85276	2823	—	12952
负债合计	401704	342931	16541	670	41562
所有者权益合计	273725	233100	11880	6679	22066
产品销售收入	392364	363560	13846	980	13978
#产品销售税金及附加	479	137	307	29	6
盈利企业盈利总额	9501	9322	126	23	30
亏损企业亏损总额	19716	14080	429	—	5207
盈亏相抵后利润总额	-10215	-4758	-303	23	-5177
利税总额	-2327	2208	503	52	-5090
应交所得税	668	650	13	—	5
本年应交增值税	7409	6829	499	—	81
全部职工年平均人数(人)	14080	11857	1472	18	733

规模以下工业主要经济指标

（2001 年）

单位：万元

项　　目	全市	澄海市	南澳县	潮阳市
规模以下工业合计	—	—	—	—
企业单位数(户)	15760	7424	273	3930
产品销售收入	4316642	1403117	51874	1819795
上交税金	104658	16701	967	55052
实收资本(自有资金)	—	—	—	—
1. 规模以下企业				
企业单位数(个)	6626	1428	138	2491
产品销售收入	2982213	483586	39521	1614225
从业人员平均人数(人)	378672	48579	3370	271796
上交税金	90439	9368	780	53119
实收资本(自有资金)	—	—	—	—
2. 个体经营单位				
个体经营单位数(户)	9134	5996	135	1439
产品销售收入	1334429	919531	12353	205570
年末从业人员(人)	144422	103405	688	31039
上交税金	14219	7333	187	1933
实收资本(自有资金)	—	—	—	—

规模以上工业产品销售收入

（2001 年）

单位：万元

项　　目	全市	澄海市	南澳县	潮阳市
一、产品销售收入	3340342	61510	16378	650307
1. 按登记注册类型分				
内资企业	2250601	459909	15398	566108
国有企业	597507	74410	12177	85551
集体企业	485804	125572	—	128136
股份合作企业	49215	603	—	8051
联营企业	30229	646	3221	9052
有限责任公司	126186	11408	—	31392
股份有限责任公司	184970	11713	—	534
私营企业	750864	265557	—	300326
其他企业	25826	—	—	3066
港澳台商投资企业	697377	141255	—	70221
外商投资企业	392364	13846	980	13978
2. 按轻、重工业分				
轻工业	1928209	491951	7214	459012
重工业	1412133	123059	9164	191296
3. 按生产规模分				
大型企业	1027186	177391	—	10069
中型企业	409531	10493	—	192157
小型企业	1903625	427126	16378	448081
二、工业产品销售率(%)	94.1	92.9	97.0	93.6

主要工业产品产量

（2001 年）

产品名称	单位	全市	汕头市区
原　盐	吨	8771	8771
发电量	万千瓦时	574507	543959
#火力发电	万千瓦时	559441	543959
#水力发电	万千瓦时	3761	—
乳制品	吨	516	516
水产加工品	吨	8803	5336
糖　果	吨	6750	5485
罐　头	吨	4990	4990
方便主食品	吨	72578	40271
啤　酒	吨	23534	—
配混合饲料	吨	255186	53666
液晶显示器	万平方米	5. 19	5. 19
布	万米	674	674
印染布	万米	4499	2440
服　装	万件	6293	3778
化妆品	万元	43586	10780

注:统计范围为规模以上工业。

主要工业产品产量(续)

(2001 年)

产品名称	单位	全市	汕头市区
机制纸	吨	41803	64
烧　碱	吨	3268	3268
感光胶片	万平方米	15.21	15.21
照相纸	万盒	20.65	20.65
合成洗涤剂	吨	501	501
中成药	吨	1250	1179
化学原料药	吨	1486	1470
塑料制品	吨	123292	68209
电话单机	部	37507	37507
燃气用具	万台	2.71	—
工业锅炉	蒸发量吨	233	233
高低压开关板	面	7563	7563
通讯电缆	对公里	66711	681
电力电缆	公里	11822	11822

主要工业产品产量(续)

(2001年)

产品名称	单位	全市	汕头市区
滚动轴承	万套	126	126
医疗器械	万元	22882	22882
交流电动机	千瓦	2600	2600
干电池	万只	3358	3358
蓄电池	千伏安	100392	—
半导体分立器件(商品量)	万只	168060	145016
半导体集成电路(商品量)	万块	359	
超声波仪器	台	4043	4043
印制电路板	万平方米	44.22	44.22
磁带(折6.30毫米)	亿米	19.02	—
聚苯乙烯树脂	吨	141106	141106
聚酯切片	吨	182051	182051
化学纤维	吨	13848	13848
激光盘	万片	1715	1715
玩　　具	万元	39979	2115
自来水生产量	万吨	17367	13497

全社会客货运输(吞吐)量

项　　目	单位	全市		汕头市区	
		2001 年	2000 年	2001 年	2000 年
一、货物运输					
货运量	万吨	1310.22	1320.9	830	840.9
公　路	万吨	1030	1040	658	678
水　运	万吨	279.4	280	171	162
航　空	万吨	0.82	0.9	0.82	0.9
货物周转量	万吨公里	172645	196016	134488	158772
公　路	万吨公里	58100	59000	38000	46941
水　运	万吨公里	113557	136000	95500	110815
航　空	万吨公里	988	1016	988	1016
二、旅客运输					
客运量	万人	2037.8	1956	1557.8	1476
公　路	万人	1655	1600	1175	1120
水　运	万人	316	290	316	290
航　空	万人	66.8	66	66.8	66
旅客周转量	万人公里	256557	249041	160506	165876
公　路	万人公里	198000	192000	102000	108835
水　运	万人公里	721	680	670	680
航　空	万人公里	57836	56361	57836	56361
三、港口吞吐量					
港口货物吞吐量	万吨	1309.3	1283.7	1064.2	1159.5
出　口	万吨	106.7	92.5	75.4	74.9
进　口	万吨	1202.6	1191.2	988.8	1084.6
港口旅客吞吐量	万人	2.23	5.49	2.23	5.49
出　口	万人	0.95	2.48	0.95	2.48
进　口	万人	1.28	3.01	1.28	3.01
四、空港吞吐量					
空港货物吞吐量	万吨	1.65	1.89	1.65	1.89
出　口	万吨	0.88	1.02	0.88	1.02
进　口	万吨	0.77	0.87	0.77	0.87
空港旅客吞吐量	万人	87.0	104.38	87.0	104.38
出　口	万人	44.6	53.4	44.6	53.4
进　口	万人	42.4	50.98	42.4	50.98

邮电业务基本情况

（2001 年）

项　　目	单　位	全　　市	汕头市区
一、邮电局、所数	个	158	76
#自　办	个	86	35
信筒、信箱	个	121	102
邮路总长度（单程）	公里	18841	18738
长途电话电路总数（含出租）	路	73481	52800
#直通香港	路	—	—
直通广州	路	—	—
直通深圳	路	—	—
二、邮电业务收入	万元	303475	161964
三、邮政业务量	万件	14842.06	8422.48
函　件	万件	1616.63	960.74
机要文件	万件	4.32	3.81
包　件	万件	34.24	17.61
汇　票	万张	159.92	61.85
订销报纸累计数	万份	4843.84	2241.69
订销杂志累计数	万份	388.0	263.7
四、电信主要业务			
电　报	万份	29.81	15.21
传　真	万份	0.49	0.47
用户电报	万次	1.08	1.08
长途电话	万张	26654.09	13309.49
市话年末到达户数	户	609079	450917
#公用电话	户	14864	6515
农话年末到达户数	户	463157	—
移动电话年末到达户数	户	1092200	565000

社会消费品零售总额

（2001 年）

单位：万元

项　　目	全　市	汕头市区	澄海市	南澳县	潮阳市
社会消费品零售总额	2241576	1129563	266310	38314	807389
1. 按销售地区分					
市的零售额	1404418	1129563	108980	—	165875
县的零售额	26969	—	—	26969	—
县以下的零售额	810189	—	157330	11345	641514
2. 按行业分					
批发零售贸易业	1716607	910985	212540	19013	574069
餐饮业	275100	155180	20025	2442	97453
制造业	10380	5980	3318	655	427
农业生产者	230953	53240	27180	16204	134329
其　　他	8536	4178	3247	—	1111
城市集市贸易成交额	447207	447207	—	—	—
农村集市贸易成交额	476870	—	158225	14991	303654

批发零售贸易业商品销售总额

(2001 年)

单位:万元

项　目	销售总额	批　发	零　售
总　计	4049715	2333107	1716608
一、按规模分			
(一)限额以上企业	638563	498405	140158
内资企业	586606	498405	88201
国有企业	352372	326540	25832
集体企业	31116	3091	28025
股份合作企业	—	—	—
联营企业	21261	21261	—
有限责任公司	133084	117084	16000
股份有限公司	32509	26398	6111
私营企业	15408	3825	11583
港澳台商投资企业	—	—	—
外商投资企业	51957	—	51957
(二)限额以下企业	3411152	1834702	1576450
法人企业及活动单位	3411152	1834702	1576450
二、按地区分			
龙湖区	336217	238584	97633
金园区	866780	573300	293480
升平区	367878	108618	259260
达濠区	79205	41664	37541
河浦区	28036	—	28036
市直属	1130243	935208	195035
澄海市	429510	216970	212540
南澳县	88043	69030	19013
潮阳市	723803	149734	574069

注:批发企业限额标准:年销售额 2000 万元以上;零售企业限额标准:年销售额 500 万元以上。

外贸出口总额

单位:万美元

地　区	出口总额		1. 一般贸易出口		2. 加工贸易		3. 其　他	
	2001 年	2000 年	2001 年	2000 年	2001 年	2000 年	2001 年	2000 年
全　市	134148	259612	68934	186649	65199	72920	15	43
汕头市区	105785	204968	57474	152504	48296	52424	15	40
澄海市	17027	26285	8376	16506	8651	9776	—	3
南澳县	269	1523	259	998	10	524	—	—
潮阳市	11067	26836	2825	16641	8242	10196	—	—

外贸进口总额

单位:万美元

地　区	进口总额		1. 一般贸易		2. 加工贸易		3. 其他贸易	
	2001 年	2000 年	2001 年	2000 年	2001 年	2000 年	2001 年	2000 年
合　　计	138960	161690	83922	103899	47847	51741	7191	6050
汕头市区	123717	142769	83244	102675	34374	34776	6099	5318
澄海市	7536	9991	442	805	6962	8932	132	254
南澳县	184	326	181	257	3	18	0	51
潮阳市	7523	8604	55	162	6508	8015	960	427

利用外资基本情况

单位:宗、万美元

项　目	全　市		汕头市区	
	2001 年	2000 年	2001 年	2000 年
一、新签协议(合同)数	84	91	58	65
对外借款	3	1	3	—
客商直接投资	65	81	42	61
合资经营	18	17	14	11
合作经营	6	8	2	4
独资经营	41	56	26	46
客商其他投资	16	9	13	4
补偿贸易				
加工装配(引进设备价值)	16	9	13	4
二、协议规定客商投资额	29686	28232	25444	22904
对外借款	1050	1000	1050	—
客商直接投资	28337	26992	24114	22862
合资经营	15896	2987	14127	3190
合作经营	－290	6497	77	5693
独资经营	12568	17508	9808	13979
客商其他投资	299	240	280	42
补偿贸易				
加工装配(引进设备价值)	299	240	280	42
三、实际利用外资	18235	17090	12639	9588
对外借款	403	383	403	3
客商直接投资	17739	16561	12221	9551
合资经营	1229	4743	476	3491
合作经营	8065	3958	6632	2498
独资经营	8445	7860	5113	3562
客商其他投资	93	146	15	4
补偿贸易				
加工装配(引进设备价值)	93	146	15	4

旅游业情况

（2001 年）

	计量单位	合　计	汕头市区	澄海市	南澳县	潮阳市
一、旅游人数	人	2244805	1639932	260475	104030	240368
（一）国内旅客	人	2032659	1480289	251595	103963	196812
（二）国际旅游者	人	212146	159643	8880	67	43556
1. 外国人	人	47012	42268	1977	57	2710
2. 港澳同胞	人	146315	107265	5670	10	33370
3. 台湾同胞	人	18819	10110	1233	—	7476
二、旅游收入	亿元	35. 38	25. 85	4. 11	1. 64	3. 78
其中：外汇收入	万美元	9100	6847. 89	380. 91	2. 87	1868. 33
其中：出口性外汇收入	万美元	2147. 6	1616. 1	89. 9	0. 68	440. 92

星级宾馆开房率情况

（2001 年）

	计量单位	合计	星级宾馆小　计	五星级	四星级	三星级	二星级	一星级	无星级宾　馆
宾馆数	座	47	38	2	5	11	17	3	9
房间数	个	6589	5428	908	1180	1790	1336	214	1161
床位数	张	12094	10223	1508	2257	3514	2507	437	1871
开房率	%	62. 42	63. 51	73. 74	71. 66	57. 59	63. 75	50. 81	61. 33

财政收入与支出

单位:万元

项目	全市		汕头市区	
	2001年	2000年	2001年	2000年
财政收入	395950	383268	279208	250451
企业收入	14873	7395	11779	5967
工商税收	338339	341865	245563	226322
农业四税	16448	14979	9096	8564
其他收入	20171	13037	8272	5306
征收排污费收入	1729	1759	1336	1435
教育费附加收入	4390	4233	3162	2857
财政支出	301512	276990	196508	180424
基本建设支出	5810	6162	4780	4553
企业挖潜改造资金	3396	4384	3148	4089
科技三项费用	3007	2872	2551	2211
支援农村生产支出	5204	5211	1188	1308
农林水利气象等事业费	16624	16127	9722	9777
工业交通商业等部门事业费	1191	888	484	280
城市维护费	28202	24847	24345	21201
文教科学卫生事业费	100859	90517	57519	52630
#教育事业费	67209	55603	33564	29370
科学事业费	1720	1843	1284	1271
其他部门事业费	16468	13353	12011	10512
抚恤和社会救济费	7883	5606	4196	2909
行政管理费	38088	33014	27792	23917
价格补贴支出	5899	6124	3447	4052
其他支出	17875	20522	9760	8968
国防及武警部队支出	1237	391	1169	246
支援不发达地区支出	630	327	46	68
农业综合开发支出	926	824	51	11
行政事业离、退休费	615	605	441	439
专项支出	5017	6366	3388	4656
公检法司支出	34282	32420	26975	23243
社保支出	8301	6430	6495	5354
地区和海域开发	—	—	—	—

金融机构各项存贷款年末余额

单位:万元

项目	全市		汕头市区	
	2001 年	2000 年	2001 年	2000 年
一、各类金融机构年末存款余额	5905103	5259725	3993552	3562758
#银行	5230504	4637790	3826511	3407766
邮局	88994	68542	46396	37035
金融信托投资公司	—	—	—	—
城市信用社市辖小计	—	—	—	—
农村信用社	585598	573169	121965	135350
存款余额中:企业存款	1431307	1553886	1214390	1334496
城乡居民储蓄存款	4086013	3514011	2467742	2109405
二、各类金融机构年末贷款余额	4217195	4063022	3129113	3024249
#银行	3533041	3397451	2895130	2789820
金融信托投资公司	—	—	—	—
城市信用社市辖小计	—	—	—	—
农村信用社	684154	665571	233983	234429
贷款余额中:中长期贷款	761677	460689	669675	429409
#基本建设贷款	297852	195126	258666	185246
技术改造贷款	133563	114739	119837	102980
短期贷款	3370172	2906527	2382857	1962661
#工业贷款	661132	575521	521418	457232
商业贷款	994381	669120	843310	537703
农业贷款	232757	210019	43248	7863
建筑业贷款	94846	46859	85857	39099
其他短期贷款	493358	689833	349006	532754
三、全辖金融机构现金收入	14205801	14482532	8846815	8787159
四、全辖金融机构现金支出	14295620	14905353	8573889	8648778
五、现金净回笼(-)净投放(+)	+89819	+422821	-272926	-138381

城乡居民储蓄存款余额

（2001年）

单位：万元

地　　区	城乡居民储蓄存款余额	1. 城镇居民储蓄存款	2. 农村居民储蓄存款
全　市	4086013	3570258	515755
汕头市区	2467742	2373247	94495
澄海市	539357	405034	134323
南澳县	26616	18323	8293
潮阳市	1052298	773654	278644

银行现金收支

单位：万元

项　目	2001年	2000年
现金收入合计	14205801	14482532
#商品销售收入	1543403	1670502
服务业收入	849686	765881
税款收入	104900	125693
城乡个体经营收入	441793	385614
储蓄存款收入	9636623	9373090
其他金融机构收入	129189	138007
居民归还贷款收入	110969	126444
汇兑收入	400665	386837
有价证券收入	34839	82858
其他收入	953734	1427606
现金支出合计	14295620	14905353
#国家工资及奖金支出	662530	752994
国家对个人其他支出	261301	305680
部队存款支出	31008	22004
其他单位工资性支出	904495	1255105
工矿及其他产品采购支出	206865	258687
农副产品采购支出	327584	417686
行政企事业管理费支出	438699	551866
城乡个体经营支出	630201	668426
储蓄存款支出	9858948	9293947
其他金融机构支出	146019	124856
居民提取贷款支出	83928	105669
汇兑支出	69901	56867
有价证券支出	32097	70640
其他支出	642044	1020926

全社会固定资产投资额

单位:万元

项　目	全　市		汕头市区	
	2001 年	2000 年	2001 年	2000 年
一、全社会固定资产投资总额	1029651	1124751	618334	634684
国有经济	524445	594834	424982	462027
基本建设	273455	253480	236023	221902
更新改造	78378	116599	43500	57113
房地产开发	172612	224755	145459	183012
其他投资	214351	187639	159863	127863
#城镇集体经济	14816	28669	7836	14871
农村集体经济	156193	188643	5595	10744
城镇私人投资	21971	30177	6109	6506
农村私人投资	112691	123458	21785	27544
二、全社会新增固定资产	1089872	1098541	695671	603293
国有经济	550864	518519	456750	382998
基本建设	329871	172056	297636	134905
更新改造	64686	116499	35294	56004
房地产开发	156307	229964	123820	192089
其他投资	257238	240850	205432	175501
#城镇集体经济	15850	26629	7730	13951
农村集体经济	147108	185537	5595	10744
城镇私人投资	21971	30177	6109	6506
农村私人投资	112691	123458	21785	27544

全社会竣工房屋建筑面积

（2001 年）

单位:平方米

项　　目	全　市	汕头市区	澄海市	南澳县	潮阳市
一、全社会竣工房屋建筑面积	4975991	2196383	1039105	24674	1715829
国有经济	2023427	1303144	327481	6490	386312
基本建设	483340	377670	83229	5110	17331
更新改造	94162	5261	3845	—	85056
房地产开发	1445925	920213	240407	1380	283925
其他投资	704751	375948	307803	—	21000
#城镇集体经济	77001	14668	44430	—	14500
农村集体经济	669316	72754	45033	4920	546609
城镇私人投资	224483	87720	28937	8534	99292
农村私人投资	1354014	356817	329851	4730	662616
二、全社会竣工住宅建筑面积	2638261	1199310	478866	14534	945551
国有经济	1205270	765006	209753	1380	229131
基本建设	39567	32077	7490	—	—
更新改造	3076	—	—	—	3076
房地产开发	1162627	732929	202263	1380	226055
其他投资	25080	10800	13280	—	1000
#城镇集体经济	14430	6000	7430	—	1000
农村集体经济	114810	26082	15658	—	73070
城镇私人投资	184824	77205	11979	8464	87176
农村私人投资	1108277	320217	228196	4690	555174

汕头市区城市建设情况

项目	单位	2001 年	2000 年
一、市区面积	平方公里	301.2	298.3
#建成区面积	平方公里	97.7	96.7
二、城市自来水			
年底水厂个数	个	4	4
年底水厂生产能力	万吨/日	97	97
年底供水管道总长度	公里	943	897
全年供水总量	万吨	18444	18883
#生活用量	万吨	6385	10305
平均每人生活用水量	升/天	223.2	276.8
三、城市公共交通			
1. 年底公共汽车运营车辆	辆	353	298
年底运营线路长度	公里	458	221
全年运客总数	万人次	6810	5124
2. 公共轮渡	艘	10	14
全年轮渡客运总量	万人次	879	1377
3. 年底出租小汽车运营车辆	辆	2159	2687
四、市政设施			
实有道路长度	公里	616	610
实有道路面积	万平方米	843	821
城市桥梁数	座	44	44
防洪堤长度	公里	160	159.6
城市下水道长度	公里	1214	1207
五、城市园林绿化			
园林绿地总面积	公顷	3003	2928
建成区绿化覆盖面积	公顷	3170	3091
公园个数	个	11	10
公园面积	公顷	109.9	89.5
六、城市环境卫生			
清扫面积	万平方米	845	821
全年完成清运垃圾	万吨	36.5	36.5
七、城市住房			
年末住宅居住面积(含厅)	万平方米	1216	1176
人平居住面积(含厅)	平方米	13.60	13.65

全部职工人数与工资

项目	全市		汕头市区	
	2001 年	2000 年	2001 年	2000 年
一、年末职工人数(人)	375469	397193	247873	266070
国有经济单位	228814	238897	139349	147089
集体经济单位	93600	100892	61395	67444
其他经济单位	53055	57404	47129	51537
二、平均职工人数(人)	376725	399500	248621	266070
国有经济单位	229670	236889	139930	147089
集体经济单位	94588	104381	62100	67444
其他经济单位	52467	58230	46591	51537
三、全年工资总额(万元)	373228.4	364605	264013.3	263658
国有经济单位	269556.4	251514	176720.2	169920
集体经济单位	43678.5	50341	32120.4	36851
其他经济单位	59993.5	62750	55172.7	56887
四、人均工资(元)	9907	9127	10619	9909
国有经济单位	11737	10617	12629	11552
集体经济单位	4618	4823	5172	5464
其他经济单位	11435	10776	11842	11038

全市各类学校基本情况

（2001年）

项　　目	学校数（所）	本年毕业学生数（人）	本年招生数（人）	在校学生数（人）	教职工数（人）	专任教师（人）
一、汕头大学	1	1324	2790	8420	1335	571
二、汕头教育学院	1	599	1132	2386	170	109
三、汕头电大、业大普通专科班	1	2070	2535	7013	176	90
四、中等专业学校	13	3178	3364	10655	1178	726
中等师范学校	3	910	442	1986	314	195
市卫生学校	1	79	220	776	80	47
汕头文化艺术学校	1	115	147	306	87	45
汕头商业学校	1	282	443	1198	74	43
汕头机电学校	1	373	572	1670	96	60
汕头供销学校	1	297	204	747	60	35
汕头工艺美术学校	1	158	197	797	67	46
汕头体育运动学校	1	119	72	271	128	79
汕头林百欣科技学校	1	325	619	1561	103	66
汕头外语学校	1	263	398	1052	91	60
汕头潮阳建筑工程学校	1	257	50	291	78	50
五、市办中专学校	—	—	—	—	—	—
六、教师进修学校	3	117	273	859	98	48
七、技工学校	2	1960	1634	5229	253	164
八、普通中学	211	84282	106270	293586	16046	12732
初　中	144	73776	87213	246757	—	9890
高　中	67	10506	19057	46829	—	2842
九、农业职业中学	8	2401	1398	5520	519	388
初　中	1	289	374	1024	—	56
高　中	7	2112	1024	4496	—	332
十、小学	857	93835	111167	647886	25158	21751
十一、幼儿园	985	83477	88331	159837	10727	7088
十二、汕头盲聋哑学校	1	16	42	299	50	44
十三、成人高等学校	—	—	—	—	—	—
十四、成人中等教育	12	2412	1884	6081	595	266

全市卫生事业基本情况

（2001 年）

项目	单位	全市	汕头市区
一、卫生事业机构	个	128	44
医院	个	79	28
#县及县以上医院	个	30	22
疗养院、所	个	1	1
门诊部、所	个	23	—
专科防治所、站	个	6	2
卫生防疫站	个	8	6
药品检验所、室	个	—	—
医学科研机构	个	1	1
中等医药学校	个	1	1
高等医药学校	个	2	2
其他卫生事业机构	个	7	3
二、床位数	张	7219	4715
#医院床位	张	7159	4655
三、卫生事业各类人员数	人	16103	8495
卫生技术人员	人	13108	6566
#医生	人	5771	2995
护师、护士	人	3620	2336
其他技术人员	人	505	372
管理人员	人	1129	646
工勤人员	人	1361	911

农村住户调查基本情况

项　　目	单　位	2001 年	2000 年
一、调查户数	户	200	200
二、调查户常住人口	人	1020	1029
#整半劳动力	人	650	664
#文盲或半文盲人数	人	22	42
平均每户人数	人	5.10	5.15
三、调查户经营耕地面积	亩	274.28	286.87
调查户经营山地面积	亩	12.40	14.90
四、年末生产性固定资产原值	万元	66.88	132.62
五、年末使用房屋面积	平方米	21594	20066
#砖木结构面积	平方米	11156	11154
钢筋混凝土结构面积	平方米	9297	8457
年内新建房屋面积	平方米	80	340
年内新建房屋价值	万元	2.60	38.8
六、平均每人总收入	元	4660.89	4882.63
#家庭经营收入	元	2633.75	2573.34
七、平均每人纯收入	元	4089.98	4343.05
八、平均每人总支出	元	4208.77	4277.58
家庭经营费用支出	元	376.78	308.61
购置生产性固定资产	元	3.31	5.59
缴纳税款	元	64.02	45.38
上交集体承包任务	元	—	—
生活消费支出	元	3604.97	3642.79
#食品支出	元	1698.78	1683.68
其他非借贷性支出	元	—	—
九、平均每人年末手存现金	元	1412	1156

城市住户调查基本情况

项　目	单　位	2001 年	2000 年
一、调查户数	户	200	200
二、家庭人口数	人	665.95	687.24
#就业人数	人	357.67	370.23
离退休人数	人	60.43	58.08
平均每户人数	人	3.33	3.44
平均每户就业人数	人	1.79	1.85
平均每一就业者负担人数	人	1.86	1.86
三、人平居住面积	平方米	14.65	14.83
四、平均每人实际收入	元	9055.80	8803.44
#可支配收入	元	8953.08	8707.68
1. 全民所有制职工工资	元	5519.64	4781.88
2. 集体所有制职工工资	元	711.36	733.68
3. 其他所有制职工工资	元	396.36	461.40
4. 职工从单位得到的其他收入	元	183.72	166.68
5. 个体劳动收入	元	942.24	1073.76
6. 其他劳动收入	元	283.20	350.40
7. 财产性收入	元	3.96	67.68
8. 转移性收入	元	1182.84	1151.04
#离退休金	元	613.92	558.12
赡养、赠送收入	元	447.00	481.56
五、平均每人储蓄借贷收入	元	713.40	718.2
六、平均每人实际支出	元	8493.60	8400.72
生活消费支出	元	7583.64	7494.12
#食品支出	元	3642.00	3587.64
非消费性支出	元	909.96	906.60
七、平均每人储蓄借贷支出	元	974.16	830.64
八、平均每人年末手存现金	元	820.92	775.78

汕头市地方税务局

2001年，汕头市地税系统在省地税局和市委、市政府的正确领导下，以“三个代表”重要思想为指导，认真贯彻“改革、整顿、规范、提高”八字方针，以组织收入为中心，坚持依法治税，推进和完善税务机构、人事制度、税收征管体制三项改革，深入扎实开展纪律、作风、行风三项整顿，不断规范税收秩序，致力提高干部队伍素质，圆满完成了全年各项工作任务。在偏紧的经济形势下，全年组织地方税收收入178988万元，比增8.9%，增收14566万元；征收社保费48349万元，比增2.58%，征缴率达95.83%，堤围防护费及教育费附加也有较大幅度增长，税费合计超过23亿元，超额完成了上级下达的年度收入任务，为汕头经济发展和社会稳定作出了积极贡献，受到了省地税局和市委、市政府、市人大领导的肯定和好评。全市地税系统有26个单位次被各级评为先进单位，有101人次被各级评为先进个人。市局党组书记、局长吴声烈同志被省地税局评为优秀共产党员、优秀公务员。

省地税局吴升文局长带队莅汕调研。

市委书记李统书深入地税部门调研。

汕头地税局开展“诚信纳税，利国利民”税法咨询暨万人签名活动。

市长李春洪接受中央、省有关新闻单位组成的“南粤地税行新闻采风”记者采访。

汕头市国家税务局

“诚信纳税，利国利民”电视论坛

2001年，汕头市各级国税部门在宏观经济极为严峻的形势下，始终坚持把依法治税作为开展一切工作的前提和根本，始终坚持以组织收入为中心，坚持把稳定队伍和促进发展作为头等大事来抓，大力规范税收管理，整顿税收秩序，在组织收入、打骗斗争、科技兴税、队伍建设和服务经济等方面做了大量的工作，全年共实现工商税收收入37.8%，国内税收完成22.3亿元，税收职能得到进一步发挥，为汕头经济建设作出了应有的贡献。

第11个税收宣传月启动仪式授旗

第11个税收宣传月启动仪式长跑活动

中国工商银行 汕头市分行

INDUSTRIAL AND COMMERCIAL BANK OF CHINA　SHANTOU CITY BRANCH

中国工商银行是我国最大的国有商业银行，在世界各大银行中位居前列，连续4年进入世界大企业500强，并分别被《银行家》、《欧洲货币》杂志评为“中国最佳银行”和“中国内地最佳银行”。

中国工商银行汕头市分行成立于1984年，服务对象为各类企事业单位、团体和居民个人等。18年来，该行以支持全市广大工商企业发展，真诚为社会服务为宗旨，抓住改革开放的机遇，不断深化金融改革，坚持依法规稳健经营，各项业务迅猛发展。至2001年底，拥有营业机构网点79个，各项资产达210亿元。全行各项存款142亿元，各项贷款136亿元，存、贷款总量均居全市商业银行首位，成为汕头地区金融业中一家资金实力雄厚、业务种类齐全、服务优质快捷、设备先进、信誉高的国有商业银行。

中国工商银行汕头市分行坚持以客户为中心，致力于开拓创新。先后在当地银行同业中率先开发出一系列金融新业务和新品种，如教育储蓄、个人消费贷款、电子银行和个人理财等。目前，已开办的业务有：本外币存款、本外币贷款、国际国内结算、票据承兑贴现、牡丹信用卡、国际卡、灵通卡、外汇买卖、担保业务、保管箱业务、咨信调查、有价证券承销、代理保险和各类代收、代付、代缴业务等。

中国工商银行汕头市分行坚持以科技为先导，致力于构筑强大的科技平台。建成大型计算机网络系统，大机联网率达100%；开通“了结算高速公路”资金汇划清算系统，客户通过实时汇划可实现2小时内达帐，批量处理24小时内达帐；全面推广处于国内领先水平的CB2000综合业务处理系统，体现以客户为中心，强化了服务功能；实现了全国大中城市的通存通兑，推出了电话银行、网上银行、企业银行和网络资金清算等，为广大客户提供全方位优质、高效的金融服务。

中国工商银行汕头市分行积极筹集资金发放贷款，不遗余力地为汕头经济发展提供强有力的资金支持，有力地促进了汕头基础建设的日臻完善和产业经济的不断提升。面对新经济大潮的来临，该行将一如既往地为广大客户提供优质的全方位的金融服务，真诚与广大客户携手合作，共创更加美好的明天。

中国建设银行
China Construction Bank
汕头市分行

中国建设银行是四大国有独资商业银行之一，是一家兼容本外币业务的全功能大型商业银行。中国建设银行汕头市分行是中国建设银行的一家二级分行，是中国建设银行重点发展的60个中心城市分行之一，具有雄厚的资金实力和优良的服务功能与服务水平，可办理《商业银行法》准许开办的所有银行业务，包括本外币存款、贷款、汇划、住房公积金、银行卡、保管箱、结算、担保、存款资金证明、代收代付、工程审价、代客证券买卖、代理保险、财务顾问等业务，在中长期贷款、个人住房贷款、工程审价等业务领域具有强大的优势和丰富的业务经验。

“不断创新，追求卓越”是建行汕头市分行的经营理念，分行始终奉行“以市场为导向，以客户为中心”的服务宗旨和“从严治行、规范管行、以人为本、制度管人”的管理理念，紧紧围绕追求国家、银行、地方、客户价值最大化的经营目标，规范管理，稳健经营，开拓进取，与时俱进，追踪市场变化，把握客户需求，为广大客户提供完全、快捷、周到的服务。

汕头市烟草专卖局
广东烟草汕头市有限责任公司

公司在市区设立4家批发部，为零售网络客户开展访销配送优质服务，图为鮀浦批发部

专卖局在市区设立4个专卖管理所，图为专卖稽查员依法开展卷烟市场检查

汕头市烟草专卖局（公司）是汕头市烟草专卖管理部门和经营企业。主要职能是依据《烟草专卖法》和有关法规赋予的权限对全市烟草市场实施专卖管理和行政执法，依法为本市卷烟零售户提供卷烟货源，开展卷烟经营。连年来，局（公司）坚持国家对烟草行业提出的“一要规范、二要改革、三要创新”的工作重点，以打假为重点，大力整顿卷烟市场秩序；以优质服务为重点，大力抓好卷烟销售网络建设；以廉政建设为重点，加强企业的精神文明建设。取得了明显的经济效益和社会效益，多次被市委、市政府和省烟草专卖局授予“文明单位”光荣称号。

地址：汕头市迎宾路2号
邮编：515041
电话：办公室 8179915
专卖办公室 8179919　　销售科 8179900

中国烟草

局（公司）办公楼

粤东信息大厦

信公司汕头市分公司

来，汕头电信以坚实的步伐实现了历史性的跨越。目前，汕头城乡电话交换机容量达
率达到每百人23.43部，居国内中等城市前列；卡式公话亭达1.4万部。截至2001年
供分组交换节点机容量达到609个端口，DDN节点机容量达到3250个端口，宽带业务帧
个端口，IP网端口总数达到1.2万个端口。数据基础业务用户达到3741户，多媒体业
，中国电信汕头宽带网的开通，标志着汕头城域网络建设取得质的飞跃，一个覆
域网已构筑起“环市信息高速干线”。同时，汕头电信还先后建成了一大批具有重大
东信息大厦、汕头国际海缆登陆站和卫星地球站三大标志性工程，使汕头成为国际通
一个完整、统一、先进的公用通信网，正为市民和各大电信运营商提供着集卫星、
全方位、宽带化、高质量的现代通信网络服务。汕头电信作为本地区的主导电信企
度超前的发展策略，建设具有相当规模的、技术先进的公用通信网络信息化体系，为
化、个性化、智能化的通信服务，进一步推广和普及信息技术，推动政府、企业、家
展提供高水准的公用信息化平台，为地区经济发展提供强大的推动力。

宽敞明亮的营业大厅

粤东信息大厦智能化楼宇控制中心

设备先进的通信机房

国际海缆汕头登陆站

汕头卫星通信地球站

广东省电信实业集团汕头市有限公司

耸立于市区长江路的汕头电信实业大厦

汕头电信实业公司党委书记、总经理：林彦平

广东省电信实业集团汕头市有限公司组建于2000年12月28日，是粤东地区规模较大的通信企业。

目前，公司拥有一流的通信工程建设、设计、监理队伍及经验丰富的网络维护队伍。公司下属的汕头市华南通信建设有限公司拥有国家电信工程专业承包壹级、建筑智能化工程专业承包壹级资质，并通过了ISO9002质量体系认证；汕头市中电通信建设监理有限公司被建设部、信息产业部核定为临时乙级监理单位；汕头市华南通信规划设计院拥有建设部智能建筑（系统集成，其中消防子系统除外）甲级资质、通信工程勘察设计乙级资质，国家计委电信工程编建议书、编可研、工程设计乙级资质；汕头市茂发电信房产开发有限公司通过了IS9001（2000）物业管理质量体系国际、国内双认证。

公司面向信息产业，以市场为导向，以“客户第一，信誉至上”为质量方针，实施多元化经营、多方位发展，通过网络化经营和定制化服务为各大以通信运营商提供专业化、立体化、个性化的全方位服务。公司的战略定位是“通信运营商的服务商”，服务宗旨是“让客户满意，让用户放心”。业务范围包括“声讯咨询、传呼服务；光、电通信设备生产；电信建设工程的设计、施工、监理；电信管线、终端设备的维护；物业管理；代维、代办、代销其他各种电信业务”。服务对象包括中国电信、中国移动、联通、吉通、盈通等通信运营商。目前，公司担负着汕头电信的代维、代营、代销业务和物业管理；还承接了汕头、潮州、揭阳等地区的大部分通信工程项目以及省内其他地区、省外部分地区、部分通信工程项目的设计、施工、监理。

面向新世纪，我们将继续坚持和发扬坚韧不拔、顽强战斗、奋力拼搏的优良传统和作风，以“办实事，干实业，务真求实”的精神，以“创新风、塑新貌、迎挑战”的姿态迎接新的挑战，开创新的局面，争取用五年时间，把汕头电信实业公司建设成为一流的现代化通信企业。

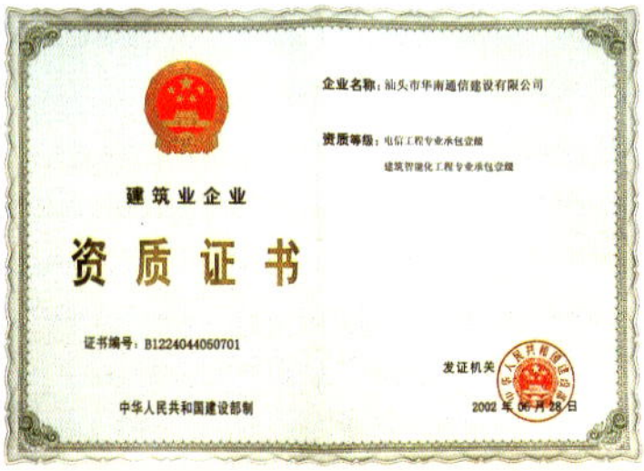

地址：广东省汕头市长江路8号
（电信实业大厦）
TEL：0754-8277862
FAX：0754-8177333
http：//www.stdxsy.com
邮政编码：515041

风雨潇潇不夜情—爱岗敬业的网络维护人员

汕头市电力开发公司

汕头市电力开发公司于1984年10月经汕头市人民政府批准成立，公司成立以来，本着“一业为主、多种经营”的原则，在大力投资电力建设、发展电力生产的同时，走多元化综合发展道路。目前公司拥有直属企业、合资合作企业和控股企业10家，是汕头市实力雄厚、信誉良好、技术较强的办电经济实体。

公司根据电力企业的实际，确立了“安全、生产、效益”的生产经营指导思想和“严、细、实”的工作作风，加大综合治理力度，全面推进深化改革和整体发展步伐。2001年度，公司在经营管理、安全生产、职工队伍建设等方面均有新的发展，取得了较好成绩。公司被评为首届全国“重合同、守信用”企业，广东省“连续十年重合同、守信用企业”单位。

公司法人代表、经理：沈宗敏
公司地址：汕头市金砂中路金凤城龙座七楼
电　　话：（0754）8308243
传　　真：（0754）8628242
邮　　编：515041

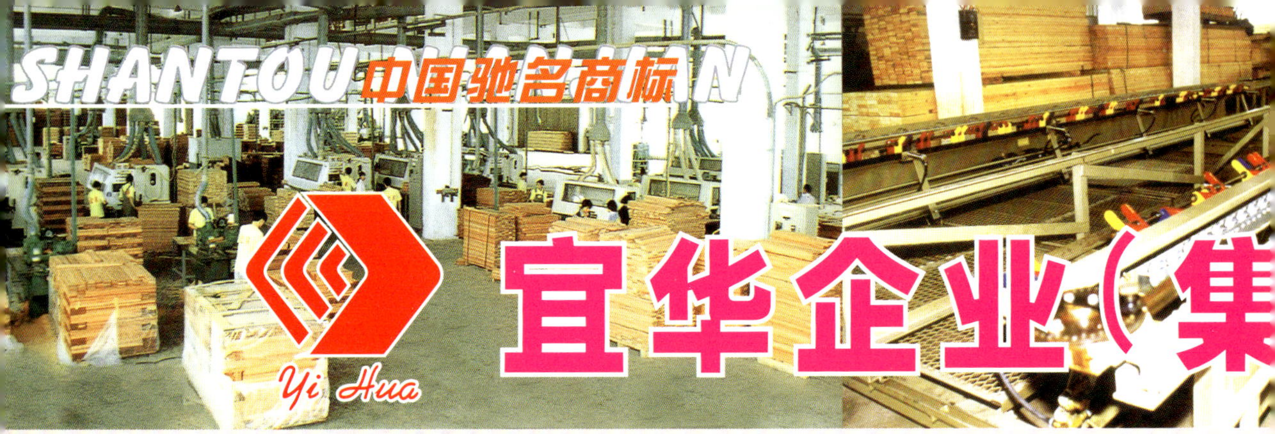

宜华企业（集

董事长：刘绍喜先生

宜华企业（集团）有限公司是一家以生产木地板、木家具等木材产品为龙头，集房地产、林业、商贸、装饰等多种经营为一体的大型综合民营企业，属下有广东省宜华木业股份有限公司和宜华房地产开发有限公司等20多家企业。注册资本2.7亿元，现有总资产达20亿元，员工2000多名，各类专业技术人才200多名。拥有生产厂房12万平方米，生产配套场地10万平方米。2001年集团实现产值18亿元，销售17.6亿元，出口创汇6500万美元，税收4500万元。

商　　标：“宜华”、“融华”，“宜华”牌商标为国内同行业首个“中国驰名商标”。

企业特点：供、产、销一体化；先占国外市场后打回国内市场；充足的国内外木材资源储备；跨国性企业。

保证管理体系：ISO9001：2000质量管理体系；ISO14000环境保

Yi Hua

宜华品牌荣获“中国驰名商标”

地址：广东省澄海市莲下镇槐东工业区
电话（Tel）：86-754-5100989
邮编（Post）:515834
传真（Fax）：86-754-5745583
Http://www.yihuagroup.com
E-mail:office@yihuagroup.com

在“汕头名牌产品（广州）博览会”宜华展位前，董事长刘绍喜向汕头市委书记李统书作介绍

护体系；MRPTT信息管理体系。

已获称号：国家农业部确认“大（一档）型乡镇企业”、全国出口最大企业500强之一、全国民营企业综合实力第39位、中国林产工业协会副理事长单位。

产　　品：实木地板、三层复合木地板、木制家俱、木屋、房地产、速生林、木制饰品。

销　　售：国内大中城市，200多个专卖店；国外以欧美市场为主，其中美国市场有400个销售点。

规　　模：国内实木地板、三层复合木地板生产能力最大；木材综合利用率最高；亚太地区木材干燥单厂生产能力最大。

技　　术：参与国内同行业多宗标准的起草。

该企业生产的部分木地板样品

该企业生产的木制别墅

董事长刘绍喜向中共澄海市委书记罗仰鹏介绍花园建设工地

该企业生产的部分出口产品

IDALL 爱多®

讓我們共同擁有……

爱多大事记

……

- 1997年4月，获中国职工生活进一步调查委员会颁发的“中国最具竞争力的民族品牌激光影碟机类第一类”；
- 1997年7月，获国家统计局颁发的“全国城市市场占有率第一”证书；
- 1997年11月，邀请国际著名影星成龙为其做广告，由国际著名导演张艺谋执导；
- 1997年11月，以2.1亿标价击败所有对手，勇夺CCTV98标王；
- 1998年10月，向希望工程捐款1000万人民币；
- 1999年10月，被评为全国品牌知名度第一；
- 2001年1月，中国民族品牌“爱多”正式落户汕头市；
- 2001年12月，推出新广告语“科技演绎自由”；
- 2002年2月，与国内家电销售巨头全面达成战略合作伙伴协议；
- 2002年8月，在央视、全国各大媒体投播新广告“科技-自由”篇；
- 2002年8月，推出激光视盘机最高端产品——音响PDVD；

……

汕头市爱多实业有限公司 SHANTOU IDALL ENTERPRISE CO.,LTD
爱多数码电子有限公司 IDALL DIGITAL ENTERPRISE CO.,LTD

brief introduction

汕头爱多是一家以科研、销售、生产为主体，科工贸相结合的高科技股份有限公司。公司拥有高效、科学的企业体系及先进的生产基地。公司总部设在中国南海之滨的著名侨乡——广东省汕头经济特区，毗邻香港、台湾，是全国知名企业之一。

公司成立以来，以客户为中心，以市场为先导，以科技为基础，强化管理，积极参与国际国内竞争，实施品牌运作，逐步致力于家庭消费类数码产品的研发、生产、销售、服务及跟踪，朝产品多元化方向发展，走企业可持续发展之路。

公司将以“务实、团队、专业、创新”的企业精神，创行业一流品牌，建中国知名企业，为消费者提供先进的产品，为社会尽企业绵薄之力。使“爱多”真正成为“消费者的爱多”、“社会的爱多”、“中国的爱多”。

真诚地希望与社会各界携手合作，共创辉煌！

地址：广东省汕头市东厦路70号
电话：0754-8631008（总机）
售后服务电话：0754-8602078
传真：0754-8631717 邮编：515041
http://www.idall.com.cn
E-mail:webmaster@idall.com.cn
中国深圳（爱多）研发中心
地址：深圳市科技园科丰路8号金达科技中心七楼
电话：0755-26719318 26719073
传真：0755-26719377

产品展示

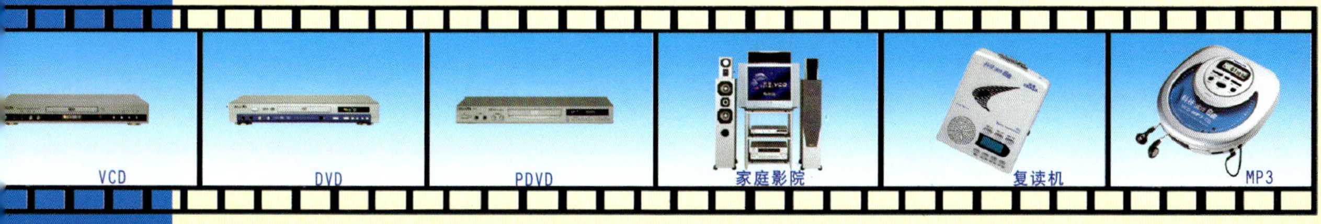

AULDEY

奥迪在中国玩具行业中崛起

AULDEY OUTSTANDING AMONG THE CHINESE TOY INDUSTRY

1993—2002，奥迪公司励精图治十载，躬身设计、开发、生产、经营玩具和数码领域，近千个品种产品畅销海内外，众多管理、技术、营销人才精耕于内，广拓市场，在各级政府、社会同仁热心扶持下，沐浴政策甘霖，重质量、守诚信的奥迪品牌终崛起于潮汕大地，成长为一方民营企业璀璨明珠，为一方经济繁荣贡献卓越。今日奥迪——正以其不断寻求管理、技术创新、重视人才为本、与时俱进引领市场前端的经营理念，在新世纪的浪潮中跻身国内知名玩具业之林，立足根本再逐新高。

奥迪公司是亚太经合组织(APEC)中国企业联席会议中惟一的玩具成员单位

中央政治局委员李长春向蔡东青总经理了解企业管理的情况

琳琅满目的样品室

设备齐全的大型生产车间

广东奥迪玩具实业有限公司 地址：广东省澄海市文冠路中段奥迪工业园 电话：0754-5862278 传真：0754-5870278
网址：http://www.auldey.com 电子邮箱：market@auldey.com 邮政编码：515800

从相知到永恒
潮宏基
CHAOHONGJI
— JEWELLERY 珠宝 —
欢迎浏览网站：www.chjchina.com
24小时免费服务热线：8008309898

香港四洲集团创办于1971年，主要从事食品原料供应、食品制造、食品销售、零售、咖啡餐厅以及投资控股业务，为香港最大的食品企业之一，规模庞大，实力雄厚。目前与四洲集团有业务来往的制造商来自日本、台湾、韩国、澳洲、新加坡、泰国、马来西亚、斯里兰卡、美国、英国、加拿大、南非、荷兰及意大利等国家和地区。四洲集团在内地、香港两地共拥有16家食品工厂。30年来，集团作风稳健，管理完善，获得无数奖项及荣誉，曾先后获得广东省人民政府表彰其对广东社会、经济发展所作出的突出贡献；日本政府农林水产省授予感谢状及《第三十届日本食品业功劳赏》，表彰其为日本食品业作出贡献。国际著名财经杂志《福布斯》评选为全球最佳中小型模范企业之一。并两度入选《亚洲周刊》“国际华商500家企业”；中国食品工业协会颂授《1981年至2001年中国食品工业杰出外商投资企业》奖。

四洲集团不断致力拓展内地及香港食品市场，为香港一家甚具特色的上市公司。在过去十多年公司积极到国内投资设厂，目前已在深圳、广州、惠州、汕头、苏州、青岛等地投资兴建了13家食品生产厂房。四洲集团业务遍及世界各地，所经营的产品多元化，其中主要产品包括牛奶、奶粉、糖果、饼干、小吃、朱古力、玩具糖果、饮品、蛋糕、雪糕、速食面、酱油、调味料、酒类、火腿、香肠、冻肉及海产各主要食品类别，而且大部份产品市场上都占有领导地位。例如四洲紫菜、四洲蛋糕、四洲牛奶糖、卡乐B薯片、明治雪糕、Pokka四洲粒粒橙、雪印奶粉、四洲吹波糖、固力果百力滋、四洲杯仔面、明治橡皮糖、四洲虾饼、四洲甘大滋、金妹唛火腿香肠、仁丹健康食品等等。

FSML 四洲集团有限公司
Four Seas Mercantile holdings Limited
地址：香港西贡康定路1号四洲集团大厦
Four Seas Group Building, No.1 Hong Ting Road, Sai Kung, Hong Kong
Telephone: (852) 2799 9777 Facsimile: (852) 2791 4069

广东省澄海市玉蕾食品实业有限公司

玉蕾®

澄海市玉蕾食品实业有限公司是粤东地区一家大型的农副产品加工企业。厂区面积达10000平方米，厂房宽敞，环境卫生洁净，科学设施完善。

“玉蕾”牌潮汕风味菜秉承潮汕美食传统，致力于农副产品及海产品的开发、深加工，经传统工艺和现代技术相结合，开创出广东名产“玉蕾”牌潮汕风味菜系列食品，有橄榄菜、白糖贡菜、辣味萝卜、香脆青瓜、香脆菜芯、红油香鱼、红油带鱼、红油马鲛鱼、红油箭鱼、沙爹酱等二十多个品种。

企业一贯重视产品质量，产品卫生。产品由天然原料经精工制作而成。品质独特，质量保证，保存期长。产品1992年荣获中国旅游购物节天马奖、金杯奖；1998年荣获中国食品博览会金杯奖。2000年被中国食品工业协会授予“中国知名食品信誉品牌”。

企业坚持客户至上，信誉保证，是重合同守信用单位。玉蕾食品自投入市场以来，销量节节上升。目前，产品畅销全国各地，远销新加坡、马来西亚、澳大利亚、美国、香港等国家和地区。

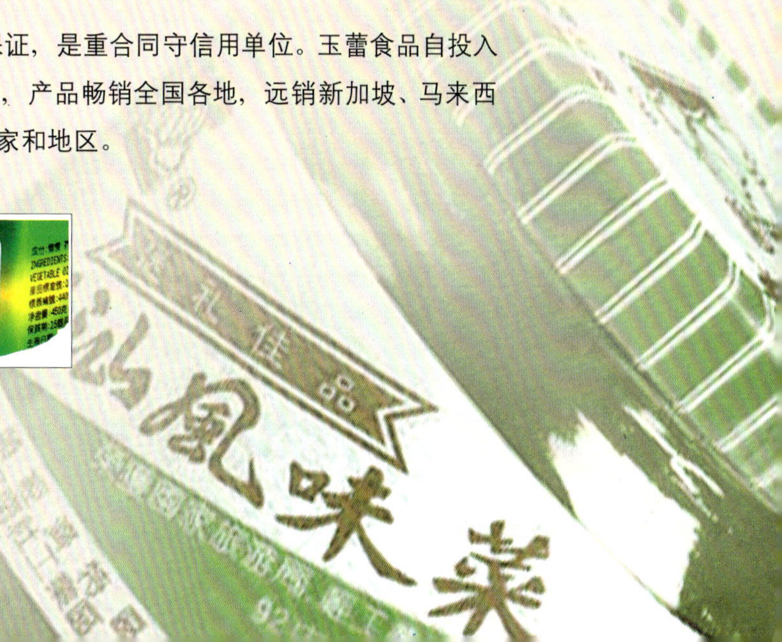

公司地址：澄海市外砂镇南社工业区
法人代表：王汉苞
电话：0754-5798304
传真：0754-5794308
网址：www.china-yuleicom
E-Mail：yulei304@163.com

CHAFA GROUP OF COMPANIES
預發控股集團

陈振东主席荣获美国南加州大学颁发荣誉哲学（工商管理）博士学位

香港青年工业家颁奖礼，香港政务司司长曾荫权颁奖予陈振东主席

汕头经济特区预发实业有限公司是港商陈振东先生出资兴办的独资企业，是集生产、设计、销售世界名牌“花花公子”、“花雨伞”、“VEZZO”为一体的实业性公司，投资总额为5000万港元，年产400万件服装。

1992年，陈振东先生开始在汕头投资设厂，生产世界名牌服装，并于1997年增资扩产，兴建“预发工业城”。“预发工业城”位于汕头市珠津工业区内，占地十八亩，其中首期工程建筑面积为一万三千五百平方米的厂房大楼已于1997年11月中落成启用，二期扩建工程也将会于近期进行兴建。

汕头预发自1998年以来，连续几年都被评为“龙湖区纳税大户”、“出口产值大户”，并受到各级政府的表彰。2000年荣获首届汕头市“实施名牌战略，争创驰名品牌”推介企业后，又成为汕头市68家受保护的无干扰“重点工业企业”之一。由于公司在工厂范围内推行ISO9002国际认证，实施以客为尊、实事求是等品质策略，使公司向客户提供之产品及服务质量不断完善，获得汕头市技术监督局颁授“质量信得过企业”之荣誉证书。公司品牌“花花公子”于2000年获得上海市“消费者最喜欢十大品牌”后，2001年，公司生产之“花花公子”、“花雨伞”又再双双入选上海市“消费者最喜欢的十大品牌”，一个公司同时能有两个品牌入选，证明了消费者对公司产品的信赖程度。

在各级政府的关心支持下，公司坚持重合同，守信用，正当经营，按章纳税，不断提高服务质量。公司立足现在、展望未来，坚持“没有最好，只有更好”经营理念和“全心全意，至诚至善至美”的经营宗旨，以“顾客第一”为原则，竭诚发展同国内外客户的关系，进一步拓展市场，为经济社会发展作出贡献。

汕头经济特区比利服装有限公司

92年10月BILLY JEANS荣获全国“十大最受欢迎时装”

94年8月BILLY JEANS被中华国产精品北方经贸洽谈会组委会评为“国产精品”并获金奖

94年11月BILLY JEANS牛仔系列获得名牌产品“京华奖”荣获称号

95年2月BILLY JEANS牛仔荣列全国服装类十大名牌之中

95年8月在中国休闲文化周中被评为“中国十大休闲品牌”

96年7月中国保护消费者基金会、中国社会学会、中国公共关系专业委员会授予本公司“中国企业最佳商誉特级”。

2000年2月“比利牌”服装获汕头市工业名牌产品称号

2000年5月比利服装公司获“汕头之光”称号，被列为汕头市“重点工业企业”

汕头经济特区比利服装有限公司系以汕特龙经外字（1992）年184号文批准同意，由香港联发投资公司投资设立的外商投资企业，注册资本港币壹亿元，主营生产、制造制衣（含皮革服装）、牛仔服装、电脑刺绣及鞋。公司自成立以来，业绩蒸蒸日上。

公司全面应用目前先进的电脑管理系统及零售管理系统等现代化资讯设备，成功地建立了一套广阔而密集的销售网络，设立西安、青岛、上海、长沙、济南、武汉、南京、昆明、柳州、天津、沈阳、北京、成都、哈尔滨、黑河、满洲里、重庆、深圳、大连等分支机构，负责推广BILLY JEANS的销售业务，迄今已拥有三十多家专卖店、二百多家联营户和近百家代销商场及批发点。公司除全方位开拓中国市场外，还在美国、加拿大、欧洲、东南亚等国家及地区建立分支机构，接受各国代销商的订单，行销“比利牛仔”这一世界名牌服装。

公司多次荣获纳税光荣户的荣誉称号，是汕头市的纳税大户；1992年至2000年连续9年被评为汕头市“重合同、守信用”单位。

广东曼妮芬服装有限公司

MANIFORM
曼妮芬

广东曼妮芬服装有限公司经多年的发展，目前拥有36000平方米的现代化厂房，800多台先进的生产设备，800余名优秀员工，在全国27个省市建立公司直属办事处33个，自营专卖店50个，并在全国各大百货公司设立了400多个曼妮芬销售专柜。公司市场营销管理中心设在深圳市，与法国著名的“卡琳”公司建立产品开发交流合作关系，现已开发生产有文胸、内裤、睡衣、保暖、泳衣、健身、功能束衣、卫生系列八大类400余款色。

广东曼妮芬服装有限公司以曼妮芬商标为标志的产品，款式新颖、质量保证，在市场有较高的知名度，深受广大消费者的认可和喜爱。近几年来，曼妮芬的销售业绩每年以较大的幅度增长，其发展规模和速度均居全国同行之首。

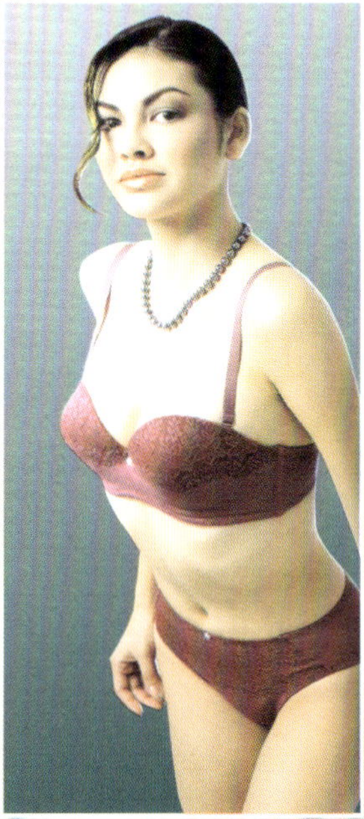

商标注册证号：1088727
商标注册人：广东曼妮芬服装有限公司
商品类别：第25类
使用商品：服装、针织品、奶罩、睡衣裤、游泳衣、游泳裤、鞋、帽、袜、领带

公司地址：广东省潮阳市司马浦仙港工业区A座
电话：0661－7730368
传真：0661－7736888　邮编：515149

爱 生 活 爱 拉 芳
HANTOU
名牌产品企业
广东熊猫日化用品有限公司是由中、马、港三方出资兴建的中外合资企业。座落于素有“百载商埠”之称的海滨城市汕头。公司拥有一个占地100亩，厂房面积60000平方米，配套设施齐全的集科研、生产、生活为一体的智能化工业园。已发展成为国内日化行业中的一个大型企业。
公司引进世界一流的设备及配套设施，生产以洗发露和香皂为主，沐浴露、啫喱水、洗手液、护肤用品等多品种多元化的系列产品。公司采用先进技术、科学配方，生产出品质优良，健康时尚的产品，注重实效，追求更好，深受消费者的喜爱。
公司一贯本着“创一流企业，树中国名牌”的经营理念，斥巨资在中央电视台和各卫视台、地方台高密度投入广告，使拉芳知名度大大提高，“爱生活，爱拉芳”这句广告语家喻户晓，男女老幼耳熟能详。拉芳作为日化行业里的一颗明星得到了业界的认可和赞赏。拉芳被评为“广东省名牌产品”，“广东省著名商标”；“质量信得过企业”，“中国银行AAA企业客户”，“中国农行黄金客户”，“中国洗发液质量放心品牌七强企业”。
“引领消费时尚，创造美好生活”。放眼未来，公司将本着“勤奋、敬业、求实、创新”的企业精神，以更快的速度、更大的范围、更高的效率、更好的服务去迎接新挑战，不断提升拉芳品牌的视觉形象、理念形象、行为形象，使拉芳品牌遍布全国的每一个角落，把拉芳建设成为真正的中国名牌。
影视巨星 陈德容
双层护理洗发露 / 植物精华洗发露
Http://www.lafang.com.cn E-mail:lafang@lafang.com.cn
laFang 拉芳
拉芳出品 优质保证
广东拉芳集团
中外合资 广东熊猫日化用品有限公司制造
(SINO-FOREIGN JOINT VENTURE)GUANGDONG PANDA DAILY CHEMICAL PRODUCTS CO.,LTD

汕头万年青制药（集团）公司

（广东省汕头制药厂）

万年青牌

ZZ-5430-粤卫药准字（1994）第301195号
粤药广审（文）2001040237号
地　址：广东省汕头市大华路41号
电　话：（0754）8250043 8457788

汕头万年青制药集团公司，是一家以中西药制剂为主，综合性多种经营的经济实体。集团的核心企业汕头制药厂系国家中成药工业国有重点企业“五十强”，被广东省科委认定为省高新技术企业。该企业一贯坚持“革新、创优、质量第一”的经营宗旨，走自已独特的中草药提炼和改进中成药剂型的发展道路，树立“科技领先，高效奉献”的企业精神。

集团拥有一批优质名牌产品，其中获国家银质奖产品有“消炎利胆片”、“脑力宝丸”、“石淋通片”3个；获中国中药名牌产品及部优质产品称号“胆石通胶囊”1个；获省优质产品称号“益心丸”、“妇炎平胶囊”等5个；获国家批准保护的品种有“胆石通胶囊”、“妇炎平胶囊”2个。汕头制药厂的产品畅销全国，万年青牌注册商标驰誉海内外。

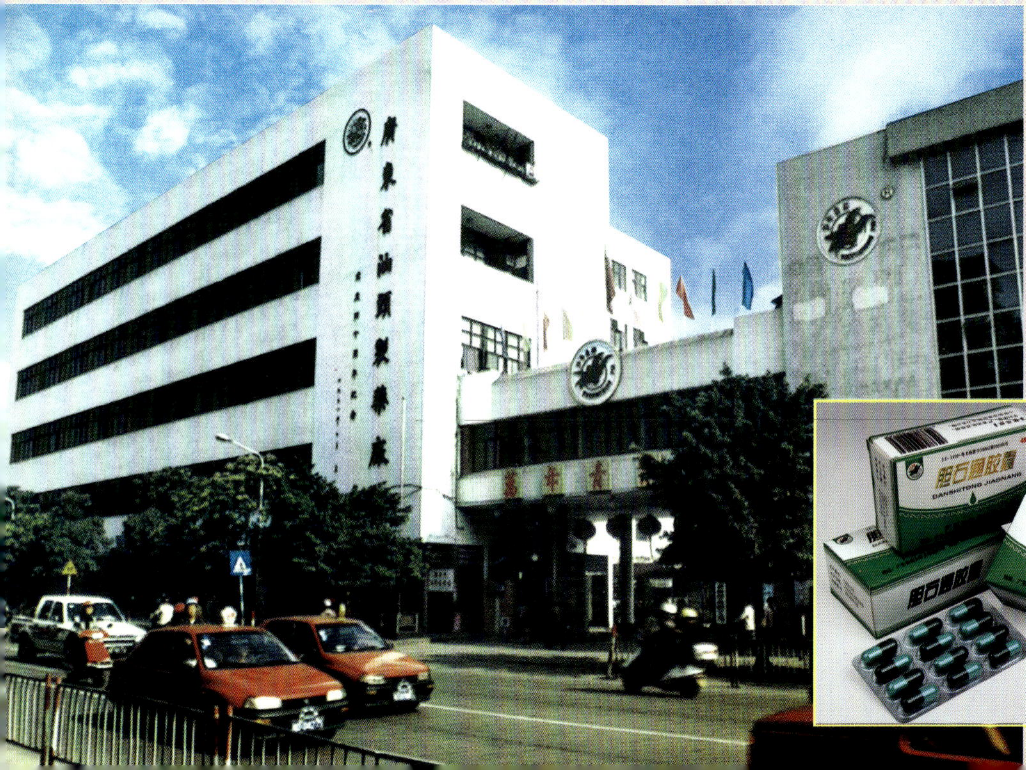

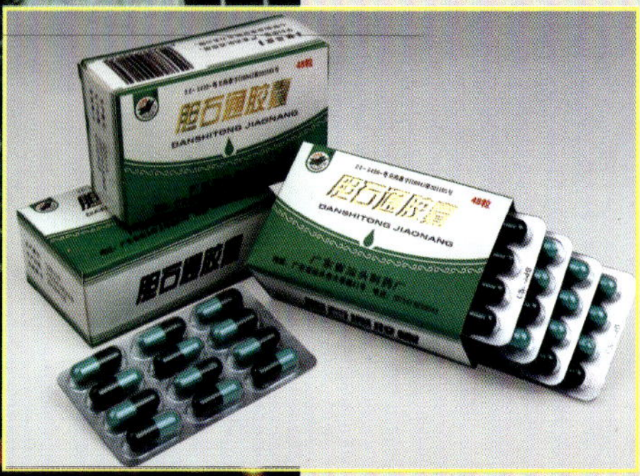

金石制药

汕头金石制药总厂

汕头金石制药总厂厂区

汕头金石制药总厂是广东医药行业20强之一，广东省高新技术企业，市重点工业企业，连续8年被评为重合同守信用单位，也是粤东地区现有产品类型最多、规模最大的制药企业。辖有全资的汕特化学制药厂，合资的金石粉针剂有限公司、金石抗菌素有限公司以及药用包装材料厂等生产实体。拥有药准字号原料药品种20个及制剂品种（包括片剂、胶囊剂、颗粒剂、口服液和粉针剂）100余个，连续三年中、西药年产值均逾4亿元，销售额均逾2亿元，利税均超千万。是国内领先贯彻现行《药品生产质量管理规范》的专业化药厂，至今已先后四次合计五个剂型通过国家GMP认证的检验。金石将一如既往地致力于营造自身的社会化集纳能力，满怀真诚以求与更广泛的朋友携手同谋事业，共图发展。

现代化的生产设备

地址：汕头市泰山路36号
电话：0754-8812285
传真：0754-8816261

市长李春洪到该厂指导工作

汕头大洋集团

汕头大洋集团是国家农业龙头企业、广东省农业龙头企业、广东省水产加工与流通龙头企业、广东省渔业龙头企业，汕头市国有大型企业集团，银行信用“AAA”级企业。

大洋集团属下全资企业十一家，合作合资企业三家，总资产10亿多元，员工2000多人。拥有远洋捕捞、果蔬食品加工、水产加工、冷藏冷冻、船舶修造、码头储运、水产专业市场、房地产开发、建筑管桩生产、进出口贸易等专业；享有国家远洋捕捞权、港澳货运权、全国进出口权、成品油经营权、保税贸易权、房地产开发权、专业市场经营权，是一家以农渔产业为支柱的多功能综合性大型企业集团。

近几年来，大洋集团调整经营布局，优化产业结构，深化企业改革，大胆开拓创新，经济实现连续六年正增长，目前已成为一家颇具规模、产业化经营特点突出、良性发展的企业集团。

21世纪的经济是全球化经济，大洋集团正以新的姿态，稳健的步伐，朝着建设产业化、规模化、现代化企业集团的目标前进。

名牌产品企业

广东金刚玻璃科技股份有限公司

范曾题

本公司由 汕头金刚玻璃实业有限公司
金怡玻璃国际有限公司(香港)
中国建筑材料科学研究院
国家玻璃深加工技术工程中心
德国worner玻璃结构技术有限公司
共同发起设立

在公司八年的奋斗历程中，我们得到了社会各界的广泛支持和关心，由此获得了：

1. 广东省科技厅授予的“广东省高新技术企业”
2. 汕头市人民政府授予的“汕头市重点工业企业”
3. 中国工商银行授予的“AAA信用企业”
4. 汕头市工商局授予的“重合同守信用企业”
5. 国家建设部授予的“建筑幕墙壹级施工资质企业”
6. 国家建设部授予的“建筑幕墙甲级设计资质企业”
7. 国家技术监督局授予的“玻璃幕墙生产许可证”
8. 德国RWTUV的ISO9001质量体系国际认证证书

我司开发的产品：

1. 高强度单片艳钾防火玻璃被汕头市人民政府评为汕头市科技进步一等奖
2. 隐框玻璃幕墙被广东省科技厅评为广东省重点新产品
3. 点式玻璃幕墙被广东省科技厅评为广东省重点新产品

我司主编的标准有：

1.<<点支式玻璃幕墙工程技术规程>>(中国工程建设标准化协会标准)
2.<<中空玻璃百叶帘>>(建设部行业标准)
3.<<全玻璃幕墙标准图集>>(国家推荐标准)

我司参编的标准有：

1.<<建筑用防火玻璃>>(国家标准)
2.<<低辐射玻璃>>(国家行业标准)
3.<<玻璃幕墙工程质量检验标准>>(建设部行业标准)
4.<<玻璃幕墙工程技术规范>>(建设部行业标准)

地址：汕头市大学路叠金工业区　　邮编：515063
电话：0754-2511103　2511110　传真：0754-2535211
http：//www.jingang-glass.com
E-mail：jingang@pub.shantou.gd.cn

汕头经济特区南美电子实业有限公司

汕头经济特区南美电子实业有限公司是经国家新闻出版总署批准，从事光盘研究、开发、生产的“国家重点高新技术企业”。目前拥有8条光盘生产线，专业生产VCD光盘、DVD光盘、名片光盘、可写入光盘、母盘等，年产光盘能力上亿片，是国内主要的光盘生产基地之一。

南美公司坚持“追求一流成品质量,全力满足客户需求”的宗旨,不断改进生产技术，提高产品质量，率先通过ISO9002质量体系认证，产品质量在同行业中遥遥领先。

南美公司坚持依靠科技进步，紧跟国际科技发展步伐，与汕头大学建立紧密的合作关系，成立了“南美数字音像技术研究所”、“南美数字音像软件开发基地”,实现“产、学、研”结合,利用大学的科技人才、研究设施、信息渠道等方面优势，策划、开发适应信息时代市场需要的数字音像制品、计算机软件和名片光盘，取得良好的经济效益和社会效益。

南美公司坚持走规模化、集约化、高科技的发展道路,不断扩大规模。南美将成为国家重要的、集数字音像节目开发、制作、复制、出版、发行、展览等各种功能于一体的数字音像产业基地。

南美集团总裁：肖宏利
汕头市南美集团有限公司 SHANTOU NANMEI GROUP CO.,LTD
地址：汕头市衡山路63号南美工业村
NO.63.HENGSHAN ROAD.NANMEI INDUSTRY VILLAGE.SHANTOU.CHINA
网址： http: //www.nanmei-st.com
电子邮箱： E-mail: nanmei@pub.shantou.gd.cn
电话（TEL）：0754-8880339 8880773
传真（FAX）：0754-8880996
邮编（P.C.）：515041

汕头海洋第一聚苯树脂有限公司

汕头海洋第一聚苯树脂有限公司是中外合资企业，是目前国内最大的聚苯乙烯生产企业之一，现年生产能力达15万吨以上。经国家确认为全国百强高新技术企业。“SOE”牌聚苯乙烯产品质量在国内外享有盛誉，是在中国大陆PS市场起主导作用的聚苯乙烯产品，现有13个专用牌号产品，其中SH-69产品质量可与国际名牌媲美。拥有通过原国家化工部鉴定和批准的国内惟一的“SOE聚苯乙烯专有技术”。获德国TUV-ISO9002等多项认证。公司正在建设泉州年产10万吨聚苯乙烯新工厂，并将再扩容10万吨/年。另外还在汕头厂区内进行10万吨/年的技改扩容工程，公司聚苯乙烯系列产品的年生产能力最终将达到60万吨，成为国内聚苯乙烯最大的生产厂家。

法人代表：李国俊　　**总经理：**文锡民
销售部地址：广东省汕头市龙眼路85号
电话：（0754）8610669 8603381 8603382 8600634
传真：（0754）9623215
工厂地址：广东省汕头市珠池黄金围海湾大桥头
电话：（0754）8817218 8817660 8815540
传真：（0754）8824538
电子邮箱：soeps@pub.shantou.gd.cn

廣东省摩托車工業聯

GUANGDONG MOTORCYCLE INDUSTRY COR

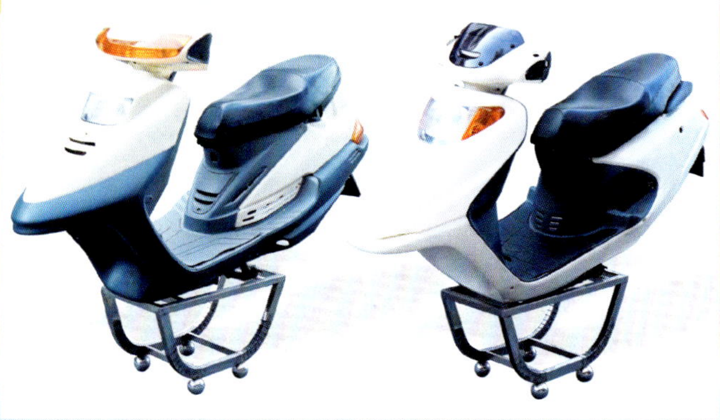

广东省摩托车工业联合公司澄海摩托车灯具厂是中
的摩托车灯具及塑料零部件专业生产厂，在国内摩托车
金会确认为“消费者信得过产品”、中国企业认定委员

企业配备有大型注塑系统、冲压拉伸、喷漆、烤漆
料到灯具总成的出厂，已形成全方位、广深度的生产
生产了当今较为流行的各种车型灯具及塑料零部件。
托有限公司、嘉陵一本田发动机有限公司、麦科特玛
车工业有限公司、重庆隆鑫摩托车集团、重庆力帆轰
国各地摩托车配件经销单位和广大维修用户，信誉卓著

连年来，企业不断强化内部管理，完善产品质量
在全国防眩目质量抽检中被评为惟一的一等品。产品通
检验合格，被广东省技术监督局授予第一批“质量信得
秀质量管理小组奖”，广东省“重合同守信用”单位，被

为适应新形势的发展，提高企业的管理水平，工厂
步提高。企业将本着“让顾客更满意”的基本宗旨，一

司澄海摩托車燈具廠

HENGHAI MOTORCYCLE LAMPS FACTORY

业总公司摩托车行业零部件定点生产企业、广东省规模较大高的商业信誉。产品注册商标“骑光牌”，被中国消费者基“中国企业最佳形象AAA级”。

装配流水线和比较全面的检测设备等。从塑料、铁板等原材可根据客户提供的图样为客户开发、提供新产品。企业现已要产品配套五羊一本田摩托（广州）有限公司、新大洲本田摩限公司、广东精通集团天马摩托车公司、广州市新动力摩托团公司等四十多家较大型企业。“骑光牌”系列产品盛销全

品的更新换代。属国内较早开发的6V25/25W防眩目前照灯，产品质量监督检验合格，多次通过国家摩托车行业检测中心和汕头市“质量信得过企业”，质量攻关项目获得“广东省优学技术委员会评为“民营科技企业”， 资格等称号。

了ISO9002质量体系认证，使内部管理、产品控制水平进一展同各协作单位的关系,一道为开发高品质产品而努力。

广东省摩托车工业联合公司澄海摩托车灯具厂
法人代表：蔡锦辉
地 址：广东省澄海市岭亭东埭
电 话：(0754)5862811 5860911
传 真：(0754)5869617
邮 编：515800
http://www.motorpts.com
E-mail: service@motorpts.com

澄海市信宇工艺玩具厂

CHENGHAI XINNING CRAFTS TOYS FACTORY

澄海市信宇工艺玩具厂创建于1982年，专业生产圣诞装饰品和复活节、情人节、万圣节等西方节日装饰品、礼品、首饰盒以及世界各大公司（迪士尼、华纳、芝麻寨、可口可乐、麦丹劳等公司）专利产品等手工工艺品。产品100%出口，主要销往美国、加拿大、欧洲及东南亚等几十个国家和地区。企业占地面积1.8万平方米，厂房面积1.2万平方米，1998年经国家外经贸部批准具有自营进出口经营权，成为澄海市惟一一家获得进出口权的工艺类厂家。目前，已发展成为一家规模化、专业化、电脑化的中型企业。

十多年来，企业始终坚持以守法为本、信誉为纲的办厂宗旨，赢得了海内外客户的广泛赞誉与信任。

地址：澄海市信宁开发区
Add: Xinning Developing Zone,Chenghai City
电话：754-5727007　5733005　5733006
传真：754-5733007　邮编：515800
厂长：林岳　许松辉

汕头市东风印刷厂有限公司
DONG FENG
SHANTOU DONGFENG PRINTING FACTORY CO.,LTD
地址：汕头市潮汕路北郊工业区 电话：0754-8225139 8209354 传真：0754-8225196 邮编：515064
网址：www.dongfengprinting.com.cn E-mail: dongfeng@pub.shantou.gd.cn
ISO9001国际质量体系认证企业
国家定点烟标印刷单位
拥有国际先进的印前设计系统，胶印、凹印、丝印及烫金模切设备
具备大规模高品质纸包装彩盒综合印刷生产能力
先进设备 高品质印刷
万事俱备 东风助您成功
HEIDELBERG Speed Master CD Press
瑞士BOBST联线模切七色凹印机
BOBST 7 Colors Gravure Printing Machine with Die-cutting Unit (Made in Switzerland)

汕头经济特区自动化电器设备总厂有限公司

汕电® SHANZI

汕头经济特区自动化电器设备总厂有限公司是国家重点高新技术企业，粤东地区惟一的国家863/CIMS应用示范企业，通过华信公司和美国FMRC公司的ISO9001质量体系认证，是国家经贸委城乡电网建设与改造设备推荐企业，是国家电力总公司、中国石油化工集团公司、电控设备、自控设备定点企业，国家计量二级企业，采用国际标准和科技创新先进企业，汕头市政府首批确认重点工业企业和首批推介的工业名牌产品的生产企业。

近年来共开发了自动化电控设备36项，其中2项产品列为国家火炬计划、星火计划，3项评为国家级重点新产品，15项评为省重点新产品，荣获省市科技进步奖，省优秀新产品奖和国家金奖共39项次，11项产品获得国家技术监督局颁发的采用国际标准产品标志证书。

公司经营的自动化电器设备、直流电源成套装置、高低压电控设备等高新技术产品，畅销国内及越南、缅甸、伊朗等国家。

公司本着“开拓创新、科学管理、优质服务、面向全球”经营宗旨，全心全意为广大用户服务。

ISO国际质量标准认证　质保体系经华信公司认证　质保体系经美国FMRC公司认证

SA-2000智能型微机综合自动化系统

法人代表：郑仰柏
地址：汕头市渔港路2号北座
电话：0754-8538809 8520885
传真：0754-8551363
邮编：515041
网址：http://www.sag.com.cn
电子信箱：sa2000@21cn.com

SZDW系列电力系统用高频开关直流电源装置

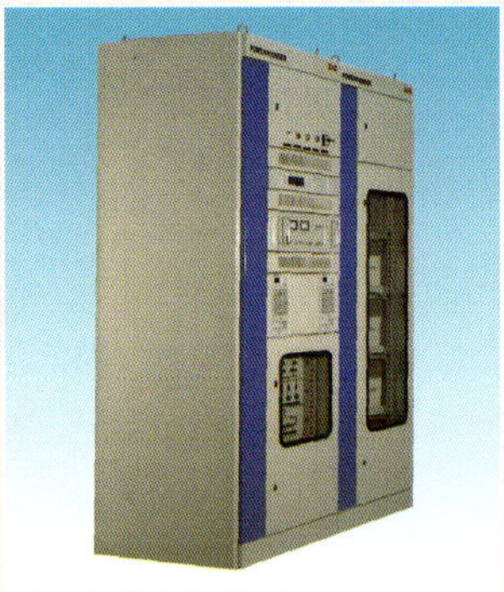

TEP系列三相应急电源成套装置

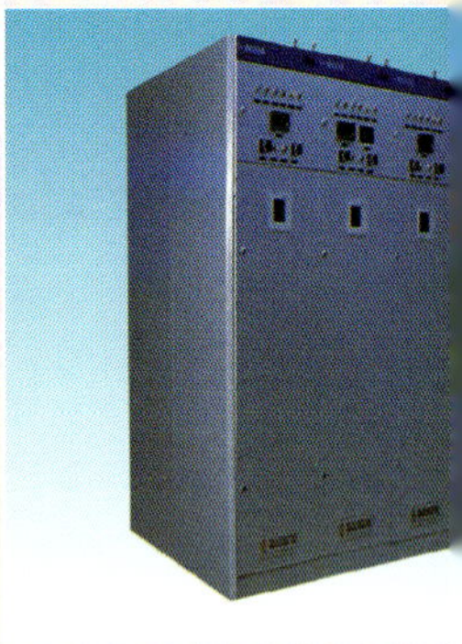

SAJ-3000系列泵站计算机监控系统

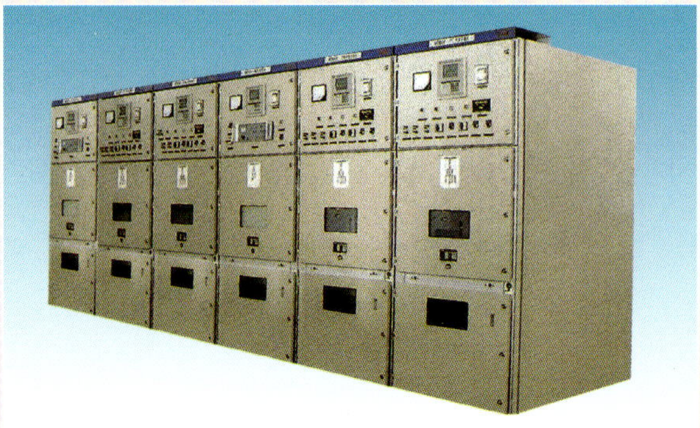

DKY-10型户内交流金属铠装移开式开关

GHK168-Z智能型混合式低压开关柜

广东轻工机械二厂有限公司

GUANGDONG NO.2LIGHT INDUSTRIAL MACHINERYCO.,LTD.

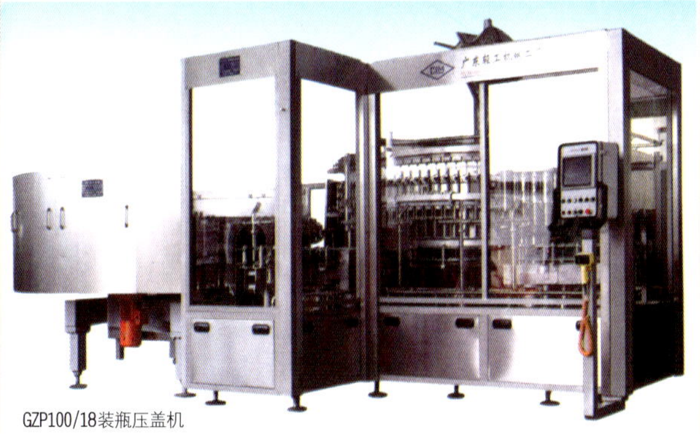

GZP100/18装瓶压盖机

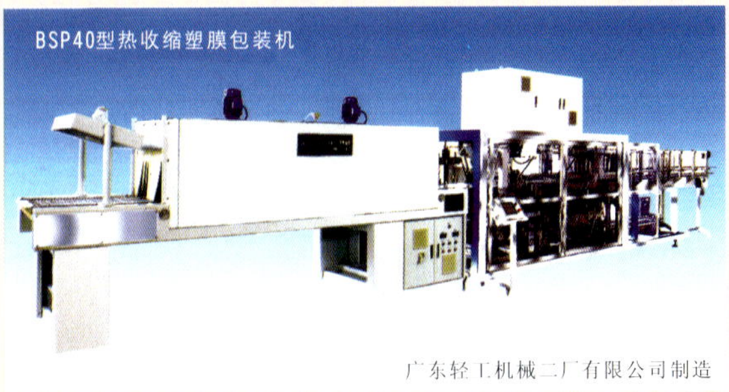

广东轻工机械二厂有限公司是专业制造啤酒（饮料）灌装成套设备的大型企业，主导产品为12000瓶/时~40000瓶/时系列啤酒（饮料）灌装生产线，其中多项产品荣获国家、省优秀新产品奖与科技进步奖，是国家科委认定的火炬计划重点高新技术企业（集团）、广东省高新技术企业，企业于1998年一次性通过ISO-9001标准认证。

公司坚持以市场需求为导向，以科技为先行，凭借雄厚的人才优势和专业实力，不断研制开发出具有国内先进水平的多样化优质产品。率先于国内同行推出的40000瓶/时机电一体化啤酒瓶装生产线，是目前国产性能最优、产量最大、技术最先进的灌装成套设备，已通过国家级产品技术成果鉴定；以CZP100-18装瓶压盖机为核心产品的24000瓶/时纯生啤酒灌装生产线，以其独特的设备结构和优越的使用性能，进入市场以来一直为众多啤酒生产厂家所青睐；BSP40热收缩塑膜包装机符合现代产品包装时尚，赢得了广泛的使用和用户的共同认可，该设备经中国方圆标志认证委员会检验和检查，符合认证要求，在同类产品中首先获许使用方圆合格认证标志。

公司秉承“用户至上，信誉第一”的服务宗旨，真诚为客户提供超值服务。目前设置有用户部、配件部、技术服务队以及在北京、青岛、沈阳、郑州、广州等中心城市组建了办事处和配件服务中心，构建用户信息反馈网并形成健全、及时、高效的服务系统。

优质的产品，及时、周到的服务使系列产品持续保持畅销优势，目前全国已有200多家用户使用该公司制造的啤酒瓶装设备。公司竭诚希望与更多的朋友发展广泛的合作关系，引进高科技，携手共创业，为民族啤酒工业的繁荣作出新的更大贡献。

汕头市新协包装材料厂

主要产品：
不干胶纸系列产品
涂塑纸　离型纸
全息防伪镭射纸
真空镀铝酒标纸
聚酯复膜金(银)卡
防伪不干胶商标纸

本厂创建于1991年，为外商独资企业，以自粘商标纸（不干胶）系列产品为龙头，集包装、装潢、印刷等高新技术于一体的专业化生产企业。1999年11月通过IS09002国际质量体系认证。

工厂占地面积45000平方米。拥有从韩国、台湾引进的纸塑淋膜复合和多功能涂布生产线。真空镀铝、全息激光防伪等设备也属国内一流。

工厂现稳定生产自粘商标纸系列、真空镀铝（转移法）、全息激光防伪纸、涂塑纸、硅油纸、酒标纸等高新技术产品。其中防伪自粘商标纸为专利产品。

双面涂塑车间一角

厂址：广东省汕头大学路莲塘工业区
电话(Tel)：(86)-754-2535622　2522195
传真(Fax)：(86)-754-2525622
公司：广东省汕头市中山东路中信海滨花园西区4-6幢一楼
电话(Tel)：(86)-754-8940005　8941776
传真(Fax)：(86)-754-8168366
http：//www.xinxie.com
E-mail：xinxie@xinxie.com

高速淋膜复合机
PAPER FILM-FILTERING LAMINATING

汕头市升平建设（集团）公司

集团总经理：袁映辉

海滨大厦

广东省汕头市升平建设（集团）公司系汕头市人民政府批准组建的，经省建委资质审查为城市综合开发贰级公司，是一个以房地产开发为主，集办学，酒店娱乐业、建工贸结合、进出口并举的综合性大型企业。

5年来，公司总投入建设资金4.1亿元，施工面积23.8万平方米，竣工面积21.5万平方米，工程合格率达100%，优良率达30%，上交税金1500万元，上缴管理费800万元。与此同时，在上海开发的六栋住宅楼共2.2万平方米已建成交付使用并全部售完；位于市人民广场的旧城改造项目——24层的海滨大厦已建成交付使用；在升平工业区内开发的约5万平方米的廉租厂房全部招商成功；在汕头影响较大的金环西路乐业园、长平路乐业园均准时交付使用，实现销售80%以上，且金环西路乐业园被市建委授予“城市物业管理优秀住宅小区”取得了较好的社会效益。公司连续六年被市评为“重合同、守信用”企业、“纳税光荣户”、“优秀企业”、“经济工作先进单位”和“市房地产开发十佳企业”称号。目前，公司从业人员110人。具有经济、工程技术职称人员48人，其中高级工程师2名，工程师6名，统计师1名，会计师1名，经济师1名。

集团公司以“开发新区、建设升平、面向全国、走向世界”为宗旨，弘扬“团结、创新、求实、奉献”的精神，在新的一年中，将参与旧城项目改造，拟建13栋商住楼、扩建小学一所、新建镇邦广场一个，年底前完成项目改造任务。

百安集团全景图

法人代表人：袁映辉
地址：汕头市大学路中段升平工业区内升平建设大厦
电话：2511974　2512719
传真：2513044　邮编：515021

联泰办公大楼

广东联泰集

广东省物业管理示范小区中泰花园

广东联泰集团有限公司，前身为汕头联泰（集团）有限公司，
综合性实业型企业，董事长黄振达先生。集团公司属下有汕头市达
有限公司、汕头联泰物业管理有限公司、深圳市濠信房地产有限公

汕头市达濠市政建设有限公司是国家建设部资质审核批准的市
自1984年创建以来，累计完成各类工程330多项，分布于汕头、
良率70%以上。先后荣获中国市政工程金杯奖2项，国家优质工程银
样板工程20余项，市级优质样板工程近30项。

公司1993年涉足房地产业以来，先后开发了多个房地产项目，
明星楼盘，迅速树立了“联泰地产”的品牌，其中，中泰花园先后
秀住宅区综合奖”等多项荣誉；锦泰花园2001年获得了“住宅单元
产协会共同举办的“汕头市首届十大明星楼盘评选活动”中，中泰
2000年代表国家参加在德国举行的“北京、上海、深圳：二十一世

汕头联泰物业管理有限公司自1996年创办以来，立足高起点、
ISO9001质量管理体系和ISO14001环境管理体系的物业管理企业。管
管理示范小区”。公司是中国物业管理协会会员。

公司以“优质、高效、守信、创新”为宗旨，坚持守法经营、
同、守信用单位”、“先进开发企业”、“精神文明建设先进单位

九运会比赛场馆、全国跳水训练基地汕头市游泳跳水馆由达濠市政公司承建

有限公司

美仑美奂的锦泰花园是汕头市目前规模最大的住宅小区之一

93年12月，注册资本人民币10421万元，是具有独立法人资格的
设有限公司、汕头联泰房地产开发有限公司、联泰（香港）集团
家成员单位。
工一级企业和交通部资信登记批准的公路施工一级企业。公司
、上海、浙江、福建、河南等地，工程竣工验收合格率100%，优
国家市政金杯示范工程奖1项，国家部优样板工程2项，省级优质

中泰花园和锦泰花园为代表的规划科学、配套齐全、布局合理的
汕头市环境保护示范点”、“汕头市园林式单位”、“汕头市优
奖”等荣誉。2001年，在汕头市规划与国土资源局和汕头市房地
泰花园双双入选。公司旗下深圳濠信公司开发的深圳景煜花园
”，受到中外人士的一致好评。
提供先进科学的物业管理，2001年初成为粤东首家一次性通过
多次被评为“汕头市物业管理优秀住宅小区”和“广东省物业

经济效益与社会效益并重，连年来获得“先进单位”、“重合
荣誉，深受社会各界好评。

达濠市政公司承建的汕头市龙珠水质净化厂荣获2000年中国市政工程金杯奖、2001年国家市政金杯示范工程奖

达濠市政公司承建的深圳新洲立交桥荣获1997年中国市政工程金杯奖

汕头市锦峰集团有限公司

汕头市锦峰集团有限公司系一家集路桥建设、房地产开发、海洋渔业、旅游项目开发和餐饮业为一体的多元化企业。

锦峰集团开发位于汕头市37街区的“翠茵景苑”精品豪宅，环境优雅，配套齐全，小区构建了大型立体园林，舒适的室内空间，超豪华大堂、现代化会所；配备日本三凌观光电梯、智能化管理系统及进户纯净水等设施，各项配套均为国内外一流产品。“翠茵景苑”以缔造有“家”有“园”的居住理念，追求高尚生活质量的宗旨，点点滴滴，精雕细琢，让业主永享温馨和幸福!

锦峰集团公司将以永不满足、脚踏实地、锐意进取、不断发展为奋斗目标，与时代同步，再创辉煌!

地址：汕头市长平路与嵩山路交界处（37街区）
物业管理：中海物业管理广州有限公司
开发商：汕头市锦峰集团有限公司
电话：8989888
传真：8985838

汕头经济特区建设（集团）公司

广东省汕头经济特区建设（集团）公司是一家以房地产为龙头，工贸、服务业综合发展的国有企业集团，具有经国家建设部确认的城市综合开发一级资质，在“首届中国房地产综合效益百强企业”中名列第17位。公司成立于1983年7月，从承担当时中国四大经济特区之一汕头经济特区的开发建设任务起步，先后筹集基建资金10亿多元，开发建成了汕头特区的发祥地龙湖工业区和环碧花园、长江公寓等八个住宅小区，总竣工面积达175万平方米。公司成立20年来，共上交税收3.6亿元，上交财政利润1.3亿元，多次荣获省、市“先进集体”、“AAA级信用企业”、“纳税光荣户”等称号。

工业区

长江公寓

信宝大厦

环碧花园

SHENGDA

汕头市升达建筑总公司

总公司法人代表、总经理：黄振顺

汕头市升达建筑总公司是经国家建设部审核批准，具备工业与民用建筑工程施工，包括公路工程、独立大桥、市政工程、房地产开发和经营、基础打桩、建筑幕墙、高级装饰等能力的建筑壹级企业。总公司系集体所有制企业，独立核算，对外具有法人资格，年产值超亿元。总公司现拥有房地产开发、装饰、道路、市政、建筑等直属公司18个，驻外公司10个以及商贸企业2家。公司拥有高级职称员工12名，中级职称员工51名以及各种专业技术人员360多人。

总公司一贯注重工程质量和管理，承建的项目均得到建设单位及社会各界的好评，信誉良好。连年来获全优工程二十项，其中市样板工程九项，市建委最高奖“金凤杯”奖三项，二项获省样板工程。总公司承建的汕头特区金华大楼十六层、海滨大厦二十三层等一批高层建设项目已陆续竣工验收交付使用。总公司自己开发建设的二十六层、面积二万八千多平方米的升达大厦也已投入使用。

总公司连续十一年荣获市、区建委“先进企业”称号，汕头经济特区及龙湖区授予“信得过企业”，连续十年被誉为“重合同守信用”单位，被市人民政府授予“纳税光荣户”荣誉称号，获建行信用等级评定为AAA级。

地址：汕头市跃进路22号升达大厦
邮编：515031
电话：8296318　8297968
网址：WWW.shengda-china.com

公司承建的汕头市实验小学教学楼。

汕头市安平建筑总公司

汕头市安平建筑总公司是1982年6月经广东省建设厅资质审查批准的工业与民用建筑施工二级企业。

公司有固定资产5000多万元，有职称的工程技术、经济管理人员170人，各类持证上岗人员212人。现总公司属下有房地产开发分公司、装饰公司、上海公司、青澳湾旅游度假村以及六个分公司，十三个工程处。公司一贯坚持“质量第一、信誉至上”的经营宗旨，重视社会信誉，立足以质取胜。连年来，公司先后创省样板工程一项、金凤杯奖二项、市样板工程八项、全优工程20多项，企业连续10年被评为“重合同守信用单位”，连年被市有关部门评为“先进施工企业”、“优秀企业”、“纳税光荣户”、“经济工作先进单位”及全市房地产“综合效益先进单位”等荣誉称号。

在发展经济的同时，公司注重社会效益，致力参与旧城区改造工作，先后独立改造了“至平路”、“德志巷”、“海䗛内街”、“上涂坪（二期）”、“利安-跃进路转角”、“中山-公园路转角”（红亭花园）等8个片区。

2001年度，企业总产值5000多万元，创税利300多万元，工程合格率100%，优良品率75%以上，取得明显经济效益。目前，企业已形成以建筑施工为龙头，集房地产开发、室内外装饰、市政道路工程和旅游服务于一体的多元化经营格局，活跃在市场经济大潮中。

地址：汕头市红亭花园大厦17楼
电话：8274974 8280625
传真：（0754）8981264
邮政编码：515031

潮阳市三凌塑料管材公司

和HESU塑

潮阳市三凌塑料管材公司是一家专业生产PVC-U塑料管材、管件的民营科技企业，公司引进了意大利先进生产设备，按国家标准生产“和塑”牌PVC-U给排水管材、管件、电线、电缆、光纤套管及PE通信子管。产品经省科委组织专家鉴定，技术水平与质量具国内同行业先进水平，其中630mm规格的压力给水管材填补了省内空白。产品以技术优异、安装运输方便、降低工程造价、提高工程效益而获得用户的一致称赞，并得到国家有关部门的充分肯定，列入98年国家级“星火计划”项目，先后获得建设部、农业部授予国家小康住宅建设推荐产品证书、全面质量管理达标证书；评为全国乡镇企业技术创新示范单位、省计量合格企业、消费者信得过企业；并陆续获得全国乡镇企业科技进步奖、优秀新产品奖、优质产品奖等。

公司以先进的生产设备，严格的质保体系，为建筑业、工业、农业、电力、通信、化工、自来水等部门提供优质的“和塑”牌产品，并以一流的服务、热情的态度竭诚欢迎国内外客商前来参观、指导、洽谈业务。

法人代表：吴锡炎
地址：广东省潮阳市和平下厝工业区三凌大厦
电话：0661-2251559 2257009 传真：0661-2259991 邮编：515154
网址：http ://www.cysanling.com E-mai：san-ling@sohu.com

华鹰软包装设备总厂

大鹰中国包装机械

始建于1986年的华鹰软包装设备总厂是生产纸塑软包装机械成套设备的专业厂家。总厂下设凹版式印刷机分厂、涂布复膜机分厂、制袋机、分切机分厂，并与汕头大学合作成立印刷、涂布设备技术工程中心。企业有多种产品列入国家级、省级的火炬计划、星火计划及新产品试制项目。1996年企业被评为广东省高新技术企业。

随着国内软包装制品的档次越来越高，被用户誉为包装机械精品的“大鹰”中国包装机械将助您一步步高。

地址：广东省汕头市护堤路大窖东围片工业区中段
法人代表：许　鹏　　销售负责人：杨　展、蔡让民
联系电话：0754-8226231　8227042
传真：0754-8213139　邮编：515064
网址：WWW.hyspe.com
E-mail：huayin@pub.shantou.gd.cn

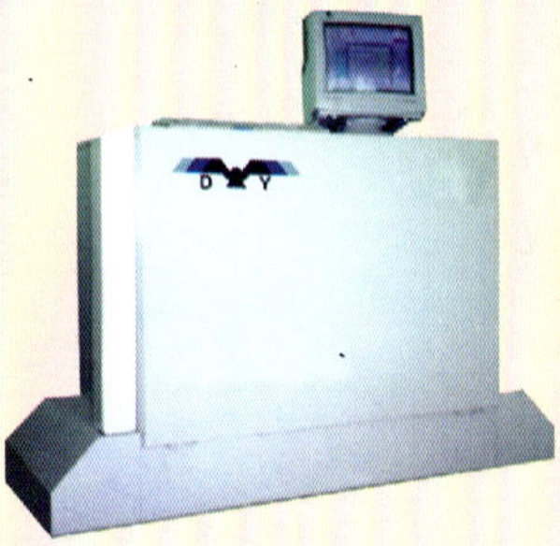

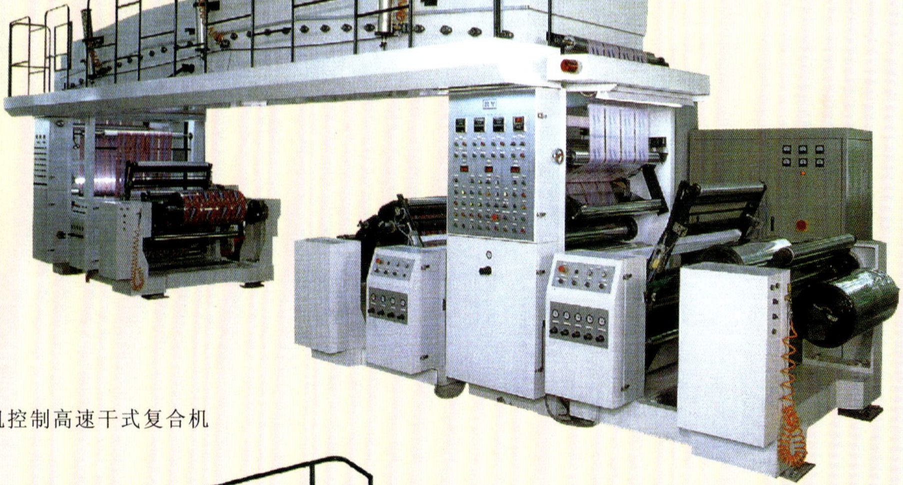

GF-1000BII型　工业计算机控制高速干式复合机

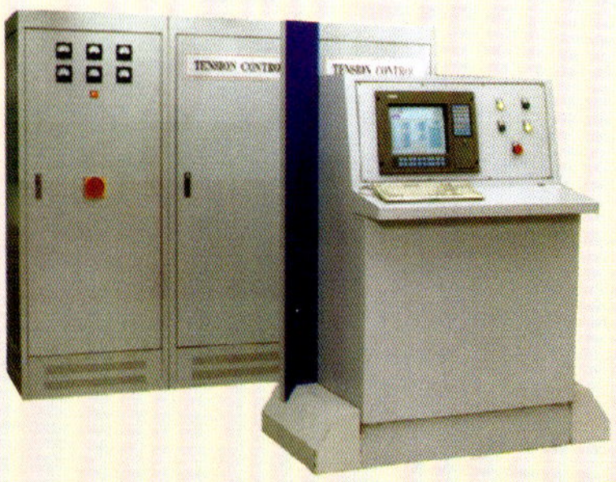

汕头市光华机械实业有限公司

本公司是一家塑料加工及包装成套设备的制造企业。自创建以来，坚持以科技创新为发展方针，长期与高等院校密切合作，不断开拓高新产品。目前已有九个系列产品畅销国内各地，部分还出口到俄罗斯及东南亚等国家，受到用户的普遍好评。企业诚实经营，恪守信用，连续多年(1989～2001年)被评为广东省“重合同守信用”单位，还被评为“汕头市先进单位”、“先进民营企业”。

- 系列电磁动态塑化成型机组
- 电磁动态铝塑复合管生产线（规格1216～5163）
- 电磁动态塑化吹膜机组（旋转机头）
- 系列电磁动态挤出PE、PP、PS、PET片材机（发泡PE）
- PVC电磁动态热收缩膜机组（旋转双泡法）
- 塑料挤出平膜扁丝机组（编织袋、集装袋用）
- 系列塑料挤出淋膜复合机组（宽0.8～6M）
- 高速自动纸塑成筒粘贴制袋机组
- 多层共挤流涎淋膜机组（1000～2200mm）

欢迎海内外客户洽谈合作，共谋发展!

ZSTD系列纸塑成筒粘合制袋机组

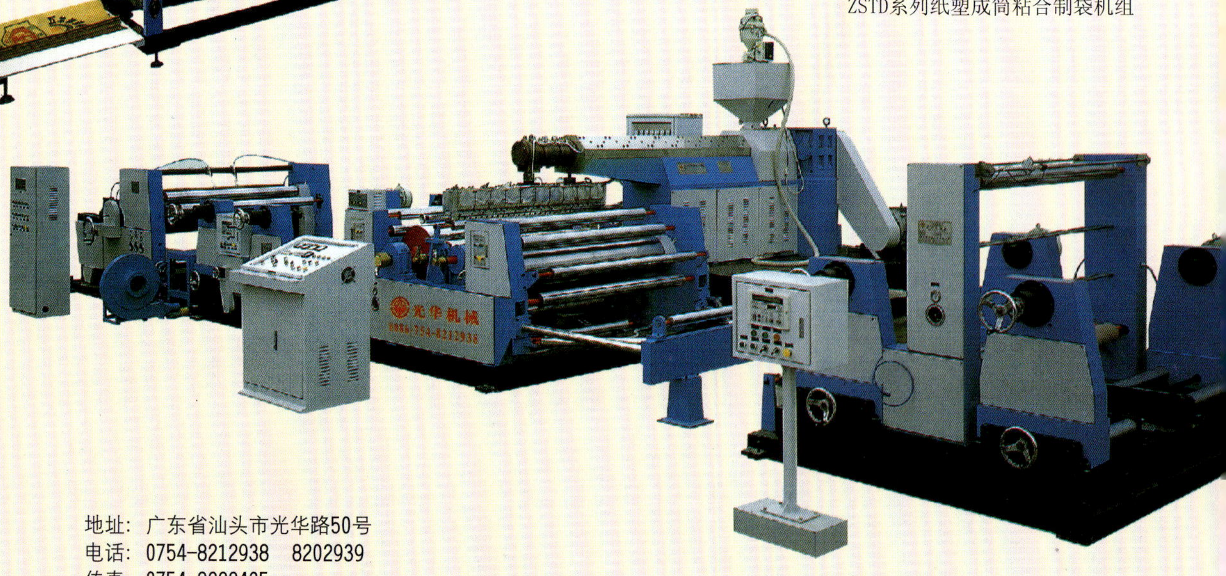

地址：广东省汕头市光华路50号
电话：0754-8212938　8202939
传真：0754-8222435
电子信箱：E-mail: guanghua@pub.shantou.gd.cn
网址：Http: //www.stguanghua.com

SJ-FM系列塑料挤出淋膜机组

HSME

汕头经济特区

华汕电器有限公司

汇机电精萃
集产品名优
补同行所缺
应企业所需

位于升平工业区，集生活、办公和通用厂房为一体的生产基地

营业大楼

本公司是汕头市人民政府授予的“重合同”、“守信用”单位，在多年的开拓经营中，逐步发展成为以柴油发电设备、印刷机械、中小型电机产品为龙头，集科、工、贸、婚庆服务，内外贸结合，多元化发展的实体公司，现属下有升平机电厂、升平发电设备厂、上海电机（集团）汕头销售公司等5家企业。

公司主要经营成套柴油发电机、柴油机、发电机、中小型电机、电器机械及器材、印刷机械设备、印刷器材、包装机械、工程机械、起动运输机械、金属切削机床、电工材料、金属材料、化工材料等。

公司一贯坚持“信誉第一、客户至上”的经营宗旨和一业为主、多业并举、全面发展的经营方针，现已在升平工业区动工兴建占地一万多平方米的集生活、办公和通用厂房为一体的生产基地，公司已成为一大批中外名优产品在粤东的特约总经销和总代理。

公司将继续朝着汇机电之精萃、集产品之名优、补同行之所缺、应企业之所需的经营方向前进，谒诚欢迎海内外客户前来谋求合作与发展。

法人代表、总经理：陈培荣

营业大楼：中国汕头市天山路紫云庄南商场10号　电话Tel：0754－8890544　8890375
仓储基地：中国汕头市大学路升平工业区　传真Fax：0754－8892630　邮编P.C:515041

一楼产品展示厅

二楼产品展示厅

林百欣科技中专

校　长：庄锦城

理想飞翔的基地、科学人才的摇篮

NT网络室、电子实验室

用心智跨入电子学的门槛，领悟精彩的电子世界

汕头市林百欣科技中专创办于1994年。由香港著名实业家林百欣先生捐赠巨资兴建，粤东地区第一个以电子信息专业为主的全日制普通中等专业学校。位于市区珠池路与嵩山路交界处，占地面积52亩，建筑面积近2.5万平方米，有完善的教学生活设施，在校中专生1720人，大专、本科生近300名。有专任教师8人，高级职称12人、中级职称46人，本科以上学历达100%。

学校开设电子技术及应用、电子与信息技术、计算机及应用、经济信息管理、计算机系统及维护、计算机软件及计算机网络技术等7个专业。投入1000多万元，配置了多媒体电教室、微机硬件实验室、NT网络室等17个教学实验室，拥有电脑300台，功能齐全、设备一流。学校还与华南理工大学、福建师大网络学院等院校联合开展专科、本科教育，多层次、多形式办学。

学校注重专业理论和技能的教学，注重学生实际操作能力的训练，注重学生的职业能力和综合素质的培养。历届毕业生就业升学率达100%（毕业生当年就业率为98%左右），学校先后被评为汕头市“先进单位”、“青少年教育先进集体”、“文明校园”、“安全文明优秀单位”等。

机电专业学生实习

120座电工电子实验室

汽修专业学生实习

广东省重点技工学校

汕头市第二技工学校

校　长：史礼和

汕头市第二技工学校创建于1963年，是潮汕地区最早创办的技工学校，1998年3月批准为广东省重点技工学校。学校拥有教学大楼、教学综合大楼、生产实习工厂大楼、图书馆、公寓式学生宿舍、餐厅、电化教室、电脑室、运动场等各类设施。有完善的教学管理制度，有胜任教学和实习的师资队伍。全校有高级讲师12人，讲师35人，技师10人，高级技工17人。学校注重改善办学条件，每年投入资金近百万元添置教学设备，不断上规模、上等级。先后开设了30多个专业（工种），为汕头及各经济特区输送了一大批合格的中级技术人才，并为当地培训各类在职的专业技术工人。现常年在校学生数达2000多人。毕业生实行毕业证书和职业资格证书的“双证书”制度。学校毕业生深受社会的欢迎。每年毕业生就业率达85%以上。学校多次荣获省级教学成果奖和全国技工学校技能开发“金杯奖”、全国教育工作者科技发明创作奖。

汕头外贸中专学校

岳宜校长接受记者采访

汕头外贸中专学校于1984年经省政府批准成立，是粤东地区惟一一所外贸中等职业学校。学校突出外贸专业特色，注重学生实际操作技能，努力培养适应外经贸发展需要的专业人才。学校荣获“广东省外经贸系统先进学校”、“广东省成人教育先进学校”和“汕头市文明单位”等荣誉称号。

学校实施“知识、技能、个人专长协调发展”的教育模式，致力于现代教育信息技术的运用；致力于现代化教学设施的建设；致力于开展实践教学和多证书教育；致力于学生学习兴趣、个人优势和专业特长的培养。历年来，学生在完成中专学历规定课程的同时，还接受学校提供的国际电子商务课程和外贸会计课程综合技能训练，参与学校组织的职业技能认证考试，获得《全国公共英语等级证书》、《计算技术等级证书》、《会计电算化合格证书》、《珠算技术等级证书》《报关员证》、《剑桥商务英语证书》等社会认可的职业资格证书。学校先后与清华大学、对外经济贸易大学和英国牛津商学院合作办学，为学生创造继续教育的机会，大量毕业生受聘外贸企业工作和进入高等院校继续深造，深受用人单位和社会好评。该校岳宜校长荣获汕头市优秀校长称号，当选汕头市成人教育协会副会长、汕头市职业教育协会常务理事，1999年起被国家教育部聘为全国外经贸职业教育教学指导委员会委员。

环境优雅的校园

汕头英华外国语学校

SHANTOU YINGHUA SCHOOL OF FOREIGN LANGUAGES

营造培育英才的沃土
架设通向世界的桥梁

汕头英华外国语学校经汕头市人民政府批准设立，由香港联发国际集团董事局主席吴文宁先生独资兴建，是汕头市教育局直属的全日制民办学校。全国政协常委庄世平先生、香港潮州商会会长陈伟南先生为学校名誉董事长。

学校占地面积55亩，首期投资一亿多元人民币，建筑面积近4万平方米，有教室近百间。大型会议厅、图书馆、阅览室、电脑室、语言室、天文室、运动场、学生公寓等现代教育教学设施一应俱全。可容纳3000多余名学生就读。招生纳入政府计划，国家承认学历。按国家教育大纲授课，中英双语并举，走读寄宿两便。学校现开设全日制小学、初中、高中，还充分发挥自身的优势，开设出国留学预科班，“雅思”，考前培训，中外籍教师强化听说能力，并与国际多所知名院校联办出国留学策划、手续一条龙服务等。

汕头华侨中学

校长：马寿民

设计独特、功能齐全的地理专用教

广东汕头华侨中学创建于1932年，至今已有70年历史，现为市重点中学、省一级学校、全国现代教育技术实验学校。目前正在争创进入全国1000所示范性高中行列。

学校1999年被国家教育部、体育总局评为“全国学校体育卫生工作先进单位”，同年参加第五届全国青少年信息学分区联赛获广东省赛区学校团体一等奖，跻身于全省十强学校行列；2000年被国家教育部授予“全国现代教育技术实验学校”称号，同年在省第九届教育科学研究成果黄华奖评比中获集体一等奖，2002年省授予“厂务（校务）公开工作先进单位”，省侨资办学优秀成果一等奖。

宽畅舒适的多功能电脑

广东汕头华侨中学—校门

澄海市实验学校

校　长：杨崇媛

澄海市实验学校为汕头市一级学校。创办于1998年秋，位于澄海市文冠路宁冠园西侧，校园占地55454平方米，校舍建筑面积27193平方米，该校是一所九年一贯制学校，有中、小学43个教学班，学生2406名，教职工150人，其中专任教师129人，中小学教师学历达标率100%。校长杨崇媛。

学校教学区、生活区、运动区、自然区分开，有小学教学楼、中学教学楼、实验楼、科学楼、艺术楼、师生宿舍楼、食堂等。配套有理化生实验室、生物标本仪器室、多媒体多功能室、软件制作室、计算机室、地理室、语音室、音乐室、舞蹈室、美术室、科技活动室、书法室、武术室、图书阅览室，以及生物园、天文台、体育馆、田径场、游泳池等。

学校全面贯彻党的教育方针，全面实施素质教育，坚持依法治校，强化学校内部管理，优化育人环境，从严抓好德育，搞好校园文明，积极探索学校艺术教育优化的路子，努力培养“合格加特长”的学生。学校先后获广东省冬季体育锻炼先进单位、汕头市“文明单位”、“课间操先进单位” 等荣誉。

学生在上电脑课

国家督学、原广东省教育厅厅长许任之视察学校

黄图盛纪念中学

启功

校　　长：张应坚

团结、奋进、求实、创新的学校领导班子

多媒体示范教学厅

潮阳市黄图盛纪念中学创办于1996年，由侨胞捐赠5000万人民币建成。是潮阳市重点中学，汕头市一级学校。学校位于潮阳棉城凤南路段，占地62000平方米，建筑面积32000平方米。配备有多媒体教室30间，还有大型多媒体教学厅、电脑室、语音室、电子备课室、物理、生化实验室，舞蹈、地理、历史室，及食堂、教师宿舍楼、公寓式学生宿舍楼等。在校学生1400多人，教职员工123人。

学校有一个精干高效具有现代化教育观念的领导班子，有一支师德高尚、业务精良的教师队伍。教师学历达标率92%，中学高级教师5人，中学一级教师3人。教师中获全国、省、市优秀教师的30人次，获市各类奖项160多人次。学校坚持“以人为本，依法治校，以德化人，和谐发展”的治校方略。注重队伍建设，积极落实科研兴校措施，教政教研气氛浓厚。学校设有“图盛人才基金”，奖励成绩突出的教职员工，奖励品学兼优的学生，学校校风良好，办学成绩显著，先后获汕头市普教系统“文明学校”、“美丽校园”等荣誉。2000年学校高考上省线62人，2001年高考上省线147人，创造了“低进高出”佳绩，深受社会好评。

地址：广东省潮阳市潮海路凤南路
电话：0661-8873330　8866312
传真：0661-8873330　邮编：515011

汕头市外马四小教学楼

汕头市外马路第四小学

校领导班子研讨科研兴校

位于汕头市外马路207号。1959年创办，是汕头市一级学校。有32个教学班，学生2277名，教职工82名，学历达标率100%。现任校长陈美成。学校环境优美，教学设备先进，初具现代化及园林式学校风貌。学校坚持依法治校，实行科学管理，以科研为先导，全面实施素质教育，全面提高教学质量。学校有优良的教育传统，80年代在全市率先参加国家课程教材研究所的小学教学教材实验，获得奖励。近年来学校相继申报参加三项国家的课题实验，国家“九五”规划重点课题《义务教育阶段学生“学会学习”研究》的子课题《研究提高学生学习能力的方法途径》的实验，总结出一批经验，取得了丰硕成果。现有70多篇科研论文荣获国家、省、市级科研成果奖或在各级刊物发表，其中有30多篇分别获本课题研究的一、二、三等奖。

学校先后荣获“广东省首所优秀家长学校”、市“德育工作先进单位”、“军警民共建文明先进单位”、“安全文明达标单位”等荣誉，并进入“全国十所学习科学实验学校”行列。

科技教育

上语音课

汕头市外马路第三小学

校　长：肖彤芝

位于汕头市外马路129号，前身是创办1912年的若瑟小学，几经变迁，1979年11月始定现名。现址前的建筑历史上曾办过同文学堂，省立岭东商校等。1926年2月东江各属行政委员周恩来曾借此地召开东江各属行政会议。为纪念这一事件，已被列为省重点文物保护单位汕头市爱国主义教育基地。该校向来校风好教学质量高，曾成为省市重点小学，教改试点学校，1995年评定为广东省一级学校。

学校占地6100平方米，建筑面积4300平方米，学生1918人，教职员工8人，教师学历达标率100%，现任校长肖彤芝。学校拥有多媒体阶梯教室、电脑室、语音室、软件制作室、电教主控室、电教平台等现代教学设施设备，还建有三层楼的游泳训练馆以及劳动技能室等活动基地。

近年来学校继续贯彻党的教育方针，推进素质教育，发展体艺特色，学校越办越好。先后荣获市普教系统“文明单位”、“美丽校园先进单位”、“园林式”单位，省贯彻“体卫‘两个条例’先进单位”、“全国群体工作先进单位”等荣誉。

校门

植物园

校园一角

“教学开放周”教学场面

泰康人寿保险股份有限公司
TAIKANG LIFE INSURANCE CO., LTD.

汕头中心支公司
开业庆典

董事长陈东升博士作客央视《对话》栏目

汕头中心支公司“爱心行动”启动仪式

泰康人寿保险股份有限公司系1996年8月22日经中国人民银行总行批准成立的全国性股份制人寿保险公司，由中国国际旅行总社、中国对外贸易运输（集团）总公司、中国石化北京燕山石油化工有限公司和中国嘉德国际拍卖有限公司等16家实力雄厚的国有大中型企业及股份制企业发起组建。公司注册资金8亿元人民币，是目前国内5家全国性人寿保险公司之一。公司总部设在北京。

2000年11月，泰康人寿保险股份有限公司已全面完成经国务院同意、保监会批准的外资募股工作。新加盟泰康的外资股东有瑞士丰泰人寿保险公司、卢森堡洛易银行、新政泰达投资有限公司和日本软库银行等国际知名企业和金融机构。

泰康人寿保险股份有限公司始终坚持稳健经营的发展方针，借鉴国内外人寿保险股份有限公司先进管理经验，注重金融危机风险防范，是国内第一家获得AAA-级信用等级的寿险公司。“AAA-级”意为“清偿能力很强，基本没有风险”。

泰康人寿汕头中支从2001年8月开始筹建，2002年1月23日正式营业，开业不到四个月，各项保费收入就超过1,000万元，为业务发展打下了坚实的基础。经过半年多的经营，现已走上了健康、稳步发展的轨道。今后，汕头中支仍将一如既往秉承“求实创新、稳健进取、专业规范、亲和诚信”的经营，走专业化、规范化、国际化之路，以诚信和服务来回报社会，争取把泰康人寿做成汕头保险业最专业化、服务最好的公司，为汕头保险业的发展做出应有的贡献。